国家出版基金项目
NATIONAL PUBLICATION FOUNDATION

舰船现代化

现代舰船设计

主编　朱英富

哈尔滨工程大学出版社

内容简介

本书以驱逐舰、护卫舰类等舰艇的设计为主线，阐述了现代舰船的总体设计思想。旨在通过本书的学习和理解，能建立一个现代舰船总体设计的概念，以便在以后从事该项设计和研究工作中有一个较好的舰船总体观念。

全书按照舰船设计的常规专业划分，共分为十章，可作为船舶与海洋工程类研究生教材，亦可供有关人员参考。

图书在版编目(CIP)数据

现代舰船设计/朱英富主编. —哈尔滨：哈尔滨工程大学出版社，2012.12
ISBN 978-7-5661-0479-3

Ⅰ.①现… Ⅱ.①朱… Ⅲ.①船舶设计-研究生-教材 Ⅳ.①U662

中国版本图书馆 CIP 数据核字(2012)第 298413 号

出版发行 哈尔滨工程大学出版社
社　　址 哈尔滨市南岗区东大直街 124 号
邮政编码 150001
发行电话 0451-82519328
传　　真 0451-82519699
经　　销 新华书店
印　　刷 哈尔滨市石桥印务有限公司
开　　本 787mm×1 092mm　1/16
印　　张 25.25
字　　数 620 千字
版　　次 2012 年 12 月第 1 版
印　　次 2012 年 12 月第 1 次印刷
定　　价 130.00 元
http://press.hrbeu.edu.cn
E-mail:heupress@hrbeu.edu.cn

前　言

现代舰船设计的基本原理和方法源于船舶设计原理，但因为现代舰船作为用于军事目的的特定舰种，担负着特定的使命，所以在现代舰船的设计中所贯彻和运用的设计思想、设计原理、设计方法均有别于其他船舶，具有其特殊性。

现代舰船本身是一个庞大而复杂的系统，由各类不同的系统和设备综合集成。本书旨在通过对舰船总体和相应的主要系统（设备）在舰船总体层面设计过程的描述，勾画出现代舰船总体设计的全貌和反映现代舰船总体设计的特点。由于现代舰船的种类很多，难以面面俱到，本书仅以驱逐舰、护卫舰类现代舰艇的设计为主线来叙述现代舰船的总体设计。

本书的编著者都是长期从事现代舰艇总体设计，并具有丰富的理论知识和实践经验的专家。全书按舰船总体设计的常规专业划分，共分为 10 章。第 1 章由朱英富编著，第 2 章由姜治芳编著，第 3 章由周巍编著，第 4 章由华煜群编著，第 5 章由方成跃、陈仁琛编著，第 6 章由姚清荣编著，第 7 章由张秀玲、张平、王程彦编著，第 8 章由李利标、张平、夏鸿飞编著，第 9 章由薛连生、刘喜元编著，第 10 章由王楚雄、肖千云、吴靖婕编著，并由王楚雄对该章进行统稿。本书特邀了现代舰艇设计专家陈裕师、杜国和、段宏、杨涵青、叶福成、董茂盛、陈俊生、徐正云、王荣成等对相关章节做了审阅并提出宝贵意见，在此深表感谢。

本书既非设计概论，也非设计手册，旨在读者通过本书对现代舰船设计的全过程有一个全面的了解，能建立一个现代舰船总体设计的概念，以便在从事现代舰船设计和研究工作中有一个较好的舰船总体观念。随着现代科技的快速发展，现代舰船设计技术也在不断创新，其设计技术和设计思想定会不断更新，因此，本书中的观点和方法难免带有一定的局限性，诚望读者不吝指教。

编　者

2012 年 3 月

目　录

第1章　总　　论

1.1　现代舰艇发展简史

现代舰艇作为海战的重要武器装备在各国武装力量的建设中占有重要的地位,现代舰艇的大家族中因其不同的使命、功能、特性而分为许多不同的舰种。随着历史的演变、科学技术的进步、世界局势的变化,各舰种的使命、功能、特性也在不断地发生变化。各国依据各自的防务政策、国力等诸多因素对不同舰种的发展有着不同的侧重和追求。纵观世界各国拥有的海上力量情况及对未来的发展趋势的展望,从海洋大国到中小海洋国家,发展较为普遍且数量相对较大的现代舰艇主要是驱逐舰和护卫舰(包括轻型护卫舰)。而当前驱逐舰和护卫舰的设计建造技术也基本上能反映出当代舰艇的设计、建造的主要技术和基础。因此,本书将着重以驱逐舰和护卫舰的设计为主线来描述现代舰艇设计的主要技术。

1.1.1　现代舰艇的分类

现代舰艇的种类繁多,其分类方法可按其自身特征、作战使命、航行状态、排水量、动力装置等多种分类分式来进行,而各个国家按其自身习惯又有所差别。以下是按目前各国常用的称呼给出的分类。

- 作战舰艇
  - 航空母航
    - 直升机航母(垂直起降飞机航母)
    - 固定翼飞机航母
      - 弹射起飞
      - 滑跃起飞
  - 巡洋舰
  - 驱逐舰
  - 护卫舰
  - 高速艇
    - 导弹艇
    - 鱼雷艇
    - 炮艇
  - 水雷战舰艇
    - 布雷舰
    - 扫雷舰(艇)
    - 猎雷舰(艇)
  - 两栖战舰艇
    - 登陆舰(艇)
    - 船坞登陆舰
    - 两栖攻击舰
  - 高性能艇
    - 水翼艇
    - 气垫船
    - 小水线面双体船
    - 穿浪艇
    - 掠海地效应船
- 辅助舰船
  - 航行补给船
  - 电子侦察船
  - 训练舰
  - 维修供应船
  - 打捞救生船
  - 航天测量船
  - 海洋调查船

1.1.2 20世纪的舰艇

最早期的海上格斗是用木制舰船相互进行冲撞，或者在两船靠拢后，士兵跃上敌舰用冷兵器进行格斗。到16世纪，舰炮和帆船的出现，使海战拉开了距离，交战双方的战舰以火炮作为主要武器相互进行攻击。18世纪末，木帆船的发展达到了顶峰，远洋航行能力加大，航速提高，续航距离也不断增大。当时频繁的海上战事使木质战舰得以快速的发展，逐渐形成了各种不同大小排水量以及各类火力配置的舰船。所谓的战列舰就是其中一种排水量大且火力强大的军舰。当时，还有一种排水量比战列舰小，火力配备相对较弱，但其机动性相对较好的舰种，称之谓巡航舰。巡航舰常用来掩护主力舰作战，也单独执行海上巡逻、侦察等任务。19世纪初，随着科学技术的发展，钢质船体取代了木质船体，往复式蒸汽机作为军舰的主动力源开始得到了广泛的应用。同时，为了对付日益增强的舰炮的攻击，军舰在舷部增设了装甲以保护自身的安全。那些装设了装甲的战列舰曾被称为装甲舰。此后，巡航舰的排水量也不断增加，航速也越来越高，火炮数量不断增多，逐渐形成了仅次于战列舰的大型火炮军舰。到19世纪末期，这类大型火炮舰始称谓巡洋舰（Cruiser）。20世纪初，又以舰的火力配备和装甲设置不同可分为巡洋舰和战列巡洋舰。当时世界各海上列强中盛行大炮巨舰主义，分别竞相投资建造装备巨型火炮和厚重装甲的大型军舰，以争夺海上控制权。

巡洋舰在二次世界大战中发挥过重要作用，但从战后至50年代初期，除了前苏联建造过装备有152 mm口径火炮的“斯维尔德洛夫”级巡洋舰外，各大国均未建造过巡洋舰。50年代中期舰载导弹武器的出现，巡洋舰又进入了一个新的发展时期，而美、苏两国是建造导弹巡洋舰的主要国家。目前只有美国、俄罗斯和意大利三国还有服役的巡洋舰，美国有27艘，即装有“宙斯盾”系统的“提康德罗加”级巡洋舰，俄罗斯有7艘现役巡洋舰，2艘“基洛夫”级，3艘“光荣”级，1艘“卡拉”级和1艘“肯达”级，而意大利仅1艘。至今只有美国还有在21世纪建造新巡洋舰的计划（CG（X）），而其他国家均已停建巡洋舰。

19世纪70年代，世界上出现了鱼雷武器，随之出现了鱼雷艇。由于鱼雷的威力较大，且有鱼雷艇的快速灵活，对大型军舰构成了很大的威胁。19世纪末，一些国家海军为了对付鱼雷艇的攻击，专门设计建造了一种航速高、火力强的炮舰，用来阻击和追歼鱼雷艇，称谓“歼灭鱼雷艇用舰”，后简称为驱逐舰（Destroyer）。此后，驱逐舰的排水量不断增大，航速也不断提高，火炮数量从原先的一二门增加到三四门，火炮口径也逐渐增大到130 mm，鱼雷发射管也从单管发射到五联装。在第二次世界大战前，驱逐舰常以鱼雷作为击沉敌舰的主要武器，所以也称之谓“雷击舰”（Torpedo attack ship）。导弹武器的出现使驱逐舰上装备的主要武器由昔日的鱼雷、火炮让位给导弹武器，从而出现了目前的导弹驱逐舰。导弹驱逐舰是担负反潜、防空和对海作战多种使命的海上作战力量，随着导弹武器、电子装备、计算机技术等不断的进步，现代导弹驱逐舰的作战能力得到了极大的提高。

护卫舰（Frigate）原来是指帆船时代具有远海航行能力的轻快型军舰。二层甲板，排水量在1 000 t左右，装备20～40门小型火炮。护卫舰原先主要是应巡逻、护航需要而开发，主要用于港湾的巡防、防止敌舰的偷袭、破坏，以及保护海上交通线，使运输船队免遭敌方攻击。第二次世界大战后，护卫舰同驱逐舰一样得到不断地快速发展，其装备水平也不断提高，逐步增强了防空、对海、反潜的能力。尤其是近年来科学技术的突飞猛进，舰体平台及舰载机电、电子、武器系统都得到快速发展，护卫舰的航海性能及作战能力迅速提高，排水量也不断增加，欧洲新研制的护卫舰的满载排水量已达6 000 t左右。所以，对现代舰艇，排水量和作战功能不是区分护卫舰和驱逐舰的主要标志，一般地说，各国海军还是以各自的习惯来定义或分类护卫舰和驱逐舰。美国海军规定它的护卫舰是为反潜兵力进行护航，而导弹护卫舰是使护卫舰增加了有限度的防空能力。

驱逐舰和护卫舰作为当前水面舰艇的主要舰种，已成为各国海军发展的重点装备，到2002年底止，据统计世界各国共拥有驱逐舰约200余艘，护卫舰（包括轻型护卫舰）近700艘。

航空母舰（Aircraft carrier）是以舰载飞机为主要作战武器的大型军舰。航空母舰的发展可以追溯到1910年人们试图将陆上飞机搬上军舰，至今已有90多年的历史。1918年英国将一艘巡洋舰改装成世界上最早的航空母舰。当时的航空母舰只是作为战列舰的附属舰，舰载飞机的主要任务是为舰队实施飞行侦察任务。随着舰载机的机载武器的加强，以及飞机作战半径的增大，航空母舰在海上作战的作用也日益得以发挥。第二次世界大战期间，航空母舰以舰载机的高度机动性及舰远洋活动能力，使之在海战中发挥了重要的作用，引起了各国海军的高度重视。第二次世界大战后，世界各主要海军国家已把航空母舰作为关键舰种来发展和使用。目前，全世界拥有不同类型的航空母舰的国家共有10个：美国、俄罗斯、法国、英国、意大利、西班牙、印度、巴西、阿根廷和泰国。美国是世界上唯一保有现代超级航空母舰的海军大国，现共有12艘在役，其中主要的是90 000 t级的“尼米兹”级核动力航空母舰。

1.1.3 21世纪初水面舰艇的进展

进入21世纪，西方大国与发展中国家之间的干预与反干预、控制与反控制的斗争正逐渐成为新的主要国际矛盾，第三世界国家的近海海域将成为各国海军角逐的主战场。世界各海军大国从20世纪90年代起就纷纷着手制定跨世纪的现代舰艇研制计划，且随着国际形势和军事需求的变化而不断调整其海上作战战略和舰艇研制方针。

1991年前苏联解体，正式宣告了以美苏对抗为主要特征的冷战时期的结束，世界进入了“冷战后”时期。美国海军对冷战时期立足于同前苏联海军“打海上大战”的“新海洋战略”做了重大调整，于1992年提出了“由海向陆”的新全球战略，实现从海上的大洋作战向滨海的联合作战的转变，把第三世界的发展中国家作为主要作战对象。同样，欧洲各大国海军也做了相应的战略调整。在这样的形势下，西方大国海军大力发展兵力投送和对地攻击装备，以进一步增强对他国的沿海和内陆纵深地区攻击的能力。

美国海军在进入新世纪后继续执行DDG－51型（阿里·伯克级）驱逐舰建造计划，每年平均有三四艘DDG－51ⅡA型驱逐舰建成服役。2001年11月1日美国国防部宣布终止DD－21计划，同时启动DD(X)计划。新的DD(X)计划包括三种舰艇，即驱逐舰DD(X)——执行对陆攻击、反潜和火力支援任务；滨海战斗舰（LCS）——排水量较小，用于近海作战；巡洋舰CG(X)——执行战区导弹防御任务。

欧洲国家海军为了对付未来海战中的饱和攻击，正在大力发展具有较强防空能力的驱逐舰和护卫舰。20世纪80年代由美国发起，北约成员国参加，联合提出了驱逐舰护卫舰更新计划——NFR90项目。后因为各国在作战系统和舰平台的要求等方面不能达成共识，该计划于1990年宣布撤消。随即各国针对其自身海上力量建设考虑，又推出了两个新的合作计划：三国护卫舰合作计划和“地平线”护卫舰计划。三国护卫舰合作计划由荷兰、德国和西班牙参加,“地平线”计划包括英国、法国和意大利。1999 年英国退出“地平线计划”,独自进行自己的 45 型驱逐舰计划。

三国护卫舰合作计划的着眼点并非建造同一型舰,而侧重于在包括相关的传感器在内的对空作战系统开发方面能获得良好的效费比。在三国护卫舰合作计划中,荷兰的 LCF 防空护卫舰,满载排水量6 048 t,计划建造 4 艘,首舰“德泽芬普罗温辛”号已于2002 年3 月服役;德国的 F124 型,满载排水量5 600 t,计划建造 4 艘,首舰“萨克森”号也于 2002 年服役;同样拟建造 4 艘的西班牙 F100 型护卫舰,满载排水量5 800 t,首舰“阿尔瓦罗 · 德 · 巴赞”号于 2002 年 9 月服役。

2002 年法、意两国合作启动新的“地平线”计划,开发一种通用型护卫舰,将两国之间的差异限制到最小。新舰的满载排水量为6 700 t,两国计划各建 2 艘。法国海军计划二艘舰分别于 2006 年底和 2008 年底服役,意大利海军二艘舰拟于 2007 年和 2009 年交付使用。

英国在退出“地平线”护卫舰计划后致力于 45 型驱逐舰的开发工作。45 型驱逐舰被定位为英国海军最大且防空能力最强的驱逐舰,同时又是大型多用途战舰。该舰满载排水量为7 200 t,采用综合电力推进系统。计划建造 12 艘,首舰“果敢”号拟于 2007 年服役。

日本在 1998 年第 4 艘满载排水量为9 485 t的“金刚”级“宙斯盾”驱逐舰“鸟海”号服役后,其 4 个护卫队群(即八 · 八舰队)的主力战舰已全部提升为万吨级。新造舰计划仍在不断推进,满载排水量为5 100 t的“村雨”级多用途驱逐舰 11 艘至 2003 年已全部交付使用。下一步将再建 3 艘“村雨”级改进型,主要是增强防空能力。“村雨”级及其改进型将作为日本海上自卫队进入 21 世纪后的主力现代战舰。

韩国为实现其发展“蓝水海军”战略而实施 KDX 驱逐舰项目。该项目分三个阶段实施,第一阶段是 KDX - Ⅰ,该型舰满载排水量为3 900 t,已建成 3 艘并交付使用。第二阶段的 KDX - Ⅱ为满载排水量4 800 t,具备区域防空能力,共建造 6 艘,首舰于 2003 年底服役。7 000 t级的 KDX - Ⅲ将具有全方位作战能力,装载美国的“宙斯盾”系统,共建造 3 艘,首舰于 2003 年动工建造,2008 年服役。

俄罗斯海军由于国力不济使之在 90 年代兵力大衰退。面对 21 世纪各国海洋国家纷纷将安全战略重点转向海洋,俄罗斯制定了“俄罗斯联邦海军战略”,规划未来海军发展的三个阶段。即在 2000 年前,使现有海军力量保持正常状态,为将来发展创造条件;2003 年到 2007 年,努力提高海军在世界各大洋保护俄罗斯利益和安全的能力,维护俄罗斯海洋大国地位;2007 年 ~2020 年全面更新俄海军武器装备,建设一支新型的现代化海军。

未来的战争是高科技条件下的立体战争,作战范围波及天、空、陆、海、水(太空、空中、陆地、海面、水中)。现代舰艇是这立体战争中的重要基点之一,而驱逐舰和护卫舰又是现代舰艇中的基本力量,是未来海上信息化战场的重要武器平台,各国海军在发展驱逐舰和护卫舰方面都给予了极大的关注。许多中小国家海军也在积极地发展作战能力较强的轻型护卫舰、小型导弹艇等装备,力争对大国海军构成一定的威胁和对抗能力。

1.2 现代舰艇研制过程

1.2.1 研制程序

世界各国舰艇开发的程序有所不同,各研制阶段的名称亦不尽相同,但所涉及的内容基本相同。我国经多年来的实践,目前已基本上形成适合中国国情的舰艇研制程序。我国舰艇研制一般分为论证阶段、方案阶段、工程研制阶段和设计定型阶段。

在论证阶段,使用部门首先组织对研制项目的战术技术指标进行论证,并初步确定战术技术指标。在主要战术技术指标初步确定后,使用部门即组织进行总体技术方案论证,向使用部门提出初步总体技术方案以及关于研制经费、研制周期、保障条件等预测分析报告。最后,由使用部门根据论证的战术技术指标和初步总体技术方案,进行研制立项综合论证,在研制立项综合论证中确定该型舰艇的作战使命、任务、作战对象、主要战术技术指标、使用要求等。研制立项综合论证经批准后作为舰船开展研制工作的依据,是确定舰艇战术技术性能指标的关键文件。

方案阶段的主要工作是根据批准的研制综合论证报告,进行舰艇研制方案论证、设计和验证,形成研制总要求。研制单位通过方案设计及相关专题的研究,初步确定主要总体性能、总体布置、主要系统和设备配置,以及对系统、设备的性能、功能的要求。

在研制总要求批准后,工程进入研制阶段。舰艇设计单位正式开展设计工作。设计工作依次按初步设计、技术设计、施工设计(也可称详细设计)三阶段进行。在初步设计和技术设计阶段结束后,使用部门将分别组织设计审查,在设计审查通过后,转入下一阶段的设计工作。

设计单位施工设计结束所形成的图纸、文件、资料发送至船厂后,各船厂根据各自的生产模式,进行适应性设计,即生产设计,形成施工图纸下发到各车间,供操作人员施工。

舰艇建造完毕经系泊试验、航行试验,最终确认设计、建造满足研制总要求和合同要求后即交付部队使用。

舰艇交付后,由使用部门按专项试验大纲进行专项试验,在对舰艇性能进行全面考核在确认其达到规定的要求后,对该型舰艇做出定型或鉴定结论。

1.2.2 设计过程

舰艇不同于民船,其平台和作战系统所包含的机械、电气、电子、武器、辅助系统不仅数量多,品种繁杂,新研制项目多,而且这些系统设备需要安装在舰体这个相对紧凑的空间内,且舰上的物理环境相对恶劣。因此,要使舰体平台和舰载系统、设备和谐地融合成一个有机的整体,充分发挥舰体平台有效承载能力和电子、武器系统有效作战能力,使全舰成为一个综合性能兼优的全武器系统,这是设计者在整个设计过程中自始至终需要追求的目标和遵循的准则。遵照“设备服从系统,系统服从总体”的原则,不断分析,充分协调,反复权衡,尽力发挥各系统、设备的潜在功能,使全舰的整体作战能力得以充分发挥。鉴于舰艇本身的复杂性和特点,对于舰艇的设计过程必须给予合理的阶段划分,循序渐进,逐步逼近。一个阶段完成后,经过检验,方可进入下一阶段。

(1)方案设计阶段

在方案阶段,舰船总体设计部门按照用户经论证后提出的新型舰艇研制立项综合论证报告,进行舰船研制方案的论证、设计和验证。通过方案论证、设计,必要的模型试验或模拟试验,以及专项课题研究,初步确定舰船的总体性能、总体布置、主要系统和设备的配置,以及系统、设备的性能、功能要求。在方案设计的同时,总体设计单位还应提出舰船的主要系统、设备清单及研制要求。

在方案设计的基础上,开始编制研制总要求。编制研制总要求的基本条件是研制方案切实可行;关键技术已经解决或已找到可靠的技术途径;保障条件已基本落实。研制总要求编制完成后就报相关使用部门审批。

(2)初步设计阶段

初步设计是在方案设计的基础上,根据用户提出的“研制总要求”,对方案设计进行深化,提出舰船设计所采取的各种技术措施,对舰船的性能做进一步的确定,提出为证实这些性能得以实现而进行的各种计算(估算)、试验结果以及图样和其他资料。初步设计完成后,由使用部门对提交的初步设计图样,技术文件进行审查,审查通过后,可转入下一设计阶段,即技术设计阶段。

在初步设计阶段要确定的舰艇要素有主要尺度、船型、排水量、总布置、基本结构型式和尺寸、电子武备系统、主要机电设备等。

(3)技术设计阶段

技术设计是依据初步设计阶段所选定的总体方案再做进一步的深入设计工作。初步设计所确定的总体方案只是对舰船的总体概貌做出了描述和规定,而通过技术设计,是要把舰艇本身这个大武器系统以及它所包含的各个系统和主要设备的技术状态给出明确的肯定。因此,在这一设计阶段中,要进行大量复杂、细致的协调工作,以解决好各专业之间的所有技术问题,固化全舰的技术状态。

技术设计是设计阶段中非常关键的一个阶段,全舰及各系统(分系统)、设备的主要技术性能指标的实现,通过技术设计得以解决。也就是说通过技术设计,一条具有什么样的航海性能和作战能力的舰艇的整体图像就展现在人们眼前。

在技术设计阶段,还要由总体设计单位负责编制全舰技术规格书,作为舰船检验交付的依据。技术设计结束后,将技术设计图样和技术文件送交使用部门审图机构审核,审核批准后,转入下一阶段的设计,即施工设计。

(4)施工设计阶段

施工设计也可称详细设计,是根据研制总要求和审核后的技术设计来进行的。施工设计实际上是规划如何造船的问题,因此,它要通过施工设计把船厂在造船过程中所需要的各类图纸和技术文件有机地组织好,以便船厂有效地组织生产。在施工设计过程中,必须严格地控制舰船、系统、设备的技术状态,如果确需进行更改,则必须严格按规定的程序履行报批手续。

(5)生产设计

总体设计单位在完成了施工设计后,把施工设计图样和技术文件发至船厂,各船厂根据自身的条件、管理模式等进行生产设计。生产设计是船厂按照建造技术、设备状况、工艺流程、生产组织等,根据施工设计结果绘制施工图纸,编制施工工艺和规程等文件。生产设计的内容要求详细,便于工人直接作为依据进行施工。在目前计算机辅助设计已广泛实施的情况下,生产设计相当于在计算机上模拟船舶建造的全过程。

(6)完工文件的编制

舰艇在施工建造过程中,常常会对原设计做一些更改,使舰艇建成后,实际情况同原设计相比不可避免地会有所出入。如布置的局部变动,设备型号或数量的更改,材料的代用等。新舰建造完成后通过系泊试验、航行试验以及实舰专项测试也会对有关的设计和计算做出相应的修改和完善。所有这些修改都必须根据交船前的实际情况完整地反映到相应的图纸和技术文件中去。所以完工文件的编制实际上是舰艇设计过程中的最后一个环节,也可称为完工设计。

完工文件还包括航行需要的和系统（设备）操作所需的相关使用手册。它是一套随舰交付的文件，作为今后舰艇服役期间使用、保养、维修以及日后现代化改装的重要依据。

1.3　现代舰艇的舰载系统

现代舰艇本身是一个多专业、多学科的综合集成体，是一个极为复杂的、有许多相互作用和相互依赖的系统结合而成，具有特定功能的有机整体，或者说是一个大系统。水面舰艇这个复杂的大系统原则上可分为舰体平台及其有效载荷——作战系统两大部分。舰体平台承载和输送舰载武器系统，并提供一个稳定和机动的平台，以及必不可少的辅助保障功能，而舰载武器系统依托舰体平台的支持，在全舰作战系统的协调指挥下和舰体机动的保障下，充分发挥武器的打击和防御功能。

关于舰艇内的系统分类，各国按其习惯的不同而有差异。以下介绍较为典型的分类方式，主要分为舰艇平台所属系统和作战系统所属系统两大部分。

舰艇平台所属系统：
- 动力系统
- 电力系统
- 辅助系统
- 通信系统
- 导航系统

舰艇作战系统所属系统：
- 通信系统
- 导航系统
- 雷达警戒探测系统
- 作战情报指挥系统
- 舰空导弹武器系统
- 舰舰导弹武器系统
- 火炮武器系统
- 近程防御武器系统
- 电子战系统
- 水声系统
- 水声对抗系统
- 反潜系统
- 舰载机系统

舰船辅助系统包含的内容较为广泛，包括有通风系统、空调系统、消防系统、日用水系统、舱底水系统、燃油系统、滑油系统、舵系统、救生系统、海上补给接收系统、直升机舰面系统等。

1.4　现代舰艇的作战能力

现代舰艇是海洋环境下作战的武器装备，它通过舰体平台及舰载电子、武器系统的有机配合，构成一个完整的全武器系统，充分发挥其海战中的作战能力。

1.4.1 舰艇的作战能力

舰艇的作战能力是指舰艇在具体的作战条件下,并在规定的时间内完成战斗任务的能力的综合反映和量度,不涉及作战背景、战术应用、人员素质和心理状态等可变因素。作战能力一般可采用舰艇作战系统对空作战能力、对海(岸)作战能力、对潜作战能力等方面的单项作战力来描述,也可将其综合起来描述,如综合作战能力,协调作战能力,特种作战能力等。作战系统的作战能力可通过量化指标来衡量,量化方法有很多种,常用的为三类:统计试验法,专家评估法,综合指数法。其中综合指数法较为流行,它是以舰载武器系统的性能指标为基础,借助于模糊数学、计算机模拟和专家评估的综合应用,以求得作战能力的量化值。

(1)对空作战能力

对空作战的武器装备包括有舰空导弹武器系统、火炮武器系统、近程防御武器系统和电子干扰系统。要求舰艇具备对空中目标的拦截能力和对来袭导弹的电子干扰能力。对空中目标拦截能力的要求包括对来袭空中目标的拦截距离和高低覆盖范围应满足对空防御的战术要求;对空作战武器通道数、反应时间、作战持续力均需满足舰艇对空作战需求。

舰艇还通过其雷达干扰、光电干扰能力,以降低来袭导弹的命中率。雷达干扰能力包括雷达侦察、威胁告警和干扰(有源干扰和无源干扰)功能。

(2)对海(岸)作战能力

舰艇对海(岸)的打击能力主要依靠舰舰(岸)导弹、舰炮、鱼雷、水雷以及舰载直升机及其机载武器。

对导弹和舰炮,其对目标的攻击射界、射程、作战持续力、武器通道数、单发命中概率、反应时间都应满足对海(岸)攻击的战术要求。舰舰导弹单发命中概率应能保证对海(岸)目标攻击精确性的作战需求。

舰载直升机可完成对海目标的控制,对已分配的打击目标进行超视距目标指示。舰载直升机机载武器主要由空舰导弹、鱼雷、激光炸弹等实施对海面目标的打击。

(3)对潜作战能力

现代舰艇的对潜作战依靠鱼雷、深弹等武器实施对水下目标的打击和防御能力,同时利用水声干扰能力对来袭鱼雷进行防御。

舰载火箭助飞鱼雷主要用于中程反潜需求,而管装鱼雷主要用近程反潜。反潜作战的深度范围一般不大于 270 m。

舰载直升机反潜是由直升机通过吊放式声呐测得敌潜艇位置,或通过舰机通信由舰载作战指挥系统提供敌潜艇位置,再由直升机载鱼雷或深弹实施对潜作战。

(4)其他作战能力

①综合作战能力　由二种或二种以上的舰载武器组合,形成多目标、多方位、多批次的对各种典型目标的打击和防御能力。在舰艇上一般具有对空作战武器通道、对海(岸)作战武器通道、对潜作战武器通道、电子战武器通道等,通过作战指挥系统的组合,可同时对空中、海面、陆上、水下目标进行攻击。

②协同作战能力　包括舰的编队指挥能力、舰舰协同作战能力、舰机协同作战能力、舰潜协同作战能力等。

1.4.2 舰艇平台特性

舰艇作为一个海上浮动建筑物，在海洋这一特定环境下，在航行过程中不断受到风力、海浪、洋流等自然界外力的作用；在作战环境下，还要受到各种武器的外力攻击。一个优良的、稳定的、可靠的舰体平台将为全舰作战能力的发挥提供很好的基础。

为适应舰艇远洋航行和作战需求，舰艇必须具有良好的适航性。适航性是指保证舰艇安全航行的能力，除包括应具备的各项性能（如耐波性、操纵性、快速性等）外，并在稳性、抗沉性、船体结构、各种设备、燃料、给养等方面应符合法定的要求。良好的适航性对保证舰载电子、武器、机电装备在海上有效地发挥作用及舰员操作环境的改善起着极为重要的作用。

在设计中要确保舰艇在高海况下安全航行，在中等海况下舰的运动响应值尽可能地小，以确保舰载电子、武器装备正常地使用，亦即舰艇应具有良好的耐波性。耐波性是指舰艇在波浪中的运动性能和失速性能以及为人员与舰上各系统、装备提供良好的船体运动环境条件的能力，主要包括舰艇的摇荡、砰击、上浪、飞车、失速等内容。因此，用户将根据研制需求，对舰艇的耐波性提出在规定的海况下的舰体运动响应限值，以保证舰载系统和设备的正常作业。如用户对舰艇的运动响应限值无特定的要求时，则现代舰艇在海区进行各项作业时舰体运动要素的限制要求可按规范规定的值进行耐波性设计。

在舰艇的各个设计阶段中都应对舰艇的耐波性进行理论预报和实验预报。结合舰艇活动海区的风浪资料来分析舰艇的运动响应特性，得出在不同浪高、浪向、航速组合下的舰艇主要运动响应值（纵摇、横摇、升沉、垂向加速度）。这一系列数据既用作对舰艇的耐波性评价，同时作为舰载系统、设备装舰环境设计的依据。为了更好地改善舰艇的耐波性，现代水面舰艇一般都装有减摇鳍装置，以减小高海情下的舰艇运动响应幅值，从而为舰载系统、设备、人员提供更好的海上环境。

现代舰艇在攻击和防御过程中，舰长总是要及时地机动舰艇，以使舰艇处于最佳的位置和航向，从而使舰载武器系统更有效地发挥作用，并使本舰处于最佳防御位置。因此，优良的机动能力对舰艇来说是一个重要的性能指标。

现代舰艇除具备基本操纵性能外，还必须有良好的应急操纵性能。当桨、舵局部受损时，应具有一定的保持和改变航向的能力等。

1.4.3 舰艇作战系统

作战系统（Combat System）定义为：军用平台上用于执行警戒、跟踪、目标识别、数据处理、威胁估计及控制武器完成对敌作战功能的各要素及人员的综合体。

作战系统是以指挥控制系统为核心，同舰载的各类探测设备，软、硬武器，通信，导航，舰载机等设备或系统组合而成。指挥控制系统不但是作战系统的中心，也是作战系统软件的主要运行环境与载体。指挥控制系统由作战指挥系统和火力控制系统所组成。

作战指挥系统是依照预先给定的作战原则，拟定作战方案、分配武器和给出目标指示的数据处理系统。它的主要使命任务是对收集的情报进行处理和融合，显示战场态势图像和目标的必要数据，协助指挥员迅速决策和提供人工和自动的作战指挥手段。而火力控制系统（简称为火控系统）的主要功能是控制武器设备实施对目标进行攻击。系统包括目标探测装置,火力控制计算机,接口设备和系统控制台。这二个系统都应由设备、软件和人员三部分组成。

(1)作战系统的使命

①探测监视作战环境,综合显示战区敌我态势,辅助决策;

②提供全舰作战指挥能力;

③组织与控制全舰各武器系统进行有效的攻防;

④对带有舰载机的舰艇,引导舰载机作战;

⑤与友邻(编队内其他舰艇、飞机)及岸基指挥所交换战术信息。

(2)作战系统的主要功能

①操控雷达、声呐等警戒探测设备及时发现空中、海面及水下目标;

②对所获取的目标信息作综合处理、信息融合/相关、建立航迹;

③对目标进行敌我识别、威胁判断,形成战区敌我态势显示;

④进行战术分析计算,提出交战预案,辅助指挥员战斗决策;

⑤自动/人工作出目标指示、组织武器通道、火控解算;操控软、硬武器对目标实施攻击;

⑥利用对外通信(包括数据链)建立与友邻(舰艇、飞机、岸基)的指挥联络及情报交换;通过内部通信建立本舰各战位的指挥联络;

⑦能进行故障诊断,定位与检测,以及训练模拟。

(3)作战系统反应时间

作战系统反应时间是指从探测器捕获目标起一直到武器拦截目标为止所需的时间。它是反映作战系统作战能力的最主要的指标之一。

具体的反应时间可按不同作战方式或武器通道来描述,如对空作战反应时间,对海作战反应时间,反潜作战反应时间,电子对抗反应时间,舰空导弹武器系统反应时间、近程防御武器系统反应时间等。

(4)作战系统的体系结构

作战系统体系结构主要描述了作战系统在运行中所要完成的功能和这些功能之间的相互作用,它是建立于交战过程概念的基础上。作战系统体系结构的发展趋势是建立分布式处理结构。分布式处理结构作战系统的特征是各处理单元实现物理上、功能上和控制上的分布,模块化,开放性,独立性,并行性,容错性和可扩展性。

计算机网络是实现作战系统分布式结构体系的基础。各传感器、显控台、武备等作为节点挂在计算机网络上,通过计算机软、硬件实现功能上分布、物理上分布和控制上分布,构成分布式作战系统。军用标准网络(如1553B,UDICON,SDMS,SHIPPADS)其专用性强,开发成本过高,开发周期长,效费比较低。随着商用网络技术性能的不断提高,价格不断下降,较好的商用网络技术能满足军用要求,故各国海军舰艇作战系统的计算机网络大都采用商用网络技术,最常用的有以太网、FDDI网、令牌环网。

1.5 现代舰艇的作战适用性

1.5.1 兼容性

现代舰艇上的各类系统和设备的设计中，一方面要注意充分发挥其性能，另一方面也要充分考虑到对舰上特定物理环境的适应，使相关的系统（设备）在一定的条件下相互兼容，确保正常运行。所谓“兼容”，即是能同时容纳几个方面，使它们在一定条件下共存。“兼容性”设计，既是舰艇总体设计中的一个极为重要的内容，也是舰上各类系统、设备在其本身性能、结构设计中必须考虑并涉及的重要内容。舰总体对于上舰安装的各类系统、设备要提出具体的“兼容性”要求和技术指标。

兼容性涉及多方面的内容，在这里主要论及电磁兼容性、声兼容性以及火力兼容性。

(1)电磁兼容性(EMC)

电子、电气、计算机、控制技术的迅速发展，使之在水面舰艇上的应用越来越广泛。在舰艇这一有限空间内，电气、电子设备的密度急剧增加，设备的发射功率越来越大，接收机的灵敏度越来越高，无线电频谱日益拥挤，以致舰艇有限空间内的电磁环境日趋恶化。

电磁干扰(EMI)问题已严重地影响到舰上各类装备的战术技术性能的有效发挥，同时对于舰上的弹药、燃油和人员的安全也带来很大的隐患，这些都导致对全舰作战能力的有效发挥。电磁干扰现象可以造成导弹早爆或哑弹，通信距离缩短和噪声增大，雷达虚警，导航误差，计算机误码，火工品误引爆，燃油引爆等等。因此，如何使处于同一电磁环境下的众多系统、设备不产生相互干扰，并且能正常运行，就是电磁兼容性所要解决的关键问题。

舰上的电磁兼容性问题受到各国海军和舰艇研制部门的高度重视，并且列为舰艇研制中的一个极为重要的战术技术性能指标，是检验武器装备基本特性的依据之一。

水面舰艇电磁兼容性问题必须在舰总体、系统、设备研制的初期，即方案论证阶段就开始考虑，并贯彻于研制过程的各个阶段。实现系统电磁兼容性的关键是切实做好各设计阶段中的电磁兼容设计。

对于水面舰艇这样一个复杂的武器装备，其电磁兼容设计必须贯穿到各个层次中，即舰总体级、系统级、分系统级、设备级、电路组件级。舰总体本身是个大系统，从大系统到各级系统要做好系统电磁兼容性设计。系统电磁兼容性设计就是把系统的电磁兼容性要求综合进系统的功能性设计中去，电磁兼容性与功能性设计同时进行。此外，还应把系统电磁兼容性综合进分系统、设备的电磁兼容性要求里去，同分系统、设备的功能性设计一并进行。

对于一个复杂而完整的系统进行电磁兼容性设计，首先要分析并确定任务的电磁环境，预计系统要完成全部功能所处的最严重、恶劣的电磁环境；再根据实际电磁环境，编制系统电磁环境要求；然后选用现行有效的标准或经剪裁的标准，编制电磁兼容性实施大纲。对系统、分系统及其所选设备的工作频率、频谱特性进行电磁兼容分析，研究它们的相关影响，预计干扰和敏感特性，采取措施使之尽可能不产生预期的电磁干扰。

在实船试验阶段要对舰的电磁兼容性进行检查和测试。在系泊试验时要检查露天部位的装舰设备及索具、舱内电气及电子设备、进入屏蔽舱的电缆和管路等的接地线及接地电阻;检查屏蔽舱室内的场强及屏蔽舱室的实际屏蔽效果;测量发射天线附近人员活动场所的场强;测量武器发射装置的感应电压;测量相关武器装备附近的电磁场强;检查电磁收发设备之间同时工作时的相互干扰情况;检查用电设备同时工作时的相互干扰情况。在航行试验阶段,当舰锚泊或航行于开阔海面时,检查电磁收发设备之间同时工作时的相互干扰情况。

(2)声兼容性

①水声兼容性　舰载水声系统和水声对抗系统是水面舰艇重要的反潜战武器装备,作为系统组成中的声呐等水下侦听设备常处在受舰艇自噪声干扰的环境中,为了确保装备性能的发挥,必须对舰艇在各种航行工况下,水下设备基阵安装部位的舰艇水下自噪声指标进行控制。

自噪声是舰艇航行产生并被本舰水下侦听设备接收到的水噪声。机械噪声、螺旋桨噪声、水动力噪声是自噪声的三种主要噪声源,每一种噪声源所产生的声和振动通过不同传播途径到达本舰水下侦听设备处,从而形成干扰,影响了装备的性能。因此,降低舰艇本身引起的自噪声极为重要。在相同的条件下,若自噪声级下降 10 dB,则设备的探测距离将增加到原来的 2 ~ 3 倍。

为了控制自噪声对水下侦听设备的不利影响,在舰艇总体设计中对装舰设备的振动和空气噪声须提出限值要求,并且要在设计中采取必要的隔振、阻尼、隔声等减振降噪措施。对于水声设备,在研制中也应充分考虑到舰艇的特定环境,在其线路、信号处理等设计中采取措施,提高抗水下自噪声的能力。

②空气声兼容性　舰船空气声是指空气介质中人耳可以听到的频段内的噪声(20 Hz ~ 20 kHz)。空气声对舰船来说是一种有害无益的噪声。舰员长期处在这样的噪声环境中会使人心烦、注意力分散,严重的甚至会引发疾病。噪声太大还会干扰舰员之间的语言交流,影响语音通信系统的正常工作。各类声响提示和报警装置的声信号也易被空气噪声所淹没。空气噪声还会透过舰壳向水中辐射,从而增大了水噪声,其形成的自噪声会对本舰水下侦听装置产生干扰。

舰艇空气声主要是由舰载机电设备引起的。这些噪声源不仅直接向空气中辐射噪声,而且由它们产生的振动经基座传递到船体构架,再由船体构架中的薄弱的板材振动向空中辐射噪声。此外,螺旋桨的水动力产生的船体局部振动也可传递到船体结构薄弱处引起振动并向空中辐射噪声。

因此,除了舰总体设计中要注意减少空气声场的危害外,装舰设备的语音通信系统应在设计中采取适当措施,提高抗背景噪声的能力并能正常工作。声响报警装置设计中也应避免受空气噪声淹没的影响,规范建议其频率范围取在200 Hz ~ 2 500 Hz,且声压级至少应高于背景6 dB(A)。

舰载武器在舰艇上发射时会产生很强的脉冲噪声,必须控制在一定的安全限值内,以保证不会对人员造成危害。

(3)火力兼容性

舰艇上两个或两个以上的武器同时使用情况下,为避免和消除对多目标交叉射击时,在近距离可能出现的危险和不利影响,必须采取火力兼容措施。

在舰艇总体设计中,对舰载武器位置布置及武器安全射界的设计,必须充分考虑到避免舰载武器交叉射击时的相互干扰,达到火力兼容,确保充分发挥舰载武器的综合作战效能。必要时,应在舰上设置舰载武器火力兼容控制设备,或在作战指挥控制系统中设置舰载武器火力兼容控制单元,统一实施舰载武器的火力兼容控制。在火力兼容控制设备或控制单元的设计中,合理地确定火力兼容控制所需的时间安全域和空间安全域,综合权衡确定火力兼容控制的武器使用优先级别,采取多种有效的软件、硬件安全控制技术措施,确保舰载武器在同时使用时的火力兼容及本舰安全。

1.5.2 隐蔽性

在高技术条件的海战中,现代舰艇面对来自空中、现代和水下的威胁。探测技术的快速发展使得现代舰艇这一海上机动目标更容易被敌方发现、跟踪和识别。探测设备主要是通过探测舰艇物理场的特征信号来发现、跟踪和识别舰艇,因此,尽可能地减小舰艇各类物理场的目标信号特征值,对于提高舰艇自身防卫能力就显得极为重要。

现代舰艇的物理场主要有电磁场、声场、热力场、磁场、电场、光场、水压场、尾流场等。通过设计来减少舰艇这些物理场的信号特征值,提高舰艇的隐蔽性,这就是舰艇设计中的隐蔽性设计,或隐身设计。

用户对现代舰艇的研制中有具体的隐蔽性要求,总体设计中要根据不同的需要来降低舰艇的雷达波反射、电磁辐射、水下辐射噪声、红外辐射、声目标强度、磁特性、光辐射、水压场、尾流场等各种物理场特征值。在总体设计的各设计阶段中,应对隐蔽性进行预测或估算,不断地发现问题,在总体、系统、设备的设计中共同采取各种改进措施。

有关舰艇隐蔽性设计的内容可参阅有关专门的著作和文献,在此仅对雷达波隐身、声隐身和红外隐身作简要叙述。

(1)雷达波隐身设计

水面舰艇作为一个海上目标被敌方雷达照射后,一部分照射功率被舰艇本身吸收了,另一部分则向各个方向辐射出去。在某一给定方向上的散射功率的度量是用目标有效散射截面积 σ 来表征,又称雷达截面积(Radar Cross Saction—RCS)。实际目标的雷达截面积大小与目标性质、形状、照射角度和照射波的极化方向有关。

RCS 通常用平方米(m^2)来表示。但由于 RCS 值的动态范围很大,通常也用相对 $1m^2$ 的分贝值(dB_{sm}),即用对数方式来表达。二者的转换关系为 $RCS/dB_{sm} = 10 \cdot \lg(RCS/m^2)$。

现代舰艇雷达隐身设计的目的是减少舰艇本身的雷达截面积,使其难以被敌方的雷达发现、跟踪和识别。使舰艇的雷达截面积降低到与海面杂波一样大小是最理想的,这样,舰艇的雷达特征信号就淹没在海洋环境中,搜索雷达和反舰导弹的末制导雷达就不可能捕获或识别舰艇目标。当然,对于舰艇这样的大尺寸的复杂金属结构物是难以做到的,即使技术上能实现这一点,在经济上也是难以承受的。

雷达隐身设计主要通过外形技术和吸波材料来实现。对现代舰艇水线面以上的外形设计中应避免邻近各表面相互垂直;应注意使平面法线方向偏离威胁方向,必要时外壁应向内或向外倾斜。尽量减少暴露在露天空间的武备、电子设备、甲板机械、舾装件及其他凸出体,同时还应避免它们相互间形成角反射体。

吸波材料的应用主要是根据舰艇雷达波隐身战术技术中的威胁特征、威胁方向和威胁频段来选取雷达波吸收材料。雷达波吸收材料分为两类,结构型雷达波吸收材料是用来制作结构件;涂敷型雷达波吸收材料是用来涂刷或粘敷于金属表面。

在雷达隐身设计中,雷达波反射的威胁频段一般应针对(2 ~ 18) GHz;针对敌方搜索应侧重(2～12) GHz,针对敌方跟踪及末制导应侧重(8～18) GHz。

(2)声隐身

声隐身的目的是为了躲避声呐的探测和水中音响兵器(音响水雷、音响自导鱼雷等)的攻击。对现代舰艇声隐身设计来说,主要是降低舰艇的水下辐射噪声。

现代舰艇的水下辐射噪声的主要噪声源有机械噪声源、螺旋桨噪声源和舰体水动力噪声源等。不同航行工况下的主要噪声源亦有所不同。

在舰艇设计中应针对本舰具体情况,采取各种合理、有效的措施,以减小水下辐射噪声。尽量选用结构振动加速度较小的主、辅机设备;采用低噪音推进器(如五叶侧斜螺旋桨);对动力机械设备和管路系统采取隔振措施(包括双层隔振系统、浮筏技术等);利用阻尼降噪技术解决宽频带振动的控制与减小声辐射(如对船体表面、水下附体、主辅机舱船体内表面等);优化舰体及附体线型设计,改善艉部流场;优化船体水下开孔外型及布置等。

(3)红外隐身

现代舰艇本身是一个发热物体,是具有红外辐射的目标,其红外辐射的能量通过大气传播而被红外探测器或红外制导导弹所接收。舰艇动力装置的排烟是舰艇最主要的红外辐射源;船体本身也是个辐射源,尤其是甲板能形成良好的辐射面;舰艇航行所引成的尾流和船波与海面造成的温差也会产生辐射。红外遥感成像可清晰地展现出舰船的外形和航迹。

舰船的红外辐射经大气扩散传播。大气中的各种气体对不同波段的红外辐射有不同程度的吸收。但有三个波段范围的红外辐射(1～2.5 μm,3～5 μm,8～13 μm)能透过大气,即所谓"大气窗口"。

舰艇红外隐身主要是设法降低舰艇热辐射源的温度以及改变自身红外辐射特性,并尽量使其温度与周围温度相接近,从而降低被敌方红外探测设备的发现概率和被红外制导导弹的命中概率。因此,舰艇红外隐身技术的基本思路是降温、屏蔽。

在舰船设计过程中,根据需要进行必要的模型试验和理论分析,为合理地进行红外辐射抑制设计提供依据。对3～5 μm波段的红外辐射抑制,主要应考虑对舰船排烟管及所排烟气等高温源的温度控制;对于8～14 μm波段的红外辐射抑制除考虑上述高温源控制外,还应使舰船表面温度及反射率尽可能与海洋环境相一致。

为对抗红外制导导弹攻击,除舰艇本身的红外隐身措施外,还可应用红外对抗技术,如施放烟幕、红外箔条等无源干扰和红外干扰机、红外闪光弹等有源干扰。

1.5.3 生命力

生命力也称生存能力,是舰艇在对敌作战中遭受攻击后,能继续保持战斗力,或以最大可能恢复战斗力的性能。生命力的强弱与舰艇性能、防护措施、损害管制系统的功能以及人员的训练素质直接有关。

现代舰艇要在威胁环境下生存,首先要依靠自身的电子、武器装备组成的防御系统,有效地防止本舰被敌方侦察、识别、瞄准、攻击和击中,这一性能反映了舰的易受攻击性;舰艇如不能消除威胁和避免被敌方击中,则舰艇的受损程度对舰的生存起了很大的影响。舰的受损程度反映了舰的易损性,而易损性的评估就是指舰艇被敌方武器击中后对舰艇或其系统产生的影响。因此,要提高舰艇的生命力,就必须尽力减小舰的易受攻击性和易损性。

减小易受攻击性可以通过降低舰的特征信号(雷达截面积,红外,噪声,……)防止被探测,采用干扰措施以防止被跟踪,利用假目标等诱骗措施避开武器攻击,应用自身防御系统摧毁来袭武器等措施来实现。

易损性的降低措施必须在设计的初期就进行,这样就可降低舰艇在遭受武器攻击、海损或其他事故破损后沉没的概率,以及降低为舰艇主要使命提供支持的舰艇系统的损失概率。降低易损性主要通过布置设计、冗余度、保护措施、设备加固、损害抑制措施等来实现。

生命力是提高舰艇作战能力的一个极为重要的因素,体现了一艘舰艇战斗力发挥的潜能。同生命力有关的多数设计问题,如分舱、布置等在初步设计阶段已确定,在设计后期要想改变很难。因此,生命力和安全性必须在设计初期阶段就给予高度重视。

1.5.4 居住性

舰艇上的空间有限,又布置了大量的设备,人员工作和生活的环境比较差。因此,改善舰员的工作和生活条件以及控制好舰艇环境条件,对于舰员战斗力的提高起着重要的作用。所谓居住性也即确定舰上舰员的生活和日常服务设施的舰船特性。舰艇设计师应根据舰艇的排水量大小、推进装置的类型、人员编制的状况、装舰设备的数量等对居住性进行综合协调,尽最大可能改善舰员的舱室环境和居住条件,并保证生活设施功能的发挥。

控制好舱室环境对改善舰员居住环境起着非常重要的作用。舱室环境控制主要涉及温湿度、通风、噪声、振动、照明、色彩、防污、防护等方面。需要进行环境控制的舱室一般可分为空调舱室、通风舱室以及非通风舱室。空调舱室一般包括有居住舱、活动室、餐厅、医疗室、工作舱室、弹药舱及其他需要设置空调的舱室。在舰艇舱室噪声控制中,按语言交谈距离的清晰度或其他的功能要求对空气噪声舱室进行分类控制。规范将其从A至F划分成六类,对各类舱室的空气噪声限值提出具体要求,A类要求最高,如作战室、驾驶室等。舱室的振动也是根据舰艇的工作和生活环境,对振动的要求分为三类区域。Ⅰ类区域是注意力集中、工作精度要求高的工作舱室或区域,以及需要保持舒适的生活环境的舱室或区域,如声呐室、控制部位、舰首长住室等;Ⅱ类为居住区内的保证舰员休息、学习和工作的场所,如住舱、餐厅、会议室等;Ⅲ类为人员停留或工作时间较短的场所。在舰艇的防污方面,除须满足规范要求外,还应遵守《中华人民共和国海洋环境保护法》和《1973年国际防止船舶造成污染公约及其1978年议定书》所规定的条款。

在居住条件方面,规范对于居住舱室、休息场所、膳务处所、卫生舱室、服务舱室、医疗舱室等及其相应的设施都提出了具体的要求。

总之,鉴于现代舰艇的现实状况,对于舰员的生活和工作条件在舰艇设计中必须给以高度重视。良好的居住性设计将为良好的人-机-环系统提供一个很好的基础。

1.5.5 可靠性

可靠性是指产品在规定的时间内、规定的条件下完成规定功能的能力。由于舰艇作为一个武器装备所固有的复杂性,所以舰艇的可靠性与设计、研制、生产、检验、使用与维修各阶段中诸多因素有关。装备的可靠性首先是设计出来的,同时也是生产和管理出来的。可靠性设计不仅确定了舰艇武器装备完成任务的概率,同时对其所需要的维修人力要求和后勤保障工作将产生很大的影响。

规范对舰船及系统提出了可靠性定量和定性要求,以及设计实施与评估要求。使用部门在论证阶段提出可靠性大纲要求,研制部门在方案阶段根据可靠性大纲、规范及有关标准制定并实施可靠性大纲。在舰船设计阶段,进行可靠性、性能及其他质量特性的同步设计。

在可靠性设计实施过程中,要进行可靠性建模;可靠性分配;可靠性预计;制定可靠性设计准则;故障模式、影响及危害度分析;故障树分析等工作,最后要对舰艇总体、系统的可靠性进行评估。

舰艇的可靠性分析是一个相当复杂的工作,应从方案阶段开始,并随着设计工作的不断深入和可靠性模型的逐步细化反复进行。可靠性设计准则应由设计师系统编制,在方案阶段早期,应制定供方案选择、确定总体布局时遵循的较简化的可靠性设计准则。在技术设计前应制定详细的可靠性设计准则。

1.5.6 安全性

安全性是指不发生事故的能力,也即是指建立一种环境,使人员在这种环境下生活与工作感受的危险或危害是已知的、清楚的,并且是可以控制在可接受的水平上。

对于舰艇可能遭遇的危险,规范按其严重程度划分为四个等级。

Ⅰ等(灾难的) 人员死亡或系统报废;

Ⅱ等(严重的) 人员严重受伤、严重职业病或系统严重损坏;

Ⅲ等(轻度的) 人员轻度受伤、轻度职业病或系统轻度损坏;

Ⅳ等(轻微的) 轻于Ⅲ级的损伤。

舰艇上的系统为了安全使用必须采取必要的安全措施,首先应用最小风险设计在设计上消除危险。若不能通过设计消除已判定的危险或不能通过设计方案选择满足订货方的要求,则应采用永久性的、自动的或其他安全防护装置。若安全装置都不能有效地消除已判定的危险,则应该采用报警装置来检测出危险状况,并向有关人员发出适当的报警信号。当上述措施还不足以消除这些危险发生的可能,则应通过制订专门的安全操作规程和对人员进行专门的培训,来提高系统运行的安全性。

对于Ⅰ级和Ⅱ级危险,决不能仅仅使用报警、注意事项或者其他形式的提醒方式作为唯一的减少风险的方法,必须制订专用的规程,包括个人防护装置的使用方法。

安全性的问题首先要在设计中给予充分重视,对于系统安全性设计一般要求如下。

①通过设计(包括器材的选择和代用)来消除已判定的危险或减少有关的风险。当必须使用有潜在危险的器材时,应选择在系统寿命周期内风险最小者。

②危险的物质、零部件和操作应与其他活动、区域、人员及不相容的器材隔离。

③设备的位置安排应使工作人员在操作、保养、维护、修理或调整过程中,尽量避免危险(如电磁辐射、高压电、尖锐部分等)。

④尽量减少恶劣环境条件所导致的危险(如温度、压力、加速度、振动、冲击、噪声、毒性等)。

⑤系统设计时应尽量减少在系统使用和保障中因人为差错所导致的风险。

⑥为把不能消除的危险所形成的风险减少到最低程度,应该在设计中考虑采取一些补偿措施,包括连锁、冗余度、故障安全保护设计、系统防护等。

⑦当各种补偿措施采取后还不能消除可能存在的危险时,则必须在装配、使用、维护保养说明书中给出警示性注意事项,并在危险零部件、器材、设备和设施上标出醒目标记,以

使人员、设备得到保护。

在舰艇的总体、系统、设备的各层次设计、建造、试验、使用、维护、修理中一定要把安全性放在第一位，尤其是人员的安全。在所有的过程中，都必须按照严格的规程进行工作，万一发生事故时，尽量减轻事故中人员的伤害和设备的损坏。

1.5.7 维修性

维修性又称可维性，是指装备的可维护、保养和修理的特性，表现为在给定的条件和时间内，按规定的方式方法进行维修时，系统、设备保持和恢复良好状态的可能性。

使用部门在论证阶段提出维修性大纲要求，而承制方依据此要求及相关的规范和标准制定并实施维修性大纲。在舰船设计阶段，应进行维修性、性能及其他质量特性的同步设计。舰船的维修性工作应以发现和纠正设计的缺陷为重点，通过采取行之有效的维修性设计、分析和试验技术来实现。

在实施维修性设计时，首先要进行维修性建模，接着按此模型进行维修性分配，并且随模型的修改而相应更改维修性分配指标。维修性定量要求的分析，只需要进行到对所分配的维修性指标值有直接影响的硬件层项和维修级别。对于规定的维修性级别应进行维修性预计。必要时，应按规定的每项使用和维修保障方案分别进行预计。一般地讲，维修性预计应尽早进行，并适时进行修正。

在舰船总体和系统（设备）设计中应制定相应的维修性设计准则，其内容包括有可达性设计、可换性设计、防差错设计、维修安全设计、检测诊断设计、贵重件的可修复性设计、不工作状态的维修性设计、维修中的工程设计、简化设计、原位维修设计等。

舰的维修体制根据海军规范和舰艇条例规定，分为三级维修。

一级维修为舰员级维修，由舰员利用舰载设施、备件在舰上进行。

二级维修为中继级维修，由修理队、修理船等维修设施和专业维修人员在舰艇泊岸或在海上进行。

三级维修为基地维修，由军内（外）修（造）船厂进行。

为提高舰艇的战备完好性和任务成功性，舰艇要进行预防性维修和计划性维修。预防性维修主要是完成日检修，周检修，月检修和航行检修规定的任务。计划性维修包括坞修、小修和中修。

坞修　定期检修保养，目的是清除舰体污锈，设备检修保养和排除故障。

小修　定期对舰体及各装备进行局部拆检修理，使舰艇基本保持其正常技术状态。

中修　定期对舰体及各装备进行全面的拆检修理，使舰艇基本保持或恢复战术技术性能。

1.5.8 保障性

保障性是指装备的设计特性和拟订的保障资源能满足平时战备及战时使用要求的能力。装备的保障性是通过可靠性设计、维修性设计和测试性设计等来保证的，是一个复杂的系统工程，也是关系到战斗力发挥的重要因素。

保障性的定量要求包括保障性设计参数、保障资源参数和保障费用参数。在论证阶段，使用部门从保证战备完好性的要求出发，提出初步的保障性设计参数和保障资源参数的目标值和门限值。而保障费用参数是作为确定保障设计参数和保障资源参数定量要求的一个约束条件,常用每工作小时的平均保障费用表示。在方案阶段承制方按军标规定,将保障性设计参数和保障性资源参数的目标值和门限值转换为规定值或最低可接受值。在这过程中要通过保障性分析,以使保障性定量要求与费用、进度、性能要求之间达到最佳的平衡。

保障性的定性要求中对于舰船及其系统要求操作与维修简单、方便、易于培训;必须为操作和维修人员提供必要的培训教材和培训器材;装备运输应适合多种运输方法和多种运输工具;在包装、标志与储存方面,应做到便于开启、易于识别、能长期储存;产品使用说明书、维护手册等资料、文档须齐全;保障设备应配套齐全、经久耐用,又尽可能减少品种、规格,且易于取用。

舰员级维修所需的工具、仪表、备品备件配置在舰上。规范要求随舰备品备件的范围和数量按 90 天航行期的维修要求设计。中继级维修由专业修理队或修理船在泊岸或海上进行,相应的器材设备纳入基地备件,不配置在舰上。基地级维修由船厂进行。

维修用器材随舰交付。总体设计单位编制备品备件清单和供应品明细表,配置的品种和数量在相关系统设备的技术规格书中注明。维护保养用技术文件分别由舰总体单位和系统、设备责任单位随设备供应,在相关的技术规格书中注明。

舰员的培训工作由订货方(军方)统一安排,承制方负责编制大纲、教材及组织培训。培训对象为操作人员、维修人员、管理人员。培训包括理论培训和实操培训。培训应在交舰前完成,培训结束后,经考核合格后由承制方颁发结业证。

1.6 设计检验

舰船总体、系统、设备设计和建造的最终检验是通过实船试验来实现。实船试验包括在舰艇建造厂的码头进行的系泊试验,以及在具备海上试验条件的海区进行的航行试验。由于舰船的航行试验项目较多,且电子、武器装备的海上功能试验还需要其他各类舰艇、飞机等兵力的协助,所以航行试验可以根据情况分阶段进行,以利于安排。

实船试验是舰船研制过程中的重要环节,舰船建造规范对系泊试验和航行试验的要求制定了相应的规定。军方用户的验收委员会依据实船试验的最终结果进行评估,对照舰船技术规格书的要求,作出交船验收的结论。

当今的水面舰船其先进性越来越好,复杂程度也越来越高,相应的新研系统和设备上舰,新技术、新材料、新工艺的大量采用,不断提高了舰船的战技水平和研制质量,但同时也带来了更大更多的技术风险,许多问题到实船试验再暴露就为时已晚。因此,设备充分的陆上试验以及系统的陆上联调试验就显得格外重要。

1.6.1 系统陆上联调试验

舰船的主要系统及其设备在装舰之前,在陆上进行仿真或成套试验情况下,对系统联动功能、控制和操纵、显示的正确性进行考核验证,目的是为降低系统(设备)上舰调试所带来的技术风险。

联调试验应循序渐进,在设备、分系统功能调试合格后,才能进入系统联调试验。

联调试验项目包括有:系统成套性检查;设备(单机)技术状态检查;系统接口正确性检查;系统主要战术技术指标测试;系统联动功能检查;系统连续工作试验;仿真试验或真实目标试验。

1.6.2 系泊试验

系泊试验是舰船在系泊状态下对舰船的动力装置、机电设备、电子设备和武器装备进行一系列的实效性试验,用以检验安装质量和运行性能,从而为航行试验做准备。

在试验前需编制系泊试验大纲,经审查通过后,再编制供实施用的试验册,并制订详细的试验计划。

在系泊试验过程中将验证装舰设备成套性和安装质量,对总体性能以及装舰设备、系统进行系泊条件下的性能测定、功能检查和运转试验,检查系统工作的协调性,为航行试验做好准备。对于能在系泊条件下进行验收项目可以进行验收。

进行系泊试验的基本条件为船体建造完工,设备、系统正确安装结束,试验文件齐全,测试仪器仪表和设备符合精度要求,油、水以及备配件等保障条件具备。参加试验的装备应先行根据研制(或生产)单位编制的专用技术条件进行出厂验收试验,并持有产品合格证及军检合格证明。

系泊试验前,各系统、设备应完成单机恢复调试。各系统、设备责任单位应派专人参加所负责的系统、设备的试验,并携带专用工具和测试仪器、仪表、工具等。

在系泊试验过程中,应及时、正确地记录试验情况,如发现问题必须及时采取措施。对于首制舰,每一试验项目结束后,都由船厂、用户代表和技术责任单位共同签署试验报告。

系泊试验项目一般包括:舰船状态检查;环境水文、气象条件检查;舰船装置、设备(单机)性能试验;舰船主要技术指标检查;系统设备完整性检查;系统接口正确性检查;系统联动功能检查;系统持续工作试验。

1.6.3 航行试验

航行试验是舰船在航行状态下,对舰船的总体性能、船体结构、动力系统、电力系统、、舰船辅助系统、船体属具和舱室设备、导航系统、通信系统、雷达警戒探测系统、作战指挥系统、导弹武器系统、火炮武器系统、反潜武器系统、水声及水声对抗系统、电子战系统、舰载机系统以及全舰作战系统等进行一系列的实效试验。

在航行试验阶段将对舰船的总体性能、船体结构、机电设备以及各电子、武器系统的性能和战术技术指标进行测定和测量,检查舰总体及其系统、设备设计和建造是否符合舰总体技术规格书的要求。

在试验前需编制航行试验大纲,经审查通过后再编制供具体实施用的航行试验册,并制定航行试验计划。航行试验大纲和系泊试验大纲通常同时编制并提交审查。航行试验计划应由船厂根据试验大纲和试验册进行编制,航行试验计划需经用户方代表认可。

进行航行试验的基本条件是系泊试验结束,倾斜试验合格,试验文件齐全,测试仪器、仪表和设备符合精度要求,油、水以及备配件等保障条件具备,安全措施落实。

航行试验的项目一般包括:舰艇状态检查;航行环境水文、气象条件检查;舰艇装置、设备(单机)功能试验;舰艇主要战术技术指标检验;设备(单机)检验;系统联动效能试验;系统耐久性试验。

在每次航行试验前,应根据实际的装载情况进行稳性检查,以保证航行试验的安全。在试航期间,必须注意安全和救护设施的配备,对装备要进行正确的操作和保养。试验时,原则上是按照先设备、后系统、最后是全舰作战系统的顺序进行。

1.6.4 专项试验

舰艇作为一种用于作战的特种工作船,同各类专用工作船一样尚需进行工作性能试验,称为专项试验。专项试验是在舰船交付部队后,在专门安排的扩大性试航中进行,由舰员进行操作。

专项试验中必须对专项试验大纲中规定的舰船艇总体、电子及武器系统等特种项目进行考核验证。如高海情适航性试验、探测器精度试验、武器打靶试验等。

第 2 章　舰艇航行性能

2.1　概　　述

现代舰艇为了完成其作战使命，必须具有两种基本性能，即作战使用性能和航行性能，其中航行性能是作战使用性能的保障。舰艇的航行性能是指舰艇以规定的装载状态，在规定的水域，沿着确定的航线，以一定的速度、安全准确到达目的地的能力，主要包括浮性、稳性、不沉性、快速性、耐波性和操纵性等性能。

通常将浮性、稳性、不沉性称为舰艇的静力性能、快速性、耐波性和操纵性称为舰艇的动力性能。

现代舰艇航行性能的优劣直接影响到舰艇的生命力和舰艇使命任务的完成，而现代舰艇航行性能要靠设计优良的船型来保证，因此舰艇的主尺度和船型系数的确定及型线的设计就显得尤为重要。本章主要介绍舰艇的型线设计和舰艇浮性、稳性、不沉性、快速性、耐波性、操纵性等性能及舰艇实船航行性能试验等方面的内容。

2.2　舰艇型线设计

舰艇型线设计通常包含两个方面，一方面是舰艇主尺度和船型系数的确定，另一方面是在主尺度和船型系数确定后，型线的设计和绘制。

2.2.1　舰艇的几何特征

通常舰艇的船体是一个具有复杂外表面的空间体，对于这种不规则的空间几何体，很难用简单的数学公式来表达，一般是采用船体型线图来表达船体几何形状，用主尺度、船型系数和主尺度比来描述船体几何特征。

(1)船体型线图

船体表面是一个复杂的空间曲面，用三个互相垂直的平面与船体相交，将交线投影到三个互相垂直的视图上，就构成了船体型线图，见图 2－1。

型线图上一般还附有型值表，表上注明 0～20 各站的水线半宽和纵剖线高度。它们是船体形状的数值量度。型线图上有三个特别重要的剖面：中横剖面、中纵剖面和设计水线面，见图2－2。三个特征剖面的外形轮廓，在很大程度上决定了舰艇的艏艉形状和水线形状。

型线图完整地表示了船体的形状。它既是工厂船体建造施工的重要依据，又是舰艇各项性能计算的基础。因此，对型线图绘制的精度要求较高，三个视图上除了投影的点要准确外，还要求曲线光顺和协调一致。

型　值　表

站号＼数据	半宽 龙骨 0号水线	1 000 2号水线	2 000 4号水线	3 000 6号水线	4 000 8号水线	设计水线	6 000 12号水线	甲板边线	舷艢折线	舷艢边线	高度 龙骨	Ⅰ	Ⅱ	Ⅲ	Ⅳ	甲板边线	甲板中心线	舷艢折线	舷艢边线
0	0.0	—	—	—	—	0.0	379.1	3 157.8	3 380.0	3 300.0	4 600.0	9 136.2	12 507.3	—	—	12 830.0	12 853.2	13 286.8	13 683.0
1	110.0	352.8	608.3	889.5	1 177.7	1 370.1	1 880.0	4 757.5	4 895.0	4 795.0	0.0	4 977.7	8 650.5	11 954.1	—	12 510.0	12 562.6	12 812.0	13 478.0
2	225.0	889.1	1 523.7	1 977.9	2 412.3	2 674.7	3 290.8	6 002.9	6 110.0	5 980.0	0.0	1 955.5	5 341.6	8 724.6	12 098.7	12 105.0	12 188.8	12 333.3	13 273.0
3	300.0	1 412.3	2 385.6	3 041.0	3 614.8	3 925.7	4 589.8	6 832.8	6 900.0	6 750.0	0.0	1 078.9	2 932.2	5 801.3	9 429.7	11 650.0	11 758.6	11 860.0	13 068.0
4	300.0	1 958.7	3 226.3	4 076.8	4 727.5	5 044.4	5 662.0	7 445.1	7 500.0	7 335.0	0.0	709.6	1 782.7	3 618.2	6 862.3	11 210.0	11 338.9	11 400.0	12 863.0
5	300.0	2 531.0	4 056.1	5 030.7	5 657.8	5 947.2	6 505.8	7 903.8	7 930.0	—	0.0	506.9	1 257.9	2 398.0	4 719.2	10 800.0	10 945.2	11 000.7	—
6	300.0	3 117.6	4 849.6	5 838.3	6 420.9	6 676.7	7 142.8	8 187.7	8 205.0	—	0.0	385.5	949.5	1 749.9	3 235.3	10 460.0	10 615.9	10 670.6	—
7	300.0	3 721.8	5 588.0	6 505.0	7 018.8	7 224.8	7 583.2	8 375.2	8 085.0	—	0.0	297.8	743.9	1 336.3	2 369.9	10 226.0	10 390.0	10 427.4	—
8	300.0	4 347.2	6 215.5	7 016.1	7 440.1	7 602.3	7 873.9	8 496.0	8 520.0	—	0.0	234.0	590.6	1 056.0	1 828.5	10 064.6	10 232.5	10 250.2	—
9	300.0	4 888.8	6 641.5	7 355.7	7 708.1	7 839.0	8 060.6	8 558.8	8 580.0	—	0.0	193.0	492.7	874.8	1 513.2	9 929.4	10 099.9	10 106.8	—
10	300.0	5 271.0	6 913.4	7 557.2	7 853.6	7 963.8	8 155.7	8 592.2	8 611.4	—	0.0	171.8	435.6	772.3	1 317.5	9 836.1	10 007.8	10 020.7	—
11	300.0	5 420.0	7 050.0	7 640.0	7 900.0	8 000.0	8 175.0	8 600.0	8 622.0	—	0.0	165.9	417.9	732.8	1 231.7	9 800.0	9 972.0	10 000.0	—
12	300.0	5 259.2	6 945.8	7 568.9	7 860.4	7 957.7	8 158.0	8 592.0	—	—	0.0	174.2	437.1	766.7	1 316.1	9 800.3	9 972.0	—	—
13	300.0	4 799.6	6 607.1	7 370.9	7 735.6	7 866.3	8 082.8	8 550.0	—	—	0.0	194.0	490.9	596.0	1 557.2	9 802.0	9 972.0	—	—
14	300.0	4 013.6	5 983.3	7 025.5	7 531.8	7 705.8	7 960.9	8 470.0	—	—	0.0	244.3	649.5	1 198.2	2 011.7	9 805.8	9 972.0	—	—
15	300.0	2 897.2	4 975.1	6 482.5	7 259.8	7 498.3	7 816.1	8 380.0	—	—	0.0	450.9	1 046.5	1 750.0	2 625.9	9 829.0	9 992.0	—	—
16	300.0	1 182.2	3 419.5	5 601.2	6 916.4	7 246.6	7 663.6	8 280.0	—	—	610.0	1 141.0	1 811.5	2 486.2	3 211.8	9 865.4	10 024.8	—	—
17	300.0	—	849.1	4 062.1	6 435.6	6 951.0	7 506.4	8 156.0	—	—	1 830.0	2 201.9	2 667.8	3 139.3	3 716.6	9 903.9	10 058.5	—	—
18	300.0	—	—	1 320.0	5 593.9	6 615.6	7 335.2	7 999.0	—	—	2 800.0	3 035.4	3 335.6	3 672.9	4 169.9	9 943.5	10 092.3	—	—
19	300.0	—	—	—	4 002.0	6 248.0	7 126.6	7 826.0	—	—	3 480.0	3 626.0	3 837.1	4 087.4	4 463.8	9 983.7	10 126.1	—	—
20	300.0	—	—	—	—	5 870.0	6 850.0	7 610.7	—	—	4 600.0	4 600.0	4 600.0	4 600.0	4 674.6	10 025.4	10 160.0	—	—
尾板	300.0	—	—	—	1 534.0	5 870.0	6 825.0	7 500.0	—	—	3 900.0	3 997.2	4 125.0	4 280.0	4 675.9	—	10 172.0	—	—

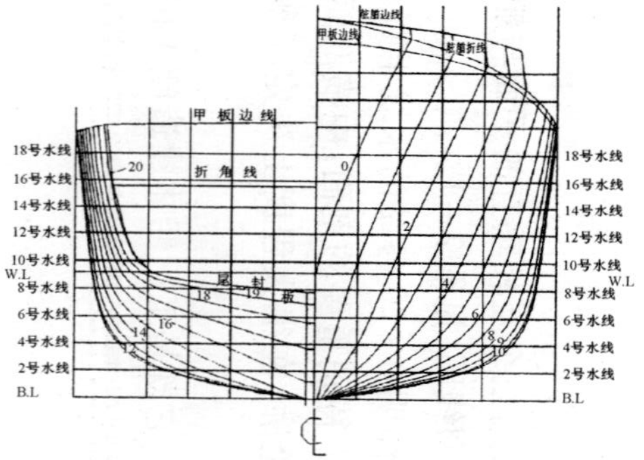

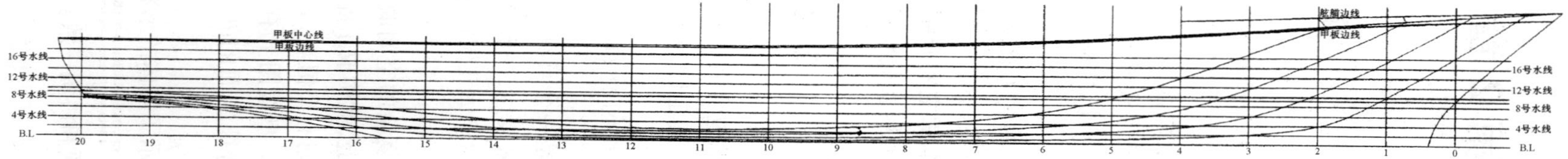

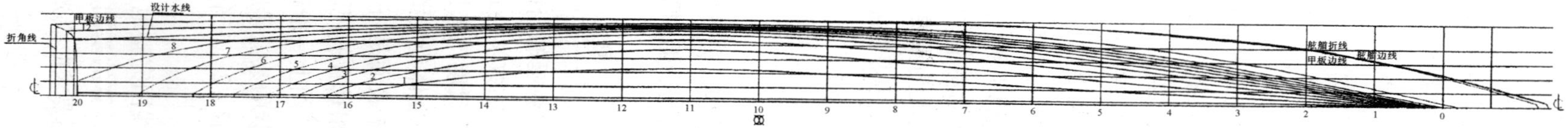

图 2-1

(2)舰艇主尺度、船型系数和主尺度比

型线图虽然可以完整地表示一艘舰艇的形状,但不能对船体形状的特征提供数量概念。型值表可以用一系列数字来表示船体形状,但不能提供关于船形的形象化概念。因此,造船界通常用主尺度来表征船体的大小,用主尺度之比和船型系数来表征船体形状的特点。这些量值对于船型设计和研究各种因素对舰艇性能的影响是非常重要的。

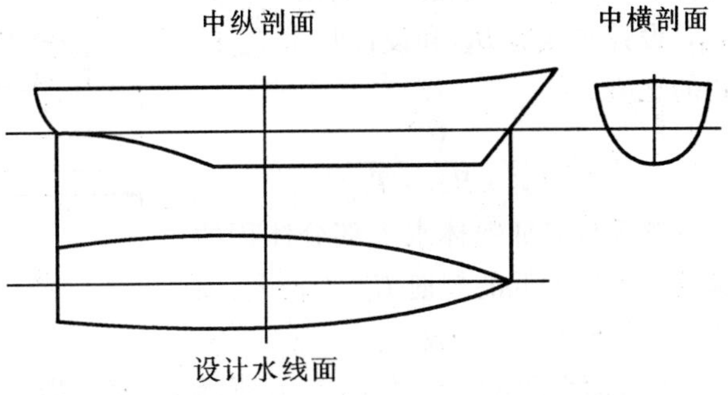

图 2－2

①舰艇的主尺度(见图2－3)

总长(L_{OA})　船体型表面艏艉两端之间的最大水平距离;

设计水线长(L_{WL})　设计水线平面与船体型表面艏艉端交点之间的水平距离;

型宽(B)(最大宽度)　船体型表面之间垂直于中线面的最大水平距离;

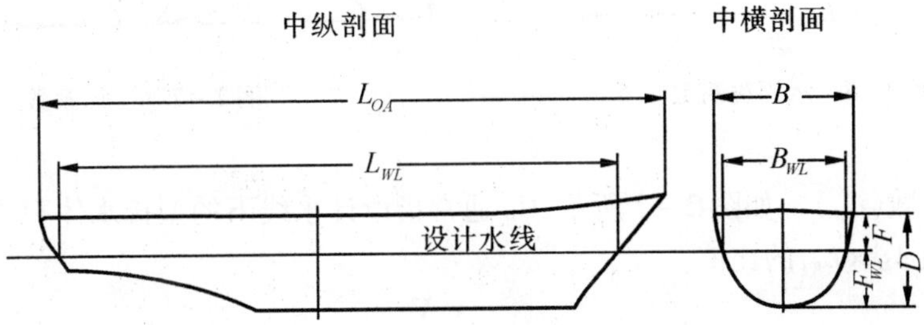

图 2－3

设计水线宽(B_{WL})　设计水线面处船体型表面之间垂直于中线面的最大水平距离,对舰艇而言,一般在第 11 理论站处;

型深(D)　在中横剖面上(对舰艇而言,一般在第 11 理论站处),沿船舷由基平面至上甲板边线的垂直距离;

设计吃水(T_{WL})　基平台与设计水线平面间的垂直距离。

②船型系数　船型系数是表示舰艇水下部分船体线型丰满程度的无因次系数。它与舰艇的航行性能有密切关系,在设计时要根据舰艇的任务、航区和速度等不同情况而适当选取。

a. 中横剖面系数(C_M)　如图 2－4 所示,C_M 等于中横剖面(对舰艇而言,是第 11 理论站)在设计水线下的型面积 A_M 与其相对应的设计水线宽 B_{WL} 和设计吃水 T_{WL} 的乘积的比值。

$$C_M = \frac{A_M}{B_{WL} \times T_{WL}}$$

中横剖面系数表征水线以下中横剖面的肥瘦程度。

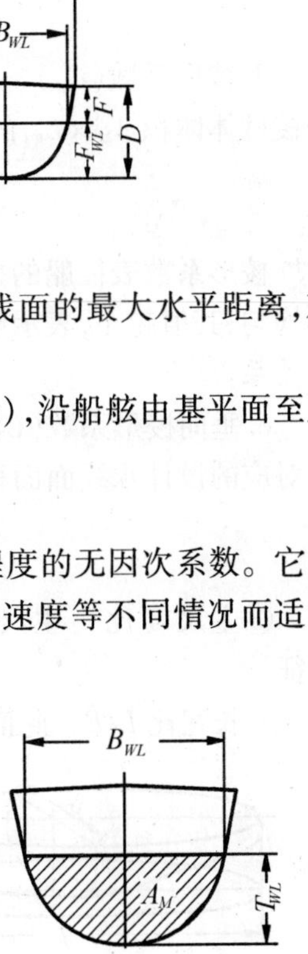

图 2－4　中横剖面系数

b. 方型系数(C_B)　如图 2－5 所示,C_B 通常指设计水线

下的排水体积 ∇ 与其相对应的设计水线长 L_{WL}、设计水线宽 B_{WL} 和设计吃水 T_{WL} 的乘积的比值。

$$C_B = \frac{\nabla}{L_{WL} \times B_{WL} \times T_{WL}}$$

方型系数表征船体水下部分体积的丰满度。航速偏低的舰艇 C_B 值较大，而航速较高的舰艇 C_B 值较小。

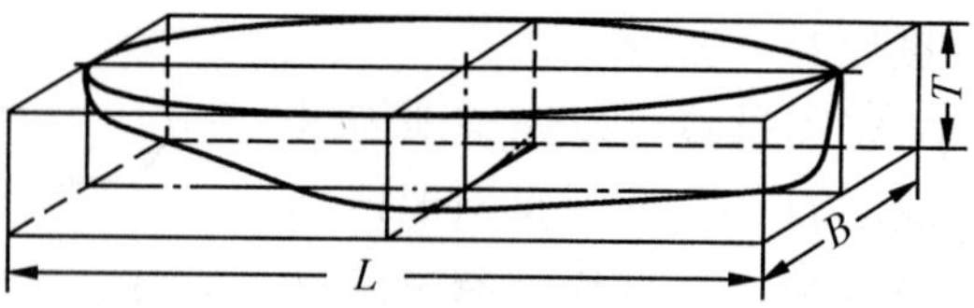

图 2－5 方型系数

c. 水线面系数（C_{WP}） 如图 2－6 所示，C_{WP} 通常指设计水线面面积 A_W 与其对应的设计水线长 L_{WL} 和设计水线宽 B_{WL} 的乘积的比值。

$$C_{WP} = \frac{A_W}{L_{WL} \times B_{WL}}$$

水线面系数表征水线面的丰满度。它对舰艇的稳性及快速性都有影响。

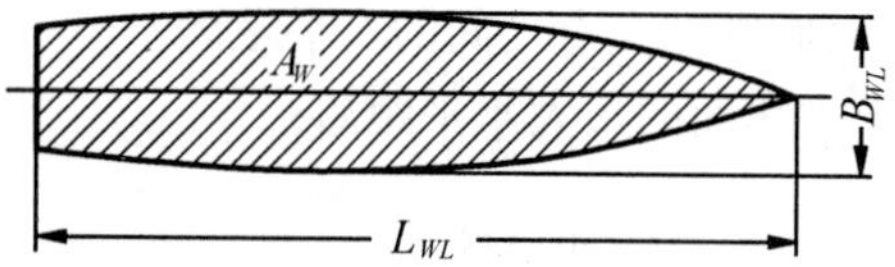

图 2－6 水面线系数

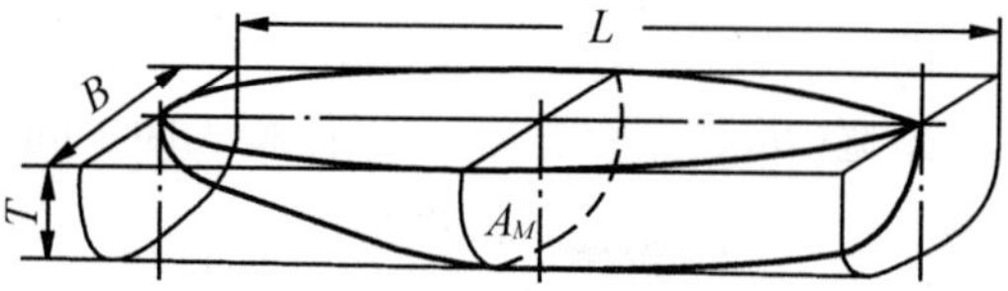

图 2－7 棱形系数

d. 棱形系数（C_P） 如图 2－7 所示，C_P 通常指设计水线下的型排水体积 ∇ 和其相对应的棱柱体体积 $A_M \times L_{WL}$ 的比值。

$$C_P = \frac{\nabla}{A_M \times L_{WL}}$$

棱形系数表征船的排水体积沿船长的分布情况。其值越大，表示排水体积沿船长分布越均匀；其值越小，表示船体线型在中部饱满而艏艉两端瘦削。C_P 值和舰艇的快速性有密切关系。

e. 垂向棱形系数（C_{VP}） 如图 2－8 所示，C_{VP} 通常指设计水线下的型排水体积 ∇ 与其相对应的设计水线面面积和设计吃水的乘积 $A_W \times T_{WL}$ 的比值。

$$C_{VP} = \frac{\nabla}{A_W \times T_{WL}}$$

③主尺度比 主尺度比都是无因次的，其值的大小可以说明船体的长短和肥瘦等特征。

a. 长宽比 L/B 此值对舰艇快速性影响较大。一般说，L/B 大，表示船比较瘦长，具有航速较高的特征。

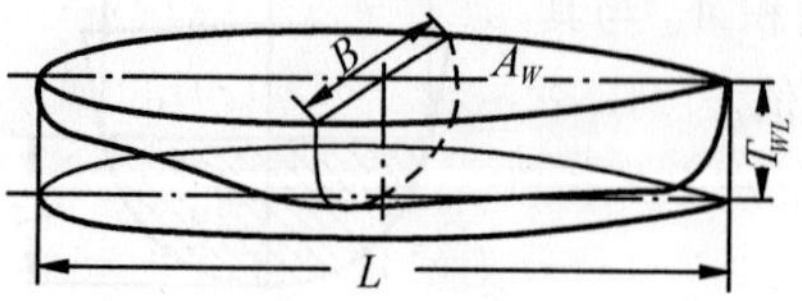

图 2－8 垂向棱形系数

b. 宽度吃水比 B/T 此比值与舰艇的稳性、阻力都有关系。B/T 越大，稳性越好，但阻力也大。B/T 值过分大时，则横摇太快，对人员感觉和作业都不利。

c. 长度吃水比 L/T 此值与船的回转性能有

关。L/T 小,舰艇的操纵比较灵活。

d. 型深吃水比 D/T　此值影响舰艇的大倾角稳性和不沉性。D/T 大,舰艇的储备浮力就大,其大倾角稳性和不沉性就越有保证。

e. 长度型深比 L/D　此值影响舰艇的强度。L/D 越小,则总纵强度越好。

2.2.2　舰艇型线设计的基本原则

舰艇型线设计的优劣直接关系到舰艇的航行性能,在进行型线设计时要遵守以下基本原则。

(1)舰艇主尺度、船型系数和标志型线主要特征的横剖面面积曲线形状、平行中体长度、设计水线形状等的确定,要综合考虑总体布置的要求和对舰艇的浮性、稳性、不沉性、快速性、耐波性和操纵性的影响。

(2)型线设计中还必须考虑到舰艇制造工艺的要求。

(3)型线设计中还要考虑舰艇艏艉形状、甲板边线和外露折角线与舰艇上层建筑总体布局的协调和美观的要求。

2.2.3　主尺度、船型系数和设计状态的确定

根据舰艇的使命任务及装舰的主要武器装备和设备,考虑到重量的估算结果、总布置(面积和舱室)的需求,结合舰的各项航行性能指标,进行优化设计而确定了舰艇的主尺度和船型系数,与此同时,也"锁定"了舰的设计状态。舰艇的设计状态是开展型线设计的基础。

舰艇的设计排水量是舰艇设计状态中最重要的参数之一,由于舰艇的正常排水量是舰艇使用过程中最经常出现的状态,故通常舰艇的设计排水量都取为与舰艇的正常排水量相一致。

主尺度、船型系数的确定更大程度的取决于总布置和舰的各项航行性能的需求。主尺度、船型系数和设计状态的确定过程应是一个多方案比较优化选取的过程。

2.2.4　型线设计的几个主要问题

(1)横剖面面积曲线

横剖面面积曲线 $A(x)$ 表示排水体积沿船长的分布,其特征值主要包括进流段长度、去流段长度、平行舯体长度和浮心纵向坐标,设计时主要按阻力最低的要求确定。一般来说,高速舰艇无平行舯体,浮心位于舯后。

对于高速舰艇,因兴波几乎遍及整个前体,因此将横剖面面积曲线艏端做成直线型或微凸形,使前体排水量分布更加均匀,有利于减小兴波阻力。横剖面面积曲线艉端形状对阻力影响不大,一般都做成直线形或微凹形。对于较瘦长的高速舰艇,也可采用凹形。

横剖面面积曲线的形状必须光顺,避免明显的前后突肩。应用兴波阻力理论,可以通过计算不同曲线形状即横剖面积的纵向分布对阻力的影响而得到最佳的曲线形状。现代舰艇实际船型设计多利用已有的优良母型船的面积曲线变换生成。

(2)设计水线形状

现代舰艇设计时,当排水量、主尺度、C_P 及 $A(x)$ 曲线等已经确定时,由于水面附近排水体积对兴波阻力的影响较大,因此设计水线更成为最重要的曲线。在宽度给定的情况下,对于阻力影响最大的是水线的进角和艏艉端部的形状。

现代舰艇通常航速较高,傅氏数 F_n 较大,设计水线艏端不应采用凹形,而应采用直线或微凸形,半进角 $\theta_s = 8° \sim 10°$,设计水线最大宽度取在船舯以后(一般在第11理论站)。设计水线艉端形状,主要从形状阻力考虑。高速舰艇通常采用方艉,因此设计水线时,艉部形状应注意与方艉较宽的艉板宽度相配合,并尽可能遮盖住螺旋桨,以减少空气吸入。在确定设计水线艏艉端部形状和进角时,还必须同时考虑设计水线应具有的水线面系数 C_{WP},因 C_{WP} 与船的横稳性密切相关。

(3)横剖面形状

横剖面形状对阻力影响不大,但其形状通过影响纵剖面的形状,从而影响水流的纵向流动,因此在确定横剖面形状时应考虑它对纵向流动的影响。另外横剖面形状对波浪中的底部拍击有一定的影响。

横剖面形状一般可分为U形和V形,及介于它们之间的中U型和中V型。由于横剖面形状在很大程度上取决于横剖面面积曲线和设计水线的配合,因此横剖面面积曲线一定时,V形横剖面形状一般与较大的设计水线进角 θ_s 和凸形或直线形水线相配合,其端部设计水线半宽较大;U形横剖面形状通常与S形水线或尖劈形水线相配合,其端部设计水线半宽较窄。艉部横剖面形状,采用V形可减小浸湿面积且使得纵剖线较平坦,水流流动情况好,故阻力较小,但从推进的观点来看采用U形剖面可使伴流比较均匀,有利于改善螺旋桨的工作环境。

通常现代舰艇中巡洋舰的横剖面形状多采用U形,驱逐舰多采用U、V的中间形,而护卫舰多采用V形。高速舰艇的最大横剖面多位于舰艇的舯后。

(4)艏艉端形状

①艏柱的形状　现代舰艇通常为了满足快速性和耐波性的要求,均采用向前倾斜式艏柱,从而可使设计水线及其附近上下的水线都具有小的进角。同时,倾斜式艏柱还具有延长甲板长度、增加甲板面积和给人以美观的感觉等优点。现代舰艇倾斜式艏柱的前倾角通常综合考虑各种因素,取为15°~40°。

②艉端形状　现代舰艇的艉端形状通常可分为椭圆形艉、巡洋舰艉和方艉三种基本形式。$F_n < 0.4$ 的现代舰艇多采用巡洋舰艉和方艉;$F_n > 0.4$ 的高速舰艇多采用方艉,椭圆形艉几乎不采用。

巡洋舰艉延长了设计水线的长度有利于减小兴波阻力,同时对螺旋桨的遮盖较好,可提高推进效率,且艉部容积较大,利于布置传动机械及工作舱室,可以减小艉倾和艉部拍击现象。

采用方艉的现代舰艇相当于在湿面积不增加的情况下增加了设计水线长度,且因为方艉底部水流平直地由艉部断离,损失能量小,所以有利于航速的提高。同时,采用方艉还有以下的好处:

- 艉部容积大,可减少航行时的艉倾;
- 艉部水线丰满,使水线面系数 C_{WP} 增大,有利于提高横稳性;
- 艉部水线较宽,可更有效地遮盖螺旋桨;

• 艉部甲板面积大，有利于舵机及深水炸弹、水雷、直升机飞行平台等的布置。

因为方艉具有较平坦艉部和较平直的艉封板，所以有倒车性能差和波浪中易产生拍击现象等缺点。

通常采用设计水线在艉板处的宽度 b、艉板底部斜升角 β、方艉浸深 H_u、艉部纵剖线倾角 γ 和艉板在设计水线处的倾角 α 等参数表示方艉特征，如图 2－9 所示。

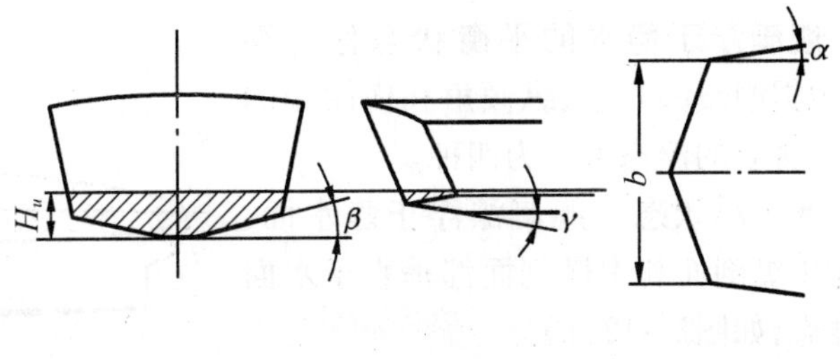

图 2－9

(5) 球艏

对民船而言，安装球艏的目的就是为了降低阻力，提高航速。设计优良的球艏最高降阻可达 20%。对水面舰艇而言，安装球艏的主要目的就是为声呐的安装提供空间，即用作声呐罩。为了充分的保证声呐的工作环境，因此球艏的设计以保证声呐的安装空间和声呐的有效工作为前提，往往起不到减小阻力的作用，相反还会增阻。因此现代舰艇球艏设计的原则是在优先满足声呐的安装和工作的前提下，尽可能地使由此带来的阻力增加最小。

(6) 附体

现代舰艇的附体通常包括舭龙骨、减摇鳍、轴包套、轴支架、轴和舵。其中舵的设计应首先满足舰艇操纵性能的要求；减摇鳍和舭龙骨的设计应首先满足舰艇耐波性能的要求；轴包套和轴支架的设计应根据动力轴系的需要而进行。与此同时，所有附体的设计都应尽可能减小相应带来的阻力增加及对艉部流场的影响。

2.3　舰艇的静力性能

舰艇的静力性能通常包括舰艇的浮性、稳性和不沉性，是舰艇的基本性能之一。它与船舶的主要尺度、船体形状以及装载情况等密切相关。

2.3.1　浮性

浮性是舰艇的基本性能之一，是指舰艇在水面浮于一定平衡位置的能力。

(1) 舰艇的平衡及浮态

舰艇在任一装载情况下，漂浮于水面一定的位置时，是一个处于平衡状态的浮体，此时，作用于船体上的只有两个力，一个是作用于重心 G 垂直向下的重力 W，另一个是作用于浮心 B 垂直向上的浮力 $F=\gamma\nabla$，如图 2－10，舰艇的平衡条件如下。

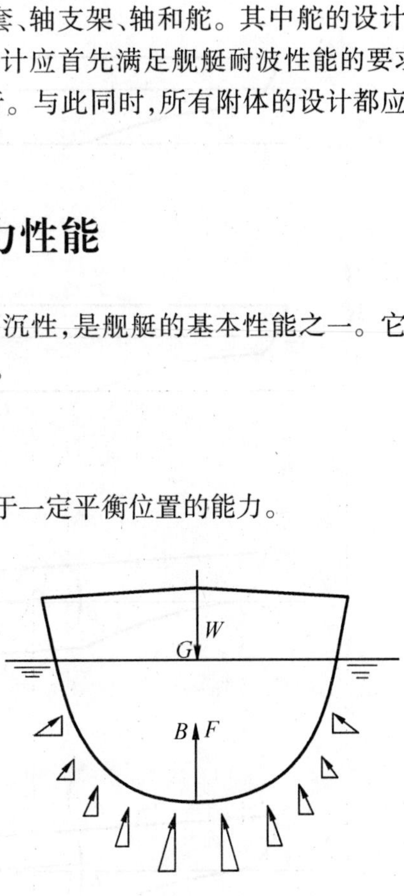

图 2－10

a. 重力与浮力的大小相等而方向相反，即

$$W=F=\gamma\cdot\nabla$$

b. 重心 G 和浮心 B 在同一条铅垂线上。

正确描述重力和浮力的大小及其作用点位置是讨论舰艇平衡问题的基础。通常采用图2－11所示

的固定在舰艇上的 $OXYZ$ 直角坐标系,它以三个互相垂直的主坐标平面(即基平面、中站面和中线面)的交点作为原点 O,三个主坐标轴分别为 OX,OY 和 OZ。OX 轴指向舰首为正;OY 轴指向右舷为正;OZ 轴向上为正。

舰艇浮于静水的平衡状态称为浮态,根据舰艇的吃水、纵倾角和横倾角的情况,舰艇的浮态可分为四种。

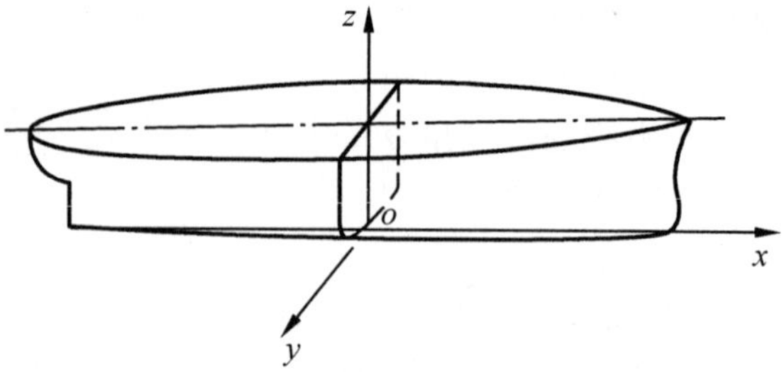

图 2-11

- 正浮状态　舰艇漂浮于静水面,船体中纵剖面和中横剖面都垂直于水面的浮态,如图2-12(a)。
- 横倾状态　舰艇自正浮位置向右舷或左舷方向倾斜的一种浮态,如图2-12(b)。
- 纵倾状态　舰艇自正浮位置向艉或艏倾斜的一种浮态,如图 2-12(c)。
- 任意状态　舰艇兼有横倾和纵倾的浮态,如图 2-12(d)。

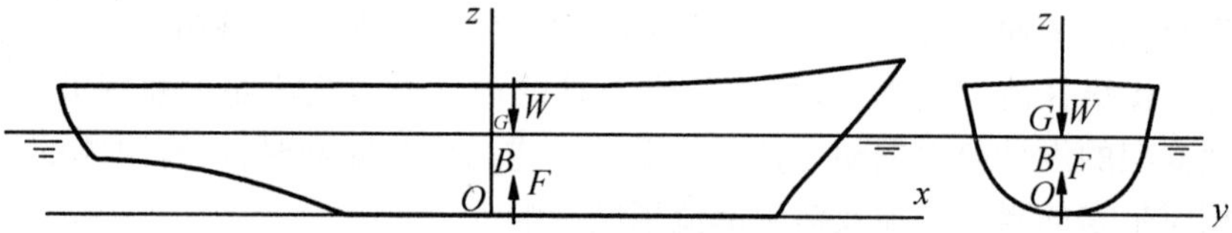

图 2-12(a)

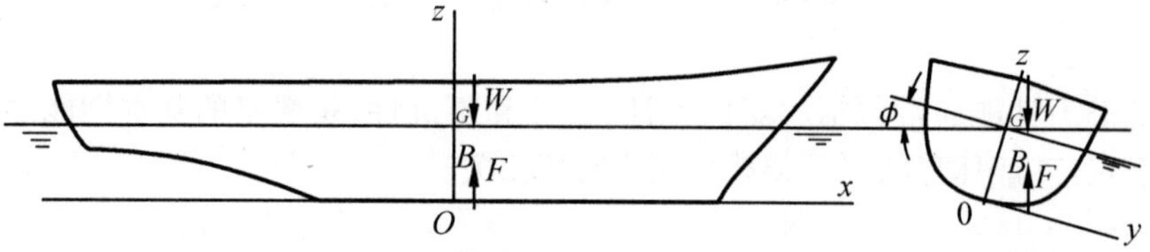

图 2-12(b)

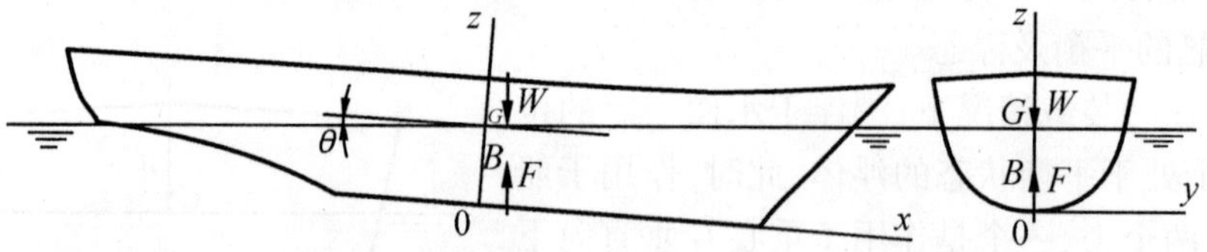

图 2-12(c)

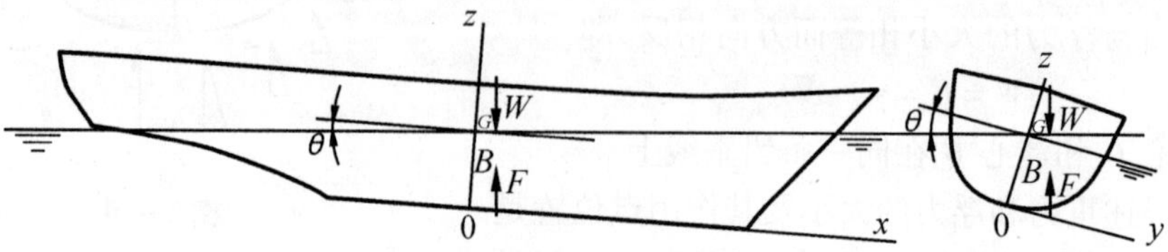

图 2-12(d)

舰艇设计时通常将舰艇置于正浮状态,实际航行时可以有一定的艉纵倾。横倾状态、大角度纵倾状态和任意状态往往都是由于外力作用或舰艇上重量分布的变化引起的,这些状态对舰艇的使用及航行性能都是不利的。

显而易见,舰艇的浮性问题就是舰艇的重力、重心和浮力、浮心之间的相互关系问题。

(2)舰艇重量和重心位置及排水量(即浮力)和浮心位置的计算

正确地确定舰艇重量和重心位置及排水量和浮心位置对舰艇浮性是至关重要的。

舰艇重量和重心位置的计算是根据舰艇总布置图和结构图等进行的,其重量是舰艇上各项重量的总和,重心的位置是通过重量力矩求得。

舰艇排水量和浮心位置的计算,实际上就是舰艇排水体积和排水体积形心坐标的计算,这些计算是根据型线图和型值表来进行的。

在实际设计工作中,除了计算不同吃水下的排水体积及其浮心位置外,还计算理论线型图其他要素,如船型系数、水线面面积及其惯性矩、稳心半径等不同吃水下的数值,并绘制成与吃水的关系曲线,称为水力曲线图,如图 2－13 所示。此外,还计算平浮状态时各理论站不同吃水下的面积,绘制成邦氏曲线图,如图 2－14 所示;再根据邦氏曲线图,计算、编制成不同艏艉吃水下的排水体积和浮心纵向坐标位置图,称费尔索夫曲线图,如图2－15 所示。

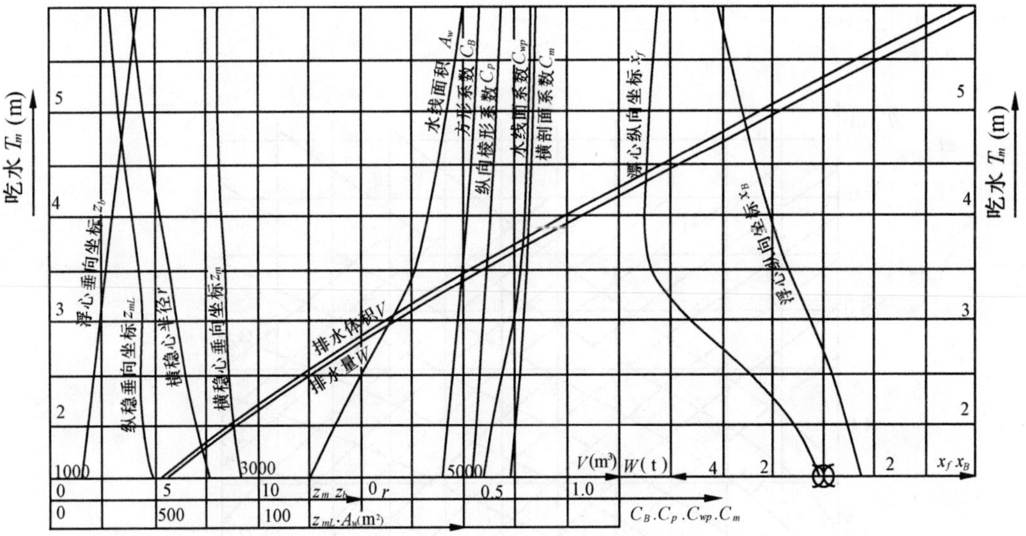

图 2－13

以上三份曲线图,在舰艇实际操作过程中,经常使用,它为确定舰艇的浮态及解决小角度稳性问题提供了方便。

(3)储备浮力

储备浮力是指满载水线以上主船体水密部分的体积所能提供的浮力。它对舰艇的稳性、不沉性和淹湿性等有很大的影响,为了满足现代舰艇对甲板上浪次数、抗风稳性的级别及破损状态的稳性和浮态的要求,通常现代舰艇在设计时都留有较大的储备浮力。

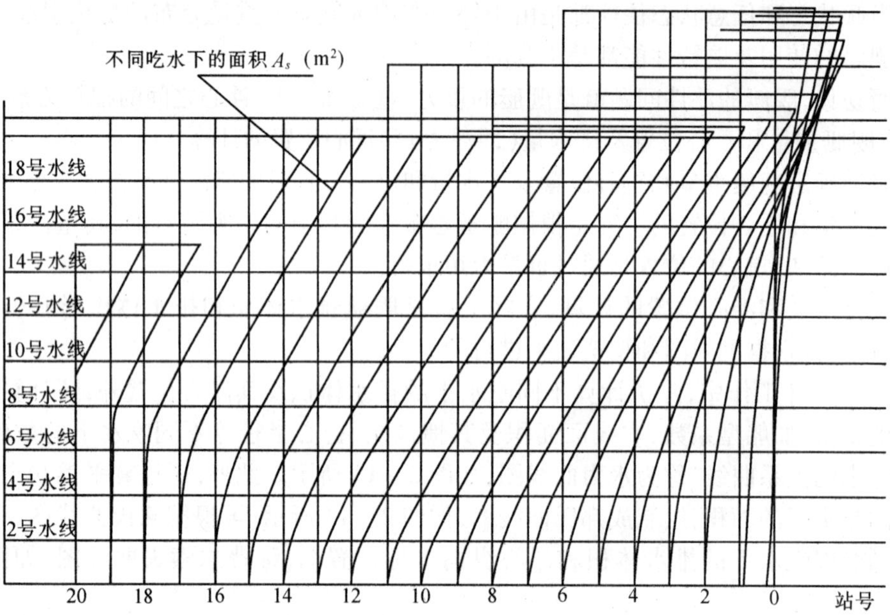

不同吃水下的面积A_s（m^2）
18号水线
16号水线
14号水线
12号水线
10号水线
8号水线
6号水线
4号水线
2号水线
20
18
16
14
12
10
8
6
4
2
0
站号

图 2－14

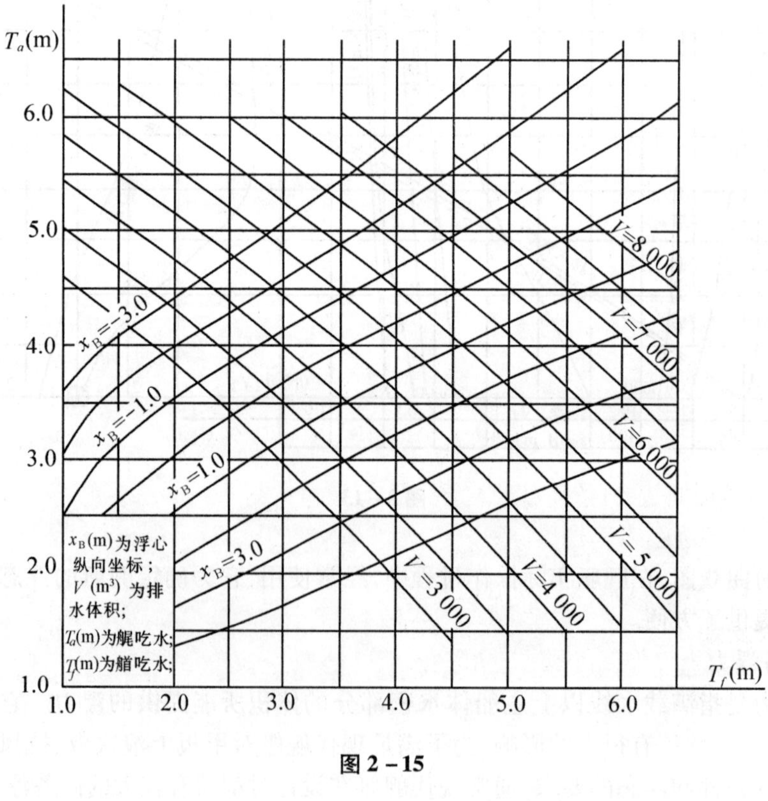

T_a(m)
6.0
5.0
4.0
3.0
2.0
1.0
1.0
2.0
3.0
4.0
5.0
6.0
T_f(m)
x_B=−3.0
x_B=−1.0
x_B=1.0
x_B=3.0
V=8 000
V=7 000
V=6 000
V=5 000
V=4 000
V=3 000
x_B(m)为浮心纵向坐标；
V (m^3) 为排水体积;
T_a(m)为艉吃水;
T_f(m)为艏吃水;

图 2－15

2.3.2　稳性

(1)稳性的基本概念

舰艇在外力作用下偏离平衡位置而倾斜,当外力消除后,能自行回复到原来平衡位置的能力称为稳性。

现代舰艇横向倾斜时的稳性称为横稳性;纵向倾斜时的稳性称为纵稳性。当倾斜力矩的作用是从零逐渐开始,这使得舰艇倾斜时的角速度很小,可以忽略,则这种倾斜下的稳性称为静稳性。若倾斜力矩是突然作用在船上,使舰艇倾斜有明显的角速度的变化,则这种倾斜下的稳性称为动稳性。因为现代舰艇的纵稳性通常都是足够的,所以现代舰艇的稳性问题主要以横稳性为主。

根据横倾角度的大小,通常把现代舰艇的稳性问题分成两部分来进行研究。

- 初稳性(或称小倾角稳性)——一般指舰艇倾角小于10°前的稳性。在这种小倾角的范围内,舰的复原力矩 M_R 与倾角大小成线性关系,$OXYZ$ 舰艇坐标系上的稳心 M,其位置固定不动。
- 大倾角稳性——一般指舰艇倾角大于 10°后的稳性。在此角度范围内,M_R 与倾角大小的线性关系不复存在,M 点的位置移动。

造成现代舰艇偏离平衡位置的倾斜力矩 M_f,通常是由风和浪的作用,舰上装载的变化及舰艇的回转等产生的,其大小取决于这些外界条件;促使舰艇回复到原来平衡位置的复原力矩 M_R,其大小取决于舰艇的排水量、重心高度及浮心移动的距离等因素。

(2)初稳性

舰艇初稳性的好坏是由横稳心高$\overline{GM}$(亦称为初稳心高)来度量的。初稳性公式为 $M_R = \Delta \cdot \overline{GM} \cdot \phi$,显而易见,舰艇在一定排水量下产生微小横倾时,横稳心高GM越大,复原力矩 M_R 也越大,即抵抗倾斜力矩的能力越强,因此,横稳心高$\overline{GM}$是衡量舰艇初稳性的主要指标。同时横稳心高亦是决定舰艇横摇快慢的一个重要特征值,横稳心高较大,则舰艇的横摇周期较短,反之,则较长。

(3)大倾角稳性

在小角度时,复原力矩 $M_R = \Delta\ \overline{GM} \cdot \phi$ 与倾角 φ 成正比,随着倾角增大,复原力矩不再与横倾角 φ 成正比,而是随横倾角 φ 的不同而变化,此段内的稳性通常称为大倾角稳性。根据舰艇所受外力矩是静力或动力而将舰艇的稳性问题又分为静稳性和动稳性两个范畴。

①静稳性　舰艇在外力矩的静力作用下,横倾时的角速度很小,可以忽略,当复原力矩和倾斜力矩相等时即达到平衡状态。舰艇的静稳性是以复原力矩来表达的。

大倾角时静稳性臂$\overline{GZ}$(即 l_s)随横倾角 φ 的变化比较复杂,不能用简单的公式来表达,通常根据计算结果绘制静稳性曲线图,如图2－16所示,它表示舰艇在不同倾角时复原力臂的大小。静稳性曲线的特征值,如曲线在原点处的斜率、最大静稳性臂及其对应的横倾角、稳性消失角及曲线包络的面

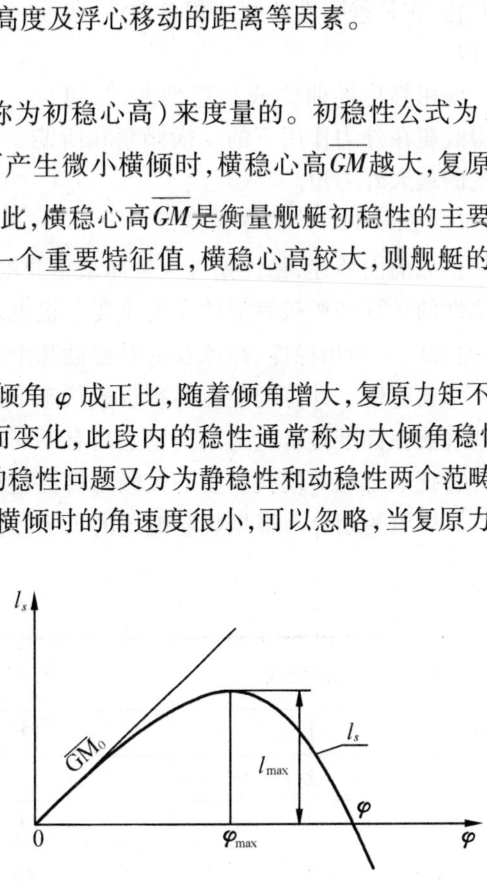

图 2－16

积，对于判断舰艇的稳性非常重要，简述如下。

- 曲线在原点处的斜率　静稳性曲线在原点处的斜率等于初稳心高$\overline{GM}$，通常在小角度时，静稳性臂和横倾角成线性关系。
- 最大静稳性臂及其对应的横倾角　静稳性曲线上的最高点代表了舰艇所能承受的最大静稳性臂，其对应的横倾角为φ_{max}。显而易见，最大静稳性臂和其对应的横倾角φ_{max}是衡量舰艇大倾角稳性的重要指标。
- 稳性消失角　静稳性曲线上对应静稳性臂为零的横倾角为稳性消失角，在稳性消失角范围以内，舰艇横倾时具有复原力矩，当横倾角超过稳性消失角后，舰艇的复原力矩变为负值，其作用将使舰艇继续倾斜直至倾覆。
- 静稳性曲线包络的面积　静稳性曲线所包络的面积代表舰艇倾斜后所具有的位能，显然，该面积愈大，舰艇的稳性就愈好。

②动稳性　舰艇在海上航行时经常受到外力矩的突然作用，如阵风的突然作用、海浪的猛烈冲击等。舰艇在受到外力矩的动力作用下，倾斜时具有一定的角速度，只有当外力矩所做的功完全由复原力矩所做的功抵消时，舰艇的角速度才变为零而停止倾斜。舰艇的动稳性是以复原力矩所做的功来表达的。

舰艇的动稳性用动稳性曲线来表示，动稳性曲线反映了动稳性臂l_d随横倾角φ的变化，它是静稳性曲线的积分曲线，见图2－17。

应用静稳性曲线或动稳性曲线，可以求得舰艇在外力作用下的动横倾角和所能承受的最大外力矩。

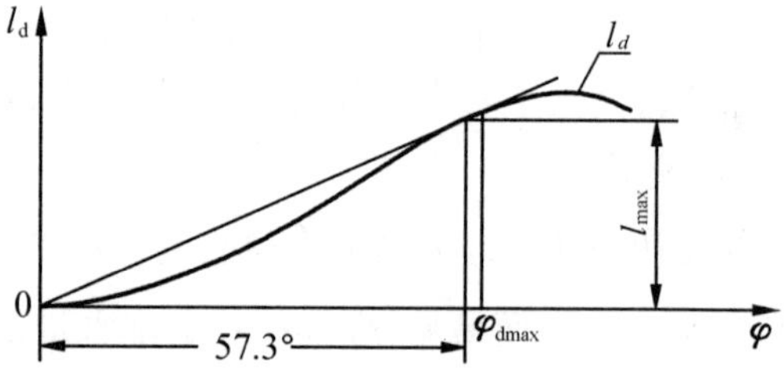

图2－17

(4)稳性的计算要求及衡准

正如前面所述，稳性是现代舰艇最重要的性能之一，它直接关系到舰艇的安全性，因此其稳性的计算和校核就显的尤为重要。根据现代舰艇的使用特点，稳性的计算和校核应包括初稳性、大倾角稳性、结冰及海补稳性几个方面。

①初稳性　计算舰艇在各种装载状态下计入自由液面影响的初稳性高，且对不同排水量的舰艇在标准排水量时的初稳心高有不同的要求，相应的计算值应满足规范要求。

②抗风稳性　现代舰艇的大倾角稳性通常采用其抗风能力进行检验。

a. 风级的划分　根据舰艇能抗的风级，通常将风级分成五级，见表2－1。

表2－1

稳性级别	风 级	额定阵风风速/(m/s) (距水面10 m高度处)
1	12	52
2	11	46
3	10	40
4	9	35
5	8	31

b. 抗风稳性要求　舰艇应满足的稳性级别，由舰艇的研制任务书规定。研制任务书无具体规定时，舰艇在正常排水量时的抗风能力应满足相应规范的要求。

c. 抗风稳性衡准　舰艇的抗风能力必须满足下列要求。

$$U_1 \geqslant U_0$$

式中　U_1——舰艇所能承受极限风速，m/s，按规范的规定进行计算；

U_0——规范给定的舰艇应能承受的额定阵风风速，m/s，见表 2-1。

d. 核算状态　舰艇抗风稳性核算的装载状态应包括：标准排水量状态、正常排水量状态、满载排水量状态和其他有可能出现稳性最差的装载状态，或由舰艇特点确定的其他典型状态。

e. 其他要求　有条件设置压载系统或燃油代换系统的舰艇，应尽量减少由于装载的改变而引起的抗风能力的降低。无条件设置专用压载水舱和燃油代换系统的舰艇，其标准排水量状态下的抗风能力要求可适当降低（一般降 1～2 个风级），并且应具备应急时向底部燃油舱灌注海水的临时性设施。

③结冰及海补稳性　考虑到舰艇的航行海域特点及其对海补功能的要求，还要求进行舰艇结冰时的稳性校核和海补时的稳性校核。

(5) 改善和保持稳性的一般措施

舰艇稳性的改善和保持应贯穿在舰艇设计和使用的始终。

①设计过程中体现在主尺度和船型参数的选取、受风面积和重量重心的控制、液体舱的装载和自油液面的控制。

②使用过程中体现在对舰艇装载状态的控制和大风浪中的稳妥操舰。

• 燃油消耗必须严格按消耗顺序逐舱耗用，以尽可能减小油舱自由液面的影响，避免在几个舱内同时出现大的自由液面。对于左右舷分布的燃油舱，必须做到成对使用，成对转注、避免不对称横倾的出现。所有可移动的载荷，均应妥善地固定，在下甲板以上应避免额外的超载负荷。不采取可能导致舰艇的受风面积增加的措施，如在两舷挂起帆布的围篷等。及时地抽干积聚在机舱、辅机舱、艉轴隧，弹药舱及其他舱底内积水。

• 在大风浪中操舰，应避免顺浪航行，特别当出现大周期的横摇时，应谨慎地改变航向，并限制航速。在大风浪中避免高速满舵回转，以免形成较大的横倾。

2.3.3　不沉性

现代舰艇在航行和战斗中都可能遭受破损，诸如遭受敌方鱼雷、水雷的攻击、碰撞和触礁等，因此，就要求舰艇在遭到某种程度损伤后仍保持不沉。现代舰艇的不沉性就是指舰艇在船体破损、舱室浸水后，仍能保持一定的浮性和稳性并稳定漂浮于水面的能力。

现代舰艇的不沉性是靠水密隔舱将船体分隔成适当数量的舱室和一定的储备浮力来保证的。合理的水密隔舱划分和一定的储备浮力可以保证舰艇在破损后的浮态和稳性达到一定的要求，而不会倾覆和沉没。在设计阶段确定现代舰艇主尺度时应根据同型船的经验合理地选取干舷及储备浮力；水密隔舱的设置及舱室的划分应综合考虑舰艇的总体布置、不沉性、船体结构、防火区划等方面的要求。

不沉性计算是指舰艇在一舱或数舱进水后的浮态和稳性的计算。不沉性计算的方法通常有两种：增加重量法和损失浮力法，由于两种方法取用的排水量的不一致，导致两种方法计算所得结果中的稳性高不一样。此外，不沉性计算的可靠性较大程度依赖计算中所取的各个舱室的体积渗透率,而体积渗透率的大小视舱室用途和装载情况而定。

现代舰艇的不沉性计算具有明确的要求。

• 舰艇应对满载排水量状态和标准排水量状态进行相应地对称和不对称浸水的不沉性核算。

• 根据舰艇正常排水量的大小,舰艇通用规范规定了任意相邻隔舱对称、不对称浸水时的最小浸水隔舱数及浸水后的最小干舷值,见表 2-2。同时舰艇应能保持漂浮,且相应的初稳性高为正值。

表 2-2

正常排水量 Δ/t	最小浸水隔舱数/个	最小干舷/m
2 500≤Δ	3	0.6
1 000≤Δ<2 500	2	0.6
500≤Δ<1 000	2	0.5
200≤Δ<500	2	0.4
50≤Δ<200	2	0.3

以上要求的相邻隔舱,其总长度如果小于舰艇设计水线长的 20% 时,应在该相邻隔舱一端加一个较小的相邻隔舱计算。

长艏楼或相当于长艏楼型舰艇,艉部舱组破损浸水后的最小干舷高允许小于表中的值,但必须为正值,且满足艉部作业的要求。

• 现代舰艇隔舱浸水后,其纵倾不得影响主推进装置和螺旋桨的连续运转;不对称浸水时,其横倾角不得大于 15°,破损不应大于 12°。对设有平衡设施的舰艇,上述横倾角允许适当超过,舰艇的静稳性曲线的最大复原力臂不应小于 0.10 m。

2.4 舰艇的快速性

舰艇快速性是指在规定的海况下,舰艇所具备航行(包括直航、倒航和回转航行)的能力,它直接影响到舰艇的作战效能和经济性,是舰艇总体性能的一个重要指标。对舰艇快速性总的要求是:良好的船体及附体线型,静水阻力小,风浪中失速小;船-机-桨匹配适当,适应主机各种工况下的工作,有较高的推进效率并达到预期的航速;桨无过大的激振力和水动力噪声,空泡性能良好,避免空泡剥蚀。

2.4.1 舰艇阻力

(1)阻力的划分和分类

舰艇在静水中以一定的速度航行时,其水上部分受到来自空气的阻力,水下部分来自水的阻力;当舰艇在有波浪的水面航行时,因波浪原因而使舰艇受到额外阻力的影响,称为波浪增阻。

在实际确定舰艇阻力时,通常按以下形式表述。

舰艇总阻力
- 空气阻力
- 水阻力
  - 裸体阻力
    - 摩擦阻力 }粘性阻力
    - 形状阻力 }
    - 兴波阻力 }剩余阻力
  - 附体阻力
- 波浪增阻

在实际研究设计工作中，根据水的物理本质特性或阻力物理本质划分，常将摩擦阻力、形状阻力归类为粘性阻力或将形状阻力、兴波阻力归类为剩余阻力。

各种阻力成分在总阻力中所占的比重是不同的，且随船型和航速的不同而不同，表2－3给出了高速舰（驱逐舰、护卫舰）在设计航速时各阻力成分所占总阻力的比重的大致范围。

表2－3

各阻力成分占总阻力之百分比（%）＼舰艇种类		高速舰（驱逐舰，护卫舰）
裸体阻力（R_L）	摩擦阻力（R_f）	35
	形状阻力（R_{pv}）	10
	兴波阻力（R_w）	55
附体阻力（R_{ap}）		10～15
空气阻力（R_{aa}）		2～4

（2）阻力的成因

①摩擦阻力的成因　舰艇在水中运动时，由于水分子的粘性，在船体外表附有一层很薄的边界层。在靠近船首处，边界层中的水流比较有规则，称为层流；在此以后，边界层中的水流比较紊乱，称为紊流。在边界层以外，水流不受船体影响，如图2－18所示。我们设想船体不动，而水流以船速V流向船体，则边界层内的速度分布，如图2－19所示，即靠近船体处水流速度为零（被船体“黏住”），在边界层外面，速度为V。在船体表面处该曲线的切线夹角θ越小，阻力越大。水流对船体表面的这种切向摩擦力在船长方向的分力的合力，就是摩擦阻力。

②形状阻力的成因　在船体形状变化较急剧的部位，往往产生水流分离现象，在分离

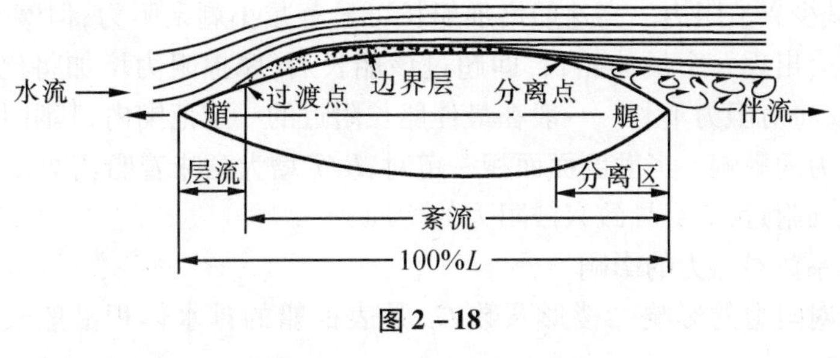

图2－18

点以后,船体周围产生了涡旋,涡旋区内压力要比水流不分离时的压力低。这种压力差在船长方向分力的合力称为形状阻力或涡旋阻力。所以称为形状阻力,是因为水流的分离与物体形状有关。

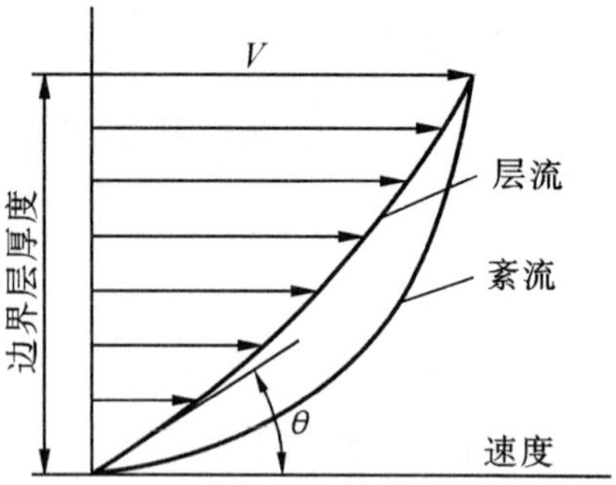

图 2－19

③兴波阻力的成因　舰艇在水中航行时,在船体周围的水压力起了变化,使平静的水面有的地方升高,有的地方下沉,在重力和惯性作用下形成了波浪,即船行波。从能量的观点看,波浪的形成需要外界供给能量,而船行波的能量就是船所提供的。这就相当于舰艇克服水阻力所做的功,这种水阻力称为兴波阻力。从受力的观点看,船兴起波浪后,其表面上的压力分布相对无兴波时发生变化,此时对应水面升高处有过剩正压力,对应波谷处有过剩负压力,相对于无兴波时这种压力在船体表面上压力主矢量沿船运动反方向的投影形成了兴波阻力。从受力观点更能说明兴波阻力与船型的关系。

(3)阻力计算方法

直到现在为止,舰艇阻力的计算仍采用近似公式、图谱和船模试验换算的方法进行计算,不同的设计阶段应根据精确要求可选用不同的计算方法,通常舰艇设计早期的论证和方案阶段可采用近似公式和图谱方法,而初步设计和技术设计阶段则易采用模型试验换算的方法进行预报实船阻力。将模型试验结果换算到实船的方法通常有两种,一种是基于傅汝德假设的换算方法,即傅汝德换算方法,亦称二因次换算方法,另一种是基于休斯假设的换算方法,即三因次换算法。目前两种换算方法都在使用,现代舰艇的模型阻力换算常采用二因次法。由于用模型试验预报实船阻力的方法的准确性较大程度依赖船模试验水池对船模与实船相关性的了解,因此世界各水池都有一套自己的船模与实船换算的修正方法。

(4)船型对阻力的影响

从阻力的成因不难看出,舰艇的阻力除与航速(即傅氏数)有关以外,与船型也密切相关,由于船型表面形状的复杂,迄今为止只有用型线图才可准确地表达其几何形状,因此研究船型都是通过引进船型参数来完成的,而对阻力较有影响的船型参数通常是主尺度、主尺度比和船型系数,即 L、B/T 和船型系数 C_B、C_P、C_M 等。

①主尺度对阻力的影响　船长对阻力的影响较大,而船宽、吃水对阻力的影响常体现在 L/B 及 B/T 的变化上。

a. 船长对阻力的影响　若排水量、方形系数和 B/T 均保持不变,仅增加船长,由于船舶的湿表面积随船长的平方根成比例地放大,从而增加了摩擦阻力。但高速船兴波阻力较大,增加船长可减少兴波阻力。高速船增加船长可显著减小剩余阻力,但摩擦阻力要增大,对总阻力来讲将会出现一个最佳船长,即超过该船长后,摩擦阻力增加将比剩余阻力减小要大,再增加船长将对阻力不利。一般在最佳船长附近的一定范围内,其阻力差异不大。

b. B/T 对阻力的影响　当舯剖面面积一定时,B/T 增大意味着船宽增大,使船体的排水体积集中到水线面附近,将会导致兴波阻力的增加。

②主要船形系数对阻力的影响

a. 棱形系数对阻力的影响　棱形系数 C_P 是表征船的排水体积沿船长方向的分布情

况。C_P 对摩擦阻力影响很小,但对剩余阻力影响很大。由于棱形系数的大小与艏艉端的瘦肥程度有关,它对剩余阻力的影响主要反映在兴波阻力上。当 $F_n<0.2$,兴波阻力占总阻力的比例很小,C_P 对阻力影响不大。$F_n>0.3$,兴波阻力的成分增大,艏艉两端过分尖瘦反而不利,故 C_P 不应很小,一般在0.6~0.65之间较为适宜。

b.方形系数对阻力的影响　方形系数 C_B 是表征船体水下部分肥瘦程度的一个重要参数。它对摩擦阻力的影响比较小,但对剩余阻力影响较大,尤其对航速较高的船影响更为明显。对高速舰,C_B 值不应过大。

c.舯剖面系数对阻力的影响　舯剖面系数 C_M 对阻力的影响不明显,它与 C_P 和 C_B 的关系为 $C_M=C_B/C_P$。C_M 的选取主要以保证船体线型的光顺。

表2-4给出方形系数 C_B、棱形系数 C_P、水线面系数 C_{WP} 和舯剖面系数 C_M 有关现代舰艇船型系数的大致取值范围。

表2-4

舰　种	C_B	C_P	C_{WP}	C_M
巡洋舰	0.44~0.60	0.61~0.65	0.64~0.72	0.72~1.00
驱逐舰、护卫舰	0.40~0.52	0.60~0.65	0.66~0.78	0.70~0.80

2.4.2　舰艇推进

舰艇推进的目的就是给舰艇推力使其克服阻力,保持一定的航速航行。推力是由主机通过传动装置(如齿轮箱、轴系)带动推进器转动,由推进器产生的。现代舰艇多采用螺旋桨作为推进器,如大侧斜螺旋桨和可调螺距桨。与常规船舶相比,由于现代舰艇往往具有主机功率大,轴系长、航速高、桨盘负荷重的特点,在螺旋桨的设计过程中不可避免存在较多的特殊问题。

(1)螺旋桨设计工况的确定

①舰艇航速　现代舰艇研制总要求中通常规定舰艇的设计有两个航速指标:一个是主机以额定持续全功率工作,舰艇在正常排水量下达到的航速,称为全速;另一个是执行巡航任务时舰艇在正常排水量下达到的航速,称为巡航速度。在舰艇螺旋桨设计时,通常取全速为设计工作点,特殊情况下亦可选取巡航速度为设计工作点。

②设计裕度　现代舰艇在设计工况确定后,螺旋桨的设计工作点,应选在对应于主机额定功率和额定转速的位置上,通常应留有额定功率的5%~10%为储备,且选用的持续功率应经过对主机使用环境的修正。

(2)螺旋桨和船体间的相互作用

螺旋桨和船体作为一个系统,两者之间必然存在相互作用。这种相互作用表现为船体所形成的速度场和螺旋桨所形成的速度场之间的相互影响。在螺旋桨理论中通常用伴流、推力减额及相对旋转效率来反映螺旋桨和船体间的相互作用,习惯上也将伴流分数、推力减额及相对旋转效率统称为自航因子。

①伴流　船在水中以某一速度 V 向前航行时,附近的水受到船体运动的影响而产生运动,其表现为船体周围伴随着一股水流,这股水流称为伴流。

伴流按其产生的原因可分为势伴流、摩擦伴流和波浪伴流。伴流速度场可以用轴向速度、周向速度和径向速度3个分量来表示。伴流的大小通常采用伴流速度 u 与航速 V 的比值 ω 来表示，ω 称为伴流分数。伴流的大小一般采用试验方法测得，因测量方法不同可分为标称伴流和实效伴流。除采用测量方法外，实效伴流还可采用经验公式和统计资料分析而得。由于雷诺数的影响，模型试验测得的伴流分数用于实船时，还应经过一定的尺度效应修正。

伴流分布的均匀程度直接关系到螺旋桨的工作环境，影响其不均匀性的主要因素有舰艇的艉部形状；艉部附体的形式及布置；多桨螺旋桨间的相互影响。

②推力减额　由于螺旋桨在船后工作而引起的船体附加阻力，称为阻力增量，亦相当于螺旋桨推力的损失，称为推力减额 ΔT，推力减额 ΔT 的大小与推力 T 的比值，称为推力减额分数。

推力减额通过船模自航试验可以求得，通常由于尺度效应较小可不做修正，直接将船模试验求得的推力减额分数用于实船。此外，推力减额分数还可根据大量同类型舰艇的统计资料和半经验公式求得。

③相对旋转效率　相对旋转效率反映了船后伴流场的不均匀性，通常由船模自航试验确定。

(3)螺旋桨的设计

螺旋桨的设计通常采用图谱设计和理论设计两种方法。

①图谱设计方法　图谱设计方法是根据螺旋桨模型敞水系列试验所得到的图谱或公式来确定设计桨的主要参数和性能的传统设计方法，应用较广泛，现已直接利用回归分析资料进行计算机辅助设计。常用的图谱有 B 系列、AU 系列及高恩系列。现代舰艇大多只在方案设计阶段采用图谱设计方法来确定螺旋桨主要参数。

②理论设计　现代舰艇因航速高、主机功率大、桨叶负荷重，使得桨在船后伴流场中工作时难以避免产生局部空泡，并带来剥蚀、艉部振动、噪音等危害。因此，螺旋桨的理论设计就是如何在避免或减轻空泡危害与尽可能提高桨的效率之间作出权衡和抉择。理论设计方法采用升力线理论和升力面理论，较图谱设计方法有更大的空间来选择桨叶载荷的径向分布、侧斜和纵斜的分布及叶剖面的类型，有利于改善螺旋桨的空泡、脉动压力和噪声性能。理论设计过程，本质上是个迭代优选的过程，设计的结果还需要采用模型试验的方法进行验证。必要时，还需根据试验结果对桨模作出修正。

(4)大侧斜螺旋桨和可调螺距螺旋桨

①大侧斜螺旋桨　现代舰艇为了改善螺旋桨的空泡性能，降低桨的激振力和噪声，多选用叶梢卸载的大侧斜螺旋桨。大侧斜螺旋桨较普通螺旋桨有如下几个优点。

- 减小螺旋桨不定常轴承力和力矩；
- 减小螺旋桨不定常表面力；
- 减小螺旋桨运转于不均匀伴流场时空泡的敏感性。

固定螺距螺旋桨和可调螺距螺旋桨，均已广泛采用大侧斜桨叶。固定螺距螺旋桨多采用不平衡式侧斜，为了减小桨叶转动时的转叶力矩可调螺距螺旋桨多采用平衡式侧斜。

大侧斜螺旋桨设计有两个主要问题应引起注意：一个是桨叶的侧斜分布问题，螺旋桨的侧斜分布必须与艉部伴流场各谐调分量一起考虑；另一个是侧斜桨的强度问题，由于桨叶形状复杂，桨叶上受力情况与普通桨有所区别，对于侧斜小的螺旋桨根部剖面处主应力的最大值发生在剖面最大厚度位置，但随着侧斜增加，主应力的最大值向剖面后缘方向移。

②可调螺距螺旋桨

a. 调距桨的设计特点　调距桨的设计与定螺距螺旋桨的设计稍有不同，它是根据舰艇的使用特点（如正车多航速工况和倒车工况的需要）来考虑设计参数的选取，除了保证具有较高的推进性能外，还必须保证对桨叶有最小的转叶力矩。

盘面比的选择大体与定距螺旋桨相仿，即保证最高的效率并避免由于空泡引起的推力下降，但调距桨为防止在转叶过程中各叶片间产生碰撞，叶片间要留有一定的间隙，盘面比一般不大于0.8。

调距桨的叶片轮廓与旋转轴位置是以保证转叶力矩小为条件来选择的，但必须同时考虑其他工况的转叶力矩的特点。

调距桨叶片转动后，必须考虑桨叶的畸变，确定相应的实效螺距比。

b. 转叶力矩的计算　转叶力矩 Q_s 包括三个部分：水动力转叶力矩 Q_{sh}、离心力转叶力矩 Q_{sc} 和摩擦力矩 Q_{sf}。摩擦力矩与转叶机构的型式有关，在桨叶设计中仅需考虑 Q_{sh} 和 Q_{sc}。

影响水动力转叶力矩大小的主要因素是盘面比和设计螺距比，桨叶侧斜和桨叶剖面形式也有一定影响。水动力转叶力矩随螺旋桨进速和螺距的调节而改变大小和方向。合理选择旋转轴位置，可使转叶力矩的绝对值在整个螺距调节范围内得到控制。在恒转速运转条件下，最大水动力转叶力矩通常发生在接近零螺距的情况下，故可以按零螺距、零进速状态的水动力作为转叶机构的设计依据。

（5）舰艇螺旋桨设计中的特殊问题

①空泡、脉动压力和噪声　空泡、脉动压力和噪声的产生对舰艇螺旋桨来说是不可避免的。螺旋桨的设计必须尽可能改善其空泡、脉冲压力和噪声性能。

空泡和噪声性能的改善，避免和延缓空泡的发生，提高舰艇的亚空泡航速从两个方面着手。一个方面是螺旋桨的设计，如采用适当的几何要素（盘面比、螺距比、叶数、厚度比等）；另一个方面是改善螺旋桨周围的流场，如采用艉部流场较均匀的线型，避免轴系过度倾斜。

改善脉动压力性能，首先要错开叶频和船体及轴系的固有频率，以免引起共振；同时尽可能地降低激振力的幅值，常采用的措施有改善伴流分布、增加叶数、采用大侧斜桨叶、叶梢卸载、控制桨叶梢间隙。

②螺旋桨的强度　普通螺旋桨的强度通常采用悬臂梁的方法进行强度计算，现代舰艇采用大侧斜螺旋桨其应力分布有较大的变化，悬臂梁的方法已不适用，通常采用有限元的方法进行强度计算，计算的工况应包括最大航速工况和紧急倒车工况，强度校核应包括静力强度和疲劳强度的校核。一般情况下，桨的使用寿命与舰的服役期等同。

③斜流对螺旋桨性能的影响　现代舰艇由于船体线型、机舱等布置上和使用上的要求，往往使得轴线不平行于船体基线，使得螺旋桨工作在由斜的船体纵剖线和斜的轴线共同形成的斜流中。这就造成螺旋桨的空泡较非斜流中出现得早，且螺旋桨的效率也有所降低。因此，在舰艇设计时要综合考虑船体线型、机舱的布置，尽可能减少轴线的斜度，以改善螺旋桨的工作环境。

2.4.3　舰船快速性预报

（1）预报内容与要求

快速性预报主要是实船在规定的海况条件下，光洁船体时的航速预报。航速预报应包括舰艇各设计阶段的各种基本工况的航速预报。快速性预报的要求是：

• 除根据舰艇的使用特点另有规定外，预报舰艇航速。进行螺旋桨设计所对应的舰艇排水量一般为正常排水量，航速预报要对应螺旋桨的设计工作点，以及主机额定功率和额定转速的位置上，并且要留有5%～10%的额定功率储备；

• 航速预报采用的主机持续功率应经过使用环境的修正。

(2)预报方法

快速性预报方法一般有理论计算方法和模型试验预报方法，理论计算方法需设计人员根据自己的经验和掌握的资料进行，预报的准确性与其相关。

而模型试验预报方法通常精度较高，常用于技术设计阶段，模型试验预报的主要内容：

• 进行船模的拖曳和自航试验，预报舰艇设计工况的阻力和自航因子；

• 根据船模试验的结果，采用理论设计的方法进行螺旋桨的设计，并进行桨模试验，在此基础上进行航速的预报。

在将模型试验的结果用于实船预报时要注意其换算方法的选用。

2.5 舰艇耐波性

舰艇在规定的海况条件下能够完成所赋予的任务的能力，称为舰艇耐波性。舰艇在风浪中航行经常要遭受到风浪干扰所产生的各种摇荡运动及砰击、上浪、失速、球鼻艏出水、螺旋桨飞车和波浪附加弯矩及砰击振动弯矩等影响，而此时舰艇仍需具有足够的稳性和船体结构强度，并能保持一定的航速安全航行，按规定能正常使用武器系统和装置。耐波性是舰艇重要性能之一，直接影响到舰艇在波浪中的航行性能及战斗性能。

研究舰艇耐波性的目的，就是在于寻求改善舰艇在波浪中的航行性能的方法，设计具有最佳适航性能的船型和主尺度，并选用合理的减摇装置，及寻找舰艇在航行中如何利用航速和浪向的配合，以减小舰艇的激烈摇荡，提高舰艇的航行性能和舰艇能正常使用武器系统装置的海况。

研究耐波性的基本方法通常有两种：理论计算与分析法和实验方法。随着应用概率与数理统计理论在舰艇耐波性研究中的应用，利用谱分析的方法研究海浪和船舶的运动，可以在现代舰艇的设计阶段对舰艇的耐波性能进行预报。实验方法通常指模型试验和实船耐波性试验，模型试验主要用于解决目前理论上还不能解答或尚不能给出满意结果的问题，如舰艇横摇阻尼系数的测量，并用于预报舰艇在波浪中的航行性能。实船试验通常在首制舰艇上进行，用于验证理论计算和模型试验预报的舰艇耐波性的可靠性。

2.5.1 舰艇耐波性设计

舰艇耐波性同舰艇快速性和操纵性一样是舰艇重要的动力性能之一，应在舰艇的方案设计阶段，船型系数选择和主尺度确定时综合权衡考虑。不同的设计阶段通常采用不同的方法进行舰艇耐波性设计。

(1)海浪的分类

波浪是由于风的作用而产生的，风速愈大、作用时间愈长，则形成海浪愈大。当风力作用的时间相当长，作用区域相当宽广，风浪的要素达到稳定状态，称为充分发展海浪。海洋中常见的波浪类型有：

• 风浪　受风压力和风与水面的摩擦力而产生的波，变化极不规则。在中等风力及暴风作用下形成的波具有三元波特性，在海面上看到的是小丘形的三角形，称为短峰波，波形不规则。

• 涌　是在风停止作用后所余下的波，或者是传播到风区以外的波浪，以及风向改变大于 45°后所余下的波浪，其波长比较长，波高相对较小，波形较规则。

实际的海面总是呈现出不规则的波浪，而且波的传播没有一定的方向，对于这样的不规则的、随机的任意方向波，很难用精确的数字表达式来描述它，为了能准确地预报和深入研究舰艇在波浪中的运动性能，现在更多地采用了数理统计方法研究海浪，按统计学理论，不规则的海浪可以用无数不同波幅和波长的单元规则波叠加来组成，这样可以根据舰艇在规则波中的运动性能来研究舰艇在不规则波中的运动性能。

为了表示风和浪的大小，将风力和浪高进行分级，通常将风力分为 12 个等级，浪高分为 9 个等级，风级与浪级有一定的对应关系，我们把海面风和浪的状况称为海况，相应将海况分为 9 个等级，风、浪和海况等级的对应详见表 2 - 5。

表 2 - 5

海况等级	浪高 $(h_W)_{1/3}$ m	相应风级	平均风速 m/s
0	$(h_W)_{1/3}=0$	0	0.0 ~ 0.2
1	$(h_W)_{1/3}<0.10$	1 ~ 2	0.3 ~ 3.3
2	$0.10\leqslant(h_W)_{1/3}<0.50$	2 ~ 4	1.6 ~ 7.9
3	$0.50\leqslant(h_W)_{1/3}<1.25$	4 ~ 5	3.5 ~ 10.7
4	$1.25\leqslant(h_W)_{1/3}<2.50$	5 ~ 7	8.0 ~ 17.1
5	$2.50\leqslant(h_W)_{1/3}<4.00$	7 ~ 8	13.9 ~ 20.7
6	$4.00\leqslant(h_W)_{1/3}\leqslant6.00$	8 ~ 9	17.2 ~ 24.4
7	$6.00\leqslant(h_W)_{1/3}<9.00$	9 ~ 10	20.8 ~ 28.4
8	$9.00\leqslant(h_W)_{1/3}<14.00$	10 ~ 11	24.5 ~ 32.6
9	$14.00\leqslant(h_W)_{1/3}$	12	≥32.7

注：表上所列浪级与风级的对应关系只代表实际上可能同时存在的风和浪的状态，对应取用时应按偏安全的原则取。$(h_W)_{1/3}$为有义波高，即为三分之一最大波高的平均值。风速的标准时距为 10 min，标准高程为海平面上 10 m。

在舰艇耐波性预报时，常采用海浪谱来描述海浪的统计特性，海浪谱规定采用舰艇预定活动海域的实测波谱，在缺乏实测海浪谱资料时，可采用国际水池会议（ITTC）推荐的长峰海浪谱。

（2）舰艇在风浪中的摇摆运动对舰艇的不利影响

在风浪中航行的舰艇受到波浪周期性干扰力作用，一般产生围绕其原始平衡位置做横摇、纵摇、艏摇、垂荡、横荡和纵荡六个自由度的振荡运动，且六种自由度的运动不是相互独立的，而是相互之间存在耦合现象，如图2 - 20所示。

• 横摇　舰艇绕纵轴 Gx_b 的摇动

- 纵摇　舰艇绕横轴 Gy_b 的摇动
- 艏摇　舰艇绕垂直轴 Gz_b 的摇动
- 垂荡运动　舰艇沿 Gz_b 轴的上下垂直运动
- 横荡运动　舰艇沿 Gy_b 轴的左右平移运动
- 纵荡运动　舰艇沿 Gx_b 轴的前后平移运动

舰艇在风浪中的运动规律，以横摇、纵摇和垂荡三种运动最为显著，对舰艇性能的影响最大。舰艇在风浪中的摇摆运动对舰艇的航行性能和战斗性能都有较大的影响。

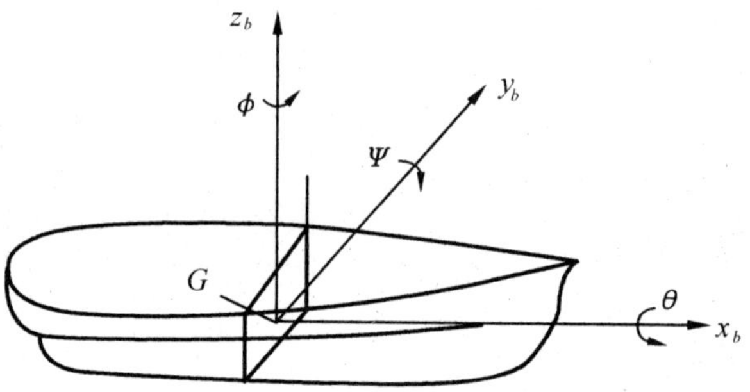

图 2-20

- 剧烈的横摇会使舰艇横倾过大而丧失稳性，以致倾覆。
- 由波浪引起的阻力增加和螺旋桨桨叶出水及负荷不均匀导致的桨叶工作条件的恶化将会显著地降低舰艇的航速，增加燃料的消耗。
- 纵摇和升沉运动引起的艏部甲板上浪和底部出水，会产生很大的砰击力，造成舰艇船体结构的振动和应力的增加。
- 由波浪引起的较大垂向加速度会影响舰员的工作环境，产生晕船现象。
- 严重的甲板淹湿将影响甲板上设备的正常操作。
- 波浪引起的剧烈摇荡将影响火炮、鱼雷和导弹的发射，降低武器的命中率，给舰载机的起降带来困难。

显而易见，舰艇的摇摆运动会使舰艇的航行性能恶化并降低武器系统的使用性能。因此在舰艇设计时应充分考虑到舰艇的耐波性能。

(3)各设计阶段耐波性设计的任务

各设计阶段应采用不同的方法，进行现代舰艇耐波性设计，以达到优化耐波性的设计目的。

①现代舰艇在方案论证阶段应根据研制总要求针对耐波性能进行舰艇的尺度优化和耐波性能的综合评价，论证满足耐波性要求的可能性和与其他性能要求的综合权衡，为优化方案选择提供技术依据。

②方案设计阶段可采用与资料细化程度（如主尺度、系数范围等）相应的预报方法和检验手段，对多个不同的设计方案进行耐波性近似计算。

③初步设计阶段，可采用比较精确的预报方法对不同的设计方案（包括主尺度、线型与附体组合等）进行理论预报；并可对主方案进行模型试验和实船耐波性预报。

④技术设计阶段，应对所选定的设计方案按有关标准进行理论计算和模型试验，对耐波性作全面预报。

(4)舰艇耐波性设计要求

舰艇耐波性设计的要求是指在规定的海况下，舰艇的耐波性应能满足研制总要求提出的武器、系统和装置正常作业对舰体运动响应的要求，在缺乏相应要求时，可参考相应的规范要求。同时舰艇的耐波性能应能满足舰员作业对舰体运动耐受力的要求。

(5)舰艇耐波性设计的衡准

现代舰艇在耐波性设计时,舰艇的耐波性应达到研制总要求的要求,若研制总要求中没有明确的,其执行任务和各类作业时的耐波性能应满足相应的规范要求。

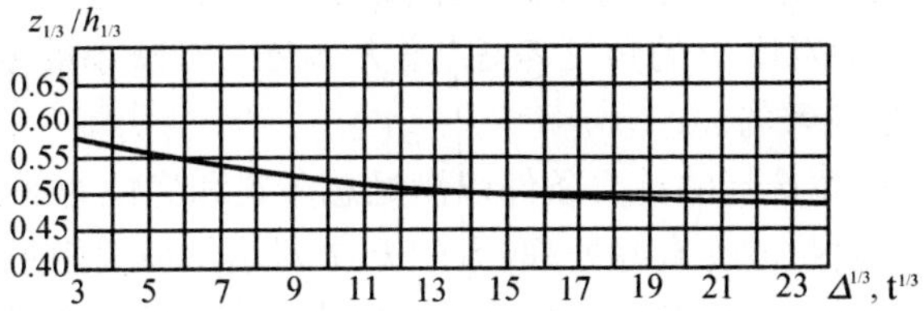

图 2－21

此外,还要求在 6 级海况以下,现代舰艇在最严重的航行情况下的垂荡、横摇和纵摇的有义幅值与有义波高的比分别不应超过图 2－21、2－22、2－23 中的限界曲线,图中 $Z_{1/3}$、$\Phi_{1/3}$、$\theta_{1/3}$分别为舰艇垂荡、横摇和纵摇运动的三一有义幅值,$h_{1/3}$为三一有义波高;Δ 为舰艇的排水量;最严重的航行情况下的艏部 1 站、舯部重心和艉部 19 站处垂向加速度三分之一最大单幅值的平均值不应超过图 2－24 中的限界曲线,图中 a 表示舰艇的垂向加速度三一值。

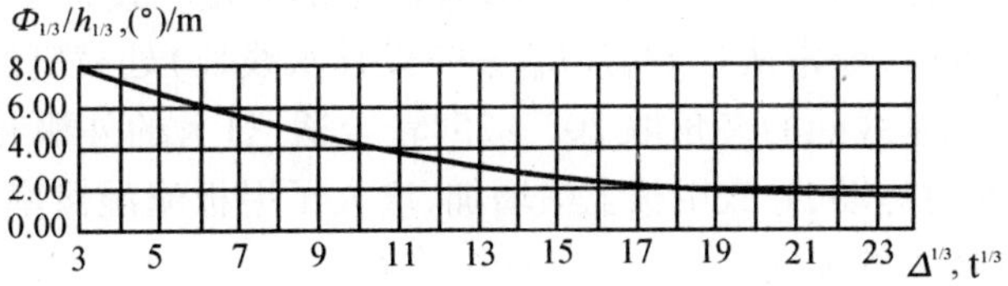

图 2－22

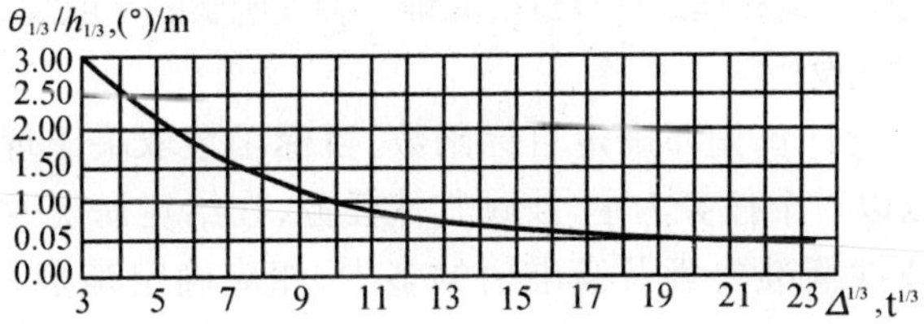

图 2－23

现代战斗舰艇的干舷高度,应满足在武器系统正常使用所要求的海况下,经受的甲板上浪频度每 2 min 不宜超过 1 次的要求。

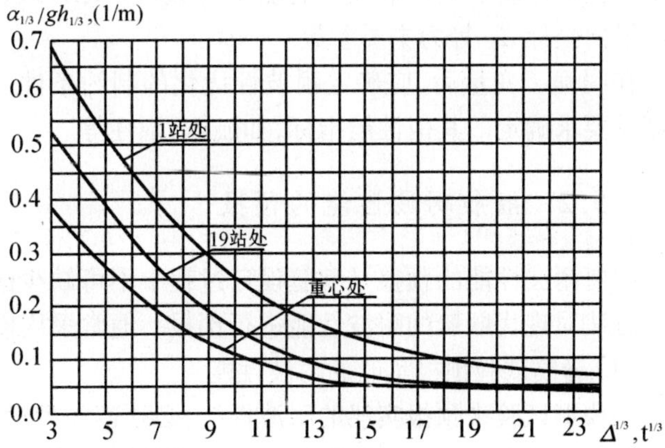

图 2－24

(6)耐波性经验设计

所谓耐波性经验设计就是在理论分析和已有同类型舰艇船模试验及实船航行试验等资料的基础上,提出现代舰艇主尺度、船型系数、艏干舷及典型剖面的选取和设计的原则。

①主尺度的选择　主尺度选择的主要目的在于尽可能地减小现代舰艇的纵摇、垂荡、垂向加速度的三一幅值,降低甲板

淹湿、砰击及螺旋桨出水的概率,同时兼顾横摇的运动。

船长选择的首要条件是满足总布置和快速性的要求,对耐波性而言,$L/\Delta^{1/3}$越大越有利,从静水阻力的角度考虑,增大 $L/\Delta^{1/3}$ 对减小静水阻力有利,与改善耐波性要求加大 $L/\Delta^{1/3}$ 是一致的。

船宽选择的首要条件以满足总布置和稳性为前提,L/B 对耐波性的影响不显著,L/B 取小值,对耐波性有好处;取大的 B/T 对增加横摇阻尼有利,可增大横摇周期;T/L 值减小,对耐波性有利,但 T/L 不能过小,否则会导致严重的砰击,同时 T 过小对螺旋桨布置不利,桨易出水,对其直径的选取会带来一定的限制。

②船型系数的选择　方型系数 C_B 对现代舰艇在波浪中运动的影响一般不大,在设计时可以取有利于快速性的值。水线面系数 C_{WP} 对舰艇耐波性的影响显著,尤其是前体的 C_{WP} 取大值对减小纵摇和垂荡运动以及它们的固有周期有利,对加大横摇周期和增加横摇阻尼有利,可提高舰艇的耐波性能。

③前体横剖面形状的选择　设计水线以下的横剖面一般以 V 形为优,V 形横剖面有利于减小纵摇、垂荡及艏部相对位移,且有利于减轻砰击的程度。设计水线以上横剖面形状以无折角的常规形状为佳,通常从 $0.1L_{WL}$(L_{WL}——设计水线长)处横剖面为例,其横剖面舷边与水线交点的切线同垂线间的夹角取 20°～25°较合适,过大的外飘和折角对纵摇、垂荡影响不大,但加大了相对运动,导致甲板上浪增加,增大了甲板淹湿概率,增加了舷侧砰击,使波浪增阻加大导致较大的失速。

④艏干舷高度的确定　艏干舷高度的确定应充分考虑甲板上浪对舰艇的影响,如埋艏、甲板飞溅等对武器系统正常使用的影响。通常在没有明确要求的情况下,可根据同类型舰艇的艏干舷进行估算,再通过船模试验和理论计算进行验证。确保舰艇的干舷满足 2.5.1 中的要求。

(7)耐波性船型的优化设计

耐波性船型的优化设计首先要确定目标函数,目标函数取决于现代舰艇的任务需求,对多项任务的舰艇可以以一个任务为主,兼顾其他任务,在给定海况及装载状态的条件下,可以随影响任务的耐波性衡准要素及衡准值的多少,相应确定是多目标函数还是单目标函数。

在目标函数确定后,根据对目标函数的影响程度大小的不同,将变量分为主、次两类。通常选择对运动响应影响较大的船型参数 ∇、L、B/T、C_{WP}、C_M 和舰艇的浮心纵向坐标 X_B、漂心纵向坐标 X_F 等为主要参数。

在明确了变量后,应确定耐波性优化的制约条件,并在耐波性优化时应保证舰艇达到研制总要求确定的其他性能指标,如航速、稳性等。

2.5.2　舰艇耐波性能的预报

舰艇耐波性能的预报是舰艇设计过程中不可缺少的内容,在不同的设计阶段可采取不同的方法对现代舰艇的耐波性能进行预报。通常采用模型试验和理论计算两种方法。

(1)船模试验预报实船的耐波性能

用模型试验来预报实船的耐波性能,必须遵守力学相似律,即模型和实船应几何相似、运动相似和动力相似,在此基础上,可以将模型试验的结果换算到实船上去。

现代舰艇设计中较常进行的船模耐波性试验项目主要有:

- 测量船模在波浪中航行时六个自由度运动的位移、速度、加速度、相位和周期,以及甲板的上浪、艏部砰击和螺旋桨出水的概率。

- 确定船舶摇荡的某些特征量,如横摇固有周期、无因次衰减系数等。
- 测量由于船舶摇荡引起的阻力增量。
- 确定船舶摇荡运动微分方程中的流体动力系数(阻尼系数、附加质量)的数值。

将以上船模试验项目的结果换算到实船,可以预报实船在波浪中的耐波性能。

- 预报实船在波浪中航行时六个自由度运动的位移、速度、加速度、相位和周期,以及甲板的上浪、艏部砰击和螺旋桨出水的概率。
- 预报实船的横摇固有周期。
- 预报实船在风浪中引起的阻力增加,从而进行失速预报。
- 为舰艇耐波性理论计算提供相应的流体动力系数(阻尼系数、附加质量)。

(2)舰艇耐波性理论计算预报实船的耐波性能

耐波性理论计算基于线性假设,即认为波浪是微幅,振荡运动也是微幅。在此基础上,应用平面流假设,采用切片法理论。把船体当作一细长柱体,取一微小长度的横剖段来考虑,这微小长度的横剖段作平行于船体横剖面的垂荡运动时,将只引起周围流体作平行于横剖面的运动。沿船长取一系列的横剖段,当各横剖段运动时,其周围的流体作平面运动,按平面流计算作用在各横剖段上的流体动力,然后沿船长积分,即求得整个船体作振荡运动时的流体动力。其计算原理和步骤通常是首先按切片法计算船舶在规则波中的运动响应,然后再按线性叠加原理预报舰艇在不规则波中的各项运动的统计值。

现代舰艇耐波性理论计算可以完成现代舰艇在任意海况下 6 个自由度运动的位移、速度、加速度的预报和现代舰艇底部砰击、甲板上浪、螺旋桨出水以及波浪增阻等多方面的耐波性能预报。

2.5.3　减摇装置

尽管在现代舰艇的各设计阶段都充分重视了耐波性的问题,但为了改善舰员在舰上的工作环境和满足各类武器系统发射的要求,现代舰艇通常仍装有减摇装置,以达到改善舰艇运动性能的目的。由于减纵摇装置尚不成熟,通常所指的减摇装置为减横摇装置。

横摇减摇装置有多种型式,通常有减摇鳍、舭龙骨、舵－鳍联合减横摇及减摇水舱。各类减摇装置在实际应用中各有优缺点。舰艇设计时在确定是否应加装减摇装置,或适合选用哪种类型的减摇装置,应根据舰艇的任务需求、舰的排水量及舰上空间限制选择不同类型适用的减摇装置。其中减摇水舱对改善低速船、海上作业的浮动平台等特种船舶的横摇性能具有独特的优点,在现代舰艇上一般不予采用;舵－鳍联合减横摇装置在目前还未广泛应用,现代舰艇上一般也还未采用。减摇鳍和舭龙骨由于方便和可靠在现代舰艇上得到广泛应用,本章只对舭龙骨进行介绍,有关减摇鳍的介绍详见 10.4。

舭龙骨是一条处于船体舭部占船长的 1/4 ~ 1/2,具有一定宽度的与船体几乎成垂直状态接连的钢板,主要通过增加旋涡阻尼达到减缓横摇的目的,而旋涡阻力主要取决于舭龙骨面积和舭龙骨相对水流的速度,因此舭龙骨的尺度、舭龙骨布置的位置都直接关系到舭龙骨的减摇效果。

①舭龙骨尺度　一般现代舰艇舭龙骨的总面积 A_{BK} 取为(2 ~ 4)% $L_{WL}B_{WL}$(L_{WL}——设计水线长,B_{WL}——设计水线宽),由于舭龙骨引起的附加阻尼随宽度增加而增大,因此其减摇效果与其宽度密切相关,在设计确定其宽度时一般不应超出船体横剖面的最大边框线,且

要考虑在一定的横摇角内的避撞问题。在舭龙骨的宽度确定后再确定其长度，通常舭龙骨的长度取为$(1/4 \sim 1/2)L_{WL}$。对方形系数较小的舰艇，舭龙骨在艏艉端作用很小，采用宽而短的舭龙骨；对方形系数偏大的船，舭龙骨的长度可取大一些，宽度可取小一些。

②舭龙骨布置位置　在舰艇舭部，水的流速较大，且舭部距舰艇横摇中心最远，有利于提高舭龙骨引起的阻尼力矩，因此舭龙骨安装于舭部减摇效果最好。舭龙骨沿船的纵向布置应沿流线方向，以减少舭龙骨引起的航行阻力。流线主要靠模型在水池中的试验确定。

因为舭龙骨既简单又有一定的减摇效果，在舰无航速时一般可达到25%~30%的减摇效果，随着航速的增加，其减摇效果下降，高速时仍可达到15%~20%。因此，目前绝大多数现代舰艇上都采用舭龙骨。

2.6　舰艇操纵性

舰艇操纵性是指舰艇采用其控制装置来改变或保持其运动航向、航速和位置的性能，舰上能改变或保持其航向、航速和位置的装置有舵装置、主动力装置带动的螺旋桨和各种特种装置（如既可侧推又可助航的侧推装置）。本章节介绍的重点是舵装置。舰艇操纵性的优劣直接关系到舰艇的航行安全和其执行任务的能力。舰艇操纵性通常包括以下三个方面的内容。

航向稳定性　表示舰艇在水平面内的运动受扰动而偏离平衡状态，当扰动完全消除后能保持其原有平衡状态的性能。

回转性　表示舰艇在一定舵角作用下作圆弧运动的性能。

转艏性　表示舰艇应舵转艏的性能。

舰艇操纵性能应在舰艇的各个设计阶段都要注意，不同的设计阶段，可采用不同的方法，对各设计阶段进行舰艇操纵性的预报。

2.6.1　舰艇操纵性设计

(1)舰艇操纵性设计的目的

舰艇操纵性设计的目的就是在舰艇尺度和船型确定时要兼顾舰艇操纵性能，在尺度和船型已确定的情况下，合理的配置舵、呆木和艉鳍等附体，以保证舰艇的航行安全性和武器系统的正常使用，即保证舰艇具有基本操纵性能、应急操纵性能和满足武器发射要求的操纵性能，详见表2-6。

表2-6

基本操纵性能	应急操纵性能	满足武器发射要求操纵性能
a. 以小的战术直径、纵距和横距完成有效的回转操纵； b. 通过操舵（或侧向推力装置等）改变或保持舰艇航向； c. 进攻和规避中迅速改变航向； d. 在保持良好控制前提下，迅速地加速、减速和制动； e. 倒航时应具有一定的可操性	a. 当桨、舵局部受损时，仍具有一定的保持和改变航向的能力； b. 具有用桨或舵实施紧急规避的能力； c. 主机具有在最短时间内从正车转至倒车实施紧急制动的能力	a. 要求回转横倾满足武器发射的正常使用； b. 要求能够迅速改变航向或稳定地保持航向，以提高武器发射的命中率

(2)舰艇操纵性设计衡准

舰艇操纵性设计衡准包括回转能力、初始回转能力、航向稳定性能、航向纠正及保持能力、转艏性能、紧急制动能力、倒航操纵性能等。

①回转能力　现代舰艇回转能力,是以正常排水量下最大设计航速做满舵回转时的战术直径 D_T 与舰艇设计水线长 L 之比 D_T/L 来衡准。

②初始回转能力　现代舰艇初始回转能力是以最大设计航速下,10°/10°Z 形操纵时的无因次初转期 t'_d来衡准。

$$t'_d = \frac{t_d V}{L}$$

式中　t_d——初转期,即 Z 形操纵试验的第一次反操时间,s;

V——舰艇操舵前的直航速,m/s;

L——舰艇设计水线长,m。

③航向稳定性能　除快艇外的现代舰艇应具有直线稳定性,即要求舰艇在各种航速下,螺线(或逆螺线)试验操纵性特征曲线无不稳定回线,或回舵试验的剩余角速度为零。

④航向纠正及保持能力　现代舰艇航向纠正及保持能力是以其最大设计航速下做10°/10°Z形操纵试验的艏向角 Ψ 的第一超越角 Ψ_{ov1} 和第二超越角 Ψ_{ov2} 来衡准。

⑤转艏性能　现代舰艇转艏性能是以其最大设计航速下做 10°/10°Z 形试验的转艏性指数 P 来衡准。

⑥紧急制动能力　现代舰艇紧急制动能力是在船 - 机 - 桨匹配并实施最大功率倒车的制动试验情况下,可用其无因次停船迹程 S'_T来衡准。

$$S'_T = \frac{S_T}{L}$$

式中　S'_T——无因次停船迹程;

S_T——停船迹程,m;

L——舰艇设计水线长,m。

⑦倒航操纵性能　现代舰艇(两栖战舰除外)倒航操纵性能是以其倒航操纵性试验脱开自动回转圈的舵角 δ_k 来衡准。现代舰艇的 δ_k 至少应在舵作用下能改变航向。

(3)舵的设计

舵是实现舰艇操纵的主要设备,操舵时起回转舰艇的作用,置于零舵位时起稳定航向的作用。舵的设计是根据不同的船型和使用要求选择一个(或多个)面积适当并和艉部线型和螺旋桨配合良好的舵以满足舰艇操纵性要求。

①舵的选择　舵的种类依其与船体的连接方式和舵杆轴线在舵舷方向的位置进行分类,如普通舵、悬挂舵、半悬挂舵,平衡舵、半平衡舵,不平衡舵等。在舰艇设计时采用什么类型的舵要根据舰艇的大小、用途、螺旋桨直径和艉部线型选定,现代舰艇采用方艉时大多采用悬挂式平衡舵。

②舵面积的选择　舵面积的大小直接影响舰艇的操纵性,应根据船型和舰艇的操纵性要求进行选择。通常采用两种方法来进行舵面积的选择,一种是参照母型舰和同类型舰的统计资料来选定,另一种是根据大量的半经验公式和图谱来选定。不管采用什么方法,所选定的舵面积都应进行船模操纵性试验来验证其是否满足舰艇的操纵性的要求。

③舵的几何形状的确定　舵面积已确定的情况下,还要确定舵外形、展弦比、平衡系

数,以保证所设计的舵能充分利用螺旋桨的尾流,具有较好的流体动力特性,且平衡各种操舵状态舵杆承受的扭矩。现代舰艇的舵多采用梯形外形,其翼型剖面为 NACA 系列。

④舵设计时应注意的问题及提高舵效的措施　现代舰艇通常具有较高的航速,在舵的表面可能产生空泡,从而改变舵表面的压力分布,使舵杆扭矩增大,同时由于空泡数的降低,也将使舵的升力下降。特别当舵的浸深较浅时,在航速较高的情况下容易吸入空气,使舵的升力进一步下降。

为了改善空泡对舵的不良影响,提高舵效,在舵的主要参数已确定的情况下,设计中还应采取以下一些措施。

- 合理地布置舵的位置,充分地利用桨的尾流;
- 选择合适的舵剖面翼型,避免和推迟空泡的发生;
- 应将舵尽量地浸没在水中,以防止空气的吸入。

有关舵的更具体的介绍详见本书 10.3 节。

(4)舰艇操纵性设计应考虑的问题

①船型要素与操纵性的关系

a. 舰艇主尺度比和主要船型系数对操纵性的影响有强有弱,列于表 2-7。

b. 船体水下侧面积和形状对航向稳定性有极大的影响,艉部侧面形状的影响尤为显著。当侧面积系数一定时形心越后,航向稳定性越好。当形心一定时,侧面积系数越大,航向稳定性越好。

c. 船体横剖面形状对操纵性也有影响,艏部横剖形状影响微弱,艉部横剖面形状具有一定的影响。一般地说,艉部横剖面形状对航向稳定性的影响由优到劣(回转性相反)的顺序是:Y 形——V 形——U 形。

表 2-7　舰艇主尺度比和主要船型系数对操纵性的影响

船型参数	L/B		T/L		B/T		C_B		C_M	
	增大	减少	增大	减少	增大	减少	增大	减少	增大	减少
航向稳定性	改善	下降	略有改善	略有下降	下降	改善	明显下降	明显改善	微弱下降	微弱改善
回　转　性	下降	增强	略有改善	略有增强	增强	下降	明显增强	明显下降	微弱改善	微弱下降

②舰艇附体对操纵性的影响

a. 呆木和艉鳍　呆木和艉鳍是舰艇的固定操纵控制面,增大呆木和艉鳍的面积能显著改善航向稳定性,回转性略有降低。现代舰艇通常较瘦长,航向稳定性较好,通常不需采用呆木和艉鳍来改善其航向稳定性。

b. 舭龙骨　舭龙骨对操纵性的影响较小,不设舭龙骨的舰艇的回转直径约有 10% 的增加。

c. 球艏和声呐罩　球艏和声呐罩对操纵性的影响十分微弱。

③舵桨相对位置对操纵性的影响

a. 舵桨纵向相对位置　舵桨纵向相对位置对回转运动有一定影响,由各种试验可知:

- 舵桨间距增大,回转圈增大;但可降低螺旋桨在舵上引起的周期性脉动压力,降低船体的振动。

• 随着舵的后移，舵桨间距增大，对右旋单桨单舵舰而言，左右回转的不对称性恶化，维持直航所需的压舵角（右）增大。

b. 舵桨相对横向位置　现代舰艇多采用双桨双舵，为避开螺旋桨毂涡及其空泡对舵的剥蚀，特将舵布置在桨轴中心线的内侧。试验表明，当舵杆中心向内侧或外侧偏离桨轴中心$\left(\frac{1}{3}\sim\frac{2}{3}\right)R_P$（桨半径）时，舵力与无偏离的情况无甚区别。外旋双桨双舵船模舵桨偏离试验的结果表明，当舵向内侧偏离（0.197 ~ 0.615）R_P 时，回转圈逐渐增大，当舵向外侧偏离（0.197 ~ 0.615）R_P 时，回转圈的变化不甚规律，但两者回转圈的变化与无偏离（舵在桨正后方）的情况相比，都不大于 10%。

④航态及载重分析对操纵性的影响

a. 航速　航速较低（$F_n < 0.3$）时，航速对操纵性特征量的影响微弱。航速较高（$F_n > 0.3$）时，航速对回转直径的影响是随着 F_n 的增大，回转直径亦增大。

b. 纵倾　艉纵倾能显著改善航向稳定性；但回转性略有下降。艏纵倾则相反。

c. 载重分布　载重沿船体纵向的分布将影响船体的回转惯性矩的数值，当载重集中在舯部时，回转惯性矩减小，航向稳定性改善，反之亦然。

2.6.2　舰艇操纵性预报

舰艇操纵性设计过程中通常采用船模试验和数学模型计算两种方法预报实船操纵性。

（1）船模试验预报实船的操纵性

采用自由自航模做与实船相应的操纵运动试验，并以其结果直接预报实船的操纵性能。此种试验是用与实船几何、重量和惯量相似的船模，装上几何相似的桨模、舵模，再装上推进电机、电瓶及相应的测试仪表，用无线电遥控的方法，在宽敞水池中自由航行，在傅汝德数相似的条件下进行与实船相应的回转、Z 形操纵、逆转制动、惯性制动、回直及螺线等项试验。船模操纵试验的结果直观，最适宜于对一个或多个设计方案做出技术判断及比较选择。但因该项操纵试验是反映船模操纵运动中所受复杂流体动力作用的综合结果，较难对操纵运动中流体动力做分解性解释，因而至今尚难解释该试验中存在的尺度效应及实船与船模间的相关问题。一般而言，大舵角回转试验结果，船模试验预报值与实船试验值尚较接近，小舵角回转及 Z 形操纵和主机逆转制动的船模预报值与实船存在一些差别。

（2）数学模型计算预报实船的操纵性

为解决自由自航船模操纵性预报中存在的尺度效应，人们从基本的牛顿定律出发，用反映船体操纵运动中船体受力与运动间的关系的一组数学模型来描述船舶的操纵运动，通过计算机完成该数学模型的运算求解来预报设计舰艇的操纵性能。显然，所用的数学模型及模型中每项水动力的计算公式能否与实船接近一致决定了该计算预报的精度。

2.7　舰艇实船航行性能试验

现代舰艇在完工后，交船前应进行实船航行性能试验，以检验舰艇相关的总体性能是否符合舰总体技术规格书的要求，为舰艇的使用、鉴定、定型提供资料。舰艇的航行性能试验一般包括测速试验、操纵性试验、惯性试验及适航性试验。

航行试验前,应编制相关的试验文件,如试验大纲和试验册。试验文件应明确各项试验的试验目的,试验条件、试验项目及试验方法。正式出航前,试验准备工作应充分,如试验用文件和试验用仪表、仪器和工具,并仔细核查各项试验的试验条件,如试验海区、水文气象及舰艇状态是否满足相关的要求。航行试验后,应整理试验数据,编制相应的试验报告。

2.7.1 测速试验

(1)试验目的

测定舰艇的航速,检验舰的航速是否达到研制总要求规定的航速。

(2)试验条件

现代舰艇测速试验的试验条件包括三个方面:试验海区、水文气象和舰艇状态。

①试验海区 要求试验海区测速区的水深应不影响舰艇的航速。必要时,测试结果应对水深的影响进行修正。测速区水域应有一定的长度和宽度,使舰艇有充足的预备行程和回旋余地。

②水文气象 要求测速区海况不大于2级,风力不大于3级,潮流平缓。能见度良好。

③舰艇状态 舰艇的排水量应接近正常排水量,误差应小于±3%(出航前为正);舰艇的浮态应与设计状态一致,允许的最大静横倾角应不大于0.5°,纵倾值相对设计状态,允许有$\pm 0.1\% L_{WL}$的纵倾差值;船体水下部分和螺旋桨表面应清洁无损,一般应在舰艇出坞后2~3周内进行试验;试验应在主、辅机的控制系统、舵装置及相关设备验收合格后进行。

(3)试验项目和试验方法

根据舰艇的使命和使用要求,对所规定的各种航速进行测定,如最大航速、全速、巡航航速和倒车航速等。一般情况下从最低稳定工况到额定工况应不少于五个测点。在航速测定的同时,对各种工况下的轴功率、轴扭矩、轴转速、轴推力及舰艇航行纵倾进行测量,另对单机工况和倒车工况进行观察试验。

测速试验常用的试验方法有叠标法、电子跟踪仪和差分GPS法。由于差分GPS方法测试精度较高,越来越多的舰艇选用了差分GPS法进行测速。

2.7.2 操纵性试验

操纵性试验通常包括回转性试验、航向稳定性试验及Z形操纵试验。

(1)试验目的

回转性试验、航向稳定性试验及Z形操纵试验分别测定舰艇的最大转向能力、航向稳定性及舰对操舵的响应特性,验证各性能指标是否符合设计要求,为舰艇的使用提供依据。

(2)试验条件

试验条件包括三个方面:试验海区、水文气象和舰艇状态。

①试验海区 试验海区应宽阔,通常要求不小于$50L_{WL} \times 10L_{WL}$(L_{WL}—设计水线长),保证舰艇有足够的回转余地,且要有足够的水深。

②水文气象 试验海区的海况不大于2级,潮流平缓,能见度良好。

③舰艇状态 试验时舰艇排水量和重心位置应尽量符合设计状态,排水量应接近正常

排水量;舰艇的浮态应与设计状态一致,横倾和纵倾尽量小;船体水下部分和螺旋桨表面应清洁无损;试验必须在主机、电罗经、操舵装置等验收合格后进行。

(3)试验项目和试验方法

回转性试验、航向稳定性试验及 Z 形操纵试验的试验项目见表 2-8,亦可根据舰艇设计规范的规定及实际需要选定试验项目。

常用的试验方法有抛木块法、角速度法、测距仪(或雷达)及电罗经测定法和差分 GPS 法,不同的测试方法采用不同的仪表、仪器和工具,可根据实际情况确定其中一种方法。

表 2-8

试验项目	回转性试验	航向稳定性试验	Z 形操纵试验
试验内容	(1)在全速下操左、右满舵各一次,操左、右 15°舵角各一次的回转试验; (2)在巡航速度下操左、右满舵各一次,操左、右 15°舵角各一次的回转试验; (3)在最低航速下操左、右满舵各一次,操左、右 15°舵角各一次的回转试验; (4)双桨和多桨舰艇及可调螺旋桨舰艇在允许工况下进行一进一倒状态的回转试验,此时舵角保持正舵	(1)正螺线试验 (2)逆螺线试验 (3)15°舵角的回舵操纵性试验 (4)保持舵角不变法试验 (5)保持航向试验	(1)舰艇分别以全速、巡航速度和最低航速航行时,进行 10°/10°及 20°/20°的 Z 形操纵性试验 (2)10°/10°的 Z 形操纵试验时,操舵角的标准值为 10°,艏向角变化的标准值为 10°;20°/20°的 Z 形操纵试验时,则其相应的标准值为 20°。一般先做 10°/10°的 Z 形操纵试验,然后再做 20°/20°的 Z 形操纵试验

2.7.3　惯性试验

(1)试验目的

测量舰艇的惯性制动性能,为舰艇的使用提供资料。

(2)试验条件

惯性试验的试验条件包括三个方面:试验海区、水文气象和舰艇状态。

①试验海区　试验海区水域宽阔,通常要求不小于 $50L_{WL} \times 10L_{WL}$(L_{WL}——设计水线长),以保证舰艇有足够的行程;试验海区应具有足够的水深。

②水文气象　试验海区的海况应不大于 2 级,潮流平缓,能见度良好。

③舰艇状态　试验时舰艇排水量与正常排水量相近;舰艇的浮态应尽量与设计状态一致,静横倾应尽可能小,且不允许有艏倾;试验必须在主机、平台罗经、计程仪及操舵装置等验收合格后进行;试验应在测速试验确定了允许的倒车最大工况后才能进行。

(3)试验项目和试验方法

试验项目包括停车惯性试验和倒车惯性试验,详见表 2-9。

表 2-9

试验项目	停车惯性试验	倒车惯性试验
试验内容	(1)全速正车→停车 (2)巡航航速正车→停车 (3)巡航航速正车→刹车停	(1)全速正车→设计倒车工况 (2)巡航航速正车→设计倒车工况

惯性试验的方法一般有抛木块法、测距仪及平台罗经测定法、差分 GPS 法,试验时可任意选用其中之一,目前差分 GPS 方法得到了广泛的应用。

2.7.4 适航性试验

新建的首制舰艇和改型后的第一艘舰艇,都要进行实船适航性试验。

(1)试验目的

通过舰艇在规定海况下的适航性试验,考核舰艇是否满足研制总要求和规范的要求,即考核舰艇安全航行的能力,以及在一定海况下舰艇的运动响应是否适应各种武器、系统和其他装备的要求;并验证舰艇耐波性的预报结果。

(2)试验条件

由于适航性试验的特殊性,试验条件要求较多,包括试验海区、舰艇状态、试验保障几个方面。

①试验海区　试验海区水域要足够的宽敞和足够的水深,以避免产生浅水效应和形成浅水波,建议水深见表 2-10。

表 2-10

浪级	3	4	5
水深　m	≥30	≥45	≥80

②舰艇状态　船体结构完好;主要设备、装置应处于良好工作状态;对船体水下部分及其附属体、推进器、舵、减摇鳍等应进坞检查。试验时排水量应接近正常排水量;舰艇的浮态应与设计状态相一致,静横倾应尽可能小,且不允许有艏倾;各种测试用传感器应安装在指定的位置;所有设置在舰上的测试仪器均应按风暴条件予以安装并固定牢靠,必要时应采取减振措施。对于设置在露天的测试仪器、传感器和电缆均应固定和必要的密蔽。

③试验保障

a. 试验人员的组织,应明确参试人员的职责和岗位和各测试部位与试验指挥部位及各测试部位之间的通信联络方式。

b. 应配备一艘排水量大于试验舰艇,并适应试验要求的保证船,该船承担对试验海区的水文气象观测、波浪测量及海区警戒和试验舰艇的安全保证,并承担拍摄试验舰艇的航态或录像。

c. 在试验前试验舰艇应与保证船进行协同作业;试验舰艇的消防、损管等操练;保证船进行试投测波仪等操练。

(3)试验项目

试验需测试的试验项目包括舰艇航速测定、舰艇运动参数测量、甲板淹湿与飞溅现象记录和摄像、艏底砰击应力和船体结构应力测量。

(4)试验方法

①舰艇状态和装载情况测定　试验舰艇出港前及返港后,应及时测定和记录舰艇状态和装载情况,以确定其状态是否满足试验条件的要求。

②试验环境条件测定　试验环境条件的测定包括波浪、风向风速、主浪向和水文气象资料的测定。

③舰艇航速测定　测定并记录试验舰艇在各个试验航向上的航速,并求取平均值,以确定其在波浪的失速值。

④舰艇运动参数测量　使用设置在舰艇上的传感器及运动参数测试仪器,测量试验舰的纵摇、横摇、升沉、艏部垂向加速度、艉部垂向加速度、重心附近的垂向加速度、艏底部出水概率和砰击概率、轴功率和螺旋桨转速等。试验应待航向和航速稳定后再测定运动参数和载荷,且测量时间应保证能记录到足够的取样数。

⑤甲板淹湿与飞溅现象记录与摄像　对试验舰艇甲板和上层建筑在波浪中的淹湿和飞溅进行观测,记载其发生的频率,并用文字或图形描述。对具有特征的现象进行拍照和录像。

⑥艏部砰击压力和船体结构应力测量　艏部砰击压力和船体结构应力测量包括艏底砰击压力的测试、总纵强度(船体总纵弯曲应力、船中左右舷应力)的测试和局部强度(甲板舱大开口应力、主机基座应力、长艏楼过渡区应力及上层建筑应力)的测试。

⑦晕船资料调查流计　试验舰上舰员及参试人员都应填写一份晕船调查表,分别记载各人在海上生活中的晕船历史及本次试验过程中各人经受的晕船记录。

⑧航行简图的绘制　根据试验时的海图作业和航海记载摘录试验海区的水深、舰艇就位点和整个试验过程中的航行路线和相应时刻等,并绘制航行简图。

⑨试验结束后舰艇检查　试验结束后,应对试验舰艇的船体结构、船舶装置、管路系统、机械设备、电子仪器、武备系统等做全面检查,并记载它们的损坏情况以及异常现象。必要时舰艇应进船坞检查。

⑩应急处理　试验过程中,当出现可能危及舰艇安全的情况时,舰长有权采取果断措施,停止正在进行的该项试验。

第3章 总体布置

3.1 概　　述

现代舰船的总布置设计是一项复杂的系统工程，它不仅要在有限的空间里配置大量的武器装备、技术设施，设置各种用途的舱室，而且还在于设计结果对舰船的作战能力、生命力、保障能力和建造工艺性等有着直接的影响。总布置设计的过程是一个充满矛盾、统一矛盾、解决矛盾的过程，也是一个抓住主要矛盾、平衡各类需求、多方案的优化、综合和舍取的过程。总布置设计的目的是在满足舰船各种战术技术性能的前提下，合理地确定舰船的整体布置，绘出详细的总布置图。通过布置上的措施，为提高舰船的作战能力和保证日常生活勤务创造必要的条件。

3.1.1　总布置设计的主要内容

(1)舰型的选取、水密隔舱壁划分和甲板分层，上层建筑的构划(包括桅杆、烟囱)；

(2)各种战斗技术器材的布置；

(3)各种战斗部位、工作舱室和生活舱室的布置；

(4)重量重心计算和浮态调整；

(5)协调各部位的通道和梯口。

总布置设计体现在总布置图和重量重心计算书上。总布置图包括纵剖面图，各层甲板、底舱、上层建筑等平面图；典型部位的横剖面图，还有侧视图、俯视图、侧影图等。

3.1.2　总布置设计的基本原则

(1)战术上的要求

①总布置应符合研制任务总的要求，最大限度地满足用方的要求，最有效地发挥舰船上各系统和武器、装备、器材的功能，以提高舰船的作战能力。总布置应合理紧凑、协调一致。

②注意提高舰船的生命力，从布置上保证动力装置、弹药舱、作战指挥室及其他战斗技术舱室的最大安全性。

③应在保证战术技术性能的前提下，为舰员提供良好的工作和生活条件(如温度、湿度、噪音、光线、视界、联络等)，便捷的战位通道。

④选取符合舰船总布置、性能、结构强度等各方面要求的舰型。舰船的外形应威武、美观，并兼顾到舰船隐身性、电磁兼容和三防等要求。

(2)技术上的要求

现代舰船总布置设计应为保证舰船的总体性能、结构强度、各种装备器材的使用、维修和舰船的建造及其工艺性等提供良好的条件。

①根据对研制总要求的研究、分析,结合舰船的经济性指标及今后的现代化改装,在总体布置方案的基础上,提出对舰船排水量、主尺度(长、宽、型深)的要求,并最终为确定这些基本设计参数提供依据;

②总布置设计应保证舰船在各种装载情况下必要的和最适宜的浮态、初稳性及大角稳性,满足安全、防火、防爆等方面的要求;应严格控制全舰的重量重心,以取得适当的重心高度;重量分布应使舰船的浮态平衡,对各种装载状态下的舰船重心变化幅度也应适当控制;

舰船主横隔壁的划分除应满足各类舱室的布置要求外,同时还必须满足舰船不沉性和结构强度的要求,防止造成舰船尾部振动的不利影响;

③各类舱室的温度、湿度、噪声振动等环境条件应符合有关军用标准的规定;

④尽可能结合舰船的强度条件和结构的合理性进行布置,防止应力集中;为保证舰船的总纵强度,应按舰船长度均匀地分布重量(载荷),尽可能避免结构构件的不连续或突变;

⑤布置上应考虑燃油总管、水管、风管等布置要求,力求最短,以节省重量,提高生命力。

在舰船总布置设计贯彻上述原则时,会出现各种矛盾,例如各种战斗技术装备布置之间的矛盾;从总布置上提高舰船攻击力与加强自身防御之间的矛盾;总布置要求与航海性能、结构强度、建造工艺要求间的矛盾等。在处理这些错综复杂的矛盾中,应从舰船的主要任务出发,掌握好局部服从整体、次要服从主要的原则。

3.2 总体布局

3.2.1 舰船的建筑型式

现代舰船的建筑是由主船体、上层建筑以及外露的桅杆、甲板装备、武备、烟囱等舱面部件组成,上甲板以下的船体部分称为主船体,上甲板以上的各种围壁建筑,统称为上层建筑,包括船楼和甲板室。设在上甲板首部和尾部的船楼,分别称为艏楼和艉楼,设在中部的称为桥楼。

(1)舰型

舰型一般是指舰船的外型特征,包括主船体型式和上层建筑型式两部分。

主船体的型式一般有五种,如图3-1所示。

第一种　低舷平甲板型。这种形式的特点是干舷比较低,为通长甲板,艏部上甲板脊弧的斜升较大,机炉舱直通到上甲板,上层建筑为甲板室,较长;

第二种　短艏楼型。这种型式的特点是有短艏楼,其长度占 $L/3 \sim L/2$,上层建筑也较长,主船体的容积比第一种大;

第三种　长艏楼型。这种型式的特点是艏楼延伸至船中以后,达到 $2L/3 \sim 3L/4$,上层建筑较小。主船体的容积较大;

第四种　桥楼型。这种型式的特点是船楼设在船中部,桥楼长度大于0.15倍船长的船,称为长桥楼船;桥楼长度小于0.15倍船长的船为桥楼船;

第五种　高舷平甲板型。这种型式的特点是在第一种舰型的基础上,再增加1层通长甲板,即将长艏楼延伸到艉部就成了这种型式。它的干舷较高,上层建筑较小,大部分舱室

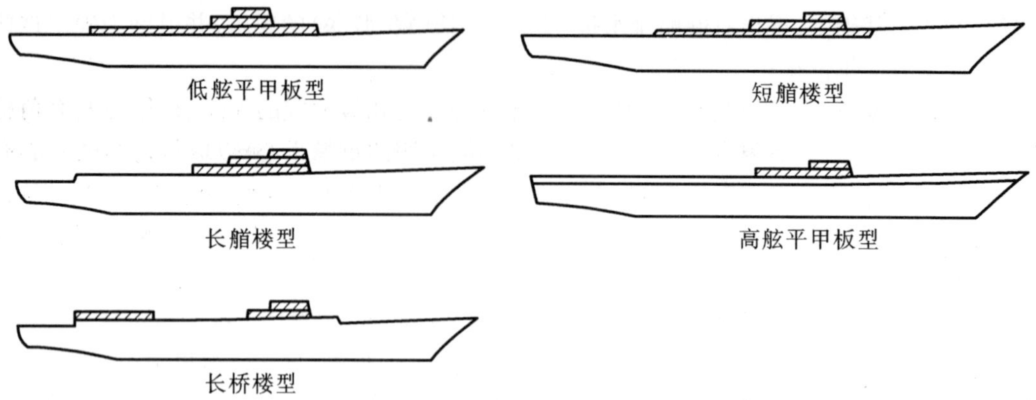

图 3-1 水面舰艇的五种舰型

都可布置在主船体内。

事实上，舰型的发展、演变是与武器装备的进步和战术技术的发展、提高密切相关的。第二次世界大战前(包括二战期间)，武器装备水平低下，电子设备极少，海战的武器主要是火炮和性能不高的鱼雷。为了占据有利地形，航速起着关键性的作用。在这种情况下选择低舷平甲板舰型是有利的。它偏低的重心，瘦长的尺度保证舰有较高的航速；低的舰舷可使鱼雷顺利入水。舱室和耐波性能不是主要矛盾，而恶劣的居住环境更看作是对舰员意志的磨练而引以为荣。短首楼舰型较低舷平甲板，舱容略有增加，耐波性也有一定的改善，这种舰型扫雷舰用得较普遍。

第二次世界大战以后，科学技术发展很快，现代舰船的装备也发生了很大的变化，对舰船的战术性能要求也越来越高。如普遍装备导弹兵器，电子装备成倍增加，护卫舰以上的舰艇普遍装备直升飞机，动力装置功率越来越大，适航性、居住性、防护力等要求也越来越高。因此在总布置设计中，舱室容积、甲板面积、耐波性和防护力等的矛盾比较突出。采用长艏楼型和高舷平甲板型，能较好地解决上述矛盾，这是因为它们具有如下优点：(1)主船体容积大大增加。有利于解决舱室容积不足的矛盾，并将大部分重要舱室置于防护力较好的主船体内。有利于构成内部通道；(2)干舷增加，如低舷平甲板型的 $D/T=1.71\sim1.92$，而高舷平甲板型的 $D/T=2.13\sim2.42$；这样不但能提高耐波性、大角稳性和不沉性，而且对布置垂直发射武器有利；(3)上甲板距中和轴较远，能增加相当梁剖面模数，对舰船的总纵强度和刚度有利。对产生相同的应力而言，可较平甲板型有较小的甲板和船底构件尺寸，对减轻结构重量和提高舰内空间净高度是有利的。

当然采用这两种型式也有它的缺点，如重心升高，为保证必要的初稳性，就需增加船宽，这将会影响舰船的快速性；船宽增加使排水量增加也会影响航速；对于现代化的舰船来说，由于探测器作用距离和武器打击威力的延伸，舰的速度已不成为关键因素，因此采用长艏楼型或高舷平甲板型后带来的缺点并不突出。

(2)上层建筑的型式、层数和造型

上层建筑的型式与主船体的型式密切相关，而且要根据武器的布置、舱室容积、适航性等方面的要求而确定。为能布置各种武备和技术器材，上层建筑采用阶梯形布置形式；另一方面为减少舰船的雷达波反射截面积，上层建筑整体形状要求简洁，采用整块面板组合，减少台阶，减少角反射。为了增加武器的射界和缩小死区，从平面投影看，上层建筑都削去四角。图3－2为几种舰船的侧影图，从中可看出不同的建筑型式特点。

上层建筑的大小和层数对舰船的重心高度、受风时的横漂力及横倾力矩影响很大，应根据必需的舱室面积、露天甲板上武器、设备的布置、驾驶视野、桅杆、烟囱的数量、重量和重心高度等因素来决定，以保证各种探测器及武器分别有较大的视界、射界，满足各类天线（雷达、通信、电子战等）的布置要求，同时舰船的稳性性能也能得到切实保证。

上层建筑的层数还与舰的大小有关，影响舰船的外观造型。舰船不仅是水上战斗武器，而且还是一座浮动的水上工程建筑，造型设计时，在满足使用要求的前提下，应使舰船轮廓鲜明、完整，主次分明，并有稳定向前的动态感，威武、雄伟、具有时代感，各个上层建筑之间要平衡、协调、紧凑，以使舰船造型美观，整个舰的上层建筑轮廓都应包络在一条自然的流线内。为保证上层建筑内人员的活动自如，要求上层建筑每层的高度为2.0～2.4 m，净高不得小于1.9 m。

在进行上层建筑外形设计时，应充分考虑隐身性的要求。根据目前对外形隐身的研究成果，通常将上层建筑各外侧壁设计成向内倾斜一定角度（5°～15°不等），从减少雷达波反射截面积的隐身性来讲，内倾角度越大越好，但由于侧壁内倾，必然会减少舱容，影响设备布置，因此，倾斜角度选取应视军方对舰的性能指标要求和舰的排水量、可用容积大小等来确定。

3.2.2 主船体舱室的区划

主船体在垂向用甲板或平台分成若干层空间，在纵向或横向以横隔壁或纵隔壁分成若干舱段，从而构成舰船的主要舱室。如再在各个主要舱段或上层建筑内用轻围壁、纵壁分隔，就形成了舰船的全部舱室。习惯上将主横隔壁分隔的大舱段统称为“舱”，在“舱”或上层建筑中用轻围壁分隔的空间称为“室”。

（1）主横水密隔舱的划分

在进行现代舰船的主船体主横水密隔舱划分时，需要考虑多方面的因素，主要有：

①抗水下破损的生命力；

②各种装载情况下的浮态和稳性；

③设备的布置要求；

④总纵强度、局部强度和结构及建造的工艺性等。

从提高舰船生命力、防止全面进水的观点来说，采用横向水密舱壁是主船体内部分舱最有效的形式。主横水密隔舱的划分应满足GJB4000－2000《舰船通用规范》有关不沉性的要求。

主横隔舱划分应结合规范对防火主竖区长度不超过40 m的要求，考虑相邻几舱的总长。

主横隔舱划分应考虑设备的布置要求，应根据主动力装置的尺度首先确定机舱的设置部位。机舱的位置通常有两种设置型式，设于船的中部的为中机型，设于尾部的为尾机型，对舰船来说通常多采用中偏后的布置型式。然后，确定辅机舱、主要设备舱及武器弹药舱的布置位置，同时考虑舰在各种装载情况下的浮态和稳性。

因此，主船体内的水密舱壁数应根据舰船的类型、抗沉性要求、各舱室所需长度、结构强度等因素确定。

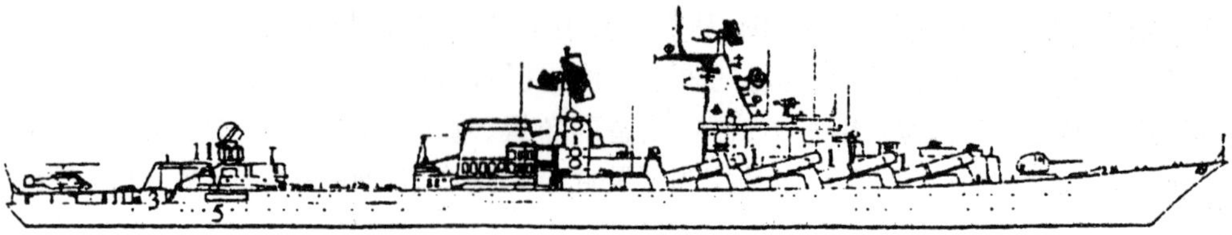

俄国“光荣”级巡洋舰

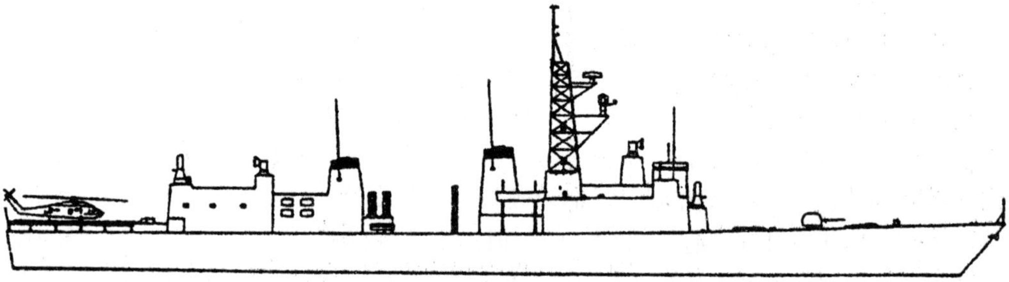

日本“村雨”级多用途驱逐舰

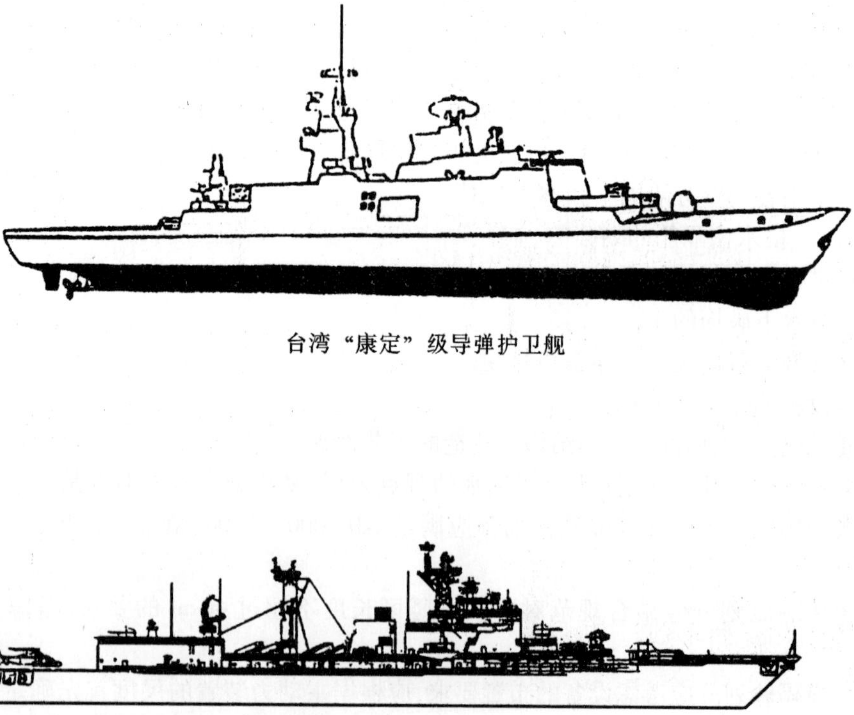

台湾“康定”级导弹护卫舰

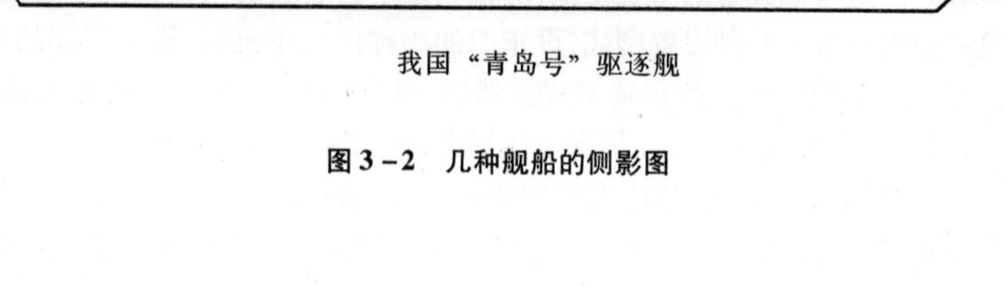

我国“青岛号”驱逐舰

图 3－2　几种舰船的侧影图

主横水密舱壁作为保证舰船强度的基本构件必须左右延伸到两舷外板，垂向从船底板延伸到强力甲板或强力甲板以上。

(2)主船体甲板分层

现代舰船的种类很多，舱室的布置也都不一样，就是属于同一种类的舰艇，由于型号不同，舱室布置也可能差别较大。因此主船体内甲板的层数应根据舰船的类型、排水量、型深等因素确定。如图3－3所示。

各层甲板间的高度一般为2.2～3.0 m，其净高不应小于1.9 m。双层底的高度由油水的贮量和舷高等因素确定，为便于施工和维修，其高度不应小于0.6 m。一般为0.7～1.8 m。

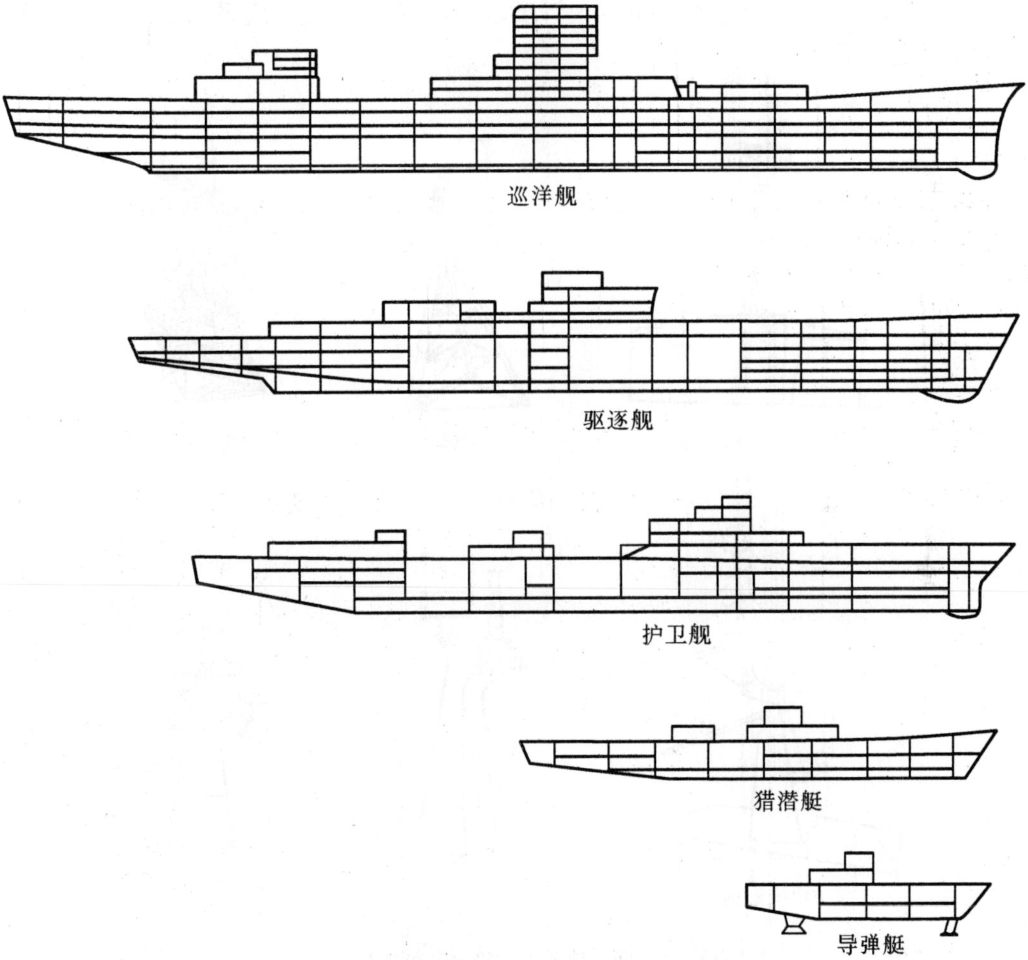

图3－3 几种现代舰船主横舱壁和各层甲板布置图

3.2.3 桅杆和烟囱布置

(1)桅杆

各种现代舰船均至少设置一个桅杆。桅杆的形式有单桅、三脚桅、四脚桅、筒形桅、烟桅等几种。

单桅结构简单、重量轻，但刚度和强度较小，不能布置较多的雷达和无线电天线，一般在小艇和辅助船上用得较多。有两个桅杆的舰船，后桅也有不少采用单桅的。

三脚桅、四脚桅的刚度和强度比单桅好，能布置的天线也较多，但结构较复杂，重量比单桅重，在现代舰船上用得最为普遍，从百吨小艇到万吨巡洋舰都可采用这种形式的桅杆。

为了缩小桅杆的结构尺寸和所占甲板面积，又要保证有必要的刚度和强度，在四脚桅的基础上发展成筒形桅。筒形桅有椭圆形桅、角锥形桅和塔形桅等几种结构形式，重量要比四脚桅重些。

60 年代以后，舰艇上的武器和电子设备大量增加，导致甲板面积紧张，重心高度问题突出，因此出现了烟桅一体的结构形式。图 3－4 为现代舰船上常见的几种桅杆形式。

20 世纪末开始，为满足全隐形舰的设计要求，各国都在研究开发采用复合材料的具有多种功能的隐形桅。

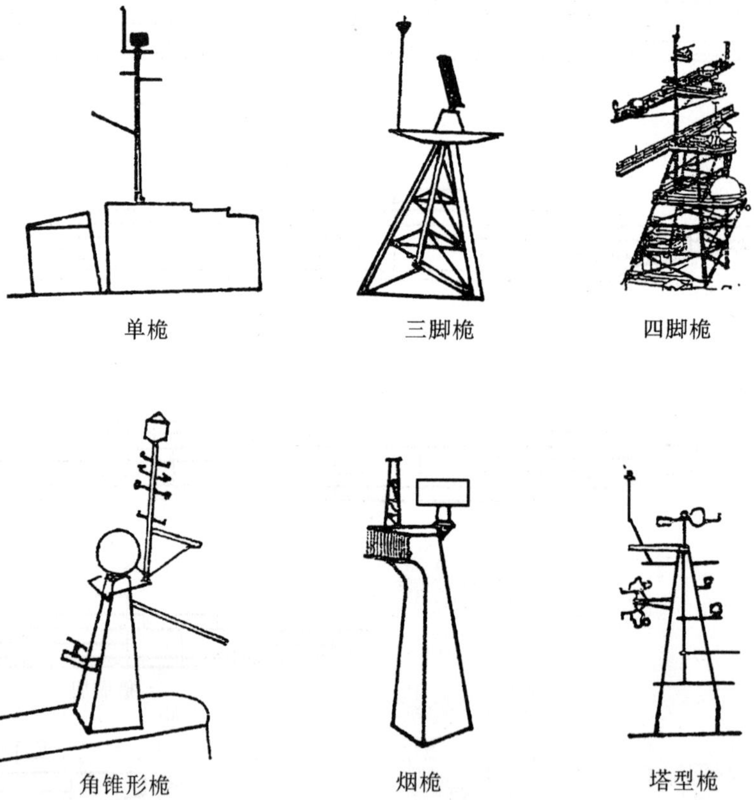

图 3－4　现代舰船上常见的几种桅杆形式

桅杆布置基本原则为：

①舰船上采用的各种型式的桅杆，其形状应与舰船的外形配合适当，使舰船具有协调、匀称、威武的外貌和造型；水面舰船上的前桅一般应布置在驾驶室之后。

②桅杆的高度，应根据天线数量、号灯、号旗等的布置需要确定，但应尽量控制其高度。

③桅杆的布置应注意利用舰船结构，固定在主横隔壁、强横梁、纵桁等较强的结构上；

主烟囱后面的桅杆，应与烟囱间隔一定距离，以防止排烟造成严重污染桅杆及其上面的设备。

(2)烟囱

根据舰船所用动力装置的类型，可采用烟囱排烟、舷外排烟或水下排烟几种型式。当采用烟囱排烟时，可根据舰船整体布局和机炉舱的位置确定烟囱的数量和布置。

①烟囱的形状和位置应使舰船具有协调、匀称、威武的外貌和造型，烟囱形状的选择应尽量减少烟气的下沉造成对舰船舱面的烟害。从外形隐身考虑，烟囱形状宜采取前壁后倾、后壁前倾、侧壁内倾的形状。顶板最好为水平，如有必要，其后倾角不宜大于5°。烟囱的位置还应与动力装置舱室的位置配合适当，便于缩短和布置排烟管系；

②烟囱的高度应根据舰船的总布置、动力装置的排烟速度以及桅杆、天线等布置情况综合协调确定。烟囱的内部空间应充分利用，在烟囱内进行施工和维修工作时，应设置进出烟囱的通道和留有必要的空间；

③为辅助动力装置设置的辅烟囱和厨房炉灶的烟囱，应注意配置适当，尽量设置在隐蔽处，尽量减少烟害影响。

(3)囱桅合一

烟囱和桅杆合一的布置应符合烟囱及桅杆各自的布置要求，应符合动力装置排烟的要求，排烟口要有一定的高度，以减少烟害对舰体的影响，并应注意减少排烟对其上部的桅杆及设备的影响。

燃气轮机动力装置排烟速度大、温度高、排烟道粗直，一般不宜采用烟囱和桅杆合一型式。

3.3 全舰重量重心控制

3.3.1 概述

从阿基米德原理知道，舰船的排水量等于舰船本身的重量。因此舰船的排水量可以通过计算组成舰船的各部分重量的方法来确定。即

$$\Delta = W$$

$$W = \sum_{i=1}^{n} w_i$$

式中 Δ——舰船排水量；

W——舰船的总重量；

w_i——舰船第 i 项组成部分的重量。

在舰船设计过程中，对各部的重量计算，在各个阶段如战术技术方案论证、初步设计、技术设计、施工设计、编制完工文件等都要进行；二是计算逐步近似，也就是说各部分重量计算不可能在设计的最初阶段就做到准确无误，而是随着设计阶段的不断深入，重量计算也由粗到精，从最初按母型资料、统计资料和近似公式的粗略估算到最后按施工图分项精确计算，最后还要在建造中按分项称重校核。事实上，每一次计算都是对前次计算的检验和修正。

3.3.2 舰船重量的分项

舰船各个组成部分从重量的角度来看都称为重量分项。为便于设计时计算和施工时统计各分项重量，舰船设计中将组成舰船的全部重量分项进行分类。

我国《舰船通用规范》中规定全船重量分为16个部，即：(1)船体结构，(2)推进系统，(3)电力系统，(4)电子信息系统，(5)辅助系统，(6)船体属具与舱室设施，(7)武器发射装置与保障系统，(8)供应品，(9)弹药，(10)人员、行李、食品、淡水，(11)燃油、滑油、给水、喷气燃料，(12)储备排水量，(13)液体负荷，(14)特殊装载，(15)压载，(16)超载。

舰船重量分项的分类，按现代舰船重量分项标准，通常分为部、节、组、项四级，部下分节，节下分组，组下分项，各分项要计算到设备单元级。

3.3.3 舰船排水量的种类

整个舰船的重量是随着舰上燃油、弹药、淡水、食品、消耗品等可变载荷的消耗和补充而改变的。随着装载情况的改变，舰艇的各种性能也会相应发生变化。为了便于验算各种装载情况下的舰船性能，保证执行战斗任务和安全航行，同时也为了对舰船的各种性能提出确切的要求，我国《舰船通用规范》对各种典型装载情况下的排水量的含意也做了统一规定。现代舰船通常所遇到的典型装载情况和这些装载情况下的排水量名称如下。

(1)空载排水量

全舰建造完毕，各种装置设备安装齐全的舰，但不计入人员、行李、食品、淡水，液体负荷，弹药，供应品，燃油、滑油、给水，喷气燃料，特殊装载，超载等部重量时的排水量。

(2)标准排水量

空载排水量加上人员、行李、食品、淡水，液体负荷，弹药，供应品等部的重量，但不计入燃油、滑油、给水，喷气燃料，特殊装载，超载等部重量时的排水量。

(3)正常排水量

标准排水量加上保证百分之五十规定的续航力和自给力所需的燃油、滑油、给水，喷气燃料以及加上特殊装载时的排水量。

(4)满载排水量

标准排水量加上保证百分之一百规定的续航力和自给力所需的燃油、滑油、给水，喷气燃料以及加上特殊装载时的排水量。

(5)最大排水量

满载排水量加上超载部分载重时的排水量。

其中特殊装载是指两栖战舰船和辅助舰船，因特殊用途而装载的人员、物品和装载的重量。

设计舰船时，通常以接近正常排水量时的某一排水量作为设计状态，称它为设计排水量。

3.3.4 重量重心计算

排水量的确定主要取决于舰船各部分的重量计算(估算)，重量计算是否正确，直接影响到排水量计算的正确性，并将直接影响到舰的总体性能，如稳性、不沉性、快速性。因此，重量重心计算是舰船设计中十分重要的工作之一。在舰船的各设计阶段都应进行重量重心计算(估算)。

(1)舰船设计初期(方案或方案论证)

此阶段重量资料不全,装备状态不完全确定,通常采用估算的方法来确定舰船各部的重量,进而确定排水量。常用的估算方法有

①立方模数法

$$w_i = qLBD$$

q——计算系数,其值根据设计舰的特点,按照相近的母型或统计资料选取。

②百分比法

$$w_i = w\Delta$$

w——计算系数,即 w_i 占排水量 Δ 的百分数,根据设计舰的特点,按照相近的母型或资料选取。

③分细目换算法　该方法主要是通过分细目与船长、船宽或舱容之间的某种关系来进行换算。

按重量分项标准的分类,通常船体结构、电力系统、辅助系统、船体属具与舱室设施、供应品部分按立方模数法、百分比法或分细目换算法进行估算,而推进系统按重量与主机功率 P(kW)和整个动力装置单位千瓦的重量 q_i(kg/kW)成正比来估算。

$$W_j = q_j \cdot P \times 10^{-3}$$

电子信息系统、发射装置与保障系统、弹药部分按任务书确定的装备型号、数量,查阅相关资料或参考相似母型船估算。

人员、行李、食品、淡水根据研制总要求规定的自给力按《舰船通用规范》的规定进行计算。

燃油、滑油、给水、喷气燃料部分根据舰续航力估算得到所需燃油量、滑油量和给水量;根据直升机在自给力期间内的飞行次数,估算出喷气燃料的耗量。

储备排水量通常考虑三方面的因素,一是不同设计阶段重量计算(估算)可能产生的误差、设备的更改等,二是理论设计图纸与实船建造的差异,不同施工工艺产生的差异,三是使用期裕度、现代化改装的需要。储备排水量的大小一般按正常排水量的百分数取值,取决于设计所掌握的资料可信度。

(2)方案设计、初步设计

此阶段重量重心主要为估算,按重量分项标准中的部、节、组、项估算,可以将节、组、项适当合并。主要采用分细目换算方法进行。

(3)技术设计

此阶段重量重心为计算,按重量分项标准中的部、节、组、项,根据图样和明细表详细计算。

(4)施工设计

此阶段重量重心为详细计算,按施工图和明细表计算重量和重心坐标,按重量分项标准的部、节、组、项计算到设备单元级,管系、电缆也应详尽统计计算。

3.3.5　重量重心控制

为了确保舰船具有预定的排水量,保证舰船的各项性能符合研制总要求的要求,必须

在舰船研制全过程实施重量重心控制。

(1)设计阶段的重量重心控制

①严格执行标准规范中有关重量控制的规定和要求,实行及时和定期重量报告制度。

②舰船设计要提出明确的重量重心控制目标要求。在各系统、设备的总体技术要求中应包括对系统、设备的重量重心目标控制要求和需提交的重量重心原始资料内容。

③舰船设计中的总体、船体结构设计,包括各系统设备的装舰设计都应贯彻优化设计原则,在保证设计质量的前提下,努力减轻船体结构重量,减轻设备、材料的重量,减轻管系、电缆的重量,控制舰的重量和重心。

(2)施工建造阶段的重量重心控制

施工建造阶段的重量重心控制应做好以下几方面工作。

①船厂应按重量检查册做好重量检查工作。各厂的首制舰应进行称重,后续舰船仅对修改部分补充称重。

②应进行液舱容积测量,以对舰的液体载荷的重量进行检查和校核。

③按规范要求认真做好倾斜试验前的准备工作和倾斜试验。

④进行施工修改。

a. 施工阶段的图样和技术文件修改或设备材料代用等引起的重量重心变化均应履行手续并有记录和统计、汇总,及时反映到重量重心计算中。

b. 凡单项重量增加达 0.04% 正常排水量,单项垂向力矩增加引起舰船重心高升 0.2 cm;累计重量增加达到 0.1% 正常排水量,累计垂向力矩增加引起舰船重心升高0.5 cm 时,均应立即通知订货方、设计部门,并经总设计师审查批准。

⑤严格执行季度重量报告和阶段重量报告制度,有问题应及时报告。

3.3.6 纵倾调整

纵倾调整的目的是保证舰船在各种装载情况下均具有适宜的浮态,从而保证舰船具有良好的快速性,良好的航海性能和良好的航行安全性。

舰船设计时纵倾调整的一般原则是:对大多数护卫舰以上的水面舰船,正常排水量时的浮态为平浮,或者根据燃油舱、水舱的布置,具有微小的初始艉倾,其他排水量时的浮态,允许有不太大的艉倾,应尽力避免艏倾。

当核算舰在正常排水量状态下的浮态,出现艏倾或过大艉倾时,都要进行纵倾调整。通常有三种解决途径。

(1)调整 X_G(重心纵向位置坐标);

(2)调整 X_B(浮心纵向位置坐标);

(3)按相互接近的方向同时调整 X_G、X_B。

从快速性来说,浮心不宜改动太大,只有在 X_G 调整确有困难时,才适当地调整 X_B。

重心 X_G 的调整主要从以下几方面考虑。

①调整机舱沿舰长方向的位置;

②调整燃油舱、淡水舱等的布置(注意油水消耗后舰的浮态);

③设置压载水舱。

3.4 舱面设备布置设计

现代舰船的舱面设备主要分为三大类,即:武器装备、观通天线、船舶装置设备。舱面设备的布置与其设备舱室密切相关的,如武器装置与弹药舱、锚装置与锚链舱等,在下面的介绍中,将相关部分一并讲述。

3.4.1 武器装备的布置

现代舰船的武器种类很多,有导弹、舰炮、鱼雷、水雷、深水炸弹、电子战系统、直升机系统等等。各种舰船根据它们所担负的不同使命任务,装备有不同类型和数量的武器。图3-5为几种现代舰船的武器布置图。

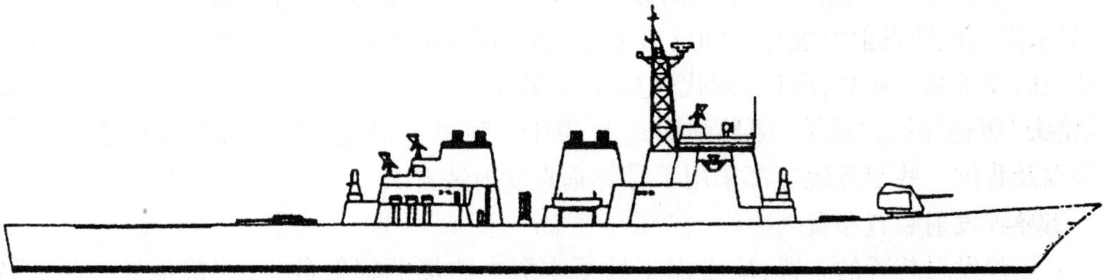

日本金刚级驱逐舰

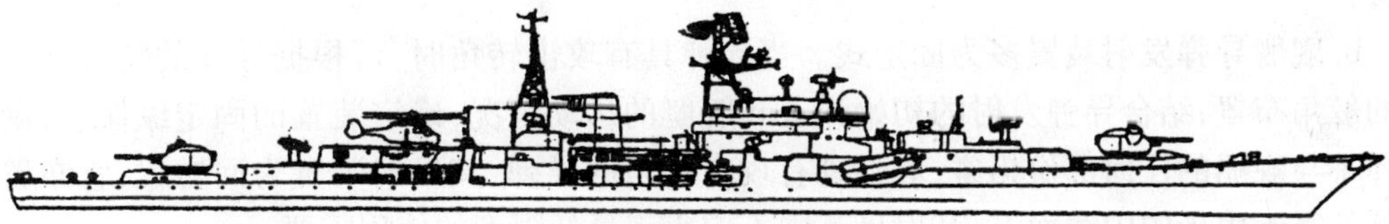

俄国现代级驱逐舰

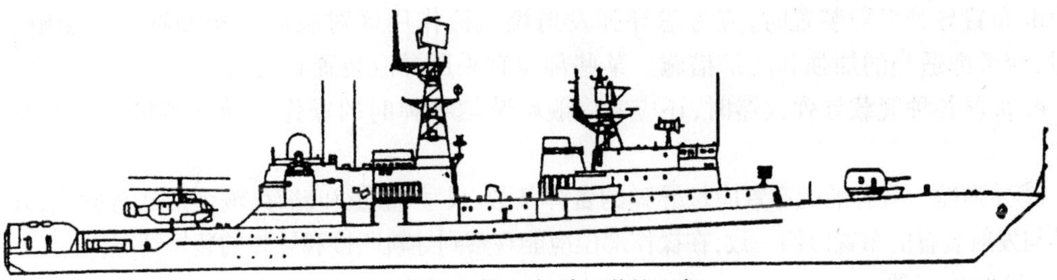

俄国无畏级大型反潜护卫舰

图3-5 几种现代舰船的武器布置图

(1)设计基本原则

①一种武器系统的使用,应尽量发挥其效能,不影响其他武器系统的同时使用;

②武器装备的布置应符合其安装、使用、维护、保养等基本技术要求；应考虑当武器装备进行发射时，产生的各种物理场（如燃气流、冲击波的温度、压力、噪声、冲击振动等）对周围的影响，不应危及人员的安全及造成舰艇结构和设备的损坏；凡回转式装置在其规定的回转范围内，不应有障碍物，避免碰撞，并应设置必要的航行固定设施；

③武器装置的布置应考虑尽可能增强其生命力，一般除必须分散布置者外，应按其所属的武器系统相对集中布置；

④武器装备布置时应尽量对称、紧凑、合理，尽量使整个武器系统的重心降低；

⑤武器装置的布置应与弹药舱的布置协调一致，使弹药输送补充方便。

（2）导弹武器

由于导弹的射程远、命中率高和破坏威力大等优点，已成为现代舰船的主要武器。舰舰（舰岸）导弹发射装置一般分为回转式、倾斜固定式和垂直发射式三种。舰空导弹有回转式和垂直发射式两种。

导弹垂直发射装置是70年代研制成功的一种新型发射装置，开始时用于舰空导弹发射，后来发展成能发射舰舰导弹和反潜导弹，如美国MK41垂直发射装置。因为现代舰船对隐蔽性的要求越来越高，所以，现代舰船中采用导弹垂直发射装置的越来越多。如前苏联“基洛夫”级巡洋舰，“光荣”级导弹驱逐舰，美国“阿里·伯克”级驱逐舰和英国“23型”护卫舰以及我国一些驱逐舰等都采用了导弹垂直发射装置。

①导弹发射装置布置

a. 导弹发射装置的布置，应考虑不致受本舰电磁场的辐射危害，并避免处于舰上较恶劣的环境部位，不受其他武器操作和发射的影响，以保证导弹武器的安全性和可靠性；要根据导弹的特性、尺度、重量以及发射、储存、输弹的形式，并结合舰船的实际确定其布置位置；

b. 舰舰导弹发射装置多为固定式。当导弹具有攻击转角时，可根据导弹的特性选择相应的舷角布置，结合导弹发射的初始弹道和舰艇的运动情况，确定装置的固定纵倾角，确保导弹不与舰船的任何部份相碰；对不具有攻击转角的导弹，其发射装置为回转式，宜布置在较低的露天甲板的中线面上，其射界范围不应小于最低限度的使用需要；

c. 回转式舰空导弹发射装置的射界范围应尽可能大，并与导弹的特性相适应。回转式反潜导弹发射装置，宜布置在较低的露天甲板中线面上；

d. 布置导弹发射装置时，应考虑导弹发射燃气流作用区对舰船结构和物件的影响，必要时，应考虑适当的加强和防护措施。某些部位宜采用导流装置和防火涂料；

e. 布置各种舰载导弹武器时，还应考虑舰船装填导弹时的操作区域和装填设备的布置位置。

②导弹舱　导弹舱的布置应按导弹的备弹基数、尺寸、重量和储存、输弹形式等确定，并应使其与发射装置的布置协调一致，在操作部位应能观察到导轨联接和导弹的装填情况。

（3）舰炮武器

①舰炮装置布置（图3-6）

a. 舰炮在舰上可采用中线面或舷侧布置形式。一般作为主炮使用的舰炮宜布置在上甲板和上层建筑第一层平台的中线面上；当设有两座以上的舰炮时，应考虑集火射击的要求，应尽量使之能有较大的共同射界。

b. 根据舰船的类型、尺度大小及使命任务，舰上还配有作为副炮使用的舰炮和作为近程反导或其他用途的舰炮。通常配置两座、四座、六座或更多,其布置形式主要有棱形布置、矩形布置。配置两座时主要有两舷侧布置和艏艉布置两种形式。一般布置在各层上层建筑首尾或四周,要求在舰船的任何方向上都不应有死界,并能有尽量多的副炮参与射击。副炮和近程反导舰炮的布置不能影响主炮的射界,通常应布置在主炮的射击死区内。由于副炮和近程反导舰炮的位置较高,故布置时要考虑供弹方便和对舰艇重心高度的影响问题。

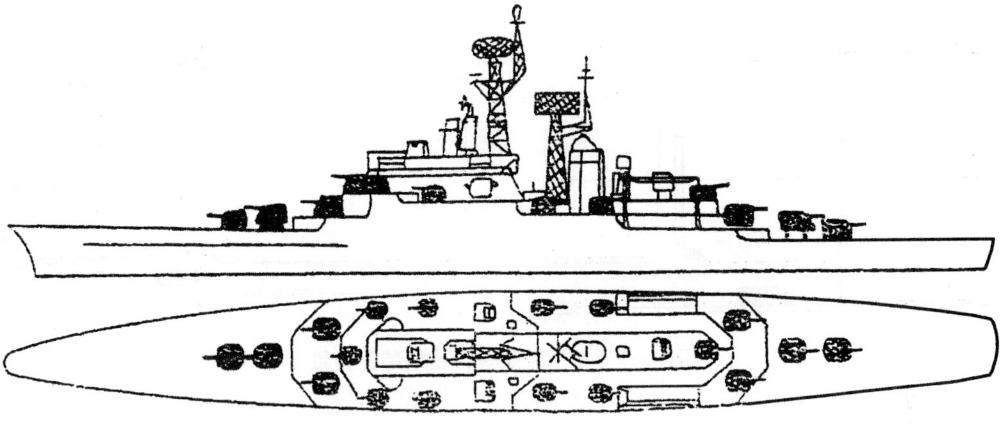

图3-6 第二次世界大战中巡洋舰上舰炮布置图

c. 舰首或舰尾甲板上,布置在中线面上的主炮,一般方向射击扇面应不小于±120°,尽量扩大主炮的俯仰角射界。

d. 舰炮不宜布置在距艏、艉端部0.10倍船长范围内。

e. 作为主炮使用的舰炮及其转运间、输弹机、弹药舱等,应布置在同一个水密舱段内。其他舰炮的布置,应考虑弹药舱的布置部位,不应远离弹药舱,以免弹药的运送距离过长。

f. 不带有转运间的舰炮,一般宜布置在主横舱壁、纵舱壁等舰船结构较强的部位。

②弹药舱布置　弹药舱根据需要可以存放散装、箱装、弹链、弹夹等各种形式储存的炮弹。弹药舱的布置应满足以下基本原则要求。

a. 由弹药舱向炮位供弹的距离要最短;

b. 弹药舱的布置要考虑防火和防爆的要求,不与高温舱室(如机炉舱)和燃油舱毗连,尽量布置在标准排水量水线以下;

c. 弹药舱的容积必须充分容纳所储存的弹药数量,其空间还应满足安装弹药放置架、输弹机及其他备品的布置需要及供人员进行搬运弹药等作业所需的操作空间。舰船上的贮弹量应符合研制总要求所要求的弹药基数,并有适当的裕度。弹药舱的储存量可扣除炮位上大弹箱、转运间和初发弹药箱等部位的弹药数量。弹链、弹夹可根据情况存放在弹药舱或其他适当处所。

d. 舰上的弹药舱应沿舰船长度方向上分散布置,应避免与其他舱室相通,应仅可能从上面或通道进入弹药舱,推进器轴及导管等不能通过弹药舱。

(4)鱼雷武器布置

鱼雷武器按其使命可分为反舰鱼雷和反潜鱼雷;按制导方式可分为自导鱼雷和线导鱼雷;按动力装置类型可分为电动鱼雷、蒸汽瓦斯鱼雷和火箭助飞鱼雷(反潜导弹)等。有的鱼雷既能反舰,又能反潜。

①鱼雷发射装置　各种型式发射装置的布置应考虑发射鱼雷时的初始弹道的运动情况,确保鱼雷不与舰船甲板等结构相碰撞,并要考虑装填鱼雷的位置。回转式发射装置一般布置在两舷。

布置安装在船体内的各种鱼雷发射装置,要设置合适的带水密盖的鱼雷发射口,并应能保证鱼雷的装填和发射,如图 3－7 所示。

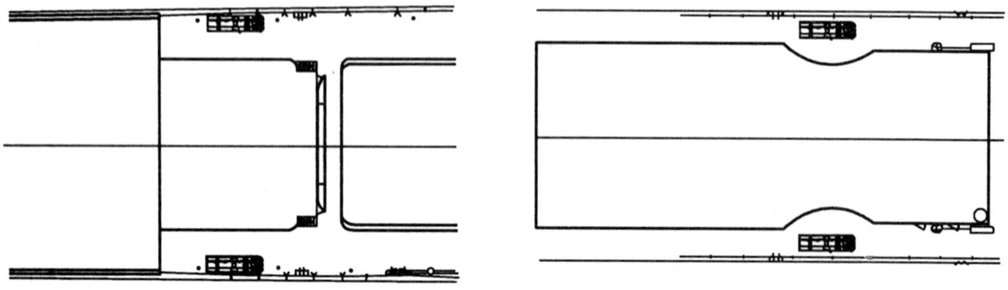

图 3－7　水面舰船鱼雷发射装置布置

②鱼雷舱布置　具有重复装填鱼雷能力的舰船,通常设置鱼雷舱。

a. 鱼雷舱布置在主船体内时,应设置鱼雷输送装置,以便能将鱼雷迅速运送到装填位置;

b. 鱼雷控制室应布置在鱼雷发射装置附近;

c. 航空鱼雷舱的布置应与直升机舰面系统的布置协调一致,可布置在与机库同层的甲板上,也可布置在机库下层甲板上。

(5)深水炸弹武器

深水炸弹是一种结构简单、潜水性能优于声自导鱼雷,可靠性好、造价低、不受干扰的武器。但其射程近、空中无控制、落点散布大,水中下沉速度慢,命中概率低,不能打击深潜潜艇。20 世纪 60 年代以来,随着反潜自导鱼雷的出现,深水炸弹逐渐退居为一种辅助性的反潜武器,主要用在扩大战果和近距离、浅海的反潜,以及用于干扰声自导鱼雷。

深水炸弹根据投掷方式的不同,可分为舰尾直接投掷式、舰舷发射炮投放式和舰首发射火箭式。现在广泛保留使用的是火箭深水炸弹。

①发射装置布置　火箭式深水炸弹发射装置,根据其战斗使用特点,通常采用固定式或回转式,设置在露天甲板的两舷或中线面上,应有较大的射界,且能在最小至最大射程的发射仰角内安全发射。在舰首布置发射装置时,一般宜设在挡浪板之后的保护区内。发射装置的布置应与深弹舱的布置协调一

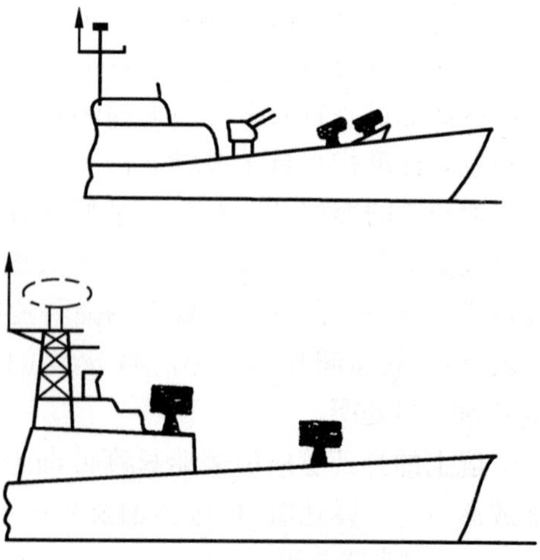

图 3－8　火箭式深水炸弹发射装置布置示意图

致，便于弹药的装填。图 3 - 8 为火箭式深水炸弹发射装置布置示意图。

②深弹舱布置　火箭式深水炸弹的弹药舱，一般布置在发射装置下的主船体内，应设置运送与输弹装置，当采用自动装填形式时，应使输弹口能对准发射装置，便于自动装填；在深弹舱内或在其上面的舱室内要设置输弹装置的操作部位。

深水炸弹的引爆器材及雷管，应锁存在舰长室特制的金属箱内。

(6) 电子对抗

电子对抗已成为现代舰船不可缺少的设备，因为它能使敌方攻击时“看不清”和“打不准”，人们称它为“软兵器”，包括雷达侦察机、雷达干扰机、敌我识别器、多频箔条火箭发射架、红外线闪光火箭发射架等。雷达干扰机可以使敌雷达迷盲、导弹自导头失灵；多频箔条火箭、红外线闪光火箭可制造假目标，使本舰避开敌导弹的攻击。

雷达干扰机和侦察机的布置与一般雷达的布置相似，布置时要注意各种天线间的相互干扰。多频箔条火箭和红外线闪光火箭烟雾等无源干扰发射装置，一般可安装在露天甲板两舷合适的部位，应保证其安全使用，要注意与副炮的布置协调，避免相互影响。当为回转式或具有一定散射角度的固定发射装置时，布置要考虑符合战术使用要求，并要有一定射界范围，见图 3 - 9。

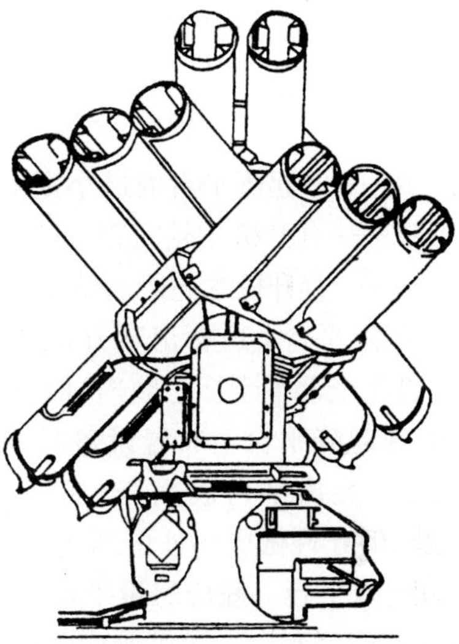

图 3 - 9　“乌鸦座”干扰火箭发射装置图

干扰火箭发射装置的备用弹药，一般宜设置在离发射装置较近处，要便于储存和输送。

(7) 水声对抗

水声对抗系统的主要使命是防御潜艇发射的线导、声制导鱼雷的攻击，提高现代舰船的自身生存能力。水声对抗系统主要由鱼雷报警声呐、拖曳式声诱饵、助飞声诱饵、助飞干扰器和水声对抗发射装置组成。

水声对抗鱼雷报警声呐、拖曳式声诱饵通常布置在尾部甲板上，水声对抗发射装置一般也布置在上甲板或上层建筑甲板上。为减少舱面上的发射设备，水声对抗可与电子对抗发射装置或其他发射装置共架共管。拖曳声诱饵的绞车和拖缆可与鱼雷报警声呐共用。

水声对抗的控制室通常布置在上层建筑内环境较好的部位。

(8) 直升机舰面设施

除了航空母舰、直升机母舰外，现代护卫舰、驱逐舰、巡洋舰，还有一部分两栖攻击舰和军辅船，大多装载有舰载直升机系统。直升机舰面设施的布置包括起降平台、机库、指挥塔台、直升机导航助降设备、维修设备及其他设施等。

①起降平台

a. 起降平台极大多数布置在艉部开阔处，保证直升机从左、右舷和艉部三面无障出入；起降平台距水面应有适当的高度(4.0 m 以上)，尽量避免遭浪花飞溅影响。

b. 起降平台的布置应符合直升机进行维修、战勤作业活动的要求，并能使直升机的牵引移动和转向等活动不受阻碍；确定起降平台的长度通常要考虑直升机起落时，其旋翼(或尾翼)的叶尖与机库或舰上的上层建筑的最小起落安全距离；直升机前后轮距；直升机在甲板上的操作等。起降平台的长度一般为直升机旋翼旋转时的最大长度加上最小起落安全距离，见图 3－10。

最小起落安全距离按下式计算：

$$d_f=(0.25\sim0.35)D$$

式中 d_f——最小起落安全距离，m；

D——直升机旋翼直径，m。

起降平台宽度宜取起降平台所在位置处该层甲板宽度，但不应小于最小宽度。起降平台的最小宽度为

$$b_{\min}\geqslant a+2c$$

式中 $b_{\min}$——起落平台的最小宽度，m；

a——直升机主轮间距，m；

c——直升机主轮距起降平台同一侧舷边之间的距离，m。c 值一般取3.0～3.5 m。

c. 起降平台上应标出直升机的安全降落区标记。当直升机降落在安全降落区的任何部位（机轮全部置于标记圈内）时，旋翼的翼尖至机库有一定的距离。

d. 在起降平台上布置设备时，不得影响直升机的安全。在降落区布置的设备，应为埋入式，不得突出平台表面；当在平台左、右舷和尾部边缘布置设备时，其高度应不大于300 mm，但允许做成向外可倒式。

e. 起降平台一般应尽量平坦，不宜有纵向脊弧，横向梁拱也不宜大于 $B/80$（B 为舰之最大宽度）；起降平台一般可兼作舰船垂直补给的接受部位。

f. 起降平台上应设有系留直升机的设备。

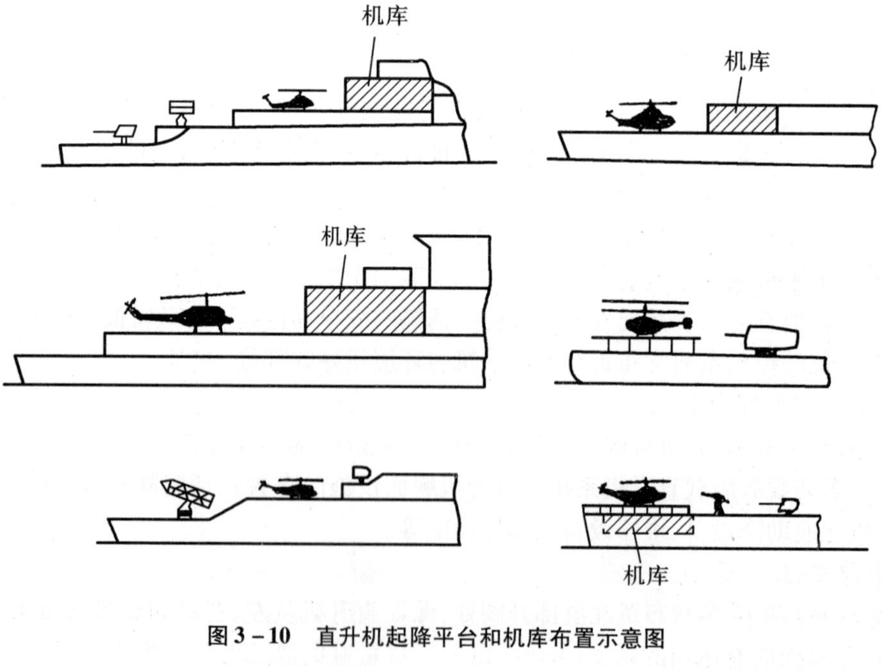

图 3－10 直升机起降平台和机库布置示意图

②机库 装载有直升机的现代舰船一般应设置机库，并尽量采用固定式机库，无条件时，可采用其他型式的机库（如伸缩式、荷叶式、机库平台合一式等）。

固定式机库，其优点是结构简单，机库内可以配备较完善的备件备品和维修器材，使舰船具有较强的飞机维修能力。但它占的面积和容积较大。

活动式机库，如伸缩式、荷叶式、机库平台合一式等，其最大优点是能节省起降平台和机库的长度，当舰船在长度上布置固定式机库困难较大时，可采用活动式机库中的任一种型式，见图3－11。机库布置基本原则如下：

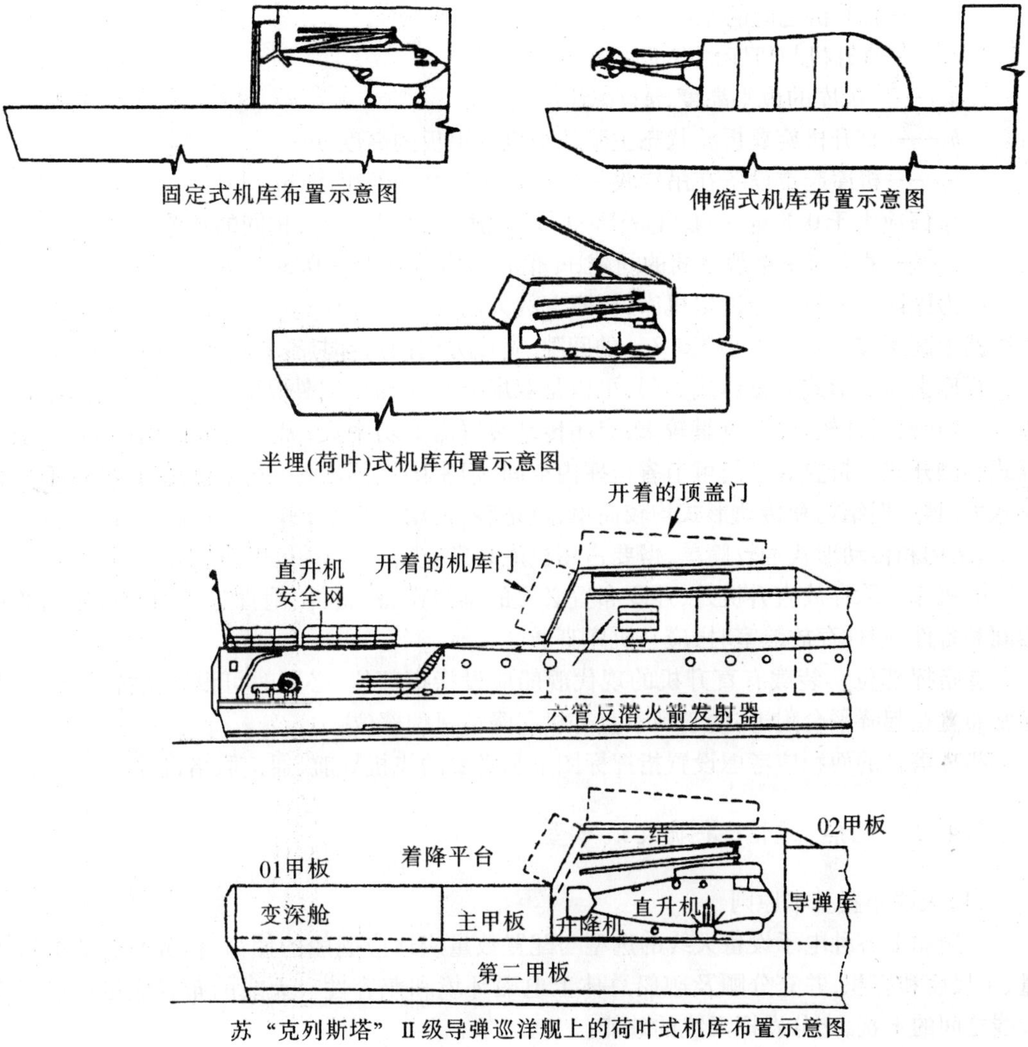

图3－11　几种直升机机库布置示意图

a. 固定式机库一般布置在起降平台的前面，并在同一层甲板上；

b. 机库的容积应能容纳规定数量的直升机，并能适应一般维修作业等活动的需要。机库长度和宽度、高度可按下式计算：

$$l_m \geqslant l_1 + 2c$$

$$b_{\min} \geqslant Nb_1 + (N-1)c_1 + 2c_2$$

$$h_{\min} \geqslant h_1 + h_2 + c_3$$

式中 l_{min}——机库的最小长度,m;

l_1——直升机旋翼折叠后的最大外形长度,m;

c——直升机两端与机库前、后壁之间的距离,m;

b_{min}——机库最小宽度,m;

b_1——直升机旋翼折叠后的最大外形宽度,m;

N——库容直升机架数,m;

c_1——直升机之间的距离,m;

c_2——直升机与机库侧壁的距离,m;

h_{min}——机库的最小高度,m;

h_1——直升机旋翼折叠状态主桨毂距机库甲板的高度,m;

h_2——机库起重设备在吊钩收上后与机库顶之间的距离,m;

c_2 值应大于0.8 m,一般宜取1.00 m;c_1 值一般宜取 c_2 值相同的数值;

c_3——吊钩与主桨毂之间的间隙,c_3 值一般宜取0.15~0.30 m。

c. 为保证直升机安全进出机库,机库上的大门开口尺寸应适当,使之在直升机进、出机库线路上高度方向具有不小于0.3 m的间隙,宽度方向两边都具有不小于0.5 m的间隙;

机库大门的形式有整体式大门,可以是双扇外开式和单扇外开式等。这种大门结构简单,刚度和密封性较好,但重量较大,启闭传动装置需要功率大;另有折叠式大门,有向上外开式和侧开式。折叠式大门可节省机库内空间,但密闭性不太好;还有卷帘门,虽然不如整体式大门好,但结构和传动形式均较简单,重量轻,传动功率小,占用空间也小;以及板帘式大门,结构和传动形式均较简单,但要占用机库高度空间。

d. 机库内除存放直升机外,还要布置必要的维修设备、备件、附件等。如设有专用的维修间和备件、附件存放舱室时,应与机库直通。

③指挥部位 装载有直升机的现代舰船应设指挥部位,必要时可设置指挥塔台,塔台通常布置在起降平台附近,便于观察直升机起降情况的部位;

指挥塔台的面积应考虑设置指挥标图桌和必要的飞机导航、通信联络设施。

3.4.2 观察、通信、导航天线布置

(1)天线布置基本原则

①舰船上各种电子设备天线的选型与配置数量应适应舰船的使命、任务及舰船的排水量、主尺度和容积,并充分顾及舰船总体上电磁环境和兼容性。天线的布置应尽可能减少天线之间的干扰,充分发挥天线的效能。

②各种天线的布置应尽量减少舰船结构、上层建筑对其工作区的影响。采用分散、分层布置等形式,充分利用空间,合理分布。天线的安装与架设应尽量利用舰船的结构及上层建筑,减少专设的安装结构。

③各种天线的布置应接近相应的电子设备以减少馈线长度,装舰的电子设备的工作频率应尽量错开,减少同一频段的电子设备数量,各种天线之间应有适当的间隔距离。

④用电设备应尽量置于舱内,远离各种天线,不应布置在天线感应区域内。

⑤各种天线的布置应考虑大功率发射天线的高频辐射对人员、武器、燃油及其他电子设备构成的危险性,应间隔一定距离。

⑥为了确定合理的天线布置,必要时可进行模拟试验或估算分析工作,以提高舰船的

电磁兼容性。

(2)雷达天线

现代舰船装备的雷达是用来测量目标的坐标参数。雷达种类繁多,如警戒、导航、识别、侦察、导弹攻击、炮瞄、干扰等雷达。每部雷达几乎都包括天线、发射接收机、组合机等几个主要部分,其中天线布置在甲板面上,而发射接收机、组合机等布置在舱室内。本章主要讲述天线的布置,有关工作舱室的布置见3.5节。

①导航雷达天线的布置应保证无首部盲区和尽量小的近界盲区,当其兼有警戒或直升机导引等使命任务时,应按相应要求确定架设高度。

②各种警戒雷达、目标指标雷达天线的布置应使其视角开阔,有较远的作用距离,其架设高度应根据舰艇具体情况与雷达设备的工作特性确定,一般负有对海警戒任务的雷达天线宜高置。

③各种火控(跟踪)雷达,导弹制导(攻击)雷达天线的布置,按与武器系统的要求和根据武器的射界范围等进行协调解决。

④敌我识别器的天线布置,应将回答器的天线置于桅杆顶部最高处,询问天线的视界应与其配套使用的警戒雷达的视界协调,可采用两舷成对布置的天线共同来保证。

⑤各种雷达侦察与干扰设备的天线配置数量与布置应根据舰船的具体情况和适应电子战系统的要求,不应影响其他电子设备的使用,一般应使其视界范围尽量达到360°,可以采用两舷成对布置的天线来保证。

雷达的探测距离不仅与雷达本身性能有关,而且与它的天线布置的高度有关,所以在布置雷达天线时,应保证必要的高度。因为各种雷达自身性能和所担负的任务不同,所以对天线的布置要求也不同。

图3-12为金刚级驱逐舰上部分雷达天线布置况。

图3-12 金刚级驱逐舰上部分雷达天线布置情况

(3)通信天线

通信天线是无线电通信设备的一个组成部分。

①天线原则上分为前后两个布设区域,一般前区为接收天线架设区,后区为发射天线架设区,两个区域间应尽量远离。设有两个主要桅杆的舰船上一般可按前、后桅杆划分区域。单桅舰船,通常包括桅杆在内划为前区,其后为后区。

②短波通信天线的布置,一般应使收信天线与发射天线两者尽量远离;大功率发射天线宜设在尾部;超短波天线的布置,应注意相互间隔适当距离,并注意其与雷达天线的布置间隔,尽量避免在雷达的波束内。

③各种水平天线的布置宜尽量利用舰船结构架设,要保证水平天线有适当的长度。

④卫星通信天线的选型应适应舰船的具体情况,宜采用舰用轻小、牢固的天线,其布置应适应工作要求。

(4)无线电导航天线的布置

各种无线电导航天线的布置应满足相应设备的要求,与其他电子设备天线的布置相互协调,应考虑尽量减少与金属结构和其他天线的干扰,一般宜架设在海图室或导航室的附近,如驾驶室顶上。无线电定向仪的天线安装平台应比较牢固。

3.4.3 船舶装置布置

船舶装置包括舵装置、系船装置、小艇和救生装置、减摇装置、海上补给接收装置。本节主要介绍布置在甲板面上的船舶装置,布置在舱内的船舶装置见第3.5节。

(1)系船装置

①锚装置的布置应保证起锚和抛锚操作能顺利进行,航行时固定牢靠;应考虑锚收藏时,离水面应有一定高度,尽可能避免直接受海浪冲击。

②锚链筒、锚床或锚穴的设计应保证舰艇横倾3°任一舷起锚时,锚爪不会钩住首柱、球鼻和龙骨。

③起锚系缆绞盘的布置位置应与系泊装置匹配,根据需要舰船可设绞盘间,该舱室的大小应能满足其安装使用要求,当有人力驱动绞盘要求时,甲板上绞盘四周应留有作业位置。

④锚链舱位置应便于锚链顺利地进舱;锚链舱应能容纳全部锚链,并留有适当的空间高度,能供人员进入整理锚链。

⑤系缆桩、导缆钳、导索孔的布置,应保证舰船的系船效果。系缆索和卷车等系泊设备,应配合适当,便于使用。在系泊作业中系缆索不应与其他物件碰摩;专用拖桩应布置在甲板强力构件上,艏部拖桩应布置在起锚系缆绞盘之前,艉部拖桩应布置在系缆绞盘之后。

⑥缆索卷车的布置应便于收藏缆索,并不影响舰员的活动。为提高舰船的隐身性,通常设置专用缆索卷车室或将卷车放在甲板储藏室内。当采用各种纤维索时,可将纤维索存放在便于取用的储藏舱内。

(2)小艇和救生装置

①小艇装置的布置应保证舰船在5°横倾和5°纵倾下能安全使用,小艇装置的附近应有适当的操作部位。

②小艇装置应呈纵向头朝舰首布置,如必要横置时,应配备必要的起吊设备,并保证能安全收放;小艇装置应尽量靠舰船中段布置,横向位置一般应尽量靠舷边布置,但不应超出

舰体型线之外，并考虑有至少3°的舰船避倾角，垂向位置原则上应尽量离水面近一些，但应有适当高度，避免风浪中被损坏。

③小艇和救生装置的布置均应不妨碍舰员的活动，不影响武器的使用，同时也不能布置在本舰武器发射时的影响区内。

④救生筏的布置应适当分布，并考虑取用和投放方便，在紧急情况下便于舰员接近。

⑤救生圈通常悬挂在上层建筑的栏杆或侧壁上，以便于取用。配有自亮浮灯和救生浮索的救生圈应整套存放在一起。

(3)海上补给接收设施

舰船接收海上补给的范围包括液货补给、干货补给及人员传送。1 000 t及其以上的舰船都设置有海上补给接收设施。

舰船上接收海上补给的形式通常有横向补给、纵向补给、垂直补给等几种，各型现代舰船可根据舰船的具体条件选择不同的补给形式。横向补给接收站可接收液货、干货(包括人员运送)。纵向接收站只接收液货，一般设在艏部。垂直接收站一般设在艉部比较宽敞的部位。

①海上补给接收装置的布置应不影响作战武器的使用，不减少武器的射角和不妨碍各种武器威力的发挥。应考虑舰船隐身性的要求，可采用收放式接收装置，通过采取措施将接收装置布置在舱内，减少外露设备。

②布置横向补给接收装置时，应考虑横向各补给接收站之间的间距与补给船的各补给站之间的距离相当。接收站的正横方向应留有扇面角不大于±30°的活动范围；横向接收站附近应有适当的作业面积，接收柱到舷边应留有足够的距离。

③补给接收柱的高度应保证在接收补给时，不致使输油软管或货筐遭受海水浸溅和距水面要有适当的高度。同时，还应考虑到接收补给过程中，能使货物在甲板上安全接收，不碰及甲板舷边。

④在进行海上补给接收装置布置时应考虑在舰船上至少设置一组接收油舱，其组成包括受油舱、溢油舱和贮油舱。接收油舱组应尽量布置在舰船中部并距某一个接收站较近的主船体底部，以便于控制舰船浮态，也可利用舰上燃油舱兼作接收油舱组。

⑤在进行舰上海补接收站总布置设计时，还应考虑补给物品的输送路线，要有比较宽敞的通道，适当的出入口。

3.5 工作舱室和设备舱室的布置设计

舰船总布置设计应根据舰船设备的配置、战斗使用和日常勤务需要等实际情况设置工作和设备舱室。

3.5.1 基本原则与舱室分类

(1)基本原则

①舱室布置时，应考虑作战系统和舰上其他各系统的组成，尽量发挥设备的功能和作用，使其便于战斗使用、联络指挥和管理，有利于生命力的保证，尽量避免相互干扰，提高舰船的作战能力。

②总布置应尽量为各种工作和设备舱室确定合适的位置、面积、容积、形状等，以便提供较好的工作条件，进行紧凑合理的舱室布置。

③各种工作和设备舱室的布置应考虑尽量减少相互之间的干扰，应注意减少各种振动源、噪声源、热源等对重要的电子设备舱室的环境影响。

④重要的舱室宜布置在便于使用而又比较安全的地方，必要时可采取防护措施。

⑤组成同一个武器系统的舱室和设备，宜相对集中布置，尽量设在同一个水密隔舱区域内或相近布置。功能相近的不同系统的舱室，以相互远离布置为宜。

(2)舱室分类

根据舰船的大小和工作、设备舱类别，总布置通常将舰上划分为不同的功能区。如工作区、设备区、机舱区、居住生活区等。

现代舰船上的各类舱室众多，但就舰上各系统的功能来说，舰上的工作舱室和设备舱室主要分为以下几类。

- 指挥、操纵舱室
- 火控系统设备舱室
- 警戒探测设备舱室
- 通信系统设备舱室
- 水声设备舱室
- 导航设备舱室
- 动力装置舱室
- 电气设备舱室
- 船舶辅助系统设备舱室

本节将对上述各类舱室的布置设计进行介绍。

3.5.2 指挥、操纵舱室

(1)作战指挥室

作战指挥室是在战斗情报中心室的基础上逐步发展起来的。战斗情报中心室起源于第二次世界大战。当时在少数新造的大、中型舰船上首先设置有这种舱室，但面积小，设备简陋。它的主要任务是给舰长提供及时而又简明的作战情报数据，由标图员将本舰各种探测设备和友舰发出的情报数据在标图板上加以综合显示。随着技术的发展，为适应现代海战的特点，要求舰船能够做到立体协同、早期预警、先敌发现、快速反应、先发制人，能够应付高速度、多层次、多方向、多目标的攻击并实施反击，由此逐步发展成全舰综合作战系统，如美国的“海军战术数据系统”、法国的“海军战术情报处理系统”、英国的“海军战术数据自动处理系统”等。舰长的作战方式也发生了根本变化，从传统的露天舰桥作为指挥所，靠宽敞的视界以目力观察为主了解作战全局，转变为在上层建筑或在舰体内设置一个宽敞而密闭的作战指挥室。作战时，舰长和有关指挥员都集中在作战指挥室内，人机配合，通过各种电子设备在最短时间内，完成警戒、探测、识别、综合显示、威胁判断、跟踪和目标指示、武器射击、情报传递、友邻协同等一系列战斗过程，可以同时处理上百个目标的信息。因此作战指挥室是舰船作战指挥的核心部位，指挥所。

作战指挥室可布置在主船体内比较安全、生命力较强的区域，也可布置在上层建筑内便于作战指挥的位置；其舱室面积应满足作战指挥系统设备的要求，且应留有足够的操作空间,便于作战指挥。

(2)驾驶室

驾驶室是航行中操纵舰船的主要部位,对于只有露天指挥台的舰船来说,驾驶室还是雨天或通过放射性和毒气沾染区时舰长的指挥部位。

①驾驶室(或露天驾驶部位)应有良好的视界,宜设置在前上层建筑前部的最高处,并横贯上层建筑,应保证其水平瞭望视界不小于180°(向左、右舷各90°)和舰首方向水面瞭望视界盲区一般不大于一倍舰长。

②驾驶室外两侧应设置侧翼平台,在平台上能观察到前、后甲板上的系泊、锚泊等作业区的情况。

③当设置预备驾驶部位时,一般应使其远离驾驶室布置,并保证一定的视界。

3.5.3 火控系统舱室

根据武器控制系统设备的组成等实际情况,舰船上通常设有指挥仪室、综合火控系统控制室及其特种电源设备舱室(机组室)等。

(1)火控系统舱室的布置应与武器系统的设备和舱室布置综合考虑,应使该武器系统的各个部位尽量靠近。火控系统舱室一般布置在主船体内部、具有良好的环境条件而又比较安全的部位。

(2)不同武器的火控系统舱室应适当分散布置,减少同时受损伤的机会。

(3)舰炮武器系统的指挥仪室、特种电源设备舱室等应尽量集中布置,并应与火控跟踪雷达室尽量靠近,距离舰炮装置不宜太远;特种电源设备舱室、机组室宜布置在舰的较低部位。

(4)各种舰载导弹武器系统的指挥仪室、特种电源设备舱室与制导(攻击)雷达室应相对集中布置,并应与导弹发射装置靠近。

(5)各种反潜武器系统的指挥仪室、特种电源设备舱室等应相对集中布置,并应与反潜武器装置、声呐舱室靠近。鱼雷射击指挥仪设备宜靠近鱼雷发射装置布置。

3.5.4 警戒探测设备舱室

警戒探测设备通常包括警戒探测雷达、导航雷达等。其雷达设备除布置在露天的雷达天线外,还有数据处理设备、显控台及发射机、接收机设备、变频机组等,都布置在相应的舱室内。

(1)雷达室

①组成同一个作战分系统的设备,可设置在同一舱室内。一般敌我识别装置布置在其相应协同使用的雷达设备舱室内,导航雷达设备布置在驾驶室或海图室内,不单独设置舱室;某些火控跟踪雷达或与火控系统合成的综合机柜可与火控系统的其他组成设备合用一个舱室。

②各种雷达舱室的布置一般应与天线、高频部位、特种电源设备(机组室)以及组成同一个作战分系统的其他设备舱室综合考虑统筹确定,应尽量缩短波导管和馈线长度,并宜相对集中布置。

③舰船上具有警戒或目标指示功能的各种雷达,应适当分散配置。

④各种武器系统的火控跟踪雷达或导弹制导(攻击)雷达室应接近相应指挥仪室布置，并应考虑与武器装置的位置配合适当。各种火控跟踪雷达或导弹攻击(制导)雷达舱室(连同武器系统的舱室)宜适当分散。

(2)雷达高频室

根据舰船上雷达设备的配置情况与实际需要设置雷达高频室；高频室的布置应尽量靠近天线，以减少波导弯头管数量，满足波导管和馈线长度的要求。

(3)雷达特种电源设备舱室(机组室)

原则上雷达机组室应与雷达室应尽量靠近，但从控制舰的重心高度和舰的噪声环境考虑，雷达机组室应尽量布置在船体内较低的部位。机组室设置时可考虑将几种设备互不干扰的特种电源布置在同一个舱室内。

3.5.5 通信系统设备舱室

(1)报务室

①报务室应布置于便于作战使用，远离振动、噪声、热源及电源干扰等影响较大的区域，宜布置在水线之上；与通信天线的布置配合协调。

②当舰上设置两个或两个以上的报务室时，一般宜前后上下、左右交叉分散布置，当需要各报务室较近布置时，应考虑保证生命力的措施；前报务室一般为收信设备中心，宜接近舰指挥所布置；后报务室一般为发信设备中心，宜远离前报务室布置；当根据实际需要设置第三报务室时，一般为超短波、短波等近程无线电设备舱室，宜布置在前上层建筑内，接近舰指挥所的地方；如作为应急报务室，还应布置应急通信设备。

(2)译电室

舰船应设置专用译电室，其布置应邻近前报务室，并能在其间设置一个报文传递口；当译电室兼做译电员住室时，其面积应考虑布置必要的舱室设备和铺位，其铺位数应满足舰船通用规范的要求。

(3)信号员室

护卫舰及其以上的舰船宜设置信号员室，一般应临近信号部位布置，并靠近舰船指挥所；信号员室内设置超短波电台时，应有适当的操作使用面积。

信号旗箱应靠近信号旗挂索布置。

3.5.6 水声设备

舰船水声设备用于水中搜索探测目标、水中武器射击指挥、水中通信和导航等方面。根据舰船水声设备的配置情况，通常舰船设置声呐室、水中通信机舱、声呐舱室、听音室等。

(1)声呐舱的布置应尽量使声呐换能器具有良好的工作环境，一般布置在远离机舱、辅机舱、螺旋桨等区域的舰首部，并使换能器有适当的沉深。

(2)当声呐换能器装于舰船球鼻首导流罩内时，该导流罩的布置应保证声呐换能器的安装和使用要求以及舰船结构的设置，并应与首锚装置的使用要求配合得当，球鼻首的长度应考虑舰船进坞时坞墩的安放要求。

(3)升降式声呐或其他形式舰壳声呐的布置应考虑舰船在风浪中的纵摇运动和砰击现象，减少水动力噪声影响，避免声呐导流罩上产生空泡现象，以保证声呐的正常工作，一般应布置在首垂线后,(0.15 ~0.25)舰船设计水线长度区域内。

(4)声呐室应尽量靠近声呐换能器安装部位布置,各种型式的舰壳声呐室均应布置在声呐舱之上的船体内部舱室里。

(5)水中通信机的换能器和设备舱室布置要求与声呐设备舱室相同,并应考虑与声呐换能器安装部位间隔适当距离,避免相互干扰影响。

(6)声呐听音员室的布置应注意周围环境要求比较安静。声呐和水中通信机的听音部位可以合用一个专用听音室,也可布置在作战指挥室内。

(7)各种声呐设备的探测视界应尽量大,在舰船的首部方向不应有盲区,向舰船尾部的盲区范围不应大于±30°,并应考虑与反潜武器系统的射界范围配合适当。

3.5.7 导航设备

舰船导航设备是用来指示航向、航速、航程、舰位的设备,以保障舰船安全航行和武器系统的准确使用。其中用于指示航向的设备有磁罗经、电罗经、平台罗经等;指示航速和记录航程的设备有各种计程仪;测量水深的设备有各种测深仪;测定舰位的仪器有磁罗经、电罗经、惯性导航仪、六分仪、无线电定位仪、无线电定向仪、卫星导航接收机等。

(1)海图室

①海图室应靠近驾驶室布置,在其左、右舷侧翼露天平台上应各设置一个罗经测向部位,组成360°的测向视界,在交界处尽可能有一定的重叠视界;当海图室与驾驶室合一布置时,应能同时符合两者的布置要求。

②航海仪器一般布置在海图室内,当有必要设置专用航海仪器舱室时,宜邻近海图室布置。

(2)罗经室

①主罗经室宜布置在接近舰船横摇中心轴线的部位,并应将主罗经安装在舰船中线面或靠近中线面处;罗经室一般布置在前上层建筑下方的主船体内部横跨中线面的舱室内;

②当舰船上设置备用罗经室时,宜与主罗经室相互远离布置。

(3)测深仪与计程仪舱

①测深仪与计程仪可设置在同一个舱室内,该舱室宜布置在罗经室下方或其附近,且在船体底部横跨中线面的舱室内,使计程仪测量导管能接近中线面布置,舱室高度应保证收放计程仪测量导管的要求。可利用舱口盖的开启状态的空间,但平时应保证舱口盖能关闭;

②测深仪换能器的安装位置应选择在远离声呐舱、动力装置舱等对其干扰较少的部位;测深仪与计程仪舱的近前方船体底部不应设有吸水和排水装置及其他突出物。

3.5.8 动力装置舱室布置

现代水面舰艇的动力装置,主要有蒸汽轮机动力装置、柴油机动力装置、燃气轮机动力装置、核动力装置和联合动力装置等五种类型。目前各国正在研究应用电力推进系统。

现代水面舰船动力装置的布置包括主机舱、锅炉舱(对蒸汽轮机动力装置)、辅机舱、轴系和推进器等的布置,整个动力装置的重量占排水量的10% ~40%,它的舱室长度占舰设计水线长的30% ~40%,因此动力装置的布置对舰船的整体布局和性能有较大的影响。

(1)动力装置舱室布置基本原则,见图3-13。

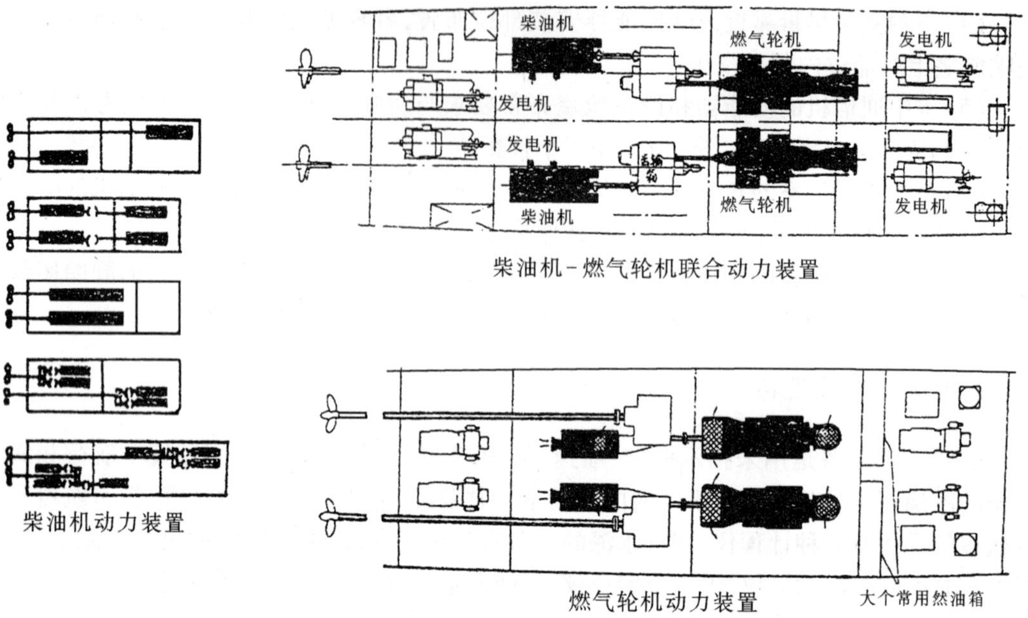

图 3-13 动力装置布置示意图

①动力装置舱室的布置应保证动力装置有较好的生命力；应将动力装置的主要设备尽量布置在较低的位置；并应考虑使舰船的重量分布适当，纵向、横向平衡协调；尽量缩短管路长度，以减轻舰船排水量和提高舰船的性能。

②各种主机舱、主锅炉舱和主机炉舱应尽量做到对称布置，其布置应保证轴系安装斜角度小于 5 度；并使进排气系统、烟囱等的布置协调。

③主动力装置舱室的布置应考虑舰船在部分舱室破损浸水时，不致失去全部动力，采用蒸汽轮机动力装置时，应尽量使一个主机炉舱内能同时布置一个完整的独立机组，全舰所有主锅炉不宜集中于同一舱内；其他动力装置也不宜将所有主机放在同一舱内。

④燃气轮机动力装置舱室应注意到排气管道的布置，尽量使其减少弯头和弯度，并应考虑机组的吊装线路，便于维修。

⑤主动力装置舱室应有两个以上的出入口（包括一个应急出入口），出入口的间隔应尽量远离。

⑥辅锅炉一般可与其他动力装置同舱布置，必要时，可设置专用辅锅炉舱，其布置宜接近辅机舱，便于进排气管系的安装和布置。

⑦机电集中控制室应尽量布置在与动力装置舱室同一水密舱段内或毗邻舱段内，对该舱要采取较好的隔声、隔热措施，使其具有良好的工作环境。必要时，应设置观察窗和直通动力装置舱室的出入口。

⑧动力损管部位应布置在动力装置舱室邻近区域、破损水线之上的舱室内，应能作为机电部门的指挥所，配置必要的设备和仪表，动力损管部位可与机电集控室合为同一舱室。

（2）辅机舱宜邻近主动力装置舱布置，通常发电机组布置在辅机舱内。当舰上有两个辅机舱时，应使其相互远离，以保障舰船破损浸水时不致失去全部电力。

(3)当舰船上的轴系需要与其他舱室隔离而设置轴隧时,则在轴的一侧和轴的上面应留有通道和吊装空间。

3.5.9 电气设备舱室布置

现代化舰船的特点之一是电气化程度高,用电量大,电子技术深入到舰船的各个领域。舰船电气设备分为电站、电力网和电气负载三大部分。一般舰船上设置有两个或两个以上电站。辅助电站(如停泊、应急电站等)按舰船的实际需要设置。

(1)主电站应布置在主船体内比较安全的部位,主电站之间应相互远离布置;电站的位置应尽量与负载的分布情况协调,缩短电缆长度;发电机组应沿舰船纵向布置,对于柴油发电机组还应考虑进排气管道的布置。

(2)电站可设专用的电站舱,亦可将电站布置在辅机舱或主机舱内,但不宜布置在主锅炉舱或主机炉舱内。

(3)停泊电站可与主电站同舱布置,以便于操作管理:也可布置在其他合适的部位。

(4)应急电站应布置在破损水线以上,便于保证舰船供电给极重要的用电部位,应急配电板与应急发电机应同舱布置,当主电站的布置对供电生命力有良好保证时,可不设应急电站,但应满足 GJB4000－2000《舰船通用规范》的要求。

(5)蓄电池应尽量按负载分布情况进行布置,舱室应保证一定的气密性,并设置通风系统,蓄电池室的门不应直接通向居住舱内,应急蓄电池组应布置在破损水线之上。

(6)变电设备如变压器一般应尽量利用舰船上的空间,按其供电设备的分布情况分散配置,通常布置在配电室,或相应的设备舱内,宜布置在接近负载的适当部位。

(7)配电板的布置应尽量接近发电机,一般与电站同舱布置,也可靠近电站设置专用配电室。配电室的数量与分布应与电站的分布相适应,配电室的形状应考虑总配电板沿舰船横向布置,对于需前后维修的配电板,在配电板前面和后面均应留有通道,其通道宽度应满足规范要求;从舰船总布置设计合理性来说,需在配电板结构上采取措施,以便能在前面或侧面进行检修及更换元件,充分利用和节省舰上空间。

(8)设有阴极保护系统的舰船,在舰船中部应设置阴极防护舱室,用于布置外加电源和控制设备。

(9)通常消磁控制室布置在舰船的中部。若采用分区消磁,则应考虑设置分区消磁控制部位,用于布置消磁装置的配电板、控制设备等。消磁机组室原则上靠近消磁控制室布置。

3.5.10 舰船辅助系统设备舱室布置

船舶辅助系统主要包括舱室大气环境控制、消防系统、日用水系统、燃油、润滑油的注入、转运和储存系统、空气和其他流体系统、舰船运动控制系统、海上补给和接收系统、机械式转运系统。涉及到其中的主要设备舱室有空调器室、冷水机组室、通风机室、冷藏机舱、灭火站、舵机舱等。

(1)空调器室

应根据舰船不同功能区的设置,划分空气调节区域,空气调节区域的划分还应与三防、不沉性的要求相协调。每个空气调节区域附近通常设置有空调器室。布置空调器室时应考虑风管的走向，尽量靠近所服务的舱室，一般左右舷基本成对布置。舱室的面积应考虑设备的维修空间。空调器室一般宜布置在设计水线以上。

弹药舱的空调器为特种空调器，一般宜与其他舱室的空气调节系统分隔开，可单独设置空调器室，也可将特种空调器与其他空调器合舱布置。

(2)通风机室

通风机及风道应尽量利用舰船上的空间合理布置，尽量减少专用通风机室。必须设置的通风机室避免布置在居住区。通风机室的布置还应考虑通风系统的风口布置，应尽量使进风口和出风口远离，进风口应避免与空气易被污染的部位邻近布置。

为机舱设置的独立通风系统，通风机的布置应尽量利用舰上空间，如必须设置通风机室时，应设置在机舱区域内。

(3)冷水机组室

空气调节系统的制冷冷水机组，一般布置在主船体内较低的部位，通常布置在机舱内或其他机械舱室内，若需设置专用冷水机组室，宜布置在空气调节系统所服务的生活和工作区域附近的船体下部。

(4)冷藏机舱

冷藏机组通常布置在冷藏库下部的机械舱室内或冷藏机舱内。冷藏机舱最好与冷藏库在同一舱段内布置。

(5)灭火站

灭火站(如卤代烷灭火系统站)应布置在被保护舱室的附近，并与相邻舱室气密分隔，舱室的门应向露天或通道上开启，灭火站的布置应便于操纵、换液、检查和维修。

(6)舵机舱

舵机舱通常布置在尾部舵的上方。舵机舱在满足舵机布置要求的前提下，应尽量采用较短的舱长。

主操舵装置至少有两个操舵台，其中一个操舵台一般布置在舵机舱内，为保证操舵人员良好的工作环境，可在舵机舱内设置单隔的小舱室，称为舵机操控室。

(7)减摇装置

减摇鳍应尽量布置在较宽的横剖面处。

收放式减摇鳍的布置要考虑收藏的位置，非收放式减摇鳍的布置应尽量使鳍不突出在舰艇避碰角(3°)限制线之外，一般情况下应不超出基线。

当采用两对减摇鳍时，前、后两对鳍的间距一般不宜小于10倍的鳍舷长，并使前、后两对减摇鳍轴线的中心线，尽量对称舰船的重心纵向位置。

减摇鳍与舭龙骨的布置要配合适当，一般在鳍前的舭龙骨与减摇鳍缘间的距离不宜大于减摇鳍的舷长；鳍后部不宜布置舭龙骨，如需设置时，其间隙距离不宜小于两倍鳍的舷长。

减摇控制室一般尽量靠船舯布置，且应靠中线面，若难以做到时，减摇控制室至少有部分是跨中线面的，以满足机柜布置的需要。

3.6　生活舱室的布置设计

舰员是舰船战斗力的基本保证,因此在不影响舰船主要战术技术性能的条件下,设计中应尽力改善舰船的居住性,特别是对于适航性要求高、续航力和自给力要求大的现代舰船,更应重视改善居住性。美国在第二次世界大战中设计建造的舰船,将居住性作为一般的次要问题,排在第五位,而到60年代后,居住性问题作为重要问题已上升到第二位加以考虑。

在布置这些舱室时,应符合我国海军的编制特点,还要考虑到我国海区的气象条件。

3.6.1　基本布置原则

(1)生活舱室的布置应考虑舰船战斗力的有效发挥、良好的生活条件和舰船日常的管理方便;

(2)各种生活舱室一般应布置在舰船水线以上的部位。一般情况下,不在非居住舱室内设置床位。

3.6.2　居住舱室布置

现代舰船上都应设置居住舱,一般分军官住室和士兵住舱两种。

(1)居住舱室应尽量布置在舒适、方便且远离噪声、振动源的安静部位,一般不应布置在舰船首端部0.1倍水线长度范围内。

(2)各居住舱室的设置和分布应尽量与舰船班、区队、部门等组织系统相适应,并能使舰员到达各自的战位有较短的通畅路线。

(3)军官住室和士兵住舱内的铺位数应按研制总要求规定的人员编制数确定,并考虑5%～10%的备用量。

(4)舰长室应尽量接近舰指挥所布置,一般布置在前上层建筑区;政委室通常靠近舰长室布置,舰长室、政委室一般设置为套间,包括办公室、卧室、卫生间和储藏室。一般军官住室设置在下甲板及其以上的场所;军官住室应按等级设置,其设置类别和面积应满足规范要求。

(6)对研制总要求明确提出要设置编队指挥员住室的舰船,该舱室的设置及面积应与舰长住室的标准相当;而业务长的住室与部门级军官住室的标准相当。

(7)飞行员住室宜布置在距起降平台较近的部位,飞行员住室的标准与舰上同级军官住室标准相当。

(8)军官住室净高度不宜小于1 900 mm(净高度系指舱室地板至上部构架下边缘或至封面板下边缘间的距离,个别无影响处除外)。军官住室不应设置三层铺。

(9)士兵舱沿舰船纵向分布,每个士兵舱的居住人数不宜过多,现代舰船通常将卧区与娱乐活动区分隔开,每个居住舱的铺位数不宜超过20个;士兵舱的面积和舱室高度应满足规范要求。

3.6.3　卫生舱室

卫生舱室的布置以便于使用、分布合理为原则,作为"三防"洗消部位使用的卫生舱室还应考虑洗消路线合理,符合“三防”要求,由厕所和淋浴室或设有淋浴龙头的盥洗室等组成一个洗消部位。通常在舰前部和后部各设置一组卫生舱室,并靠近士兵舱布置。

(1)卫生舱室一般布置在水线以上,并靠两舷,同时应尽量避免与舷梯在同舷布置,当不可避免在同舷时,应远离舷梯布置。

(2)卫生舱室不应布置在餐厅、冷库、食品储藏舱和医疗舱室等顶上,应避免粪便、污水排泄管通过淡水舱、粮食库和重要舱室。

(3)现代舰船通常分区设置军官专用卫生舱室,布置在军官居住区。病房邻近处设置病员专用厕所,并配备盥洗设备。

3.6.4 炊事膳食舱室布置

(1)厨房布置应考虑中国的饮食生活习惯,通常布置在通风条件较好的地方,使用油灶的厨房应布置在上甲板,炉灶的排烟管要布置得当;厨房不应与居住舱、卫生舱室、医务室和化学品储藏舱相邻布置。

(2)餐厅的布置应使配膳、就餐和洗涤路线方便合理,宜靠近厨房布置。餐厅的布置还应考虑兼作其他公用活动室使用。餐厅的大小应保证1/3的舰员同时就餐。

(3)日用品储藏舱一般靠近厨房布置。粮食库宜布置在接近厨房或布置在厨房下部的主船体内、且便于装运保管的处所,并与居住舱隔开,同时还应与冷藏库等食品储藏室的布置综合协调,粮食库不能与油柜相邻。

3.6.5 医务舱室布置

(1)医务室要布置在噪声、振动等影响较小,就医方便的部位。病房应与医务室相邻布置,病床数量为舰员总数的1%左右,病房的床铺不应超过两层。如有条件,应设置隔离病房。

(2)按规范要求舰上应设置战时救护所。一般可利用会议室或合适的士兵舱作为战时救护所。救护所布置要便于用担架运送伤员,并配备必要的救护设备和医疗器械。

(3)药品储藏室通常接近医务室布置。

3.6.6 公用舱室布置

按规范要求,舰船上至少设置一间会议室。大会议室通常布置在上甲板前上层建筑区域,也可布置在环境条件较好的其他部位;小会议室一般靠近舰长住室布置。

会议室的大小应考虑设置会议桌,并布置至少为军官编制数的座位,当作为战时救护所使用时,应考虑可布置必要的医疗器材柜及其保障救护作业的设施。

值班室通常布置在中后部上甲板的舱室内,一般设在右舷交通比较方便之处,并应与舷梯的布置相适应。舰船上的阅览室、活动室,宜布置在生活居住区内。

3.6.7 其他舱室布置

军需室可兼作为军需舰员的居住舱室,其布置和要求与军官住舱相同,并应考虑其专用设备的布置。

在有文书编制的舰船上,一般要设置专用文书室。文书室可兼做文书的居住舱室,布置时应考虑其舱室配置的特殊性。图3-14为舰船生活区几种布置示意图。

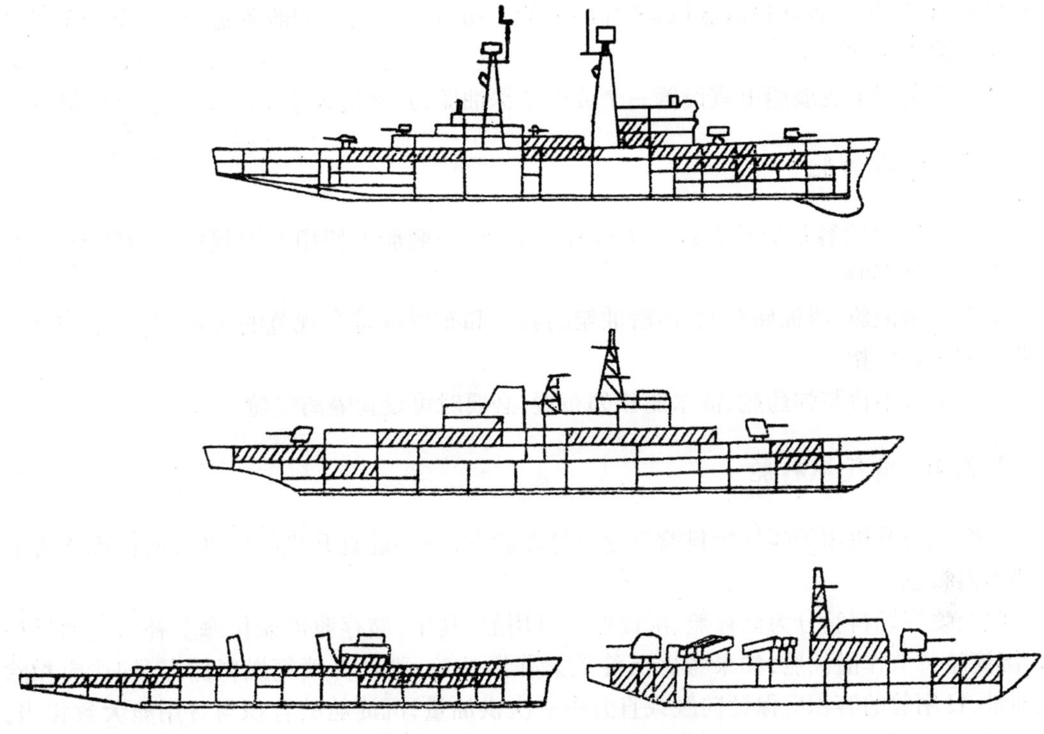

图3－14　舰船生活区几种布置示意图

3.7　液舱的布置设计

舰船上的液舱通常包括燃油舱、滑油舱、喷气燃料舱和淡水舱、压载水舱等。液舱通常布置在船体双层底内和舰的底部部位。

3.7.1　液舱布置基本原则

①各种液舱的数量，容积、尺度和形状应根据需要，视舰船的具体情况确定，其大小应当适中，不宜划分得过大或过小；各种液舱的数量和分布应保证油水供应系统的生命力和管路系统简便，还应考虑在各种装载状态下舰船的浮态平衡和稳性无过大变动；液舱横向尺寸不宜太大，以尽量减少自由液面影响，不对称浸水时不应有过大的横倾。

②液舱的布置应尽量控制在同一个主水密舱段内，且液舱应尽量对称布置。

③油、水舱，一般不用作海水压载舱。需要作为海水压载舱使用的油、水舱，需专门考虑，必要时设置压载水管路系统。

3.7.2　燃油舱

①燃油舱总储存量应满足舰船研制总要求规定的续航力计算的要求；燃油沉淀舱的容量应与日用燃油舱大体相当。

②燃油舱一般布置在舰船底部,不得与弹药舱、淡水舱毗邻布置,必要时应设置隔离空舱;日用燃油舱应布置在机舱区域;燃油沉淀舱应布置在日用燃油舱附近;延伸至舷部的燃油舱不宜高出水线之上。

③护卫舰以上的舰船上宜设置一个或数个深油舱,其容量大于10%燃油总储存量。

3.7.3 滑油舱

①滑油储存舱容量应符合续航力计算的要求,当舰船上使用不同规格的滑油时,应分别设置滑油储存舱。

②循环滑油舱、滑油储存舱、污滑油舱的容积和布置应符合规范的规定,其数量与动力装置的配置数量相当。

③滑油舱不得与弹药舱、淡水舱相邻布置,必要时可设置隔离空舱。

3.7.4 喷气燃料舱

供舰载直升机用的喷气燃料舱应远离易爆舱室,并靠近直升机起降平台或机库下方的主船体内布置。

舰上喷气燃料舱分为储存舱、沉淀舱和日用舱,其中,储存舱可兼作海上补给时的受油舱,沉淀舱可兼作溢油舱,如果考虑沉淀舱兼作溢油舱,则计算喷气燃料储存量时,应扣除溢油量,日用舱的容积应保证向舰载直升机一次供油量,沉淀舱的容积与日用舱大致相当,溢油舱容积应能容纳至少3~5 min的补给量。此外还需设置污油舱,其容积与沉淀舱相同。

喷气燃料舱宜用隔离空舱与邻舱隔开。

3.7.5 淡水舱

淡水舱可用以储存饮用水、洗涤水、机械用水和冲洗用水等;饮用水、洗涤水舱的总储存量应满足规范的要求。若舰上有条件,可适当增加其储存容量。

①舰上淡水舱一般尽量分为前后两个区域相互远离布置。

②机械用水舱的布置应满足舰船动力装置的使用要求。使用蒸汽动力装置的舰船上应设置给水舱,其容量应符合规范的要求;柴油机动力装置的舰船上的机械用水,通常可根据其需要量,与其他淡水共用一个舱。

③淡水舱不得与燃油舱、滑油舱、污水舱等相邻布置;饮用水舱不得与热源相邻布置,必要时应设置隔离空舱。

④舰载直升机冲洗用水的水舱(柜)根据冲洗机身和发动机的需要分别设置,冲洗机身用的淡水也可与其他淡水共舱。设置专用冲洗水舱时,宜将其布置在距起降平台较近的下方主船体内,冲洗发动机的蒸馏水柜可设在机库内,当舰船上设有造水装置时,冲洗用水储存量可适当减少。

3.7.6 压载水舱

压载水舱根据设计需要设置。调整纵倾用的压载水舱,一般尽量布置在艏艉端部;调整横倾用的压载水舱尽量远离中线面布置。

压载水舱应尽量布置在舰船最低的位置，以改善舰艇稳性。任何情况下，压载水舱浸水后，不得降低舰的稳性。

3.8　储藏舱的布置设计

根据舰上实际需要和可能条件，舰船上可设置专用储藏舱室，以储存同一部门的物品、器材、备品备件为宜。各种储藏室应充分利用舰船的空间，布置在管理、使用方便的部位。

①天幕储藏舱的布置应考虑存取天幕设备的方便，一般设置在舰船的首尾部接近天幕设置的区域。

②帆缆、索具、油漆储藏舱一般布置在舰船的首端，并尽量与其他舱室隔开，油漆储藏舱应设有直通露天甲板的舱口，并设有机械排气通风。

③救生器材储藏室和损管器材储藏舱尽量布置在破损水线以上，尽量接近损管部位；三防器材储藏室（柜）一般布置在舰船首、尾部上甲板或下甲板上便于取用处。

④机械器材储藏室、电工器材储藏室、灯具储藏室，一般布置在接近修理间或机电部门的其他舱室处，灯具储藏室可与锚机绞盘间或电工器材储藏室合用。

⑤枪炮部门储藏室、导弹部门等各武器系统的储藏室一般布置在便于该部门管理和使用的处所。

⑥电子设备器材储藏室，一般布置在便于所属部门管理、使用的处所，注意避免靠近热源和防止潮湿。

3.9　通道设计

舰船内的所有舱室，可用处所和空舱，均应设置相应的门、舱口盖、人孔盖和可拆板，提供实际可行的最方便通道。

①舰船上通道、门、盖梯的布置应便于战斗行动、人员流通、物品运送和设备搬运等各种活动的进行。由通道、门、舱口、梯等组成的流通路线应尽量短、直而畅通，并保证所有舱室和部位都可到达。

②舰船上通道、门、盖、梯的布置应尽量紧凑，配置数量适当，在水密结构上和露天部位尽量减少门、盖、窗的设置，并应保证其水密性，保证舰船生命力和三防能力不受损害。

③门、盖、梯的布置应保证安全，不应因遭受本舰武器发射时的燃气流、炮口气流等影响而破坏。

3.9.1　通道

①通常在主船体露天甲板的左、右舷各设置一条比较宽畅的主通道，其宽度不小于 1.0 m，1 000 t 以上舰船宜大于 1.2 m。现代舰船由于雷达波外形隐身的需要，上层建筑延伸至两舷边，以减少台阶，主船体的露天甲板舷边无法设置通道，可在上层建筑内部设置畅通的内部通道；艏上层建筑区段露天甲板上的通道，应考虑防风、浪措施；露天甲板上的通道应保证人员能到达该甲板上的各个部位，通过门、盖、梯进入上层建筑和主船体内部。

②通常在破损水线之上主船体甲板上设置一条或左、右舷分开的两条内部贯通通道，

可不经露天甲板到达除艏端舱室以外的各内部舱室和部位。若仅设一条内部贯通通道时，该内部通道应尽量设置在中线面附近。若难于做到时，可以把上层建筑内的通道与主船体内各水密隔舱段间的通道联通以形成内部通道。舰船内部的通道宽度，单行路线应不小于 0.7 m，主通道或双行路线的通道不宜小于 1.0 m。

③通道的布置应考虑便于使用担架运送伤员到达战时救护部位和医疗部位，还应考虑舰船上接受补给品的运送路线，使物品方便地送到各储藏舱；通向冷藏库、干粮库的通道应与居住舱隔开。

④人员上下较多的梯子应尽量采用斜梯，斜梯应尽量沿首尾方向布置；人员上下较少的通往各储藏室、下层舱室及备用出入口等的梯子可采用直梯或蚂蝗钉梯；上层建筑侧壁上宜采用直梯或蚂蝗钉梯。

⑤各个水密舱段内，每层甲板应至少布置一个舱口和梯，形成各层甲板之间的垂直通道，对底部主要舱室，必要时，应设垂向围壁通道。

⑥通往露天甲板的舱口，应尽量布置在上层建筑和桥楼内，如果必须布置在露天时，则宜考虑布置在易于防风、防浪的地方，并注意其舱口盖的开启方向。

⑦舱口盖和梯的布置应尽量紧凑，上下开口的位置应叉开一定距离，上、下两层甲板上安装直梯的舱口，一般不宜重叠。舱口的位置应避开船体主要构架。

⑧每个液体舱至少设置两个人孔盖，并呈对角布置；深液舱的人孔盖一般应开在舱顶，必须开在直壁上时，应尽量设在上部。

3.9.2 应急脱险通道

(1)机器处所的脱险通道

脱险通道的设计应满足规范要求。每个主机舱应设置两个脱险通道。

设两部尽可能远离的钢梯，通至该处所上部同样远离的门，从该门通至开敞甲板设有通道。一般其中一部钢梯从该处所的下部(此处设有一扇自闭钢门)至该处所的安全地点设置连续的钢质防火遮蔽，称之为应急通道。

或者设一部钢梯通至该处所上部的门，从该门至开敞甲板设置通道。此外，从该处所的下部远离上述钢梯的另一地点再设置一个可以从两面操纵的钢门，该钢门作为从该处所下部通往开敞甲板的安全应急脱险通道。

除机舱外的其他机器处所，其脱险通道的设置可根据该处所的性质、位置以及舰员使用情况等因素来确定。

(2)工作和起居处所的脱险通道

每个容纳 10 人或 10 人以上有人工作的要害舱室和每个容纳 21 人或 21 人以上的居住舱和工作舱，均应设置两个出口，作为相互远离的脱险通道。此两个脱险通道应符合：

①在最低的开敞甲板以下的处所，主要脱险通道应是梯道，另一个可以是围壁通道或梯道。

②在最低的开敞甲板以上的处所，脱险通道应是通往开敞甲板的门或梯道，或者是这两者的结合。

3.9.3 拆卸线路

总布置设计除考虑正常通道和应急通道外，还应考虑设备能从其安装部位拆卸下来，移至舰上修理间或搬出舰外修理的拆卸线路，该拆卸线路应根据大于门、舱盖的设备清单和布置部位、通道的尺寸来确定。

3.10　防火及三防设计

3.10.1　防火布置设计

火灾是舰船上常见的主要危险之一。因为舰船上有大量的易燃物品，所以特别容易发生这种危险。为了预防这种经常可能出现的威胁，在舰船总布置设计中必须采取有效的控制措施。

主要措施是一旦起火，舱室边界要把火势控制在起火的舱室内，至少把火灾控制在舰船较小的范围内，不使其扩散。

（1）防火区域划分

①防火主竖区　通常我们将舰船的船体和上层建筑以“A”级分隔分为若干个主要的垂向防火区。这些防火区横向应是从左舷到右舷，垂向从龙骨直到上层建筑。每个防火主竖区在任何一层甲板上的纵向长度一般应不超过 40 m。

主横水密分舱舱壁可用作为防火主竖区的限界面（防火区边界）。舱壁甲板（为保持主横舱壁水密性所达到的最上一层甲板）以上的形成防火主竖区边界的舱室，应尽可能与直接在舱壁甲板以下的主横水密舱壁位于同一垂直平面内。

防火区边界的用途是防止火焰在全舰范围内蔓延，同时把火灾控制在失火区域内。防火区边界上的隔热材料应为不燃材料。

在确定防火主竖区边界的位置时，应考虑下列因素：

- 主横舱壁的位置；
- 防火主竖区内易燃物的数量和类型；
- 配备的灭火装置的型式和数量；
- 火灾发现时间；
- 对保证舰船战斗力的重要性；
- 人员防护措施。

②防火水平区　如果某一防火主竖区内需要以水平“A”级分隔再分成水平区，则此水平分隔纵向应延伸至相邻的两个主竖区限界面，横向应延伸至该舰船的船体外板或其他外部限界面。

甲板可用作为防火水平区的边界。

③防火主竖区的内部分隔　在防火主竖区内，对于舰船作战、指挥、控制所设置的重要舱室，如作战室、控制室，以及具有高度失火危险的舱室，应在其周围设置防火边界，以防止火灾在防火主竖区范围内蔓延。

（2）防火布置

①现代舰船固定灭火系统的站室、消防泵、灭火剂容器以及其他装置，均不得布置在舰船防撞舱壁之前。

②A 类机器处所（布置有主推进装置的内燃机或燃气轮机、作为其他用途的合计总输

出功率不小于375 kW的内燃机或燃气轮机、任何燃油锅炉或燃油装置的处所和通往这些处所的围壁通道)的供排气通风用的天窗、门、通风管和烟囱的开口，以及机器处所的其他开口的数量应减少到满足通风及舰船在各种工况航行时所必需的最少数目。

③燃油舱不宜与弹药舱毗邻布置，若不可避免时，应设置隔离空舱。延伸舷部的燃油舱其高度应尽可能低于标准排水量水线。

④喷气燃料加油站应位于露天甲板上，并应尽最大可能远离机器处所和较大失火危险的场所，以及可能构成着火危险的甲板机械和设备。

⑤机库的布置应远离产生大量热源的舱室，若机库必须与上述舱室相邻时，则其间分隔舱壁和甲板应为“A－60”级。

⑥氧气和乙炔气瓶不要存放在易燃物附近，一般直立布置在露天甲板下具有自然通风的专用舱室内。若将气瓶存放在露天甲板上，要防止气瓶受到机械损伤和阳光直接照射，并应有适当保护措施，以防止无关人员接近。乙炔气瓶和氧气瓶应各自单独存放，且这些舱室应有通向露天甲板的出口。

⑦控制室和电气设备室宜布置在既便于使用又远离热源和爆炸源的安全处所。组成同一武器系统的舱室，宜相对集中布置，并尽量设在同一防火主竖区内。功能相近的不同系统的舱室，以相互远离布置为宜。

3.10.2 三防布置设计及基本原则

三防是指舰船和人员遭受核武器、生物武器和化学武器袭击时所采取的防护措施(简称三防)。

舰船三防应遵循避免沾染(规避污染)、防护和洗消三要素的原则。舰船上一般都设有三防器材、药品库和一定数量的储存箱柜，对于重点防护的舰船还设有三防指挥室或部位以及三防密闭区及人员洗消站。

三防设施的布置应满足监测报警、对人员的防护、对食品和淡水的防护，消除沾染等。三防布置设计基本原则如下。

①上层建筑结构　舰船的上层建筑宜采用简洁、光顺、连续的造型，减少受风面积，避免外延结构。主船体不宜设置舷窗、上层建筑尽可能少设窗。

避免露天结构有凹穴，防止沾染物及污水聚积。露天甲板舷边结构及上层建筑的露天甲板应便于洗消后的污水排放。

②三防密闭区

a. 采用全时密闭防护的舰船，通常把全舰分成若干个有通道相连的密闭区，各密闭区应能独立防止空气中的沾染物渗入，布置密闭区时应与舰船主船体内水密区的划分相互协调。各个密闭区内应分别设置通风、空调系统和人员出入口。

b. 采用定时密闭防护的舰船，应按作战指挥、人员工作、居住、就餐、娱乐及有密闭要求的舱室分别设置密闭区。食品储存、厨房等舱室应设置独立密闭区。

c. 舰船内部不能实施密闭的区域，应与毗邻的密闭区域相隔离，并应设有单独通至露天甲板的出入口。

d. 上层建筑供舰员出入的门尽量少设置。通过密闭区周界的管路、电缆、门、窗、盖等处，应有密闭措施。

③集体防护部位　通常在主船体的密闭区内设置集体防护部位，可选择合适的士兵舱

兼用，集体防护部位应接近人员洗消部位设置，两者之间设有畅通的通道。

④三防部位　用于指挥三防的三防部位，可以单独设置，也可合到损管部位中。三防部位的面积应满足布置必要的三防仪器、通信工具等设备和人员操作的需要。

⑤核辐射探测设备　对空气的探测器宜布置在舰船的驾驶室、密闭舱室、主辅机舱（或锅炉舱）、空气过滤系统、舰船露天的适当部位；对海水的探测器应布置在舰船水线以下的船壳板上。

⑥人员洗消站和洗消路线

a. 舰船一般分别设置首、尾人员洗消站，其面积符合实施人员洗消部署的要求，设置满足规范要求的淋浴喷头数量。洗消站的位置应设在密闭区进出口处，洗消站的出口与密闭舱室相通。洗消站内分设脱衣、淋浴和穿衣室，各室进出口应设密闭门。图3－15为人员洗消部位布置示意图。

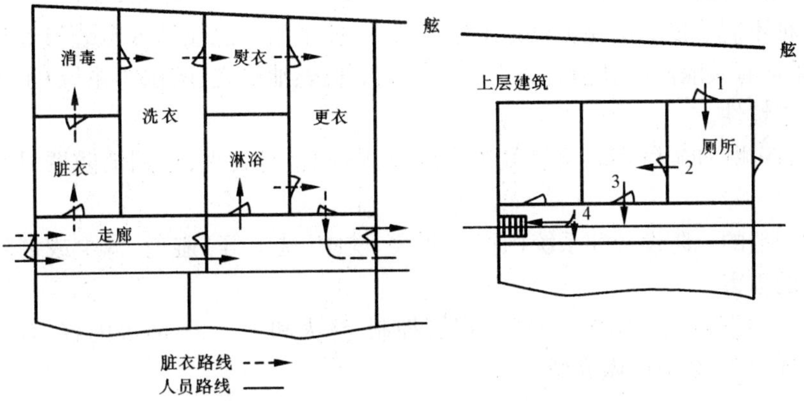

图3－15　人员洗消部位布置示意图

1—粗冲洗；2—脱衣；3—冲洗；4—检查并由梯子进入士兵舱更衣

b. 洗消路线的设计原则应避免产生交叉沾染，并便于人员的流动。一般为：露天部位→人员洗消部位→通道、梯口→三防密闭区域或集体防护部位。

c. 人员洗消部位应配置必要的化学、辐射检测设备和通信工具。

⑦个人防护器材　露天战位和舰内非密闭区战位人员的个人防护器材存放在密闭的个人防护器材柜中，柜布置在就近便于取用处。其余个人防护器材则按需要布置，或存放在三防器材储藏室（柜）内。

⑧洗消设施

a. 舰船上的水幕系统，其形成的水幕和水膜要能覆盖上甲板和上层建筑的各个主要露天部位。

b. 舰用洗消器一般应安放在洗消器室内或露天甲板上适当位置。舰用洗消器室一般布置在首尾部，门直接与露天甲板相通。

c. 舰船按需要设置若干个洗消作业点，并相应配置电源和水源接头。

d. 舰用洗消剂一般密封存放在三防器材储藏室中或其他适当部位。

⑨其他

a. 三防战位一般宜布置在上甲板之上，并距舰指挥所或舰船三防指挥所（三防部位）较近的处所。

b. 各战位的布置应尽量减少外露战位人员；对不能实施密闭的动力装置舱室，宜设置密闭的集中控制部位。

3.11 全舰损管设计

舰船上为预防、限制和消除可能发生的损害而进行的损害管制简称为损管。这里的损害是指舰船浸水和失火以及核生化造成舰船和人员的损害。损管的主要目的是使舰船在任何应急状态和战斗损坏期间仍具有继续执行指定任务的能力。损管功能主要如下。

①用设置水密舱壁、水密关闭装置限制、缩小舰船破损浸水的范围；用设置吃水、浸水、液舱液位显示装置及舰船浮态显示装置显示舰船的损害程度及破损浮态，通过压载、排水及损管堵漏以保持其必需的稳性和浮力。

②用各种不同手段保持要害设施工作连续性，如采用应急便携式电缆等保证供电和通信不中断；采取有效隔离已破损管路系统（消防总管、燃油输送、疏水等系统）的方式保证推进装置工作连续性。

③预防、探测（如喷气燃料可燃气体浓度监测）和报警失火，运用消防器材和固定灭火系统灭火。

④利用舰船的三防设备和系统（探测、报警、防护、洗消等）避免、减少或消除核生化对舰船及人员的损害。

由此可见损管包含有防沉或抗沉、损管控制、防火和灭火、三防等内容，有关防火与三防的布置设计在 3.10 节已做介绍。

3.11.1 损管布置设计基本原则

（1）设备与舱室布置

①舰船设备和系统的布置与安装，应便于实施损管，特别是破损水线以下的舷侧和舱壁，舱室内的设备应适当离开舷侧布置，或做成易于拆卸的，以便堵漏。

②局部或整个位于破损水线以下的要害处所尽可能设计成具有水密边界，完全处在破损水线以上的要害处所尽可能设成气密边界。

③舰船内部的所有舱室和空舱要有方便的通道，在经常有人出入处的通道关闭装置应采用考虑人员安全的快速启闭型。

④不能直接通至破损水线以上位置的要害处所，其通道可采用水密围阱通至破损水线以上。

⑤有气密要求的舱室，其通风管道应在该舱室的外侧设置气密关闭装置。

（2）损管中心和损管站

舰上通常需设置损管中心和损管站。损管中心和损管站均应布置于破损水线以上的甲板（损管甲板）上，且损管中心应尽量布置在舰中部，损管站分为首损管站、中损管和尾部损管站。分别布置在损管甲板的首部、中部和尾部。

（3）水密舱壁

①舰船应按不沉性及结构强度的要求，将舰船分成若干个水密区域，设若干个通至舱

壁甲板的主横水密舱壁,以防止舰损后沉没。水密舱壁上一般不宜设置运转的机电设备。

②防撞舱壁上不准开设任何门、人孔或通道开口。

③通风管不得通过破损水线下的主横水密舱,舱壁甲板以下的通风管道必须穿过破损水线以上的各水密舱壁时,应装有水密截止附件。

④穿过舱壁甲板以下的水密甲板和平台的通风管道,在浸水可能通过通风管道使相邻舱室浸水时,应将通风管道至少从破损水线高度处到该管道穿过的水密甲板、平台处的一段做成水密风管或在穿过水密甲板、平台处设置水密截止附件。

⑤通风系统的露天开口不得位于舱壁甲板以下。舱壁甲板以上的露天开口的设计应考虑能防止由于破损水线的位置引起舱壁甲板以上或以下的舱室浸水。

⑥电缆通过主横水密舱壁时,应设置可靠的填料函。传动轴(杆)通过主横水密舱壁时,应设可靠的水密装置,并采取合理措施,防止由于传动时的振动引起舱壁水密性的破损。

(4)甲板

强力甲板及其以下的各层甲板和平台必须保持水密性。甲板上只允许开设最必要的舱口。舱口盖的位置尽可能靠近船的中线面。

(5)液舱

液舱应尽可能对称设置。可能形成大横倾角的对称的舷部液舱,在不满足规范要求时,可设置连通管,并设阀控制。

对隔舱浸水后有可能产生横倾的舰船应设平衡设施。平衡设施能在10 min ~ 15 min内将浸水横倾后的舰船,从横倾10°扶正到不大于3°。

(6)损管器材

损管器材包括堵漏支撑器材、消防器材及三防器材。损管器材的配置应符合《新造舰船海军供应品标准》的规定。

①各类堵漏和支撑器材均应放在适当的部位,不影响人员活动,既要有固定的安放设施又要便于取用。堵漏器材一般分散设置在水线附近有人工作和通行的舱室和通道内,支撑器材一般设置在水线以下毗邻主水密舱壁、面积较大、战斗时有人的舱室内。

在损管甲板上一般还设置损管器材舱或损管器材柜,存放不便分散存放的损管器材。

②手提灭火器一般布置在各个舱室的入口附近和最易失火并便于取用的地方。应急消防泵一般布置在露天甲板既方便取用又隐蔽的处所。损管队灭火人员用的消防装备存放在既方便到达又即刻可用的处所。太平斧和撬杠应固定在露天甲板上层建筑围壁的适当位置。

③三防器材通常存放在舰船上的三防器材和药品储藏库(柜)内。储藏库(柜)一般布置在上甲板便于存取的地方。

3.12 倾斜试验

舰船设计阶段计算所得的重量和重心位置,往往与舰船建成后的实际重量和重心位置有一定的差异,故舰船建造完毕后都要进行倾斜试验,以确定舰的实际初稳性高并求得舰的实际重心高度。因此,倾斜试验的目的是确定舰的重量和重心位置。

3.12.1 倾斜试验的原理

当舰船正浮于水线 WL 时，其排水量为 Δ。若将舰上 A 点处的重物 P 横向移动某一距离 l 至 A_1 点时，则舰将产生横倾并浮于新水线 W_1L_1，如图 3-16 所示。

舰的横倾角 θ　$\tan\theta=\dfrac{Pl}{\Delta h}$

则初稳性高度 h　$h=\dfrac{Pl}{\Delta\tan\theta}$

若已知舰的排水量 Δ，移动重量 P，横向移动距离 l，并量出横倾角 θ，即可得舰的初稳性高 h 值。

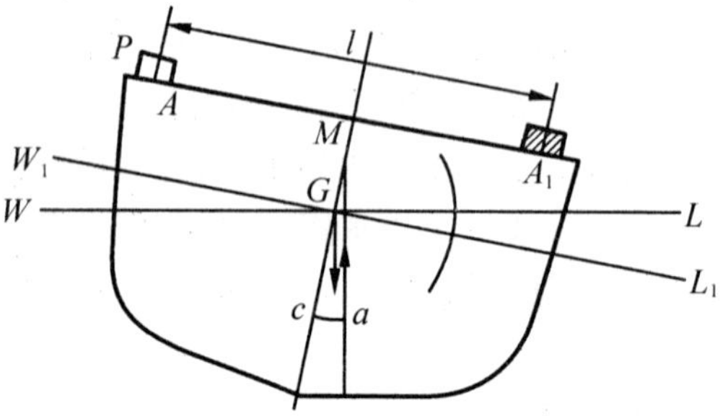

图 3-16

又因为

$$h=(Z_B+r)-Z_G$$

则可求舰的重心高

$$Z_G=(Z_B+r)-h$$

式中　Z_B——浮心垂向坐标；

r——横稳心半径。

Z_B，r 可根据排水量（或吃水）从静水力曲线图中查得。

3.12.2 倾斜试验方法

（1）在试验前应先测量首尾吃水和水的比重，以便正确地算出排水量。

（2）倾斜试验所用的移动重物一般是生铁块，通常分为四组或六组堆放于舰的上甲板上指定位置，如图 3-17 所示，每组重物的重量相等，即

$$W_1=W_2=W_3=W_4 \text{或} W_1=W_2=W_3=W_4=W_5=W_6$$

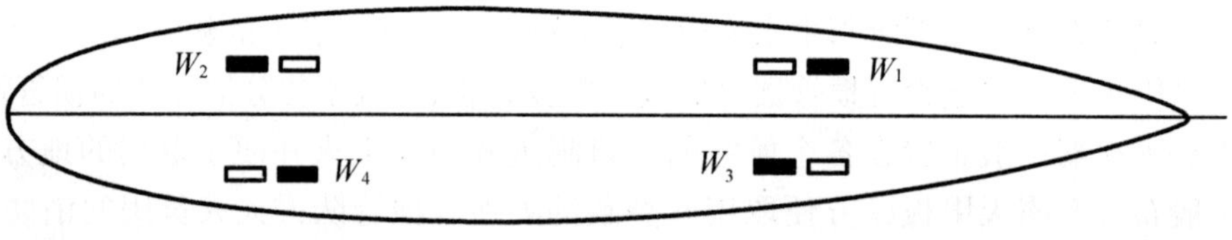

图 3-17

为了形成足够的倾斜力矩使舰能产生 2°~4°的横倾角，移动重物的总重量为舰排水量的 1%~2%、移动的距离 l 约为舰宽的 3/4。移动重物的总重量通常按下式确定。

$$W=2K\frac{\Delta_0\cdot\overline{GM}}{l}$$

式中　W——倾斜压载物总重量；

Δ_0——舰船试验时的排水量；

$\overline{GM}$——试验排水量时初稳性高的预测值；

l——倾斜压载物移动距离；

K——系数,按预定的横倾角可取为0.034 9~0.052 4。

横倾角 θ 一般用悬锤法或U型管法进行测量,也可采用具有足够精度的仪器进行测量。舰船倾斜试验的具体方法和要求按GJB68A-98《水面舰艇倾斜和静水横摇试验方法》执行。

3.12.3　试验注意事项

为了保证试验的准确性,在进行试验时应注意以下几点。

①试验应选在风力不大于2级的晴天进行,试验地点应选在静水的遮蔽处所,最好在坞内。试验时应注意风和水流的影响,尽可能使舰首正对风向和水流方向。

②为了不妨碍舰的横倾,应将系泊缆绳全部松开。

③凡舰上能自动移动的物体都予以固定,机器停止运转。与试验无关人员均应离舰,留在舰上的人员有固定的位置,不能随意走动。

④舰上的各类液体舱柜原则上都应抽干,个别必须装载的应装满,以消除自由液面的影响。如有自由液面则应查明大小,并进行修正。

⑤舰上的装载情况,包括缺装或多余载荷都应详细记录,以便将试验结果换算到标准排水量状态。

⑥试验时各项工作要有统一的指挥,观察记录工作务必认真仔细。

第4章 舰艇结构

4.1 概述

现代舰艇是一极其复杂的工程建筑物。舰艇在航行过程中受到各种各样的静力与动力(水压力、波浪冲击力、爆炸力等等),保证船体强度的问题在舰艇设计时起着极其重要的作用。一艘舰艇如果有良好的航海性能,强大的武器,但没有足够坚强的船体,则它不能按其战术用途来使用。

然而,船体结构的尺寸不应该过大。船体重量占整个舰艇重量的百分比太大,对舰艇的战斗和航海性能或它的有效载重量起着不良的影响,一般现代舰船的船体结构重量占舰艇排水量的30%~40%。

基于强度计算的合理的结构设计方法才能使船体既有可靠的强度,又能使结构重量最轻,以往主要靠经验性设计,它以所积累的经验和舰船的特性为基础,以《规范》和《设计规则》形式提出了估算结构尺寸的简便公式,这种方法能大大节省设计时间。但是完全按《规范》设计的方法存在一定的缺点,首先结构破坏模式多种多样,复杂而又相互关联,即使用《规范》中的简化公式时,抵抗破坏的安全系数仍是未知的,因此设计者分不清结构是恰当还是保守,并不是真正有效的设计。

随着生产和科学技术的发展,虽然在《规范》中也逐渐地运用了舰船强度理论,但目前的结构强度计算一般带有校验性质。校验计算的实质是根据许用应力来检验全部所预选的船体各个结构和整个剖面的尺度,如果所选的构件尺寸判定是不合适的,则需适当地改换它们,并在没有找到最适合的尺度前再进行第二次计算,也就是说在计算时采用逐步近似法。预先选择船体结构个别构件的尺度时可采用极限负荷法,在某些情况下它可以不用逐步近似法而合理地设计出等强度结构。

目前由于电子计算技术的迅猛发展及其在舰船设计领域的广泛应用,极大地转变了传统的结构设计分析观念,涌现出新的舰船结构设计分析方法,其中“理性结构设计”(rational-based structure design)直接地和完全地基于结构理论以及采用以电子计算机为基础的结构分析和优化方法,按照设计者选定的方案获得一个最优的结构。其中包括对舰艇结构寿命期中影响结构安全与性能的全部因素进行彻底和精确的分析,产生既能保证足够安全又达到最优目标的设计。

舰艇结构设计的主要任务首先要研究舰艇的航行条件,确定舰艇在各种使用条件下作用于整个船体和它的个别构件的各种力的大小和性质。目前这个问题在多数情况下只能近似解决;其次研究在已知力的作用下船体构件内的应力大小和分布,这个问题目前应用弹性理论的方法解决;第三个问题是研究强度标准,考虑到外力的变化和作用特性,确定船体构件作用应力与总变形的允许值。

舰艇结构设计中必须很好地处理结构强度与重量的矛盾。设计师首先应保证船体结构具有足够的强度、刚度和稳定性,否则会造成结构损坏或变形过大,危及安全,影响作战性能。但是结构尺寸过大,强度过剩会造成重量增加,提高建造成本,也会影响舰艇性能。

其次要处理好舰艇结构与工艺性的矛盾,设计时必须充分考虑承造厂的实际情况,最大限度地扩大分段建造范围,合理布置焊缝,减少焊缝总量;尽量简化结构,统一零部件尺寸规格;构件的连接应考虑施工方便;应考虑舰船结构维护与保养的可能性和方便性。

第三是要处理好结构与作战使用的矛盾,结构的布置与构件尺寸应符合使用要求,舱室的构件应有适当的净高,支柱的布置应尽量不妨碍总体布置及设备安装。在选取结构尺寸时也应考虑锈蚀、磨损余量以及其他特殊加强部位。

第四是处理好结构材料选用与材料来源的矛盾。选用结构材料时不仅要考虑材料的机械性能与工艺性能,也要考虑国内材料的发展现状。

现代舰艇结构的第一个特点是船体的大部分构件同时承受着几种载荷,船体各构件的内力是一个多度静不定体系,这就使强度计算大大地复杂化。舰艇结构的第二个特点是船体的纵向弯曲,这就要求板架构件具有必要的稳定性,实践证明船体结构的损坏往往不是由于结构中出现了危险应力,而是由于丧失了稳定性。

4.2 船体结构设计的一般规定

4.2.1 舰船船体结构设计的基本要求

在使用寿命期内必须保证船体的强度与密性要求;必须便于船体建造和维修保养;在满足船体强度(含稳定性和刚度)和防振要求的条件下,应尽量减轻船体结构的重量;结构设计应考虑防腐蚀要求。

4.2.2 船体结构材料的选用

船体结构材料必须经过鉴定,材料性能合格,品种和规格齐全,焊接材料配套,新研制材料应通过应用试验合格和认可。

现代舰艇主船体结构材料应在满足船体强度、刚度及经济性的前提下,选择合适的屈服强度等级的钢材。当船长大于 80 m 时,在船中 0.5 船长范围内舷边采用焊接结构时,强力甲板边板、舷顶列板和圆弧板应采用韧性较好的钢板。

船体结构材料应有优良的耐海水腐蚀性能、耐疲劳性能、可焊性能、冷热加工工艺性能和物理性能。

4.2.3 骨架形式和骨架要素

大中型现代舰船的甲板、底部、舷部及内底等结构均采用纵骨架式,舰艇首尾端强力甲板以上的舷部结构和下层甲板结构允许采用横骨架式。

纵骨间距应满足板的强度和稳定性要求。肋骨间距应不小于 500 mm,但不大于 1 500 mm,一般应取 250 的整数倍。局部区域可在原肋骨间距内增加半肋骨。

船体骨架梁应采用 T 型材,而纵骨宜采用球扁钢。T 型材的尺寸应力求统一,尽量减少规格品种。T 型梁的剖面形状的选择必须满足梁的强度和稳定性要求。

T型材面板的厚度 t_f 和T型材腹板的厚度 t_W 应满足(4-1)和(4-2)式的要求:

$$t_f=(1.2\sim2.0)t_W \tag{4-1}$$

$$t_f-t_W\leqslant 8\ \text{mm} \tag{4-2}$$

T型材面板截面积 $b_f t_f$ 与腹板截面积 $h_w t_W$ 之比宜按下式选取:

$$\frac{b_f\cdot t_f}{h_w t_w}=0.4\sim0.7 \tag{4-3}$$

式中 b_f——T型材面板厚度;

h_W——T型材腹板高度。

4.2.4 船体构件的连续性

为确保船体的强度,避免出现应力集中,船体主要构件不应突然中断。

(1)设计舰艇结构时,应尽量保证主要纵向构件的连续性

纵向构件应尽可能向艏艉方向延伸。纵向间断构件的端部不能突然终止,应使其截面逐渐减小,逐步过渡。

①伸到两舷的上层建筑不应在船中部0.25L(自舯向艏艉各0.125L)区域内终止。其端部应光顺地过渡到船舷,并对附近结构进行必要的加强。

②高度方向接近等值梁剖面上下缘的甲板、内底应尽量沿船长连续。当上述甲板、内底沿船长方向安置在不同高度时,则应设置中间倾斜过渡段,以保证其连续性。

③组成骨架的各种型材的高度尺寸突然变化时,其转变部分通常设置在刚性构件上,并通过肘板过渡连接,或采用圆弧过渡连接。

④当型材必须在两刚性构件之间由一高度转变到另一高度时,则应在不小于5倍型材高度差的长度内逐渐过渡。

⑤船体对接板的厚度差通常不应超过厚板板厚的三分之一,当厚度差大于等于2 mm时,则厚板的对接板应予削斜,其削斜宽度应不小于4倍厚度差。

(2)船体各部分结构的纵向构架相对于中线面的间距力求统一

各层甲板、底部的纵向骨架及横舱壁的竖向扶强材通常应设置在相应的纵向垂直平面内。船体各部分的横向骨架通常应构成环形封闭框架。

(3)船体结构上任何骨架力求与相邻骨架有效连接

①骨架梁间断处或骨架梁之间连接处应适当设置肘板或其他等效构件。

②液体舱内的骨架梁不得出现自由端。

(4)船体结构中的骨架梁与纵骨一般应穿过密性或非密性构件保持连续

①骨架梁与甲板、舱壁相交处或纵骨与T型梁相交处,宜在甲板、舱壁或T型梁腹板上开口让骨架梁或纵骨穿过,并应保证骨架梁或纵骨将所承受的剪力传递到上述构件上。

②构件穿过密性结构时,应保证连接处的密性。

③球扁钢穿过非密性构件时,若强度需要补强则可采用非密性补板补强;在振动剧烈区域,也可采用非密性补板补强。

④骨架梁或非密性构件与外板或甲板板对接缝相交处,当对接焊缝在这些构件安装后进行焊接时,则在这些构件上应留有焊缝通过的通焊口。

⑤底肋骨(肋板)和横梁通常在内龙骨和甲板纵桁处间断。

4.2.5 船体结构的开口

为安装主机、辅机、武器装备、通风管路、电缆、海底阀箱等设备以及人员施工需要，船体结构上必须有各种形式的开口。这些开口势必会削弱结构的强度。因此，对这些开口的大小、位置和形式都有严格的规定。

(1)开口形式

①船体结构上的所有方形或长方形开口的角隅应设计成圆弧或椭圆弧，强力构件上的所有方形或长方形开口的圆弧角隅，其圆弧半径应不小于开口宽度的0.1倍。纵向强力构件上长方形开口的长轴一般应沿舰艇首尾方向布置；

②各类人孔宜采用椭圆形开口，其边缘用围缘扁钢加强。

(2)开口位置

①强力甲板边板上一般不允许开口。当必须开口时，只允许在其上作不大的圆形或长圆形开口。

②舷顶列板在强力甲板以上部位不得有任何形式的开口。

③在集中载荷和高应力区域，应避免开人孔及其他开口。

④分段对接缝处尽量避免开口。

⑤船体外板上的开口尽量避免切断构件。当开口切断构件时，应适当加强。

(3)船体结构开口的加强原则

①舷顶列板上直径不大于380 mm的舷窗开口允许不作加强，但开口边缘必须磨光。

②强力甲板及外板上的开口加强应符合以下规定。圆形开口的直径或方形开口的宽度小于$20t$(t为开口区钢板厚度)的单个开口，则开口边缘一般不要求加强。

但当此类开口布置在舷顶列板或强力甲板边板上、且开口边与强力甲板或舷侧间的间距小于开口直径或宽度(舷顶列板与甲板边板间为铆接)或小于1.5倍开口直径或宽度(舷顶列板与甲板边板间为焊接)时，则开口边缘必须加强。

当开口直径或宽度大于$20t$时，则开口应采用嵌补焊接加厚板的形式加强。但当此类开口处，在计及应力集中和截面积减少后最大计算应力尚不超过所规定的许用应力时，开口边缘可不做加强。

③下层甲板及内底板的开口一般可不做加强。甲板横梁和纵桁、肋骨、舷侧纵桁及舱壁桁材等是保证船体总纵强度的主要构件，其开口必须严格遵循《舰船通用规范》关于梁上开口的规定。当必须开超出上述范围的孔时，应采取特殊补强措施。

4.2.6 支柱

支柱可分为封闭形(管形)支柱和非封闭形(如敞开式)支柱。支柱一般应采用无缝钢管，在特殊情况下允许用钢板焊接成圆形支柱，但在油舱内不得采用封闭形的管形支柱，以避免管内进入油或气。

设计支柱的位置和支柱的肘板时，应使支柱承受的偏心载荷最小，应保证它们能够承受其可能受到的最大组合载荷或各种力。为此，上下支柱一般应在同一垂直线上或在舱壁的上方或下方，以形成连续的支撑立柱。

支柱应中止在强力构件上，一般应设置在强力纵、横构架交叉点处，例如横梁与纵桁的交点处或肋板与龙骨的交点处。当支柱不能设置在交点上时，则应在支柱所在的桁材上设置肘板。

在通道和住舱中尽量避免设置支柱。在船体结构需要设置支柱且支柱影响其附近装舰设备的维修保养或拆卸安装作业时，可将支柱设计成可拆支柱。

支柱端部处的肋板、桁材和肘板上一般不允许开孔，否则应进行有效的补强。支柱两端一般应设置2块或4块肘板，若支柱端部无法设置肘板时，可设置约两倍支柱直径或支柱截面长度的垫板。

4.2.7 船体总段与分段的划分

应用总段方法建造船体时，划分船体分段和总段时应尽量考虑舰艇舱室的完整性。总段边界上的各层甲板、平台、内底和纵舱壁的安装对接缝一般应布置在一个平面内，而外板和甲板的纵向骨架对接缝与板的对接缝一般应错开200 mm，横向构件对接缝与板的对接缝应相对错开100～150 mm。

分段接缝或总段环形接缝严禁设置在上层建筑端部终止区，分段接缝或总段环形接缝应尽量避免设置在内底终止处、主机基座两端以及结构截面明显变化处。分段接缝或总段环形接缝，宜设置在距横向构件1/4肋骨间距附近，但距横向构件不得小于200 mm。分段边接缝宜设置在两相邻纵向构件间距的1/4附近，但距横向构件不得小于100 mm。分段对接缝不宜布置在线型复杂的区域。

船体分段划分的主要依据是船体结构的特征及其强度和刚度要求、材料的规格、船厂的设备能力与起重运输能力以及工艺的合理性、工厂的建造习惯等。根据船体结构的特点，一般可以分为底部分段、舷侧分段、甲板分段、舱壁分段、上层建筑（甲板室）分段等。上层建筑可按层划分，如果上层建筑长度较长，还可横向划分。舱壁分段可以按甲板层次划分。艏艉端的船体结构可划分成立体分段或半立体分段。分段的长度，既要考虑到工厂的起重能力，又要尽可能充分利用钢材，分段的长度与宽度力求接近板材长度与宽度的倍数。

船体分段划分还应考虑能采用先进工艺方法，具有较好的施工条件，保证装配及焊接质量，缩短舰艇建造周期及降低建造成本，在条件许可的情况下，应将船体分段的外形尺寸适当地加大。为方便装焊，舷侧分段可带部分甲板，甲板分段可带部分舱壁。底部分段与舷侧分段之间的边接缝宜布置在舭肘板附近。甲板分段的端接缝尽量布置在横舱壁附近。

4.3 主船体结构设计

船体最上一层纵通甲板称为1甲板，1甲板及其以下的外板和所有结构组成的坚固的空心水密建筑物称为主船体，主要包括甲板和平台结构、外板、底部骨架、舷部骨架、舱壁结构和首尾端结构等。船中横剖面上各构件尺寸，至少应在0.3L（自舯、艏、艉各0.15L）长度范围内保持不变。其中，中内龙骨、旁内龙骨、强力甲板纵桁及纵骨等构件尺寸宜在0.4L长度范围内保持不变。

4.3.1 甲板和平台结构

甲板结构由甲板板、横梁、强横梁、纵桁、纵骨和支柱组成，与舷侧邻接的一列板称为甲板边板。1甲板以下的首尾贯通的水平隔板称为内部甲板，从上至下依次命名为2甲板、3甲板、4甲板等。

(1)强力甲板

强力甲板在船体总纵弯曲时作为等值梁的上翼板，是保证船体总纵强度的重要构件之一。1甲板可作为强力甲板，也可作为间断交错式强力甲板的一部分。根据舰艇结构型式不同，在强力上层建筑处，等值梁的上翼板移至上层建筑甲板，而该处的1甲板作为内部甲板设计。这种间断交错式强力甲板的间断交错处，长度为2.5h(h为间断交错处强力甲板之间高度)或0.34B(B为强力甲板在间断交错处的平均宽度)的区域内(以大者为准)，船体构件必须交错过渡。

在上述过渡段内，间断交错强力甲板层高之间的船体纵向尺寸，可以减小到只保证局部强度要求的程度，而其下部船体构件必须保持原有尺寸。通过过渡段后，其下部船体构件尺寸方可逐渐减小。

强力甲板应设有梁拱，一般采用抛物线或圆弧形，其最大高度在舯剖面处为舰艇宽度的1/50～1/100，梁拱形状沿船长保持不变。船中部0.5L长度区域内(自舯向艏、艉各0.25L)甲板边板应比相邻的甲板板加厚20%～30%，甲板边板的宽度宜取750～1 800 mm。船中部0.5L区域内(自舯向艏、艉各0.25L)，强力甲板板最小厚度t应满足4-4式的要求。

$$t \geqslant \frac{b}{1\ 252}\sqrt{\sigma_{co}} \tag{4-4}$$

式中 t——板厚，mm；

b——纵骨间距，mm；

σ_{co}——在极限弯矩作用下，强力甲板承受的最大压应力，MPa。

强力甲板纵桁不应在同一截面内全部终止，只允许不多于一对对称设置的甲板纵桁在同一截面内终止。强力甲板人开口的角隅处及应力集中较大的区域内，应避免设置对接缝。对接缝相距大开口横向边的距离不得小于0.25倍开口长度，又不得小于两倍大开口角隅圆弧半径。

为了减少上浪及迅速排除积水，强力甲板沿艏艉方向设有脊弧，脊弧大小视舰船航海性能的要求而定。在没有艏楼的舰船上，脊弧应做得高些，艉端的脊弧较艏端脊弧为小，有的甚至接近于水平。

(2)内部甲板

内部甲板起着舱室地板的作用，不设梁拱。内部甲板一般应开口让舷侧肋骨通过，并且该开口处应用密性补板焊接。

内部甲板的板厚视舰艇的大小而定，200 m以下的舰艇，其板厚为3～6 mm。

内部甲板的边板厚度不小于4 mm，一般比甲板板加厚1 mm。

(3)平台

艏艉间断的地板称为平台，从上至下依次命名为1平台，2平台……

平台的板厚选取与内部甲板相同。

4.3.2 外板

底部外板和舷侧外板统称为外板。其中与强力甲板相连接的一列板称为舷顶列板。

底部外板系指从基线至舭列板上缘之间的板。舷侧外板系指从舭列板上缘至舷顶列板上缘之间的板。位于底部船体中心线的一列板称为平板龙骨。平板龙骨的宽度,现代舰艇一般取 1 000 ~ 1 800 mm,滑行艇不小于 600 mm。

外板是保证舰艇水密、参与船体总纵强度的重要构件,根据弯曲力矩的大小,外板厚度沿船长方向变化,舯部范围内外板较厚,艏艉端较薄。同样外板板厚沿横向也是变化的。舷顶列板和平板龙骨在船体等值梁中离中和轴最远,承受着较大的总纵弯曲应力;同时平板龙骨还承受着舰艇建造和修理时的龙骨墩或坞墩反力,且易于积水和腐蚀,因此平板龙骨板厚一般比相邻底部板厚增加 1 ~ 3 mm。而舷顶列板起着甲板与舷部之间力的传递作用,除了承受较大的弯曲应力外,还承受相当的剪切力,所以舷顶列板板厚一般应与强力甲板边板的厚度相同,其宽度宜取 1 000 ~ 1 500 mm。

在任何情况下,外板厚度均不得小于按 4 - 5 式计算所得之值,并且不得小于 4 mm。

$$t = \frac{L}{30} + 2 \tag{4-5}$$

式中 t——外板最小厚度,mm;

L——船长,m。

受撞击或磨损的外板可适当加厚,水线附近可能受到冰区载荷的外板可适当加厚。

舷侧外板的边接缝,建议沿甲板方向布置,底部外板和舭列板的边接缝、应尽量与底部纵向骨架平行。

排水型水面舰艇强力甲板边板与舷顶列板的连接处为高应力区,任何焊接缺陷在大的应力作用下都会产生裂纹,这些裂纹逐渐扩展,会危及舰艇的安全。

强力甲板边板与舷顶列板最初采用舷边角钢连接形式,这种连接的优点是强力甲板边板与舷顶列板之间有一定的柔性,万一甲板上产生了裂纹也不会扩展到外板上。但这种连接方法工艺复杂,现在很多工厂都已取消了铆接。

近年来很多舰艇采用圆弧舷板连接形式,圆弧舷板的圆弧半径一般应不小于板厚的 15 倍,圆弧舷板厚度不小于甲板边板的厚度。圆弧舷板与艉板交接时,应逐步过渡,不允许有突变点出现。这种连接方法中,舷顶列板不能直接与上层建筑侧壁相连接。

强力甲板边板与舷顶列板还可以采用角焊形式,对于终止在舷顶列板的强力甲板边缘应开坡口,且必须焊透;舷顶列板上缘应磨光,不准开口。

圆弧舷板与甲板边板和舷顶列板应选用塑性、韧性较好的钢材,具有一定的止裂性能,注意钢板材料质量的可靠性,并应慎重考虑该区域裂缝扩展的可能性。圆弧舷板上应尽量避免焊接甲板装置。

4.3.3 底部骨架

现代舰艇底部结构一般采用纵骨架式双层底结构。它由内外底纵骨、肋板、中内龙骨和旁内龙骨组成。中内龙骨与旁内龙骨统称为底纵桁。底纵桁应尽量向舰首尾延伸。底纵桁应在整个长度内保持连续,即底纵桁应穿过水密舱壁。并且所有与底纵桁相交的肋板,在相交处中断。

舰艇左右舷底部各具有两根以上旁内龙骨时,只允许一对对称布置的旁内龙骨在同一强力横向构件处终止。旁内龙骨端部应终止在主横舱壁或其他能支持旁内龙骨的强力横向构件上,并且还应通过肘板与纵骨相连接。

中内龙骨腹板上一般不应开人孔，当因通过管路必须开孔时，开孔应布置在腹板高度的中部，开孔直径应不大于0.25倍腹板高度。

旁内龙骨腹板与肋板上的人孔以及通过管路开孔，一般应布置在腹板高度的中部，孔的高度不应超过0.5倍腹板高度，且开孔边缘用扁钢镶边。镶边扁钢的厚度应不小于腹板厚度，宽度不小于12倍板厚。但最大不超过60 mm。

肋板人孔边距底纵桁的距离大于400 mm时，肋板应用垂向扶强材加强。该扶强材一般应与内底及外板纵骨相连接。内底应尽可能向舰首尾方向及舰艇两侧延伸。在两端，内底板应在一段距离内（一般在一个隔舱范围内）逐渐过渡为底纵桁的面板，过渡区的内底板自由边缘应用扁钢加强如图4－1所示。

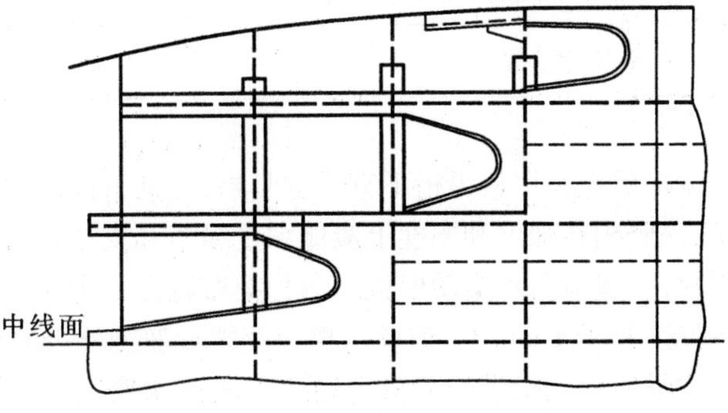

图4－1

内底板的中间列板一般应比相邻列板加厚20%～40%，且应尽量避免在其上面开孔。与外板相连接的一列板称为内底边板。

在双层底区域的每个底舱的内底板上，一般应在该舱的两端分别设置人孔。

当施工需要时，内底板上允许开一定数量的通风孔。但通风孔不允许切断骨架，开孔边距骨架的距离宜大于50 mm，且施工完毕后应焊补完整。

海底阀箱及与海水相通的各种箱体结构壁板厚度应不小于该处底部外板的厚度。

污水井壁板厚度应比该处内底板厚度加厚1～3 mm。

4.3.4 舷部骨架

舷部骨架由纵骨、舷侧纵桁、普通肋骨和强肋骨组成。舷侧纵桁端部应终止在主横舱壁或其他强力横向构件上。舷侧纵桁应与下层甲板位于同一平面内，其端部应用肘板连接。肘板形式宜为圆弧形状。舷侧纵桁一般应在强肋骨处中断，强肋骨保持连续。

普通肋骨一般应在舷侧纵桁处中断，舷侧纵桁在与普通肋骨相交处应保持连续。

舷侧纵骨与纵桁是纵向连续构件，它除参与总弯曲和保证外板稳定性外，还要承受水压力。因此沿舷部的不同高度其尺寸并不相同，船底附近的纵骨纵桁对总纵强度的作用较大，而且承受的横向载荷也较大，所以纵骨的尺寸较大。而舷侧纵桁和强肋骨相互支撑，其尺度通常与强肋骨相同，形成了较强的舷侧板架。

4.3.5 舱壁结构

舰船上有许多横向和纵向布置的舱壁，它们将船体内部空间分隔成若干舱室，供居住、工作、压载和装载等。按它们的作用，分别称为主横舱壁、主纵舱壁、次舱壁和轻围壁等。

主横舱壁是指沿船长将主船体分隔成若干水密隔舱的舱壁结构。它们对保证船体的横向强度与刚度有很大作用，其数量应根据舰船抗沉性计算和内部舱室布置来决定。因为艏端极易发生碰撞，所以必须设置若干个防撞舱壁，防撞舱壁上不允许设置门及人孔。防撞舱壁的数量应符合表 4 - 1 的规定。

表 4 - 1

舰艇正常排水量 Δ/t	Δ < 1 000	2 000 ≤ Δ < 5 000	Δ ≥ 5 000
防撞舱壁数	1	2	3

主横舱壁在甲板纵桁下宜设置竖桁，支柱下面的舱壁上及沿舱壁集中力作用处宜设置竖桁，该竖桁在强度和刚度上应能承受纵桁和支柱传递来的力。主横舱壁上的竖桁及垂向扶强材，一般应与相应的甲板纵向骨架布置在一个平面内，并尽可能与底部构架对准。舱壁板的厚度小于 4 mm 时，舱壁围槛板及邻近舷侧外板的一列板应加厚 1 mm。

主纵舱壁是指沿船宽将主船体分隔或水密隔舱的舱壁结构。它们应尽量向舰艇首尾延伸，并且应终止在主横舱壁上。同时，应借助主横舱壁后面的竖桁过渡到船体纵向骨架上。主纵舱壁竖桁应与相应的船体横向构件设置在一个平面内，其端部应与横向构件可靠地连接，不得出现任何形式的自由端。

次舱壁是指承受水压的局部舱壁。次舱壁应与邻近的主横舱壁具有相同的强度和刚度。特种装置加强结构内的次舱壁，应能承受由该装置传来的作用力。液体舱壁板的厚度不得小于 4 mm。

轻围壁是指不要求承受载荷而作为内部分隔的舱壁。轻围壁及围井壁的纵向壁板过渡到横向之转角，宜设计成半径不大于 100 mm 的圆角。

分隔各种卫生舱室的密性轻围壁，宜采用钢质结构，其壁板厚度不得小于 2 mm，围壁下设置加厚的围槛板，其厚度不得小于 3 mm，高度不小于 500 mm。干燥舱室的轻围壁可采用钢质或铝质结构，也可采用轻型复合材料，围壁上下缘均应设置不小于 2 mm 的钢质围槛板，上围槛的高度应保持到距甲板构件下缘不小于 50 mm，下围槛高度应不小于 100 mm。

4.3.6 端部结构

(1) 艏端结构

舰艇首端结构系指距首垂线 0.35L 内的船体底部与舷部结构。

艏尖舱系指艏柱到防撞舱壁之间的区域，在每个肋位处宜设置升高肋板，其高度应保证肋骨与肋板能有效地连接，其厚度对船长小于 140 m 的舰艇应不小于 5 mm，对船长大于等于 140 m 的舰艇应不小于 6 mm。

首尖舱平台向船中部的延伸部位，应设置舷侧纵桁或延伸平台；该舷侧纵桁端部应与横舱壁的水平桁相连接，以形成水平环形框架结构；延伸平台的中线面处应设置纵桁，纵桁的端部应与横舱壁的竖桁相连接，以形成由平台纵桁、舱壁竖桁、中内龙骨组成的环形框架结构。

舷侧纵桁或平台下，当强度需要时，可设置半肋骨。

底纵桁等强力纵向构件尽可能向舰首延伸，当中内龙骨不能与首柱相连接时，应终止在主横舱壁处。

现代舰艇可选用钢板艏柱,也可选用铸钢艏柱。

钢板首柱在设计水线以上0.5 m以下区域的板厚度t应不小于公式(4-6)的规定。

$$t \geqslant 0.1L + 3 \quad (4-6)$$

式中　t——艏柱板厚,mm;

L——船长,m。

但板厚t应不小于船中部外板的最大厚度,并将该厚度向上保持至1~2个刚性支座(平台或甲板)上。

除上述区域外,钢板艏柱板厚可逐渐减小,其顶端厚度宜比相邻的外板增厚25%~50%。

钢板艏柱的边接缝以距艏端400~600 mm为宜,对接缝宜与外板的纵向板缝平行,且距设计水线的距离不小于0.7 m。

沿艏柱高度方向应设置艏肘板,其间距应不大于0.5 m,且宜与纵骨平行。

艏肘板应向后延伸至艏柱与外板的接缝以外,并与纵骨等构件有效地连接。

艏肘板可采用折边板,折边30~40 mm,其板厚一般不小于4 mm。

铸钢艏柱在设计水线以上0.5 m以下区域的横剖面面积A应符合(4-7)式的规定。

$$A \geqslant 1.1L \quad (4-7)$$

式中　A——艏柱横剖面面积,cm^2;

L——船长,m。

该剖面应向上延伸至一个刚性支座(平台或甲板)上。

铸钢艏柱允许分两段制造,并用焊接将其有效连接。铸钢艏柱上应有水平加强筋。

铸钢艏柱应便于制造,其所有圆角应有足够大的半径。

现代舰艇的球鼻首声呐导流罩是船体结构的一部分。球鼻首结构设计和构件的布置应与相邻部位的船体结构协调一致,外形型线应光顺。球鼻首可采用钢构架玻璃纤维增强塑料透声壳体,也可采用金属壳体导流罩。

透声区域导流罩结构型式、尺寸和布置应尽可能满足声呐导流罩声学性能要求,并应防止导流罩结构产生较高的自噪声。加强筋宜沿着声波发射方向辐射布置,通常采用开孔加强筋,以减少对声波的阻档,避免产生近场反射。

球鼻首声呐导流罩应保证在相应工作压力作用下的密性要求。

(2)艉端结构

距艉端垂线0.25L范围以内的最下层甲板、平台板或舷侧纵桁(没有这些构件时取设计水线)以下的船体结构称为艉端结构。艉端结构除承受静水压力外,还承受舵和螺旋桨的重量及螺旋桨水动力作用,因此,艉部必须有足够的强度与刚度。

与艉轴架、舵轴承相连接的外板,其厚度应比相邻的外板加厚25%~50%,并且应不小于船中部外板的厚度。分段接缝不得通过该加厚板。

艉端结构区域的舱壁竖桁及垂向扶强材,应与底部及甲板的纵向骨架相连接,以形成垂向环形框架结构。当上述环形框架结构不能实现时,应设置水平桁,使竖桁及垂向扶强材与之相连接。上、下水平桁与甲板及底部纵向骨架之间应用肘板有效连接。

艉端0.125L结构特殊加强区的肋板腹板,在纵骨处应设置附加扁钢;艉部底纵桁和纵骨均应延至艉端,以形成由底纵桁(纵骨)、艉封板及舱壁竖桁(垂向扶强材)和甲板纵桁(纵骨)组成的垂向环形框架结构。

艉轴管、艉轴架及舵轴附近底部结构应相应加强。

艉柱可采用焊接结构,也可采用铸钢结构,两者均应与艉端结构有效地连接。

4.4 上层建筑结构设计

主船体1甲板以上的各种围壁建筑物统称为上层建筑。上层建筑侧壁直接由舷侧外板延伸,其宽度与该处甲板相同的称为船楼。船楼在船首部称为艏楼,在船中部称为桥楼,在船尾部称为艉楼。上层建筑宽度小于该处甲板,两舷留有通道的称为甲板室。

主船体1甲板以上的甲板由下至上分别称为01甲板、02甲板、03甲板……01甲板及其以下的上层建筑称为第一层上层建筑,其余类推。

各层上层建筑的侧壁、前后端壁及上层建筑的露天甲板能承受的核爆炸冲击波超压值应不低于表4-2的规定。板架最大相对变形值一般不应大于10%。

表4-2

舰艇的正常排水量 Δ/t	超压峰值 ΔP/kPa
$\Delta \geqslant 5\ 000$	70
$5\ 000 > \Delta \geqslant 1\ 000$	60
$1\ 000 > \Delta \geqslant 200$	30~40

各层上层建筑骨架与主船体的相应骨架,应尽可能设置在一个平面内以形成横向框架。门、窗开口的布置可视具体情况布置,并予加强。上层建筑骨架终端与薄板相连接时,必须注意消除硬点。各层上层建筑前壁、后壁的骨架以垂向设置为宜。端壁的构架间距则视门窗开口与宽度而定,并尽量与甲板纵骨对齐。

对隐身性有要求的舰艇,艏部上层建筑的前壁、艉部上层建筑的前壁和后壁及整个上层建筑的侧壁一般采取内倾结构。

对于多层上层建筑,一般至少使其2个横壁与横舱壁重合。当上一层上层建筑侧壁与下一层上层建筑侧壁或纵壁不重合时,必须使其横壁重合。当上述规定无法实现时,应在上一层横壁下设置有效的加强横梁,必要时还应设置附加支柱。必须注意消除上、下层纵横壁相交处的硬点。

上层建筑外壁板厚度的选择应充分考虑加工平整度。上层建筑甲板两舷与侧壁板上缘连接处、侧壁板下缘与甲板连接处、上层建筑前后端壁与侧壁连接处,应采取局部加厚、端壁与侧壁连接处下缘的甲板上加覆板等措施,减小应力集中。

上层建筑各层甲板的梁拱,一般均应与强力甲板相同。短上层建筑甲板的脊弧线一般宜取为直线。

上层建筑根据其参与船体总纵强度的有效程度,可划分为强力上层建筑和轻型上层建筑。

4.4.1 强力上层建筑

凡长度超过0.15倍设计水线长 L,且不小于本身高度6倍的船楼(侧壁直接由舷侧外板延伸)应设计成强力上层建筑。支持在不少于3个船体刚性横向构件(横舱壁及用支柱支持的加强横梁)上的甲板室宜设计成强力上层建筑。

强力上层建筑的甲板是参与总纵强度的等值梁的上翼板,甲板上的纵向加强筋和侧壁上的纵向加强筋必须能保证板和纵向构件能达到必要的稳定性,其横向构件的尺寸不仅要保证其足够的局部强度,还需保证整个板架具有足够的稳定性。强力上层建筑侧壁与强力甲板的连接应满足强力甲板边板与舷顶列板连接的要求。为减少应力集中,强力甲板室侧壁与端壁的连接应以圆弧过渡,其半径等于500~1 000 mm。

强力上层建筑甲板及侧壁的骨架形式宜为纵骨架式、强力上层建筑的材料应与主船体相同,强力上层建筑甲板与侧壁板上的开口按强力甲板和外板开口的规定加强。

强力上层建筑侧壁端部应按图4-2所示的形式及尺寸平顺过渡。过渡部分侧壁板的自由边缘应加围球扁钢。

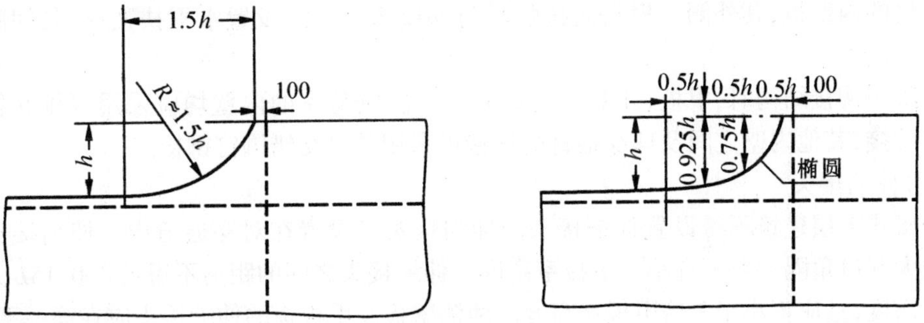

图4-2

船楼端部区域的舷顶列板及甲板边板应加厚。其中舷顶列板加厚40%,甲板边板加厚20%,舷顶列板与甲板加厚的长度相同。加厚的范围应满足图4-3所示的要求。

当上述加厚板的加厚值大于4 mm时,应在长度方向设置中间过渡板,过渡板的长度不得小于板宽。长度小于0.2L的艏楼及艉楼,其端部的舷顶列板和甲板板可不加厚。

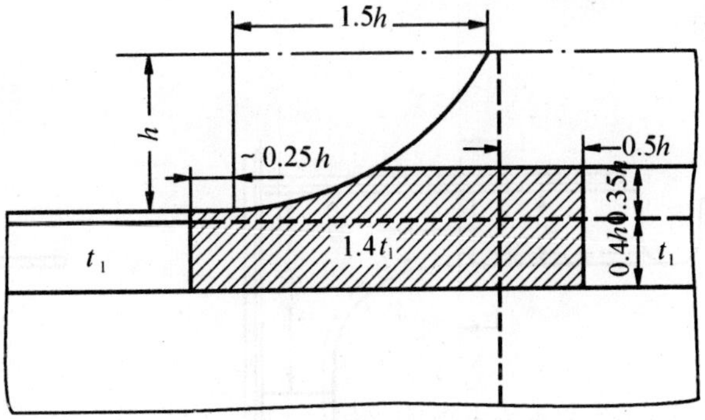

图4-3

4.4.2 轻型上层建筑

参与船体总纵弯曲程度很小的上层建筑应设计成轻型上层建筑。长度超过0.15倍船长L及本身高度6倍的长甲板室,宜用设置伸缩接头的方法分割成若干个可以相对移动(长度小于0.15L及6倍甲板室层高)的短甲板室,并宜使每段短甲板室仅与两个船体刚性横向构件连接。短甲板室一般设计为轻型上层建筑,采用铝合金或其他弹性模量较小的材料制造的上层建筑宜设计成轻型上层建筑。轻型上层建筑甲板及侧壁的骨架宜采用横骨架式。

(1)钢质轻型上层建筑

轻型上层建筑甲板和外侧壁板一般不应小于 3 mm。

与强力甲板相连接的上层建筑,其端壁及侧壁下部应设置与船体相同材料的围槛板。围槛板高度不小于 150 mm。围槛板的厚度比其上部壁板加厚 1 mm。

(2)铝质轻型上层建筑

铝质上层建筑的结构设计应注意整体和局部刚度,尤其是重要设备基座附近的结构。

铝质上层建筑甲板侧壁横骨架间距一般不宜大于 300 mm。外壁及甲板板的最小允许厚度为 3 mm,内壁板的最小厚度为 2 mm。与强力甲板相连接的上层建筑所有壁板的下缘均应设置高度不小于 150 mm、厚度不小于 3 mm 的钢质围槛板。

铝质材料与钢质材料的接合面应设置有效的绝缘衬垫物。

甲板横梁与外壁扶强材应采用折边肘板相连接。折边肘板的最小允许厚度为 3 mm,折边宽度一般取 25 mm。甲板横梁(球缘铝材)的跨度不宜大于 2 m,否则应设置纵桁。与外壁板连接的内壁板,其外侧一根垂向扶强材与外壁板之间应设置水平扶强材,其间距不大于 500 mm。

当采用铆接结构时,甲板、外壁板及要求水(气)密舱室的内壁均应采用双排交错排列的铆钉铆接,其他内壁之间及球缘铝材的连接可采用单排交错铆钉铆接。

(3)伸缩接头

船楼式上层建筑不得设置伸缩接头。伸缩接头宜设置在对穿通道内。伸缩接头距强力甲板大开口角隅一般不宜小于甲板室高度。伸缩接头之间的距离不得大于 $0.15L$ 及 6 倍甲板室高度,且应不小于 3 倍甲板室高度。两侧壁板及甲板板的伸缩接头应在同一平面内,不宜错位。伸缩接头以单层设置为宜。有充分依据的话,也可多层设置伸缩接头。

当被伸缩接头分隔的各段甲板室与船体刚性连接(即与船体同向弯曲)时,可设置变刚度伸缩接头。此时,伸缩接头下端侧壁上应嵌入一块与船体材料相同的加强板,加强板厚度应是甲板室侧壁板厚度的 2 倍,长度为伸缩接头两侧各 500 mm,高度不小于 200 mm。

伸缩接头的结构型式可采用波形板式接头(如图 4-4 所示)和滑动式接头(如图4-5 所示)。

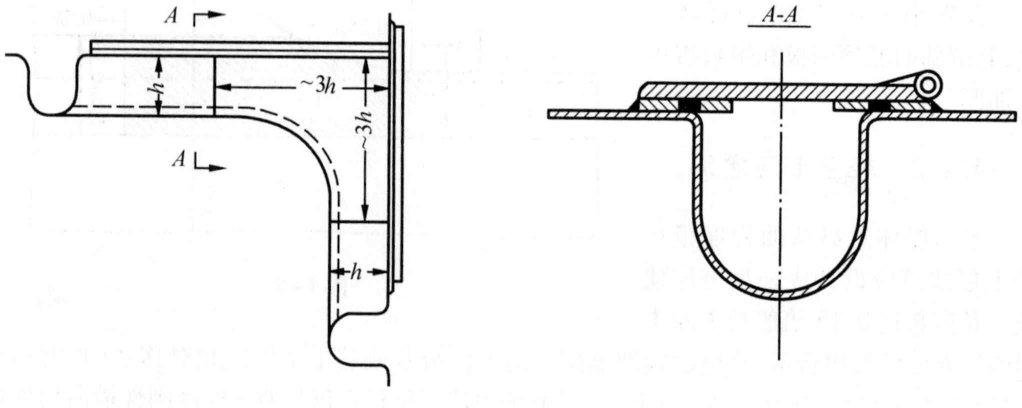

图 4-4

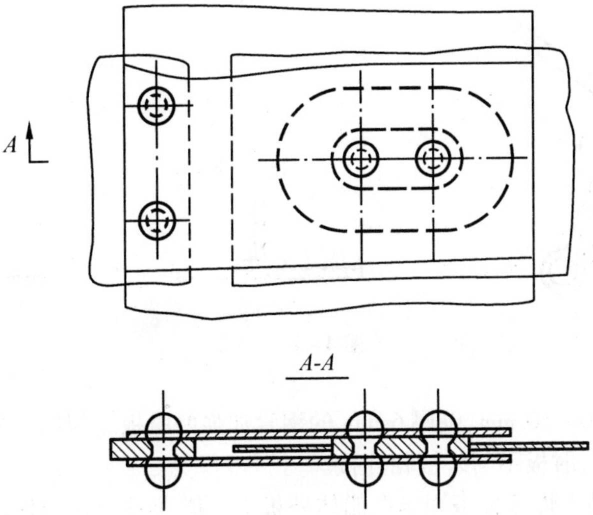

图4-5

4.5 附体、基座及其加强结构设计

4.5.1 附体

现代舰艇附体包括舭龙骨、轴包板、艉轴架和呆木等。

(1)舭龙骨

舭龙骨可分为连续舭龙骨和间断舭龙骨。它沿船长方向布置,是减小舰船横摇的一种简易装置。舭龙骨宽度小于550 mm时宜采用单板舭龙骨。舭龙骨所用材料应与主船体相同。单板舭龙骨的自由边缘可用圆钢或钢管等加强,如图4-6所示。

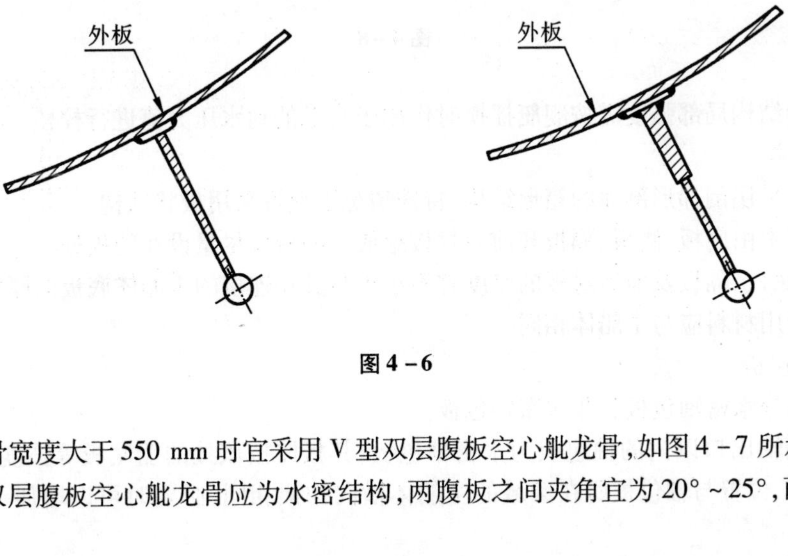

图4-6

舭龙骨宽度大于550 mm时宜采用V型双层腹板空心舭龙骨,如图4-7所示。

V型双层腹板空心舭龙骨应为水密结构,两腹板之间夹角宜为20°~25°,两腹板夹角

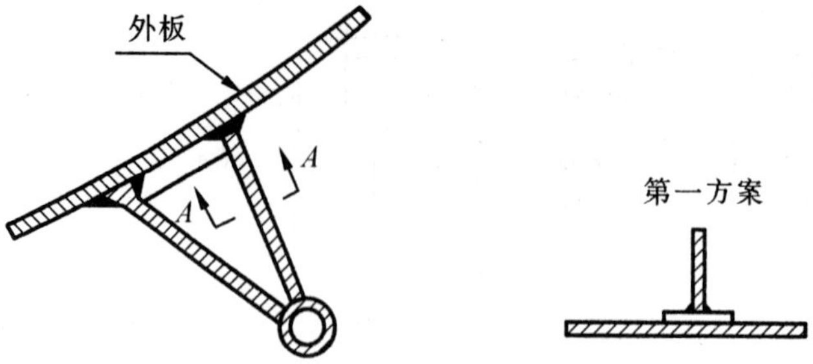

图 4 – 7

的边缘一般可用直径 40 ~ 50 mm，壁厚 6 mm 的钢管加强两腹板之间应设置支撑肘板，其间距可为 500 ~ 1 000 mm，肘板不与外板相连接。

舭龙骨腹板应藉助于焊接板条固定在船体外板上。舭龙骨应在船体刚性构件处终止。舭龙骨端部应在等于其 3 ~ 4 倍宽度范围内逐渐减小其尺寸，单板舭龙骨宜加若干个导流孔，减少水动力对舭龙骨的冲击，如图 4 – 8 所示。

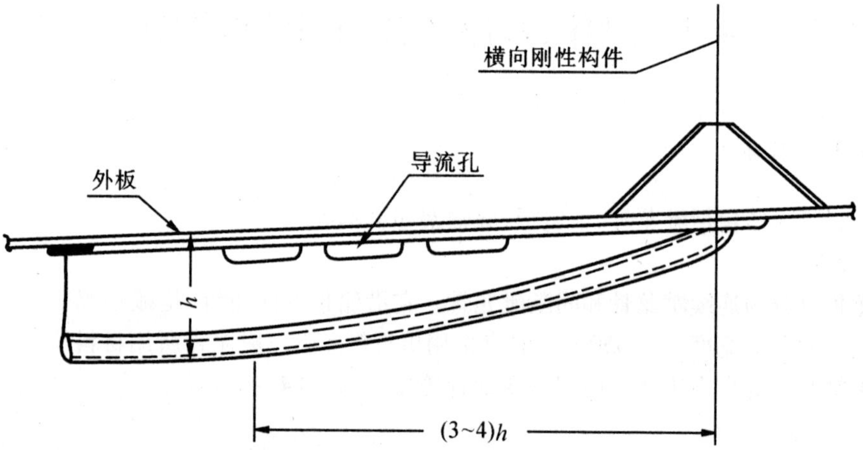

图 4 – 8

舭龙骨结构局部强度需按舰艇摇摆时作用于其上的动水压力值进行校核。

(2)呆木

呆木应采用倒梯形剖面的箱形结构，特殊情况下允许采用板状结构。

箱形呆木由底板、侧板、隔板和前后封板组成。隔板应尽量设在肋板处。

侧板、底板、隔板及前后封板的厚度宜不小于与其相连接的主船体底板的厚度。

呆木所用材料应与主船体相同。

(3)轴包板

轴包板分水密轴包板和非水密轴包板。

位于艉轴出口以内的轴包板为水密轴包板，其板厚按该处的船底板等强度设计，横向构架的尺寸、位置与轴包板所在区域的主船体横向构架相同，必要时可以增加一定数量的横向构架。

位于艉轴出口以外的轴包板为非水密轴包板,其作用是维持线型光顺,减少阻力。轴包板内部设置一定数量的横向构架,其尺寸可以小于主船体的横向构架。

非水密轴包板在艉轴出口处的开口与艉轴的最小间距应大于50 mm。

非水密轴包板与船体连接采用单面焊。

(4)艉轴架

艉轴架可采用整体铸钢件、分段铸钢件、及由铸钢件的轴毂与钢板制成的支撑臂焊接的组件。

后艉轴架一般宜采用双臂支架,前艉轴架一般采用单臂支架,小型舰艇上可采用单臂支架。双臂艉轴架两根支撑臂的长度相差尽量要小,其相互夹角一般不应小于50°。

艉轴架应安装有肋骨、加强结构或舱壁上。

轴毂系指艉轴架下端安装轴承的毂状铸件。轴毂应满足艉轴的安装要求。轴毂厚度一般不小于0.3倍轴径。

支撑臂固定处的外板厚度应比相邻的外板加厚25% ~50%,并且不应小于船中部外板的厚度。分段接缝不得通过该加厚板。艉轴架附近底部结构应相应加强。

支撑臂伸入船体内部的长度宜为0.2 ~0.25倍臂长。

支撑臂与船体连接用圆弧板过渡。

支撑臂与船体结构的连接宜采用对接焊;也可用其他可靠的连接方式固定托掌。

组合件的艉轴架其支撑臂可以用几块钢板按确定的翼型剖面焊接而成。并应有足够数量和尺寸的内部构件,以保证翼型形状与强度。

艉轴架及其与舰体连接结构(包括铆接结构)以及舰体加强结构,均应按螺旋桨断叶情况,即三叶桨断一叶,四、五叶桨断相邻两叶和艉轴在最大转速工况下作为计算状态,并以此情况下的离心力和偏心推力作为外载荷来校核强度。

4.5.2 基座及加强结构

现代舰艇上安装有各种机械装置、武器装备、电器和观通等设备,它们必须通过基座牢固地固定在基座上。基座结构应具有足够的强度和刚度,基座及其加强结构必须确保其承受的外载荷能有效地传递到船体的刚性构件上。基座所有处的船体结构必须有足够的强度与刚度,否则应作局部加强。大型基座(如主机、火炮、主发电机组基座等)及其加强结构的设计应在船体结构设计时一起进行。

(1)基座设计的一般原则

①基座面板的毛坯厚度必须考虑加工切削余量,余量的多少应考虑施工条件、加工精度以及工艺等各项因素。一般情况下,设计图纸仅规定加工后的最小厚度,毛坯厚度由工厂酌情而定。

②基座面板宽度不应小于设备基脚(减震器)的宽度,同时应不小于4倍固定螺栓的直径。基座面板螺栓孔中心至面板自由边的距离应不小于2倍螺栓孔直径。螺栓孔中心至腹板的距离,一般应不小于1.5倍螺栓直径。基座面板螺栓孔应在安装设备时钻出。

③基座设计应满足设备的可拆性要求。

④基座结构的凸角和边缘应适当倒圆或整平。露天甲板上的基座应考虑外形美观,并考虑隐身性要求。

⑤基座结构的下方一般应开设流水孔,流水孔半径不小于 20 mm。

⑥基座的材料一般采用与船体相同的材料,在某些情况下也可采用屈服强度低的材料,但必须考虑异种金属间电耦腐蚀问题。有加工要求的基座面板,其材料应选用便于加工的材料。与油水经常接触和露天的基座一般选用耐腐蚀材料。

(2)现代舰艇主机基座设计

①柴油机基座纵桁腹板和面板的厚度视柴油机功率而定,不应小于表 4－3 的规定。

表 4－3

柴油机功率/kW	基座纵桁腹板厚度 t/mm	基座纵桁面板厚度 t/mm
370	4	12
750	5	14
1 500	6	16
3 000	8	18
4 500	10	20
6 000	12	20
7 500	14	22
9 000	16	24

②汽轮机基座纵桁腹板及面板的厚度不应小于表 4－4 的规定。

表 4－4

汽轮机功率/kW	基座纵桁腹板厚度 t/mm	基座纵桁面板厚度 t/mm
7 500	6	16
15 000	8	20
22 000	10	22
30 000	14	24

③燃气轮机基座纵桁腹板和面板的厚度根据燃气轮机重量和冲击力大小计算确定。

④推力轴承基座纵桁腹板厚度一般应与主机基座纵桁腹板的厚度相同。

(3)舰炮基座设计

舰炮基座应由带肘板和扶强材的圆形卷筒和卷筒上的基座面板(水平凸缘)组成。作为舰炮加强结构支座的船体刚性构件应不少于 3 个,其中一个应设置在垂直于其余两个的平面内。

基座面板宽度应与舰炮底座凸缘的宽度相适应,但不宜大于舰炮固定螺栓的间距,面板最小宽度为 4 倍固定螺栓直径。基座面板加工后的最小厚度应不小于 6 mm。

基座面板应用肘板加强。肘板宽度应与面板在卷筒外缘的宽度一致,肘板高度应取 1.5～2倍肘板宽度或取基座面板与甲板之间的高度。肘板应在整个基座面板上均匀分布,对于小口径舰炮,通过计算满足要求的,基座面板下也可不设肘板。

基座卷筒直径应根据舰炮底座固定螺栓的节圆直径和扬弹机的布置要求确定。卷筒高度在保证舰炮极限俯仰角、装弹及自由后座的条件下应尽量选择最小尺度。确定卷筒高度时,应考虑到甲板的梁拱与脊弧。卷筒壁板的厚度应不小于3 mm。

(4)导弹和鱼雷发射装置基座设计

导弹和鱼雷发射装置基座应考虑其类型和受力特点进行结构设计。导弹与鱼雷发射装置基座可为整体式或分布式。基座面板应与武器安装基准面相对应(分布式基座面板数应与武器安装基脚底板数相对应),其宽度不应小于武器基座底脚的宽度,且不应小于4倍固定螺栓直径。

4.6 船体总纵强度

舰船在下水、进坞和航行过程中都会产生总纵弯曲,舰船在航行时,波浪会交替变化,船体的弯曲也是中拱和中垂交替出现。交变的总纵弯曲可使舰船产生纵向变形甚至断裂,船体结构抵抗这种纵向弯曲的能力称为船体的总纵强度。

通常将船体看成是自由漂浮在水面上的变断面空心梁,它的总纵弯曲的抵抗能力是由其剖面模数决定的。当船体的横剖面形状和面积给定时,剖面模数随横剖面中的纵向连续构件的尺寸和位置而变,而与构件的横向位置无关。

船体对总纵弯曲的抵抗能力,在材料给定时,是由等值梁剖面分布特性来决定。

4.6.1 船体总纵弯曲的设计载荷

舰船在静水中,船体受到水压力和重力的作用,船体在水中受到的水压力的垂直向上分量的总和称为浮力,舰船总的重力和浮力在静水中处于平衡状态,但在沿船长的某一区段来说,重力和浮力一般是不平衡的,沿船长方向的重力和浮力的差值产生作用于船体的静水弯矩 Ms,而船体横剖面上存在使之相对移动的力称为剪力。静水弯矩 Ms 和剪力 Qs 按舰艇正常排水量状态计算确定。

波浪附加弯矩 M_W 和剪力 Q_W 按舰艇正常排水量状态进行计算确定,计算舰中站波浪附加弯矩 M_W 和剪力 Q_W 时,应将舰艇静置在坦谷波(波峰和波谷)上进行计算。计算中不计及司密斯修正,取波长等于舰艇设计水线长,计算波高按公式(4-8)确定。

$$h = 1.75 + 3.94\left(\frac{L}{100}\right) - 0.30\left(\frac{L}{100}\right)^2 \tag{4-8}$$

式中 h——计算波高,m;

L——设计水线长,m。

对限制航区航行的舰艇,其波浪附加弯矩 M_W 和剪力 Q_W 应按限制航区内的最大波高值进行计算。当限制航区的最大波高超过按公式(4-8)计算得出的波高时,则波浪附加弯矩 M_W 和剪力 Q_W 仍按公式(4-8)规定的计算波高进行计算。

在校核舰艇非舯站各截面的舰体强度时,应计及波峰和波谷位置的移动的影响,此时各截面的波浪附加弯矩的最大值按公式(4-9)确定。

$$M_x = \left[1 + 1.4\left(\frac{X}{L}\right)^2\right] M_{WX} \tag{4-9}$$

式中 M_x——坐标为 X 的截面中可能达到的最大波浪附加弯矩值，kN·m；

X——自舰艇舯站截面沿舰艇长度方向至所校核截面的纵坐标，m；

M_{WX}——波峰或波谷位于舰艇舯站时，X 截面中所得的波浪附加弯矩值，kN·m。

舰船在波浪中航行时，船首会受到波浪的砰击。除船首产生很大的冲击力外，在船体各剖面还会引起瞬时作用的弯矩称为舰艇砰击振动弯矩 M_d，根据舰艇航行中可能达到的最大航速，按发生谐振的规则波条件进行计算。

当舰艇航区不受限制时，谐振波高 h_r，按公式(4-10)确定：

$$h_r = 1.75 + 3.94\left(\frac{\lambda r}{100}\right) - 0.3\left(\frac{\lambda r}{100}\right)^2 \tag{4-10}$$

式中 h_r——谐振波高，m；

λ_r——谐振波长，$\lambda_r = \overline{\lambda_r} \cdot L$，m；

$\overline{\lambda_r}$——谐振波相对波长按 GJB4000-2000 图 102-1 确定。

当舰艇航行区域受限制时，按(4-10)式求得的谐振波高应不超过其限制航区的最大波高；当超过时，则取限制航区的最大波高作为谐振波高。

舯站处砰击振动中垂弯矩 M_d 按公式(4-11)计算。

$$M_d = 1.961[a + b(C_b - 0.6)]B^2 L \frac{h_r}{\lambda_r} \tag{4-11}$$

式中 M_d——舯站处的砰击振动中垂弯矩，kN·m；

a、b——系数按 GJB4000-2000 图 102-2，102-3 确定；

C_b——方形系数；

B——设计水线宽，m；

L——设计水线长，m；

h_r——谐振波高，m；

$\overline{\lambda_r}$——谐振波相对波长，按 GJB4000-2000 图 102-4 确定。

M_d 的计算应按对各种可能波高下的实际最大航速分别进行计算。

舯站处的砰击振动中拱弯矩值，可按公式(4-11)计算结果 1/3 取值。沿舰长其他载面的砰击振动弯矩按图 4-9 确定。

砰击振动弯矩值也可按经过鉴定并经使用方认可的其他计算方法计算。

4.6.2 船体总纵强度校核

船体总纵弯曲发生在两个平面，即垂直平面与水平平面。因为作用于船体上最多的力其方向是垂直的，当船舶迎浪航行时，在垂直平面内弯曲引起的应力对总强度是决定性的。而通常起次要作用的由水平弯曲引起的应力与由扭转引起的应力一起可能仅仅在波浪中斜航向角时达到可观的值。那时总垂直弯曲显得较小，且船体纵向构件的应力水平比迎浪时要低。

(1)确定校核剖面

船体总纵强度校核时，校核剖面应选择在舯横剖面，上层建筑前后端部、最大剪力作用处、甲板大开口处及构件形式改变处等强度最弱的剖面。初步设计时，进行总纵强度校核的剖面应为 1~3 个，技术设计时，进行总纵强度校核的剖面应为 3~5 个。

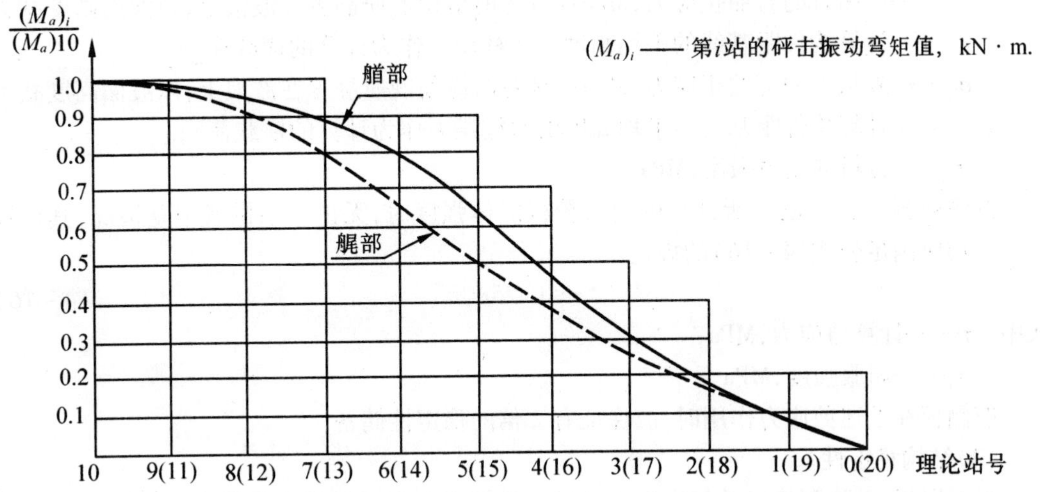

图 4-9

进行总纵强度校核时，凡长度在校核剖面每一边均大于型深的纵向构件，如舱口纵桁，甲板、底部以及舷侧纵桁和纵骨均应计入等值梁剖面。基座不计入等值梁剖面。长度超过 0.15 倍设计水线长 L，且不小于本身 6 倍的强力上层建筑，可计入等值梁剖面。

(2)许用应力

船体纵向构件中由船体的总纵弯曲引起的正应力和局部载荷作用下弯曲而引起的应力合成后的总正应力 σ，无论在中拱或中垂的情况下都应满足公式(4-12)~(4-15)的规定：

总纵弯曲应力：

$$\sigma = \frac{Ms + Mw}{W} \times 10 \leqslant 0.38\sigma_s \tag{4-12}$$

两种应力合成：

$$\sigma = \frac{Ms + Mw}{W} \times 10 + \sigma_2 \leqslant 0.46\sigma_s \tag{4-13}$$

三种应力合成：

$$\sigma = \frac{Ms + Mw}{W} \times 10 + \sigma_2 + \sigma_3 \leqslant 0.56\sigma_s \tag{4-14}$$

四种应力合成：

$$\sigma = \frac{Ms + Mw}{W} \times 10 + \sigma_2 + \sigma_3 + \sigma_4 \leqslant 0.56\sigma_s \tag{4-15}$$

式中　σ——总正应力，MPa；

Ms——静水弯矩，kN · m；

Mw——舰艇静置在波浪上的附加弯矩，kN · m；

W——计及构件减缩后校核剖面的剖面模数，$cm^2 \cdot m$；

σ_2——底纵桁的弯曲正应力，MPa；(计算时应使舰艇静置在波浪上，以波面高度减去计算构件距基线的平均高度的水柱压力，并计及在该构件上重物的反压力作为计算的横载荷）；

σ_3——底纵骨的弯曲正应力，MPa；（计算时应使舰艇静置在波浪上，以波面高度减去计算构件距基线的平均高度的水柱压力作为计算的横载荷）；

σ_4——外板上的弯曲正应力，MPa；（计算时应使舰艇静置在波浪上，以波面高度减去计算构件距基线的平均高度的水柱压力作为计算的横载荷）；

σ_s——材料的屈服强度，MPa。

按舰艇静置在波浪上所计算的剪力校核船体强度时，无论在中拱或中垂情况，其计算剪应力均应满足公式(4-16)的规定。

$$\tau \leqslant 0.25\sigma_s \tag{4-16}$$

式中 τ——计算剪应力，MPa；

σ_s——屈服强度，MPa。

舷侧板在上述剪应力作用时，应保证有2倍的稳定性储备。

(3)结构稳定性

强力甲板、舷顶列板以及船底板上的纵向骨架应有足够的稳定性储备。一般对于上述构件中的带板纵向骨架在舯部0.5L范围内要求其欧拉应力与其所用材料的屈服强度之比值应大于2，在端部应大于1.5。甲板边板、舷顶列板、中内龙骨应保证在极限弯矩作用下不失稳。

若可认为强横梁支持在刚性支座（舷侧、纵舱壁）上时，则强横梁应具有保证板架稳定性所需的惯性矩。对受压构件的带板，当其工作应力大于临界应力时应作减缩。此时，带板宽度应按公式(4-17)、(4-18)、(4-19)确定。

a. 纵骨

$$c = \frac{a}{2}(1+\varphi) \tag{4-17}$$

b. 横向构件

$$c = \frac{a}{2} + \left(b - \frac{a}{2}\right)\varphi \tag{4-18}$$

c. 纵桁

$$c = \frac{d}{2}(1+\varphi) \tag{4-19}$$

式中 c——带板宽度，cm；在计算惯性矩时，c值不能大于1/6跨度；

a、b、d——所计算构件至相邻构件距离的算术平均值，cm，如图(4-10)所示；

$\varphi = \dfrac{\sigma_E}{\sigma_C}$——减缩系数$\varphi$，值不得于1；

σ_E——板的欧拉应力，MPa；

σ_C——作用在板上的压缩应力，MPa。

有带板的骨架临界应力可按图(4-11)所示的$\sigma_{cr}/\sigma_s \sim \sigma_E/\sigma_s$曲线确定，如有可靠的材料试验数据，临界应力亦可按该数据进行计算。受压纵桁的腹板与面板应保证有足够的局部稳定性，在一般情况下建议按(4-20)、(4-21)、(4-22)式计算。

$$\frac{h_w}{t_w} < 1.6\sqrt{\frac{E}{\sigma_s}} \tag{4-20}$$

当横梁与纵桁有肘板连接时

$$\frac{b_f}{t_f} < 0.6\sqrt{\frac{E}{\sigma_s}} \tag{4-21}$$

$$b_f > 1.92 l_a \sqrt{\frac{E}{\sigma_s}} \tag{4-22}$$

式中 h_w——腹板高度,cm;

t_w——腹板厚度,cm;

b_f——面板宽度,cm;

t_f——面板厚度,cm;

l_a——实际肋骨间距,cm;

E——材料的弹性模量,MPa。

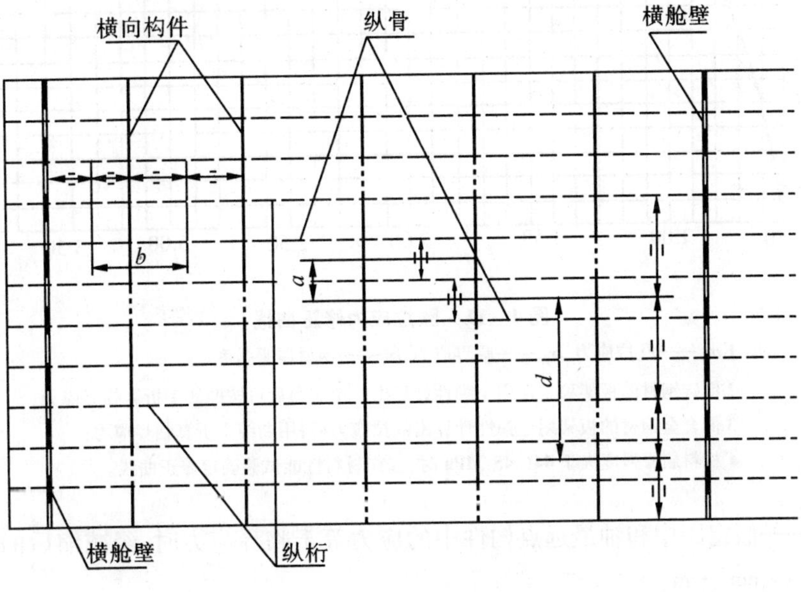

图 4-10

技术设计阶段计算结构稳定性时,应进行甲板板架稳定性计算。

(4)按极限弯矩校核船体总纵强度

应用船体过载系数来校核舰船所具有的最大过载能力称为极限弯矩法。

在离中和轴最远的船体刚性构件中能达到屈服或屈曲的最大应力,即在拉伸时可达到构件材料屈服强度或在压缩时可达到构件临界应力的弯矩称为船体极限弯矩。可根据中拱、中垂状态及中和轴位置按式(4-23)或式(4-24)分别计算。

$$M_u = \sigma_s W_{yh} \times 10^{-1} \tag{4-23}$$

$$M_u = \sigma_{cr} W_{ys} \times 10^{-1} \tag{4-24}$$

式中 M_u——极限弯矩,kN · m;

σ_s——所校核剖面距中和轴最远点刚性构件材料的屈服强度,MPa;

σ_{cr}——所校核剖面距中和轴最远点构件的临界应力,MPa;

W_{yh}——假定距中和轴最远点构件中的应力等于材料屈服强度时的最小剖面模数,$cm^2 \cdot m$;

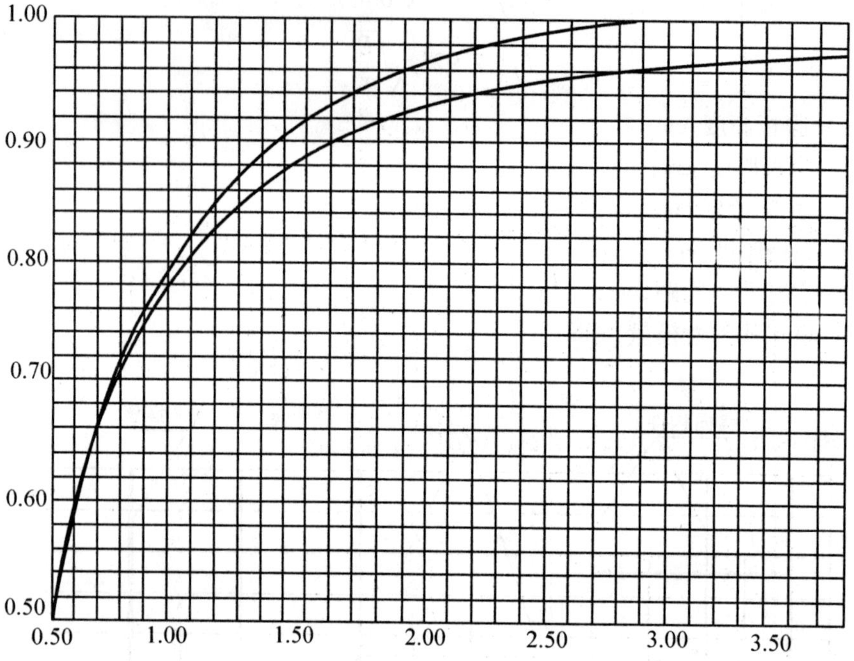

图4－11 欧拉应力修正曲线

注：①σ_E——欧拉应力，σ_{cr}——临界应力，σ_s——钢材屈服强度；

②低碳钢材的板架稳定性用全弹性计算出欧拉应力后可按曲线1折算临界应力；

③低合金钢材的板架用全弹性计算出欧拉应力后，用曲线2折算临界应力；

④材料屈服强度大于441.45 MPa时，应作材料性能试验确定修正曲线。

W_{ys}——假定距中和轴最远点构件中的应力等于临界应力时，经减缩后的剖面模数，$cm^2 \cdot m$。

按极限弯矩校核船体强度，无论在中拱或中垂状态都应同时满足下列要求：

$$\left.\begin{aligned}\frac{M_u}{M_s+M_w}\geqslant 2.6\\ \frac{M_u}{M_s+M_w+M_d}\geqslant 1.5\end{aligned}\right\}\tag{4-25}$$

式中 M_u——极限弯矩，kN·m；

M_s——静水弯矩，kN·m；

M_w——舰艇静置在波浪上的附加弯矩，kN·m；

M_d——舰艇迎浪时砰击振动弯矩，kN·m。

用于计算极限弯矩的剖面模数，应按逐步近似计算求得，当后一次与前一次近似计算中法向总纵应力差值不超过5%时，则可采用后一次的数值为最终计算值。若最终计算值的剖面模数小于第一次近似计算所得剖面模数的80%，则必须改变船体结构的尺度，以提高等值梁主要构件的稳定性。

4.7 船体结构局部强度

局部强度是指舰艇在航行过程中直接承受载荷作用的船体板架及其构件抵抗局部变形与破坏的能力。

4.7.1 甲板与平台结构的强度校核

(1)计算载荷

甲板和平台上装有重物时,特别是艏艉两端附近处的甲板和平台装有重物时,应取舰艇因摇摆而引起的惯性力作为计算载荷。当甲板板的厚度大于 20 mm 时,还需计及结构的重量。

上甲板、艏艉楼露天甲板由飞溅水作用的计算载荷按公式(4-26)确定。

$$p = 9.81h \tag{4-26}$$

式中 p——计算压力,kPa;

h——附加压头,m;不应小于 0.5 m。

上甲板遮蔽部分以及不考虑破损压头的下层甲板和平台的计算载荷应按公式(4-27)的规定。

$$p = p_1 + p_2 \tag{4-27}$$

式中 p_1——为固定重物载荷,kPa;

p_2——取 4.91 kPa。

保证舰艇不沉性的甲板,其计算载荷至少应与其对应的舱壁破损压头相当。作为液舱结构一部分的甲板或平台应根据高达舱顶的压头作为计算载荷;如液舱装有空气管和注入管时,则应计入上述管子高度的水柱压头作为计算载荷。

(2)校核衡准

甲板板与平台板一般按四周为刚性固定承受均布载荷的板计算。甲板板与平台板的许用应力按公式(4-28)~(4-30)选取。当甲板板与平台板按承受固定重物载荷作为计算载荷时,

$$[\sigma] = 0.60\sigma_s \tag{4-28}$$

式中 $[\sigma]$——许用应力,MPa;

σ_s——屈服强度,MPa。

当甲板板与平台板按承受偶然载荷,如飞溅水载荷,人群重量,炮口气体压力和舰体摇摆惯性力作为计算载荷时,

$$[\sigma] = 0.80\sigma_s \tag{4-29}$$

作为液舱结构的一部分的甲板板与平台板的其跨度间的许用应力:

$$[\sigma] = 0.80\sigma_s \tag{4-30}$$

在其支座处的应力不做规定。

甲板纵骨和平台纵骨一般可按刚性固定在甲板横梁上承受均布载荷的梁计算。

许用正应力和剪应力分别按公式(4-31)~(4-34)选取:

当甲板和平台按承受固定重物载荷作为计算载荷时

$$\left.\begin{aligned}[\sigma]&=0.60\sigma_s\\[\tau]&=0.34\sigma_s\end{aligned}\right\}\tag{4-31}$$

式中 $[\tau]$——许用剪应力,MPa。

当甲板与平台按承受偶然载荷作为计算载荷时,

$$\left.\begin{aligned}[\sigma]&=0.80\sigma_s\\[\tau]&=0.46\sigma_s\end{aligned}\right\}\tag{4-32}$$

作为液舱结构按高达舱顶的压头作为计算载荷时,

$$\left.\begin{aligned}[\sigma]&=0.60\sigma_s\\[\tau]&=0.34\sigma_s\end{aligned}\right\}\tag{4-33}$$

作为液舱结构按计入空气管和注入管高度的水柱压头作为计算载荷时,

$$\left.\begin{aligned}[\sigma]&=0.80\sigma_s\\[\tau]&=0.46\sigma_s\end{aligned}\right\}\tag{4-34}$$

由横梁与纵桁共同组成的交叉构架可作为甲板和平台板架计算。横梁亦可按承受均布载荷的简支梁或连续梁计算。

火箭、导弹武器发射时气浪和高温以及炮口气浪的作用区域应根据有关资料做必要的加强并满足有关要求。

4.7.2 底部结构的强度校核

(1)计算载荷

船底板与底部纵骨以及底部板架的计算载荷按公式(4-35)确定。

$$P=9.81\left[H-Z\left(1-\frac{h}{H}\right)\right]\tag{4-35}$$

式中 P——计算载荷,kPa;

H——计算剖面的舷侧高度,m;

Z——对底板、纵骨取所计算构件的中点距离基线的高度的平均值,m;对底部板架取计算构件的中点距基线的高度的平均值,m;

h——附加压头,m,按 CB/Z236 中 6.2.1 条计算,在任何情况下不得小于 0.5 m。

舰艇首端 0.35L 区域内底部构件应按迎浪砰击而产生的水动压力值校验其强度。

外板和纵骨的最大水动压力值按公式(4-36)确定。

$$P=m_pCh_r\tag{4-36}$$

式中 P——计算水动压力,kPa;

m_p——系数,按 CB/Z236 中 6.2.2 条计算,$kN\cdot s^2/m^4$;

C——系数,按 CB/Z236 中 6.2.2 条计算,m/s^2;

h_r——谐振波高,按公式(4-10)计算,m。

肋板、底纵桁以及由肋板与底纵桁共同组成的船底板架的均布压力值按公式(4-37)确定。

$$P=0.7P_m\tag{4-37}$$

式中 P——均布压力,kPa;

P_m——计算肋板时,为了所计算的肋板上等分成五段,取五个等段中点位置上计及斜升角影响，按公式（4－36）确定的水动压力平均值；计算整个板架时，按板架长度中央一档肋骨（板）处的水动压力作为平均值，kPa。

对底部板架的计算载荷中应计及所校核部位的永久固定重物的反压力。

（2）校核衡准

底板一般按四周为刚性固定承受均布载荷的绝对刚性板计算，当按公式（4－35）计算压力校核时，板支座剖面内的许用正应力按公式（4－38）确定；当按公式（4－36）进行等效水动压力校核时，舰首 0.35L 区域内按公式（4－39）确定。

$$[\sigma]=0.80\sigma_s \tag{4-38}$$

$$[\sigma]=0.90\sigma_s \tag{4-39}$$

式中　$[\sigma]$——许用正应力，MPa；

σ_s——屈服强度，MPa。

底板纵骨一般按刚性固定在肋板上承受均布载荷的梁计算。当按公式（4－35）计算压力校核时，许用正应力和剪应力按公式（4－40）确定，当按公式（4－36）进行等效水动压力校核时，舰首 0.35L 区域内按公式（4－41）确定。

$$\left.\begin{aligned}[\sigma]&=0.80\sigma_s\\[\tau]&=0.46\sigma_s\end{aligned}\right\} \tag{4-40}$$

$$\left.\begin{aligned}[\sigma]&=0.90\sigma_s\\[\tau]&=0.51\sigma_s\end{aligned}\right\} \tag{4-41}$$

式中　$[\sigma]$——许用正应力，MPa；

$[\tau]$——许用剪应力，MPa；

σ_s——屈服强度，MPa。

按公式（4－35）计算压力校核时，底部板架的许用正应力和剪应力按式（4－40）确定；按公式（4－36）进行等效水动压力校核时，舰首 0.35L 区域内按公式（4－41）确定。

4.7.3　舷侧结构的强度校核

（1）计算载荷

舷侧外板、纵骨、肋骨、舷侧纵桁以及舷侧板架的计算载荷按公式（4－35）确定。式中 Z 为舷侧板、纵骨以及舷侧纵桁取所计算构件的中点距基线的高度。

在艏部自艏端至 0.35L 区域内的舷侧结构的计算载荷取迎浪冲击而产生的最大水动压为值按公式（4－36）确定。

（2）校核衡准

舷侧外板一般按四周为刚性固定承受均布载荷的绝对刚性板计算。板支座剖面内的许用应力按公式（4－42）确定，舰艏 0.35L（设计水线长）范围内按公式（4－43）确定。

$$[\sigma]=0.80\sigma_s \tag{4-42}$$

$$[\sigma]=0.90\sigma_s \tag{4-43}$$

式中　$[\sigma]$——许用正应力，MPa；

σ_s——屈服强度，MPa。

舷侧纵骨一般可按刚性固定在肋骨上承受匀布载荷的梁计算。

许用正应力和剪应力按公式（4－44）确定，舰艏 0.35L（设计水线长）范围内按公式

(4 -45)确定。

$$\left.\begin{aligned}[\sigma] &= 0.80\sigma_s \\ [\tau] &= 0.46\sigma_s\end{aligned}\right\} \tag{4-44}$$

$$\left.\begin{aligned}[\sigma] &= 0.90\sigma_s \\ [\tau] &= 0.51\sigma_s\end{aligned}\right\} \tag{4-45}$$

式中 $[\tau]$——许用剪应力,MPa。

肋骨、舷侧纵桁以及舷侧板架无论按梁系或板架计算,按公式(4 -35)计算压力校核时,其许用正应力和剪应力按公式(4 -44)取选,按公式(4 -36)进行等效水动压力校核时,舰首0.35L(设计水线长)范围内其许用正应力和剪应力按公式(4 -45)选取。

4.7.4 舱壁结构的强度校核

(1)计算载荷

舱壁结构的计算载荷应取破损压力水压值,破损压力水压值按公式(4 -46)计算。

$$p = 9.81(T - Z + h_B) \tag{4-46}$$

式中 p——破损压头水压值,kPa;

T——舰艇正常排水量时的吃水,m;

Z——所计算构件距基线的高度,m;

h_B——根据舰艇的型式确定的附加压头高度,m。

防撞舱壁的计算载荷,除应满足公式(4 -46)外,还应附加舰艇能以10 kn航速航行时所产生的13.24 kPa的水动压力。

对经常灌满水、滑油、燃油或作为压载水舱且无空气管及注入管的液舱之舱壁,除按破损压力水压值作为计算载荷外,还应根据高达舱顶的经常压力作为计算载荷。当水舱、滑油舱、燃油舱或压载水舱装有空气管,且空气管和注入管的高度高于它们所在液舱的破损高度时,则应按与上述管子的高度相应之水柱压力作为这些舱壁的计算载荷。

(2)校核衡准

舱壁板按有限刚性板计算时,在支座剖面处的计算应力一般可不做限制,在跨中剖面处许用正应力为0.80σ_s。对用作隔离两相邻交替装载舱室的舱壁板,在支座剖面处的许用正应力为0.80σ_s。

一般舱壁或液舱舱壁扶强材计算载荷计入破损压头或空气管以及注入管高度的压头时,许用正应力为0.80σ_s,许用剪应力为0.46σ_s。液舱舱壁按高达舱顶的压头作为计算载荷时,其许用正应力为0.60σ_s,许用剪应力为0.34σ_s。

舱壁桁材无论按梁或板架计算。其许用正应力和许用剪应力与扶强材相同。计算舱壁结构强度时,应考虑由横向载荷引起的梁的平面弯曲形状的稳定性以及因坞座、炮下加强结构等局部作用力引起的强度和稳定性问题。

4.7.5 上层建筑强度校核

(1)计算载荷

计算上层建筑参与船体总纵弯曲程度,应选取正常排水量时船体的中拱或中垂情况下的弯矩、剪力曲线图中相应值进行。上层建筑局部强度校核时计算载荷应注意,当上层建筑有重物时,除应计入重物载荷外,还需计及舰艇摇摆而引起的惯性力;当甲板和壁板的厚度大于 20 mm 时,尚应计及该部分结构的重量;武器发射时的作用力(反坐力、气浪压力等)。

由航行中飞溅的浪花冲击作用而产生的载荷。

首楼甲板、尾楼甲板和第一层桥楼甲板的露天部分及侧壁的计算载荷取 9.8h (kPa),h 按公式(4－35)的说明。

第一层甲板室甲板的露天部分及侧壁载荷按公式(4－47)确定。

$$p = 4.9h\left(1 + \frac{b}{B}\right) \tag{4-47}$$

式中　p——计算压力,kPa;

h——附加压头,m;

b——甲板室宽度,m;

B——上层建筑所在处的船宽,m。

所有第一层上层建筑甲板和侧壁的计算载荷均不得小于 4.9 kPa。

第一层前上层建筑前壁(包括正前壁和与正前壁相连并与中线面成斜角的前壁)应增加到 1.5 倍的侧壁计算载荷;第一层后上层建筑后壁,应增加到 1.3 倍的侧壁计算载荷,其余部位与侧壁相同。第一层前上层建筑前壁和第一层后上层建筑后壁的计算载荷均不得小于 9.8 kPa;

第二层上层建筑的侧壁、前壁和后壁的计算载荷分别为第一层相应部位规定载荷的 75%;第二层以上的上层建筑的侧壁、前壁和后壁的计算载荷分别为第一层相应部位规定载荷的 50%,但均不得小于 4.9 kPa;

第二层和其以上的上层建筑甲板除考虑在其上之重物外,露天部位的计算载荷取 4.9 kPa,有甲板覆盖部分的计算载荷应取 2.94 kPa。

(2)校核衡准

局部强度校核时的许用应力,骨架按公式(4－48)选取

$$\left.\begin{aligned}[\sigma] &= 0.80\sigma_s \\ [\tau] &= 0.46\sigma_s\end{aligned}\right\} \tag{4-48}$$

板按公式(4－49)选取

$$\left.\begin{aligned}&\text{跨度间剖面}\quad [\sigma] = 0.80\sigma_s \\ &\text{支座剖面}\quad [\tau] = 0.4\sigma_s\end{aligned}\right\} \tag{4-49}$$

弹性接头处上层建筑顶部的间隙和上甲板处的间隙均应小于弹性接头的允许伸缩值。弹性接头强度的许用应力$[\sigma]$取 0.5σ_s。

4.7.6　船体结构抗冰强度校核

凡要求航行于冰区的现代舰艇,其船体结构包括外板 、肋骨和纵骨应符合抗冰的规定。满足本条规定的舰艇,只能在碎冰中航行,不能承受严重冰块的挤压,亦不能航行于严重的冰情区域。对冰区航行有专门要求时,则应按专门要求规定进行加强。

(1)抗冰计算载荷

舷部肋骨的冰载荷计算值 q 按图 4－12 规定。载荷作用方向取为垂直于外板方向。

图中 q_0 按公式(4－50)计算确定。

$$q_0 = 9.81K^4\sqrt{B \cdot \Delta} \tag{4-50}$$

式中 q_0——舯部、艉部区域每米水线长度上的冰载荷，kN/m；

B——舰艇最大宽度，m；

Δ——舰艇正常排水量，t；

K——系数，舰艇正常排水量小于 2 000 t 取 0.8，大于 10 000 t 取 1.0，其间取 0.9。

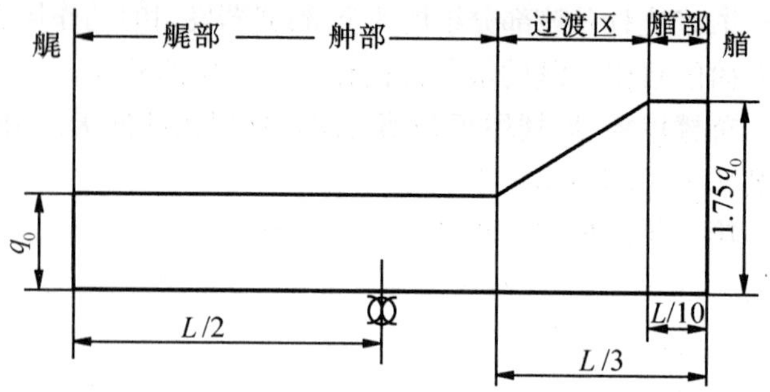

图 4-12

舷部外板和纵骨的均布压力按公式(4-51)确定：

$$p = 0.002q \tag{4-51}$$

式中 p——均布压力值，MPa；

q——按图 4-12 确定的冰载荷，kN/m。

计算舷部肋骨抗冰强度时，应将这一载荷的作用位置设在肋骨受力最不利处。

(2)校核衡准

骨架和外板的许用应力应满足公式(4-52)的要求：

$$\left.\begin{aligned} &\text{支座处} \quad [\sigma] = \sigma_s \\ &\text{跨度间} \quad [\tau] = 0.8\sigma_s \\ &\qquad\qquad [\tau] = 0.57[\sigma] \end{aligned}\right\} \tag{4-52}$$

4.8 下水强度及坐坞强度计算

4.8.1 舰艇下水结构强度计算

舰艇下水时船体所承受的力取决于船在船台的位置，以及诸如船台倾斜度，下水装置刚度、水下滑道长度、滑道末端水深等因素。舰艇下水时，船体受到下列力的作用。

①船重力和固定在船上的下水装置的重力，这些力在下水过程中保持不变。

②在船体及下水装置入水时出现的浮力。它们在下水每一时刻的大小可以根据相应的吃水邦戎曲线和下水装置图计算。

③船台反力，它应当每时每刻与重力和浮力的差值相平衡。

船体纵向下水过程分四个特征阶段。

第一阶段——以船开始移动到船体或下水装置开始入水。作用于船上的有重力和船台的反力。

第二阶段——从船入水的瞬间至起浮的瞬间。船受到重力，船台反力和水压力的作用。这个水压力在水平方向形成对船的阻力，在垂直方向构成浮力。随着浮力的增长，船台反力在不断改变着的下水装置接触面之间重新分配，并且总量不断减小。

第三阶段——从起浮的瞬间至脱离船台的瞬间。船受到重力、浮力和分布在前支架装置接触面上的船台反力。

第四阶段——船在水域中移动到停止。船受到重力、浮力、摇摆惯性力和刹车装置制动力的作用。

从保障船体强度的角度看,危险时刻在第二阶段滑道末端可能出现反力峰值以及第三阶段初出现最大前支架压力。

在下水的第二阶段,随着下水装置与滑道接触面积的减小,重力与浮力的合力向滑道末端靠近,这会导致滑道末端区船台反力的上升和船体在滑道末端区中拱弯矩增大。为避免船底构件的损坏和船尾翻落,重力和浮力的作用点不应越出滑道末端。最好在合力作用点与滑道末端之间设置一道横舱壁。

必须确保船体在第三阶段初受到最大前支架压力作用时的强度。

单一建造或批量建造的首制舰应对船体进行下水强度校核。下水强度校核包括:

①船体底部受到最大下水基础反力区内的中内龙骨和横舱壁的强度校核。

②艉浮时艏部压力作用区的强度计算。该区域的旁内龙骨和肋骨可当作承受集中载荷作用的自由支持梁计算,外力可用下述公式确定(见图4-13)。

$$\text{法向力}\quad N_2 = P_0\frac{\sin(\beta+\delta)}{\cos\delta}$$
$$\text{切向力}\quad N_3 = P_0\frac{\cos(\beta+\delta)}{\sin\delta} \qquad (4-53)$$

式中 P_0——墩木垂向反力,N;

β——首墩处船体表面与垂线间的夹角,(°);

δ——首墩处外力方向与垂线间的夹角,(°)。

除按应力检查结构的强度外,尚需检查上述结构的稳定性。应保证不小于1.5倍的稳定性储备。船体尾浮时艏部压力作用区的稳定性储备应不小于2.0。

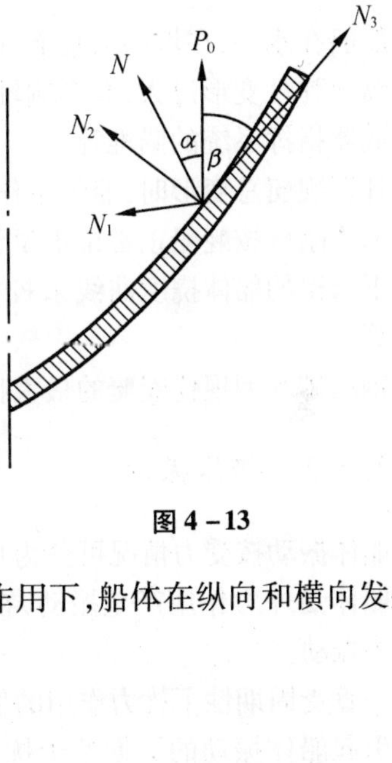

图4-13

4.8.2 舰艇坐坞强度计算

舰船在坞内,受到它的重力、坞座反力和作用在凸出于船坞范围以外的部分船体上风载荷。在这些载荷作用下,船体在纵向和横向发生弯曲,而直接承受坞座反力作用的结构,则出现局部变形。

船体坐坞强度计算包括两个阶段:

- 确定总纵弯曲时的坞座反力、弯矩、剪力和挠度;
- 校核受力最严重的船体剖面、横舱壁以及直接承受坞座反力作用的结构的强度。

单一建造或批量建造的首制舰艇,进坞前,应对船体进行坐坞强度校核。舰艇坐坞强度校核应按标准排水量计算,并计及船体悬伸端的影响。

船坞墩木排设数量,最低限度应保证在进坞舰艇重量作用下,墩木不破坏,不使船体和坞底产生超载应力。龙骨墩应按100%船体重量校核承压能力。每侧边墩应按50%船体重量校核承压能力。艏艉端龙骨墩木应按舰艇一端先着墩时的集中力校核承压能力。坞墩载荷应不大于0.98 MPa(100 tf/m^2)。

船体局部强度校核应包括如下项目。

- 船底局部强度,即直接承受坞墩反力并将它传给船底主要构件的结构强度;

• 船底总纵度，即将坞墩反力传给横舱壁和纵舱壁或船体舷侧的船底主要构件的强度；

• 船底支座结构的强度（纵、横舱壁和舷侧）。

除按应力检查结构的强度外，尚需检查上述结构的稳定性。应保证不小于 1.5 倍的稳定性储备。

最大弯矩处、两横舱壁之间的中内龙骨可作为两端刚性固定，承受梯形载荷 Q 的等断面单跨梁校核其强度。船体横舱壁总横强度，可作为自由支持在舷侧板上的梁核算，并在中内龙骨与舱壁的接点处承受集中力作用。检验舱壁板的压缩时，可假定中内龙骨反力由坐坞竖桁以剪应力形式传递给舱壁板，载荷沿竖桁高度按三角形分布。坐坞竖桁的稳定性，可作为一端自由支持、一端刚性固定的杆校核。

4.9 船体结构刚度及振动

4.9.1 船体结构刚度

舰船在水中，在坞内或船台上由于纵向弯曲会产生弹性变形，也称为船体挠度曲线。船体纵向弹性变形过大，会影响轴系的安装和变形；影响炮装置加强结构刚性卷筒的加工；影响武器指挥系统的瞄准等。

计算舰艇总变形时，船体可作为变刚度梁来处理。

船体刚度按舰船正常排水量状态下所受到的静水弯矩和波浪附加弯矩之和（M_S+M_W）作用下求得的船体挠度曲线来校核。求解挠度曲线值时应不少于十个等分船长的坐标进行计算。

钢质排水型现代舰艇的最大挠度应不大于 $L/500$。

4.9.2 船体振动

船体振动按受力情况可分为自由振动、强迫振动和共振。

船体受外力作用产生振动，在除去该力后继续存留的振动称为自由振动，它以船体固有频率振动。

一直受周期性干扰力作用的船体振动称为强迫振动，这种振动是以干扰力频率振动。

引起船体振动的周期性干扰力，当其作用频率与船体的某一固有振动频率趋近时，船体将出现很大的振幅与振动加速度，这种船体振动称为共振。

由于舰船的结构相当复杂，其质量分布很不规则，因此，当船体受到干扰而振动时，情况非常复杂。通常，将船体振动分为总振动和局部振动两大类，总振动将船体视为一根两端完全自由的变截面梁，在干扰力作用下，经过其平衡位置来回往复运动。而局部振动是指船体某一部分结构在干扰力作用下经过它们各自的平衡位置做来回往复运动。实际上这两类振动同时存在而相互关联。

（1）舰艇总振动

舰船总振动有四种不同的形式。

• 垂直平面内的弯曲振动（垂向振动）

- 水平面内的弯曲振动(水平振动)
- 绕纵向轴线的扭转振动(扭转振动)
- 沿纵向轴线的纵振动(纵向振动)

通常这四种振动并不是以单一形式出现,水平振动与扭转振动、纵向振动与垂向振动同时出现。扭转振动和纵向振动由波浪作用而引起,一般说,没有垂向和水平两种振动严重;但上层建筑的局部振动以纵向振动为主,而对大开口船则应注意扭转振动的危害性。垂向振动最容易发生,是最常见的船体振动,它与两端完全自由杆的振动是相同的,有双节点和三节点等振动形式。

研究船体总振动必须考虑的要素如下。

- 随船体运动的一部分水的质量
- 从艏至艉的横剖面惯性矩变化
- 弯曲振动时,船体横剖面的转动
- 剪切对弯曲振动的影响

舷外水对总振动有很大的影响,其中包括重力影响,阻尼影响和惯性影响。重力的影响系指舰艇垂向振动时浮力的变化;阻尼的影响指舷外水给船体振动以介质阻尼使舰艇振动衰减的影响;惯性的影响是指舰艇振动时,周围的水随之发生位移,这就相当于一部分舷外水与舰艇一起振动。舰艇在振动时增加的质量称为附连水质量。附连水质量很大,在振动计算时必须予以考虑。

引起船体总振动的干扰力,主要应考虑螺旋桨工作产生的一阶和叶频干扰力及主机的一阶、二阶不平衡力或力矩。

目前在船体总振动计算中以计算自由振动频率为主,经常以船体梁作为计算模型,采用迁移矩阵法计算,也可建立平面有限元计算模型,采用结构分析程序来计算。当进行上述计算时,需计算垂向及水平方向一至五谐调固有频率及振形。也可以将船体处理为三维模型进行详细计算。船体第一、二谐固有振动频率计算值要求与干扰力频率分别错开8% ~10%、10% ~12%。

减小舰船总振动的主要措施如下。

①降低干扰力的大小　提高螺旋桨的制造质量,调整螺旋桨的转速和应用消振器能降低由螺施桨流体动力不平衡性引起的首阶航行总振动水平。增加船体与螺旋桨叶片之间的间隙,增加螺旋桨叶片数以及采用特殊形状的螺旋桨能减小叶频航行总振动。

此外,将螺旋桨布置在靠近高频率振动形状的艉部节点附近,可以大大降低叶频的振动水平。

②改变舰船的动力特性　这种方法效果较差,要显著改变船体的动力特性是非常复杂的。在螺旋桨盘面处船体尾部局部刚度的加强有利于降低尾封板处的船体高频率振动水平。

③将船体与周期性力隔离　将船体与引起振动的干扰力隔离需要采用专门的设备,其中包括在舰体底部和螺旋桨之间产生空气幕的设备,在脉动压力作用最大区域的螺旋桨上方设置有水密围壁的龛,在船体外板上设置带有附加质量的附加板、采用可调节的和不可调节的消振器等等,这些设备能使螺旋桨与船体之间形成隔离的弹性层,从而减小船体振动。

上述减小航行总振动的方法在实船上不是总能实现的,因为在舰船设计时,要综合考虑舰船的各种性能,这就限制了显著降低振动水平的可能性。

(2)船体局部振动

船体局部振动包括尾部局部振动、机舱振动、尾轴架振动和基座振动等。局部振动计算的目的是:

- 确定自由振动频率及其相应的振形;
- 确定板架强迫振动参数。

板架及其各构件的动力计算可采用解析方法(精确的或近似的)和数值方法。

在所有船体结构中,振动载荷作用下最易受损伤的是板及支持它的骨架(加强筋)。从结构完整性的观点来看,板架振动并不危险,它只是导致居住性恶化和造成机械和设备的运转困难。

①舰船尾部振动　螺旋桨脉动压力直接作用区的范围为以下两个方面。

船长方向　自螺旋桨盘面向前、向尾各一个螺旋桨直径;

船宽方向　从一舷舭部至另一舷舭部。如无明显舭部,则取设计水线以下的船体部分。

可采用经鉴定认可的有限元计算机程序进行外板,舱壁板和船底板架自由振动的计算。

500 t 以上的现代舰船,螺旋桨脉动压力直接作用区船底外板、板格和舱壁板的固有频率应满足下式要求。

$$\lambda^* \geqslant \frac{1}{24} Z \cdot n \quad (Z=5)$$

$$\lambda^* \geqslant \frac{1}{20} Z \cdot n \quad (Z<5) \tag{4-54}$$

式中　λ^*——计及附连水质量影响,按四周自由支持计算的板或板格的固有频率,Hz;

n——螺旋桨最高转速,r/min;

Z——螺旋桨叶片数。

螺旋桨脉动压力直接作用区船底板架的频率应满足下列要求。

$$\lambda^* \geqslant \frac{13}{600} Z \cdot n \tag{4-55}$$

位于自艉端点算起的(1/8)L 范围内(不包括螺旋桨脉动压力直接作用区)的船底板、板格和舱壁板的固有频率应满足下列要求。

$$\lambda^* \geqslant \frac{11}{300} Z \cdot n \quad (Z<5)$$

$$\lambda^* \geqslant \frac{35}{1\,200} Z \cdot n \quad (Z=5) \tag{4-56}$$

位于自艉端点算起的(1/4)L 范围内(螺旋桨脉动压力直接作用区和 1/8L 区除外)的船底板、板格及舱壁板的固有频率应满足下列要求。

$$\lambda^* \geqslant \frac{1}{40} Z \cdot n \tag{4-57}$$

②机舱振动　可采用经鉴定认可的计算机程序进行机舱板架自由振动计算。

机舱区域船底外板和板格的固有振动频率应满足下列要求。

$$\lambda^* \geqslant \frac{1}{40} Z \cdot n \tag{4-58}$$

式中　λ^*——计及附连水质量影响,按四周自由支持计算的板或板格的固有频率,Hz;

n——螺旋桨最高转速,r/min;

Z——螺旋桨叶片数。

机舱区域底部板架的固有频率应满足下列要求。

$$\lambda^* \leqslant \frac{7}{600}Z \cdot n \text{ 或 } \lambda^* \geqslant \frac{13}{600}Z \cdot n \tag{4-59}$$

③艉轴架振动　凡首制舰艇或有重大更改的后续舰艇均应进行艉轴架自由振动计算。

当进行上述计算时,对于单臂艉轴架需计算其横向第一谐调固有频率;对于双臂艉轴架则必须按结构的主振动状态分别算出其相应于艉轴架平面内横向和纵向的第一谐调固有频率。

艉轴架自由振动除了采用传统方法外,也可采用经过鉴定的、按前轴架、后轴架、螺旋桨艉轴及螺旋桨组合结构计算模型并应用有限元法进行计算。

单臂艉轴架横向第一谐调固有频率和双臂艉轴架各主振动状态第一谐调固有频率,当采用有限元计算模型时,应比(1)规定的干扰力频率高20%。

当固有频率不能满足上述要求时,可允许低于螺旋桨叶频20%,但必须进行强迫振动响应计算,其振动应力值必须小于20.4 MPa。

④基座振动　计算基座振动的目的是排除其共振的可能性和确定其强迫振动参数,对某些轻型基座,计算振动的目的是确定结构中的应力水平。计算任何形式的基座振动,一般采用有限元法。

舰艇上引起基座过度振动的力有:由基座上的机器工作引起的不平衡力;船体及其个别结构航行振动引起的惯性力;主机下的基座振动还可能由推力的脉动引起。问题是由于推力的脉动产生轴系的纵向振动,它将传给推力轴承,而推力轴承通常与主机安装在一个共同的基座上。

基座通常安装在板架上并与其构架刚性连接。在这种情况下,基座结构的动力刚度与板架的刚度可能为同一量级。进行基座动力计算时必须考虑基座——板架——机械系统。若是船底板架,则在计算中不仅要考虑位于该板架上的荷重质量,而且还需考虑舷外水的附连质量。

一般情况下,计算中还应考虑基座上机器的刚性。若机器安装在减振器上,计算时还需考虑减震器的刚性,需考虑机器——减震器——基座——板架这一动力系统。

排除基座共振的条件是将基座——板架系统的基本频率避开干扰力频率。

基座上的板,包括基座面板、基座腹板、肘板及其基座纵桁间的横隔板首阶固有频率应满足式(4-60)。

$$\lambda_1 \geqslant kF_{o\max} \tag{4-60}$$

式中　λ_1——基座上的板首阶固有频率,Hz;

$F_{o\max}$——额定转速时动力机械给定的高阶激励频率,Hz;

k——频率储备系数,基座面板取1.2;其余取1.1。

主机基座整体结构和机舱骨架频率储备,应满足式(4-61)或式(4-62)。

$$1.3F_o < \lambda_1 \leqslant 0.6F_{\max} \tag{4-61}$$

$$\lambda_1 \geqslant 1.3F_{\max} \tag{4-62}$$

式中　λ_1——主机基座整体结构和机舱骨架首阶固有频率,Hz;

F_o——额定转速时主机（柴油机和燃气轮机）给定的低阶激励频率，Hz；

F_{max}——额定转速时柴油机辅机（无减振器）的低阶激励频率（1 阶或 2 阶）；柴油机主机横向倾复力矩频率及螺旋桨叶频之大者，Hz。

风机基座、泵机基座、电动机基座及齿轮箱基座的整体结构首阶固有频率应满足式（4－63）或式（4－64）。

$$\lambda_1 \geq 1.3F_{max} \tag{4-63}$$

$$\lambda_1 \geq 0.7F_{max} \tag{4-64}$$

式中 F_{max}——风机、泵、电动机等辅机激励频率，Hz。

4.10 船体结构设计的发展趋势

4.10.1 船体结构优化设计

船体结构设计是舰艇综合设计的一部分，整个设计过程要考虑各专业之间的相互矛盾，目前结构设计正朝着优化设计的方向发展，船体和其他复杂工程建造物一样，设计时应保证一系列相互矛盾的性能，其中包括：

- 可靠性——结构在给定的营运期限内，在给定的营运条件下履行其自身功能而状态参数——强度、刚度、稳定性、振动和其他参数未超出规定极限的能力；
- 功能性——保证舰艇完成使命及抗沉性等各项要求；
- 工艺性——满足与在具体工厂中能以最少劳动力、材料和能源消耗来建造结构有关的生产技术经济要求；
- 造价——由结构材料、设计和建造费用确定；
- 船体质量和金属耗量——用船体中材料的体积和利用率表示，它们必须尽量降低；
- 外形尺寸——板架构架高度，它会影响舱室的有效容积。

结构可靠性，或狭义地说，结构强度在任何情况下船体专业人士都认为是最重要的特性。保证这个性能是舰艇设计和建造的直接任务之一，它规定着船体构件最小必要尺寸、对材料和结构形式的各种要求。在设计建筑构造形式相当复杂，以及用途较为独特而新颖的舰艇时，作为保证船体结构可靠性和最优化的主要工具，除规范外还应采用按现行强度标准进行的结构设计和强度校核计算方法。此时，通常在强度标准范围内，通过选取最合理的结构、参数和结构要素的比例有较大可能进行船体结构的全面优化，以减少其材料的重量。在设计结构时应特殊注意保证舰艇的功能用途。

为采用机械化流水线装配和焊接，必须保证良好的工艺性能，还应特别注意降低船体的金属耗量。

技术经济分析法的运用有助于阐明优化设计方法，优化设计方法起码应反映出保证上述的和其他一系列的船体结构性能方面相互矛盾的要求。这种方法可用于：

- 强度标准和船体结构金属耗量指标的优化；
- 在强度标准系统和其他设计限制不变的条件下优化结构参数。

4.10.2 计算机辅助设计

借助计算机实施的多方案船体结构设计应在船舶结构力学计算方法的基础上进行。

这种计算方法可最全面地考虑建造物的结构特点、营运条件和对结构强度有影响的各个因素。这时在最复杂且非常规的设计情况下可能得到相当巨大的经济效果。

借助计算机提高设计效果的另一个并非不重要的前景是以开发和推广最现代化的自动设计系统以达到设计周期和劳动量的缩减。在设计船体这样复杂的工程对象时,难以用计算机自动拟定设计任务,即难以用计算机自动完成任务。这是由于在船体优化设计时引起无法解决的因计算规模巨大而引起的计算困难,以及在解决上述任务时所用的实际结构的数学模型不只与现行限制规定,而且与衡准数也都不完全符合,设计师用的衡准数目通常比数学模型中所列者多得多。

所以,必须在相互作用状态下采用分解方式完成船体结构设计任务,即把大规模的任务转化成几个较小规模的任务,例如包含下列设计水平的分任务:

船中部区域的基本船舱结构;艏艉船舱结构;船底和上甲板、舷侧和纵舱壁、中间甲板和平台结构;外板和铺板;结构构架间、构架梁剖面等。

计算机辅助设计时,采用对话方式可为设计师提供一个能快速获得较优技术方案的工具,而不是用计算机来代替设计师。在采用上述方法时,必须特别注意各种层次间优化衡准的协调和同一层次中限制规定的相容性。此时,对话工作方式不仅可采用程序化的衡准,而且可采用直观的衡准,这样加强了设计师对设计过程的创造性影响。同时,直观衡准随着它们的规格化和程序化,可过渡到一种计算衡准的等级中去。

采用船体结构计算设计法,可以达到:

- 较合理地选取为保证其强度所必需的构件尺寸;
- 优化结构方案的选取。

实现上述的前提通常是充分提供较为成熟而完善的标准化衡准和强度计算方法。

4.10.3 概率统计方法

确定作用于船体上的各外载荷对舰艇设计至关重要。以往在外载荷计算中均带有假定性,实际上作用于船体上的波浪载荷相当复杂,一般均是非线性的,且各种载荷同时作用,具有动力变化特征。

在进行船体结构强度计算时,应注意到已经指出的载荷分量的综合作用,并考虑到施加载荷的同时性和在可能达到结构危险(破坏)状态中的相对作用和载荷叠加的次序。在确定波浪参数时应利用尽量接近于真实海况的资料,砰击振动弯矩和艏端的迎浪砰击水动压力的计算均应用概率统计方法计算。

以概率方法为基础对结构极限强度进行评估时,总纵极限强度衡准的数学描述,在计及确定标准破坏概率的各因素的随机变化性时可采用下列形式。

$$P_m(M_\Sigma^{\max} > M_{np}) \leqslant P_H^{np} \tag{4-65}$$

式中 $M_\Sigma^{\max}$——在船舶的整个营运期内作用于船体上的总纵弯矩准静分量和交变分量之和的极值;

$P_m(\,)$——极值载荷 $M_\Sigma^{\max}$ 的概率分布;

M_{np}——船体承受的极限弯矩值;

P_H^{np}——上述期限内船体的额定(允许)破坏概率。

在一般情况下,由于构件的磨损和剩余变形的积累,数值 M_{np} 应视作是随时间变化的。

原则上还应考虑上述因素，以及实际的材料屈服强度值和构件尺寸偏离设计采用值引起的随机变化的影响。

总之，未来舰艇的结构设计中根据外载荷计算船体的应力分布更加符合实际舰艇在波浪中的受力情况，使设计的结构尺寸(包含寿命周期增长的余量)最小，并具有极小化的结构重量和足够的船体强度，尽量使船体各构件达到等强度状态。

第5章 舰艇动力系统

5.1 概 述

动力系统通常由核能源即核动力和非核能源即常规动力能源发生系统、动力机组、功率传递系统和推进器以及推进保障系统、控制与监测系统组成。

除核动力装置之外，常规动力装置又可分为蒸汽、全燃、全柴、电力推进装置和各种不同动力机械组合的联合动力装置。

整个动力系统主要设备的选型、配置和安装设计通常从功能性、经济性、可靠性、机动性、维修性、可达性、防护性、可操作性等方面提出具体要求。

5.1.1 功能性要求

主动力装置在舰用环境条件限制及船、机、桨匹配特性状态下，为舰艇提供正车全速和指定倒车航速以及经济巡航速度所需的推进功率。主动力装置的装机功率，在方案论证设计阶段，可用表5－1推荐的经验公式或“海军常数法”选定。

表5－1 排水型水面舰艇装机功率估算经验公式*

舰艇设定航速 V/kn	相对于排水量轴马力估算式（D为排水量（t））/kW
45	$5085.2+53.62D$
42.5	$5239.1+43.47D$
40	$4598+37.1D$
38	$3950+32D$
35	$106D^{0.8193}$
33	$16840+8.225D$
30	$14800+4.85D$
27	$16250+4.58D$
24	$7100+2.55D$
20	$3000+0.997D$

* 大于35 kn的经验公式适用于不大于1 500（t）排水量中小型舰艇，若船型为高速过渡线型，则计算结果将大于5%～10%。

动力系统的功率储备应适应由于污底，风浪及排水量等变化所引起的舰艇阻力增加，功率储备量以全航速轴功率的5%～10%为宜。

5.1.2 经济性

整个动力装置及推进轴系的选型与配置应确保巡航航态下,满足舰艇续航力的要求。每千瓦小时消耗的燃料作为主机的经济性指标;每海里消耗的燃料作为该船动力装置的经济指标,当巡航航态的功率小于20%全速航态功率时,一般不宜采用单一动力装置,应选择不同动力组合的联合动力装置,或选用单机经齿轮箱转换为多输出的推进轴系或轴带辅机,以确保巡航机组处于持续工况或不低于60%单机额定工况运行。

舰艇动力装置应提供指定航态的续航力计算书。

5.1.3 可靠性

新装舰的首套动力装置一般须经陆上联调试验确认。重要设备应有备用或互为代用,备用设备与之相对应设备之间应能相互迅速转换。

动力系统及主要分系统应有完善的可靠性分析报告。即按GJB1906的要求,确定系统的可靠性参数平均故障间隔时间MTBF、致命性故障间隔任务时间MTBCT、任务可靠度R_m和使用寿命L_{se}。

5.1.4 机动性

动力系统应满足从任一正车功率快速变换到任一倒车功率,以及从任一倒车功率迅速变换到任一正车功率的要求。倒车功率的设定应与舰艇机动性和操纵性相对应。当主动力装置不能为舰船进出港航态提供所需动力和机动性要求时,应设置相应的辅推进系统保证。

5.1.5 维修性

给重要设备和系统关键部套在舰上留有足够的通达维修空间,且要求供货方对重要设备提供不同的维修等级以及可靠的平均修复时间MTTR和平均维修间隔时间MTBM数据。

5.1.6 防护性

动力系统重要设备和管路设置应能确保在舰艇规定纵横摇、纵横倾、升沉状态条件下正常可靠地工作。在规定的水下爆炸强冲击状态下,设备和管路自身应具有相应的抗冲击能力。

对物理信号有隐身要求的舰艇,烟囱口应相应设置红外抑制设施;设备传递到船体基座的振动应满足总体声学平衡设计要求;主辅机舱的电磁环境干扰应控制在舰总体允许范围内。

对可能危及舰员安全的运动部件、热表面,可能受到灼热气体、有毒气体侵袭的通道或操作部位,均应采取相应的有效防护措施;对易燃易爆气体极限浓度应设报警装置,并与相应的消防措施相匹配。

5.1.7 可操作性

一般情况下,动力系统及其重要设备应按驾驶室、机电集控室、机旁控制三级监控管理;对某些小型舰艇或军辅船也可简化为远距离及机旁二级控制,但各级之间自动、半自动与应急手动之间应能迅速可靠地转换、连锁。

重要设备和保障系统应设置故障报警,故障自动停机及自动切换装置。同时应能向控制部位发出声光报警信号。

5.2 舰船动力系统的类型和组成

按各国海军动力系统主要设备配舰能力或动力政策,基地保障尽可能简化单一要求,不同船型舰艇动力系统主要分以下几大类,即全柴动力装置、蒸汽动力装置、全燃动力装置、柴燃交替使用动力装置、燃蒸组合动力装置、电力推进装置、核动力装置、以及其他类型动力装置。

5.2.1 全柴动力装置

该装置的装舰对象为高速快艇、猎舰艇、轻型护卫艇等。

在高速快艇上,高速柴油机通过自带减速齿轮箱,挠性联轴器或高弹联轴器,推力轴承及轴系驱动定距桨构成机桨成套独立的推进系统。再按舰艇全速或追击航速要求,配置双轴以上的不同或相同独立推进系统。

国外海军高速艇多使用柴油机并车(CODAD)装置。即柴油机之间通过公用减速齿轮箱,由单输入转换为双输出或双机输入转换为单输出。所有柴油机输入转换为双输出或单输出,来满足舰艇一般航态和全速航态的功率要求。这类动力装置的公用减速齿轮系配置比较复杂,带有自动同步机械离合器或液力耦合器。推力轴承多设置于齿轮箱内。

5.2.2 全燃动力装置

全燃动力装置有 COGOG 和 COGAG 两种形式,COGOG 装置由两台功率不同的燃气轮机即巡航机和加速机交替使用的全燃推进装置,其中一台巡航机只在巡航态或低速航态运行;其功率应满足巡航速的需求;另一台为加速机组,在高航态或全速时运行,其功率应满足全速航态的需求,二者交替使用。

典型的全燃动力 COGOG 装置为英国海军谢菲尔德号,装舰使用的机组,巡航为 4 412 kW的太因燃气轮机,全速为奥林普斯 TM3B,电站亦使用燃气轮机。该装置即燃-燃交替使用,可确保巡航工况经济性要求,特别是带燃气轮机废热回收系统后,经济性进一步改善。但进排气系统、减速齿轮箱齿轮系设计较复杂。

COGAG 装置是两台或四台功率相同燃气轮机并车使用。巡航或低速航态使用任意一台机来满足巡航态时功率需求;舰高速或全速时,由两台机或四台同时使用来满足舰全速时功率需求。

COGAG 装置为英美海军以及意大利、日本等国家使用 2 台或 4 台 LM2500-20 或 LM2500-30 或 4 台奥林普斯 TM3B 通过公用齿轮箱(2 台燃气轮机+减速齿轮箱+轴系与 5 叶调距桨)驱动双轴或单轴系带动 5 叶调距桨,典型的为佩里级护卫舰和 DD963 级驱逐舰以及英国无敌号轻型航母。

所有全燃动力装置的优点是声隐身性能较好,配置红外抑制系统后,对热寻导弹的隐身能力优于全柴动力装置。其巡航航态的经济性处于全柴与蒸汽动力装置之间。

5.2.3 柴燃交替使用动力装置(CODOG)

CODOG 装置一般为两台巡航柴油机和两台加速燃气轮机交替使用的动力装置,双轴系、调距桨。其中两台巡航柴油机只在巡航态或低速航态运行,其功率仅满足巡航速的需求;另两台加速燃气轮机在高航态或全速时运行,其功率能满足全速航态的需求,二者交替使用。

典型的柴燃交替使用动力 CODOG 装置为意大利海军西北风级护卫舰,巡航为 4 630 kW 的 GMTBL230.20DVM 柴油机,全速为 18 380 kW 的 LM2500 型燃气轮机。该动力装置柴－燃交替使用,可确保巡航工况经济性要求,以及舰艇高航态或全速时运行的要求。

5.2.4 蒸汽动力装置

西方国家海军在 20 世纪 50 年代前舰艇上使用较普遍,但 20 世纪 70 年代后已逐渐退役。迄今一直沿用的只有前苏联或俄罗斯及我国海军,如俄罗斯 956 型以及我国海军 051 型。

国外蒸汽锅炉多采用高增压型,我国迄今仍沿用自然循环常规锅炉,汽轮机为低压缸带倒车级透平和高压缸带巡航级透平及较复杂的汽轮机齿轮箱系统。汽轮机巡航航态经济性较差,所有蒸汽动力装置均带定距桨构成推进系统。

由于蒸汽管路及控制较复杂、机动性差、机舱温度高,整个动力装置特别是巡航航态的经济性不尽人意,故国外海军均优先选用其他较成熟的动力装置。

5.2.5 电力推进动力装置

利用燃气轮机发电机组作原动力的电力推进装置迄今仅见英国海军护卫舰装舰使用,其主要优点是原动力即结构紧凑的多台发电机组可脱离推进轴系,且在舰上任意部位安装布置,仅推进电机与低速高效定距桨相连。显然简化了常规主机舱布置,削弱了舰艇水下辐射噪声机械声源。但全舰主电缆敷设及控制较复杂,且初期装舰费用为其他同型舰艇动力装置的 2 至 3 倍。长期使用的可靠性及电磁辐射干扰的可控性,除了有待实船进一步考核之外,在超导系统未最终引入装舰使用之前,其真正优越性尚不能完全体现。

5.3 舰船柴油机动力装置

5.3.1 柴油机单机特性

柴油机最大的优点——燃油耗率较低;操纵系统自动化功能稳定、可靠;单机工作寿命长;维护保养方便;功率档次范围较大,有较为优越的组合形式。现今海军正在服役和建造的中、小型现代舰艇中,基本上以柴油机动力装置为主。柴油机的全部性能一般遵从以下条件。

环境空气温度 32 ℃;大气压力 101.32 kPa;相对湿度 60%;海水温度 27 ℃;进气真空

度 1.50 kPa；排气背压：高速机为 5.0 kPa、中速机为 3.0 kPa。

柴油机通常能够发出相当于 110% 最大持续功率的功率，并允许每 6 h 在该工况下运行 0.5 h。

推进柴油机一般最低惰转转速和最低稳定转速分别为最大功率转速的 50% 和 45%。通常对低压缩比柴油机为提高其起动性能需设置液力偶合器，并设有冷起动装置，当冷却水和滑油不经预热并低于规定值时，冷起动装置自动接通。若起动空气压力最大为 4 MPa，最小为 2 MPa，柴油机充分暖机后，自最低工况加速到持续工况的时间不到 30 s。

世界各国对柴油机研究、发展、应用都很广泛，装舰的机型也很多。但目前装舰最多，也最成熟的典型中、高速柴油机有：德国 MTU 公司的 956 型、1163 型、396 型；MWM 公司的 604 型、620 型、234 型；法国的 PA6 - 280 型、中速机 PC2 - 5 型；日本的高速机 12V127RTC 等。机组的油耗都在（210 ~ 220）g/kW · h 范围内，第一次大修期在（9 000 ~ 10 000）小时以上。

较为典型的机组，如德国 MTU 公司 396 和 956 型高速柴油机，单向回转、四冲程、单作用单级废气涡轮增压带中间冷却器，带低温应急起动设施和液力偶合器，柴油机运行过程实行含参数全过程监控，可进行驾驶室、集控室、机旁三级手动、半自动和全自动操作。

16V396 的 TC 和 TE 两型柴油机整机功率分别为 1 100 kW/1 500 rpm 和 1 470 kW/1 500 rpm，耗油率为 0.21 kg/kW · h。

20V956 的 TB 及其改进型，整机功率分别为 3 990 kW/1 450 rpm 和 4 500 kW/1 350 rpm，耗油率为 0.22 kg/kW · h。

中速柴油机迄今均为裸机安装，部分保障系统和设备需另外配置。其空气噪声和振动装于有声学性能要求的舰艇受到限制；引进高速柴油机既可裸机装舰，亦可以箱装体隔声罩或双层隔振的形式装于排水量大于 500 t 的中小型舰上。而且通常所有保障系统除进排气管道外均能自带。带箱装体隔声罩的高速柴油机组空气噪声不大于 84 dB(A)，传递到船体安装机座的加速度级，在 20 Hz ~ 200 Hz 1/3 倍频程中心频率不大于 95 dB(A)，250 ~ 2.5 kHz 1/3倍频程中心频率不大于 100 dB(A)，3.15 kHz ~ 10 kHz 1/3 倍频程中心频率不大于105 dB(A)。与经单级隔振的燃气轮机装舰后声学性能指标基本相当。

5.3.2　动力装置安装布置与系统设计

主要动力设备如推进柴油机、减速齿轮箱、轴系的轴线尽可能相对于船体中线面平行且对称布置，设备之间的间距有条件时不小于 600 mm，设备外表面和管路布置不妨碍舱壁、舱顶和舱底的清洗要求，并确保修理、保养换装所需的空间及吊装通道与设施。各机舱所有设备与管道的最终布置结果，应使横向重心尽可能靠近船体中线面且位于舰艇水线以下。

各机舱配置在条件允许时，为确保舰艇战斗破损生命力，各独立推进系统可互为备用并持续运行。

弹性安装设备的管道设置有相应的挠性接管，高温管道如柴油机排气管道，设置有吸收位移的补偿器。高温管道经绝热包扎后外表面温度一般不高于 60 ℃。弹性安装设备与周围船体构件之间的最小间距应大于 50 mm。

(1) 进排气系统

当柴油机为机舱进气且装设进气消声器时，除了考虑机舱内的真空度不大于 0.8 kPa

外,消声器对废气涡轮增压器运行的匹配应通过台架与实船在不同工况下验证;当为舱外进气时,进气开口设置有防浪或进气除湿器设施,进气系统通过进气阻力分析计算,进气管道直管段流速一般不大于 25 m/s,以确保总进气阻力不大于柴油机允许的 1.5 kPa。当进气管道内装设进气活门时,活门的控制与柴油机控制的监控系统相互连锁。

仅靠废气涡轮增压的二冲程主柴油机,通常要配置独立的应急鼓风机。在鼓风机与柴油机之间的进口管路上装设隔离附件、滤网和挠性接管。进气管道通常设置弹簧吊架。

柴油机排气管道一般要带排气消声器。若是舷外水下排气,所装排气档板阀及高置排气集流器的布设要确保柴油机安全运行,且舰艇于常规海况下航行时不引起过高的特征鸣音。还要对排气系统进行排气阻力计算分析,总阻力超过柴油机允许的 3 kPa 时,特别是对背压非常敏感的高速柴油机,除了考虑性能影响之外,还应考虑与增压器的匹配问题,排气管道一般配置有带位移补偿器。弹性安装的柴油机,挠性接管可取代补偿器,但同时要带弹簧吊架。中小功率的柴油机排气管道出口一般可不考虑红外抑制设施。排气管道直管段的流速通常不大于 45 m/s。

(2)起动压缩空气系统

除小艇外,主机舱内通常配置二台独立的空压机,其排量可保证在备航期间内充满空气瓶组;气瓶组的数量,要确保其容量在不补充充气的状态下,对可正倒车的柴油机,从冷态交替连续起动 12 次;对单向回转的柴油机,从冷态连续起动不少于 6 次。

压缩空气系统设置有压缩空气分离油、水的设备和空气过滤器、储能瓶以及减压器,确保进入柴油机起动阀前所需压力和流量。每台柴油机包括电站柴油机,进气管路尽可能独立设置,当公用起动空气管路时,各柴油机独立管路之间设置带隔离附件的连接管路。起动空气管路除装设空气压力表之外,还应设置压力低报警,适当的脉冲阻尼器及放气接头。

(3)燃油系统

每台柴油机设置一独立的日用燃油(舱)柜,其容积要大于柴油机额定工况运行 4 小时的油量,油柜出油口的高度位置要考虑与柴油机机带低压燃油输送泵的吸高相匹配。油柜及其系统的管路上装有附件,监测仪表等。自全船任一燃油舱向日用燃油柜驳油或向推进柴油机直接供油,一般须经油水分离系统分离燃油中的水分和杂质。

燃油管路系统的设计,一般是将日用燃油柜中的燃油经吸入滤器、水分监测仪和流量计、燃油速关阀等进入柴油机的机带低压燃油输送泵。柴油机的回油除小艇外,通常要经回油冷却器后,再返回到日用燃油柜。为提高燃油管路系统的可靠性和生命力,在燃油吸入滤器后设有桥管,以保证一舷管路发生故障后可以从另一舷管路吸油。

预供燃油泵的油量及压力,按柴油机自身要求考虑,即满足柴油机起动要求。

备用泵的排量及管路系统设置,应满足任一台主柴油机最大功率运行时的要求。

(4)滑油系统

正常情况下,每套独立推进系统设一台齿轮(或液压)驱动的滑油泵和一台电动备用滑油泵。泵的排量按全功率运行要求考虑。在齿轮(或液压)驱动滑油泵的压力低于正常范围时,电动备用泵能够自动起动供油。

一般情况下,推进柴油机要配置预供油泵,其排量和油压按柴油机起动要求选型。

柴油机滑油系统一般设置一台滑油补充油泵和一台滑油污油泵。补油泵应能将备用滑油舱的油加注到各柴油机和补油箱,其排量按大约 20 min 注满油考虑。污油泵按大约 20 min抽除柴油机油底壳或补油箱的污油考虑。

滑油输送系统一般设有一台滑油输送泵，将备用滑油舱的滑油驳运至循环滑油舱（柜），其排量按大约 1 h 注满循环滑油舱（柜）考虑；设一台滑油污油泵，将污油舱的污油在大约 1 h 内排至舷外。

舰上备用滑油舱（柜）既可集中也可独立设置，其有效容积按柴油机（含柴油发电机组），推进传动装置等辅助设备在规定续航力和自持力期间停泊所耗用滑油量之和考虑。除小艇外，每套独立推进系统设有各自的循环滑油舱（柜），其容量应按推进传动装置等辅助设备滑油循环量、寿命的长短来确定。每台推进柴油机的补给油箱，其有效容积应能满足柴油机持续工况 48 h 运行需要量。舰上滑油污油柜（舱）的容量应与备用滑油舱（柜）的容量相当。

推进传动装置等辅助设备循环滑油系统设置滑油冷却器用于循环滑油冷却；滑油加热器用于冬季循环滑油的加热以满足推进传动装置运行的要求。

柴油机滑油冷却器一般采用柴油机淡水作冷却介质，使柴油机滑油进口温度维持在正常运行要求范围内；推进传动装置采用的滑油系统用海水冷却，冷却器散热按海水温度 30 ℃，污垢系数为 10% 带走滑油所吸收的全部热量之和考虑。冷却介质的压力应低于被冷却滑油的压力。

滑油加热既可使用电加热也可使用蒸汽加热。除柴油机外要求在备航期间内将滑油从 5 ℃加热至 20 ℃。

（5）冷却系统

每套独立推进装置应设有独立的冷却水系统。循环水和冷却水系统在每一主机舱内一般布设两个通海阀于两舷。设置的海水管路可从任一个或两个通海阀向机舱内的柴油机、推进传动装置及海水冷却的辅机供水。对于护卫舰级的舰艇，一般设置两台（一台备用）电动海水泵，其排量可满足任一台柴油机最大功率时的需要；当采用自流式冷却系统时，冷却水流量还应满足主柴油机空车和倒车工况要求。主机冷却水系统备有与消防总管连接的应急管路，在应急接管前的海水泵排出管路装设有减压阀、安全阀和截止止回阀。

推进柴油机一般设有淡水冷却器，冷却器的面积按海水（冷却介质）温度为 30 ℃及污垢系数 10% 的状态下带走淡水全部吸收热量考虑。淡水压力通常高于海水压力。各柴油机所设置的膨胀水箱，其容量应不小于循环淡水容量的 15%。

对于采用箱装体隔声罩设计的柴油机组，允许柴油机淡水冷却器和滑油冷却器串联使用海水冷却介质，淡水冷却器采用乳化添加剂时，淡水系统内的橡胶件须采用防油橡胶。此外柴油机冷却水系统配有停机降温设施，排出管路装设截止止回阀，以及冷却水进机温度的调温器。

按规范规定海水管路设计的流速不得大于规定值，管路如采用 B10 管材时，内表面采取必要措施自形成氧化层后投入使用；通海阀滤网孔眼流通面积一般不小于滤器排出管流通面积的 3 倍；舷侧设置的防堵格栅有效流通面积不得大于通海阀流通面积的 3 倍。系统管路易积水、淤塞和可能积有空气的部位要设放泄、放气或吹洗装置，通海阀进口在条件允许时采用压缩空气设置吹洗设施。

5.4 舰船燃气轮机动力装置

5.4.1 燃气轮机单机特性

燃气轮机的优点是功率大、质量轻、自动化程度高、操作简单、工作可靠、维护方便等。现今海军正在服役和建造的大、中型现代舰艇中，基本上以柴－燃联合动力装置、全燃联合动力装置为主。其中全燃联合动力装置约有600艘。燃气轮机的全部性能一般遵从以下(ISO)条件。

进气温度27 ℃；环境压力101.32 kPa；相对湿度60%；进气总压力损失于压气机进气管法兰处1.961 kPa；排气静压损失于涡轮排气管法兰处1.470 kPa，不考虑外用抽气及箱装体冷却装设引射器所引起的排气背压损失。

当环境条件改变，装舰后使用条件变化时，一般对规定的燃气轮机性能特别是功率、耗油率进行相应修正。应指出的是，燃气轮机对环境温度，压气机抽气量及进气阻力损失比较敏感，且对压气机进口流场分布要求非常严格。

美国海军及我国20世纪90年代装舰使用的为美国通用电气公司供货的LM2500型燃气轮机，额定功率为20 200 kW/3 600 rpm，耗油率为0.25 kg/kW · h；低于0.2工况的耗油率为0.43 kg/kW · h。FT8型燃气轮机，额定功率为24 840 kW/3 600 rpm，耗油率为0.222 kg/kW · h。

英国海军舰用斯贝SM2C型燃气轮机，额定功率为19 220 kW/5 500 rpm，耗油率为0.229 kg/kW · h；奥林普斯TM3B型燃气轮机，额定功率为15 800 kW/5 660 rpm，耗油率为0.317 kg/kW · h；船用太因RM1C型燃气轮机，额定功率为3 920 kW/3 425 rpm，耗油率为0.291 kg/kW · h。

俄罗斯舰用BT16000型燃气轮机，额定功率为16 300 kW/5 200 rpm，耗油率为0.280 kg/kW · h；

乌克兰舰用GT25000型燃气轮机额定功率为24 260 kW/3 270 rpm，耗油率为0.275 kg/kW · h左右。

以LM2500为代表的美、英等国的燃气轮机一般是压缩空气起动，可在60 s内从起动过程加速到慢车，亦可在停车60 s以内进行再起动；乌克兰GT25000型为代表的燃气轮机为电起动，其瞬态供电负荷很大，对电网要求较高。但二者都能从起动加速到慢车，再加速到额定功率转速而整个过程所需时间不超过390 s，应急条件下不超过90 s，惰转工况加速到额定工况转速的时间可不超过30 s。

LM2500燃气轮机通常加装外用引气的设施，以满足自身进气防冰系统或螺旋桨通气系统使用，以及二台燃气轮机之间互作起动压缩空气使用。

燃气轮机一般采用箱装体，箱装体大质量高刚度底座与船体基座之间由单级隔振抗冲击装置连接，构成燃气轮机整体模件。

箱装体的隔声罩隔声量一般可达25 dB(A)，气密性能确保三防要求并提供足够的检修空间，观察窗，内部照明设施；并设置有火警探测和灭火系统。

箱装体的隔振抗冲击系统，确保了整个系统不出现耦合振动，满足国军标规定的抗冲击要求,使传递到船体基座的振级与柴油机箱装体在 20 Hz ~ 10 kHz 的$\frac{1}{3}$倍频程中心频率基本平衡。

5.4.2 燃气轮机动力装置的安装布置与系统设计

燃气轮机动力装置在舰船上的安装布置,主要设备如燃气轮机、减速齿轮箱、轴系的轴线尽可能相对于船体中线面平行且对称布置,燃气轮机的进、排气管路一般应垂直向上,以满足燃气轮机对进、排气系统流阻的要求。各设备之间的间距有条件时不小于 600 mm,设备外表面和管路布置不妨碍舱壁、舱顶和舱底的清洗要求,并确保修理、保养换装所需的空间及吊装通道与设施。各机舱所有设备与管道的最终布置结果,应使横向重心尽可能靠近船体中线面且位于舰艇水线以下。

各机舱配置在条件允许时,为确保舰艇战斗破损生命力,各独立推进系统可互为备用并持续运行。

弹性安装设备的管道设置有相应的挠性接管,高温管道如燃气轮机排气管道,设置有吸收位移的补偿器。高温管道经绝热包扎后外表面温度一般不高于 60 ℃。弹性安装设备与周围船体构件之间的最小间距应大于 50 mm。

燃气轮机箱装体内及舰上进气管道中可安装燃气轮机的拆装轨道系统,实现燃气发生器、动力涡轮或整台燃气轮机,从机舱吊运到岸上车间维护保养更换。

机舱内各系统的布置为主要辅助设备的维修、更换留有必需的空间,尽可能少拆卸管子、电缆、通风管道和其他已安装设备的情况下实施。

(1)燃油系统

燃气轮机舱均为每台机组设置有独立的日用燃油(舱)柜,其容量按所在舱设备额定工况运行 4 小时耗油量考虑。其中燃气轮机舱高置油柜的位置应保证产生的油压可满足燃气轮机所需的燃油压力。所有燃油柜的泄放附件应为自闭式的,泄放的油通过泄放管排入污油舱。油柜的通气管一般应通至甲板以上,并在管口设置空气管头。油(舱)柜设置部位尽可能避开因燃油溢出或泄漏可能产生危险的处所。

燃气轮机日用燃油系统一般由燃油增压泵、燃油粗滤器、燃油聚水型滤器、燃油预热器、燃油流量计、燃油压力调节阀、电动/手动控制阀和燃油速关阀等管路附件组成。通常每台机组配置一台增压泵,另外,为二台燃气轮机配置一台备用燃油增压泵。增压泵的排量和出口压力能够满足燃气轮机最大工况的耗油量和进口压力的需求,而燃油压力调节阀可按燃气轮机不同工况所需的燃油量自动进行调节,以保持燃气轮机的稳定运行。燃油预热器是利用柴油发电机的高温缸套水,在冬季加热燃油以使燃气轮机正常起动。

通常舰船左、右两舷独立的燃气轮机日用燃油系统之间设有三处桥管,桥管分别设置在燃油吸入口处,燃油增压泵出口处,燃气轮机聚水型滤器出口处,当一舷日用燃油系统损坏后。另一舷日用燃油系统可以通过桥管向另一台燃气轮机提供燃油。可以保证两台燃气轮机处于部分负荷工况稳定运行。

燃气轮机燃油系统一般分别在两个主机舱内各设置一台燃油驳运泵,其排量按 1 h 注满日用燃油(舱)柜规定容量考虑。

(2)滑油系统

燃气轮机的滑油系统一般由循环滑油柜、滑油冷却器、滑油滤器、滑油温控阀和滑油补油箱等组成。每台燃气轮机的滑油系统独立设置，各自的循环滑油柜其容量按燃气轮机装置滑油循环油量、消耗量和寿命等要求设计。配备的备用滑油柜，或储备一定容量的桶装滑油，其容量可满足燃气轮机装置在规定续航力的滑油耗量。

燃气轮机滑油系统是通过机带滑油循环泵将工作过的滑油由机体排出，油温大致在50 ℃ ~120 ℃范围。排出的滑油经过滑油滤器过滤后，分两路，一路至滑油冷却器，一路至温控阀。进入冷却器的滑油经冷却后进入温控阀，经过温控阀调控后保证温控阀出口的油温大致在50 ℃左右，由温控阀出口进入循环滑油柜，同时燃气轮机的机带循环滑油泵，不停地从油柜中吸油，构成一个滑油循环回路。

另外在燃气轮机备车时，由机器上的电动滑油预供油泵从滑油循环柜吸油，供燃气轮机起动时使用。当冬季机舱温度较低时，滑油循环柜可以自动加热滑油，以供燃气轮机随时使用，在滑油温度低于5 ℃时，自动加热器工作，能在1小时内将柜中滑油加热到15 ℃。

(3)冷却系统

燃气轮机海水冷却系统一般由电动海水泵、海水滤器冷却器、减压阀、安全阀和止回阀等组成。每套燃气轮机设置独立的海水冷却系统，且海水冷却系统除可由两舷通海阀进水之外，亦能由消防总管应急供水。为提高系统的可靠性，一般两舷海水冷却系统有联通桥管以保证应急时使用。

燃气轮机海水冷却系统是为燃气轮机滑油冷器提供冷却海水，原则上海水压力不得高于滑油系统油压。

按规范规定海水管路设计的流速不得大于规定值，管路采用B10管材时，内表面采取必要措施自形成氧化层后投入使用；通海阀滤网孔眼流通面积一般不小于滤器排出管流通面积的3倍；舷侧设置的防堵格栅有效流通面积不得大于通海阀流通面积的3倍。系统管路易积水、淤塞和可能积有空气的部位要设放泄、放气或吹洗装置，通海阀进口在条件允许时采用压缩空气设置吹洗设施。

(4)进排气系统

燃气轮机进气系统按燃气轮机对进口处空气品质的要求，能自动地分离进气中的水分及固体颗粒，严格控制空气中的含盐量，在环境温度和相对湿度达不到规定值时可以加热进气，防止结冰，在气水分离器发生阻塞时，具有应急旁通进气功能，并能有效地降低燃气轮机的进气噪声。

燃气轮机进气系统通常由进气网罩、进气百叶栅门(窗)、进气防冰集管、进气气水分离器水清洗集管、进气三级气水分离器、进气室、进气消声器和消声管道以及整流、防护设施构成，一般经百叶栅的流速为(3 ~5) m/s，惯性分离器的流速为10 m/s，滤网流速(或聚水器流速)为(5 ~6) m/s，消声器的流速不大于22 m/s，直管道流速不大于12 m/s，燃气发生器压气机前的流场分布由进气室和整流防护设施保证。进气系统设计的总阻力不大于2 kPa。此外，进气系统还设置有进气三级气水分离器，堵塞时应急旁通控制设施。

燃气轮机排气系统是将燃气轮机的废气排出舰外，带箱装体的燃气轮机排气口通常带有引射器，引射器出口流速一般大于90 m/s，过渡管内的流速为87 m/s左右，直管道的锥度一般不大于8°，流速在75 m/s以内，由直管道进入排气口红外抑制装置，它是利用废气的能量，通过红外抑制装置引射环境空气来降低排出舰外的废气温度，达到降低红外辐射的目的。

(5)压缩空气系统

利用压缩空气起动的燃气轮机，一般均应设置独立的起动空气管路及附件。其中燃气轮机起动空气管路应设置盘车空气调节阀或减压阀，以满足盘车和起动不同状态对压缩空气压力的要求。起动空气进入燃气轮机之前应经设置的干燥器。两台燃气轮机之间应允许相互自压气机直接抽气（电起动燃气轮机除外）起动。

燃气轮机舱通常配置有电动高压空压机，其排量和出口压力按 1 h 内注满高压空气瓶组至额定工作压力考虑，高压空压机还配备有独立海水冷却系统，其冷却能力能确保空压机排气冷却后的温度不超过 60 ℃。

5.5　舰船柴－燃交替动力装置

柴－燃联合推进（CODOG）装置是柴油机和燃气轮机输入到共用的减速齿轮箱中，通过转换为单输出，带动轴系和调距桨推进舰船运动。柴油机只在巡航态或低速航态运行，其功率只满足巡航时需求；而燃气轮机为加速机组只在高航态或全速时运行，其功率满足全速时的需求，二者交替使用。

具有代表性的柴－燃联合推进（CODOG）装置介绍如下。

巡航柴油机德国 MTU 公司产品 20V956TB92 型柴油机，使用功率 1 455 r/min 时，3 750 kW；最大持续功率 1 455 r/min 时，3 990 kW；最大持续功率时燃油消耗率 221 g/(kW・h)。采用双层隔振的柴油机配置有箱装体隔声罩，其输出端设置有液力偶合器、高弹联轴节和万向联轴节。万向联轴节能承受柴油机持续功率时所施加的扭矩以及瞬时冲击中所附加扭矩，并能承受双层隔振安装的柴油机装置和刚性安装的减速齿轮传动装置之间的正常位移和冲击位移。柴油机装置在充分暖机后，自最低工况加速到持续工况的时间不超过 30 s。

加速机组为美国 GE 公司产品 LM2500 型燃气轮机，额定功率为 20 200 kW/3 600 rpm，耗油率为 0.25 kg/kW・h；低于 0.2 工况的耗油率为 0.43 kg/kW・h。燃气轮机采用单层隔振并配置有箱装体隔声罩，其输出端设置有高弹性联轴器。该联轴器能承受燃气轮机持续功率时所施加的扭矩以及机动操纵过程中所施加的附加扭矩。并能承受隔振安装的燃气轮机装置和刚性安装的减速齿轮传动装置之间的正常位移、热位移和冲击位移。燃气轮机装置用压缩空气起动，燃气轮机从起动加速到慢车，再加速到额定功率转速的整个过程所需的时间在正常条件下不超过 390 s，在应急条件下不超过 90 s，从无负荷的慢车加速到额定负荷时的额定功率转速的时间不超过 30 s。

5.5.1　典型 CODOG 动力装置

中型驱逐舰装舰的 CODOG 动力装置如图 5－1 所示。柴油机输出功率经液力耦合器、高弹联轴器、箱装体中间轴承、万向联轴节自减速齿轮箱后端输入，经齿轮箱自动同步离合器（SSS）啮合、二级减速后由独立推进轴系驱动五叶调距桨；燃气轮机输出功率经动力涡轮高速联接轴与高速齿轮箱相连，自减速齿轮箱前端输入到公用减速齿轮箱，再经 SSS 离合器啮合、多级减速后，输入到相同独立轴系。柴油机与燃气轮机向推进轴系输入减速比各异，但最终轴系使用转速相同。两种推进模式即柴油机与燃气轮机推进模式相互之间经 SSS 离合器可迅速、可靠平滑地转换。

柴油机推进从冷态至发出持续功率的时间不超过 20 min；燃气轮机推进从冷态静止加速到设计全功率的时间一般不超过 10 min。推进系统的燃气轮机从全正车至全倒车、从静止加速到全速正车及舰高速回转的超转速和超扭矩可由监控系统实时控制，以防止燃气轮机超扭。两套独立推进系统在任一推进轴系处于锁轴、拖轴情况下，仍具有独立运行能力，并对轴系轴承提供可靠润滑。

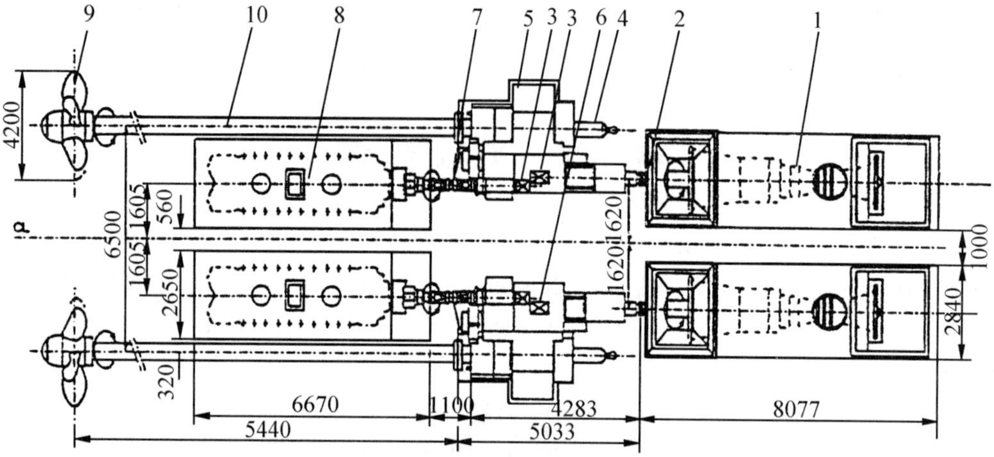

图 5-1 CODOG 推进装置布置图

1—燃气轮机模件；2—高速联接轴；3—SSS 离合器；4—调距桨配油器；5—BGS182.5/LO A55 SO 型齿轮箱；6—BGS182.5/LO LB73 型齿轮箱；7—万向轴；8—柴油机模件；9—调距桨；10—轴系

5.5.2 动力装置布置

CODOG 推进装置的布置首先满足舰艇不沉性要求，及动力系统的生命力，因此，燃气轮机与推进柴油机及齿轮箱通常设置在不同的水密舱中，机舱中各设备的布置应便于安装、调试、操作、维修与损害管制，并尽可能使机舱内形成一环形通道，以便于舰员在应急状态下及时到达战位。

推进柴油机、减速齿轮箱和燃气轮机的轴线一般布置为平行于船体中线面，相互之间的通道应不小于 600 mm，其重心应尽可能低，以满足全舰重心分布适当、协调要求。

柴油机与燃气轮机箱装体安装到位后，与周围任一船体构件、管路、电缆、辅助设备之间的间距一般留有大于 50 mm 的间距；表面温度较高的设备应与易燃管路、舱、箱柜保持合适的距离，电子电器设备、箱柜上方应避开油、水、气、汽管路的接头及设备泄放管；设备带压泄放及水、汽管的安全阀、泄放阀的排放口应引至舷外或安全处。设备的备件及专用工具在备件室或维修活动处所的附近位置牢固固定。

CODOG 推进装置中除主推进动力设备以外，布置和安装要求较高的旋转机械就是为主机服务的各型泵组。立式泵一般由水平基座和船体垂直结构支承，但应避免由于舰垂直和水平构件之间相对位移所引起的变形。卧式泵组通常安装在紧固结构的公共底座上，水平轴一般沿舰纵向布置。

燃气轮机箱装体内及舰上进气管道中可安装燃气轮机的拆装轨道系统，实现燃气发生器、动力涡轮或整台燃气轮机，从机舱吊运到岸上车间维护保养或更换。

机舱内各系统的布置为主要辅助设备的维修、更换留有必需的空间，尽可能少拆卸管子、电缆、通风管道和其他已安装设备的情况下实施。

5.5.3　系统设计

(1)进排气系统

燃气轮机进气系统与前章节叙述的基本相同。一般首制舰的燃气轮机进、排气系统需经模型试验。

柴油机进气系统在进气口一般装设二级除湿器。在进气管道内配置进气消声器状态下,消声器气流出口到废气涡轮增压器进口之间的管段长度,条件允许时应不小于最大通流截面当量直径的 3 倍,否则要进行配机试验验证,以不影响增压器正常运行为额度。进气系统直管段流速不大于 25 m/s 状态下,进气系统总阻力损失可控制在 1.5 kPa 范围内。

排气系统通常要安装排气消声器,但一般不考虑红外抑制设施。在排气流速不大于 45 m/s状态下,排气阻力可控制在 3 kPa 范围内。

(2)压缩空气系统

每台柴油机、燃气轮机均设置独立的起动空气管路及附件,系统功能与前章节叙述的基本相同。辅助设备的压缩空气系统,通常按需求配置减压设备和储气容器。

燃气轮机舱和柴油机及齿轮箱舱内通常配置电动中压空压机和高压空压机,其排量和出口压力按 1 小时内分别注满柴油机起动空气瓶组和高压空气瓶组至额定工作压力考虑,其中高压空压机还配备有独立海水冷却系统,其冷却能力能确保空压机排气冷却后的温度不超过 60 ℃。

柴油机起动空气瓶组配置的容量,按每台巡航柴油机包括电站柴油机用冷起动方式不少于 6 次考虑。

高压空气瓶组的容量按以下耗气设备综合选取。

- 能起动一台燃气轮机不少于 6 次,其中一次为冷吹循环和起动;
- 满足燃气轮机盘车冷却和水清洗循环耗气量;
- 向中压空气瓶组补充充气;
- 向舰上日用压缩空气系统提供气源。

为满足舰总体水下辐射噪声控制要求,中、高压空压机一般均采取单级或双级隔振弹性安装方式,以减小工作时传递的结构噪声。

(3)燃油系统

燃气轮机舱、推进柴油机舱、电站舱均为每台机组设置有独立的日用燃油(舱)柜,其容量按所在舱设备额定工况运行 4 h 耗油量考虑。其中燃气轮机舱高置油柜的位置应保证产生的油压可满足燃气轮机所需的燃油压力。所有燃油柜的泄放附件应为自闭式的,泄放的油通过泄放管排入污油舱。油柜的通气管一般应通至甲板以上,并在管口设置空气管头。油(舱)柜设置部位尽可能避开因燃油溢出或泄漏可能产生危险的处所。

燃油系统应分别在两个主机舱内各设置一台燃油驳运泵,其排量按 1 h 注满日用燃油(舱)柜规定容量考虑。燃气轮机燃油系统一般由燃油增压泵、燃油聚水型滤器、燃油压力调节阀和电动/手动控制阀等管路附件组成。通常每台机组配置一台增压泵,另外,为两台燃气轮机配置一台备用燃油增压泵。增压泵的排量和出口压力能够满足燃气轮机最大工况的耗油量和进口压力的需求,而燃油压力调节阀可按燃气轮机不同工况所需的燃油量自动进行调节,以保持燃气轮机的稳定运行。

推进柴油机燃油系统设计考虑基本同于 5.3.2(3)部分的叙述。

(4)滑油系统

每台燃气轮机、推进柴油机以及推进传动装置的滑油系统都是相互独立设置的。每台推进传动装置设有各自的循环滑油舱,其容量按推进传动装置滑油循环油量、消耗量和寿命等要求设计。

推进柴油机和燃气轮机滑油系统设计考虑基本同于前章节的叙述。

推进传动装置既减速齿轮箱的滑油系统通常由备用电动滑油泵、机带滑油泵、双联滑油滤器、滑油冷却器和滑油温控阀等组成。

当推进传动装置处于备车状况或螺旋桨转速低于 85 r/min 或齿轮箱滑油进口压力低于 0.08 MPa 时,备用电动滑油泵运行,给系统提供润滑用油;当螺旋桨转速达到或高于 85 r/min、齿轮箱滑油进口压力达到或高于 0.08 MPa 时,电动备用泵延时 60 s 后自动停止运行,由机带滑油泵作为滑油循环的动力源。电动备用泵和机带泵都从齿轮箱循环滑油舱吸油,泵出的压力油经过双联油滤器过滤、滑油温控阀调节、板式换热器冷却后供至各润滑点。滑油在润滑的同时带走部分热量,通过齿轮箱底部的回油口流回到循环滑油舱。

通常为推进柴油机和推进传动装置有备用滑油舱,其容量可满足所述装置在规定续航力和自持期间停泊时的所有滑油耗量。每台燃气轮机一般也配备有备用滑油柜,或储备一定容量的桶装滑油。每台推进柴油机都配备各自的自动滑油加注补给油箱,其有效容积按柴油机在正常情况下连续运行 48 h 考虑。

此外舰上设置有滑油污油舱,其容量一般不小于循环滑油舱柜的容量。

推进柴油机和推进传动装置均各设有滑油补油泵和滑油污油泵。补油泵的排量按大约 20 min 可将一台柴油机滑油箱灌注到正常油位;污油泵的排量按大约一小时将污油舱的油抽出排至舷外设置。

(5)冷却系统

冷却系统分淡水系统和海水冷却系统。推进柴油机在机带淡水泵的基础上,设一台电动淡水泵,排量按柴油机暖机所用考虑。淡水预热一般为电加热,且带恒温控制器。

各推进柴油机一般设有淡水冷却器,冷却器的面积按海水(冷却介质)温度为 30 ℃及污垢系数 10% 的状态下带走淡水全部吸收热量考虑。淡水压力应高于海水压力。各柴油机所设置的膨胀水箱,其容量应不小于循环淡水容量的 15% 。

每套推进装置、每台柴油发电机组设置独立的海水冷却系统,且海水冷却系统除可由两舷通海阀进水之外,亦能由消防总管应急供水。对推进柴油机海水冷却系统一般配置两台(一台备用)电动海水泵,排量按柴油机最大功率需求设置。通海阀的设计考虑见 5.3.2(5)。

燃气轮机的海水冷却系统可参见前章节叙述。

每套推进传动装置海水冷却系统通常设有一台液力驱动海水泵(液压源来自推进传动装置滑油系统),向推进传动装置滑油冷却器、轴系各中间轴承、尾轴管、燃气轮机交叉起动空冷器,柴油机箱装体空冷器、燃油冷却器、海/淡水冷却器供冷却海水。

(6)调距桨液压系统

CODOG 推进装置一般都采用调距桨装置,调距桨装置的液压系统通常由主液压三联泵、电动启动备用液压油泵、电动提升液压油泵、双联液压油滤器、主阀块组件、辅阀块组件、配油器、高置液压油箱和电子控制箱等组成。

调距桨液压系统的主要功能是按推进监控系统的螺距指令,经电 - 液系统动作后,将桨叶转动至指令要求的螺距位置,达到所要求的调距桨工作状态。

该系统设有两台液压油泵，主液压三联泵组由传动轴系的减速齿轮箱驱动，启动备用液压油泵组为电动螺杆泵，液压油泵从双层底油舱吸油，油流经滤器后进入主控阀块，从主阀块 A 口（至配油器和桨毂）出来的是主调距压力油，该路油进入配油器的配油轴内，再进入主控制阀的阀芯（主控制阀布置在减速大齿轮箱内）。当进行螺距调整时，液压油通过主控制阀进入桨毂油缸的正车腔或倒车腔，推动桨毂活塞，实现螺距的调整。当不调距（或稳距）时，调距液压油在主控制阀阀芯－阀套形成的正开口处流回至主控制阀块的 B 口（桨毂回油），再回至油舱。

螺距调整的指令在电子控制箱中处理成电液比例阀（装在配油器上）的输入信号，电液比例阀控制油路的压力油由主控制阀块的 H 口（至辅助伺服马达）供给。电液比例阀的输出压力油控制辅助伺服马达的活塞位移，并由之拉动前述主控制阀的阀芯。阀芯前移，调距油经轴内油管进入位于桨毂内的调距油腔，使桨叶向正车调距；反之，阀芯后移，桨叶向倒车方向调整。

在齿轮箱尚未运转时，调距压力油由启动备用泵提供；齿轮箱开始运转后，则启动备用泵油路在主控阀块中自动卸荷，油流回至油箱。当齿轮箱带动的调距液压泵发生故障，不能提供压力油时，启动备用泵会自动启动，对系统提供调距压力油。

高置油箱用于保持桨毂内叶根处的静压力，防止海水进入桨毂。在系统进入运转状态后，调距系统会对高置油箱自动充油；当舰处于锚泊状态时，高置油箱中的液位开关会启动提升泵自动对油箱充油。

轴系上还有一套备用伺服马达。当调距液压系统故障或其他原因不能再调距时，可用临时接上的液压装置将桨叶调至正车螺距角，并将之固定在该螺距位置，螺旋桨便可按定距桨状态投入工作。

5.6　舰船蒸汽动力装置

蒸汽动力装置被用作舰船动力已有百余年的历史。它曾经统治了大功率舰船推进装置领域近半个世纪。舰用蒸汽动力装置与其他类型的舰船动力装置相比较，各有优缺点。然而在大功率的舰船动力装置中，汽轮机占有一定优势。当功率大于 2×10^4 kW 时多采用汽轮机，如我国现有的 051 型导弹驱逐舰其功率为 $2\times2.65\times10^4$ kW（2×36 000 马力）和俄罗斯的“956”型导弹驱逐舰其功率 $2\times3.68\times10^4$ kW（2×50 000 马力）。目前大型驱逐舰、航空母舰等舰用蒸汽动力装置中，机组的功率可达 5.7×10^4 kW（75 000 马力）。

蒸汽动力装置由于汽轮机采用高参数工质和高转速工作转子的连续工作过程，所以机组功率大；工作时运转稳定、噪音小、振动小、工作可靠性好，寿命长、使用期限可高达105 小时以上；可使用劣质燃料油等。但由于舰用蒸汽动力装置的单位功率的重量大，尺寸大，管路系统复杂；燃油消耗率大，装置效率低；在相同的燃料储藏量，其续航力低；机动性差，暖机所需时间长，工况过渡时间也长，对于舰船动力来说是其致命的弱点，因此从发展的眼光来看限制了舰船蒸汽动力装置的发展。

5.6.1　蒸汽动力装置的组成和性能

舰船用蒸汽动力装置一般由主锅炉、高、（中）、低压汽轮机、倒车汽轮机、主冷凝器、调车装置、减速齿轮箱、轴系、各型独立汽轮辅机、给水预热和除氧器、控制与监测系统等组成。

(1)舰用主锅炉

工作过程　燃油和空气按一定比例在炉膛中混合燃烧释放出热量后,锅筒中的水吸收热量产生饱和蒸汽,蒸汽集中在汽部,将绝大部分饱和蒸汽导入蒸汽过热器,经过再次加热以后变为过热蒸汽,并分别送至所需使用的设备处。锅炉的基本性能如下。

①工作蒸汽压力　通常是指锅炉中蒸汽的压力,现代舰用锅炉工作蒸汽压力在4.41~8.33 MPa。

②过热蒸汽温度　指过热器出口处的蒸汽温度,现代舰用锅炉过热蒸汽温度在400~510 ℃。

③锅炉效率　一般是指单位时间内被锅炉有效地接受的热量与同一时间内锅炉炉膛内燃料完全燃烧所能放出的总热量之比。现代舰用锅炉效率在0.7~0.9。

(2)舰用汽轮机装置

汽轮机装置主要由高压汽轮机;中、低压汽轮机;倒车级或倒车汽轮机;主冷凝器;减速齿轮箱;调车装置等部件组成。在汽轮机装置喷嘴中首先将蒸汽的热能转换成动能,然后在动叶片中变蒸汽的动能为机械的机械功。

汽轮机组的有效功率是既考虑了汽轮机内部损失,又考虑了汽轮机各种外部损失(又称机械损失,包括带动倒车级的空转损失、克服各种轴承阻力的损失、齿轮减速器的损失、轴系损失等)之后实际传给推进器轴的功率。

汽轮机机组的有效效率是汽轮机机组有效功率与汽轮机理论功率之比值。

舰艇在航行时,汽轮主机和螺旋桨的工作必须互相匹配,才能充分发挥它们各自的效能。二者匹配得好,还可以在特殊条件下(例如拖带、单桨航行等)尽可能保持舰艇有较好的机动性能。

要研究汽轮主机和螺旋桨匹配工作情况,除了螺旋桨性能外,还要了解汽轮主机的外特性曲线。

主汽轮机的外特性曲线,是指在变工况下汽轮主机的转矩 M,功率 N 与转速 n 之间的关系曲线,见图5-2。有了汽轮主机的外特性曲线和推进器的 $M-n$ 和 $N-n$ 曲线,可以研究二者的匹配问题。

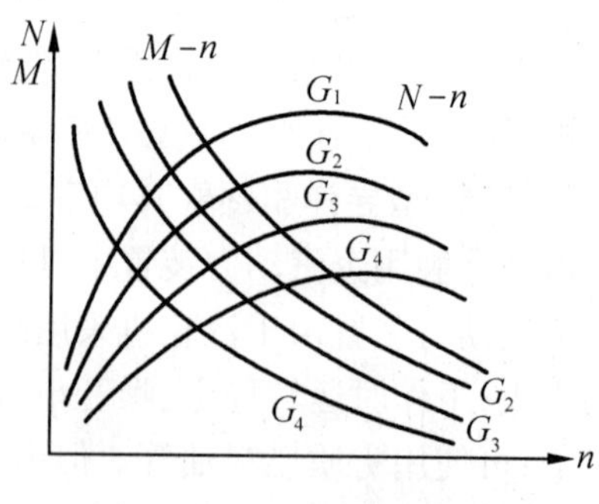

图5-2　汽轮机外特性曲线

(3)汽轮机装置的主要汽轮辅机

利用汽轮机来带动的各种辅机称为汽轮辅机。辅汽轮机由于总级数较少,一般为单缸式。

按照汽缸中心线的布置位置,舰船汽轮机可以分成卧式和立式两种。前者的汽缸中心线是水平的,后者的汽缸中心线是垂直的。主汽轮机和汽轮发电机都采用卧式。立式汽轮机由于在舱内占地面积小,常用来带动各种专用辅机(给水泵、滑油机、燃油泵、循环水泵等)。

舰船辅汽轮机的排汽压力有凝汽式和背压式两种。前者的排汽入冷凝器,所以其排汽压力等于冷凝器压力(是真空);后者的排汽汇集于废汽总管,废汽总管压力大于大气压力,称为背压式,这些汽用于给水加热器,炉水造水等设备。

在蒸汽动力装置中一般设置有炉水造水装置来制造炉水，要求炉水成品水的含盐度≤6 mg/L。

5.6.2 蒸汽动力装置的安装布置与系统设计

蒸汽动力装置的安装布置以俄罗斯“现代”级（SOVERMENNY）驱逐舰具有普遍的代表性，主锅炉、蒸汽轮机及齿轮箱通常设置在同一个水密舱中，组成完整的一套蒸汽动力装置。通常左、右舷分别安装布置主锅炉、蒸汽轮机及齿轮箱。原则上机舱中各设备的布置应便于安装、调试、操作、维修与损害管制，并尽可能使机舱内形成一环形通道，以便于舰员在应急状态下及时到达战位。

蒸汽动力装置系统较多，并且高温蒸汽管路多，特别是包敷绝热材料后管径较大，因此设备安装和管系布置要充分考虑与周围任一船体构件、电缆、辅助设备之间的间距，一般留有大于50 mm的间距；设备的备件及专用工具在备件室或维修活动处所的附近位置牢固固定，表面温度较高的设备和管路应与易燃管路、舱、箱柜保持合适的距离，电子电器设备、箱柜上方应避开油、水、气、汽管路的接头及设备泄放管；设备带压泄放及水、汽管的安全阀、泄放阀的排放口应引至舷外或安全处。

机舱内各系统的布置为主要辅助设备的维修、更换留有必需的空间，尽可能少拆卸管子、电缆、通风管道和其他已安装设备的情况下实施。

（1）蒸汽管路系统

①主过热蒸汽系统　将主锅炉产生的主过热蒸汽，输送至主汽轮机组；在停泊和应急情况下，通过连通桥管，使前后主机炉舱的主过热蒸汽能相互转驳。

从主锅炉产生的蒸汽通过主蒸汽截止止回阀和主蒸汽管，输送到调车装置。根据车钟命令，操纵正、倒车手轮（或在集控室操纵计算机和主机操作手柄），从而开启正车速关阀或倒车调车阀，把主蒸汽通过主蒸汽管送至高压汽轮机或倒车汽轮机进行工作，使舰前进或后退。在应急和起动需要时通过桥管的闸阀，可将主蒸汽从调车装置输送至另一机炉舱的调车装置或辅过热蒸汽总管。主过热蒸汽管路和附件必须根据输送介质的温度和压力选用合适的材料，一般应选用合金钢。对于高温高压的主过热蒸汽管应设置蠕变测量装置。

主蒸汽管路应根据输送介质的温度和压力，进行预应力计算，以便决定各安装点的冷紧值。

②辅过热蒸汽管路系统　辅过热蒸汽管路系统用来从主锅炉辅过热蒸汽阀引出的过热蒸汽，经隔离阀和管系输送给汽轮鼓风机、汽轮凝水－增压泵、汽轮给水泵和汽轮发电机作为这些设备的工作蒸汽。

每个主机炉舱从主锅炉的辅蒸汽阀引出过热蒸汽，分别经管子和截止阀引至总管，然后再由管系和阀件输送至用汽设备处。

③饱和蒸汽管路系统　从主锅炉饱和蒸汽阀引出的饱和蒸汽分别经管子和截止阀送入饱和蒸汽总管，在该总管上装有饱和蒸汽压力调节阀，使主锅炉在各种工况下均能保持总管内为设定的饱和蒸汽压力，并设有安全保护装置（安全阀），当总管内压力超过10%的设定饱和蒸汽压力时，自动将安全阀开启。

使用主机炉舱的连通桥管可使饱和蒸汽从一主机炉舱送至另一主机炉舱。

每个主机炉舱的饱和蒸汽通过饱和蒸汽总管和集管及各种阀件都输送给使用饱和蒸汽的设备。

某些使用饱和蒸汽的设备需要将饱和蒸汽压力降至某一数值，因此，在这设备的进汽管路上装有减压阀和安全阀；减压阀将蒸汽压力降低到该设备所规定的数值，安全阀用作当管路内蒸汽压力超过设备的允许值时保护之用。

④废汽管路系统　除汽轮循环泵的废汽排至主冷凝器（凝汽式）；其余汽轮辅机的废汽排至废汽总管（背压式）；通过废汽总管将废汽供给除氧器，主机汽封平衡箱和炉水蒸发装置等设备，多余的废汽通过废汽压力调节器排汽阀排至主冷凝器；或经隔离阀、放汽阀排至炉水造水机；由废汽压力调节装置的排汽阀和补汽阀使废汽总管内压力保持在（0.1±0.01 MPa）。

汽轮循环泵的废汽通过管系直接排至主冷凝器。

来自各种汽轮辅机的废汽排入总管可供给除氧器、主机汽封平衡箱和炉水蒸发装置等设备。作为工作介质多余的废汽或经废汽压力调节器排汽阀排至主冷凝器；或经隔离阀，排至炉水蒸发装置作加热介质。

蒸汽系统还包括：安全阀排汽系统、高、低压吹洗系统、主辅汽轮机汽封和汽封抽气等管路系统。

（2）烟风道管路系统

进气管系供给锅炉燃烧所需要的空气，并借此降低主机炉舱内的温度；排烟管系将锅炉燃烧后的烟气引入烟囱并排至大气。

每台锅炉具有独立的进气、排烟管系，在同一舱内的锅炉进气管设有连通管。进气系统可以通过调节挡板相互转换给锅炉供气。

汽轮鼓风机由外界和机炉舱吸入空气，经过鼓风机螺旋形蜗壳及进气管道，将空气送往锅炉前后墙的夹墙内。锅炉运行时，空气自空气夹墙经每个工作着的喷油器的调风机构分别旋转地进入炉膛，供给锅炉燃烧所需要的空气。当舰上主锅炉全部停止运行时，主锅炉点火所需要的空气由机炉舱通风系统中的电动通风机来供给，此时通风机将空气由外界送往锅炉进气管道，经调节挡板可送往任何需要起动的锅炉。锅炉燃烧后的烟气由侧向单烟道排出，经安装在外烟囱的排烟管道，排至大气。

每台锅炉的排烟管道出口处装有烟囱盖，防止在停炉时雨水进入烟道和炉膛。烟囱盖通过滑轮、链条、钢索在机炉舱锅炉棚内进行开闭，并在操纵部位和主机操纵台上有灯光指示烟囱盖的开闭状态。

为减少进气管道对锅炉的压力和补偿锅炉热位移对进气管道的作用力，在每台锅炉的进气口上安装有不锈钢波纹管。

（3）日用燃油系统

将日用燃油舱中燃油经过滤后输送给主锅炉点火和运行，同时将压力油引至喷油器和继动器；将系统中多余的燃油和溢油引入日用燃油舱；检查和排除日用燃油舱中的积水和污油。

燃油泵的压出压力是由燃油压力调节器来控制的，在燃油总管滤器前引出燃油至燃油压力调节器，经燃油压力调节器的燃油由回油管系引至日用燃油舱。当总管内压力升高时，在压力调节器的作用下，将调节阀开大，增加回油使总管压力下降，从而保持总管内压力在所需要的范围内。

（4）滑油系统

滑油管系供油至以下部位：主汽轮机组和给水泵、凝水－增压泵的各轴承及齿轮啮合处；正车速关阀和倒车调节阀、油遮断器、汽封平衡箱压力调节器等调节系统处；自控或遥控时速关阀，正、倒车离合器的伺服机构（小油缸）。

在正常的情况下，由汽轮滑油泵工作，当汽轮滑油泵发生故障时，滑油总管压力降至 0.245 ~ 0.265 MPa 时备用电动滑油泵自动启动，向主机及给水机组，凝水－增压泵供油，保证主机和给水机组，凝水－增压泵正常工作。当备用电动滑油泵发生故障或其他原因使滑油总管压力继续下降到 0.198 MPa 时，电动滑油输送泵自动投入工作，向给水泵和凝水增压泵供油保证他们正常工作，此时，主机应紧急自动停车。当电动滑油输送泵发生故障或管路失压不能向汽轮给水泵和汽轮凝水－增压泵供油时，应使用手摇滑油泵向汽轮给水泵和凝水－增压泵轴承供油，此时给水泵和凝水－增压泵应停机。

循环滑油舱中的滑油，由汽轮滑油泵经磁性滤器或由备用电动滑油泵经磁性滤器吸出。由汽轮滑油泵或备用电动滑油泵压出的滑油，进入滑油总管。在这两台油泵的压出管路上，分别装有截止止回阀，以切断滑油通过不工作的油泵倒流回油舱。滑油总管的滑油经滑油总管滤器，送至滑油冷却器。滑油在冷却器中被冷却之后，从第Ⅰ级和第Ⅱ级滑油出口排出送至不同要求的用户。

在通往汽轮机组每一只支持轴承，推力轴承的压力油管上都有节流阀以调节进油压力在要求的范围内。

所有回油口均将滑油回至循环滑油舱。

(5)凝水－给水管路系统

本系统的主要功能是保证凝水－给水的闭式循环（主冷凝器－除氧器－主锅炉），并进行锅炉给水加热和除氧；补充系统中所损耗的给水；保持主冷凝器的真空；保持主冷凝器、除氧器、主锅炉所规定工作水位；保证主抽气器、逸汽冷却器的冷却以及给水泵，凝水－增压泵下轴承的润滑冷却。

每台冷凝泵均能从主冷凝器吸入凝水，并将凝水经总管送入主抽气器（供一台或两台主抽气器冷却），从主抽气器排出的凝水进入逸汽冷却器（供逸汽冷却器冷却），凝水经主抽气器和逸汽冷却器两次加热后经截止止回阀导入除氧器给水喷雾阀（喷雾阀的开度借喷水压力自动调节），并通过喷雾阀环形间隙向除氧器的容汽空间喷出，对凝水进行除氧。

在凝水进入逸汽冷却器前有一支管接至与前后主机炉舱的主冷凝器相连的凝水桥管上。它与主蒸汽、饱和蒸汽桥管一起使两个机炉舱之间形成蒸汽－凝水－给水的闭式循环。在动力装置起动或其他应急情况下，可以连通两个主机炉舱。

给水泵出口处的空载排出止回阀用以保证给水机组低负荷工作的稳定性。当给水机组起动时或锅炉耗水很少时，给水泵可不向锅炉送水或送很少的水，并通过空载排出止回阀的旁通将水回至除氧器。当锅炉需要给水或给水量逐渐增加时，该阀前后出现压差并随之逐渐增大，使止回阀逐渐开大，旁通阀自动关小。当止回阀开启到一定程度，旁通阀自动截止。因此，在装置正常运行时，给水泵压出的给水全部进入主锅炉而不应有水回至除氧器。

(6)主、辅机冷却系统

冷却系统将海水供给主冷凝器，主滑油冷却器和汽封抽气冷却器等处；由消防系统输送海水供给各汽轮辅机，轴系中间轴承，艉轴管轴承，污冷凝水柜，炉水取样冷却器等的冷却用。

主冷凝器和主滑油冷却器等的冷却循环系统是采用自流循环式的。当舰速超过一定航速时,即可利用舰速所形成的压头和泵的工作来进行循环,这时用蒸汽使汽轮循环泵工作,同时也减少了流阻。在暖机、低航速航行、换向或倒车时,均要开动汽轮循环水泵工作。也可使用自动脱轴装置,将泵和汽轮机脱开。

海水从自流循环进水接管吸入,经闸阀进入泵。由泵压出的海水分两路由进水接管进入冷凝器,经冷凝器后的海水分两路经蝶阀排至舷外。

汽轮循环泵上有事故接口,通过电动蝶阀和接管接至舱底,当机舱破损大量进水时,可利用事故接管,打开电动蝶阀,关小(或关闭)进水闸阀,将机舱中的水由泵抽经主冷凝器排至舷外。

汽轮滑油泵,汽轮燃油泵,汽轮鼓风机以及其他的汽轮辅机和附属设备的冷却,均是通过消防总管引出的支管来完成的。设备冷却后的海水排至舷外。

5.7 舰船动力装置监控系统

5.7.1 一般要求

舰船动力装置的监控系统由控制系统、监测报警系统和安全系统构成。系统设计能够满足舰船动力装置在各种运行工况下的监控要求,以及故障安全的原则设计。控制部位一般分为驾驶室、机电集控室(站)、机旁控制三级,按机旁优先的原则设计,机电集控室(站)的控制比驾驶室控制站的控制优先,机旁控制站的控制比机电集控室(站)优先。此外,监控系统应设有必要的越控设施。所采用元件、组装件应系列化、通用化、模块化,且应有机旁手动控制设施,从半自动、自动控制转换到手动控制应简单、迅速、可靠。

舰船推进系统的监控系统一般按如下分类。

Ⅰ类控制　舰船推进系统的设备及系统装有控制、监测报警及安全系统,由驾驶室(指挥舱)控制站、集中控制站进行遥控和自动控制,以及机旁控制站进行机旁手动控制。由驾驶室(指挥舱)控制站遥控时,集中控制室(站)应配备人员值班监视。

Ⅱ类控制　舰船推进系统的设备及系统装有控制、监测报警及安全系统,由集中控制室(站)进行遥控和自动控制,机旁控制站进行机旁手动控制。

Ⅲ类控制　舰船推进系统的设备及系统装有控制、监测报警及安全系统,由驾驶室(指挥舱)控制站进行遥控和自控,机旁控制站进行机旁手动控制。

5.7.2 柴油机动力装置的监控系统

柴油机推进系统的监控系统由主柴油机推进(传动)装置、轴系和螺旋桨及其保障系统的控制与监测构成。

对多机多桨的柴油机推进系统,每一推进系统一般配有独立的监控系统。

(1)柴油机及其保障系统的监控

备航通常实施手动操作,当实施半自动、自动控制备航时,控制系统设置有必要的连锁程序,以确保备航程序没有完成前不能起动柴油机;当起动失效时应能自动实施再起动的程序。起动失败起动的次数通常应不多于3次,超过3次或起动时间过长时,应立即自动停止再起动,同时向相关部位发出声、光报警,只有将远距离控制手柄推至“停车”位置复位后，才能执行再起动程序。

监控系统在自动或遥控工作状况时，柴油机推进系统发生故障，如柴油机滑油压力过低、柴油机冷却水温度过高、柴油机排气温度过高等故障，监控系统能够自动降低柴油机转速和功率并在有关控制站发出声、光报警。当发生柴油机超速、隔声罩内发生火灾等，监控系统能够使柴油机紧急自动停车并在有关控制站发出声、光报警。

安全系统按“故障安全”的原则进行设计，安全系统在推进柴油机各工况下正常工作。当越控功能投入工作，安全系统某些保护功能被解除，同时在有关控制站发出声、光信号。越控被取消时，安全系统某些保护功能应能自行恢复。一般除柴油机滑油压力过低和超速自动停机外，其他安全保护动作应能越控，而在柴油机曲柄箱设有油雾监测报警或主轴承温度监测报警时，即使柴油机滑油压力过低自动停机也可越控。

控制系统在柴油机工作转速范围内设有转速微调机构，以及迅速越过和避开转速禁区的控制程序。

柴油机在自动加速和换向程序中应设有紧急操作程序。其独立的紧急停车装置应包括主电源失电时自动转换至蓄电池或不间断电源供电，紧急停车时各控制站发出声光报警以及柴油机紧急停车后非经手动复位不得重新起动。对各柴油机的紧急停车按钮或开关尽可能集中布置并作红色标记，有防误触动的按钮罩盖等措施。

一般对柴油机滑油压力低，冷却水出口温度高，排温高，主轴承温度高，推力轴承温度高，活塞顶冷却介质温度高，压力低或流量小以及二冲程扫气温度高（或火警）均设置声、光报警。

在柴油机（含设置的减速齿轮箱）滑油压力过低、超速或所设隔声罩有火警时，应在自动停机基础上，发出声光报警。设有辅助鼓风机起动的二冲程柴油机，其控制系统包含有鼓风机自动起动以及与自动停车连锁的措施。

(2)柴油机传动装置系统的监控

柴油机传动装置、轴系和螺旋桨的控制系统包括：只有当柴油机转速低于预定值时，离合器才能合上或脱开；在多机单桨情况下，当实施紧急停车时或因故障自动停车时离合器应自动脱开。当离合器控制动力源不足时，须在有关控制站发出声光报警。调距桨远距离控制台到液压执行机构之间的控制，动力源失效或系统压力下降到预定值时，应发出声光报警。同时备用泵应立即自动起动投入运行；或有措施将桨叶锁定在全正车螺距角位置，当作定距桨使用。

5.7.3　蒸汽动力装置监控系统

(1)主锅炉及其保障系统的监控

控制系统应能确保在驾驶室监视和在集中控制站或机炉舱操纵主锅炉的起动、供水、供汽、燃烧、停炉及维持规定参数的正常运行。

自动点火的主锅炉点火程序应包括确保点火前锅筒水位在下标记处；点火前向炉膛扫气约3 min；点火失败应迅速关闭1号喷油器进油阀。经通风约3 min后才能再点火。三次点火不着火，应在排除故障后，才能再点火。

在所有喷油器同时熄火，锅炉水位过低，进气空气压力失压时应能自动关闭燃油总切断电磁阀，并在控制站发出声、光报警，且自动关闭该阀，非经人工复位不得再起动。

集中控制台应设手动燃油总切断阀按钮，并配置防误触动措施。控制系统应设锅炉所有喷油器熄火后进行后扫气设施，扫气时间应不少于3 min，维持主锅炉运行的辅设备除应能机旁控制外，还应能在集控室进行远距离控制。当给水总管压力下降至低于主锅炉工作压力，以及燃油总管压力降至规定工作压力时，应能立即起动备用给水泵、备用燃油泵。

主锅炉所设燃烧自动调节系统应包括主蒸汽压力调节回路、空气压力调节回路、燃油压力调节回路、燃油温度或粘度调节回路，使所控制的参数偏差在允许范围内。主锅炉给水调节系统应包括锅炉水位和锅炉给水压力调节回路以及除氧器水位调节回路，以使水位维持在正常值，不超过规定的最高、最低水位，保持总管给水压力维持在规定值。

蒸汽管路调节回路应包括废汽总管压力、除氧器压力调节回路以及饱和蒸汽总管压力调节回路、冷凝器水位调节回路、滑油温度调节回路以及管路静态偏差保持在允许范围内。

(2)主汽轮机组及其保障系统的控制

控制系统应至少从集中控制站对主汽轮机组进行起动、正倒车换向、调速、停车、紧急停车及在舰船所需工况稳定运行进行操纵。

在驾驶室设有控制站时，则驾驶室和集控站均应设置独立的紧急停车装置，以处理下列故障：

当主汽轮机组(含减速齿轮)进口滑油压力低于规定极限值或汽轮机转子轴向位移大于规定极限值或汽轮机转速超过额定转速115%时应自动停车；主冷凝器真空或主冷凝器凝水水位高于规定的最高水位或汽轮机振动超过允许振动值或主汽轮机轴承温度高于规定值时，主汽轮机组应自动或手动减速。

处理过程应自动切断或自动/手动减少供汽轮机的蒸汽，达到自动停车或自动/手动降速，并在有关控制站发出声、光报警。

当驾驶室不设控制站时，则驾驶室和集控站均应设“要求越控”按钮，以处理对自动降速安全保护项目进行越控。越控时应发出声光报警。

主汽轮机组运行必须的辅机设备除应能机旁控制外，还应能在集控站进行远距离控制，至少能对滑油泵、凝水泵、给水泵发生切换要求时，自动转换到备用相应泵组运行。但对Ⅱ类控制的动力装置亦可不配置自动切换装置。

对主冷凝器水位、汽封蒸汽压力、滑油温度要求能自动调节。能自动和远距离起动的主汽轮机组须配置有效连锁机构，以保护主汽轮机因意外情况如盘车机啮合，制动器刹紧等而损坏。

驾驶室控制站通常对自动或手动降速，故障自动停车等故障报警采用综合报警，而集控站的机械故障报警须采用单项显示。

辅汽轮机和齿轮传动装置的控制均只要求一级控制，即在发生故障情况下，要求自动停车。

5.7.4 燃气轮机动力装置监控系统

燃气轮机推进系统的监控系统由燃气轮机、传动装置、轴系和螺旋桨及其保障系统的控制与监测构成。

燃气轮机推进系统的舰船一般采用Ⅰ类控制系统。

(1)燃气轮机及其保障系统的监控

燃气轮机推进系统的控制和监测是确保在驾驶室控制站和集中控制站能按全可靠地操纵燃气轮机组，确保燃气轮机组进行起动、加速、停车、紧急停车及在舰船所要求的工况下保持稳定运行。在驾驶室控制站和集中控制站均设有独立的紧急停车装置。如果采用燃气轮机组调距桨推进装置,控制系统一般设计为单手柄控制形式,即一个手柄同时操纵燃气轮机负荷和调距桨桨叶螺距角,由控制系统来保证燃气轮机功率与调距桨的螺距相匹配。

燃气轮机的电子监控系统设有自动起动程序,可按燃气轮机起动指令自动完成燃气轮机的起动。一般在燃气轮机的起动程序中设置有必需的起动连锁条件,如盘车装置未脱开、轴系制动器未脱开、动力涡轮未脱开等,以防止损伤燃气轮机。在执行起动程序时,若发生不正常情况,起动程序自动停止并在各控制部位发出燃气轮机起动失败的声、光报警。

监控系统在自动或遥控工作状况时,燃气轮机推进系统发生故障,如燃气轮机滑油压力过低、燃气轮机滑油回油温度过高、动力涡轮振动过高等故障监控系统能够自动降低燃气轮机转速和功率至慢车工况,并在有关控制站发出声、光报警。当发生燃气轮机超速、隔声罩内发生火灾等,监控系统能够使燃气轮机紧急自动停车并在有关控制站发出声、光报警。

安全系统按“故障安全”的原则进行设计,安全系统在推进燃气轮机各工况下正常工作。当越控功能投入工作,安全系统某些保护功能被解除,同时在有关控制站发出声、光信号。越控被取消时,安全系统某些保护功能自行恢复。一般除燃气轮机滑油压力过低、超速和隔声罩内发生火灾自动停机外,其他安全保护动作一般能越控。

在燃气轮机的各操纵部位设置有独立的紧急停车按钮或开关,紧急停车时各控制站发出声光报警以及燃气轮机紧急停车后非经手动复位不得重新起动。对各燃气轮机的紧急停车按钮或开关尽可能集中布置并做红色标记,有防误触动的按钮罩盖等措施。

(2)燃气轮机传动装置系统的监控

当减速齿轮装置滑油压力低于限制值Ⅰ时,控制系统自动起动电动备用泵;若滑油压力继续下降低于限制值Ⅱ时,控制系统将发出指令自动降低燃气轮机转速或自动停车,并在有关控制站发出声、光报警。

调距桨的电－液控制系统一般设计为闭环控制系统,控制程序按系统的指令完成螺距的调节,以保证螺距改变时燃气轮机不出现超负荷。

一般控制调距桨桨叶螺距角的执行机构液压系统设有二台液压油泵,当液压系统液压油压力下降到预定值(此时仍能进行操纵)时,在有关控制站发出声、光报警,同时控制系统自动起动电动备用液压油泵。

5.7.5　CODOG推进装置监控系统

无论柴油机推进方式还是燃气轮机推进方式均要求控制系统按指令程序(由舰推进装置稳态匹配特性设计的推进控制手柄与船速近似成线性关系的分析结果)调整柴油机/燃气轮机转速和功率以及调距桨螺距,并确保在所有运行工况下的基本参数均不超过允许值。其控制方式分自动、半自动和手动,一般以机电集控室自动方式为主。驾驶室只能用自动方式、机电集控室可选用自动、半自动方式、机旁只能用半自动或手动方式。

所执行的控制任务包括:远距离控制整套推进装置;监控部位的转换;柴/燃推进方式的转换;指令程序控制推进装置的加速或减速;调距桨匹配螺距;柴/燃推进主机认可的负荷特性;柴油机液力偶合器控制;单手柄控制两套推进装置;安静运行方式;在集控室或机旁用半自动控制按钮调节柴油机/燃气轮机转速和功率以及调距桨螺距;自检功能;执行机

构、推进控制手柄和控制线路的系统检查,以及两套推进装置控制系统之间经常进行的数据通讯。

其中对推进柴油机的控制功能应包括:通过柴油机转速指令与推进控制手柄之间的程序关系实现程序控制;转速指令的速率控制;螺距/推进控制手柄反相识别以限制柴油机转速增加;柴油机负荷控制。

对燃气轮机的控制功能应包括:通过燃气轮机功率手柄角度指令与推进控制手柄之间的程序关系实现程序控制;通过轴系转速与推进控制手柄之间的程序关系修正燃气轮机功率;通过螺距/推进控制手柄反相识别,以使手柄指令降至最低值而防止超速;功率手柄角度指令的速率限制;螺距预置,用于提前增加负荷;螺距限幅功能以限制功率手柄指令而防止超速;轴系转速的积分调节,用于因船体阻力增加的功率微调;最小轴系转速的控制;环境温度补偿,以防燃气轮机功率随环境温度变化而引起超扭。

对调距桨螺距的控制应包括:通过螺距指令与推进控制手柄之间的程序关系实现程序控制;螺距速率控制。

对机旁控制功能应包括:推进柴油机和燃气轮机机旁监控板应能控制发动机的起动和停机;推进柴油机箱装体上的操纵手轮应能自动控制柴油机转速;燃气轮机机旁监控板所设按钮用于控制燃气轮机功率,在其箱装体上的应急手动拉杆用于调节燃气轮机功率。柴/燃机旁监控板上还应设调距桨调节按钮。在配油器上还应设应急手动调螺距按钮。

5.8 动力装置的轴系

舰船轴系是动力装置的功率传递部分,其任务是将主机发出的功率通过轴系传给螺旋桨,并将螺旋桨产生的推力传给船体,使舰船获得前进、后退的动力。

轴系位于主机输出法兰至螺旋桨之间,起连接它们的作用。轴系包括以下部件:传递主机功率用的传动轴(中间轴、螺旋桨轴、艉轴、推力轴及连接轴与轴用联轴器等)、支承传动轴用的轴承(推力轴承、中间轴承、艉管轴承、艉轴架轴承等),起密封作用的密封装置(隔壁密封装置,艉管密封装置、螺旋桨密封装置、艉管轴承及艉轴架轴承的密封装置等)、起连接作用的联接部件(中间轴法兰连接螺栓、速拆接头、调距桨桨毂与螺旋桨轴尾端法兰连接件等)、轴系运转性能的检测设施(如转速、扭矩、功率、轴承温度等的检测仪器和仪表)、吸收主机发出功率并产生推力的螺旋桨等。

5.8.1 轴系的工作条件和要求

由于轴系位于水线以下,一部分轴系长期浸泡在水中,工作条件恶劣,受力复杂;同时还受到船体变形、装载回转、正倒车等因素的影响。如果轴系设计布置或安装不当,往往会导致轴系摩擦部位发热、剧烈的磨损,甚至发生断轴事故,一旦轴系发生故障,往往使船舶停航或进坞检修而影响军事和经济效益,因此在进行轴系设计时必须严格要求。

5.8.2 轴系的布置和设计

轴系的设计工作从布置入手,当机舱内主机和螺旋桨位置初步确定,并对船体的尾部总线型、结构和同类型轴系的结构有充分了解之后,进行轴系的设计工作。首先通过布置确定轴系长度，再决定轴承位置和间距等。根据规范计算确定基本轴径。在轴径及轴承间距尺寸初步确定的前提下，即可进行轴系的强度校核。舰船轴系还要进行必要的振动计算和合理校中计算。然后对轴系部件进行结构设计及选型，最后绘制轴系布置图、艉轴管总图及有关零部件图纸。

单轴系的轴线布置常在船舶的纵中剖面上；双轴系的轴线对称布置在船舶两舷；三根轴系的船舶，一根布置在船舶的纵中剖面上，其余两根对称布置在机舱左右两舷。

为了能使主机功率有效地转变为螺旋桨推力，轴线最好布置成与基线平行；双轴系和多轴系的船舶中，最好将轴线布置成与船舶纵中剖面相平行和对称。当主机或齿轮箱的功率输出法兰位置较高，而船舶的吃水较浅时，为了保证螺旋桨叶片在船舶空载时也不露出水面，有时不得不使轴线倾斜一定角度。轴线与基线的夹角称为轴线的垂直倾角，用 α 表示(图 5 -3)。有些双轴系和多轴系的船舶，为了保证螺旋桨叶的边缘离船壳外板有一定的间隙，或出于机桨布置的需要，允许轴线在水平投影面上不与纵中剖面平行，向外或向内倾斜，这个纵舯剖面与轴线在水平投影面的夹角，称为轴线的水平偏角，用 β 表示。

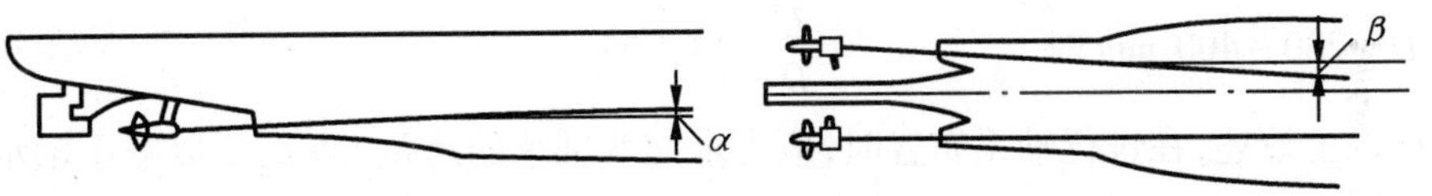

图 5 -3　轴线的倾角 α 和偏角 β

当轴线出现倾角 α 和偏角 β 时，将使螺旋桨的推力受到损失，其有效推力

$$T_{效} = T_{桨} \cdot \cos\alpha \cdot \cos\beta$$

式中　$T_{效}$——螺旋桨有效推力；

$T_{桨}$——螺旋桨推力。

为了保证足够的螺旋桨有效推力 $T_{效}$，必须对倾角 α 和偏角 β 加以控制，一般将倾角 α 控制在 0 ~5°之内，偏角 β 则控制在 0 ~3°之内。

轴线位置由首尾两基准点位置确定，当主机和螺旋桨位置确定后，轴线位置就确定了。

(1)轴承的位置

轴承中各支承轴承均与船体刚性连接，所以船体的变形将引起轴承的径向位移，这种位移会使轴承的负荷增加许多倍甚至十几倍，致使轴承处产生剧烈的磨损、发热，甚至咬死烧坏。

为了减小船体变形对轴承的影响，可采取下列措施：

- 将中间轴承布置于舱壁附近；
- 采用自动整位式球面轴承或向心球面轴承；
- 缩短轴瓦长度；
- 采用挠性联轴节。

轴承的轴向位置还与各轴承负荷的均匀程度有关。特别是在需进行合理校中的轴系中，为取得校中的满意结果，应使影响系数尽可能小，在布置时应对轴承的轴向位置作多方案的计算和论证。

(2)中间轴承的数目

现代舰船的中间轴承数量为每节中间轴设置一只中间轴承。这样适当减少支承点会增加轴承弯矩,但轴系变形牵制减少,轴系附加负荷减少,船体变形对轴系影响相应减少,对轴系工作有利。

在实船中,船体由于风浪、水流、装载变化和轴系安装的误差,引起各轴承的实际中心线偏离理论中心线。轴系的变形在运转时将使传动轴和轴承的配合处产生附加负荷。两轴承间距愈小,当轴承变位时,它对轴线的牵制作用愈大,其附加负荷也愈大,故轴承的间距太小是不利的,应对它有所限制。

(3)尾轴承的间距

尾轴承因工作条件恶劣,较易损坏,且尾轴承间距对尾轴承比压影响极大,故对尾轴承的跨距(L)要求比中间轴承跨距(L)更为严格。通过计算和实船调查,长径比(L/D)值推荐采用以下数据(L 为轴承跨距,D 为支撑轴径)。

当 $D=400\sim650$ mm 时 $\quad \dfrac{L}{D}\geqslant 12$

当 $D=230\sim400$ mm 时 $\quad \dfrac{L}{D}\approx 14\sim25$

根据以上论述,在进行轴系布置时,应力求使两轴承的跨距 $L\geqslant L_{\min}$,以减小轴承的附加负荷,但轴承的跨距也不宜太大。$L_{\min}$ 为上述公式计算的最小值。

(4)轴承负荷的分配和调整

①轴承比压的计算　一般轴系负荷的大小用轴承比压 P 来表示

$$P=\frac{R}{D\cdot L_S}\quad (\text{MPa})$$

式中 R——轴承负荷,N;

D——轴颈直径,m;

L_S——轴承衬长度,m。

在进行轴系布置设计时,必须使各轴承的比压在许可范围内,并力求使各轴承的负荷均匀。一旦轴承发生负荷过重,超过了许用比压,将导致轴承迅速磨损、发热及其他事故。

②轴承支反力位置的确定　最靠近螺旋桨的后艉轴架轴承支承点距轴承尾端面的距离,取一倍轴径或四分之一轴承长度两者中之大值。

其他轴承均取轴承长度中点作为支承点。

5.8.3 传动轴的设计

传动轴的任务是连接主机(齿轮箱)输出法兰和螺旋桨的桥梁,将主机发出的功率,输送并传递给螺旋桨。

传动轴由螺旋桨轴、尾轴、中间轴、推力轴以及将它们相连接的联轴器所组成(对于有减速齿轮箱水面舰船,因其推力轴往往设置在减速齿轮箱中,所以不设推力轴)。对于现代舰船,因水中轴部分太长、为了便于制造和安装,常将其分成两节,并用联轴器将两者相连,这时与螺旋桨连接的轴称为螺旋桨轴,联轴器前的一段轴称为尾轴,见图 5-4。

传动轴位于水线以下,称为水中轴,其工作条件比较恶劣,在运转时,还受到螺旋桨产生的阻力矩和推力的作用,使传动轴产生扭转应力和压缩应力;轴系本身重量产生的弯曲

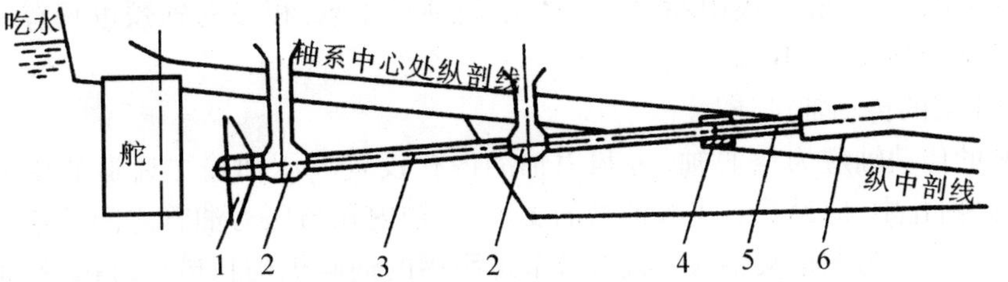

图5-4　螺旋桨轴与尾轴

1—螺旋桨;2—人字架;3—螺旋桨轴;4—联轴器;5—尾轴;6—尾管

应力;轴系的安装误差、船体变形、轴系振动以及螺旋桨的水动力等所产生的附加应力等。以上诸力,往往周期变化。船舶在紧急停车、倒车或转弯、在风浪中剧烈纵摇或横摇时,传动轴所受负荷增大,会产生发热或损坏。

为了保持传动轴工作可靠,且有较长的寿命,在设计时必须使其有足够的强度、刚度,有合理的结构尺寸,并尽可能减少其长度和重量,还要考虑有利于制造和维护。

(1)水中轴的设计

①轴段　其基本轴颈位于轴段的中间部分,两端与支承部分的轴颈相连。水中的基本轴颈已由计算结果确定,再按CB*82-88《船舶轴系轴颈直径》进行确定。轴颈部分一般除应考虑承担传递功率之外,尚存在磨耗损失和集中载荷,因此,支承轴颈应比基本轴颈大,增大5~20 mm,艉轴架后的支承轴颈要比基本轴颈增大30~50 mm。

②轴套　对采用水润滑的螺旋桨轴和艉轴,为了避免海水对钢轴的腐蚀及减少轴颈的磨耗,在其轴颈处嵌装有轴套。

轴套材料一般采用锡青铜QSn10-2。轴套采用热套(红套)法装配于轴上,轴套与轴颈上应留适当的过盈量。

轴套一般制成整体,当轴套过长时,也可采用分段制造,轴套与轴套之间的接缝用搭接。

③防护　为了防止轴干的非工作表面遭受电化腐蚀和海水的化学腐蚀,在海水中运行的水中轴,必须考虑防腐措施和避免机械损伤。目前,使用最可靠最广泛的办法是采用玻璃钢包覆层加以防护。

④连接形式

a. 机械联接;

b. 液压无键连接;

c. 环氧树脂粘接(适用于小艇)。

对于螺旋桨轴和尾轴之间采用液压联轴节进行连接的,应考虑空心的水中轴内径与外径之比,如内径与外径之比(d/D)≥0.55,则在安装液压联轴节处的空心部位必须套入加强衬套(心轴)以确保轴不因安装液压联轴节引起的变形,保证液压联轴节连接的可靠。

(2)中间轴的设计

中间轴的长度和数量由主机和螺旋桨之间的距离决定。

中间轴的结构形式主要有整体式法兰和带有可拆法兰两种。现代舰船均用整体式法兰的中间轴,其连接型式和基本尺寸可参照CB/T145-94《船舶轴系整锻法兰连接型式和基本尺寸》。

在现代舰船中，一般每根中间轴用一个中间轴承支承，相应的轴颈也只有一个。其支承轴颈较基本轴颈大 5 ~ 10 mm。

(3)调距桨的传动轴设计

调距桨的传动轴应为空心轴，可利用轴的内孔设置液压油输送通道的压力油管。因此，在轴段的内孔中，应设置有支撑油管的支承，而轴内孔与压力油管之间的空间作为液压油的回油通道。因为调距桨桨毂中设有调节螺距用的伺服机构和传动机构，调距桨的重量较重，且悬臂的长度较长，使集中载荷增大，所以调距桨与螺旋桨轴的连接多采用法兰联接，而且在后艉轴架的轴承处的轴径要比基本轴额有较大的增加。

(4)传动轴的材料

传动轴的材料应具有高强度、可塑、耐疲劳和耐冲击的良好机械性能，同时应具有均质结构而没有残余应力，且易于机械加工。

机械性能的主要指标是抗拉强度 σ_b、屈服强度 σ_S，以及表示塑性的指标，如收缩率 Ψ、延伸率 δ 和韧性等。轴的可塑性也很重要，因为非塑性材料过渡处因局部应力容易产生微小的裂缝，这往往是轴断裂的起因。韧性用平均冲击功 A_{KV} 表示。耐疲劳强度用抗扭耐久极限 τ_{-1} 表示。

现代舰艇的传动轴一般用 35CrMo，34CrMo1A，40Cr，34CrNi3Mo 等合金钢材料锻造而成。

5.8.4 轴系主要附件的选用

(1)中间轴承

中间轴承按其基本结构及摩擦形式，可分为滑动轴承和滚动轴承两大类。

滑动式中间轴承的轴衬(轴瓦)浇有白合金，为了减少轴颈与轴瓦之间的接触摩擦，必须在两者之间供给适量的润滑油。滑动式中间轴承具有结构简单、工作可靠、成本低、安装维修方便、承受载荷较大的特点，已广泛使用于各种船舶中。现代舰船大多采用水冷却自然润滑(单油环)中间轴承。

滚动式中间轴承主要用于轴颈小于 ϕ70 mm 的小型船舶。

(2)水润滑轴承

水润滑轴承设置于前后艉轴架和艉轴管轴承处。它除了承受螺旋桨的集中载荷和螺旋桨轴、尾轴的重量之外，还要承受更为复杂的负荷。因此，水润滑轴承的设计在轴系附件设计是关键的项目。

水润滑轴承的材料常用的有橡胶，层压板，热塑性高分子合成材料，如赛龙、飞龙、凡事可等。

水润滑轴承的结构主要应考虑如下问题。

①足够的支承面积　用于承受螺旋桨、螺旋桨轴或尾轴的重量及支反力；

②足够的冷却水槽　用于水流足以带走水中轴与轴承摩擦所产生的热量；

③良好的工艺性　结构设计时应充分考虑水润滑轴承的水胀系数，以便轴承制作或加工之后，在水中使用状态时，保证合理的轴承间隙。

(3)艉轴管密封装置

为了防止舷外水沿着尾轴与船体之间的间隙浸入舰体内，在轴系的出水处，设置艉轴管密封装置。

艉轴管密封的型式可以为　填料密封、机械密封及复合式密封。

艉轴管密封装置按密封方向可分为　端面密封、轴向密封及复合式密封。

密封装置后端应设置一个独立的充气密封装置(气胎),以供舰船在水上且轴系不转动的情况下修理或更换密封装置。

(4)舱壁密封装置

为了满足舰总体的抗沉性要求,凡是轴系穿过水密舱隔壁处,均应设置舱壁密封装置,以防止水从一水密舱漏至另一水密舱。

为满足上述要求,应能从水密舱壁的任何一侧使用密封装置;在密封工作状态,应允许轴系在任何工况下运行;密封装置的设计应允许其能随轴对中状态的变化而自动调节,使其与轴线同心。

5.8.5　轴系计算

(1)轴系强度校核

传动轴在工作时,同时受到扭转、弯曲和压缩三种负荷,不仅承受静载荷,而且还有附加动载荷作用。目前国内外主要根据规范提供的公式计算轴径,而主要依据扭矩,即以轴在额定工况时传递的平均扭矩所产生的扭应力 τ 应小于或等于许用扭转应力 $[\tau]$,并考虑一些经验数据推导出来的。而没有明确考虑扭转、弯曲、压缩三种负荷的综合作用。为了反映实际受力情况,以及对上述公式计算出的轴径做出进一步校核,有必要对传动轴的强度进行计算和校核。

传动轴强度校核的基本方法,是在按规范计算出传动轴的基本轴径的基础上,计算静载荷下的合成应力,再引用实际经验所确定的安全系数来考虑动载荷的作用。

对于现代舰船,应按 HJB60－91《舰艇轴系计算方法》的规定进行计算,并以水中轴许用的安全系数 $[n] \geqslant 2.0$,中间轴的许用安全系数 $[n] \geqslant 1.75$ 和水中轴的弯曲应力不大于 41 N/mm^2(上述弯曲应力应计入偏心推力所产生的附加弯曲力矩)作为校核的依据。

(2)轴系校中计算

由于舰船的吃水、运行工况、装载状况及风浪中航行引起的船体中垂和中拱等,对整个轴系运行状态,特别是轴承部分的影响较大,因此对轴系必须进行合理校中计算,使各支承点在各种不同载荷下的负荷较为均匀,使轴系能正常运转。

a. 轴系应在下列各种组合下(a 和 c,a 和 d,b 和 c,b 和 d)进行合理校中计算

- 机械设备和船体基座处于冷态;
- 机械设备和船体基座处于热态(运行状态);
- 单个轴承处于最大磨损状态;
- 所有轴承处于最大磨损状态。

b. 经合理校中计算的轴系,应满足下列要求

- 每个轴承应承受合理的正支反力。任一轴承在热态运行时的正支反力应小于其相邻两个跨轴段重量的 20%;
- 轴承的承载能力应在规定的轴承比压范围内;
- 齿轮箱大齿轮前后轴承的支反力差值,应满足齿轮箱设计规定;
- 各轴应有合理的弯曲力矩;

• 应考虑舰船下水前、后中垂及中拱状态的修正。

(3)轴系扭振计算

在发动机、螺旋桨等周期性扭矩激励下，舰船轴系产生的周向交变运动及其相应变形，而引起轴系扭振。

计算转速范围应为最低稳定转速的80%至最高工作转速的110%。

扭振所需计算的简谐次数：

• 柴油机推进轴系为12次及12次以下；

• 汽轮机推进轴系及电力推进轴系为一次叶频。

参见CB/Z 214－85《舰艇柴油机扭振计算》。

(4)推进系统的纵振计算

轴系纵振的激振力在汽轮机船上主要是螺旋桨的交变推力，在柴油机船上则还有气缸内的气体压力和往复运动件的惯性力。

推进系统的纵振幅值在工作转速范围内一般应不超过规定的许用值。在任何情况下，推进机械的纵振幅不应影响推进装置正常运行或引起疲劳破坏。

参见CB*/Z337－84《船舶柴油机轴系纵振计算》。

(5)推进轴系的回旋振动计算

推进轴系的回旋振动的激振力，来自螺旋桨的不平衡离心力、作用在螺旋桨上的流体激振力和螺旋桨偏心质量的重力作用产生的激振力等。

推进轴系的回旋振动特性应明确判定轴系在最高工作转速的115%以下无一次回旋振动临界转速。一次叶频临界转速则不应在80%～120%的工作转速范围内出现。

参见CB*/Z 336－84《船舶推进轴系回旋振动计算方法》。

5.9 舰艇燃油储备量计算

舰艇应装载的燃油量，即全舰的燃油总储量，应能保证规定的战术经济航速下的续航力。

一般大中型舰艇的续航力较大，舰艇的燃油储备量也较大，要占舰艇满载排水量很大的比例。并且舰总体设计要为它设置若干数量的燃油(舱)柜，这些燃油(舱)柜占舰艇总容积很大的比例。因此，燃油总储备量常常被列为舰艇重要的重量尺寸指标之一。

有时候，把舰艇燃油总储备量和动力装置机械重量加在一起，称之为"动力装置总重量"，以此作为衡量动力装置性能优劣的一个综合性指标。

舰用燃油总储备量 B_T 可由下式求出：

$$B_T = \frac{R}{1000V_{EC}} \times B_{EC} \quad (\mathrm{t})$$

式中 R——舰艇规定的续航力(战术经济航速下的)，单位为n mile；

V_{EC}——舰艇战术经济航速，kn；

B_{EC}——动力装置在战术经济航速下的燃油总消耗量，即所有使用的燃油消耗量的总和，kg/h。

5.10　动力装置的隐蔽性设计要求

5.10.1　动力装置的声隐身设计要求

(1)声学设计

推进装置在其60%额定工况到持续工况范围内,应考虑柴油机一、二阶(二冲程柴油机应含0.5谐次)轴频及桨叶叶频可能出现的激励频率或船、机、桨耦合频率引发的共振,即不得在此转速范围内出现转速通过区;舰艇声学特性的考核点不应设置在动力装置处于通过转速的范围内。

在确保推进装置处于正常运行的状态下,寻求舰艇流噪声即艏部兴波、水流分离、艉部水动力包括螺旋桨船体突出部流噪声与机舱所有机械声源转化的水下辐射噪声之间的声学平衡。前者为流噪声可利用母型船的实船检测分析或设计舰艇船模在水筒试验声学数据转化为实船的数据;后者水下辐射噪声应利用下列评判公式寻求所有机械声源之间的声学平衡。

$$L = Ls + 10\lg\frac{m_s}{m} + K$$

式中　L——装舰任一机械设备在20 Hz~10 kHz的$\frac{1}{3}$倍频程中心频率须控制的振级,dB;

L_s——装舰指定机械设备在20 Hz~10 kHz的$\frac{1}{3}$倍频程中心频率传递到船体安装机座的振级,dB;

m_s、m——指定机械设备和任一机械设备的质量,kg;

K——评定控制常数,dB。

(2)声学平衡设计基本原则

前述评判公式中指定机械设备的选定,应是这样一些设备:其采取可能的振动隔离或减振措施后,输入到船体安装基座的振级是已知的。在主要振源推进柴油机或电站柴油机实施两级隔振的状态下,通常将刚性安装的减速齿轮箱或其他往复式机械设备作为指定机械设备。

指定机械设备应经可靠的水下辐射噪声计算分析,并将计算结果与舰艇流噪声或至少是螺旋桨实船水下辐射噪声在20 Hz~10 kHz的$\frac{1}{3}$倍频程中心频率基本平衡。

当指定机械设备与舰艇流噪声在某些$\frac{1}{3}$倍频程中心频率超出4dB以上时,则指定机械设备应根据可能采取进一步减振措施。

前述评判公式的评判控制常数K当按等输入声学能量考虑时,取为零;当任一机械设备与指定机械设备的振动传递途径和船体安装基座阻抗基本相当,且按不计及其输入声学能量考虑时,可取$K=-6$;否则若传递途径差异较大和船体基座阻抗差别一个数量级时,应取K不小于-10。

(3)机械设备输入振级一般控制方法

一般机械设备以其安装机脚或与船体基座相连的隔振器下底板所测振级谱按20 Hz~200 Hz;250 Hz~2.5 kHz;3.15 kHz~10 kHz三个指定频段范围的$\frac{1}{3}$倍频程中心频率的平

均振级和最高振级不得超出规定指标予以控制，而规定指标值来源于母型船装舰设备实船检测数据或前述评判公式的计算数据。

(4)机械设备弹性安装的隔振或减振效果

一般情况下，机械设备采取不同弹性安装方式可达到下表5-2所列的隔振效果。

(5)设备船体基座阻尼处理的减振效果

在柴油机因种种原因不能采用两级隔振而选定单级隔振方式时，建议对船体基座的腹板和肋板进行约束阻尼处理，所达到的减振效果即插入损失在20 Hz～200 Hz平均值可不低于5 dB，250 Hz～2.5 kHz，平均值不低于8 dB；3.15～6.3 kHz不低于12 dB。

表5-2 机械设备常规弹性安装方式的隔振效果(dB)

(落差损失 加速度级 $a_o = 10^{-6}$ m/s^2)

1/3倍频程中心频率(Hz) / 落差损失(dB)		20～200		250～2.5 k		3.15 k～10 k		适用对象
		平均值	最低值	平均值	最低值	平均值	最低值	
单级隔振		15	5	25	10	30	15	一般回转机械
两级隔振	拟浮筏*	25	10	35	15	40	18	主要振源辅机
	浮筏	30	15	40	18	50	25	往复机械

*指筏体质量低于被隔离设备质量的25%。

5.10.2 动力装置的红外隐身设计要求

动力装置是舰船产生热源的主要部位，烟囱是主要的废气排放部位。它暴露的金属面积虽然只占全舰总面积的2%左右，但它的温度高，所处位置高，所以在该波段的红外辐射量往往占全舰总热辐射量的99%，主要贡献则来自烟囱部位和烟羽的红外辐射。在3～5 μm波段下，反舰导弹红外制导的“亮点”是由舰艇上强辐射源引起的，而这些强辐射源恰恰就是烟囱部位和烟羽。特别是燃气轮机排烟温度达到500 ℃的烟气，这是现代舰船排气进行红外抑制的重点，是该波段红外隐身的关键。

燃气轮机的排烟管加装红外抑制装置是最有效的方法，其功能是对燃气轮机的排气实施薄膜冷却，降低燃气轮机排气管段出口、烟囱口金属壁以及排气流平均温度。一般加装红外抑制装置后，双台燃气轮机在1.0工况运行时，采用热像仪规定的测试方法，对3～5 μm波长红外辐射强度在0°～45°测视角范围内，所测的排气系统红外辐射强度，应不大于红外诱饵发射后红外辐射强度的80%，即不得大于700 W/Sr。

红外抑制装置的阻力损失设计值不大于1 kPa，在燃气轮机额定工况下，排气系统的总阻力损失一般控制2.5 kPa范围内。

动力装置的机舱壁面温度通常高于环境温度，特别是蒸汽动力装置的主机舱。与环境产生背景温差较大，在8～12 μm波长红外辐射强度下，其影响约占50%，将使敌方红外热成像探测和制导武器较容易“看到”。采取的最有效的方法是在机舱内壁敷设一层隔热材料，达到降低舰船表层温度的目的。

第 6 章　舰船电力系统及电气设备

6.1　概　　述

在舰船电气化、自动化、网络化、信息化和智能化及模块化程度日趋增长的情况下，舰船电力系统已成为舰船重要系统之一。尤其是 21 世纪新一代现代舰船将采用综合全电力推进系统已成为当今世界各国时髦热门话题，也为舰船总体研究设计提出了船机电综合优化设计新颖课题和发展方向。

电力系统包括一次电力系统和二次电力系统。它主要由电源设备、配电系统和负载组成。

典型舰船电力系统组成如图 6－1 所示：

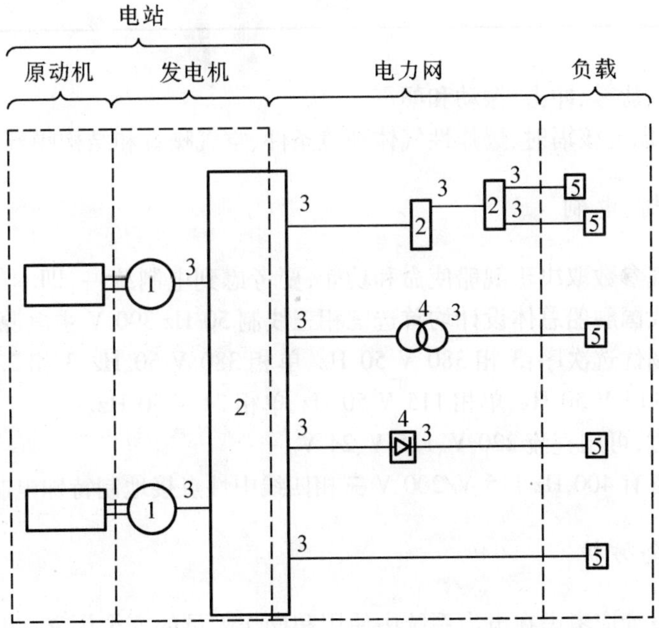

图 6－1　舰船电力系统的组成

1—电源；2—配电板；3—输电电缆；4—变换器；5—负载

一般舰船考虑到生命力和供电连续性，均设置前后二个电站，以便互为备用。

6.1.1　环境条件

舰船电力系统内所有电气设备均要考虑到与实际使用安装的环境条件相适应。舰船在服役使用期间所经受其周围的物理、化学、生物的环境条件通常划分为气候环境和机械环境等。所谓机械环境是指舰船航行姿态和设备运行状态以及其他因素造成的倾斜、摇摆、振动、冲击等环境的统称。

温度　舰船电气设备正常工作的设计基准最高空气温度分级如下：

≤45 ℃　　一般舱室电气设备

>45 ℃，但≤50 ℃　　机炉舱电气设备（局部处所达 65 ℃）

55 ℃　　电子部件或设备应正常运行且可在 70 ℃

连续 2 小时工作不产生误动作

湿度　95%（45 ℃）、有凝露

倾斜和摇摆（按 GJB4000－2000 表 072－20），如下所示：

倾斜、摇摆	角　度	周　期
纵倾	±5°/±10°	
横倾	±15°	
纵摇	±10°	4～10 s
横摇	±45°	3～14 s

有霉菌、油雾、盐雾、冲击、振动和颠震。

另外，还要考虑抗核辐射、爆炸性气体环境条件、空气噪音和结构噪音及电磁环境等。

6.1.2　线制、电制

电力系统电气参数取决于舰船使命和功能，要考虑到电制统一，即本舰、友舰和岸电电制的兼容。目前我国舰船总体设计均首选三相三线制 50 Hz 390 V 主电源。

用电设备电制优选次序：3 相 380 V 50 Hz、单相 380 V 50 Hz、3 相 220 V 50 Hz、单相 220V 50 Hz、3 相 115 V 50 Hz、单相 115 V 50 Hz、单相 24 V 50 Hz。

在确实需要时，可用直流 220 V、115 V、24 V。

航空勤务设备有 400 Hz 115 V/200 V 三相四线中性点接地制特殊电制。

6.1.3　安全防护

电力系统的设计应考虑在电力系统中使用和操作人员的安全因素，包括在电力系统的操作和维护中可能发生的人为失误，特别是在作战或警报等紧张状态下。

电气设备的设计和结构在符合功能要求和预期运行条件下，力求简单、安全、可靠，使得经最低限度训练的舰员就能操作和维护及修理，使其遭到电击的可能性最小。对可能危及舰员安全的运动部件应加以防护。

电气设备中各电气回路或任何电气回路与地之间的最小电气间隙、爬电距离应满足 CB1399 的有关规定。

舰船电力系统应设置绝缘监测装置。

电气设备的带电部件以外的所有可接近的金属部分均应接地。

舰船电气设备应有防止人体触及壳内带电或可动部分和防止外界物体进入设备内的

保护。

舰船电气设备其外壳防护型式实际防护性能应不低于表6－1相应等级的规定。

表6－1　舰船电气设备外壳防护等级

序号	防护型式	防护性能	适用场所
1	开启式	无防护外壳	一般作为元、组件进入防护外壳内
2	防护式（IP21）	能防止固体异物直接从上方落入壳内并能防止直径大于12 mm的固体异物进入壳内	装有空调或干燥的舱室
3	防滴式（IP23）	电气设备倾斜45°时，水滴垂直落下，对设备无有害影响	一般舱室
4	防溅式（IP44）	外壳为封闭结构，任何方向的溅水对设备无有害影响	潮气、蒸汽、油雾、尘埃等明显积聚或有溅水的场所
5	防水式（IP56）	猛烈海浪冲击对设备无有害影响	水面舰船露天甲板或类似的场所
6	水密式（IP58）	电气设备在规定的深度（压力）和时间下浸在水中对设备无有害影响	水面舰船水线以下有可能淹没在水中工作的场所
7	潜水式	电气设备在规定的深度（压力）下，长期地浸在水中对设备无有害影响	设备需长期处于水下工作或不工作的场所

6.1.4　电磁兼容性

舰船上电气、电子设备或系统能相互兼容工作而不导致其功能和指标的降低，并且电子设备辐射产生的电磁场对人员、武备、燃油、电子器件的危害不超过规定的界限值的最优状况。

在舰船总体设计中，应进行相应的电磁兼容设计。对舰船不同航行工况下设备开启的时间特性、设备工作频率范围进行分析，对舰船天线布置、电引爆武器、舰载飞机及易燃挥发油类的布置进行分析，舰船电磁兼容可行性论证、初步设计、技术设计和施工设计及管理应符合HJB34的要求。

各分系统接口、连接设计中，应充分考虑系统电磁兼容性要求。设备和分系统不仅应满足自身电磁兼容性要求，而且应满足系统电磁兼容性要求。保证舰船电磁兼容性主要措施有：

①确定要求屏蔽的舱室的保证屏蔽的实际方法；

②提出采用连续屏蔽的屏蔽电缆的线路；

③主干电缆和舱室内局部电缆应按干扰、中性、敏感、射频等特性分类敷设；

④规定电气电子设备的允许干扰电平的要求；
⑤规定附加防干扰滤波器的数量和型式；
⑥明确舾装设备的防护方法。

6.1.5 安装工艺

所有舰船在总体施工设计中均向船厂提交电气安装工艺原则要求，该文件中主要内容是：

(1)电气设备的安装要求　安装条件和安装原则
(2)电缆敷设原则工艺　电缆分类和电缆敷设基本要求
(3)电气设备和电缆的接地

6.1.6 标识和标志

舰船总体设计中对电气设备的编号法和标识、电缆和电线标识、颜色标识、标牌等均按标准作出规定。

(1)电气设备的编号法

舰船电力系统中电气设备的命名和编号应按 GB7159 的规定用英语字母和顺序号组合给出设备的功能、安装的基本位置(或序号)和分类等特征。

(2)电气设备的标识

舰船上的所有电气设备均装有铭牌，根据需要可装有警告牌或标牌。铭牌、警告牌、标牌按 GB/T13306 规定。

(3)颜色标识

电气设备所选用指示灯和按钮的颜色按 GJB4000 - 2000 规定标识。对多芯电缆线芯因颜色无法区分则用数字表达。

6.1.7 总体设计

舰船电力系统总体设计中首先要服从舰船总体的要求(如舰种、船型、使命任务、推进方式、电制等)，即根据舰船研制总要求和研制任务书或总体设计任务书的要求。

(1)设计原则

①确保供电生命力　战斗工况下确保向舰船上重要负载连续供电，如操舵系统、推进系统、武器系统和消防系统等。

供电生命力必须和舰船总体的抗沉性相适应。当舰船遭受战斗损害而保持不沉时，电力系统的剩余供电能力必须保证维持舰船机动性、必要的舰船生命力和最低限度的自卫能力所必需的重要负载的供电。

电力系统应采用冗余设计和合理布置。电力系统设计应考虑损害管制。

②确保供电连续性和安全性　确保为保持舰船处于正常工作状态并满足舰员正常生活条件所需的所有负载的供电。

确保在各种紧急工况(包括战斗工况和应急工况)下，向保证舰船作战与安全所需的重要负载供电。

确保舰员及舰船各种电气设备的安全，免受电气事故的危害。

③统一和互换原则　同型舰船的电力系统组成和电气设备型号、性能一般应相同，设备的安装尺寸和安装位置应尽可能一致。

同一舰船上使用的同一型号，同一规格的电气设备应能互换。

同一型号、同一规格的电气设备，其零部件(包括随舰备件)应能互换。

④设备的选用　装舰电气设备应优先采用舰用产品；辅助舰船一般用船用产品。

舰船电力系统总体设计中还要考虑先进性、可靠性、可行性和经济性及全寿期费用。

(2)设计任务

确定电制和电气参数；选择电站方案及主要电源装置；设计配电网并选择配电装置；设计电力系统保护；选择电缆。

(3)设计步骤

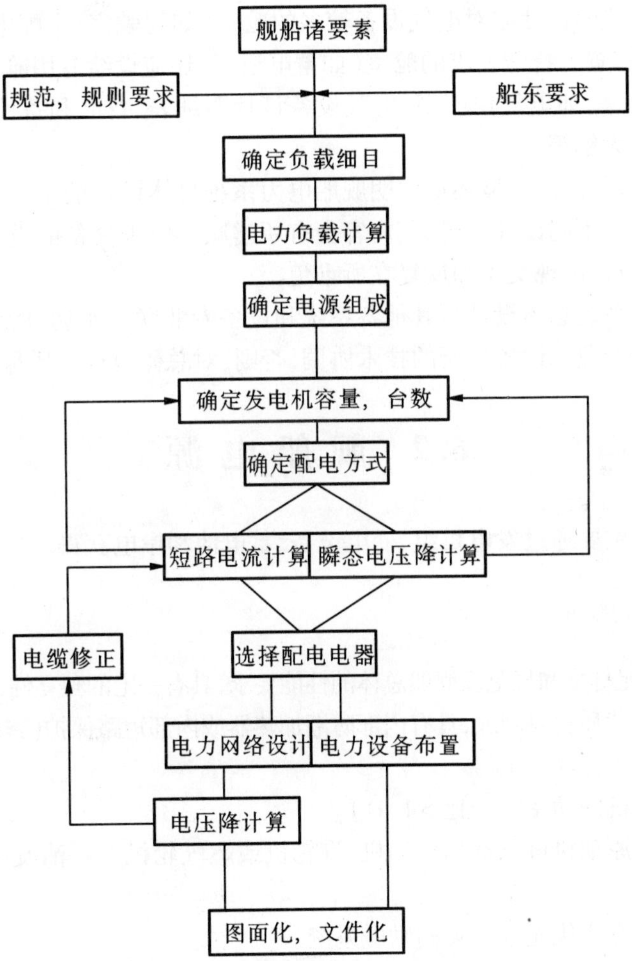

图 6－2　舰船电力系统设计流程图

①舰船诸要素确定后，根据规范和标准决定电力系统电制和电气参数；

②根据舰船装置、动力系统、船舶系统、观通导航、武器系统、直升机舰面系统等各系统和设备专业确定的用电细目，进行全船电力负荷计算，确定发电机的容量和台数及电站数；

③变压器容量计算；

④蓄电池容量计算并确定充放电方式；

⑤在确定发电机容量和台数及电站数的同时，对电站性能指标、发电机电压调整、频率调整和并联运行等应予以充分重视，因为这些因素对舰船电网和配电设备的设计和选型影响较大；

⑥根据全船用电设备的特点和性质及安装位置，进行全船电力网设计、照明网设计、事故网设计、低压网设计，同时还要进行各种辅机控制线路设计；

⑦进行系统短路电流计算和大容量电动机启动时发电机瞬态电压降计算，为配电设备选型和设计及确定各保护装置整定值提供条件；

⑧进行电力网的电压降计算，校核选用电缆压降是否满足系统要求，以保证用电设备电源电压合乎要求；

⑨电力设备布置图设计　对电气设备较多的舱室（如驾驶室、主配电板室、机电集控室等）和对电气设备布置有特殊要求的舱室（如蓄电池室）还应设绘专用舱室布置图；

⑩编制技术文件，如电气说明书、电气设备订货明细表、备品和备件及供应品清单、系泊试验和航行试验大纲等。

上述设计步骤，仅是简要概述地说明舰船电力系统总体设计的主要工作内容和开展总体设计的先后顺序。不同设计阶段，其内容会有所增减。由于具备的设计条件不同或设计要求的变化，致使设计出现交叉和反复在所难免。

因为舰船电力系统总体设计与其他各系统和设备专业联系密切，所以在设计过程中必须充分注意与有关专业和设备厂所的技术协调，否则，对总体设计的质量和进度影响极大。

6.2 舰船电源

目前舰船电源主要通过发电机组、变电设备、蓄电池和岸电获得。

6.2.1 发电机组

发电机组应满足标准和规范及舰船总体的性能要求，具有一定的独立性，机组装配在同一专用公共底座上，采用优质材料制成，具有内部防潮加热器或内部短路保护（≥1 000 kVA），应有较高的效率。

原动机和发电机的功率匹配比 >1.1∶1。

主发电机组的原动机可以选用柴油机、汽轮机或燃气轮机。停泊发电机组优先选用柴油机和燃气轮机。

发电机组励磁方式优先选用无刷励磁系统。

发电机组为三相三线绝缘系统 50 Hz 390 V $\cos\varphi=0.8$（滞后）、Y 形接法。

400 kW 以上发电机组采用带海水冷却器的全封闭型发电机，冷却器应选用双管冷却器并带海水泄漏报警装置。应急发电机组优先采用风冷式。

（1）发电机

①舰船发电机可从现有舰用发电机系列中选用，特殊规格发电机可以从系列产品中派生。

②舰船发电机的绝缘材料较理想的是F级,其耐热和耐潮性能均较好。

③发电机冷却方式有风冷(自通风和强制通风)和水冷。

④舰船发电机可采用双轴承支撑,有滚动轴承和滑动轴承二种形式。

⑤发电机出线盒应满足总体布置的要求,接线柱需按总体设计中确定的电缆数量和规格配备,保证连接简便可靠。舰用出线盒应为密封防水式。

⑥发电机励磁调节系统应有良好的静、动态性能,应保证初始电压的建立,结构要简单可靠、易维护保养、重量尺寸小,其容量与发电机额定容量和过载能力相适应,可承受发电机二秒钟短路的影响,电磁兼容性好,应保证发电机并联运行稳定性。

目前优先选用带自动电压调节器的无刷复励系统。

(2)原动机

舰船发电机的原动机应满足下列基本要求。

满足电力系统的性能要求(含遥控和自动化);燃油消耗率低;工作可靠寿命长;重量尺寸小;变负荷性能好;操机简单、可低负荷运行;自保护性能好;噪音低。

柴油机是目前舰船应用最广泛的发电原动机。它燃烧效率高、运行较经济、无特殊安装要求,起动和使用均比较方便。

汽轮机则是蒸汽动力舰船常用发电原动机,工作可靠、控制方便、调速性好、运行噪声低。但需配备蒸汽源。庞大的锅炉增大机组的总尺寸并降低机组的效率。

燃汽轮机具有重量轻、体积小、启动快、运行维修方便、便于集中控制、适宜于各种燃料,其缺点是耗油率高且有较强高频噪声。

发电原动机的选型不仅要考虑原动机本身性能和质量,还要考虑舰船订货方的需求、供货条件和舰船设计的综合经济效果等因素。

6.2.2　变电设备

舰船所需特殊电源均由主电源经变电设备而得到。

(1)舰船变压器

舰船变压器按用途可分为以下几种。

①电力和照明变压器　用于输电、变电和配电,如电力变压器、照明变压器、安全灯变压器、隔离变压器。通常分成单相和三相,要求具有较高效率和合适的短路电流。

②特种变压器　用于特殊用途的(如整流和电焊)变压器。

③控制变压器　用于控制系统的变压器,如提供多种电压的电源变压器,用于阻抗匹配的输入输出变压器和具有足够电感量的脉冲变压器等。

④仪用互感器　用于测量电压的电压互感器和用于测量电流的电流互感器。

另外,舰船上开始出现高压变压器。

舰船变压器的额定数据有额定容量、电压、频率、电流、效率、联接组别、短路电压和温升。

在变压器特性中,最重要的是效率、电压变化率、励磁电流和阻抗。

关于变压器的短路强度,通常规定当变压器阻抗不大于4%时,其承受25倍额定电流的时间为2 s。

(2)电动发电机组

舰船用电动发电机组分为变流机组和变频机组。变流机组包括直流电动工频发电机组、直流电动中频发电机组和工频交流电动直流发电机组。变频机组为工频交流电动中频发电机组。

电动发电机组可以变流和变频,并将负载与主电网进行电气隔离,满足特种负载供电需求。但在舰船总体则提倡直接采用主电源以减轻舰船总体重量尺寸,同时采用电动发电机组后增加舱室噪声。故除特殊情况外均不采用。

(3)电力变流器

由于电力电子技术的迅猛发展,使电力变流器在舰船上得到广泛应用。电力变流器包括整流器、逆变器、变频器、不间断电源。

电力变流器的环境条件和性能指标应符合其技术规格书要求,一般为干式空气冷却型,与供电和负载系统相适应,要求具有良好的电磁兼容性。

6.2.3 蓄电池

蓄电池在舰船上用做应急电源或临时应急电源,用于起动、通信、应急照明和不间断电源(UPS)等舰船设备。

(1)蓄电池容量的确定

蓄电池容量是指充满电的蓄电池用一定的电流放电至规定放电终止电压的放电量。

安时容量 = 放电电流 × 放电时间(安时)

蓄电池放电率是指相对于蓄电池放电电流的大小,通常用放电至终止电压时,可维持放电电流的时间表示。用大于标准放电率的电流放电时,蓄电池容量会降低,这可用蓄电池容量系数 K 来表征。不同蓄电池的容量系数是不同的,无确切资料时,可参考 Q 系列蓄电池容量系数。

Q 系列蓄电池容量系数

(以 10 h 放电率为标准)

放电率/h	10	6	5	3	1	0.5
容量系数/%	100	86	82	68	42	30

(以 20 h 放电率为标准)

放电率/h	20	18	10	5	3	1	0.5
容量系数/%	100	99	93	76	63	39	28

①放电电流小于标准放电率的电流时蓄电池容量计算公式

$$Q = \frac{Pt}{U} = It$$

式中 Q——所需蓄电池容量(Ah);

P——负载功率(W);

U——负载电压(V);

I——负载电流(A);

t——负载工作时间(h)。

②放电电流大于标准放电率的电流时蓄电池容量计算公式

$$Q = \frac{Pt}{UK} = It/K$$

蓄电池组的容量应使其80%额定容量可以满足电力负荷计算所需的电力。

起动蓄电池组的容量要保证发电机组在30分钟内不少于10次起动。

应急蓄电池组的容量要保证应急照明系统供电2小时(设有二个或二个以上主电站)、对所有应急用电设备供电3小时(设有一个主电站而无应急电站)或0.5小时(设有应急电站)。不间断电源蓄电池组在主电源断电后供电时间至少为0.5小时,其电压变化范围为90% U_N ~115% U_N。

(2)充放电

蓄电池组充电应尽量不采用并联形式,否则应保证各支路充电电流均匀。

若采用快速充电制或快速脉冲充电装置时,应确保蓄电池组析氢量和寿命不受影响。快速脉冲充电不适于新蓄电池初充电。

除浮充电外,蓄电池充电装置应在10小时内充电至80%蓄电池额定容量。

蓄电池充放电装置应有过载、短路、逆流等保护措施,并设有绝缘监测和指示充放电电压表、电流表及指示充放电状态的指示灯。充电装置应与蓄电池室的机械通风装置进行电气或机械连锁,防止通风机未工作时进行充电。

蓄电池浮充电装置应有从浮充转化为循环充电方式的功能。

蓄电池自动充放电装置应具有防止过充、过放的保护环节和故障报警,并可保证在任何情况下都可使蓄电池组转入应急放电,并可转换为手动充放电。

6.2.4　岸电

舰船靠岸停泊码头或坞修均接岸电,一般舰船均设置岸电箱接收岸电,供电给下列设备。

照明　机舱照明、舱室照明、甲板照明和信号灯;

日用设备　日用海水泵、淡水泵、空压机等;

厨房设备　电灶、电烘箱、电茶桶等;

风机　厨房和住舱风机等;

空调冷藏设备;

机修设备　车床、钻床和电焊机等;

通信设备　无线电、广播和电话等;

娱乐设备　电视、音响、音像、体育设备等;

还有舰船电子武备检修用电等。

岸电箱应具有的设施　船电和岸电电源指示灯、电压表、电流表、功率表(或电度表),相序指示、断路器(或开关加熔断器),用于连接软电缆的接线端子、将船体接至岸上接地装置的接地接线柱、断相指示灯、船电和岸电连锁设施等。

6.3 电　　站

电站是舰船发电机及其配电装置和原动机及其附属设备的总称，是舰船电力系统的核心。电站设计的好坏对舰船生命力、供电连续性和可靠性、经济性将造成重大影响。

6.3.1 舰船电站设计原则要求

(1)先进性和可行性

电站设计首先要考虑力争达到国外先进水平，同时要考虑到国内生产水平和配套的可能性。应优先选用成熟技术。

(2)供电生命力

舰船电站生命力与舰船总体抗沉性要相适应，一般舰船均配置前、后两个电站，可以分别单独给全舰用户供电。

(3)供电连续性，可靠性和安全性

保证全舰所有用电设备安全可靠地连续供电，确保舰船完成各种使命任务。

(4)供电品质

保证全舰所有用电设备在各种工况下对电源品质的要求。

(5)全寿期费用

即电站的设计不仅要考虑采购费用，而且要考虑电站运行和维修诸方面全寿命期的最佳费用效益。

(6)留有现代化改装裕度

一般舰船电站与平台使用年限等价，而每隔 10 ~ 15 年舰船大多要进行现代化改装，因此舰船电站设计均留有现代化改装裕度。

6.3.2 负荷计算

舰船电力负荷计算是电站设计选择发电机组的依据。准确预计舰船在各种工况下的电力负荷，对电力系统的总体设计有重要的意义。

舰船用电设备运行工况是在不断变化，舰船在各种工况下用电负荷，不论是功率大小、起动次数或运行持续时间均是随机的，因此，舰船发电机组输出功率是一个随机变量。

负荷计算的目的在于确定电力负荷随机变量的平均值，即数学上的期望值。这是反映舰船电力负荷大小的一个象征性数值，按此确定发电机组容量可以经济合理地满足舰船在各种工况下的供电要求。

(1)舰船电力负荷种类

①航行负荷　主机辅助设备、通信导航设备、舵机、风机、机修设备、航行灯和信号灯等。这类负荷与主机功率有关。它们在运行中变化不大。

②机动负荷　指舰船在备航、进出港和靠离码头时，在变工况中各种设备所需的电力负荷。例如空压机、主动舵、侧推器、系缆绞盘、应急消防设备等机动设备。这些设备的电力负荷功率较大，并且随机性较强。

③锚泊负荷　甲板机械、起吊设备、日常生活设备等。这类负荷通常较低，通常在靠岸

时均由岸电供电。

④功能负荷 舰船使命任务所需要的负荷。战斗舰船则包括导弹、火炮、鱼雷、深弹、雷达、声呐、电子对抗、直升机舰面设备、消磁设备等。这些设备构成舰船最大电力负荷运行工况。

⑤生活负荷 照明、炊事、空调、冷藏、船内通信等设备。这些设备的负荷与舰船的性质和气候季节密切相关。

(2)电力负荷变化的基本特点

①与舰船运行工况密切相关;

②各种设备在正常情况下均在小于或等于其额定功率下运行;

③不同使命舰船电力负荷性质差异很大;

④舰船电力负荷有很强的系统属性。

舰船电力负荷的这些基本特点使其计算很困难。要使电力负荷计算结果能确切地反映舰船电力负荷的实际情况,就必须充分考虑这些特点所带来的影响。

(3)理想的舰船电力负荷计算方法

①有理论依据,充分体现舰船电力负荷的随机特性;

②尽量避免或减少计算人员主观因素影响,计算结果应当客观反映运行负荷真实状态;

③计算步骤和方法简洁,符合工程应用要求,且便于计算机进行计算处理。

目前电力负荷计算的方法有常用表格法、统计表格法、计算机仿真计算、算式计算法等。

常用表格法的精度取决于各种系数的选择和有无合适的母型船的参考资料。实际上是依赖于工程实践经验的传统计算方法。

舰船总体设计中有需要系数法和三类负荷法这两种流行的表格计算法。

需要系数法的要点是对每项电力负荷选择一个需要系数。该需要系数概括了设备额定功率的利用率,运行时实际负荷状态以及连续、短时或重复短时工作等因素。当有母型船的电力负荷资料作参考时,需要系数法可得到满意的计算结果。

三类负荷法的要点是将全船电力负荷按其使用情况分成三类。对三类负荷分别选取各自同时工作系数 K_O,而且对每项负荷在各种工况下的工作情况采用负载系数来描述。

电力负荷分类取决于设计人员的经验和母型船参考资料。

第Ⅰ类负荷——长期连续运行的负荷,同时系数 $K_o=0.8\sim0.9$;

第Ⅱ类负荷——短时或重复短时运行的负荷,同时系数 $K_o=0.3\sim0.5$;

第Ⅲ类负荷——偶尔短时运行的负荷,以及按操作规程规定可以在电站尖峰负荷时间外使用的负荷。对小型船艇或考虑负载高峰时才予以注意。

电气设备负载系数为某一期间内的负载的平均需要功率与同一期间内的负载的最大需要功率的比值。当数据充分时,可以根据设备的平均需要功率与最大需要功率的比值求得。

(4)编制舰船电力负荷计算书程序

①根据各专业提交数据,确定全船用电设备并计算其额定输入功率;

②根据舰船类型确定所需计算工况,按负载分类确定各工况下所需使用的用电设备;

③计算负载系数,并计算各用电设备在各工况下的实际使用功率;

④计算各工况下各类负载的实际使用总功率；

⑤选取同时系数，计算总功率；

⑥计及5%电网损耗，计算所需总功率。

6.3.3 方案选择

舰船电力负荷估算或计算后，便可选择电站方案。电站是舰船电力系统的心脏。所以，电站方案选择是舰船电力系统总体设计的关键。

舰船电站的发电量应该保证舰船所有用电设备在任何工况的用电需求。设置两个以上电站，每个电站配置两台以上发电机可以保证舰船在各种工况下不断变化的用电负荷功率需求，保证供电连续性、机动性、经济性、可靠性、安全性，即按最佳功率覆盖决定发电机功率。

舰船电站发电机组的容量按巡航工况电力负荷的1.25倍左右为宜。原动机可以运行在70% ~80%持续经济运行区，亦为今后现代化改装留有改装设备所需功率储备。

一个电站内发电机组台数按战斗工况电力负荷数值确定。

例如：某驱逐舰电力负荷计算书中，巡航工况电力负荷为938.5 kW，战斗工况电力负荷为1 797.8 kW，则该舰设前后两个电站，每个电站设置2台1 200 kW柴油发电机组为宜。

当然，单台发电机组容量还要考虑到单台发电机组运行时舰上最大容量异步电动机的顺利启动，如果无法保证，则要改变该电动机的启动方式。

这里值得一提的是，单台发电机组容量还要考虑到低负荷运行工况，例如锚泊工况，运行的设备不多，电力负荷很低，使用主发电机组供电很不经济，且长期低负荷运转使原动机积炭严重、磨损快。此时则酌情配置锚泊发电机组。根据规范规定或战术技术指标书的要求配置应急发电机组，对与航行、救生、自卫及舰船生命力直接有关的重要设备供电。应急电站应布置在舰船破损水线以上且配备自动启动设备。

电站方案选择还必须分析舰船电力系统在各种状态下的工作情况，估算各种可能发生的最严重的电流冲击负荷和过电压。必要时，应有限制措施，以便使系统安全可靠地运行。例如并联运行发电机的总功率将影响母线短路电流值，直接涉及到自动开关的极限通断能力。对额定电压为390 V主电网，采用断流容量为65 kA的自动开关，并联运行发电机的总功率只能达到3 000 kW左右。如果不能选用更大断流容量的自动开关，则电站方案中应限制并联运行发电机总容量不能超过3 000 kW。

总之，电站方案选择应考虑到先进性和可行性及船机电综合性能兼优。

6.3.4 性能指标

电站的性能指标是编制电站及其设备技术规格书的依据。确定电站性能指标要考虑如下要求。

(1)发电设备过载能力的要求

发电设备过载能力的要求是保证舰船在意外情况下仍能可靠工作的重要条件。

(2)注重于满足大多数设备的供电要求

这样不因少数设备的要求而提高整个系统的性能指标。对电源精度要求较高的部分设备则设置专门的变换设备或局部专用电网来满足其供电要求。

(3)电站的性能指标必须以现实的发电设备为后盾,否则要重新研制或进口,从而增加经费。

(4)系统功率因数的控制

严格控制系统的功率因数可以充分利用舰船发电设备,减少过大的无功负荷产生的电能损失。

舰船电力系统的功率因数一般在0.6~0.9范围内变动。舰船电力系统设计应将功率因数标准值控制在0.8左右。

(5)系统对并联运行机组的要求

发电机组并联运行是舰船电站提高可靠性、保证不间断供电的一项重要手段。发电机组并联运行的范围、整步的控制方式(准同步和粗同步)、有功功率和无功功率的分配、机组或电站的转换功能等均应视作电站综合性能的组成部分。

理论上讲,电压、频率和相位一致的任何发电机组均可以投入并联运行。但机组特性有差异和控制器械作用时间不一致的情况下,则长期并联运行稳定性和有功、无功功率分配均匀性会存在问题。因此,必须在机组特性上采取适当措施而进行均衡,调节和安全保护。

首先要注意发电机组功率和并联台数的限制,要结合系统短路电流计算,综合考虑断路器的短路分断能力;

处于不同部位的发电机组之间的并联应设置统一的机组并联操作和监视部位;

选择合适的发电机整步方法,当电站负荷和频率都比较稳定而发电调压性能又比较好时,可采用准同步并车,反之采用带电抗器的粗同步并车。并联机组数量多且线路比较复杂,一般只能用准同步方式。当电站选用主开关合闸快速准确、操作人员比较熟练时,多采用准同步;

为保证并联机组间有功功率的均匀分配,发电机原动机运行中旋转角速度应均匀和相同的转速变化率及一致的调速器特性。

为保证并联机组间无功功率的均匀分配,要求发电机组的调压特性尽可能一致,甚至采取适当的补偿措施;

并联运行发电机组要设置必要的过载,逆功、并车合闸保护装置,以防止并联运行负荷分配不均匀、功率倒送、并联时要保证压差<5%~10%、频差<0.5 Hz、提前相角差<30°。

舰船电站性能指标具体数值详见GJB4000-2000-舰船通用规范-3组-电力系统。

6.3.5　监测控制

舰船电站监控因舰船使命任务和条件不同而存在很大差异,选择和确定电站监控内容和项目要注重实效,而不是盲目追求过高要求脱离实际的自动化程度和形式。

在拟定舰船电站监控技术要求时要考虑以下几项原则。

①故障安全原则　一旦自动监控系统发生故障,能自动地将系统中所有设备转向安全状态;

②系统独立原则　对自动监控系统不同功能的分系统必须互相独立,如发电机系统中控制、保护和报警三部分必须为独立使用的分系统,其元件和电源均不能共用;

③后备系统原则　舰船自动监控系统要配备必要的应急和备用手段,包括应急手操,以便在系统故障时仍能保证系统使用的可靠性和安全性。

(1)电站监控部位

合理设置电站监控部位可以增强操作人员与设备之间的有机联系,使全舰电站真正形成统一的整体。

考虑到可靠性、供电连续性和舰船生命力,现行控制均不采用电站集中控制和分散控制,而采用机旁监控、主配电板室监控、机电集控室监控的三级监控方式,而且机旁优先于主配电板室、主配电板室优先于机电集控室监控。这样,可以实现全舰电力系统的集中控制,又保持了各个电站的相对独立性。

机旁监控的功能　发电机组应急启动和停机及参数监控;

主配电板室监控的功能　监控本电站的发电机组,与其他配电板联系,指示整个电力系统运行状态;

机电集控室监控的功能　监控所有发电机组;与各主配电板保持联系;具有整个电力系统运行状态指示。

(2)电站监控功能

①原动机的控制　原动机的自启动和停车;原动机的调速(发电机组频率自动调节);轻重柴油供给的自动转换;废气透平加热器循环自动控制。

②发电机的控制　发电机电压自动控制;发电机开关自动合闸和分闸。

③电网运行控制　发电机组的程序启动和停车;重载询问;自动同步和并车;自动调整有功功率和无功功率自动卸载。

④报警和保护控制　发电机组故障自动切除和保护;电站运行状态的集中显示;监视和故障报警系统;呼唤系统;故障打印记录系统。

电站监测和报警是对电站实施有效控制的重要保证措施。

(3)常用监测和报警项目

①柴油机　燃油压力低;滑油压力低(含发电机);滑油温度高(含发电机);冷却油(喷油器)温度高(含发电机轴承);排气温度(含每缸和总管);起动空气压力低;冷却水出口温度高(含发电机);冷却水膨胀箱水位低;日用柴油柜液位低;转速过高。

②汽轮机　滑油压力低;油封蒸汽压力高或低;副冷凝器绝对压力高和油污过高;副冷凝器的冷凝水水位高和盐度过高;抽气泵输入压力低;转速过高。

③发电机　发电机出风口温度高;发电机轴承温度高;发电机电压高或低;发电机频率高或低。

电站监测分个别长期监视、巡回检测和时间分割多路传输的监视方式。小型舰船电站监视项目多采用个别长期监视方式。电站要求较高的舰船采用多路传输的监视方式,它具有巡回检测的一切功能,而且反应快,显示连续、节省传输电缆。

(4)电站控制类型

电站运行过程中实施的控制主要有以下三种类型。

①模拟控制　电站运行中通过测量和改变发电机模拟物理量来实现的控制。如发电机调压器、柴油机调速器和自动负荷分配装置等的控制。过去模拟控制常采用模拟控制器来实现,现在则靠微机实现。

②程序控制　电站运行中某些功能按一定程序实现的控制。如发电机组程序启动和停机、重载询问的控制等。以往,程序控制采用继电器和半导体逻辑线路或程序控制器来实现,现在也可由微机实现。

③管理控制 电站自动化功能之间的协调操作,如人工指令进行各种工况变换操作。如今亦可由微机实现。

三种电站控制类型如果由微机实现,则都需要考虑系统的后备措施,以免微机发生故障时产生失控的危险。

6.3.6 短路计算

短路是舰船电力系统最重要的故障之一。舰船电力系统发生短路时,可能由于电动力和热负载及故障电弧造成破坏。

由于短路故障可能引起火灾,造成全系统不能工作,危及船舶安全和人命安全。在船舶电力系统设计时,精确地推算电网中各点的短路电流值大小,可以合理地选择保护方式和保护装置,以保证电力系统发生短路时,能快速地、有效地切除短路故障,把短路引起的破坏限制在最小限度。

对舰船电力系统设计而言,在初步设计时推算短路电流,用以选择配电电器(例如选择空气断路器)。在电力系统设计基本完成后,计算短路电流,用以校核所选用电气设备的热稳定性(如配电板汇流排)和电动力稳定性(如主汇流排)、校核所选用保护电器的短路接通能力和短路分断能力以及为电力系统保护设计提供必要的数据。

当保护电器的短路接通能力和短路分断能力不能满足要求时,计算短路电流可以为选择适当的限流设备,以能将短路电流限制在保护电器的短路通断能力范围之内提供依据。

因此,应该十分重视船舶电力系统的短路电流计算。由于短路电流计算是船舶电力系统设计的重要内容之一,所以,目前军方和各船级社要求提交送审的图纸和资料中,都有短路电流计算。

舰船电力系统一般都以发电机作为主电源,不是无穷大电网,所以,在计算短路电流时,要计及发电机阻抗的影响。

尽管舰船电力系统包括负载的种类很多,但其主要负载是电动机,一般占80%以上,在短路时,旋转电动机是短路电流供给源,所以,要计及电动机提供的短路电流。

由于舰船电站的电压等级较低,虽然外电路的阻抗较小,但对短路电流的影响较大,所以,在计算短路电流时,必须考虑外电路阻抗的影响。

(1)根据电力系统保护设计的要求(以图6-3为例),应计算的电路部位:

①发电机出线端近主配电板处(A_1,A_2点)。

②主汇流排(B_1点)。

③应急配电板(C_1点)。

④区配电板及分配电板的汇流排(C_2点)。

⑤电力和照明变压器次级(D_1点)。

⑥电力和照明变压器供电的分配电板汇流排(D_2点)。

⑦大电动机的出线端近汇流排处(B_2点)。

必要时,应计算最小短路电流,例如舵机电动机出线端。

(2)必须计算的短路电流

舰船电力系统的短路电流计算的目的,是为系统保护选定配电设备及其整定值时提供数据,所以,以交流电力系统为例,仅需计算如下几种短路电流。

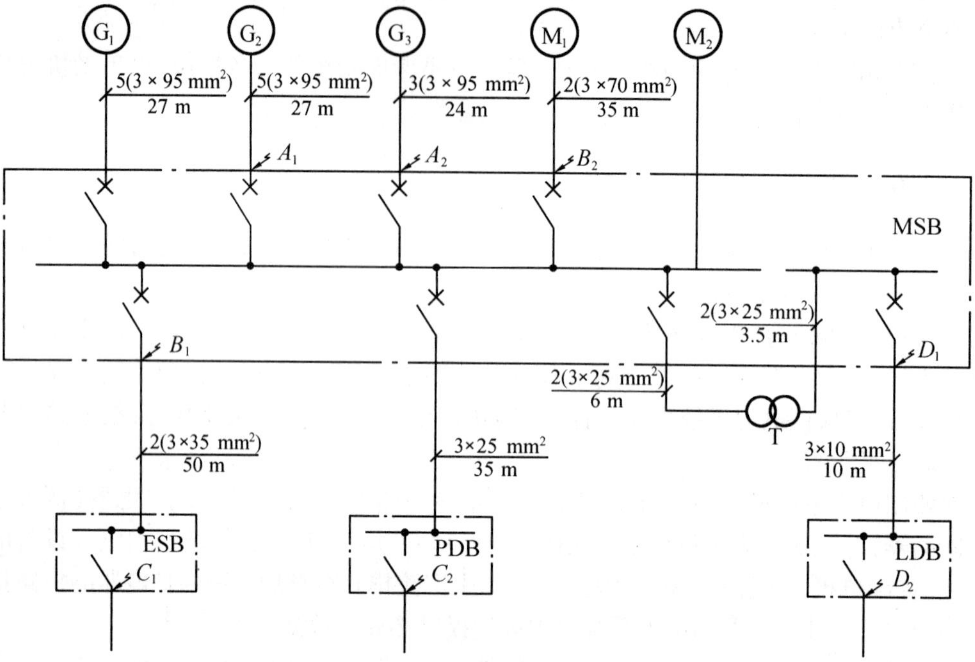

图6－3 短路点的选择

G_1,G_2,G_3—主发电机;MSB—主配电板;T—电力和照明变压器;M_1—大电动机;M_2—等效电动机;ESB—应急配电板;PDB—区配电板;LDB—分配电板

①交流发电机的最大非对称短路电流。

②交流发电机的对称短路电流。

③交流发电机最小稳态短路电流。

④保护装置安装点的最大非对称短路电流。

⑤保护装置安装点的对称短路电流。

⑥断路器使用场所的最小短路电流。

⑦短路功率因数计算。

(3)船舶交流电力系统短路电流计算的特点

目前,国际上关于船舶交流电力系统短路电流的计算方法较多,但是,其共同的特点都是采用近似计算法。另一个特点是计算中都考虑短路为三相对称金属性短路。第三个特点是都计算短路后周期的对称有效值和非对称最大峰值。

(4)各种计算方法

目前国际上所应用的短路电流计算方法有:

①IEC363 号出版物方法(A 方法)。

②等效发电机方法(B 方法)。

③日本《电气协同研究会》精密计算方法(C 方法)。

④百分比阻抗方法(D 方法)。

⑤图解方法(E 方法)。

⑥美国海军标准计算方法(F 方法)。

⑦我国国家标准计算方法(G 方法)。

⑧有关船级社推荐的计算方法。

(5)“舰船交流电力系统的短路电流计算 GJB173－86”是我国国军标。适用于现代舰船设计。计算结果可用于:

①选择和校核电器设备及元件;

②校核汇流排的电动力稳定性和热稳定性;

③根据电器设备的短路分断能力,校核并联运行发电机组的总功率;

④为电力系统的保护设计提供依据。

GJB173－86 详尽介绍了军船短路电流和功率因数计算方法,并列举了某舰电力系统短路电流及功率因数计算实例。

6.3.7　动态压降计算

舰船电力系统运行中,经常会突加大功率负载,由于漏抗和电枢反应会使发电机端电压急剧下降,这对电网中其他运行负载将会有恶劣影响;异步电动机发生转速崩溃,利用电动力作用的电器设备发生误动作、照明信号设备发生闪烁或熄灭、精密电子设备不能正常工作……严重的电网压降甚至会使电网崩溃。因此,各种规范对电网压降及电压恢复时间均有限制规定。

舰船电力系统中 80% 负荷均为电动机负荷,可与发电机额定容量相比拟的大功率电动机的启动对电网冲击尤其值得关注。大功率电动机起动时,其瞬态压降与发电机和电动机的基本参数有关。通常发电机带负载状态启动电动机时瞬态压降比空载时要小,所以一般是按空载起动状态计算瞬态电压降。

具体的计算方法可以根据突加的感应电动机电抗、起动电流、起动千伏安计算或利用瞬态压降曲线图解计算。

最典型计算方法是日本 N 公司的计算方法介绍如下。

对于无刷发电机,在额定电压和额定转速空载运行时,起动鼠笼式感应电动机,N 公司的计算公式为:

$$\Delta u=\frac{(\beta x'_d+x''_d)/2}{(\beta x'_d+x''_d)/2+x_L}(1+\alpha)\times 100\%$$

极　数	系　数 α
4	0.11
6	0.14
8	0.16
10	0.18

式中　Δu——发电机瞬态电压降(%);

x'_d——发电机直轴瞬态电抗(标么值);

x''_d——发电机直轴次瞬态电抗(标么值);

x_L——突加负载电抗(标么值);

α——根据发电机极数而定的系数,由右表决定;

β——发电机饱和系数,根据发电机大小而定,当发电机功率≤480 kW 时,$\beta=0.83$;当发电机功率≥560 kW 时,$\beta=0.88$。

作为一般估算,对自励交流同步发电机来说,相当于舰船电站内最小的发电机额定容量的 1/6 的鼠笼式电动机可以安全地直接起动。在舰船电力系统总体设计中则考虑大于 10% 发电机额定容量的电动机采取降压启动。舰船自励交流同步发电机一般设计成突加其额定电流的 60% 负载时,瞬态电压降在 15% 以内。当然,舰船电力系统总体设计中,发电机参数(x_d'和x_d'')的选取要考虑动态压降,同时要照顾到短路电流的限制。因此,发电机参数应是综合兼优的合理值。

6.3.8 电站布置

电站布置没有固定的模式,但是必须结合电站设备的操作、维修、可靠性和生命力进行周密的考虑。电站布置通常应满足下列要求。

①多电站舰船的电站应分别布置在几个不相邻的水密舱室中,而且两个电站之间的距离应大于舰船能够承受的攻击武器爆炸直径。

②发电机组应尽可能布置在靠近电力负荷比较集中的区域。

③同一电站内多台发电机组应两舷布置。

④发电机组应沿舰船纵向布置、以减少机组轴承所产生的附加应力,避免影响轴承润滑。

⑤发电机组布置应满足机组吊装拆卸的要求。机组四周应有检修、维护、调整的通道,宽度应≥450 mm。

⑥应急发电机组应布置在舰船破损水线以上,并且有直接走向露天的通道。

⑦主配电板应与舰船首尾垂直布置,一般布置在主配电板室或机电集控室,该舱室应通风良好,保持干燥和干净。主配电板与发电机组处于同一水密隔壁,板前应留有操作维修空间。如果是板后接线和维修,则板后应留有通道且有两个入口。

⑧发电机组和主配电板应有必要的安全措施。

⑨发电机组起动系统的蓄电池组或空气瓶应靠近机组布置,以保证启动的可靠性。

6.4 配电系统

舰船配电系统的设计任务是完成全舰船电能合理分配,即所谓配电。

配电系统由配电装置、用电设备及其连接电缆所组成。它分为一次网和二次网。

一次网由主配电板和由主配电板直接供电的用电设备或配电中心及其连接电缆组成。

二次网由配电中心供电的用电设备和配电设备及其连接电缆组成。

6.4.1 设计原则

(1)确保为保持舰船处于正常工作状态并满足舰员正常生活条件所需的所有负载的供电;

(2)确保在各种紧急状态下,向保证舰船作战与安全所需的重要电气设备供电;

(3)确保舰员及舰船用电设备的安全,免受电气事故的危害;

(4)贯彻统一和互换原则,力求技术先进、运行可靠;

(5)电力网中的电气设备一般应选用经鉴定、定型的舰用产品,也可选用经用户认可并装舰使用过的产品。

6.4.2 设计内容

电力负荷分类;选择配电方式;选择配电设备和电缆;设计主干电缆走向及电缆的布置

和敷设;设计电力网络原理线路;核算线路电压降;正确选择各保护装置及整定值。

6.4.3 电力负荷分类

对所有用电设备,根据功能的重要程度或战术技术要求进行分类,通常分为三类。

(1) Ⅰ类负荷包括如下用电设备

操舵装置;主要推进辅机,即对舰船推进装置进行冷起动及机械保护所必需的设备;机舱通风;应急发电机原动机的辅助保障设备;应急照明;航行灯、信号灯;应急通讯设备;消防泵及损管设施;舰船操纵设备和内通设备;最低限度的自卫设施(含对海搜索雷达)。

(2) Ⅱ类负荷包括如下用电设备

动力辅助设备;舰船重要管路系统;电子设备;消磁系统;工作舱室的通风及空调;医疗设备;三防探测、报警设备;火灾报警、灭火辅助和控制设备;武器及控制系统。

此外对载有飞机的舰船,还应包括:飞机维护辅助装置;航空系统的电子设备;飞机着舰保障和指挥系统;机库通风;飞机充电电源机组和变频机组;油汽测爆报警系统。

(3) Ⅲ类负荷包括如下用电设备

生活空调;锚机系缆设备;作业用绞车;电池充电;机修设备;升降机等。

(4)特殊设备

舰船的特殊设备,其供电不间断性或供电指标与一般设备有悬殊差别时,可不列入划分的三类负荷范围内,电力网设计时作特殊考虑。

6.4.4 配电网的分类

根据供电电源的不同、负载的性质和用途不同,配电网可分为主配电网(一次网、二次网)、应急电网、事故电力网、照明网、中频网。在进行配电网设计时,通常按上述各网络分别设绘。

6.4.5 主配电网配电方式确定

①对于主发电机组供电的主配电网应根据各用电设备的具体要求,并考虑整个电力系统的可靠性、经济性、操作管理方便等因素,应尽量采用干馈混合馈线方式。对可靠性要求高的舰船,可采用环路供电方式。

②对舰船上的用电设备,一般采用分左、右舷两路供电,保证供电连续性。

a. 不设应急电站的舰船,但有两个及两个以上相互独立的主电站时,必须由两块主配电板分左、右舷两路供电;

b. 设有应急电站的舰船,用左、右两路供电,一路由主配电板供电,另一路由应急配电板供电或另一块主配电板供电;

c. 对仅有一个主电站,但有两台主发电机组且主配电板内的主汇流排分断隔离装置将主配电板分为两个独立分段的舰船,每台发电机组可视为独立的电源,为重要用电设备提供左、右两路电源;

d. 舵机必须从主配电板或应急配电板分左、右舷两路直接供电,消防泵和灭火设备从主配电板或应急配电板分左、右舷两路直接供电。

6.4.6 主配电网设计规则

①主配电板馈线应按下列原则进行设计。

a. 为满足对重要用电设备两路供电要求，应由前、后主配电板分别供电，提供正常电源和备用电源；

b. 舰船设两个及两个以上主电站时，应尽可能做到各主配电板等分负荷，以保证电站分区供电负载平衡及有利相互转换；

c. 主配电板每路馈线只能给一个配电中心或一个分配电箱（或一个设备）供电；

d. 需要单一电源供电的设备接至最近的配电板。

②用电设备按用途分系统供电时，一般可分为下列系统。

电力拖动（含船舶装置）；照明；空调；电热；武备；内通和外通；导航；消磁；动力；船舶辅助系统；直升机舰面系统。

③在负载密集区应设置分配电箱，向位置相近的负载组供电。

④对用电设备较多的舰船，为减少馈线电缆，则在主配电板和分配电箱之间的负载密集区设置配电中心（负载中心，区域配电板），主电源通过左、右舷两路电缆进入配电中心给负载供电。舰船区域设计时，则在每防火区域设置若干配电中心，（负载中心，区域配电板）避免跨区域和水密隔壁供电。

⑤为了保证两路电源转换，电力网应设置自动或手动电源转换装置，延时转换时间 0.5 ~ 20 s，根据需要进行调整。

⑥舵机分配电箱只向与操舵装置的操作有关的电气设备供电。

⑦配电中心和分配电箱应有一定数量的备用路数，备用开关的电流定额应兼顾预期使用的开关电流整定值。各分配电箱的最多分路应不超过 14 路。

⑧所有重要用电设备除舵机外额定功率不小于 0.5 kW 电动机，均应设有独立的过载和短路保护装置，对不小于 1 kW 的设备，应设独立分路供电。

⑨在三相交流系统中，使用单相用电设备应考虑配电系统三相平衡及合理组合用电设备。在正常情况下，使各相负载在分配电箱、配电中心以及主配电板处尽可能平衡在其各自额定负载的 15% 以内。

⑩布置在潮湿处所（如厨房、冷库）的局部配电网络应采取保证舰船电力系统绝缘的隔离措施，如增设隔离变压器。

⑪根据安装位置的环境条件，选择合适的配电和控制设备结构形式和外壳防护等级。

⑫风机、油泵有应急切断要求时，尽量将这些设备集中在一个或几个分配电箱供电，以便集中控制。

⑬计算线路压降，满足规范要求。

⑭考虑规范和规则对设备的特殊要求。

6.4.7 事故电力网设计规则

①大中型现代舰船应设置事故电力网。事故电力网由固定的应急接线盒和电缆及可临时拉敷的轻便软电缆构成。事故电力网用于临时跨接主电力系统的损坏分段，在主发电机组（或应急发电机组）尚可发电情况下向要害设备供电。

②一般应向下列设备或系统提供事故电力网接头。

消防泵;移动式潜水泵;舵机;要害的电子分配电箱;必要的武器分配电箱。

上述系统或设备,除后两项如由两路供电配电中心或应急配电板供电(或有蓄电池备用电源)时,可不供事故电源。

③事故电力网的水平纵向布置应在舰船破损水线以上,通常应尽量沿舱内直通走道安放电缆和设备。

④事故电力网电缆的垂向敷设,包括由舰船主发电机供电端口处及个别要害用电设备引向事故电力通道的上下电缆,采用垂直立管的电缆敷设方式。

⑤保证垂直立管和应急插头箱穿过的所有水密甲板和水密舱壁的水密性。

⑥尽可能减少固定敷设的电缆根数及长度。

⑦主电网引用事故电力网的电源部位仅设线路短路保护,保护器件动作值按线路短路保护电流原则整定。

⑧在一个舱端两个应急插头箱之间应配置轻便软电缆跨接线,电缆应采用耐火软电缆。

⑨跨接软电缆应有足够的长度,在确定电缆长度时要考虑舱室的布置、障碍物,并保持通道畅通。电缆长度一般不超过 25 m。电缆的截面尽量不大于 25 mm^2,重量尽量不超过 50 kg。

⑩选用应急接线箱,应保证:接线箱中的连锁开关,只有当软电缆端部插头与应急插头箱连接牢固后,开关才能将电路接通;并且只有开关分断后软电缆端部插头才能从应急插头箱上拔出;相序错位或极性接反时,对应插头无法插入。

⑪每个使用跨接电缆的舱室或通道都应设有电缆构架存放电缆。电缆构架设置在应急接线盒附近,易于接近,方便取用的地方。

⑫事故电力网设备应有醒目标牌及必要的使用提示。

6.4.8　应急配电系统

应急配电系统由应急配电板、应急分配电板和电缆组成。在正常情况下,应急配电板由主电站的正常电源或备用电源供电;应急情况下则由应急发电机供电。

应急配电系统供电范围为 6.4.3 中 I 类负荷和直升机舰面系统及其他重要用电设备。

应急配电系统在舰船上的布置应尽量靠近舰船中线面并且尽量在水线以上。

6.4.9　照明系统

照明系统由主照明系统、应急照明系统、低照度照明系统、专用灯照明系统等组成。

主照明系统由舰船主电站通过主配电系统经过变压器供电。

应急照明系统由舰船应急电站或应急蓄电池通过应急配电系统供电。

专用灯照明系统由航行灯、信号识别灯、信号探照灯、作业灯、闪光信号灯、强光灯、彩灯等组成。

(1)配电原则

①照明系统的设计应将舰船分成若干个立体区域,每个区域由一个配电点供电,配电点尽可能位于立体区域中心;

②对区域内灯点数稀少或全舰分布的系统，尽可能按甲板层或按防火区域设置配电点；

③两路电源供电的配电点应实现供电电源转换；

④舰船上额定功率较小的电炊设备和日用电器等可由照明分配电板供电。

(2)相间平衡

三相照明系统中单相照明电路负载应尽可能各相平衡，不平衡度应 $<15\%$。

(3)电压降

从主配电板至最远灯点的电路电压降 $<6\%\ U_N$（交流）和 $8\%\ U_N$（直流）；应急照明则分别为 $12\%\ U_N$ 和 $15\%\ U_N$（24 V 线路除外）。

(4)灯点数规定

①照明分配电板每一容量大于 16 A 的最后分路供电灯点应不超过一个；

②每路容量≤16 A 的最后分路的供电灯点：

$V \leq 50$ V，10 点；51 V $< V \leq 120$ V，14 点；121 V $< V \leq 250$ V，24 点。

③除图样标明仅供台灯等小容量日用电器用插座可按一个灯点数计算外，其余一只插座按两个灯点数计算。

(5)灯光管制

在作战时为避免舰船暴露其自身目标，防止照明灯光外泄，凡有灯光外露可能的通道、梯口、舱室等处所，其主照明和应急照明的灯具控制均应满足灯光管制的要求。

灯光管制可以使用门开关控制，或直接接到灯光管制线路上。

门开关均应设置在控与撤控开关，可以由驾驶室集中控制或者每只门开关就地单独控制。

逃生口、弹药传送口和货物转运出入口不应设置门开关。

露天甲板照明应能在驾驶室或驾驶室和值班室集中控制，但在航行时只能由驾驶室控制。

6.4.10 中频电网

目前舰船内尚有电子设备采用400 Hz 中频电源。通常由设备自带变频机组或变频器；也有在舰船上设置中频电网提供中频电源集中供电的作法。中频电网取代各系统和设备自带的变频机组，可使中频电源设备重量减轻40%（但舰总体重量却要增加），提高供电可靠性，便于维修管理。

中频电网可能引起电子设备通过网络的相互干扰，必须采取去耦措施。

中频电网可以按普通电网的原则进行设计。

6.5 系统保护

舰船电力系统保护设计的目的是保证系统免受各种意外事故的损害。从舰船总体设计角度来看，系统保护设计的对象不仅仅是系统中各项电气设备，更重要的是处于运行中的整个电力系统。

保护性能优良的电力系统，可以做到当电力系统发生多重复杂故障时，仍具有正确的系统选择保护能力,可将故障限制在最小范围内而有效防止事故扩大;在任何工况下电力系统的保护不会破坏系统工作的稳定性;系统保护便于故障消除后电力系统功能的恢复和调整。

系统保护功能应与电站自动化的要求密切衔接。

(1)电力系统的保护包括下列内容

①完整周密的信息部分,为系统保护提供各种原始信息;

②故障判断部分,分析和记录系统各部分的不正常工作状况;

③迅速灵敏的预警和报警部分,为操作人员及时警告可能发生的事故,以便采取适当措施;

④紧急保护部分,用来对超过允许极限的故障采取紧急保护措施。

(2)电力系统故障产生原因

①设备本身故障　发电机原动机损坏,如调速器失灵;发电机定子绕组烧毁或断路;励磁系统损坏;电缆接线盒绝缘破坏。

②操作不当　合闸操作不当;发电机负荷控制不匀;观察错误引起不当操作。

③恶劣环境条件影响引起绝缘降低产生故障。

④突然短路、断相、战斗损伤等。

上述故障如不及时排除,则电网的电压、电流和频率异常,最终可能导致全船失电。

6.5.1　电力系统保护的基本要求

①快速切除短路故障　保护装置能自动快速切除故障回路,排除受损电路免遭火灾危险;

②选择性保护　按电流原则或时间原则选择性动作,仅切除故障回路,保证非故障回路的连续供电;

③选择合理的保护方式　根据负载的性质和重要程度,合理地选择选择性保护、非选择性保护或后备保护;

④选择合理的保护装置　保护装置应具有合适的时限特性、适当的短路定额、不产生误动作;

⑤合理地选择电缆　电缆与保护装置特性要协调;

⑥尽量缩小系统保护的死区;

⑦系统保护的协调　整个电力系统保护装置动作协调配合要一致。

6.5.2　保护电路的设计

按保护的目的可以分为过载、短路、逆功率、欠电压、自动卸载等等。

按保护的内容可以分为发电机、变压器、电动机、舵机电动机、照明和电热电器、岸电和蓄电池等。另外,还有母联和跨接电路保护及供电馈线分支电路的保护等。

保护装置主要有空气断路器、装置式断路器、熔断器和过载继电器等。

(1)发电机电路的保护

①防止发电机过载和短路及欠压保护　发电机断路器配备长延时、短延时、瞬时脱扣、欠压保护装置。

a. 过载长延时脱扣装置　过载长延时脱扣动作特性为反时限特性，整定值误差最大不超过 ±10%。在长延时整定值的 1.15 倍或 1.2 倍电流时，延时时间调节范围至少应为 5 ~ 30 s，时间整定误差不大于 ±15%。

b. 短延时脱扣装置　短延时脱扣动作特性可以为反时限特性，也可以为定时限特性，整定值误差最大不超过 ±15%。在短延时整定值的 1.2 倍电流时，延时时间调节范围至少应为 0.12 ~ 0.42 s。脱扣时间整定值应以断开时间最大值和最小值来表示。返回系数大于或等于 0.5，返回电流为长延时整定值的不动作电流值。

c. 瞬时脱扣装置　瞬时脱扣装置应使断路器不带人为延时断开，不需要方便地调节，出厂时可以根据定货要求整定在某一电流值。其整定值误差不大于 ±20%。

d. 欠压保护装置　用于防止发电机电压不足时断路器闭合的欠压保护应瞬时动作；防止发电机电压过低仍接在电网的欠压保护应延时动作。通常，欠压保护装置的释放电压整定为 40% 或 35% U_N，吸合电压为 85% U_N。其延时时间大于发电机断路器短延时脱扣器的延时时间。

②发电机内部短路保护　发电机内部短路保护实用办法是采用比率差动继电器。在发电机和主配电板内各设一个电流互感器，如果发电机发生内部短路，则：电流互感器内电流不一致，当其差值超过预设值，则比率差动继电器动作，送出发电机断路器脱扣信号，同时送出切除发电机励磁和原动机停机信号。

③逆功率保护装置　发电机并联运行时，防止原动机输出功率不足而发电机作电动机运行，为保护原动机而设置。逆功率的动作值：

汽轮发电机组　　(2 ~ 6)% P_{NG}

柴油发电机组　　(8 ~ 15)% P_{NG}　延时(3 ~ 10) s

燃气轮发电机组　(3 ~ 7)% P_{NG}

当供电电压降为 50% U_N 逆功率保护不应失效，但其动作值可以有所改变。

(2) 母联电路的保护

母联电路的保护主要依靠母联开关和跨接开关，它们配备以下脱扣装置：

①长延时脱扣装置　为防护母联电路高阻抗短路故障而设置，其最小动作电流一般整定为电路总负荷电流的 125%~150%。与发电机主开关动作特性应协调保证选择性动作。

②短延时脱扣装置　为保护母线故障时实现发电机主开关，母联开关和跨接开关之间时间选择性保护而设置。三者最小动作电流一致而延时整定应保证三者依次选择性切断。

(3) 供电馈线的保护

根据负载性质可选用塑壳断路器，配备以下脱扣装置。

①长延时脱扣装置　为供电电路高阻抗短路故障而设置。一般最小动作电流为电路总负荷电流的 105%~130%。配电用开关的额定电流取决于所用电缆的允许电流。

②短延时脱扣装置　为切除供电电路短路故障且与上一级断路器进行选择性动作。在分支电路发生故障时，与下一级断路器进行选择性动作。其最小动作电流的整定值小于上一级断路器的短延时整定值，而大于下一级分支断路器的瞬时整定值。

(4) 分支电路的保护

一般分支电路可用塑壳断路器或熔断器进行保护。

选用塑壳断路器时按相应电路的参数确定其额定电流值和瞬时脱扣装置的动作电流值。并且要注意：

①电路中有异步电动机的正常启动电流时，开关不应动作；

②瞬时脱扣装置的动作电流整定在各开关安装点估算短路电流的 60% 以下；

③瞬时脱扣装置动作电流整定在上一级断路器的协调范围之内。

当选用熔断器保护时应注意

• 熔断器额定电流的选取应能承受电路中异步电动机起动或堵转时的短时冲击电流。

$$I_N = k_q k_f I_{dn} / \alpha$$

式中　k_q——电动机启动电流倍数；

k_f——启动电流均方根值与最大值之比；

50 Hz 电路 $k_f = 0.93$；400 Hz 电路 $k_f = 0.82$；堵转 $k_f = 1$；

k_{dn}——电路的额定电流；

α——轻载启动 $\alpha = 2.5$，重载启动 $\alpha = 1.6 \sim 2$。

• 熔断器的熔断电流应小于其相应点的短路电流。断流容量应大于相应点的短路电流。

(5)变压器的保护

变压器的初级电路用多级断路器或熔断器进行过载和短路保护。

变压器并联运行时，初级与次级电路应同时断开以防止电流倒馈。

(6)电动机的保护

①$P_n > 0.5$ kW 的电动机均应设置过载、短路和欠压保护，重要设备的电动机过载保护可用报警装置代替，而舵机电动机过载保护只能用报警装置代替。

②保护装置应设计成在正常使用条件下，允许电动机在正常加速期间的电流通过。

③对连续工作制电动机，其保护装置的延时特性应保证电动机在过载情况下有可靠的热保护；保护装置的最大持续电流应整定在被保护电动机额定电流的 105%~125%。

对断续工作制电动机，保护装置的特性据实际使用条件决定。

④当熔断器用于多相电动机电路保护时应有防止单相运行的保护。

⑤对重要负载的电动机或按自动化电站要求，电动机失电后电压恢复时顺序启动的电动机，应设置欠电压释放，以保证电动机在复电时重新启动。

(7)照明和电热电器回路的保护

可以按回路最大工作电流选择断路器或熔断器作过载和短路保护，但要注意上下级保护装置的协调。

(8)岸电回路的保护

在岸电箱内可以采用空气断路器、装置式断路器或熔断器作保护装置。

6.5.3　舰船电力系统保护协调

在舰船电力系统总体设计中，对舰船电力系统保护协调特别强调保证：

①保护装置的动作特性应与被保护电气设备或回路要很好地配合；

②保护装置之间的动作特性应很好配合。

6.6 舰船电缆

舰船电力系统总体设计另一项重要工作内容是选择电缆。

6.6.1 电缆选择原则

①电力系统设计要选用无卤、低烟、低毒成束阻燃舰船用电缆,根据使用要求,按电缆的用途、敷设位置和工作条件选择电缆牌号,尽量减少电缆规格和品种。

②电缆的额定电压应不低于使用该电缆的电路的标称电压。电缆的最高允许工作温度应至少比电缆敷设场所的平均最高环境温度高 10 ℃。同一舰船上应尽量选用相同的耐温等级的电缆,否则耐温等级相差超过 5 ℃的电缆应分束敷设。如果这样有困难,则成束中所有电缆的额定电流都应按耐温等级最低的电缆载流量考虑。

③通过耐火区的电缆及在失火状态下仍须维持工作的重要设备(如舵机、消防泵)的电缆和事故电力系统的电缆应采用耐火型电缆。

④电缆在敷设路径中有机械防护或屏蔽要求时应选用带金属编织套的铠装电缆。

⑤电缆敷设在露天甲板或机舱等可能潮湿的处所或金属铠装层需单点接地时应具有防蚀性护套。

⑥携带式电气设备应选用软电缆,转动场所选用特软电缆。

⑦交流网络和直流网络中应尽量避免用单芯电缆。选择多芯电缆时,应考虑备用芯线。

6.6.2 舰船用电缆的芯数和截面

我国舰船用电缆的芯数和导体截面规格可由有关产品样本中查得。

6.6.3 电缆的允许电流

选择电缆时,必须根据使用条件,保证电缆实际通过的电流低于其允许电流。电缆的允许电流,是取决于电缆的绝缘材料,并以最高允许温度为基准决定的,是以电缆通过电流时散热量和导体产生的热量平衡状态决定。

IEC92 号出版物规定,单芯电缆允许电流的计算式为

$$I = \alpha \cdot S^{0.625}$$

式中 I——单芯电缆的允许电流,A;

S——导体标称截面,mm²;

α——最高允许温度下的绝缘材料系数,该值如下表所示。

表 6-2 绝缘材料系数

导体最高允许温度/℃		60	75	80	85	95
导体标称截面/mm²	≥2.5	9.5	13.5	15	16	18
	<2.5	8	13	15	16	20

各绝缘材料的允许工作温度如表6-3所示。

根据公式计算，各种绝缘材料的单芯电缆的连续工作的电流定额列入下表。双芯及多芯电缆的连续工作电流的电流定额，是将下表中的电流定额乘以修正系数求得。

双芯电缆的修正系数为0.85；三芯和四芯电缆的修正系数为0.70。

表6-3　绝缘材料允许工作温度

绝缘材料	最高允许工作温度/℃
聚氯乙烯(一般)	60
聚氯乙烯(耐热)	75
丁基橡胶	80
乙丙橡胶和交联聚乙烯	85
硅橡胶和无机物	95

表6-4　单芯电缆连续工作的电流定额(环境温度45 ℃)

标称截面/mm^2	普通用途的聚氯乙烯(A)(60 ℃)①	耐热聚氯乙烯(A)(75 ℃)①	丁基橡胶(A)(80 ℃)①	乙柄橡胶和交联聚乙烯(A)(85 ℃)①	硅橡胶和矿物绝缘(A)(95 ℃)①
1	8	13	15	16	20
1.5	12	17	19	20	24
2.5	17	24	26	28	32
4	22	32	35	38	42
6	29	41	45	48	55
10	40	57	63	67	75
16	54	76	84	90	100
25	71	100	110	120	135
35	87	125	140	145	165
50	105	150	165	180	200
70	135	190	215	225	255
95	165	230	260	275	310
120	190	270	300	320	360
150	220	310	340	365	410
185	250	350	390	415	470
240	290	415	460	490	-
300	335	475	530	560	-

①导体的最高允许工作温度

6.6.4　电缆截面积的确定

(1)根据用电设备的工作制(连续、短时、重复短时工作)、电流种类(交流或直流)和负载功率，确定通过电缆中的实际负载电流(考虑环境温度、负载系数、同时系数)，在线路压降允许范围内，按电缆允许载流量选择电缆截面积。所选电缆的额定电流值至少应等于该电缆所在电路的总负载电流。

(2)用电设备电流的计算

①单个受电器负载电流(三相)一般按产品样本确定,在没有产品样本时,按下式计算

$$I=\frac{P\times10^{3}}{\sqrt{3}U\cos\varphi\eta}\times100\%$$

式中 I——负载电流,A;

P——受电器功率,kW;

U——额定电压,V;

$\cos\varphi$——负载的功率因数。

②几路受电器馈线时总负载电流(三相)的确定按下式计算

$$I = K\sum I_i + I_b$$

式中 I——馈线的计算电流,A;

K——各路负载的同时系数,一般取0.6~0.8;

I_i——各路馈线电流,A;

I_b——备用裕量,A。

(3)电缆截面积的修正

①周围环境温度修正　电缆的允许电流定额是表示标准环境温度下的值。以舰船基准温度+45 ℃为例,当周围环境温度高于或低于+45 ℃时,电缆的最大安全载流量也将随着减少或增加,其允许电流值为环境温度为+45 ℃时的允许电流值乘以校正系数,校正系统一般按产品样本确定。

②穿管敷设修正　电缆束的截面积与敷设电缆用的电缆管的截面积之比应不大于0.4。

③成束敷设修正　成束电缆的载流量不仅与电缆根数、截面有关,而且与束的外形尺寸、发热系数以及负载分布有关。通常将成束敷设中的单根电缆载流量乘以修正系数的值为此电缆安全载流量,修正系数取0.85。

④非连续工作制的修正　短时、重复短时工作制的用电设备,可根据其实际发热情况对电缆的电流定额进行修正。修正系数可通过相应曲线查出。

在实际计算电缆截面积时,综合考虑上述因素通常采用0.7~0.8的敷设系数。为满足敷设和工作条件,双芯电缆都选用大于或等于1 mm^2 的截面。

6.6.5 线路电压降的计算

①当电缆在正常工作条件下承载最大电流时,从主配电板汇流排至负载输入端的电压降不应超过额定电压的6%;蓄电池供电的直流,其电压不超过50V的,电压降不超过额定电压的10%。

②对于直流二线制回路,电压降可按下式计算

$$\Delta u = \frac{2IL}{\rho SU}\times100\%$$

式中 Δu——线路百分比电压降,%;

I——负载电流,A;

L——电缆长度,m;

ρ——铜的导电率,50 ℃下为 54 m/Ω · mm^2;

S——电缆截面,mm^2;

U——额定电压,V。

③单相交流二线制电路,电压降按下式计算

$$\Delta u = \frac{2IL\cos\varphi}{\rho SU} \times 100\%$$

式中 Δu——线路百分比电压降,%;

$\cos\varphi$——负载的功率因数。

④交流三相三线制电路,电压降按下式计算

$$\Delta u = \frac{L\sqrt{3}I\cos\varphi}{\rho SU} \times 100\%$$

6.6.6 电缆敷设规则

①应尽量避开易对电缆造成损害和易受爆炸危害的区域,便于施工并应尽可能直线敷设,避免与管路和通风管道在安装上相互影响。

②电缆通道应能进入人员施工,位置应设在具有足够通风且不受机构拆卸或移动影响的地方,通道的密封性不应破坏舰船不沉性。

③电缆的敷设和最小安装距离、接地及电缆兼容性应按 GJB1046 -90 规定。

④主干电缆路线应设置在舰的左舷和右舷的上部或下部。左右主干尽可能不安排在同一甲板层,上下错开。上部主干电缆路线应在甲板下面通过,下部主干电缆路线应通过机舱和相应平台甲板。两路电源的电缆纵向布置应采用四方形走向图,以便最大可能地拉开两种电源在横向和垂向上的距离。

⑤若设备由多个部位控制,则由每个部位接到该设备的控制电缆,应尽量敷设在单独的电缆路线内。

⑥除需要贯穿主甲板或上层建筑舱壁向有关设备供电外,电缆不应暴露在露天。暴露在露天的电缆应尽可能少,并应采取防护措施。

⑦无关的电缆不应通过厨房,必须通过时,应尽量远离灶具和蒸汽管路,且应采取相应的防护措施。

⑧无关的电缆不应通过电磁屏蔽的舱室,必须通过时,应采取相应的屏蔽措施。

⑨电缆一般应明线敷设,特殊情况需要暗线敷设时,干线电缆的封闭板必须便于打开,不应将电缆埋在隔热绝缘层内敷设。

⑩冷藏舱内的电缆应明线敷设,穿过隔热绝缘层时应穿管,管端必须密封。

⑪为保护电缆免遭战斗损坏,应尽可能利用舰艇的结构作为电缆的防护。除非因用电设备的安装位置或由于结构上的相互影响,或为了避开危险环境、危险位置所必需,电缆不应敷设在甲板室的外部,或主甲板以上的类似结构上。

⑫为保证电缆免遭机械损伤,应至少对下列电缆设置防护金属罩(板);因靠近人员频繁往来区域而易受机械损伤的电缆;在电缆路线可能被误用梯级或扶手以致可能损坏的地段;在物品升降舱口处及围阱内的电缆。

⑬电缆安装部位应尽可能免受过热。如必须安装在这些部位,则应采用耐热型电缆。电缆不应敷设在外露表面温度高于 70 ℃的机械、管路及其他发热表面上。电缆不应敷设

在锅炉上方或其他被热空气包围的地方。

⑭电缆一般不应敷设在容易受潮的地方。若电缆不可避免要敷设在消防总管、水管、汽管、油管或其他管路附近时，则应设置防滴罩加以保护。若电缆必须安装在易进水的舱室内，则应将它们安装在舱室内尽可能高的部位。

⑮电缆应尽量不经过油舱，必须经过时应穿双层金属管敷设。

⑯容易产生爆炸性介质的舱室（如弹药舱、蓄电池室、油漆间等）内的电缆应穿管敷设。

6.7 全电力系统

全电力系统即综合全电力推进系统（IFEP）。舰船综合全电力推进系统是21世纪的热门话题之一。随着舰船总体综合优化设计和舰船自身的高性能化以及相关高新技术飞快发展，各国正着手研制综合全电力推进系统的舰船。

全电力系统将舰船内动力系统和电力系统合二为一，即将舰船电力推进电源和日用电源合并而成，如图6-4所示。

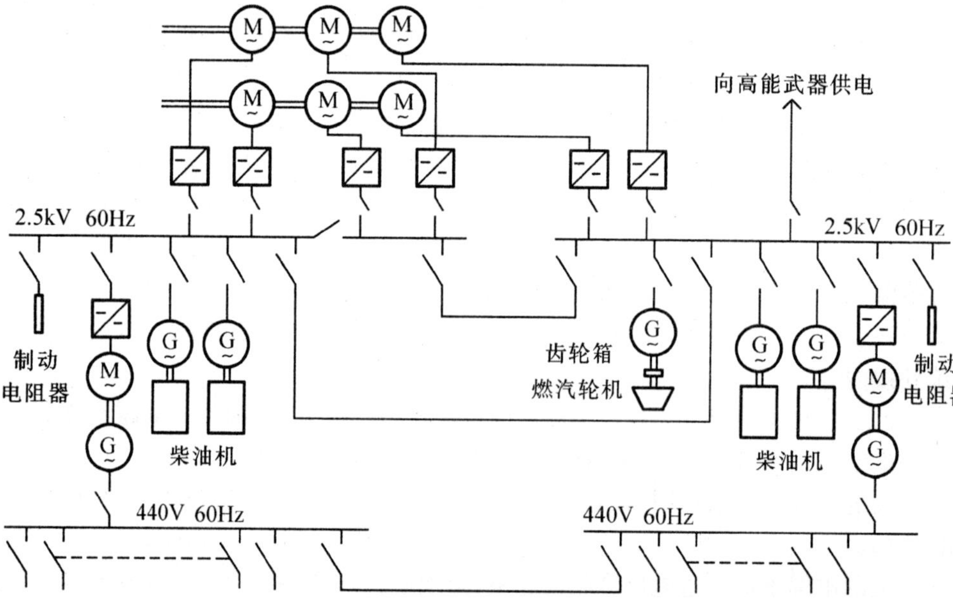

图6-4 IFEP组成

全电力系统是舰船总体综合优化设计和模块化设计的产物。其优点如下：

①可以选择中高速原动机，用电缆代替机械传动，便于原动机的灵活布置，可缩短推进轴系长度。

②原动机可恒速运转，降低结构噪声。

③可根据不同运行负载，优化选择原动机的组合，减少舰船上原动机的数量，使原动机处于最佳运行工况。

④改变电源极性或相序即可使推进电机换向使倒车操纵简便易行。

⑤推进电机有备用电路，可提高舰船破损后的生命力。

⑥综合全电力推进系统可设计成具有较高的冗余度，使全船失电可能性减小，提高供

电的连续性。

⑦可从推进功率中提取高能武器(激光武器和高能激波武器)所需功率或脉冲负载。

⑧油耗低、全寿期费用低于常规动力舰船的费用。

自从美英两国开始研究舰船综合全电力推进系统以来,该技术的发展引起了世界各国海军的关注,许多国家纷纷紧跟其后,投入很大力量。多年来国外的研究结果表明,综合全电力推进系统有许多的优越性。除油耗低、噪声低、布置灵活等电力推进本身具有的优点外,由于该系统能够将推进能源及平台武器用电能源统一为整体,有效地对全船能量资源进行统一管理、统一分配、且舰船在巡航时的巨大电力又可以为未来的高能武器、雷达探测器及舰船自动化提供必要的发展空间,这一点是非电力推进系统所无法比拟的,也是各国海军一致认可"21世纪新一代现代舰船将采用综合全电力推进系统"这样一个全新论点的主要原因。

所谓综合全电力推进系统并非简单的电力推进。目前在民用船及军辅船上采用电力推进已较普遍,而各国海军在综合全电力推进系统方面的研究却经历了很多年,至今尚没有一艘真正意义上的全电力推进战舰出现。这也说明,在现代战舰上实现综合全电力推进系统仍然需进行大量的研究工作,需要长时期的技术攻关。

综合全电力推进系统作为全舰一大系统,必然与舰总体密不可分,实现该系统,将会给总体布置、总体性能带来极大的影响,在舰总体布置方面会提出各种新的要求,该系统的研究和设计必须保证舰船总体性能,这是系统成功的前提。另一方面,综合全电力推进系统包括舰船推进、发电、配电、电力管理及控制等模块或分系统,必须同时为高能武器、雷达探测器及其他各种设备提供合理电力界面,保证各用电设备的工作。综合全电力推进系统涉及专业多、设备多、组成复杂,且各种功能和接口繁杂,是一个复杂的、技术难度大的系统。系统内各设备的研制应该相互协调,功能相当且接口一致,必须保证整个系统安全、可靠,综合性能兼优。

目前国外舰船 IFEP 最典型实例是英国海军 45 型导弹驱逐舰。45 型舰拟取代 42 型舰,计划建造 12 艘,首舰预计 2007 年服役,满载排水量为 8 000 t,航速 29 kn,为区域防御舰。该 IFEP 是基于美海军 IFEP 研制的感应电动机及其电力变换装置而开发的。用于驱动发电机(20 MW)的原动机为 2 台 WR－21 型燃气轮机,另有 2 台 2MW 柴油发电机组。推进系统由 2 台 20 MW 推进感应电动机和脉宽调制变频装置所组成,如图 6－5 所示。

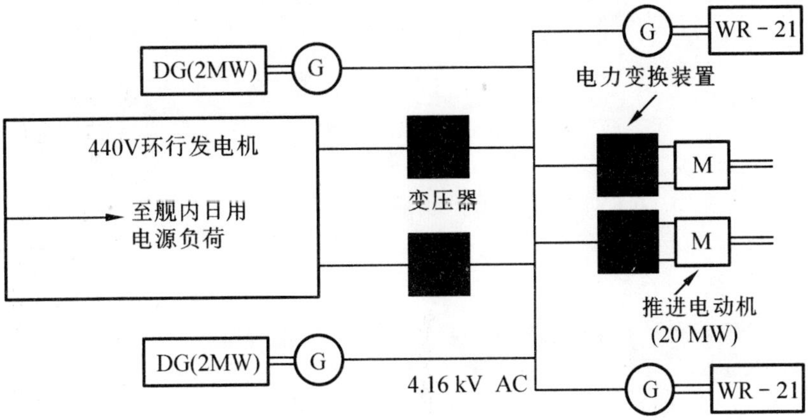

图 6－5　45 型导弹驱逐舰电力推进系统的组成

国内 IFEP 研制工作尚处于摸索阶段。正在研制的某试验船可望在 2005 年交付使用。该船采用小水线面双体船船型，满载排水量约为 1 500 t，经总体综合优化论证，适宜于采用 IFEP，供全船动力、电力和试验能源需求。其单线原理图如图 6－6 所示。

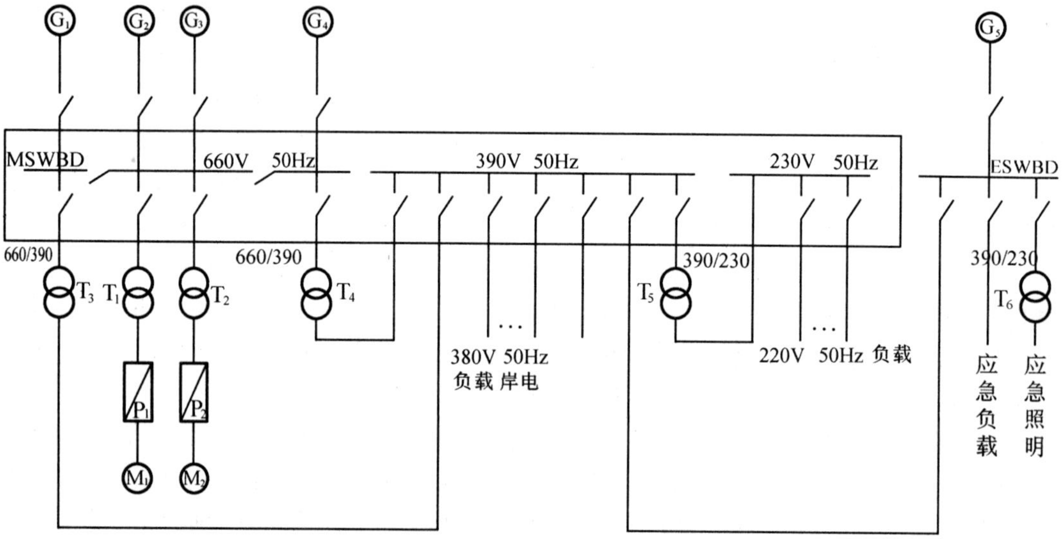

图 6－6 试验船综合电力推进系统单线原理图

说明：G1，G2　1 100 kW　660 V(690 V)50 Hz　1 500 rpm　主柴油发电机组

G3，G4　400 kW　660 V(690 V)50 Hz　1 500 rpm　主柴油发电机组

G5　68kW　390 V　50 Hz　1 500 rpm 应急柴油发电机组

MSWBD　主配电板(含 660 V　390 V　230 V 汇流排)

ESWBD　应急配电板

T1，T2　推进变压器 660 V/690 V　1 450 kVA

P1，P2　推进变频器

M1，M2　推进电动机 1 000 kW　300 rpm

T3，T4　配电变压器 660 V/390 V　500 kVA(或 300 kVA)

T5，T6　变压器　390 V/230 V

第7章 舰艇电子信息系统

舰艇电子信息系统包括通信系统、导航系统、雷达警戒系统、水声探测系统、对抗系统和作战指挥系统。该系统的主要任务是保证舰艇安全航行,完成作战指挥及对目标的探测、识别、跟踪的数据处理、目标分配等功能。

电子信息系统中的设备在设计和建造过程中要严格控制电磁兼容性,才能保证各设备功能的充分发挥及舰艇战斗使命的完成。

电磁兼容设计包括天线的布置,即通信、导航、雷达、电子对抗的天线,在舰上总体布置时要严格按照"GJB/Z36-93 舰艇总体天线电磁兼容性要求"进行天线的选型及布置;装舰设备的接地,电缆的屏蔽接地,电缆的分类及电缆的分束敷设,波导的敷设及接地,管路的接地,屏蔽舱室的设计及滤波器的使用等均应按照《GJB1046-90 舰艇搭接、接地、屏蔽、滤波及电缆的电磁兼容性要求和方法》的要求进行设计和建造,以保证电子信息的正常传输和使用。

现代舰艇还根据具体的情况,专门设计了电磁兼容管理设备,其目的是控制各收发机的工作状态,保证武器和人员活动区的场强不超过极限值,避开各设备的相互干扰。对雷达匿影信号及抗同频干扰的统一触发信号进行集中管理。

天线的布置除满足电磁兼容性的要求外,还要满足天线视界的要求。在设计中根据经各方面优化确定的天线最终布置,绘制天线视界图,以此说明天线的使用范围,天线视界应满足武器系统的使用要求。

为实现电子信息的资源共享,各电子信息系统输出、输入接口型式的统一,数据内容、格式的协调一致,在现代信息时代至关重要。系统和设备接口的设计、协调也是舰总体、系统为保证系统使命和舰艇自身使命任务完成的一个重要环节。

7.1 通信系统

舰艇通信系统包括外部通信系统和内部通信系统两个方面。前者为无线电通信,后者为有线通信。由于计算机技术的发展,外部通信系统和内部通信系统的信息在舰上均可在网上运行,实现资源共享。

至今沿用的还有灯光、旗语、信号旗和汽笛等近距离的常规通信工具。

7.1.1 外部通信系统(现代舰艇的水下通信详见7.4节)

通信系统由收发两方组成。在发方,由信息源给出语言或符号信息,通过调制器去调制射频信号使其变成载波信号,经功率放大器放大,再经天线发射出去。在收方,到达接收点的无线电信号被接收天线拾取,经接收分机放大,再经解调器把载波信号还原成适于记录或视放的信号,在终端装置上表达成文字、声音或图像。无线电波传播的路径称作信道(也有把发射机和接收机也包括在信道内),经不同信道传播的电波可分做天波、地面波或空间直射波等。其原理示意图见图 7 - 1。

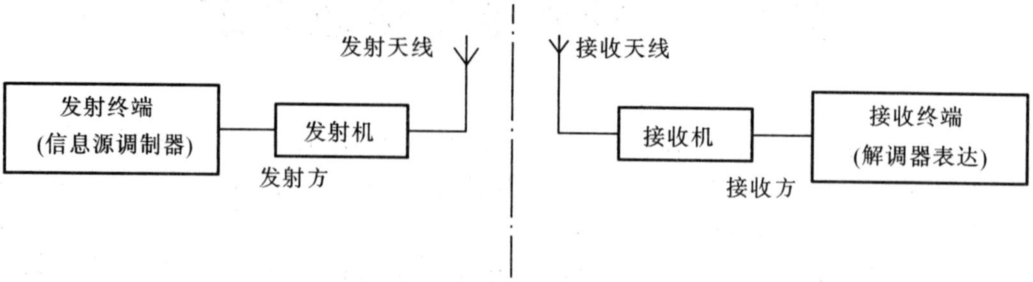

图 7 - 1 无线电通信系统一般组成示意方框图

根据被传送信号的形式，发方信源装置可以是话筒放大器、莫尔斯报电键电路或电传打字机，在收端的终端装置可以是耳机、喇叭、电传打字机等。在数字通信系统中，终端机要具有编译码、加密解密和调制解调等功能，其含义较模拟通信系统中要广泛，此时上述的装置则称作终端机。

根据被传输信号的特征，系统包含多种工作方式。如莫尔斯电报对应“启闭式键控调幅”方式（记作 A_1 方式），电传机发收移频键控连续波的标准电码对应“移频键控电报”方式（记作 F_1），用话音控制载波幅度变化对应“调幅话”方式（记作 A_3），用话音控制载波频率变化对应“调频话”方式（记作 F_3）等等。如加上单边带调制和脉冲调制又可细分为更多工作方式。

衡量发射机性能的主要指标　频率范围、输出功率、工作方式（又称发射型式）、频率稳定度、频道间隔以及抑制不需要的辐射等。

衡量接收机性能的主要指标　频率范围、接收灵敏度、工作方式、非线性或干扰频率的抑制等。

衡量发射天线的主要指标　频率范围、水平和垂直方向性图、增益、驻波比、射频功率输入、效率、型式等。

衡量接收天线的主要指标　频率范围、方向性图、极化方式、增益、驻波比和型式等。

通信设备具体的性能指标由上级下达的战术技术任务书给出。

外部通信系统应保障舰艇在规定的作战海区内完成远、中、近、视距的各种距离上，对所需联络的对象进行指挥通信联络。并应有手段保证全天候 24 h 通信。

（1）配置

为保证舰艇通信畅通，在一条船上要建立多个无线电通信网络，其数量和性质视舰艇的级类和任务而异，大致有本舰与岸基指挥所的短波指挥通信网，卫星通信专向线路及卫星通播接收网，超长波通播和短波空情、海情、气象通播抄收网，对航空兵协同网及对其岸上指挥部协同网，对舰载直升机通信网，对舰艇的短波和超短波通信网，对战斗舰艇数据传输网；应急通信网，遇险救生通信网。按波段可分为短波通信系统，超短波通信系统，中、长波及超长波通信系统，舰艇卫星通信系统。各波段通信特点：

- 短波通信　远距离通信，靠电离层反射来实现，称空间波传播。近距离通信，可直接传播，称地波传播。
- 超短波通信　视距内通信，靠空间波和地面波传播。
- 中波　中、近距离战术通信，靠地波传播或电离层反射传播。主要用于无线电广播，舰队通播通信及国际遇险救生通信联络。

• 长波　中、近距离通信，靠地波传播可全天可靠通信，可用于岸与舰之间通信。为一种辅助通信手段。

• 超长波　远距离通信，靠大气层球形波导传播，由于在海水中传播衰减较其他无线电波小，通常用于对潜通信。

• 舰艇卫星通信　海上远距离移动通信，利用人造地球卫星作中继站转发无线电信号，在两个或多个地面站间进行通信。

通信频率及其应用见表 7－1。

表 7－1

<table>
<tr><th colspan="2">波　段</th><th>频　段</th><th>频率范围</th><th>常用频率</th><th>通信方式</th></tr>
<tr><td colspan="2">极长波</td><td>极低频</td><td>30～300 Hz</td><td></td><td>对潜通播②</td></tr>
<tr><td colspan="2">超长波</td><td>甚低频</td><td>3～30 kHz</td><td>10～30 kHz</td><td>对潜通播和发送时频标准信号</td></tr>
<tr><td colspan="2">长波</td><td>低频</td><td>30～300 kHz</td><td>40～60 kHz</td><td>30～250 海里范围岸对舰通播</td></tr>
<tr><td colspan="2">中波</td><td>中频</td><td>300～3 000 kHz</td><td>500 kHz 遇险监听
484 kHz 岸站应答</td><td>中近距离（小于 30 海里）战术通信和救援通信</td></tr>
<tr><td colspan="2">短波</td><td>高频</td><td>2～30 MHz</td><td>1.6 MHz～30 MHz（发）
10 MHz～30 MHz（收）</td><td>远距离战略或战术通信①</td></tr>
<tr><td colspan="2" rowspan="2">超短波</td><td>甚高频</td><td>30～300 MHz</td><td>30～80 MHz
100～156 MHz 或
（100～174 MHz）</td><td>视距战术通信、舰空、舰舰通信、海岸部队、巡逻部队间通信</td></tr>
<tr><td>特高频</td><td>225～400 MHz</td><td></td><td>视距战术通信，超视距③舰空通信和卫星通信即舰空通信，舰队内部通信、卫星中继通信。</td></tr>
<tr><td rowspan="3">微波</td><td>分米波</td><td>超高频</td><td>300～3 000 MHz</td><td>战术近距通信
200～800 MHz</td><td>岸上固定站间通信</td></tr>
<tr><td>厘米波</td><td>极高频</td><td>3～30 GHz</td><td>4.00～14.5 GHz
（上行）
12.25～12.75 GHz
（下行）</td><td>卫星中继</td></tr>
<tr><td>毫米波</td><td>极高频</td><td>30～300 GHz</td><td></td><td>卫通岸潜通信</td></tr>
<tr><td colspan="2">多波段</td><td>卫星通信</td><td>特高频段和微波波段</td><td>225～400 MHz
7～8 GHz
30～300 GHz</td><td>远距离或超视距的卫星中继战略，战术通信。</td></tr>
</table>

注：①战略和战术通信　战略通信是指国家指挥当局对弹道导弹潜艇部队的通信，战术通信指对不发射核弹头导弹的各种海上兵力的通信。

②通播　一般指由岸（或编队内主舰）向舰艇发出通报信息的单向通信，舰艇接收后不应答。

③超视距通信　电波在空间直线传播但其通信距离超出视距的通信。

各台设备的工作频率范围由海军战术技术任务书规定。

为提高无线电通信的抗干扰能力，通信设备可根据需要采用扩频、跳频和自适应通信等抗干扰方式。

在设备的配置中，除按海军战术技术任务书要求的通信网络设备外，还配置有：

①信息传输与控制系统　包括报文自动处理机、电传机、中心控制器、遥控盒、传真机、传输终端等设备，完成对所配置的通信设备进行统一管理、控制等；

②保密话通信系统　包括各种保密机或保密单元，完成密话通信。

(2)通信业务种类

通信的业务种类　话音，包括明话、密话；报，包括手键报和电传报；数据，包括情报和指挥数据、传真和静态图像，动态图像(视频)等。

(3)布置

①舱室布置　舰上一般配置有2~4个报房，供通信设备安装使用。

主报房　2~3个，分别安装各频段的收发信设备。其中一个作为主报房布置在舰的主甲板之上，为收信中心。另外的几个报房布置在舰艇主甲板之下，作为发信中心。

备用报房　一般布置在上层建筑较高层，安装布置应急通信设备，供舰艇应急情况下使用。

高频室　考虑卫星通信的天线馈线及波导应尽量靠近发射机柜，舰上提供一高频室供安装卫星通信发射机柜。

译电员室　该舱室为机要通信部位，与主报房收信中心布置在同一层甲板相邻部位，该舱室总体设计仅提供办公用具，工作休息的床位及洗漱设备。机要通信用设备由海军机要部门直接配套选型，上舰安装。

遇险救生通信用设备布置在上层建筑甲板上，固定方式应便于应急时的投放。

②天线布置　通信天线的结构型式，目前有桅杆天线、双扇形天线、鞭状天线(6 m、10 m)、菱形天线(竖笼形天线)、导线天线(T型、Γ型、笼形和斜天线)等型式，其天线的数量约占全船天线数量的一半左右。

为减少天线间的电磁耦合，接收天线应尽量远离大功率的发射天线。

由于天线的布置直接影响通信任务的完成及设备的使用性能，故在舰艇的有限空间，收、发天线应分区布置，艏部设计为接收区，舯、艉部设计为发射区。超短波通信天线一般安装在桅杆上，短波鞭状天线一般安装在舰艇的左右舷甲板上，短波宽带天线可利用桅杆安装。收、发区的间距及各天线的间距应满足相应的电磁兼容性的要求。

各类天线的调谐器靠近天线根部安装，天线的控制系统靠近操作部位安装。

为防止雷达等强信号对通信设备的影响，通信接收天线的信号电缆，经布置在报房外的防雷达滤波器滤波后，再进入报房的接收机。

各类天线的性能参考有关标准、规范。

7.1.2　内部通信系统

舰艇内部通信系统包括电话系统、广播系统、闭路电视系统、电视监视系统、传令钟、传话管、战斗报警信号装置、内部综合通信系统等。

内部通信系统主要完成向舰艇各战斗岗位、居住舱室、日常活动部位发送指挥命令、通知、警报，播放(含直播)电台、电视台、录像或视盘节目，进行教育和文娱活动，在舰艇指挥部位监视重要部位的设备工作情况和人员活动情况。

(1)配置

内部通信系统的配置见表7-2。

表7-2

名　称	水面舰艇
指挥电话	√
勤务电话	√
声力电话	√
抗噪电话	△
广播系统	√
闭路电视系统	√
电视监视系统	√
传话管	√
传令设备	√
战斗报警装置	√
内部综合通信系统	△

注:"△"表示选择配置

(2)布置

内部通信系统的各终端设备布置在战斗岗位、居住舱室、活动场所、舱面等部位,即在舰上各部位均能听到舰长发布的命令和警报。

内部通信系统的控制设备包括广播扩大机、闭路电视控制柜及系统的供电设备布置在有值班人员的广播室或闭路电视室。

扩大机的遥控器、岸线电话服务台布置在舰艇的值班室及允许控制启动扩大机的部位。

按环路配置的内部综合通信系统,考虑其生命力双环线应按两舷布置。

①电话系统　电话系统按功能、用途可分为指挥电话、勤务电话、声力电话;电话系统按技术体制可分为数字式电话系统和模拟式电话系统。

指挥电话按指挥关系完成指挥通信;勤务电话完成生活、勤务通信;声力电话为备用指挥通信,及维修、补给部位的通信。

电话系统一般由各类电话终端机、电话交换设备、接口设备、电源、岸线电话服务台、声控录音机、强声闪光呼叫器、打印设备等组成。

电话系统按以下原则布置:

• 指挥终端、指挥机、抗噪分机按指挥关系布置在指挥员、战斗员操作使用方便的战位。

• 勤务电话终端布置在居住舱室、人员活动场所。

• 声力电话机、声力电话插座按指挥关系、维修线路布置在指战员易接近、使用方便的部位。在噪声较大的舱室、战斗岗位使用抗噪电话,并配置强声闪光呼叫器。

• 岸线电话服务台布置在舰上值班室,岸线接线箱分两舷布置。

• 战位上的头戴式送受话器,放置在有关战位的专用放置箱内。声力电话的送受话器存放在使用部位的存放箱内。

②广播系统　广播系统包括扩大机、扬声器、遥控器。在舰上主要用于发布战斗命令、通知和警报,进行指挥;录制战斗命令、重要训练讲课及广播节目;收、放无线电广播及文娱广播。

广播系统根据需要可进行区域(如岗位、舱内、舱外、直升机系统)广播、全舰广播,并具有遥控的功能。广播系统按以下原则布置:

扩大机在舰上配置2台,互为备用。布置在有人员值班的广播室;遥控器布置在值班室及有权启动扩大机的战斗指挥部位;扬声器布置在全舰各战斗岗位、餐厅、住舱、通道、露天甲板等部位;舱外扬声器布置在桅杆和上层建筑甲板,以便本舰的露天甲板各部位及距本舰一定的距离内,均能收听到本舰的广播或喊话。

③闭路电视系统　闭路电视系统包括天线、前端控制柜及数台电视接收机。主要接收、转播电视台、卫星电视台的节目，录制和播放录像、视盘、向广播系统提供调频广播信号，并具有差转功能。闭路电视按以下原则布置。

天线布置在桅杆或上层建筑甲板不受电磁干扰，便于接收信号的部位；前端控制柜布置在有人员值班的广播室或专用舱室；分区控制器（单独设备或含在前端控制柜内）应便于操作控制；放大器、分支器、分配器根据电视接收机的布置位置，按照使其电缆最短，损耗最小的原则进行布置；电视接收机布置在舰首长生活舱室，舰上军官、士兵集中活动区；摄像机插孔布置在军官、士兵集中活动的舱室。

④电视监视系统　电视监视系统包括中心控制台、摄像机。主要完成对舰上重要设备和工作场所监视，及对舰周围（距离约 100 m）的景物监视。

舰上中心控制台配置有摄像显示、记录设备，一般布置在观察操作方便的部位（驾驶室和或作战指挥室）；舰内摄像机布置在监视目标的附近，不易受损，不影响人员活动的部位；舱外摄像机布置时应考虑摄像机活动范围及对监视景物的视角范围。

⑤传话管　传话管包括黄铜管和传话器，是重要部位内部通信的备用通道及弹药输送部位间的通话。

一般在下列部位设置传话管，以保证应急情况下的战斗指挥通话。露天应急驾驶部位与驾驶室操舵部位间；驾驶室操舵部位与作战指挥室舰长部位间；驾驶室操舵部位与海图室海图作业部位间；装弹部位与补弹部位与接弹部位间；对空引导部位与作战指挥室空情作业部位间；海图室海图作业部位与作战指挥室海图作业部位间。

⑥战斗报警信号装置　战斗报警信号装置，包括电源控制箱、关闭器（或自动拍发器）、警钟、警铃、红色警灯。完成在舰艇指挥部位和预备指挥部位向全舰人员，按 GJB632 附录 E 的要求，由关闭器发送各种战斗警报、备战备航各类部署信号。

关闭器或自动拍发器一般布置在作战指挥室、驾驶室、预备驾驶室或预备指挥所、值班室、军官会议室、舰长室。

警钟、警铃布置在全舰人员工作、活动、生活均能听到战斗警报信号的舱室、通道。需要安静的舱室，如听音员室、报房、机要员室、驾驶室、机电集控室，用红色灯代替警铃。

噪声特别大的地方，如机舱、舵机舱等除警钟、警铃外还应配置红色警灯。

电源控制箱为报警信号装置的供电设备，应布置在易使用维修的地方。

⑦内部综合通信系统　内部综合通信系统是现代舰艇内部通信的发展方向。它由若干个内通站（主站、连接站）、用户终端、电话设备、各类接口、外围配套设备和传输母线等组成。

通过各类接口完成指挥电话、勤务电话、声力电话、广播、报警的统一操纵、控制及内部数据、图像信号的传输。

a. 配置　内部综合通信系统的配置见表 7 – 3。

b. 布置　终端设备按有关设备中所述的位置布置；各类接口靠近需连接的设备；主站和电传打印机布置在广播室或值班室、报房等有人员值班，便于操作使用的舱室；连接站布置在所连接用户终端设备的中心附近舱室，便于操作、检查的部位；数据传输母线的双环线为保证系统的生命力分成两舷布置。

7.1.3　通信系统的未来

随着计算机技术和光纤技术的发展和应用,通信系统采用了综合控制宽带传输系统,改变了内部通信系统和外部通信系统分离的格局,实现了内部通信和外部通信的综合,避免了设备功能的重叠,提高了通信系统的可靠性。

宽带传输系统完成用户设备,信道终端设备和信道设备的接入、控制、交换、传输和管理。其中用户设备包括用户单元、外线服务台、生活电话、广播系统、声力系统、岸线电话网络;信道终端设备包括保密机、数据链、低速报终端、超快速终端等;无线信道设备包括卫通舰载站、短波收发信机、超短波收发信等及舰上的视频监视网络和指挥数据总线也能接入该传输系统。

表7-3

序号	设　备　名　称	水面舰艇
1	内通站(含主站、连接站)	√
2	指挥用户终端	√
3	勤务电话	√
4	声力电话接口	√
5	全双工会议接口	√
6	广播音频接口	√
7	报警音接口	√
8	无线音频接口	√
9	抗噪电话接口	√
10	数据通信接口	△
11	卫星通信接口	△
12	扬声通信终端	△
13	声控录音机	√
14	电传机转接盒	√
15	岸线电话服务台	√

注:"△"表示选择配置

系统可提供多种类型的标准接口,包括以下几类的功能接口:与短波分系统的接口;与卫通分系统的接口;与数据通信分系统的接口;与文电通信分系统的接口;与视频监视分系统的接口;与广播分系统的接口;与声力电话分系统的接口;与岸线电话的接口。系统的传输介质为光缆。系统中传输的信息包括话音、音频、数据、视频等。该系统具有宽带化、分布化、数字化和模块化、综合化等特点,可有效地实现内部通信和外部通信的综合。

综合控制宽带传输系统是我国海军舰艇内部通信、外部通信及传输体制的一次革新,近期将陆续装备大中型现代舰艇。

当前在通信系统中各设备使用的天线大部分为一台设备对应使用一副天线的状况。随着通信手段的不断增加,天线的种类和数量也逐渐增加,因此造成天线在舰上布置的难度,既影响舰容,又影响舰艇的电磁环境,为此减少天线的数量,研制多功能、宽带天线势在必行。

7.2　导航系统

导航系统的功能是保证舰艇安全航行,实时向舰上武器系统、设备提供舰艇的航向、航速、经度、纬度,舰艇所在位置的水深、风向、风速、温度、湿度等信息,保证武器系统准确使用。

导航系统包括平台罗经、陀螺罗经、无线电导航设备、卫星导航设备、天文导航设备、组合导航系统、普航设备、时钟设备和气象设备等。其配套见表7-4。

7.2.1 平台罗经

平台罗经为陀螺罗经和陀螺稳定平台的组合,它既能指示舰艇航向,又能指示舰艇姿态。

平台罗经包括惯性平台、机组、电源机柜、电子机柜、信息发送机柜、终端显示设备等(航向分罗经、方位分罗经、综合显示器等)。

平台罗经为舰上的基准设备。实时、连续地向全舰各战位和各武器系统提供舰艇的航向和姿态角(横摇角、纵摇角),保证舰艇的安全航行及武备系统的实时使用。当按合同要求有短期惯导功能要求时,可提供舰艇在规定时间内的经纬度定位信息。

考虑平台罗经在舰上使用的重要性,一般采用二套惯性平台系统共用一套发送装置的配套方案。

(1)布置

惯性平台布置安装在靠近舰艇摇摆中心的平台罗经室中线面上,其他配套设备,信息发送装置均安装在平台罗经室和相应的机组室。

航向分罗经,综合显示器布置在操舵部位和需观看舰艇航向角或姿态角的各战斗部位。

方位分罗经布置在驾驶部位、预备驾驶部位便于观看目标方位角的战位。

表 7-4

设备名称		水面舰艇
平台罗经		√
陀螺罗经		√
无线电导航设备		√
卫星导航设备		√
天文导航		√
组合导航系统		△
普航设备	电磁计程仪	√
	测深仪	√
	磁罗经(复示磁罗经)	√
	航迹仪	√
	船钟	√
	倾斜仪	√
其他	船舶气象仪	√
	气象传真机	√
导航天线耦合器		△

注:“△”表示选择配置

(2)安装

姿态角的正方向规定:姿态角是舰艇的甲板坐标系与当地地理坐标系各轴间的夹角。规定舰艇的首向角以真北为起点,顺时针旋转为正;船体尾倾斜时为纵摇角的正方向;船体右倾斜时为横摇角的正方向。

平台罗经室应提供满足精度要求的基准平面,供惯性平台安装、标校使用;光学基准镜应安装在平台罗经室的中线面处,且船体变形量极小的位置。光学基准镜的法线为舰的首尾线,其安装高度和精度应满足惯性平台的要求;惯性平台基座的艏艉标志线应与舰首尾线对准,精度满足设备技术规格书的要求;方位分罗经安装处应提供满足精度要求的舰首尾线标志,供方位分罗经安装对准时使用。

7.2.2 陀螺罗经

陀螺罗经是以陀螺仪为核心元件,指示舰艇航向的设备。该设备自动找北,为舰艇提供真北和相对方位,并为全舰设备和武器系统提供舰艇的航向信息。

陀螺罗经包括主罗经、操纵台、校正器、航向发送器、保护装置、控制台、冷却装置等。

(1) 布置

主罗经布置在靠近船舶摇摆中心的罗经室，并安装在中线面上；操纵台、校正器布置在海图室航海长操作部位；航向发送器、保护装置、控制台、冷却装置布置在主罗经的附近便于操作使用的部位；航向分罗经、方位分罗经布置同平台罗经。

(2) 安装

主罗经的基座应水平，并满足主罗经的水平安装要求；主罗经安装处应有满足精度要求的舰首尾标志线，供主罗经安装、对准时使用；方位分罗经安装处应提供舰首尾线标志，供方位分罗经安装对准时使用；舰上提供海水，供电罗经冷却。

7.2.3　无线电导航设备

无线电导航设备包括无线电测向仪、双曲线定位仪罗兰 A、罗兰 C 接收机及导航雷达(详见雷达警戒探测系统)。

无线电测向仪为接收信标岸台发射的测向信号，确定舰艇的真方位、真方向的设备。并可接收国际呼救及遇险信号。该设备由于工作距离近、定位精度低，目前舰上较少使用，仅用于测定遇险信号的方位。

双曲线定位仪，其定位原理为以一对发射台(称岸台)作为双曲线格网的焦点，组成一个台对，舰载接收机为动点，由于无线电波是以恒定速度和最短路径由发射点向接收点传播，因此舰载接收机对该对发射台信号到达时差的测定，即可换算出距离差，从而提供一条双曲线(见图 7－2)。同样另一对发射台信号到达时差的测定，可提供第二条双曲线，两条双曲线相交，交点即为舰位(见图 7－3)。罗兰 A 系统为中频、中程脉冲测距系统，由于更先进的罗兰 C 系统的出现，罗兰 A 系统现已淘汰。罗兰 C 系统是在罗兰 A 基础上发展起来的一种低频脉冲相位测距差的综合系统，它能自动搜索、识别、跟踪锁定罗兰 C 岸台发射的信号，测量主、副台间信号相位距离差确定舰艇的地理位置。

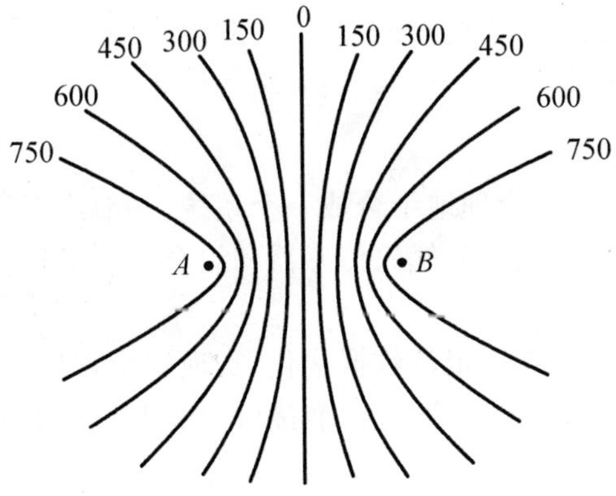

图 7－2　双曲线簇

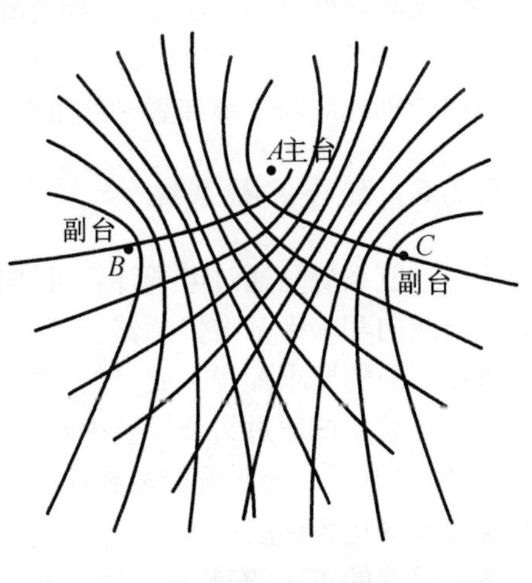

图 7－3　由三个岸台提供的两簇双曲线

测向仪的环状和垂直天线布置是在甲板的中线面，远离发射天线及金属物件尽量高的位置。并在安装处的甲板上应提供舰首尾标志，便于天线的首向安装；无线电导航设备一般都是由天线和接收机组成。罗兰 C 天线布置在甲板面上且靠近接收机安装，并要远离大功率发射天线。接收机布置在海图室海图桌附近便于观察,使用的位置。

7.2.4 卫星导航设备

卫星导航设备包括全球定位系统(GPS、GPS/GLONASS)导航接收机,差分全球定位系统(DGPS)接收机。

GPS 接收机接收卫星信号进行测量定位,并通过标准接口输出位置信息(地理经度、纬度)、航向、速度和时间信息。

差分 GPS 技术是在已知地置位置的地方,建立一个监控台,用 GPS 接收机接收卫星信号、监测 GPS 系统的误差,并把误差(修正量)发播给附近用户,用户利用收到的信息对观测值进行修正,提高其定位精度。

GLONASS 为前苏联的全球定位系统,目前舰上多使用 GPS/GLONASS 组合全球定位系统。以保证当一个国家的卫星系统关闭时,可采用另一个国家的卫星系统。北斗一号为我国自行研制的卫星定位系统,近期也将装舰使用。

卫星导航设备均由天线和接收机组成。接收机布置在海图室海图桌附近便于观察使用位置。接收天线布置安装在甲板面较高处,尽量远离雷达天线等微波辐射,保证在仰角5°以上对观测卫星的视角。进入天线的电缆外壳要可靠接地,避免干扰信号进入天线。

7.2.5 天文导航

天文导航是以天体作为导航信标,用天文望远镜测出天体对当地水平基准平面的张角(即天体高度)和它相对北极的真北方位,同时记下相应的观测时间来确定舰位和航向的一种精确的导航方法。天文导航包括一般船舶使用的航海六分仪,用于大型现代舰艇的天文经纬仪和为解决全天候导航而研制的射电六分仪等。后两种设备在没有特殊用途时可不装备。

一般天文导航都与卫星导航、综合导航计算机综合使用。

航海六分仪平时放在海图室特指存放处,天文经纬仪安装在舰艇首尾线上,其天体测量方位回转轴线应与支撑装置轴线重合,且与真地平面垂直。

7.2.6 组合导航系统

组合导航系统是通过电子计算机把各种导航设备合理地结合成一个系统,一般组合导航系统由航向和水平基准传感器、航速传感器、位置传感器、气象传感器和组合导航显控台等设备按不同的要求配置组成,详见表 7-5。

组合导航系统通过组合导航中心计算机将各种导航、定位数据优化,实现集中管理、集中显示,制定航行计划和航行参数计算,海图的标绘,实时地通过标准接口向舰上武器系统及其他设备输送各种航海信息。

各传感器的布置、安装见所对应设备章节。组合导航显控台布置在海图桌附近,便于航海作业人员的观察、操作、使用。

7.2.7 普航设备

普航设备组成见表 7-4。

(1)计程仪

计程仪为测量舰艇航速和航程的仪器,并实时输出航速、航程信息,供组合导航和其他电子设备、武器系统使用。计程仪有水压式计程仪、电磁计程仪、多普勒计程仪、声相关计程仪等,前两种为相对计程仪,后两种为对地计程仪。目前使用较多的为电磁计程仪。

计程仪一般由测量杆,自动提升装置、放大器、主仪器、信息发送装置、复示器等组成。

计程仪一般安装在舰首约 1/3 舰长部位。其中测量杆、自动提升装置布置安装在舰艇底部,靠近中线面位置的测深、计程仪舱;测量杆伸出舰底,安装基座面板上的艏艉刻线应与舰首尾线平行,平行度应满足设备规格书的要求;自动提升装置处应留有保证设备维修使用的维修空间;放大器、主仪器、信息发送装置,布置在测量杆附近的计程仪室或电罗经室。便于观察、操纵、使用的部位。

测量杆控制盒布置在计程仪舱和驾驶室,便于在应急情况下收放测量杆的部位。

复示器按舰武器系统、设备的需要配置安装。

表 7-5

系统或设备名称	水面舰艇
平台罗经	√
陀螺罗经	△
电磁计程仪	√
对地计程仪	△
GPS 接收机	√
罗兰 C 接收机	√
测深仪	√
船舶气象仪	√
气象传真机	△
航迹仪	√
航海六分仪	△
组合导航显控台	√

注:“△”表示选择配置

(2)测深仪

测深仪用于测量舰艇所处位置的水深,发现水中障碍物,以保证舰艇停泊和航行的安全。并通过标准接口将测量的深度信息输出,供组合导航和其他电子设备、武器系统使用。

测深仪由换能器、深度显示器、深度记录器及复示器等组成。

测深仪换能器安装在舰底靠近中线面附近的测深、计程仪舱。换能器平面应水平安装,水平度应满足规格书的要求,为保证在换能器安装处航行时不产生气泡和空穴,换能器安装后,根据舰底线型焊接导流板以保证水流平稳;与换能器连接的电缆加钢管或屏蔽套敷设,以保证信号的传输;深度显示器、记录器布置在海图室、驾驶室便于观察的部位,复示器按需要的部门配置。

(3)磁罗经(含复示磁罗经)

磁罗经是利用地球磁场,取得向位基准,测出舰艇航向或目前方位的仪器,是保证舰艇在应急情况下,安全航行必备的助航仪器。

磁罗经按功能分为基准磁罗经、操舵磁罗经和小艇用磁罗经。基准罗经是船作为基准的磁罗经。

复示磁罗经是一种能复示基准磁罗经航向的新型助航仪器。复示磁罗经的磁航向传感器位于磁罗经的罗盆上,它将基准磁罗经所指示的船舶磁航向传送到舰上任何需要船舶磁航向信息而不适宜配置磁罗经的部位。可供舰艇作操舵罗经用。

基准磁罗经(含复示磁罗经的主罗经)布置在驾驶室顶部、视角开阔处;磁罗经安装底座应水平,基座上的艏艉刻线应与舰首尾线重合;磁罗经周围 2 米之内应无铁磁物质,所在位置的甲板和壁板应采用无磁钢板；在有条件的情况下，磁罗经周围的设备可考虑对称布置。

(4)航迹仪

航迹仪为自动完成海图作业的机电导航设备，为组合导航的终端设备。该设备能自动接收组合导航控制台发送来的舰位(φ、λ)数字信息，根据不同的海图基准纬度及比例尺，在海图上绘制本舰航迹和标准的航海标记符。从而自动完成海图作业。航迹仪包括控制机柜和绘图板。

控制机柜与绘图板直接安装在海图桌上，便于航海人员海图作业及观察本舰的航迹。

(5)船钟

船钟为舰上的走时设备，有机械钟和电子钟(高精度石英母子钟)两种，母子钟一般含有短波接收机和各子钟。

电子钟的母钟接收、跟踪世界各地授时台的BPM信号或时统站发出的标准时间信息带动子钟走时。母钟布置在舰上观察操作使用方便的航海部位。子钟布置在全舰各个工作舱室、生活舱室、会议室、餐厅等处。

机械钟的时间精度远低于电子钟，在舰上机械钟为电子钟的备用走时设备，仅布置在舰上航海、驾驶、作战、机电集控等重要部位。

(6)倾斜仪

倾斜仪用于观察舰艇的倾斜角，有泡式倾斜仪和摆式倾斜仪。一般布置安装在驾驶室、预备驾驶室、海图室、机舱等部位的中线面处。

7.2.8 其他

其他导航设备包括船舶气象仪和无线气象传真机、导航天线耦合器等。

船舶气象仪提供舰艇所在位置的风向、风速、温度、湿度、气压等气象要素。并将信息通过标准接口输出，供组合导航、舰上其他设备、各武器系统使用。船舶气象仪由风向、风速、温度、湿度、气压传感器、主仪器及分显示器组成。

无线气象传真机接收世界各地无线气象传真发送台发送的气象图片和气象云图图片，供航海部门使用。

船舶气象仪主仪器和无线气象传真机，安装在海图室或海图室附近的气象室；风速、风向传感器安装在桅杆无遮挡处，其安装底座上的舰艏标志线应与舰中线面平行，平行度应满足规格书要求；温、湿度传感器安装上层建筑露天部位阴凉通风处；气压传感器安装在舱内；气象仪的分显示器按舰上需要配置安装。

为减少天线的数量而采用的导航天线耦合器，将舰上的母子钟、无线气象传真机、罗兰C接收机等设备共用一根天线。该装置一般布置安装在靠近以上三个设备的甲板面上，天线应远离大功率辐射的干扰。

7.2.9 导航系统发展趋势

舰艇导航技术是适应舰艇的要求、作战的要求而发展，随着科学技术的发展，尤其是自动控制、电子技术、计算机技术的发展而提高的。21世纪的导航系统应实现自动导航和航迹保持、海图管理、舰桥管理、安全控制、自动操舵等多种功能。多功能化、信息化、自动化、智能化将是21世纪舰艇导航技术的发展方向。

7.3　雷达警戒探测系统

7.3.1　概述

舰艇雷达警戒探测设备包括对空警戒雷达、对海搜索雷达、相控阵雷达、超视距雷达、导航雷达、敌我识别设备等。

该系统在舰上主要完成对空中和水面目标的搜索、探测、敌我属性的判别。并向本舰作战指挥系统及有关武器系统提供视距、超视距的目标坐标参数,对本舰提供雷达导航信息,对直升机等飞机进行识别引导。

(1)雷达基本原理

雷达是利用目标对电磁波的反射现象,来发现目标并测定其位置的设备。

电磁波以光速(每秒30万公里)传播,雷达利用天线向空间定向辐射电磁波,在电磁波的照射下,目标将大部分电磁波散射到空中,其中一小部分能量(即回波信号)被雷达所接收,借此信号获得关于目标的信息。接收到回波信号,就表示发现了目标;测定回波信号对发射信号的延迟,可得目标的距离;测出回波信号对发射信号的频移,就可知道目标的相对速度;天线接收电磁波的方向,就是目标的方向。

雷达能发现人造卫星、导弹、飞行中的炮弹、舰艇、车辆、地面武器、建筑物、山川、云雨等各种目标,即使在能见度较差的情况下,也能在远距发现和跟踪目标,雷达是海军舰艇必不可少的重要设备。

(2)雷达的分类

①按工作方式分类　按工作方式的不同,雷达可以分为连续波雷达和脉冲雷达。这两类雷达发现目标和测定目标角度信息的原理是相同的,只是在测定目标距离的原理上有所差别。

脉冲雷达是断续地发射大功率脉冲信号,在脉冲间歇时间里接收由目标反射的回波信号。利用发射脉冲与回波脉冲信号之间的间隔时间,测定目标的距离。

连续波雷达通常是指调频或调相雷达。它发射连续无线电信号,其频率或相位是按某种规律周期性地改变,在每一瞬间,雷达接收到的回波信号的频率或相位,总是不同于当时发射信号的频率或相位。只要将发射信号与接收信号进行适当比较,取出其频率或相位差,就可以知道目标的距离。另外,利用运动目标的多普勒效应,非调制(单一频率)连续波雷达能对相当距离范围内的具有任何速度的目标进行测速,这是这种雷达的一个突出长处,而脉冲雷达则只有采取相对复杂的技术才能具备这一测速功能。

②按用途分类

a.警戒雷达　警戒雷达主要用来发现远距离的飞机和导弹,测定它们的位置,并及时把情报传送给作战指挥系统,起到警戒作用。要求它的探测距离要远,而对它的测量精度和分辨力要求不高。

b.引导指挥雷达(又称监视雷达)　引导指挥雷达主要用于对歼击机进行引导和指挥作战。要求这种雷达能精确测量目标的距离、方位和高度(仰角),并能进行必要的计算。

c. 火控雷达　火控雷达主要用于连续而准确地测定目标的坐标，并将有关的数据传送给火控指挥仪。这种雷达的作用距离一般较近，但对精度和分辨力要求很高。

d. 制导雷达　制导雷达与火控雷达相似，同属于精密跟踪雷达。不同的是它在测定目标参数的同时，还要有指令或照射天线去控制导弹攻击目标。

e. 导航雷达　导航雷达主要用于保障舰艇航海安全和测定舰位，要求它能精确测定舰艇本身的位置，并能及时发现航道上的其他船只和障碍物。角距分辨力高，近程盲区小，结构简单操作使用方便和可靠性高是这种雷达的特点。在新型的导航雷达中，还加有自动避碰和导航设备。

f. 敌我识别设备　敌我识别设备可与警戒（搜索）雷达一起工作，对警戒（搜索）雷达发现的海上和空中目标进行敌我识别。

此外，还有一些其他用途的雷达。

关于雷达的分类，除以上两种外，还有其他的分类方法，如按雷达信号形式分有脉冲压缩雷达、噪声雷达和频率捷变雷达等；按角跟踪方式分有单脉冲雷达、圆锥扫描雷达和隐蔽锥扫描雷达等；按雷达采用技术和信号处理方式分类有各种分集式（频率分集、极化分集等）雷达、动目标显示、动目标检测、脉冲多普勒雷达、合成孔径雷达和边扫描边跟踪雷达等。

按照雷达的工作波段可分：L 波段雷达、S 波段雷达、C 波段雷达、X 波段雷达，或称之为米波雷达、分米波雷达、厘米波雷达、毫米波雷达。

表 7－6　雷达频段和对应的频率

频段名称		频率/MHz
HF	波段	3 ~ 30
VHF	波段	30 ~ 300
UHF	波段	300 ~ 1 000
P	波段	230 ~ 1 000
L	波段	1 000 ~ 2 000
S	波段	2 000 ~ 4 000
C	波段	4 000 ~ 8 000
X	波段	8 000 ~ 12 500
Ku	波段	12 500 ~ 18 000
K	波段	18 000 ~ 26 500
Ka	波段	26 500 ~ 40 000
毫米波段		大于 40 000

（3）雷达的工作频率

雷达的工作频率多数在微波频率范围内。详见表 7－6。

①高频（HF）波段　用这一波段的雷达可探测远距离目标，但由于存在缺点颇多，所以目前仅用于射电天文方面。

②甚高频（VHF）波段　用这个波段的雷达具有良好的动目标显示性能，工作频率低而不易出现盲速，外部噪声比高频波段低得多，并且不受气象回波或衰减的影响，但由于角分辨力较差，所以新型雷达较少使用这一波段。

③超高频（UHF）波段　与甚高频波段相比，超高频波段容易得到较窄的天线波束，外部噪声也较低。但由于超高频电视占去了一个很宽的频谱而使雷达使用受到限制。

④P 波段　这个波段同超高频波段重合，一部分伸至甚高频波段，除名称不同外，性能上没有差异。

⑤L 波段　目前对空警戒雷达的一个常用波段。用这个波段的雷达，其作用距离相当远，外部噪声较低，天线的尺寸并不太大，且角分辨力较好。

⑥S 波段　它是中程对空警戒与跟踪雷达的常用波段。在 S 波段上，用尺寸适中的天线就可获得良好的角分辨力，且外部噪声电平低。但是动目标显示的性能比超高频波段差

得多。电磁波传播比较明显地受到气象条件的影响。

⑦C 波段　C 波段的性能是 S 波段和 X 波段的折中。中程警戒雷达和船舶导航雷达可以使用这个波段，远程精密测量雷达和较远程的武器控制雷达也可用这一波段。

⑧X 波段　在这个波段上，雷达的体积小，波瓣窄，适宜用于空中或其他移动的场合。民用船舶雷达、机载气象雷达、多普勒导航雷达以及某些武器控制雷达都采用这个波段。

⑨Ku、K 和 Ka 波段　这三个波段的优点是具有良好的角分辨力和距离分辨力，互相干扰很小。但由于天线尺寸小，难以得到大功率。此外，大气衰减大，雨雪干扰增大，外部噪声电平高，接收机灵敏度低，从而使作用距离相对减小。

⑩毫米波段　它能以较小的孔径给出宽的带宽和窄的天线波束。但这一波段缺点甚多，如很难获得中功率，接收机机内噪声电平、外部噪声电平均很高，大气衰减严重，所以对毫米波雷达的应用来说，限制因素较多。

(4)雷达的主要战术技术参数

主要战术参数包括探测距离、分辨力(距离分辨力、角分辨力)、数据率、雷达测量目标的参数、跟踪速度和加速度、发现概率和虚警概率，抗干扰能力、可靠性、可维性等。

主要技术参数包括工作频率(波段)、脉冲重复频率和重复周期、脉冲宽度、发射功率、雷达波形、天线波束形状及天线增益、天线扫描方式、接收机噪声系数及接收机灵敏度、终端显示器的形状和数量、目标录取手段等。

(5)现代舰艇雷达的配置

现代舰艇雷达的配置见表 7-7。

每条舰的设备种类和数量按海军作战使命要求配置。

表 7-7

设备名称	水面舰艇
对空警戒雷达	√
对海搜索雷达	√
相控阵雷达	△
超视距雷达	△
导航雷达	√
敌我识别设备	√
红外警戒设备	√
直升机引导设备	△

注:“△”表示选择配置。红外警戒设备、直升机引导设备见有关章节。

(6)雷达天线的布置

现代舰艇警戒探测设备的天线具有重要的作用，为保证天线的视界①，一般按层次布置在舰艇的上层建筑或桅杆上，其视界应满足海军作战使用的要求。

7.3.2　对空警戒雷达

对空警戒雷达主要完成空中目标的搜索和监视，测量空中目标的距离，方位和仰角/高度，担负对空警戒和引导作用；与敌我识别设备协同工作，识别目标的敌我属性；并为作战指挥系统和其他武器系统实时提供雷达视频和目标点迹/航迹。

对空警戒雷达的组成包括天线和天线座、发射机柜、接收机柜、收发开关、数字机柜、终端机柜、空调机柜、配电箱、充气机、波导干燥机、询问适配器等。随设备型号不同，配套有所差异。

① 视界　探测设备能观察到的方位角和俯仰角。——编者注

对空警戒雷达一般布置在舰艇的尾部。天线坐落在尾部甲板或后桅平台上。天线架设的高度应满足设备技术规格书的要求。发射机柜、接收机柜、收发开关、配电箱等布置在距天线较近的高频室。数字机柜、终端机柜等布置在对空警戒雷达室。在设备布置时天线与雷达发射机的距离应尽量短,以保证馈线(或波导)的插入损耗尽量小,该插入损耗应满足设备的技术要求。天线座的首尾标线与舰艇的首尾线应重合,其精度应满足设备技术规格书的要求。

7.3.3 对海搜索雷达

对海搜索雷达主要完成对海上、低(中)空目标的搜索,并测量目标的距离和方位;为本舰武器系统提供目标指示,并实时向作战指挥系统和其他武器系统提供雷达视频和(或)目标的点迹或航迹;与本舰敌我识别设备协同工作,识别目标属性。

设备包括天线座、天线、发射机柜、处理机柜、伺服机柜、显控机柜、水冷机柜、配电箱、变频机、机组控制箱、变压器、空气干燥机等。

天线和天线座(或稳定平台)布置安装在前桅上平台,舰艇尽量高的位置。天线周围应无遮挡物,以保证对海、对中(低)空目标的视野,还要考虑舰艇在摇摆时的天线回转空间。天线安装时,天线底座的首尾刻线应与舰艇首尾线重合或平行,其精度应满足设备的技术要求。天线的安装基座,其水平精度,平面度及首尾刻线与舰的首尾线平行度的精度应满足设备的安装要求。天线至机柜的波导要尽量短,其插入损耗应满足设备的技术要求。变频机、机组控制箱、变压器布置在机组室;发射机柜、处理机柜、伺服机柜、显控机柜、水冷机柜、空气干燥机、配电箱等布置在雷达室。

7.3.4 相控阵雷达

相控阵雷达是一种性能优异的多功能扫描雷达,相控阵天线一般是上千个天线辐射单元组成的阵列,用控制阵列中每个辐射单元的馈电相位来改变天线阵面的相位分布,从而无需转动天线座就可以使天线波束灵活、快速扫描。

该雷达除具有普通雷达的数据处理功能外,还可按照目标的位置及其运动情况确定每个天线波束下一步应在什么时刻指向什么方向,以便实现雷达的搜索、跟踪和其他功能。

相控阵雷达为综合性雷达,因具庞大的天线阵和较多的配套设备,目前仅限于大型驱逐舰及驱逐舰以上吨位的舰艇安装。

相控阵雷达主要完成对空对海搜索,发现高、中、低空进入的各类作战飞机、反舰导弹及视距内的各种舰艇,根据作战需要和指控系统目标的分配对多个目标实施跟踪,根据指控系统和导弹的要求,对导弹进行跟踪和中制导,根据空战的需求,对我方飞机实施引导及向火炮、导弹系统提供目标跟踪数据,对指控系统提供的目标识别敌我属性。

相控阵雷达的组成见图 7－4。相控阵雷达的管理和控制由多种计算机完成,它们有控制计算机(即中心计算机)、信号处理计算机和波束指向计算机。控制计算机控制全机工作,如雷达搜索、跟踪、信号波形管理、功率管理、性能监测、故障诊断及数据处理等。控制计算机可由通用计算机完成,信号处理机和波束指向控制机是为减轻控制计算机负担的,这两个计算机可用专用计算机,但它们均受控制计算机控制。

相控阵天线的 4 个天线阵面布置在舰艇较高的位置,天线前方应无遮挡。天线阵面上

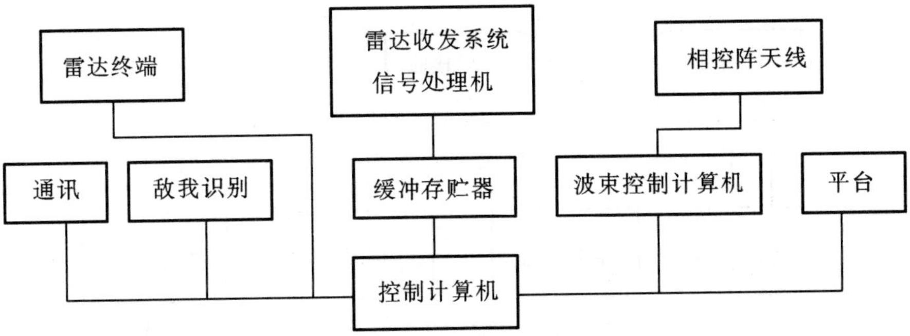

图 7-4　相控阵雷达组成框图

刻有安装中心线，该中心线与舰首尾线夹角一般为 45°。天线阵面安装水平基线应与舰水平基准平行。其安装精度应满足设备技术规格书的安装要求。

其他配套设备根据设备的安装要求分别布置在天线阵后方的高频舱、雷达室。冷却系统按设备要求布置。

7.3.5　超视距雷达

超视距雷达是利用海洋表面大气超折射和对流层非均匀散射传播，实现现代舰艇对海上超视距目标探测的新型舰载远程对海探测设备。

工作方式包括被动探测工作方式，主动雷达工作方式及协同探测工作方式。

在隐蔽攻击、远程警戒、搜索和超视距有源目标定位时，采用被动探测方式。在出现海上超折射传播条件，需要快速探测、攻击前精确定位时，可采用主动雷达探测方式。

在编队、多舰协同对海攻击及联合进行超视距探测，目标定位时，选择协同探测方式。

该雷达由于综合了多种探测模式，针对不同的环境条件和作战需要可选择最佳工作方式保证系统的使用。

超视距雷达在舰上完成对海警戒探测、远程水面目标搜索、掌握超视距海面目标态势、发现海上视距、超视距目标、测定目标的位置及运动参数；向舰载作战指挥系统发送海上和超视距目标位置数据；为中、远程反舰导弹超视距攻击提供目标数据。

由于该雷达多种工作方式的特点，天线及配套设备也较为复杂。超视距雷达组成详见图 7-5。

天线布置在舰首较高的位置，前方无遮挡处。主/被动探测天线、协同定位接收天线、协同定位发射天线一般布置在上层建筑甲板或桅杆上，以保证天线的视角满足设备的要求。天线在安装时，天线的安装基座应有足够的强度和刚度，以保证天线座正常工作。其平面度和对水平面的平行度应满足设备技术规格书的要求，安装面的首尾刻线应与舰首尾线平行，其精度应满足设备技术规格书的要求。

其余舱内设备分别布置在高频室、雷达室和机组室里。

7.3.6　导航雷达

导航雷达一般作为保证舰艇安全航行的雷达，并可兼作对海面的警戒和对直升机的引导。完成对本舰的导航、定位、避碰等功能。精确地测定舰艇本身的位置，及时发现航道上

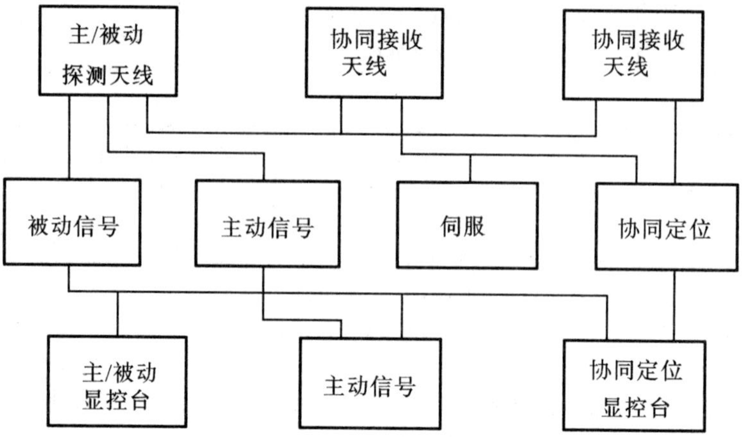

图 7－5 超视距雷达组成框图

的其他船只和障碍物，并向作战指挥系统提供数批被跟踪的目标数据；在舰载直升机的作用半径内，对直升机实施定位引导。

设备组成包括天线、天线齿轮箱、收发机、主显示器（或称自动标绘仪）、分显示器、主显示器接口、分显示器接口、抗同频异步干扰装置、指北及方位脉冲接口、电源、性能监视器腔体、性能监视器控制盒、隔离变压器等。

天线及齿轮箱布置安装在前桅较高处，保证对海面景物的观察；作直升机引导时，天线安装在靠近塔台的上层建筑甲板上，便于对直升机的引导；性能监视器腔体安装在天线的前方、但不能影响天线视角；主显示器、分显示器分别安装在驾驶室、海图室供操船和航海人员使用；其他设备如隔离变压器、配电盒、收发机、高频滤波器、应答接收机等安装在导航雷达的高频室，或主显示器和分显示器附近，便于维修操作的部位；兼作直升机引导时分显示器布置在塔台；设备的各分机和磁罗经应保持一定的距离，避免相互影响。详细距离见表 7－8。

表 7－8

分机名称	标准磁罗经	操舵罗经
天线	0.4 m	0.3 m
收发机	4.2 m	2.6 m
显示器	3.0 m	2.0 m
自动标绘仪	1.5 m	0.8 m

7.3.7 敌我识别设备

敌我识别设备是陆、海、空三军不可缺少的通用电子设备，在战争中起着举足轻重的作用。一般是与警戒、搜索雷达一起工作。对作战指挥系统提供的空中和海上目标进行敌我属性识别；对我方目标进行特殊识别；实施编号引导和高度引导；对我方询问信号进行译码判断及转发应答信号。

装舰的敌我识别设备包括应答天线、询问天线及转台（一般左、右各一个）、主机/伺服机柜、密钥注入器等。

应答天线布置在舰艇桅杆上，全舰最高处，四周无遮挡，以保证天线的全向接收。天线座应水平安装，其精度应满足设备技术规格书的要求。

询问天线布置在桅杆横桁左右两舷处。由左、右询问天线共同保证 0 ~ 360°的视角内无遮挡。询问天线基座的 0°标志线与舰首尾线平行。

主机/伺服机柜、密阴注入器布置在有人值班并与其配合使用的雷达室。

7.3.8　雷达发展趋势

在现代战争中，被誉为“千里眼”的雷达，要在监视和搜索敌方目标的同时而不被敌方侦察和电子支援系统发现，从而避开反辐射导弹和隐身目标的打击与威胁。因此从某种意义上说，现代雷达必须兼具隐身与反隐身特性才能在现代战场环境中处于优势地位。

超视距雷达的突出优点是突破地球曲率的限制而超越视距，用它可以得到用其他手段难以得到的信息，它的作用距离比目前视距雷达大一个量级，覆盖面积大两个量级，既能测飞机的航迹，又能获得预警情报，如果与视距雷达结合布防，将形成一个很理想的防空体系。此外，工作在短波波段的超视距雷达对识别目标形状，判别飞机的类型，以及对付隐身目标都具有潜在的能力。超视距雷达可监视无法配置微波雷达的广大地区。

20 世纪 80 年代以来，采用低副瓣和超低副瓣平面相控阵天线来取代反射器式天线已成为现代高性能对空情报雷达的一种趋势。它结构简单紧凑、无需反射体，天线纵向尺寸可以做得很小，并可做成分段分块形式，在结构上有很大灵活性，特别是在信号日益拥挤复杂的电磁环境下，平面相控阵天线能够更完善更灵活地控制电磁波的发射和接收，实现 -50 ~ -70 分贝的极低副瓣，这是反射器式天线难以达到的。

7.4　水声探测系统

7.4.1　概述

在人们熟知的各种辐射形式中，声波在海水中的传播为最佳。在混浊和含盐的海水中，无论光波或电磁波的衰减都远较声波的衰减为大。

利用声能进行水下探测和通信的设备均称为声呐，声呐（Sonar）一词的英文是“Sound Navigation and Ranging”词头构成的音译，原意为“声导航与测距”，但现在已大大超出这个含意，目前声呐可完成对水下目标的检测、定位、跟踪、识别、水下通信、导航及水下武器的制导等任务。

水声探测系统由声呐设备组成，不同的声呐设备可以组成功能各异的水声探测系统。水声探测系统的功能和性能由舰艇作战需求确定。

在现代舰艇作战系统中，水声探测系统是反潜战的中枢，为反潜武器提供目标指示。

7.4.2 声呐的分类

(1)按战术用途分类

①警戒声呐　亦称搜索声呐。主要任务是水下警戒,搜索目标。要求作用距离远,观察范围大,能长期连续工作,但对目标定位精度要求不高。

②攻击声呐　提供目标方位、距离、位变率、距变率和径向速度等目标要素,以保证水中武器实施攻击。要求测量精度高,具有自动跟踪目标的能力;但作用距离较近。

③探雷声呐　用于探测单个水雷或雷阵。提供目标方位和距离,具有很高的分辨率;但探测距离近(几百米)。

④导航声呐　保障舰艇安全航行和离靠码头。

⑤通信声呐　亦称"水下通信机"。用于水面舰艇与潜艇、潜艇与潜艇之间的水下通信,也可用于对潜水员水下作业时的通信。

⑥侦察声呐　用于侦察敌方主动声呐发射信号,测定其方位、工作频率和信号波形等参数。

⑦识别声呐　识别水中目标的性质,判断目标类型、舰型、敌我属性等。

(2)按装备对象分类

①水面舰艇声呐　装备在水面舰艇上各种声呐的统称。

②潜艇声呐　装备在潜艇上各种声呐的统称。

③机载声呐　用于航空反潜探测的各种声呐的统称。

④海岸声呐　亦称岸用声呐,其电子设备在岸上,声系统固定在海底。用于海峡、基地、港口、航道、近岸水域警戒和监视潜艇活动,引导反潜兵力实施对潜攻击。

(3)按基阵布放位置分类

①舰壳声呐　声呐换能器基阵是安装在舰艇壳体上的声呐设备。换能器基阵的安装方式又分为球鼻艏式、围阱式、镶贴式和附体式。

②变深声呐　用拖曳电缆将声呐基阵拖带在载舰尾部探测水中目标的声呐。又可分为拖曳声呐和拖曳线列阵声呐。

拖曳声呐是将换能器基阵装在鱼形或流线形拖曳体内,拖曳线列阵声呐是将换能器镶嵌在拖缆上构成上百米长的线列阵。

③吊放声呐　用吊放电缆将装有换能器基阵的探头悬垂至水中探测目标的声呐。主要装备于大、中型反潜直升机,有的小型反潜舰艇也使用。

④浮标声呐　以声呐浮标为遥感器,上半部有无线电发射机和一根鞭状天线,下半部是声呐发射机、接收机和换能器,与飞机上的无线电信号接收处理、终端显示等设备共同组成的声呐。该声呐装备于各类反潜飞机和直升机,也有水中锚系的声呐浮标。

(4)按工作方式分类

①主动声呐　亦称回声声呐。它能主动向水中发射声信号,从检测目标反射的回声信号中获取目标方位和距离等参数。大多数水面舰艇声呐、机载声呐、潜艇攻击声呐、探雷声呐和导航声呐均属主动声呐。其优点是既能探测运动目标,也能探测静止目标,并为武器系统提供较为精确的目标参数;缺点是发射的声信号易被敌方侦察,隐蔽性差,探测距离也比被动声呐近。

②被动声呐　亦称噪音声呐。本身不主动发射声信号,而是通过接收和处理水中目标

辐射的噪声或其他信号，获取目标的方位、距离等参数。潜艇上用于警戒、被动测距、侦察的声呐均属被动声呐，有些主动声呐也兼有被动工作方式。其优点是工作隐蔽，探测距离比主动声呐远，获得的目标信息连续，有利于识别分类。缺点是不能探测静止无声的目标。

7.4.3　声呐的战术指标

①最大作用距离　声呐的最大作用距离与水文条件、本舰自噪声级和目标类型等有关，被动声呐最大作用距离还与目标的辐射噪声级有关。

②探测精度　表示测定目标参数的准确程度，包括测距精度和测向精度。

③观察范围　通常指的是声呐所能观测的水平角度范围。对于舰壳声呐而言，在舰尾左右 15°方向受到舰体和螺旋桨产生尾流的影响，其水平观测范围一般为 0° ~ ±165°；而拖曳声呐的观测范围为 0° ~ ±180°；对于拖曳线列阵声呐而言，其首部左右 20°范围受到本舰自噪声的影响，其水平观察范围为左右舷 120° ~ 180°。

④跟踪目标数目　声呐能同时跟踪目标的数目。

7.4.4　声呐探测目标的基本原理

(1)主动声呐的探测原理

声呐发射机产生功率足够大的电信号(电能)，通过水声换能器基阵变换成声信号(声能)，向海水中发射。发射声能的量级用声源级 SL(Source level)表示；声波在海水介质中传播，由于声波的扩散和海水对声能的吸收作用，其能量会不断减小，声能在传播过程中损失的量级用传播损失 TL(Transmission loss)表示；当声波一旦遇到目标(潜艇)，有一部分能量被日标反射回来，形成回波信号，反射声能的量级与目标特性有关，可用目标强度 TS(Target strength)表示；可是，由于海面波浪、海底起伏、海生物、气泡团和其他各种悬浮粒子的存在，形成非目标产生的混响信号，它对目标回波信号起干扰作用，其能量用混响强度级 RL(Reverberation level)表示；此外，海洋生物会发出声音(如鱼叫虾跳等)，远处的行船，海面的浪涌，气泡的破裂等都会产生噪声，称为自然噪声。本舰航行时，舰上机械的振动以及螺旋桨击水也产生噪声，称为本舰噪声。各种噪声总能量级用噪声级 NL(Noise level)表示。换能器基阵接收进来的声信号，包括目标反射的回波信号、非目标反射的混响信号及各种噪声信号。声呐操纵员刚刚能把目标信号从背景干扰中分辨出来的能力可用检测阈 DT(Detection threshold)表示。把这些因素定量地用一个关系式联系起来，就是主动声呐方程式：

$$SL - 2TL + TS - (NL - DI) = DT \text{（背景干扰以噪声为主）}$$

$$SL - 2TL + TS - RL = DT \text{（背景干扰以混响为主）}$$

声呐方程中的 DI(Directividty index)为换能器基阵与电子设备共同形成的方向性指数。

主动声呐探测目标的示意图见 7 -6。

(2)被动声呐的探测原理

因为被动声呐不发射声信号，所以目标的辐射噪声级就是被动声呐的声源级 SL，而且接收到的目标噪声信号只有单程传播损失，也不存在混响干扰与目标反射等问题，所以被动声呐方程为：

$$SL - TL - (NL - DI) = DT$$

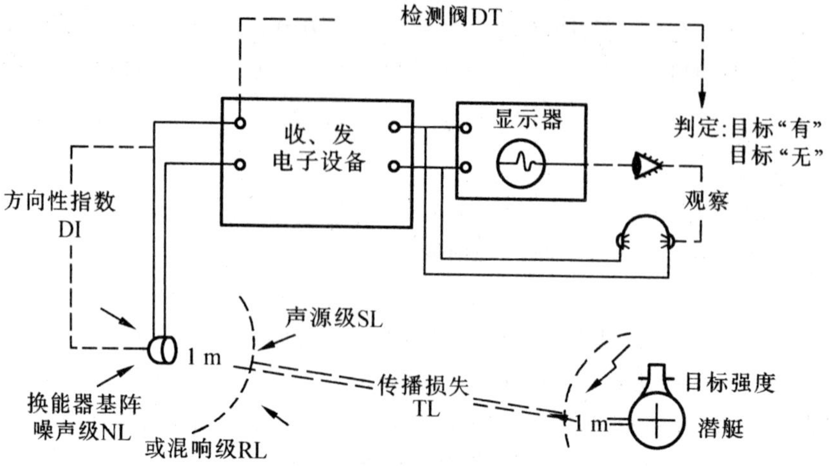

图 7-6 主动声呐探潜示意图

被动声呐探测目标的过程图示于 7-7 中。

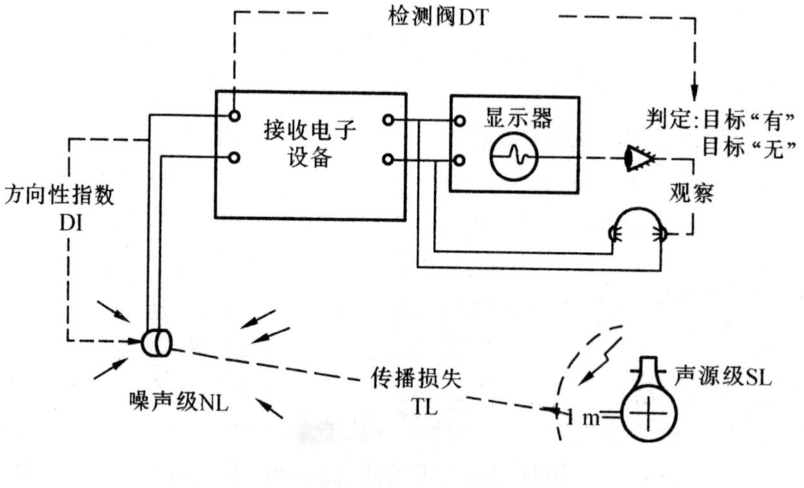

图 7-7 被动声呐探潜示意图

声呐方程描述了声呐探测目标的过程。使用声呐探测目标时,必须把声呐设备、水声信道、目标特性和环境因素等作为一个整体来综合考虑。

7.4.5 声呐设备的组成及主要功能

(1)声呐设备的组成

根据声呐探测目标的原理,一部主动声呐由换能器、发射机、接收机、显控台和电源组成,组成框图见图 7-8;一部被动声呐由换能器、接收机、显控台和电源组成,组成框图见图 7-9。

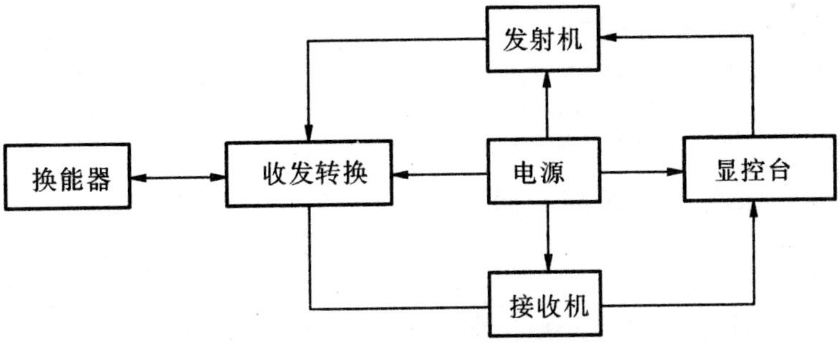

图 7-8　主动声呐组成框图

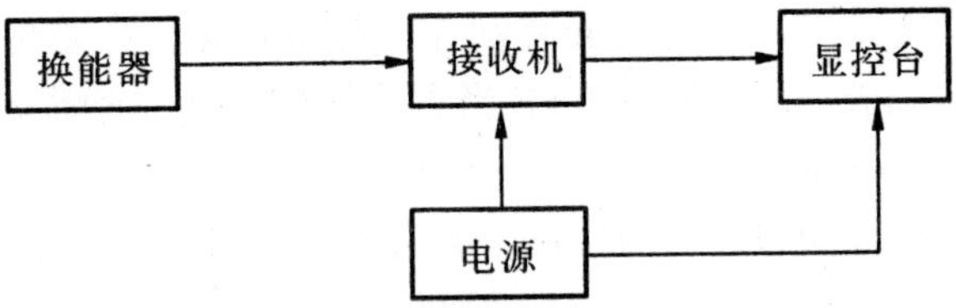

图 7-9　被动声呐组成框图

对于变深声呐来说，设备组成中还会有一套收放/存储装置。

通常现代舰艇装备的主动声呐都兼有被动工作方式，两种工作方式可以转换。

(2) 声呐设备的主要功能

①换能器基阵　由若干个换能器以一定规律排列构成。换能器是一种电声转换器件，用许多换能器基本单元组成基阵并对各个基元的信号适当处理，就可形成一定方向性的发射波束和接收波束。目前常用的基阵有圆柱形、平板形、球形和线列阵等结构。

②发射机　产生大功率电信号，经过收发转换开关送至换能器基阵，变换成声信号向水中发射。发射机中有信号产生、发射波束形成和功率放大等电路。

③接收机　将换能器基阵经收发转换开关送来的电信号（回波加背景干扰）进行放大、滤波、变频等加工处理，从干扰背景中将微弱的目标回波信号检测出来。

④显控台　将经过接收机处理后的目标回波信号变为人们感觉器官所能感受到的信号，以判断目标所在位置与目标特性，同时控制发射机、接收机和显示器等各部分协调工作。

⑤电源　根据声呐各个分机的需求，提供各种规格的交直流电源。

⑥收放/存储装置　收放、拖曳、存储声呐湿端。一般包括绞车、绞车驱动装置、引导口（或龙门架）及存栏。

7.4.6　水声探测系统

由于水声探测技术和声隐身技术的发展，现代舰艇装备的声呐设备越来越多，一般大中型现代舰艇要装备 3 ~ 5 部声呐设备，随着大规模和超大规模集成器件和计算机技术的发展，舰载声呐设备由单机、单控、单能逐渐发展成一站多能、多站集中控制。

现代舰艇水声探测系统通常具有多种功能：警戒、探测、跟踪、鱼雷报警、水下通信、水文测量等。系统配置可以满足对远、中、近距离敌潜艇的探测要求及本舰反潜武器射程和精度要求，可以确保与友方潜艇的水下通信等。

水声探测系统对舰载的多部声呐设备进行集中显示和控制，减少了设备量和操作人员;系统对多部声呐接收的目标信号进行信息融合,提高了探测信号的有效性;系统统一对外接口,便于与舰载作战系统的协调。

现代舰艇水声探测系统一般包括舰壳声呐、拖曳声呐或拖曳线列阵声呐、通信声呐以及一些辅助的声呐设备。

7.4.7 水声探测系统装舰设计

(1)舰壳声呐

大型舰壳声呐的换能器基阵一舰安装在舰球鼻艏中,中、小型舰壳声呐的换能器基阵一般安装在舰艇特别设计的围阱中,利用升降装置提升或放下换能器基阵及其导流罩。

舰壳声呐装舰设计要特别注意换能器基阵的安装设计、听音员室的声学设计和接收机、发射机的布置。

①换能器基阵的安装设计　球鼻艏是船体结构的一部分,是为了减小兴波阻力、舭涡阻力和破波阻力而设置的,当它成为舰壳声呐换能器基阵的安装地后,它的设计就必须兼顾结构强度和透声性能。

球鼻艏透声窗的材料一般有不锈钢、玻璃钢、橡胶、钛合金等。不锈钢现已很少使用;玻璃钢也逐渐由复合玻璃钢所代替;橡胶导流罩仅见美国使用;钛合金导流罩前苏联使用较多,我国也开始使用。

在舰艇的型线设计中球鼻艏的大小和型线应与舰艇的整个型线相匹配,以确保舰艇的快速性和耐波性,同时应考虑舰壳声呐的声学性能和安装、维修要求,一般换能器基阵表面距球鼻艏导流罩的距离为波长的倍数为好。

当声呐换能器的工作频率、基阵尺度和阵元布置确定以后,其所能发出的最大声功率会受到空化阈值的限制,空化阈值与大气压力的平方成正比,所以增大换能器基阵的工作深度可以提高换能器基阵的发射功率,由于球鼻艏的深度是不可调节的,所以一般将球鼻艏设计成水密式,并安装一套加压装置,通过提高球鼻艏中的静水压力,获得较高的空化阈值。

球鼻艏导流罩内部非透声部位要敷设吸声阻尼材料,以减少罩内混响和船体结构噪声的输入。

球鼻艏导流罩的尾部可根据需要设置声障板。声障板可以阻隔来自舰尾的机械噪声和螺旋桨噪声,有效减少球鼻艏内部的自噪声级。声障板设置的位置即声障板的大小,要尽可能多地阻隔舰尾噪声,同时尽可能少地影响声呐尾部的探测性能。

②听音员室的声学设计　声呐设备的接收机和显控台一般布置在听音员室,声呐设备的音频输出口在显控台,操作显控台的声呐兵曾叫听音员,听音员室因此而得名。

由于听音员在探测、跟踪、识别水下目标时要采用听闻手段,所以听音员室要进行声学设计。首先听音员室要布置在舰上环境噪声较低的地方,避免在其周围布置高噪设备或高噪舱室。其次要根据实际情况对听音员室采取隔音措施,减少环境噪声对听音员室的影响。听音员室的内壁要采取吸声措施,尽量减少听音员室空气自噪声的影响。

③接收机、发射机的布置　舰壳声呐发射的是大功率单频或调频脉冲信号,接收的是低电平目标回波信号或目标辐射噪声。为了减小发射信号尤其是接收信号的衰减,希望将发射机和接收机(其中的前放部分)布置在距换能器基阵较近的地方。

另外发射机和接收机通过收发转换设备到换能器基阵的电缆要采取蔽屏措施。总体采取的蔽屏措施一般包括加防波套、加钢管、单独敷设等。

现代舰艇舰壳声呐一般收发换能器基阵共用，所以收发电缆一般也共用。

(2)拖曳声呐

拖曳声呐与舰壳声呐的最大区别在于拖曳声呐的换能器基阵不是安装载舰壳体上，而是放置在流线拖体(或称拖鱼)中，由一套收放/存储装置将拖体放入水中，由拖缆——有足够强度的多芯电缆拖动拖体并传输电信号，拖体的工作深度由放缆长度和载舰的航速决定。

为了减小拖缆在水中的阻力和抖动，拖缆上安装了导流片——一种具有流线型的护套，所以拖缆只能单层缠绕在绞车卷筒上。

①收放/存储装置的布置　拖曳声呐收放/存储装置及拖体必须安装在舰尾，水线以上，便于拖体的出入水及拖曳操作，对于舰尾设有直升机起降平台的现代舰艇，拖曳声呐收放/存储装置将被放置在直升机起降平台以下水线以上的空间。所以收放/存储装置的结构型式及体积大小是总体设计中必须特别考虑的问题，尤其是舰尾设有飞行平台的现代舰，拖曳声呐的收放/存储装置一般会与系泊装置布置在同一区域，要充分认证、协调，确保两套设备功能的实现。

拖曳声呐收放/存储装置一般布置在舰尾中线面，以保证拖体出入水的平稳性和拖体的航向稳定性。

②拖曳声呐控制室的设置　在毗邻收放/存储装置的舰尾一般要设置一个拖曳声呐控制室，布置收放/存储装置的控制设备。拖曳声呐控制室面向收放/存储装置的舱壁上应开设一个观察窗，便于舱内操作人员观察收放工作情况及与机旁操作人员间的视觉交流。

③冲洗淡水的提供　舰上要为拖曳声呐的使用提供一定量的淡水，在拖缆和拖体回收时对其进行冲洗，以减少海水对拖缆和拖体的腐蚀。

④对载舰机动性能的影响　拖曳声呐会对载舰的机动性产生一定的影响，主要表现在以下几个方面。

a. 拖体出入水中时对航速有一定的要求，航速过高，尾流变化剧烈，拖体会翻滚、跳跃，造成翼或拖缆导流片的损坏；而航速过低则拖体难以迅速远离舰尾，远离尾流。

b. 正常拖曳工作时也对航速有一定的要求，航速过高，拖体姿态不稳，拖体内流噪声太大；航速过低，拖体航向难以保证，尤其是有海流的情况下。

c. 拖体和拖缆一般存在一个“不损坏航速”，超过这个航速拖体可能肢解，拖缆可能断裂。

d. 拖体航行时受到的阻力可能会影响到载舰的航速，尤其是在载舰高速航行时。对航速影响的大小取决于拖体、拖缆所受到的阻力。

e. 拖曳声呐工作时载舰应慎作减速运动，禁止倒车。避免拖体拖底及拖缆与螺旋桨、舵发生碰撞、缠绕。

f. 载舰回转时拖体会发生下沉现象，所以也应考虑到海区深度的限制，避免拖体拖底。

⑤电子设备及电缆的装舰设计　拖曳声呐的收发电缆一般是共用，在舰上固定敷设的收发电缆要采取一定的屏蔽措施，设备承制单位要考虑到拖缆对信号的衰减影响。

有些拖曳声呐与舰壳声呐共用电子设备，这时更应慎重确定接收机和发射机(包括收发转换设备)的布置位置，兼顾艏艉2个换能器基阵的要求。

显控台的安装要求与舰壳声呐相同。

(3)拖曳线列阵声呐

拖曳线列阵声呐与拖曳声呐相似,其换能器阵是由收放/存储装置放入水中,由拖缆拖动并传输电信号。不同的是拖曳线列阵声呐的换能器基阵是由一系列水听器直线等间距分布在充油的 PV 套管中形成的,所以拖曳阻力小,拖缆上的张力也小,拖缆上不设防波套,拖缆可长达数千米。

由于没有拖体,线阵收放方便,所以拖曳线列阵声呐的收放/存储装置较拖曳声呐简单,重量、尺寸也较小,绞车滚筒的大小取决于拖缆的直径和长度,拖缆和声阵可以多层缠绕在滚筒上。

拖曳线列阵声呐的收放/存储装置可以居中布置在舰尾,也可以偏置,它对载舰机动性的影响小于拖曳声呐。

其他的装舰设计要求基本与拖曳声呐相同。

7.4.8 发展趋势

二战以来声呐技术有了迅速的发展,随着潜艇隐身技术和对抗反潜能力的不断提高,以及微电子技术、信号处理技术的飞速发展,声呐技术也孕育着新的发展。

(1)综合技术

首先是对水声探测系统内部声呐设备的探测、跟踪、定位、识别等信号处理进行综合,也就是说,除换能器外,显控和信号处理都集中进行,并将目标数据送作战系统;下一步将综合的范围扩大至火控系统、武器系统,形成反潜作战系统,该系统把目标探测、数据处理、分析决策及武器射击连成一体,减轻操作员的负担,加快系统反应时间,提高作战效能,同时减少系统成本。

(2)主动式拖线阵声呐

潜艇在减小辐射噪声方面取得的成效越来越大,新型潜艇的辐射噪声级已接近环境噪声级,使得被动声呐的探测距离大幅度下降,由此出现了主动式拖线阵声呐。

主动式拖线阵声呐是由低频、大功率的发射基阵与被动式拖曳线列阵联合使用构成的,它不仅保留了拖曳线列阵声呐大孔径、高空间增益的优点,而且弥补了拖曳线列阵声呐对安静型潜艇的探测困难。发射换能器基阵可能安装在一个小型拖体中,与拖曳线列阵声呐的线阵共拖,也可能采用舰壳安装方式。

(3)多基地声呐

目前我们使用的是单基地声呐,声呐的收发设备安装于同一平台上。多基地声呐的声源和接收设备不在同一平台,相互分开一定的距离,这个距离值要与声呐的作用距离相比拟,通常接收设备远离声源。

(4)合成孔径声呐

常规声呐有二种方法来获得高的方位分辨力,一是升高工作频率,二是加长声阵的物理孔径,但升高频率会降低声呐的作用距离,加长声阵的物理孔径会使水下设备过于庞大,影响安装和使用。

合成孔径声呐通过声阵匀速直线运动,将沿航迹方向的回波数据相干累加,形成较大的虚拟孔径,从而提高方位分辨力。

合成孔径技术可用于拖曳声呐、拖曳线列阵声呐以及由舰壳声呐和拖曳线列阵声呐组成的双基地声呐等。合成孔径声呐可用于探测水雷、锚雷及沉底雷和掩埋雷。

7.5　电子对抗

现代战争中的一种新的工作方式——电子战，是破坏和干扰电子设备的正常工作，使敌方的武器装备失去作用，部队的指挥联络中断，敌我双方的破坏和对抗的作战方式。

电子战包括电子侦察、干扰和反侦察、反干扰两个方面。前者为电子对抗，后者为反电子对抗，反电子对抗在电子设备的设计中给予考虑实施。本节仅描述电子对抗。

电子对抗包括雷达对抗、水声对抗、通信对抗、光电对抗等。作为一个完整的对抗系统基本由三部分组成，即敏感元件、计算元件和执行元件。

7.5.1　雷达对抗

雷达对抗的敏感元件为雷达侦察机，计算元件为系统的显示控制操作系统。执行元件是雷达干扰设备（包括有源干扰和无源干扰）。

(1)雷达侦察机

雷达侦察机用来截获各种雷达信号、测量目标参数、判定威胁的类别和等级，给出周围环境的目标活动态势，为已方采取对抗行动提供依据，为选择正确对策创造条件，平时还可用来搜集雷达技术情报等。

雷达侦察包括对雷达方位的测量和对雷达载频的测量。测定雷达信号方位（或到达方向）的设备称测向接收机，其基本原理是利用电磁波的等速直线传播和天线的方向性。测向方法分搜索法测向和非搜索法测向两大类。搜索法测向是利用旋转的定向天线，在规定空域内顺序地侦收信号，进而获取信号的到达方向。因为雷达天线和侦察天线都在空间转动扫掠，所以只有当侦察天线与雷达天线的方向图在互相对准时，侦察机才能收到信号。非搜索法测向最常用的是幅度比较法、相位比较法和多波束法。对雷达载频进行测量的设备称为测频接收机，测频接收机是雷达侦察机的主要组成部分。频率测量方法主要有两种，一是搜索测频法，即是在侦收波段内顺序地改变频率即进行频率搜索，以便发现信号并测定其频率。另一种是非搜索测频法，则是利用接收机固有的频率特性来测量频率，不需要进行频率上的搜索。在两种方法的实施中，又有许多不同的形式，这就构成了多种测频接收机。

除此之外还有对雷达其他参数的测量，如对脉冲宽度的测量、脉冲重复频率的测量和扫描特性的判断和周期的测量。

信号处理见图 7－10 信号处理流程图，现代侦察机对雷达信号的识别通常利用计算机查表法，将测到的雷达参数与数据库的参数进行比较，给出可能的识别和可信度，识别后的参数进行显示和录取。

雷达侦察机终端指示设备的种类很多，最简单的是灯光和音响指示。当雷达信号落入某一小波段或其一方位扇面就使灯光闪亮，同时发出声响。侦测的参数也可数码显示。

①雷达侦察机的组成　雷达侦察接收机的种类很多，按用途可分为全景监视、威胁告警、引导干扰和情报搜索等；按工作体制可分为直检式、直放式、超外差式、瞬时测频、信道化、脉压和声光等。但侦察接收机基本上都是由天线、接收电路和信号处理设备三部分组成。

测向天线和测频天线按频段划分,其划分的频段范围应满足舰艇作战使用的要求,一般在0.5~40 GHz进行划分测量。

②布置与安装　测频天线布置安装在舰艇最高处,并在360°范围内无任何金属物遮挡和其他雷达信号的干扰。测向天线布置安装在前桅较高处,测向天线应按左、右舷布置,以保证两天线在360°的范围内的测向。

接收处理机柜(含终端显示),布置安装在电子战高频室或作战指挥室电子战战位。便于作战首长的观察、指挥。

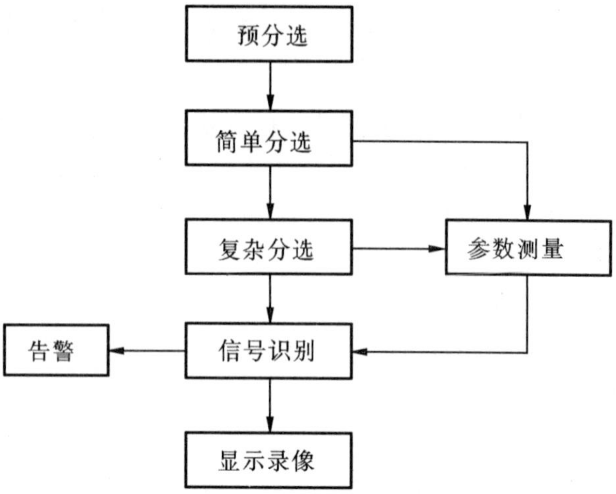

图7-10　信号处理流程图

测频天线、测向天线安装座上的首尾刻线应与舰首尾线重合或平行,安装平面应与舰基准平面平行,其精度应满足设备技术规格书要求,并参加全舰的统一校准。

(2)雷达干扰设备

对雷达的干扰主要是对它的接收显示系统和自动跟踪系统进行干扰,即用足够的噪声使雷达接收机饱和,以致操作员不能发现目标,也不能对目标定位,或用人为诱惑信号、或假回波来欺骗操作员,前者称为噪声干扰,后着称为欺骗干扰或迷惑干扰。雷达干扰设备按其是否发射电磁能量又可分为有源干扰和无源干扰。干扰设备根据操作控制系统的指令实施干扰。

①有源干扰　有源干扰又可分为噪声干扰和欺骗干扰。噪声干扰即将噪声传送给雷达,相当于增大了雷达接收机内的噪声电平,而降低雷达在噪声中辨别真目标的能力,即为噪声干扰。噪声干扰有三种类型:调谐干扰、阻塞干扰、扫描干扰(或扫频干扰)。欺骗干扰就是用干扰信号欺骗敌方,使敌方不能获得目标的准确信息,只能获得失真的距离、方位和速度,在雷达荧光屏上显示的只是与真目标相似的假回波。欺骗干扰分别有距离欺骗,方位欺骗和速度欺骗。

组合干扰,即在实现干扰时可以是有源与无源干扰的组合,也可能是噪声干扰与欺骗干扰的组合,只有适当的组合,才能达到干扰的目的。

有源干扰设备组成包括发射天线、接收天线、噪声发射机柜、欺骗发射机柜、接收机柜、信息处理控制机柜、伺服机柜、配电盘、中频机组、冷却系统等。

新型的有源干扰系统,仅包括多波束发射机和干扰控制机柜、冷却机柜等。

收发天线布置在舱外甲板或前桅平台,按左右舷布置,以保证在360°的范围内实施干扰。中频机组布置在电子对抗机组室。其他设备均布置在专用的电子战高频室。冷却系统按设备要求布置。天线至收、发机柜的距离要尽量短,其插入损耗应满足设备技术规格书的要求。

②无源干扰　利用无源干扰物对电磁波反射或吸收的特性进行的干扰,无源干扰物包括箔条,角反射器和吸收性涂覆材料等。

a. 箔条　包括金属细丝、条带和箔片、或敷金属的尼龙丝和玻璃纤维等，按箔条的反射特性利用飞机或箔条火箭在指定的区域上空投放大量的箔条包，因箔条较轻，留空时间较长。在空中形成一定密度的箔条云。用压制法压制该地区雷达的工作，或在对方雷达跟踪域内布洒箔条云，在舰后侧上空形成一个或多个假目标诱惑和欺骗敌方导弹。只要箔条云（假目标）的有效反射面积大于真目标的反射面积就能摆脱导弹的跟踪达到干扰的目的。

箔条弹放置在距无源干扰发控装置较近，便于输弹的弹库内。箔条弹是由布置在舰中、后部左、右舷的发射装置发射，发射的方位由指挥系统控制，发射装置的内容见7.5.4节有关内容。

b. 角反射器　包括角反射器、龙伯透镜和敷金属膜气球等。其特点是体积小有效反射面积大，可作为理想的假目标。

角反射器由三个相互严格垂直的导电平面组成，电磁波无论从那个方向进入反射器，经多次反射后都能朝入射方向反射过去，反射能力很强，为较理想的假目标。

c. 涂覆　采用涂覆的方法来降低舰艇的有效反射面积。涂覆材料目前有两种，吸收性涂覆材料是使反射回去的回波能量大大减小。另一种是散射或反射性涂覆，使电磁波在探测方向上（后向散射）的反射功率大大减小，从而降低舰艇的有效反射面积。

（3）显示控制操作系统

根据侦察机送来的分析识别结果，对不同的威胁选取不同的干扰方式，按照实际的干扰效果自动更换干扰方式，并可控制干扰发射机，进行无源干扰发射要素的解算。所以显示操作控制系统即能显示控制处理由敏感元件来的信息，又能指挥控制执行元件的工作。为雷达对抗的核心设备。其组成包括显控台、网络交换机、辅助机柜、中频机组、控制箱等。辅助机柜、网络交换机，布置在电子战高频室；显控台布置在作战指挥室电子战战位；中频机组、控制箱布置在电子战机组室。

7.5.2　水声对抗

（1）概述

随着二战中声呐探测和声制导鱼雷的使用，水声对抗技术也在二战的中后期应运而生。20世纪40年代研制的第一代水声对抗器材主要以机械方式产生模拟潜艇的噪声。五六十年代水声对抗技术得到了大规模的发展，采用了较先进的电子技术，并形成系列，70年代水声对抗技术向系统化方向发展，将目标探测、信号处理、显示控制、对抗方案、器材发射等融为一体，目前各型潜艇和大中型现代舰艇纷纷装备水声对抗器材，对抗器材的性能也更趋完善，更能逼真地模拟各种特性。

水声对抗以声学原理进行反声学探测和反声学攻击，通过在水中使用专门的水声设备、水声器材以及利用声场环境、隐身、降噪等手段，对敌方水中探测设备和水中兵器进行侦察、干扰，保障己方舰艇的安全。

水声对抗是舰艇作战的防御手段，它不能毁伤敌方平台，只能降低敌方声呐的探测能力和敌鱼雷的攻击能力。

水声对抗系统/设备按装备对象、用途、使用方式等有几种分类方法。

按携带平台分，有潜艇水声对抗、现代舰艇水声对抗、机载水声对抗、靶场试验水声对抗等系统和设备。

按对抗作用效应分，有软杀伤、硬杀伤、非杀伤等设备。

按对抗器材工作性质分，有屏蔽型、压制型、诱骗型等。

按对抗器材使用方式分，有拖曳式、火箭助飞式、管装式、抛射式、舰壳式等。

按对抗器材品种分，有声诱饵、噪声干扰器、气幕弹、水下训练活动靶（潜艇模拟器）、水下自主航行器等。

（2）水声对抗系统的组成及主要功能

水声对抗系统的组成如图 7－11。

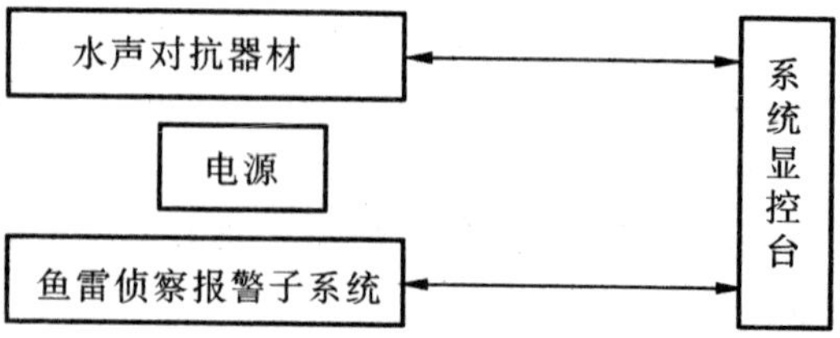

图 7－11　水声对抗系统组成框图

①鱼雷侦察报警子系统　鱼雷侦察报警子系统能自动连续地探测来袭鱼雷，并对鱼雷目标进行识别和定位。它一般由鱼雷报警声呐、舰壳声呐、拖曳声呐或拖曳线列阵声呐组成，除鱼雷报警声呐外，其余声呐与水声探测系统共用。

鱼雷报警声呐的组成及工作原理与探潜声呐相同，只是探测目标不是潜艇而是鱼雷，由于鱼雷目标的目标强度较小，所以鱼雷报警声呐一般多采用被动工作方式，并且还利用了鱼雷目标的其他特点，如高航速、鱼雷出管信号等。

②系统显控台　系统显控台依据鱼雷报警信息及对付来袭鱼雷的作战应用软件，快速作出对抗方案，并适时发射和布放水声对抗器材。

③水声对抗器材　水声对抗器材分为软杀伤和硬刹伤二种。软刹伤的功能是拦截诱骗、干扰敌鱼雷，使本舰摆脱鱼雷的追击或使鱼雷航程耗尽而自沉；硬杀伤则是对敌鱼雷实施毁伤。

a. 软杀伤器材包括三种：气幕弹、干扰器和声诱饵。

气幕弹类似于电子战的箔条云，它是水声对抗器材中唯一的一种无源干扰器材，它产生的气泡幕能够阻隔鱼雷的声探测或者增大鱼雷定向的难度。

气幕弹具有隐蔽性好、结构简单、尺寸小、重量轻、易生产、成本低廉、使用方便的特点，尤为适合潜艇装备。但是它的声特性易被人工识别，且形成的气幕几何尺度较小，难以对抗智能鱼雷。不过利用它的基本原理，模拟舰艇尾流欺骗尾流制导鱼雷会有更新作为。

声干扰器向水中辐射强噪声，以抑制和掩盖处在附近的敌方声呐和鱼雷声自导的正常工作。根据产生干扰噪声的频率特性，分为低频干扰器（声呐干扰器）、高频干扰器（鱼雷干扰器）和宽带干扰器。强噪声干扰器对各种声自导鱼雷都是有效的。

声诱饵作为本舰的“替身”，主要战术作用是“引诱”，要求它能“逼真”模拟本舰声辐射、声反射和机动特性，并且声级略高于本舰。一般使用本舰声辐射和声反射的“拷贝”。声特性一般以频率、声级和方向性描述，机动性一般以航速、航程、回转性、潜浮性描述。根据不同的对抗对象，声诱饵除了能“逼真”模拟本舰声辐射、声反射和机动特性外，还能“逼真”模拟本舰的磁特性、尾流特性和几何尺度特性，以及反编码识别能力。

b. 硬杀伤一般指的是利用深水炸弹，反鱼雷水雷、引爆式诱饵、反鱼雷鱼雷等手段，直接杀伤鱼雷或者破坏和损伤来袭鱼雷，使其永久性失效或者能力降低。

（3）水声对抗的使用方式

现代舰艇对抗器材的使用方式有拖曳式、火箭助飞式、抛射式、自航式。

拖曳式对抗器材的硬件组成如图 7－12 所示。

火箭助飞式和自航式对抗器材的组成框图如图 7 - 13 所示。

抛射式对抗器材是利用舰尾辅设的导轨将器材滚入水中。

(4) 水声对抗系统的装舰设计

①鱼雷报警声呐　鱼雷报警声呐的装舰设计可参见本书 7.4.7。需要特别说明的是，鱼雷报警声呐的换能器基阵常采用拖曳线列阵的形式，这就可能造成舰尾同时拖带两条线阵的情况。在总体设计时要考虑到两条线阵同时拖曳时的安全性，特别是载舰机动时同时拖曳的安全性。在舰尾的布置上要充分协调二部拖曳声呐和系泊装置的收放操作空间要求。

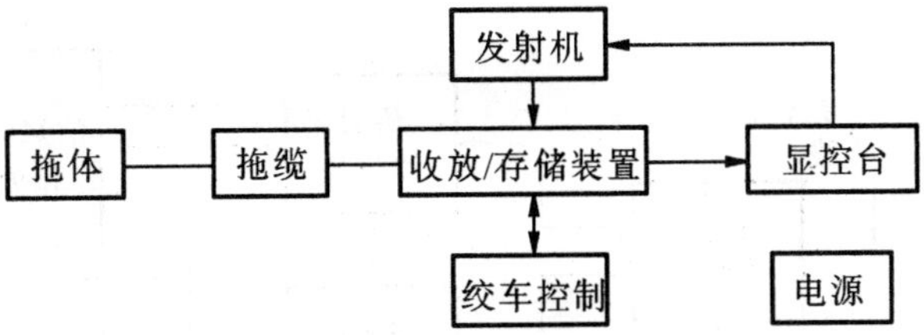

图 7 - 12　拖曳式对抗器材设备组成框图

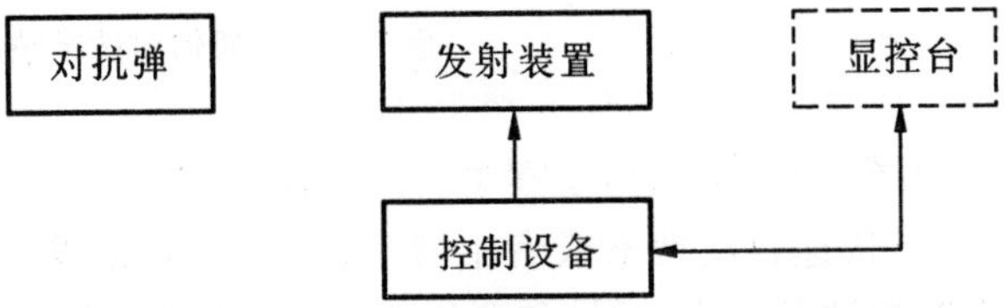

图 7 - 13　火箭助飞式、自航式对抗器材组成框图

②水声对抗器材　火箭助飞式和自航式对抗器材在总体设计时要尽可能借用舰上现有的发射装置，直径较小的可借用电子对抗无源干扰发射装置，直径较大的可借用火箭深弹发射装置或者是鱼雷发射装置。

拖曳式对抗器材的装舰设计可参见 7.4.7 节拖曳声呐和拖曳线列阵声呐的内容。

为了提高水声对抗系统的适装性，拖曳式对抗器材尽可能与鱼雷报警声呐的线阵共拖，即共收放/存储装置、共拖缆。

③系统显控台　如果系统显控台不兼做鱼雷报警声呐的显控台，装舰设计时按一般的电子设备保证其供电、空调等需求即可，如果系统显控台兼做鱼雷报警声呐的显控台，则该显控台布置的舱室应满足听音员室的空气噪声限值。

7.5.3　通信对抗

通信对抗包括通信侦察和反侦察，通信干扰和反干扰。通信反侦察和反干扰由通信设备给予考虑实施。此节只讲通信侦察、通信干扰。

通信对抗的原理和组成与雷达对抗非常近似，侦察接收机(含定向装置和天线)为系统敏感元件，用来截取敌方各种无线电通信信息，测出敌无线电台的方位及其他战术数据和特征。信号分析器与信息存储和处理设备属系统计算元件，用来分析处理接收信号参数，破译报文，识别通信设备类型以及记录存储和显示所需要的各种信息等。干扰发射机为系统的执行元件，它将按照通信侦察的结果引导对敌施放有效的干扰，破坏敌海上编队内及海上编队与岸指之间的指挥、控制和通信联络。其中侦察、测向、干扰的频率范围由海军战术技术任务书给定。原理见图 7 - 14。

(1)通信侦察

通信侦察的原理和设备构成与雷达侦察基本相似。通信侦察也有战略和战术之分，单纯为了获取通信情报的称为战略侦察，也叫情报侦察，而为了通信干扰和某项具体任务的为战术侦察。多数战术侦察接收机也可作为战略侦察使用，通信侦察与雷达侦察合在一起

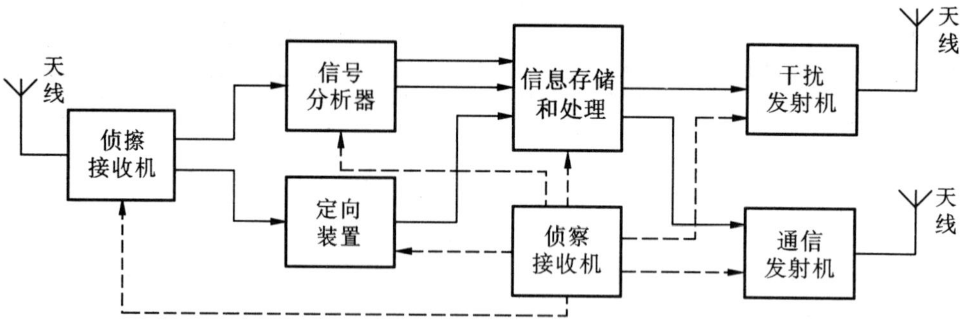

图 7－14　通信对抗系统原理图

称为“电子侦察”。通信侦察主要完成侦听和测向。

通过快速自动搜索或者不搜索，来监听敌无线电通信信号，了解敌台通信情况及其变化规律，摸清其频率、呼号和联络时间，判明通信设备的性能和技术参数，以获取敌人的机密军事技术情报。

通信侦察的频谱较宽可从超长波一直到微波甚至到红外波段，通信侦察频段为 0.1～1 000 MHz，而雷达侦察为 1～18 GHz、18～40 GHz。收到通信信号送通信侦察终端分析、记录，而收到雷达信号则送雷达侦察终端分析处理。

测向一般采用无线电测向，测向方法较多，有听觉和视觉测向，还有固定测向和战术移动测向，确定敌方舰艇的位置和动向。

(2)通信干扰

通信干扰同雷达干扰一样，使敌方通信接收机里听到强的杂音(杂波)或者打印不出报文，另一种是让它得到一个假信号或打印出完全虚假的报文。通信干扰的种类较多，从体制上可分成杂波(杂音)干扰和欺骗干扰。

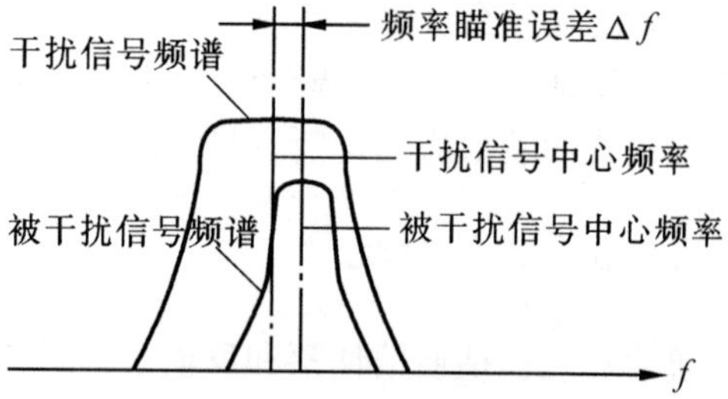

图 7－15　瞄准式干扰示意图

①杂波干扰　杂波干扰可分为以下几种：瞄准式干扰，即通信干扰的频率瞄准敌台某一个频率信道进行干扰；阻塞式干扰，即同时干扰通信设备的多个信道，这是运用较多的干扰，阻塞式又可分为宽带阻塞、窄带阻塞和梳状阻塞等干扰。如图 7－15 至图7－18所示；扫频式干扰，即干扰频率在一定的通信频段内周期地来回扫瞄的干扰。

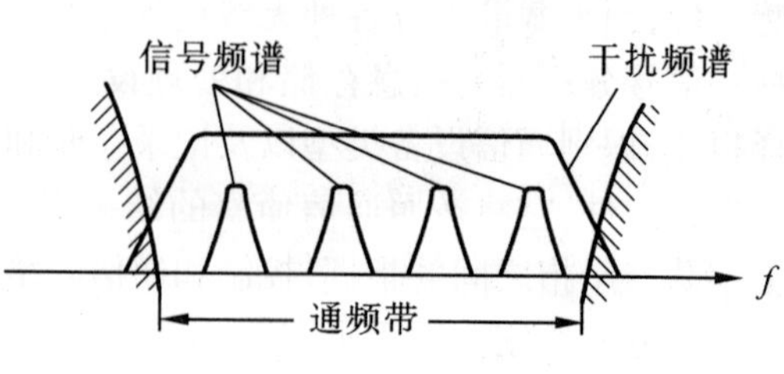

图 7－16　宽带阻塞式干扰示意图

②欺骗干扰　利用假信号欺骗，即要求假信号特征与信号特征尽量吻合，使两者难以区别，从而达到欺骗的目的。由于通信有许多报话方式，相应的干扰样式也很多。如等幅报、调幅报、和移频报干扰、杂波调频干扰、单边带话和调频话干扰以及用话音、歌声

和音乐调制干扰等。

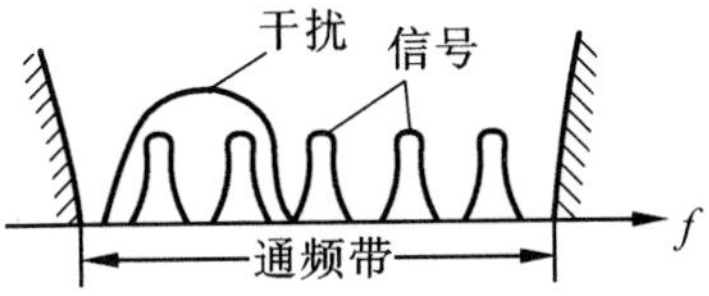

图 7－17　窄带阻塞式干扰示意图

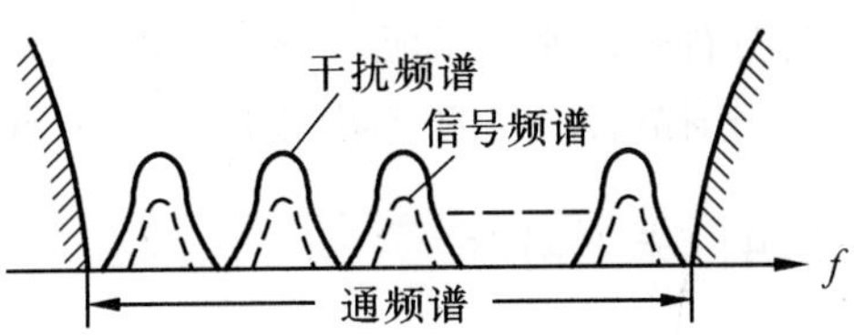

图 7－18　梳状阻塞式干扰示意图

(3)综合性通信对抗系统

多功能综合性通信对抗系统，即把侦察、测向、干扰各部分有机的结合在一起，完成单一用途的通信对抗设备难以完成的电子战任务。

该系统自动进行多方式的搜索，并截获各种通信信号、自动选用解调器、测定信号参数、实时全景显示；自动监控接收机和测向机的工作，对重要信号进行快速测向和定位；对所有通信信息进行快速存储、处理，自动筛选和识别；根据侦察数据估算干扰功率，选择最佳干扰参数；统一引导多部干扰机，按优先等级对多目标实施干扰；自检本系统功能，发现并排除故障，保证本系统内部通信不受干扰和破坏。

该系统包括中央控制台(计算机)、侦察分系统(包括侦察和测向)和干扰分系统(若干个干扰机)。其组成见表 7－9。

表 7－9

序号	名　　称	功　　能
1	VHF/UHF 全向天线	完成(20 MHz～1 000 MHz)频段的侦察
2	测向天线	完成 30 MHz～1 000 MHz 频段的测向
3	测向天线开关	
4	VHF/UHF 定向天线	完成 100 MHz～1 000 MHz 频段的干扰
5	定向天线旋转单元	
6	接收天线转换单元	
7	HF 侦察机柜	
8	VHF/UHF 侦察机柜	
9	VHF/UHF 测向机柜	
10	HF 发射机柜	
11	VHF/UHF 发射机柜	
12	数据处理显控机柜	
13	冷却机柜	
14	配电机柜	
HF 接收天线、HF 全向发射天线与舰上通信系统共用，不单独配置。		

综合性通信对抗系统各机柜一般安装布置在专用的通信对抗高频室、通信对抗室。

天线按接收区和发射区布置。测向天线安装在接收区。VHF/UHF 全向天线安装在接收区。按左右舷布置，从而保证 360°范围内的全向侦察。VHF/UHF 定向天线安装在发射区。天线周围留有一定的空间，以便天线在 360°旋转。

7.5.4 光电对抗

(1)光电对抗含义及分类

光电对抗是指敌对双方在光波段的抗争，即在紫外、可见光、红外波段内的对抗。一方使用电磁能量去探测、利用、削弱或阻止敌方使用电磁频谱，并保护己方有效使用电磁频谱。光电对抗是电子对抗领域中一个重要组成部分。光电对抗按波段分类包括激光对抗、红外对抗和可见光对抗。光电波段分布如图 7－19 所示。

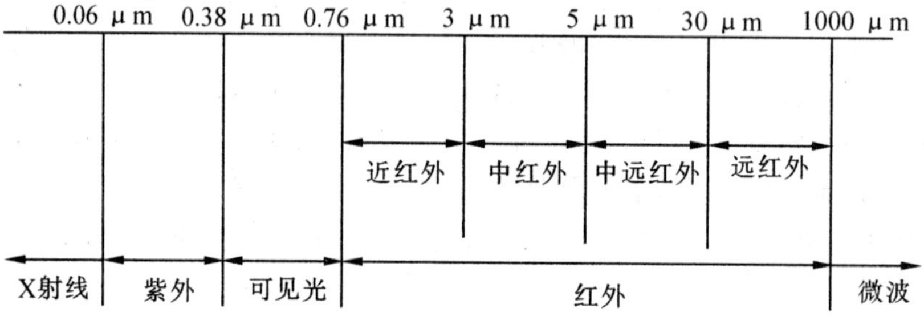

图 7－19 光电波段分布示意图

光电对抗按功能分为光电侦察告警、光电干扰及反光电对抗侦察和干扰三部分，如图 7－20。

(2)光电侦察告警

光电侦察告警是指利用光电技术设备对敌方光电武器和侦测器材辐射或散射的光信号进行探测截获、识别并及时提供情报和发出告警的一种过程。根据其工作波段属性，一般分为红外、激光、紫外及综合侦察告警，本节以应用广泛的红外及激光侦察告警予以描述。

①红外侦察告警　红外侦察告警对象是目标(飞机、导弹等)辐射的红外信号，确定其方位并及时告警，以采取有效的对抗措施。红外侦察告警具有下列特点。

a. 大多采用被动方式探测飞机、导弹等红外辐射源，由于该工作方式隐蔽，故有利于提高舰艇的隐身性；

b. 能提供精度较高的角度信息(0.1 ~ 1 mrad)；

c. 具有探测和识别多目标的能力和边搜索、边跟踪处理的能力；

d. 除了告警之外，还可与舰上武器系统结合，为其提供目标指示。

例如，美国和加拿大联合研制的 AN/SAR－8 红外搜索跟踪系统以被动方式全方位搜索，将目标信息送给舰载电子干扰系统，与 AN/SLQ－32 电子战系统联合配置，确保探测红外寻的掠海导弹等，其性能如下：

工作波段　3 ~ 5 μm；8 ~ 14 μm；

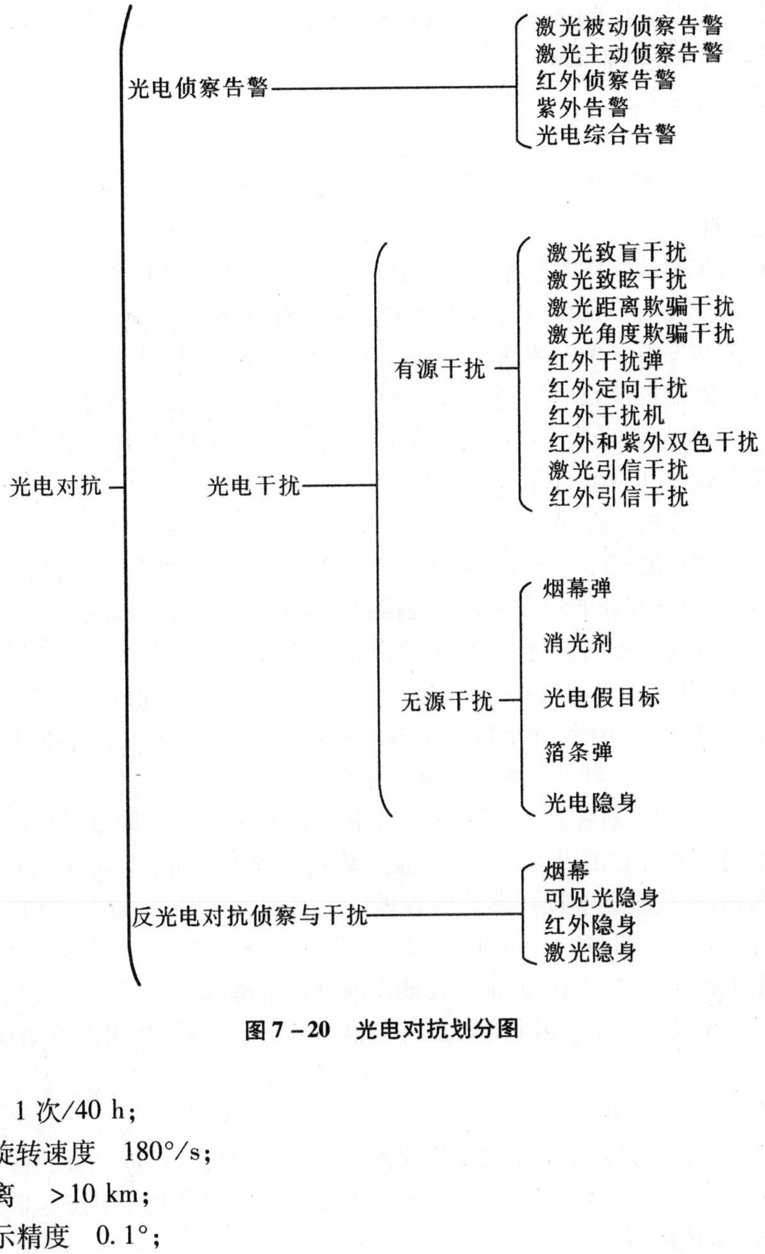

图 7-20　光电对抗划分图

虚警率　1 次/40 h；

探测器旋转速度　180°/s；

探测距离　>10 km；

目标指示精度　0. 1°；

反应时间　<1 s；

同时处理目标　50~100 个。

②激光侦察告警

激光侦察告警主要用于探测激光制导导弹、激光测距机、激光武器和激光雷达等目标，对激光辐射源进行识别；对激光制导导弹进行告警，报告激光光源的方位、波长等有关参数，为采取激光对抗措施提供依据。

例如，马可尼电子系统公司研制的 1220 系列激光告警系统适用于各种飞机、舰艇的激光告警系统，该系统有复杂的参数测量特性和威胁库，能分析入射激光源到达方向、波长和脉冲重复频率，并与威胁库进行比较，识别激光器类别，进而启动舰上的激光对抗措施。有关性能如下。

接收波段　0.35～1.1 μm;1～1.8 μm;8～11 μm;

波长分辨率　15～100 nm;

方位分辨率　±22.5°;

传感器头重量　0.4 kg;

数据接口　RS－422 或 1553B 总线。

(3)光电干扰

光电干扰指采取某些技术措施破坏或削弱敌方光电设备的正常工作,以达到保护己方的一种干扰手段。光电干扰分为有源干扰和无源干扰两种方式。有源干扰是指利用己方光电装备发射或转发敌方光电装备相应波段的光波,对敌方设备进行压制或欺骗干扰;无源干扰是利用特制器材或材料,反散、散射和吸光波能量,人为地改变己方目标的光学特性,使敌方光电装备效能降低或被欺骗而失效。在现代舰艇中,红外有源干扰机和无源/光电干扰发射装置就是其典型装备。

①红外有源干扰机　红外有源干扰机是针对红外寻的导弹的工作原理采取的干扰措施。对于带有调制盘的红外寻的器,目标在焦平面上形成一“热点”,调制盘和热点形成相对运动,经调制的目标红外能量被导弹探测器接收,形成电信号,再经过信号处理后得出目标与寻的器光轴线的夹角偏差,作为修正导弹制导的依据。当干扰机介入后,干扰机的能量就聚集在“热点”附近,影响调制盘对“热点”的调制规律,致使舵机修正发生错乱,从而达到干扰的目的。例如,LAIR 红外干扰机是洛拉尔公司(Loral Corp.)研制的装舰设备,主要对付使用双色(或双调制)红外寻的器的反舰导弹。

②无源/光电干扰发射装置　无源/光电干扰发射装置是一种能发射无源箔条弹、红外干扰弹(有源)等干扰器材的发射装置。该发射装置布置于舰面上。考虑到舰面武器众多,为减少占用面积,现代舰艇干扰弹发射装置采用了共架发射技术,这是国内外干扰弹发射装置设计趋势。如美国的 MK36 SRBOC 系统能发射箔条弹、红外弹;法国的 NGDS 系统不仅能发射箔条干扰弹,红外干扰弹,而且还能发射反鱼雷诱饵弹。

红外弹是一种具有一定辐射能量和红外频谱特征的干扰器材,用以欺骗或诱惑红外制导导弹。

(3)反光电侦察与干扰

反光电侦察与干扰是光电侦察和干扰的矛盾对立面,是指敌方光电武器设备对己方光电设备的发现、探测和干扰采取的对抗措施。目前飞机和导弹上采用技术是光电隐身,以降低其被对方探测的概率。

7.6　作战指挥系统

7.6.1　概述

(1)作战指挥系统含义及其他系统

作战指挥系统是指依照预先给定的作战原则,拟定作战方案、分配武器和给出目标指示的数据处理系统。它是现代舰艇作战系统的核心组成部分。

作战系统是指军用平台用于执行警戒、跟踪、目标识别、数据处理、威胁评估及控制武器完成对敌作战功能的各要素及人员的综合体。它包括警戒探测设备、作战指挥系统、电子战系统、水声对抗系统、舰炮武器系统、导弹武器系统、反潜武器系统、直升机系统、通信系统、导航系统及作战辅助设备等。

火力控制系统是指控制武器、并实施对目标攻击的子系统，它包括跟踪传感器、火控设备、接口设备等，它附属于相关武器系统（详见第8章）。常见的有舰炮火力控制系统、导弹火力控制系统、反潜火力控制系统及综合火力控制系统等。

如图7-21，以作战指挥系统典型通道为例，说明三者之间的关系示意图。

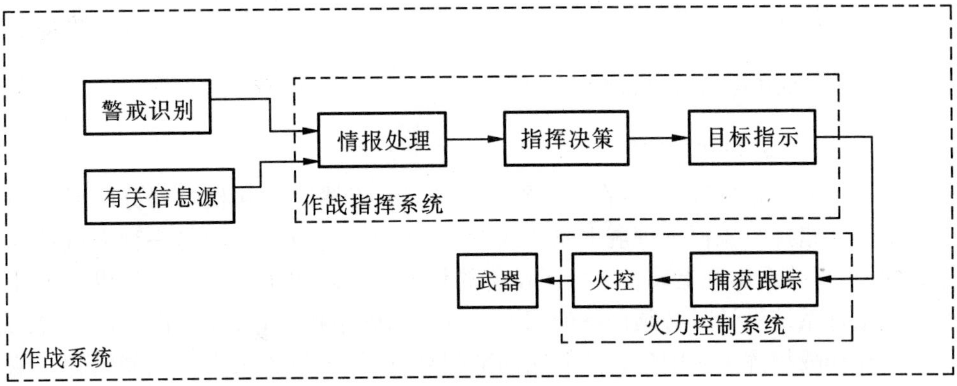

图7-21

（2）作战指挥系统使命任务

作战指挥系统担负全舰传感器及外部通信数据的信息处理、融合及态势生成、威胁判断、战术计算、辅助战术决策、武器指挥与通信控制的使命。实现协同作战及平时模拟训练和演习任务。

（3）作战指挥系统主要功能

①情报处理　系统能对敌、友、我目标的点迹数据进行互联，相关等处理，组成航迹文件，显示战术态势及各种参数。

②辅助决策　完成战术计算、进行敌我目标属性识别，辅助指挥员战术决策，包括集结、接敌、展开攻击、撤收、规避等，拟订作战方案，给出目标指示，组织武器射击通道，评估作战效果。

③通信　系统通过数据链和外部通信设备实现对外通信。

④辅助导航　给出已舰和目标的位置和推算位置、最佳攻击阵位、规避航向及编队所要求的机动要素。

⑤提供模拟训练功能。

⑥提供战后分析和重演手段。

⑦故障检测及处理功能　系统能对其设备工作状态进行检测、故障诊断和处理、监视作战指挥系统网络运行。

（4）作战指挥系统主要设备组成

作战指挥系统主要设备组成包括舰长指挥台、情报处理台、方面战指挥台、网络设备

（服务器、集线器、网卡等）及相关辅助设备。

（5）作战指挥系统主要性能指标

①信息处理能力　信息处理能力是指处理空中、水面及水下目标的航迹数量，大中型现代舰艇处理能力应在100批以上。

②系统反应时间　系统反应时间包括信息融合时间、自动目标指示反应时间（从收到目标参数，经处理后到自动作出目标指示的时间）以及人工决策作出目标指示的反应时间。

③目标指示能力及目标指示精度　目标指示是指作战指挥系统向舰载武器系统发出目标指示的命令和数据，其能力在于同时给出武器系统攻击目标的数量。在目标指示中，系统给出的目标参数与目标实际坐标参数的符合程度，称为目标指示精度。它与舰上对空、对海搜索雷达的精度有关。

7.6.2　作战指挥关系及战位设置

（1）作战指挥关系及其作用

作战指挥关系是指挥者和指挥对象之间按规定的指挥职能和权限划分所形成的相互关系。指挥者和指挥对象都管理舰上系统或设备，在舰上与设备一起是一种人机结合的指挥关系，这种指挥关系由舰上装备系统或设备的管理者体现出来。什么样的设备由什么人管理是作战指挥系统设计时必须回答的问题。只有明确指挥关系，才能设计出相应的指挥控制设备。在作战指挥关系中包含了舰艇的部门划分、战位设置及人员编制问题。编制合理、指挥层次划分适当，责权分明、关系流畅才能最大限度发挥人和武器的作用，形成舰艇强大的作战能力。

作战指挥关系一般由作战系统设计时确定，而作战指挥系统又是作战系统的核心部分，故本章节对此进行描述。

（2）国外舰艇指挥关系及分级管理模式

现代舰艇的作战功能一般分为对空战、对海战和反潜战，舰上相应的设有对空作战部门、对海作战部门及反潜作战战部门，各作战部门均在舰长的统一指挥下完成作战任务。

美国的“斯普鲁恩斯”级驱逐舰的指挥层次可分为四级，其层次为：舰长/执行军官——→武器协调官——→武器控制官——→操作员。舰长负责全舰战斗行动，执行军官通过显示器掌握空中、海面及水下目标综合态势，通过作战指挥系统或人工作出目标指示，并向舰长报告。武器协调官主要是协调如舰炮或导弹的使用等，武器控制官则是各武器系统指挥员，操作手主要从事雷达操作、电子战操作、武器操作等。美国佩里级护卫舰除了上述三个方面的军官外，还专门设有电子战军官。俄罗斯“现代级”驱逐舰则是舰长负责全舰统一指挥，并兼管对海方面作战指挥，对空指挥由导弹火炮部门完成，鱼水部门负责反潜方面作战。

从以上舰艇作战指挥关系的分工负责情况看，可以用集中指挥、分散控制和四级（三级）管理予以概括，其含义如下。

集中指挥是指全舰作战活动由舰长进行决策和指挥；分散控制则是各武器系统和传感器由相应的系统或设备指挥员/操作员控制，四级（三级）划分含义如下：

第一级——决策指挥级。这一级由舰长负责，作战指挥室设有专门操控台供舰长决策指挥。

第二级——方面战指挥级。该级根据决策指挥级的命令，分别负责对空战、对海战及反潜战指挥，协调组织火力通道，给第三级下达作战任务。

有的文献将第一级、二级合并为一级，称为指挥决策级。

第三级——武器控制级，本级负责单个武器系统作战指挥，如舰上主炮武器系统的指挥等。

第四级——设备操作级。该级负责情报搜集操作，雷达及武器等操作。

(3)战位设置

以上对作战指挥关系进行了初步描述，最终要落实到舰上具体的战位设置和人员编制上。在描述方法上一般分为树形图法及列表法。

①树形图法 树形图法是从舰长开始自上而下至操作员的一种表述方法，如图 7－22 所示。

②列表法 这种方法是按舰上系统、分系统或设备，所在战位级别，人数及上级指挥员的一种列表法，通过该详细列表可以得出舰上作战人员编制情况。

7.6.3 作战系统体系结构

由于作战系统体系结构主要由作战指挥系统实现，所以本节对该体系结构予以说明。

作战系统体系结构描述了系统所要完成的功能与功能间相互作用，是舰上作战指挥关系及战位设置的具体实现，是作战系统下面各分系统、设备功能汇合及互连的顶层拓扑。作战系统体系结构依赖于计算机网络技术，该网络上连接的节点有各种传感器、显控台、武器控制台等。由于舰上工作环境特殊，对网络技术的要求很高，最初采用的都是类似于 1553B、UDICON 等军用标准网络。但随着商用网络的不断发展，性能价格比的提高，近几年来各国均采用了商用网络技术，如以太网、令牌环网及 FDDI 网等。因此本节就有关商用计算机网络进行简要说明。

(1)基本概述

①分类 计算机网络是多个计算机相互连接的集合体，按连接的距离可分为局域网(LAN)和广域网(WAN)。局域网是几千米范围内的网络，如某一单位的网络；广域网是几千米以上范围的网络，如城域网在 10～30 km 内，国域网在几十到几百千米内。目前世界上最大的广域网可能就是因特网。

②拓扑结构 网络拓扑是指网络中的计算机、电缆和其他部件的布局或物理位置。标准的拓扑结构分为总线型、星形、环形及网型四种基本结构，由此可形成各种复杂有混合型拓扑结构。

③传输介质 计算机网络传输介质有：同轴电缆、双绞线、光纤和无线介质等。

④访问方法 用于定义计算机怎样将数据发送到传输介质上，以及怎样从电缆中获取数据的一组规则称为访问方法。访问方法需要在处理数据方面有一致的方法。如果不同计算机使用不同的访问方法，那么网络将无法正常运行，因为某些访问方法将一直控制网络上电缆。访问方法避免了计算机同时获得访问电缆的权利。主要的访问方法有三种：

- 载波侦听多路访问方法；
- 令牌传送方法；
- 需求优先级方法。

a. 带有冲突检测的载波侦听多路访问(CSMA/CD)方法 使用带有冲突检测的载波侦听多路访问方法(CSMA/CD)时，网络中每台计算机，包括客户机和服务器，都要检查电缆

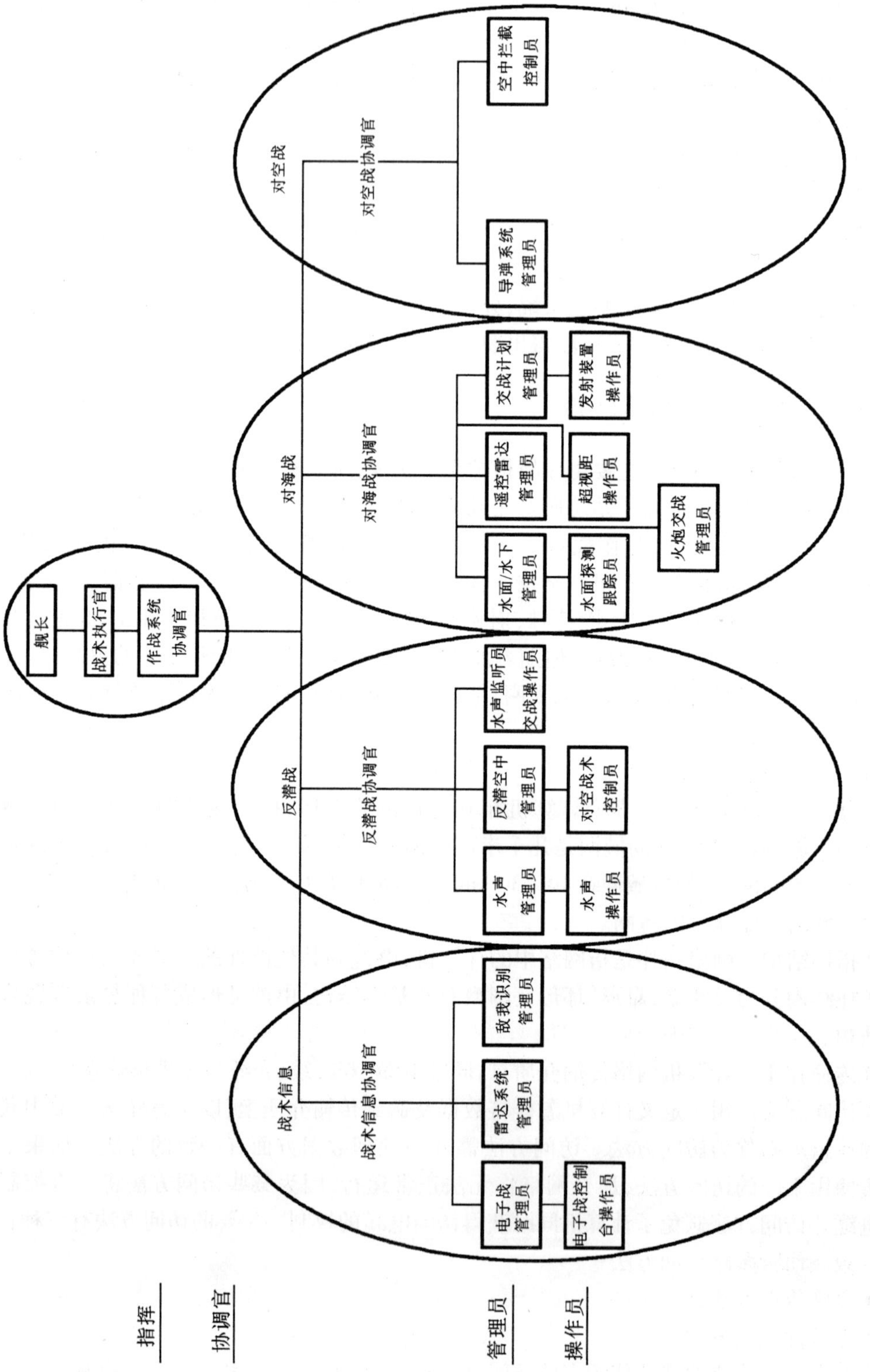

图 7—22 战位设置树形图

上的流量,只有电缆处于空闲状态时,计算机才可以发送数据。一旦计算机将数据发送到电缆中,其他计算机就不能再传输数据了,直到数据到达目的计算机,电缆空闲下来。通常有多台计算机在准备向网络发送数据(多路访问),每台都 要先侦听是否可能发生冲突。如果冲突, 则暂停一个时间段,然后重新开始发送数据。

b.令牌传送方法　在令牌传送方法中,一种叫做令牌的特殊数据包沿环从一台计算机传送到另一台计算机。在环中的任意一台计算机需要将数据发送到 网络上时,它必须等待一个空闲令牌。在检测到空闲令牌后,如果计算机需要发送数据,它就会控制这个令牌。

c.需求优先级方法　使用需求优先级方法,在可能发生冲突的两台计算机中赋予某种类型的数据优先发送。如果集线器或中继器同时收到两个请求,那么 具有优先权的请求先得到服务。如果两个请求具有相同优先权,那么两个请求将轮流得到服务。

(2)OSI 参考模型和 TCP/IP 参考模型

①OSI 参考模型　1978 年,国际标准化组织(ISO)发布了一套规范,用于规定不同设备间连接的网络体系结构,规定它们使用相同的协议和标准来互换信息。1984 年,发布了该模型的修订版,称之为开放系统互连(OSI)参考模型。OSI 参考模型将网络通信分为七层,如图 7－23 所示。

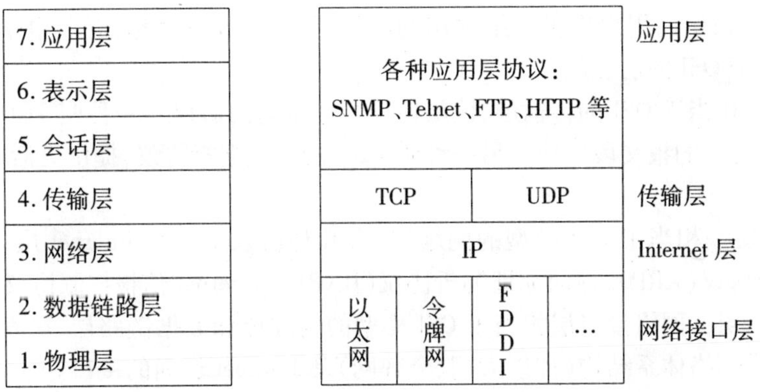

图 7－23　OSI 七层模型与 TCP/IP 参考模型对应关系

下面简要介绍一下各层的主要功能

• 应用层　这是 OSI 模型的最顶层,是应用程序访问网络服务的窗口。该层服务直接支持用户应用程序,如用于文件传输、数据库访问和电子邮件的软件。需要通过网络发送信息在这一层进入 OSI 模型,并最终从接收方计算机 OSI 模型的应用层退出。应用层协议可以用于本层中的程序,如 FTP 文件传输协议;也可被其他模型使用,如用于大多数电子邮件程序中简单邮件传输协议(STMP)。

• 表示层　表示层定义连网计算机交换信息的格式。使来自不同系统的计算机可以按一种通用的中间格式交换信息,表示层负责协议转换、数据格式翻译、数据加密和解密、发方压缩、收方解压等功能。

• 会话层　在 OSI 环境中,一次会话是指两个用户进程之间为完成一次完整的通信而建立的会话连接,会话层就是负责管理对话,如规定哪方发送数据,何时发送及发送时间的长度等控制。

• 传输层　传输层确保正确无误、顺序、无丢失或无重复地传输数据包。传输单位是报文(message)。当报文较长时,将把报文分成几个数据包(组),而在接收方则重新装配成原始信息。传输控制协议(TCP)和顺序数据包交换(SPX)都是传输层协议的实例。

• 网络层　计算机网络通信的两台计算机可能要经过许多节点和链路,网络层的任务就是保证传输的数据正确无误地从发送节点送到接收节点,主要功能是选择合适的路由及处理好流量控制。Internet(IP)和网络际数据包交换(IPX)是网络层协议的实例。

• 数据链路层　数据链路层负责将数据通过物理层从一台计算机无差错地传输到另一台计算机。一般情况下,在数据链路层发送数据后,会等待来自接收方的确认信息,在传输中被损坏的数据或未确认的数据都要重新发送。

• 物理层　这是 OSI 模型的最底层,负责以上各层产生的数据信号。物理层定义了电缆与网卡(NIC)如何连接。例如,连接器有多少针,每个针的作用等等,它提供数据编码和位同步功能。负责位流(0,1)从一台计算机到另一台计算机传输,保证 0、1 的传输正确。物理层还定义了每个脉冲周期以及每一位如何转换成网络电缆的电或光脉冲。

②TCP/IP 参考模型　随着 Internet 的快速发展,TCP/IP 参考模型得到了广泛应用,已成为事实上的工业标准。TCP/IP 与 OSI 并不完全匹配。它只使用四层结构,而不是七层。其四层分别分应用层、传输层、Internet 层和网络接口层,通常也称为 lnternet 协议簇。与 OSI 对应关系如图 7 - 23 所示。各层分述如下。

• 应用层　该层向用户提供一组常用的应用程序,如文件传输访问、电子邮件等。从功能上看,相当于 OSI 的前三层。

• 传输层　相当于 OSI 的传输层,该层使用两种不同的协议。一种叫 TCP 传输控制协议,为上层提供可靠的报文段传输。另一种叫 UDP 用户数据报协议,提供灵活、高效的数据报传输。

• Internet 层　相当于 OSI 模型的网络层,有几种协议工作在 Internet 层,如网际协议(IP)、地址解析协议(ARP)、逆向地址解析协议(RARP)、Internet 信报控制协议(ICMP)。

• 网络接口层　网络接口层相当于 OSI 模型的物理层和数据链路层,可直接与网络进行通信。它提供网络体系结构(如以太网、令牌网)和 Internet 层间的接口。

③网络通信过程　网络通信活动涉及到将数据从一台计算机发送到另一台计算机中。实际的信息流是:应用进程 A 将其数据包交给应用层,然后向下一层传输。在每一层,软件给数据包附加报头或地址信息,这些信息使数据包能够在网络上进行正确传送。

在接收端,数据包以相反的顺序通过各层。每层的软件实用程序读取数据包中信息,将多余的信息去掉,然后将数据包传给上一层,最终到达应用层时,数据包恢复了可供接受者读取的原有形式。

(3)以太网

常用于作战系统网络有以太网、令牌环网、及 FDDI 网,这里以以太网为例说明如下。

①以太网基本情况　1975 年,美国施乐(Xerox)公司推出了第一个以太网产品,在此基础上 Xerox 公司与 DEC 公司、Inter 公司共同起草了一份 10 Mb/s 局域网标准,后来 IEEE802 委员会正式推出 IEEE802.3 标准。经过十几年的发展,它从 10 Mb/s 速率,发展到 100 Mb/s、1 Gb/s以及 2001 年底推出的 10 Gb/s 以太网,以太网支持的介质从最初的同轴电缆发展到双绞线和光缆。星状拓扑的出现使以太网上了一个新台阶,获得更迅速的发展。

②帧结构　要了解以太网数据传输,必须知道以太网的帧结构。以太网将数据切分为帧,一个帧就是一个信息传输单元,如图 7 - 24 所示。

7	1	6	6	2	46~1500	4
前导码	SFD	DA	SA	TYPE	DATA	FCS

图7-24　以太网帧结构

其中

• 前导码　包含7个字节“1”“0”间隔的代码，即1010…10共56位，当帧在介质上传输时，接收方就能建立起位同步。

• 帧首定界符(SFD)　它是1字节的10101011二进制序列。

• 目的地址(DA)　它说明了企图发往目的站地址，6个字节。

• 源地址(SA)　说明发送帧站的地址，6个字节。

• 类型(TYPE)　共占2个字节，说明高层所使用的协议。可以是IP协议，也可以是Novell的IPX协议。

• 数据(DATA)　其范围为46~1 500字节之间。

• 帧检验序列(FCS)　用于判定到达的帧是否未被破坏的错误检查域。

③特性　以太网特性如表7-10所示。

表7-10

	10BASE2	10BASE5	10BASET
拓扑结构	总线	总线	星型总线
电缆类型	RG-58(细缆同轴电缆)	粗缆	3、4、5类非屏蔽双绞线
网卡连接	BNC T型连接器	DIX或AUI	RJ-45
访问方法	CSMA/CD	CSMA/CD	CSMA/CD

④组成　这里以10BASET为例说明以太网的组成。

整个以太网系统由集线器、网卡(包含在计算机节点内)以及双绞线组成。网卡与集线器、集线器与集线器之间通过RJ45连接器连接双绞线。

⑤现代以太网技术

a. 光纤以太网　使用光纤作为网络传输介质，不仅能带来带宽的拓展，而且能使网段长度增加，如10BASEF光纤以太网的网段长度可达2 000 m，且具有抗电磁干扰、抗泄露的特点。10BASEF拓扑结构与10BASET相同，网卡和集线器连接光缆的端口必须配置光缆收发器芯片以及光缆连接器。

b. 快速以太网　快速以太网是由3COM和Synoptics等公司支持开发的，已被接收为IEEE. 3u标准。快速以太网继承了以太网的CSMA/CD方式、以太网的帧格式、最大和最小帧尺寸。它支持三种介质标准。

• 100BASE-TX　类似于10BASET在两对双绞线上传送信号，支持5类非屏蔽双绞线(UTP)和RJ-45接头，也支持1类屏蔽双绞线(STP)，最大传送距离100 m。

• 100BASE-T4　它使用4对双绞线，其中3对用于传送数据，1对用于检测碰撞。且支持3,4或5类非屏蔽双绞线和RJ－45接头,最大传送距离为100 m。

• 100BASE－FX　它使用两股62.5/125 μs光纤和MIC,以及ST或SC光纤连接器,最大传送距离为270 m,交换式集线器的全双工连接光纤可达2 km。

c. 超高速Gb/s以太网　1 000 Mb/s(Gb/s)局域网不仅比100 Mb/s具有更高的速度,更能满足以网络为中心的计算机时代的要求,而且是面向主干网市场。1998年6月公布了1 000 Mb/s超高速以太网IEEE802.3Z标准。

1000BASECX,采用4对5类UTP,距离为25 m,若采用4对6类UTP,则可望达到100 m;

1000BASESX采用短波光纤,距离220 m～550 m;

1000BASELX采用长波光纤,距离为550 m。

d. 交换型以太网　传统的以太网建立在共享介质基础上,即网上所的站点共享一条传输通道,整个10BASET以太网带宽只能达到10 Mb/s,连接到集线器上站点共享10 Mb/s带宽,每个站点只能为10/n Mb/s,其中n为站点数。因此负载严重的情况下,由于带宽的限制产生性能急剧下降。为解决这种状况,产生了交换式以太网,其关键设备是交换器。交换型集成器上给予诸多站点同时多个收、发通道,即在网上有多个收、发通道在网上进行传输,而不受CSMA/CD的控制。目前100 Mb/s的以太网交换器已非常普及,端口为1 000 Mb/s的交换器已开始使用。

(4)国外应用情况

商用网络产品具有成本低、开发周期短、性能好、标准化和通用化等优点,在海军领域应用较为普遍,但使用商用流行产品(COTS)的前提是不影响舰艇的战斗力。10 Mb/s以太网在瑞典9LVMK3、法国和荷兰共同研制的TACTICOS作战系统中使用;令牌环光纤网用于英国"23"型护卫舰及"前卫"号核动力导弹潜艇、韩国的"KDX－200"级驱逐舰;美国的DDG－79、DDG－80舰作战指挥系统则采用FDDI网。

7.6.4　作战指挥室设计

作战指挥室是舰长及主要指挥人员对全舰实施作战指挥、设有专门战位的工作舱室,是全舰情报搜集和作战指挥中枢,是全舰战术决策和协调作战指挥关系的关键部位。各国海军均将设计完善、布局及战位合理、指挥流畅及美观、舒适的作战指挥室视为舰艇现代化水平的重要标志之一。本节就作战指挥室主要设计原则和方法予以说明。

(1)主要设计原则

①舰上位置　参见本书3.5.2节说明。

②功能分区　作战指挥室内设备繁多,一般应按功能分区原则布置,通常可分为决策指挥区、方面战区、情报区及通信导航区等。如图7－25所示,为美国"宙斯盾"级巡洋舰作战指挥室平面图。在图7－25中,作战指挥室分为6个区:1.本舰指挥区、2.情报区、3.对空战区、4.对海战区、5.反潜战区、6.登舰指挥区。

③内装与色彩设计　从防火及人员的安全考虑,舰内装饰及隔热材料应为不燃材料,从操作使用方便要求,装饰材料应尽量占用较小的空间,给舰内操作人员留有足够的净空间;从美观上考虑,尽量减少挂壁设备,各种显控台上外观上保持一致;另外,天花板、地板及四壁色彩设计应有利于操作人员保持良好的心理状态。

④照明设计　照明应考虑平时训练和战时两种不同状况的设计要求,一般应有正常照

明、应急照明、战斗照明及局部照明。显控台处照度要求一般应在 300 Lx 以上。

⑤空调通风　由于作战指挥室电子机柜众多，人员密集，因而空调通风设计应计算准确，要求空调通风系统工作可靠，在各种工况下为舱室内人员和设备提供良好环境。

⑥噪声　作战指挥室内空气噪声应满足 GJB1120 中规定的限值要求，除了采取减震降噪设计外，还要控制各类电子设备及空调通风设备的噪声的限值。

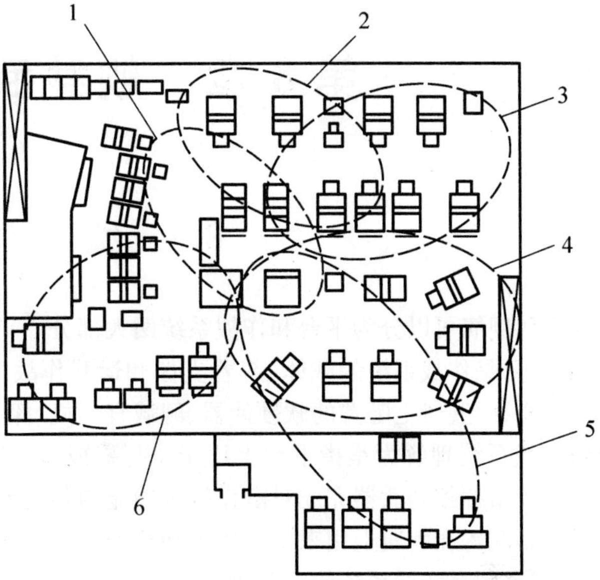

图 7－25　"宙斯盾"级巡洋舰作战指挥室平面图

⑦电磁兼容性　舱内电子设备的电磁兼容性必须按 GJB151A 要求进行电磁发射和敏感度检测，各项目合格后才能上舰。舱室的设计制造还要按照舰上电磁兼容原则工艺执行。

⑧防护　由于作战指挥室在舰上地位重要，为提高其生命力，有必要进行装甲防护。20 世纪 80 年代后，西方海军对作战指挥室就设置了轻型装甲防护，如美国的 DDG－51 驱逐舰就使用了装甲防护，以增强抗击武器对其杀伤的能力。

(2) 主要设计方法

作战指挥室主要设计方法有实尺模型法与计算机辅助设计方法。实尺模型法是复杂工程设计普遍采用的方法之一，早在 20 世纪 60 年代，美国海军就将该方法应用到作战指挥室等主要舱室设计中。我国 20 世纪 80 年代中期开始应用此方法。

实尺模型法采用 1∶1 的比例，用模型代替实物，立体、形象、直观地反映舱室内设备的全貌，从而达到优化舱室设备布置及内部装饰、色彩、照明、空调通风设计，验证作战指挥室战位设置和作战指挥关系的目的。

计算机辅助设计方法是利用现代计算机技术（如三维设计、虚拟现实设计）进行作战指挥室设计的一种方法，目前已普遍使用这一方法。

第 8 章　舰载武器系统

8.1　综　　述

现代舰艇可以分为平台和作战系统两大部分。平台是指船体、动力系统、电力系统、辅助系统等，是作战系统的载体，起着支撑和运载作战系统的作用。作战系统以作战指挥系统为中心，由舰艇上配置的软硬武器、舰载直升机、探测、通信、导航等系统或设备组成。可以将作战系统理解为是指平台上用于执行警戒、跟踪、通信、导航、目标识别、数据处理、威胁估计及指挥控制武器完成对敌作战等功能的各要素、硬软武器和人员的综合体。舰载武器系统是配置在舰艇上用来完成攻击和防御任务的武器及其跟踪器、控制设备等部分的总称，而武器则是武器系统的必备要素。

作战指挥系统、警戒探测、通信、导航、对抗等系统或设备在本书第 7 章舰载电子信息系统中已经作了介绍，本章只对导弹武器系统、舰炮武器系统、反潜武器系统、舰载机及新概念武器作介绍。

8.2　导弹武器系统

8.2.1　概述

在 20 世纪 50 年代中期，第一代导弹开始服役。受第一次中东战争"冥河"导弹击沉以色列舰艇事件的冲击，反舰导弹受到各国的普遍重视，发展迅速。至 70 年代末，完成了第二代的研制，并陆续装备部队。由于固体器件、计算机技术、探测技术及信息技术的发展，80 年代开始了第三代导弹的研制，并于 90 年代装备部队；目前正致力于在微电子技术、计算机技术、智能技术基础上的新一代导弹的研制。新的作战性能更先进的、隐身性能更好的、智能化的反舰导弹，可以拦截战术导弹的防空导弹，不久将陆续装备部队。

舰载导弹武器系统是保证导弹在舰艇上储存、装运、发射、飞行与制导，按要求准确命中目标的相关设备的总称。舰载导弹武器系统一般由导弹、火控分系统和转运发射设备三部分组成。

在现代海战中，导弹武器系统是现代舰艇主要的进攻和防御武器。在进攻作战中，导弹武器系统具有射程远、目标识别能力强、制导精度高、破坏威力大、攻击机动、隐蔽性能好等特点，舰舰导弹主要担负打击水面目标的作战任务。在对空防御作战中，防空导弹武器系统主要是有效地防御反舰导弹的攻击。远程、中高空防空导弹武器系统射程远、空域控制能力强，主要任务是拦截侦察机、电子支援飞机，从中、高空突防的轰炸机和大型反舰导弹；中程、中低空防空导弹武器系统射程适中，主要任务拦截各种轰炸机、大中型反舰导弹和直升机等；近程防空导弹武器系统，射程较近，主要任务是拦截近距攻击飞机和各类反舰导弹。

8.2.2　导弹

导弹主要由弹体、动力装置、战斗部和引信、制导设备及弹上能源等组成。其中，战斗部和引信是毁伤目标的核心部件，称为有效载荷，其他为准确投送战斗部的运载体。

(1)弹体

①导弹弹体　指装载弹上设备，产生所需空气动力的结构，包括弹身、弹翼、尾翼和舵。弹体的主要功用是保证导弹有良好的气动外形及飞行性能，保护安装在弹体内部的仪器设备，使其具有良好的工作环境和条件，在导弹发射和使用过程中用以支撑和吊挂，并承受在发射、储存、运输中作用在它们上面的外载荷。

弹身主体一般是细长形的圆柱壳结构，用以安装内部所有部件，该主体决定了导弹的飞行特性。导弹的弹头类型如图 8－1 所示，超音速导弹其头部通常成尖弧外形，速度较低的导弹其头部一般不太尖，有时呈粗短型。有一些导弹的前端还罩有带雷达天线的半球形雷达天线罩，有的弹头部分还能容纳喷气动力装置所需要的进气管道。

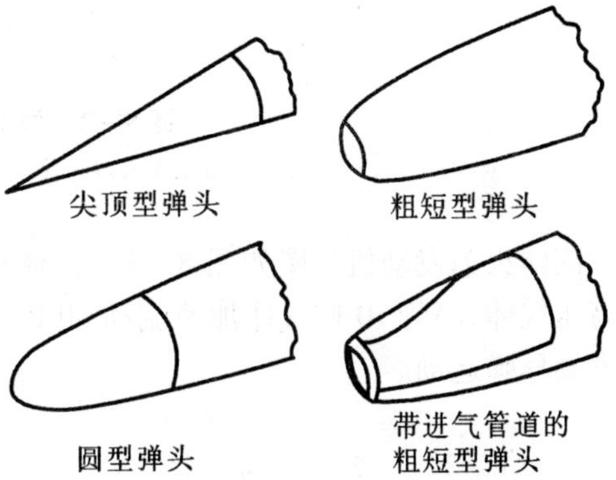

图 8－1　导弹弹头类型

②导弹弹体气动布局　按控制力产生措施及其部位区分为三种类型：尾翼控制式、鸭式和主翼控制式。

a. 尾翼控制气动布局　这种气动布局的典型结构如图 8－2(a)所示。产生控制力(法向力)的部件是弹的主翼，而控制导弹相对于气流姿态的是位于质心后面尾翼。

b. 鸭式控制气动布局　鸭式控制气动布局如图 8－2(b)所示。从结构特点上看，控制导弹相对于气流姿态的是主翼前面的小翼面，而产生控制力的仍然是位于其后面的主翼面。

c. 主翼控制气动布局　这种气动布局的特点是，产生控制力的部件是弹的主翼面，而产生控制力矩的部件也是主弹翼，如图 8－2(c)所示。

(2)动力装置

动力装置是为把导弹送往目标去执行作战使命而提供动力的装置。它包括发动机、燃料系统、输送系统和发动机架。

导弹的发动机按其作用原理可以分为两大类。一类是火箭发动机，另一类是空气喷气发动机。火箭发动机本身带有燃烧剂和氧化剂。它在工作时不依靠空气，所以不仅可以在大气层内工作，而且也可以在大气层外工作。火箭发动机按所用的推进剂(燃烧剂和氧化剂)的物理状态不同，又分为液体火箭发动机和固体火箭发动机。空气喷气发动机依靠空气中 的氧气作为氧化剂，本身只带燃烧剂，因此它只能在稠密的大气层中工作。空气喷气发动机按压缩空气的方法不同，可分为涡轮喷气发动机和冲压式空气喷气发动机(简称冲压发动机)。据统计，舰载导弹多采用固体火箭发动机，也有采用冲压发动机、涡轮喷气发动机，已很少采用液体火箭发动机。

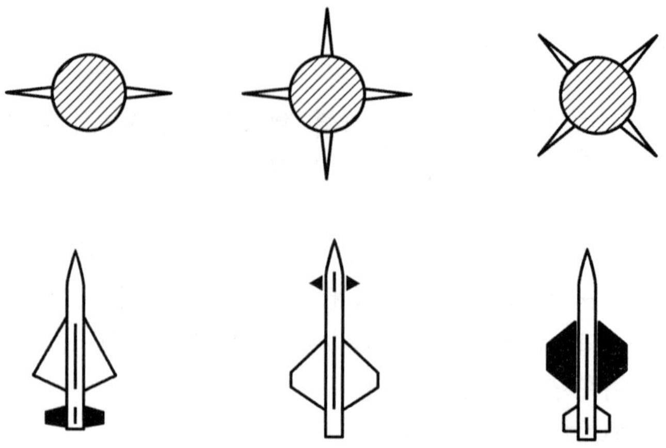

(a)　　(b)　　(c)

图 8-2　导弹气动布局示意图

(a)尾翼式布局;(b)鸭式布局;(c)主翼式布局

固体火箭发动机简图如图 8-3。固体推进剂在燃烧室 7 中燃烧后放出热能并形成高温高压气体,喷管 10 使气体加速流动,并以定向喷射的运动形式输出能量,即产生反作用推力推动导弹运动。

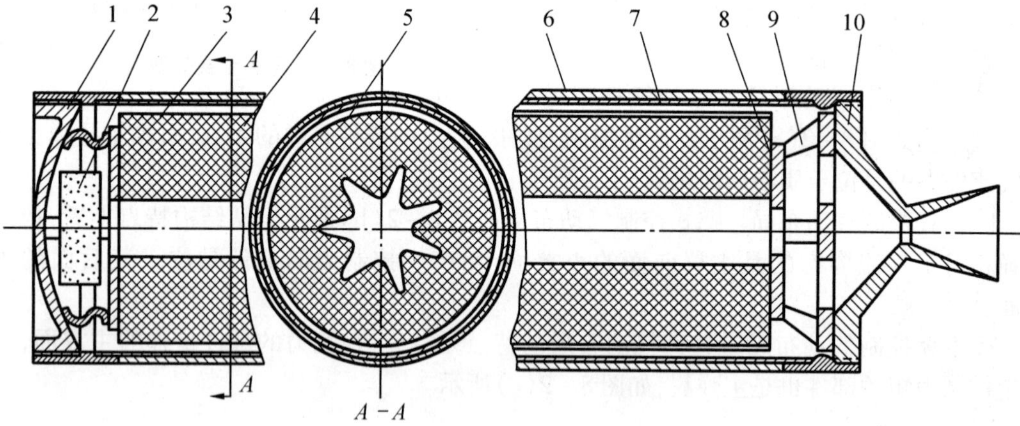

图 8-3　固体火箭发动机简图

1—发动机顶盖;2—点火装置;3—头部弹性支持件;4—药柱;5—药柱包覆层;
6—隔热层;7—燃烧室壳体;8—药柱包覆层;9—挡药板;10—喷管

固体火箭发动机的最大优点是结构简单,可以在短时间内产生强大功率(或推力),使用操作方便,工作可靠,可长期储存,易适应舰艇的环境条件,因而它为越来越多的舰载导弹所采用。采用固体火箭发动机的海军导弹有标准、海麻雀、飞鱼、鹰击-××等型号。液体火箭发动机使用复杂,舰载导弹一般不再使用。

空气喷气发动机的特点是,导弹本身只携带燃烧剂,氧化剂是空气中的氧气。因此,这类发动机与外界大气有着密切的关系。涡轮喷气发动机是用涡轮压气机来提高进气压力的，它用空气作氧化剂，使用燃料比较节省，但比火箭发动机的结构复杂，重量大，只有在射程大的时候才采用。冲压发动机的燃烧是连续的，它利用扩压器的作用产生一种“压力屏障”，防止推进剂气体从前面方向漏泄出去。冲压发动机一般以液体燃料作为燃烧剂。其结构比涡轮喷气发动机简单，比火箭发动机更节省燃料。由于冲压发动机不能产生静推力，为了使扩压器发生作用，使用时要求导弹的飞行速度在音速一倍半以上，因此，应用范围受到一定的限制。它所能达到的距离仅受其所备燃料数量的限制，该发动机能在高达约 27 000 m 的高空工作。图 8－4 所示为冲压发动机的一个工作循环。

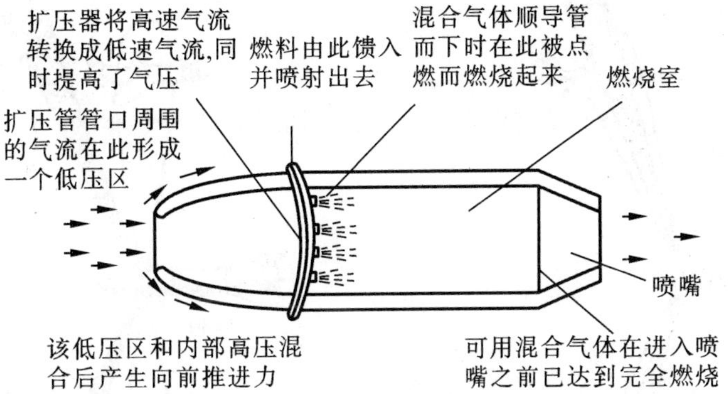

图 8－4　冲压发动机的一个工作循环

固体燃料的两级火箭是目前使用最为广泛的火箭发动机。在现有燃料中，已经证实固体燃料是最安全、最方便经济的燃料。助飞火箭（第一级）提供约 4 秒钟的高推进力，将导弹推进到超音速。助飞火箭的发动机燃烧完后就与第二级（主发动机和有效载荷）脱离。第一级燃烧完后，第二级就立即起燃，产生长时间的低推进力，以维持导弹所需要的飞行速度。当导弹到达目标的时候，主火箭发动机就不必再燃烧了。法国飞鱼导弹就是采用这种发动机的一例。

固体燃料助推器与冲压式空气喷气主发动机组合是导弹采用的另一种动力装置。助推器提供短时间的高推进力，将导弹推进到超音速。在这种组合中，助推器是非常必要的，因冲压发动机在导弹低速情况下不能产生任何推进力，而该发动机实际上没有任何活动部件，是一种非常简单的发动机。英国海标枪导弹采用的就是属于这种类型的发动机。

（3）战斗部和引信

战斗部和引信的作用是杀伤敌方的有生力量，摧毁水上、水下、空中和陆上作战目标。根据杀伤目标的需要，导弹将战斗部携带到预定位置（目标的附近、表面或内部）。引信敏感地觉察到目标，当满足启爆条件要求时，启爆装置适时启爆战斗部，战斗部爆炸，毁伤目标。

关于引战配合的概念：引战配合指对引信和战斗部配合好坏的要求。战斗部的动态杀伤范围称动态杀伤区，这个杀伤区与战斗部、目标相对速度的方向和大小有关。如想杀伤目标，要求引信探测到目标，引爆战斗部后，目标恰好落在战斗部的动态杀伤范围之内。由于引信性能和目标近场起伏特性的影响，引信的启动不是一个固定点，而是在一个空间范围内，称为引信启动区。如果引信的性能满足在启动区的任何一点启爆都能有效杀伤目标，则引信设计得最好。实际上，由于战斗部与目标相对速度及方向变化较大，导弹相对于目标的距离即脱靶量也有一定的变化范围，这样就对引信的启动区有不同的要求，就给引战配合带来更多的困难。实际引信启动区是综合衡量各种因素后的一个优化方案。为了描述引战配合的好坏，用引信、战斗部的配合效率作定量描述。引战配合效率，指在给定的导弹和目标交会条件下，引信启动并有效杀伤目标的概率。对于防空导弹来说，引战配合概率一般都大于90%（见图8-5）。

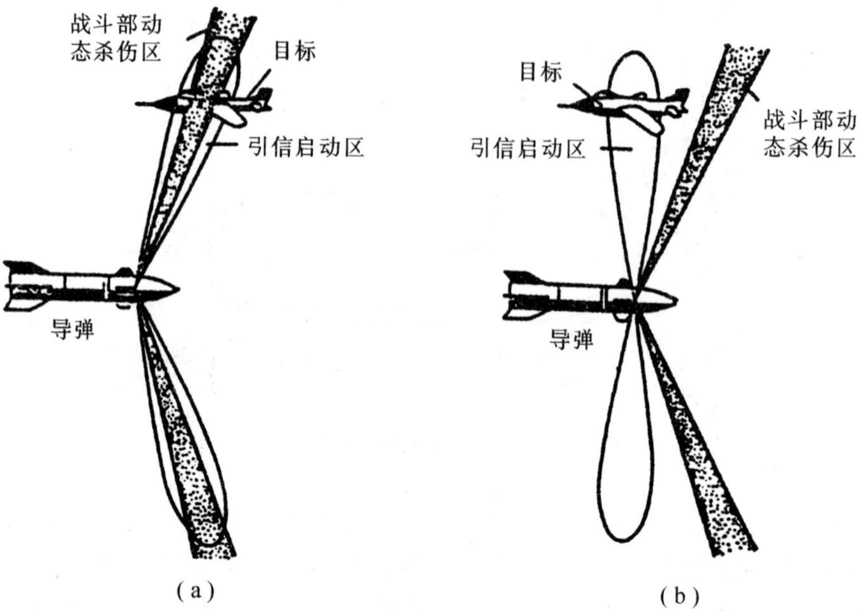

图8-5 引战配合概图

(**a**)配合一致；(**b**)失配

以上以防空导弹为例，说明了引战配合的概念和重要性。对于其他类型导弹的战斗部和引信，也有对引战配合的具体要求，如延时引信和穿甲爆破战斗部，它要求引信启爆战斗部的时刻在战斗部击穿目标并到一定的深度之后。引信的延时选择，是一个关键参数。

(4)弹上控制设备

不同类型的导弹其控制设备有不同的硬件结构和软件设计，但从其功能上可归纳为：①对导弹的稳定性进行控制。当输入为零，即要求导弹保持当前运动状态，而受到干扰时，能适时测出干扰的影响及量值，产生操纵信号控制导弹恢复并保持在要求的工作状态；②实现对导弹飞行状态的控制。当有输入信号时，也就是说，当有要求导弹改变飞行状态的指令时，控制设备将综合干扰、指令要求，适时产生飞行控制信号，控制导弹按要求飞行，即实现飞行引导。

控制设备一般具有如下的元器件结构（见图8-6）。图中除导弹和运动学环节外，都属于控制器，也就是平时所说的自动驾驶仪或惯导系统。

执行机构　通常为电动或液压伺服系统，借以产生使空气舵、燃气舵或发动机等产生偏转，改变作用在飞行器上外力的大小和方向。舵回路的反馈装置可保证求出需要改变的量。外力的改变导致导弹运动参数及空间姿态发生变化。

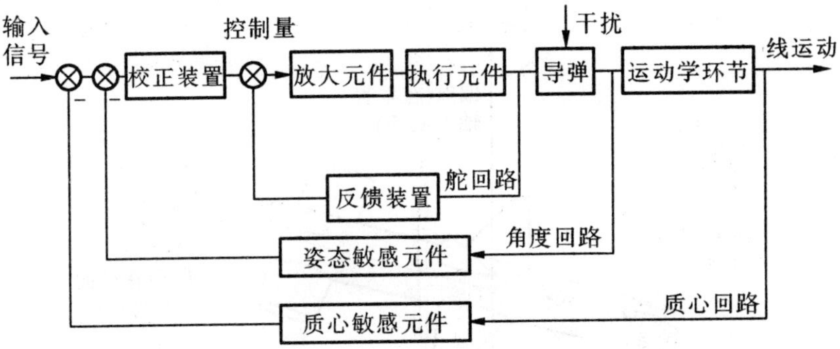

图8-6 导弹自动控制框图

姿态和质心敏感元件 一般为角速度计和加速度计,测量导弹的姿态、姿态变化及质心坐标变化的加速度和速度等。

校正装置 由积分、微分和放大等单元组成,使系统具有较好的动态和静态特性。

放大元件 用以综合和变换控制信号。

在上述控制设备中,由舵反馈装置包围的回路称伺服系统回路,该回路是控制器的基础;由姿态敏感元件包围的回路,称姿态稳定回路,它是自动驾驶仪的基础;由质心敏感元件包围的回路,它是惯性控制的基础。

8.2.3 导弹制导

(1)导弹制导任务

制导是引导和控制的简称。导弹的制导任务可分为以下几个方面。

①导弹发射后,在向目标飞行的过程中,测得导弹实际运动与理想运动之间的偏差,通过一定的程序解算,按所选定的导引规律要求,给出修正导弹运动轨迹所需的控制信息。

②在导弹的飞行过程中,稳定导弹的姿态角运动,使导弹始终处于良好的可控制状态。

③根据获得的控制信息,改变导弹的运动姿态,将导弹按给定的导引规律引向目标。

总之,制导的任务就是根据导弹与目标的相对运动情况,按所选定的导引规律对导弹的控制力和控制力矩进行调节,使导弹按所需的弹道飞行并导向目标。导弹的引导和控制是导弹发射以后,飞向目标过程中的两个方面,引导包括跟踪、计算和导向过程,而控制则是操舵的过程。

(2)制导中的控制

为了使导弹保持应有的飞行姿态,在导弹控制系统中装备了称作"自动驾驶仪"的装置。导弹在发射后要接收制导信号,为了能够对这些信号作出反应,必须测量其本身的运动和操纵面的位置。制导系统通常是按导弹俯仰、航向、滚动运动的三个通道来处理。图8-7所示是导弹具有俯仰(在横向轴上)、偏航(在垂直轴上)和横滚(在纵向轴上)三个方面围绕重力中心的滚动运动。图8-8所示是导弹横向、垂直和推进方向的线性运动。图8-9表示导弹制导系统一个通道的工作原理和组成的简化方框图。导弹具有操纵面测位装置,可以测定每个操纵面的位置。

导弹计算机接收到制导信息、运动信息和操纵面位置信息以后,就发出误差信号。这

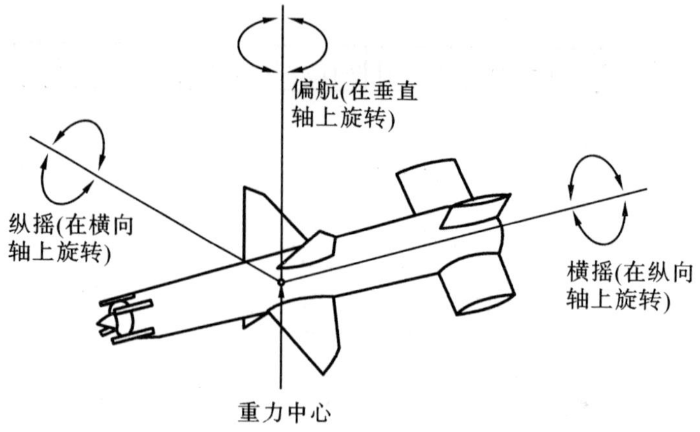

图 8-7　导弹的滚动运动

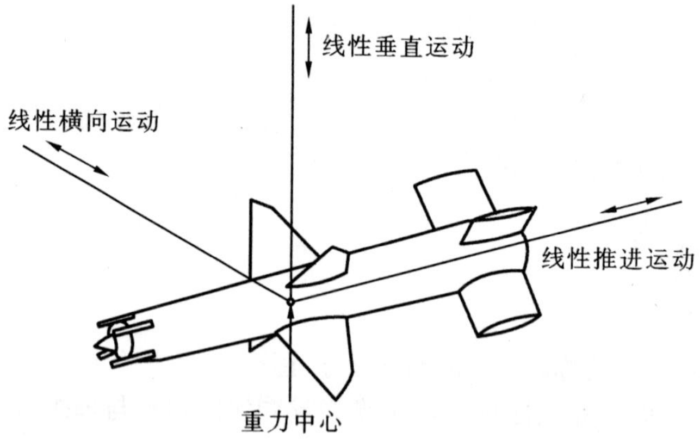

图 8-8　导弹的线性运动

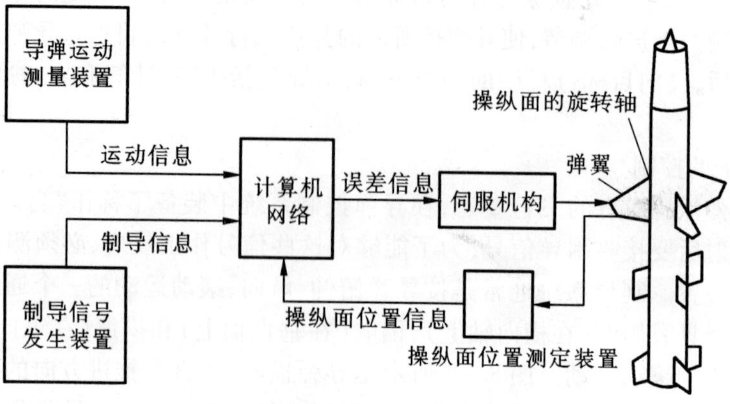

图 8-9　导弹控制系统的简化方框图

些误差信号激励伺服机构改变操纵面的位置，将导弹重新引导到所需的弹道上。

(3) 导弹飞行弹道

导弹的飞行弹道一般可分为三个阶段，见图 8 - 10。其初始阶段叫做“助推阶段”。在助推阶段，助飞火箭使导弹产生加速度，导弹在发射架上的速度从零开始，到助推段结束时能达到所需的速度。第二阶段叫“飞行阶段”。在飞行阶段中，导弹飞行的时间和距离最长。在此阶段导弹的主发动机必须将火箭维持在所获得的速度上。第三阶段叫做“导向阶段”，在该阶段中导弹已经距目标很近。导弹的制导在飞行阶段和导向阶段中进行。必须注意的是，导弹离目标越近，对制导的要求就越高。因此，在导向阶段中对导弹飞行路线的任何修正都必须有非常快的响应，否则导弹就可能失去目标。

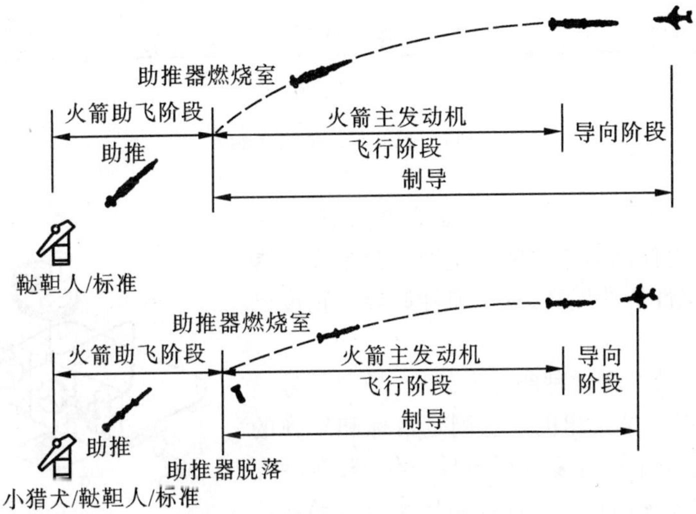

图 8 - 10　导弹飞行弹道的三个阶段

(4) 制导的分类

制导方式按它的作用原理可分为以下几类。

①自控制导系统　所有产生基本控制信号的装置都放在弹体上，导弹对于弹上或外界的特定基准保持一定的关系；在整个飞行过程中不需要从目标或发射点接收信息，而是按发射前安排好的程序自动地导向目标。这些给定的程序可以是航迹、高度、航程等。现介绍两种自控制导系统。

a. 程序制导系统　它是根据预先装定好的飞行弹道方案来修正导弹飞行的实际弹道。以反舰导弹的高度控制为例：导弹以一定的仰角发射，达到预定的高度后，转入巡航飞行。与敌舰接近到一定距离时，导弹降低飞行高度，直至攻击目标。图 8 - 11 所示为反舰导弹的程序制导。

b. 惯性制导系统

惯性制导系统是一个用陀螺仪实施稳定的平台系统，它提供一个在空间稳定不变的姿态基准。陀螺稳定平台的组成和原理如图 8 - 12 所示。三个相互垂直的陀螺与相应随动稳定机构可以使平台在空间保持三个方位角稳定不变。

在平台上相互垂直地安装着三个加速度表，用以测出（或算出）导弹的运动参数（加速

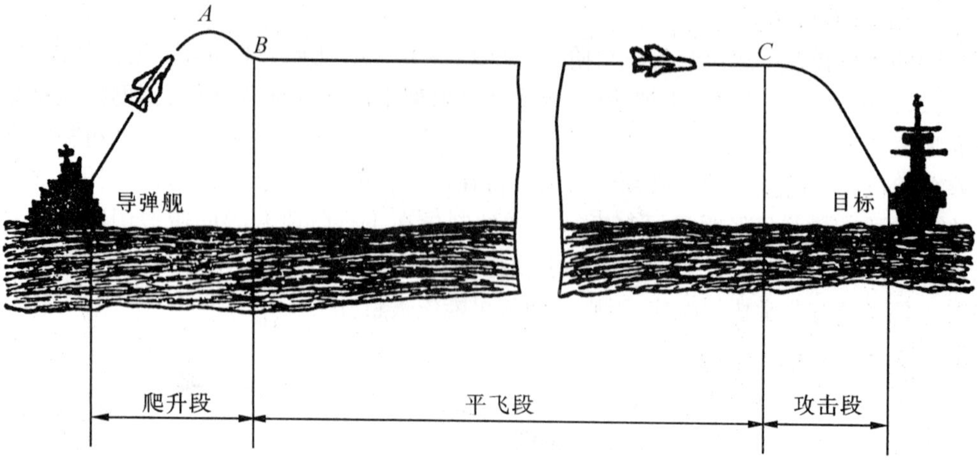

图 8-11 反舰导弹的程序制导

度、速度、位置)，并与预先给定的理想运动参数对比，算出偏差值，由此产生控制信息。随着陀螺平台精度的提高以及弹上计算机性能的提高，现在惯性制导的精度已有了显著提高。

②遥控制导系统　在这种制导系统中，导引信号是由设在舰艇上的制导站发出的。它测定目标和导弹的相互位置，通过人或计算机装置形成导引信号，然后发送给导弹，控制导弹飞向目标。遥控制导系统按照遥控信号的传输方式又可分为波束制导系统和指令制导系统。

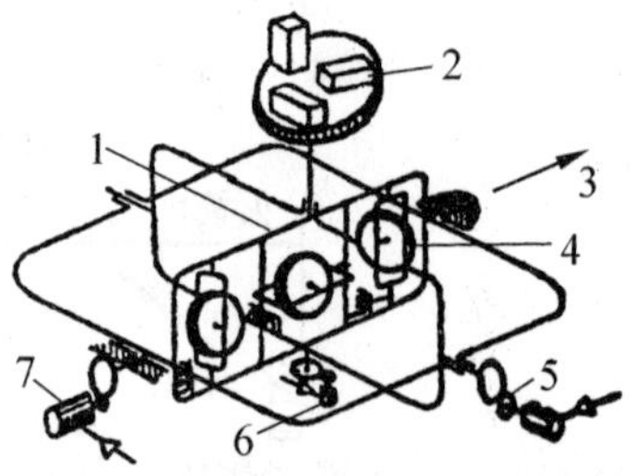

图 8-12 稳定平台示意图

1—稳定平台；2—加速度计；3—飞行方向；4—陀螺；5—俯仰角传动；6—偏航角传动；7—倾斜角传动

a. 波束制导系统(驾束制导系统)　舰艇上的制导天线发射一个单向辐射圆锥扫描波束，并使其始终跟踪目标。导弹上制导设备的任务就是使导弹保持在波束轴线上飞行。导弹在波束轴线上飞行时，弹上制导设备形成的控制信息为零，导弹飞行状态不变。当导弹偏离波束轴线时，便形成误差控制信息，控制导弹回到波束轴线上来。

这种波束可以是无线电波束，也可以是红外、激光波束。图 8-13 是波束制导系统的原理图。

b. 无线电指令指导系统　由舰艇上制导站雷达测得目标和和导弹的运动数据，输入到解算装置中，根据预定的导引方法，计算出修正导弹运动的指令信号，通过发射机把指令信号发送给导弹，弹上无线电控制仪接收并解算出指令信号后，通过驾驶仪控制导弹飞向目标。

测量导弹和目标的运动参数，可用雷达观测，也可用光学、电视等观测系统来实现。有时把雷达观测与电视、光学等观测复合使用，以提高制导系统抗干扰能力。

③自寻的制导(自动导引制导、自动瞄准制导、末制导)　导弹自寻的系统是由弹上设备(导引头或目标位标器)接收目标辐射或反射的某种能量，并以此产生控制导弹所选导引

规律运动的信息。

a. 主动式自寻的制导系统　导弹上自备有发射机，它向目标辐射某种能量波（如无线电波）。这种能量波称为直接波。直接波碰到目标反射回来，称为反射波。反射波又被导弹上的接收装置接收，以此形成控制导弹跟踪目标的信息。这种形成控制信息的制导方式称为主动式寻的制导。主动寻的自导最常用的是主动雷达寻的。作用原理如图 8－14 所示。

b. 半主动式自寻的制导系统　由舰艇制导站的发射机向目标发射直接波，导弹接收目标的反射波，有时也同时接收直接波，以此形成控制导弹跟踪目标的信息，这种控制方式称为半主动式自寻的制导。常用的是半主动雷达寻的，近来半主动激光寻的系统也有应用。图 8－15 所示为导弹半主动式自动制导的飞行原理。

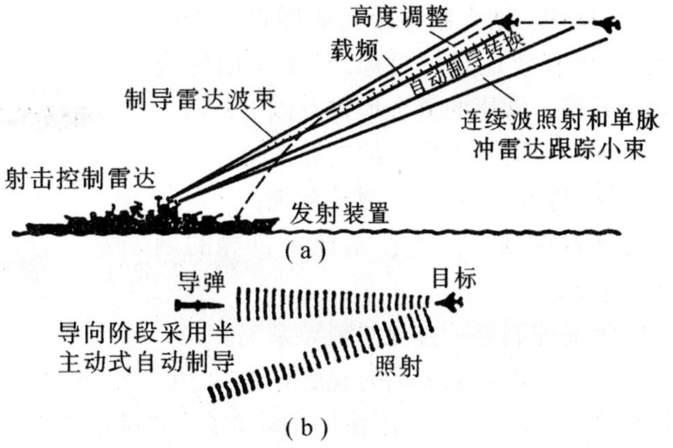

图 8－13　波束制导系统原理图

(a)在此图例中使用了两个公共的射击控制雷达瞄准装置；
(b)使用该系统时，在导向阶段用半主动自动制导

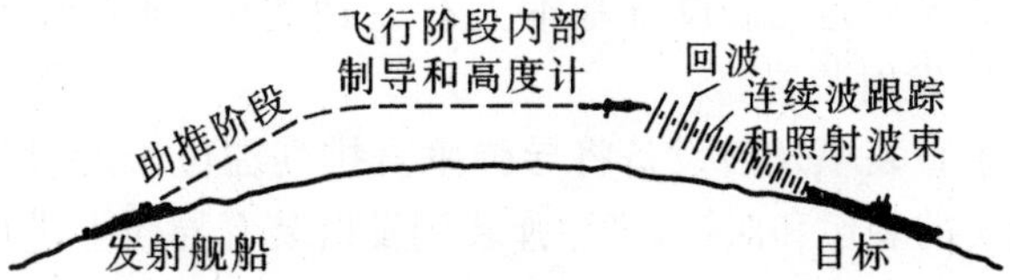

图 8－14　主动雷达寻的作用原理图

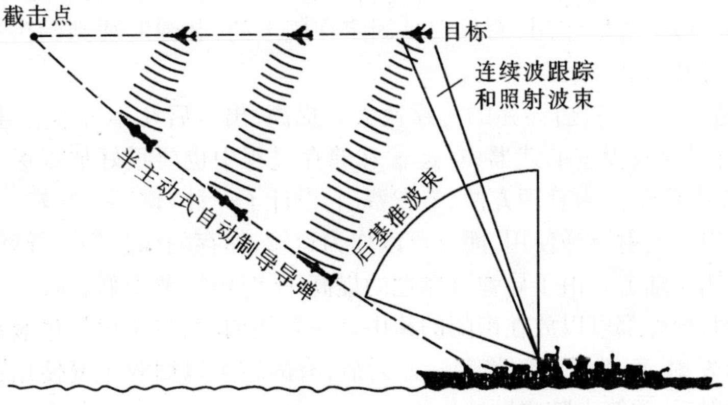

图 8－15　导弹半主动式自动制导的飞行原理

c. 被动式自寻的制导系统　依靠导弹上的接收机接收目标本身的辐射能量（可见光、红外线、电磁波），以此形成控制导弹跟踪目标的信息，这种制导方式称为被动式自寻的制导。最常用的是红外寻的系统和无线电被动寻的系统。图 8－16 所示为被动式自寻的制导示意图。

④复合制导系统　自控制导、遥控制导和自寻的制导各有自己的特点、长处和弱点，因

而它们适合于不同场合和条件。为了提高导引精度,增大制导距离或增强抗干扰能力,更有效地对付目标,经常采用复合制导系统。常用的复合形式有以下几种。

- 自控制导＋自寻的制导系统；
- 自控制导＋遥控制导系统；
- 自控制导＋遥控制导＋自寻的制导系统；
- 遥控制导＋自寻的制导系统。

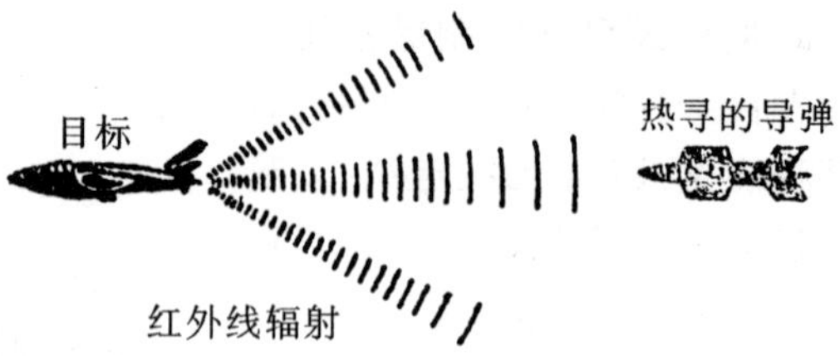

图8－16 被动式自寻的制导示意图

例如法国和意大利的舰舰导弹“飞鱼”和“奥托马特”在飞行阶段采用自控制导和高度计校准,而在其导向阶段使用主动式自寻的制导系统。

8.2.4 导弹储存、装填、发射

装运发射设备的作用是:①储存导弹;②把导弹装运到发射装置上,做发射前准备;③赋予导弹一个给定的初始方位和仰角,发射导弹,保证导弹飞行的初始速度。

导弹装运发射设备基本上有三种类型,垂直装填发射设备,水平装填发射设备和箱(筒)式发射装置。

垂直装填发射设备将导弹垂直排列在位于发射装置下面弹舱的待发位置,经运送、装填机构的装运和对接,将导弹装到发射装置导轨上进行发射。而水平装填发射设备是将弹舱内水平存放的导弹装运到发射装置导轨上。本节着重介绍箱(筒)式发射装置。

随着导弹技术的发展,导弹的外形尺寸和发射重量都在逐渐减小。而快艇、护卫舰、甚至驱逐舰要求导弹在没有设置弹库时,平时能将其放在发射架上。为了能很好的保护导弹,设计出了开闭筒式发射装置。由于导弹需要经常的维护和检查,故这种发射筒是常开常关的,只能起一般的防护作用,而且它是固定在舰上的,装弹时要到码头边上,把导弹吊装到打开的发射筒中,装好后再盖上。

由于导弹进一步小型化,导弹的可靠性大大提高,出厂后几年可不必进行大检查和维修。考虑到导弹是比较贵重的武器,在运输和储存过程中也要很好加以保护,必须有高质量的包装箱和储存设备。为管理方便、节省费用,设计了一种“储存－运输－发射箱”,顾名思义,它不仅可以为发射导弹使用,而且可以作为运输、储存的保护箱。导弹发射箱既可用在舰上,也可以用于陆上。由于导弹可靠性的提高,平时不需要维修,所以一般在导弹规定的存放寿命期间,导弹都可以放在密闭的箱中。一旦使用时,将发射箱吊装在发射架上,接上插头,就可以发射,而无需开箱换箱。发射后,有的箱可以回收重复使用;有的箱仅使用一次,即导弹发射后,弹箱也随之抛掉。

储运发射箱是导弹储存、运输、和发射通用的密封箱(筒或盒),它的构造简单,尺寸小、质量轻,可靠性高,维护简单,能较好的保护导弹。有了这种箱,在使用过程中就容易实现机械化和自动化。它也为导弹提供了必要的使用条件,如保证箱内的温度在规定的范围内,这对用固体火箭发动机推进的导弹来说很有意义。因为,温度过高或过低都会影响药柱的燃速变化,而造成导弹性能下降。甚至由于温度过低,药柱开裂而使导弹根本不能使用。这种发射箱由于有以上优点,而海上自然条件和作战条件都比较恶劣,平时导弹又不能暴露在外面,要求有较好的保护,所以在舰艇上得到广泛的应用。

贮运发射箱的结构形式有多种多样,一般都是根据导弹外形特征来设计的。目前采用的有长方体形的,圆柱形的,有盒式的,有方圆混合式的,有两端粗细不等的等等。由于导弹逐步向标准化、模块化、组合化方向发展,所以箱式发射装置也逐步向标准化、模块化、组合化方向发展。目前使用最广泛的有长方体形和圆柱形两种。发射装置有单装、双联装和多联装的几种。

贮运发射箱必须保证导弹发射的初始瞄准方向,或导弹飞行弹道的起始数据,同时必须满足运输和长期存放的要求。要使导弹在运输中不受冲击和震动的影响,导弹的支撑和固定要有一定的弹性。舰载导弹所遇到的环境变化很大,发射箱不但要可靠密封,而且有的还要有一定的调温设备,保证导弹的储存和发射温度在一定的范围内。为了防止导弹在长期储存中零件生锈,箱内最好要充惰性气体,如氮气等。箱一般不打开,所以要能在不开箱的情况下对导弹进行必要的定期检测和发射前的检查。由于采用弹性折叠式弹翼,箱内应有适当的机构保证弹翼的折叠。从结构上来看,要求箱体尺寸小、重量轻、强度高、结构简单、使用方便、可靠性好、经济性好等。

图 8 – 17 是法国“飞鱼”导弹箱式发射容器。发射容器是用 3 mm 厚的轻合金结构组成,前后盖用充气结合密封,容器内干燥气体的压力略大于大气压。除发射阶段外,这两个盖子只是在车间或工厂内必须取出导弹更换零件时才打开。

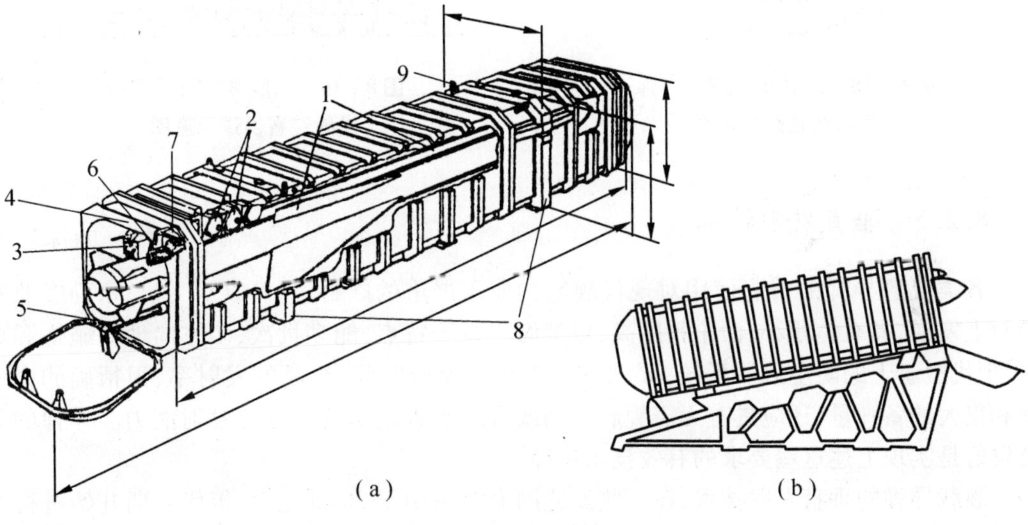

图 8 – 17

(a)“飞鱼”导弹箱式发射容器;(b)“飞鱼”导弹箱式发射容器结构示意图

1—斜轨;2—减震器;3—程序箱;4—爆炸螺栓;5—弹簧作动器;6—活塞;7—弹簧锁;8—主架;9—吊环

在箱内,导弹悬挂并锁定在斜轨 1 上,发射时导弹沿着斜轨滑动。12 个减震器 2 在箱体和斜轨之间提供一个弹性支架,这样在运输、装卸以及在舰上作好作战准备时,在碰到冲击和和振动的情况下可以保护导弹。

在发射时,箱式发射容器的操作从程序箱 3 开始,爆炸螺栓 4 点火,在弹簧作动器 5 作用下前后盖弹开,盖打开时松开前后弹簧锁 7 的活塞 6,因而锁定了斜轨上弹簧悬挂装置,这样,导弹保持在舰船坐标系统确定的位置上。在发动机偶然点火情况下,纵向锁定使导弹保持在斜轨上,在助推器点火瞬间纵向锁定才缩回去。发射后,根据不同的安装方式,盖可以人工地或者自动地合上。

通过四个位于两个主架8底部的导板,发射容器可牢固地吊装到发射装置支座上。主架顶上有四个吊环9,用以起吊发射容器。

图8-18所示为六联装"企鹅"导弹发射装置的前视图。图8-19所示为六联装"企鹅"导弹发射装置供弹示意图。

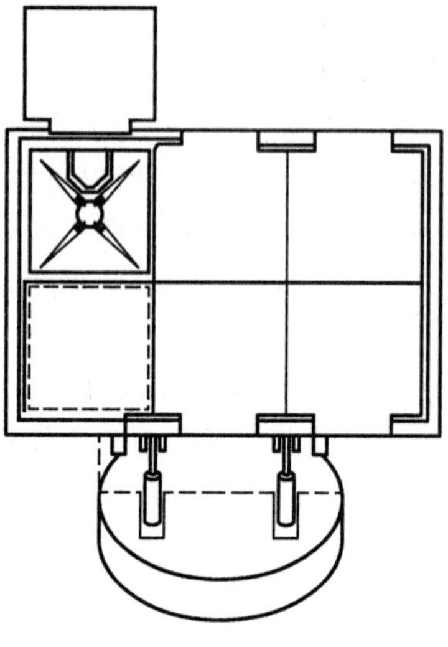

图8-18 六联装"企鹅"导弹发射装置的前视图

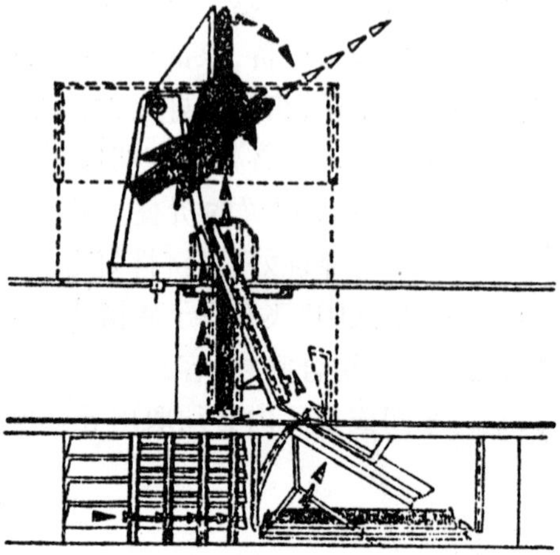

图8-19 六联装"企鹅"导弹发射装置供弹示意图

8.2.5 垂直发射技术

各类反舰导弹的普遍使用对现代舰船构成了严重的威胁,它可以从飞机、水面舰艇和潜艇上发射,具有体积小,命中精度高,可掠海飞行等特点,能多批次、多方向地实施饱和攻击,现代舰艇上的防空武器系统,要求具有很短的反应时间、很高的发射率、很精确的命中率和很大的备弹量,还应具有无需舰艇机动或发射装置瞄准的全方位发射能力。导弹的垂直发射是实现上述这些要求的有效技术途径。

舰载导弹的垂直发射技术,在一些发达国家海军中于20世纪70年代初期开始进行大量的研究发展工作,至80年代到实用阶段。美国海军在CG47级巡洋舰、DDG51级驱逐舰上先后配置了MK-41导弹垂直发射系统,原苏联海军先在"基洛夫"级和"光荣"级巡洋舰上装备了"利夫"垂直发射系统,后在"勇敢"级上装备了"克里诺克"垂直发射系统。此外,英、法、荷等国也都在执行其导弹垂直发射系统装舰计划。

垂直发射系统除了具有能对付敌方飞机与导弹饱和攻击能力外,其发射装置简单,没有复杂的传动装置及液压系统,每枚导弹在发射前始终封存在各自的贮运发射箱(筒)内,为它提供了有效的环境保护和装卸保护。贮运发射箱垂直装于弹库内甲板上,弹库能够同时储存发射多种不同的导弹(防空、反舰和反潜导弹),由于导弹都装在发射箱中,所以不需要重装设备和重装时间,导弹可全方位一枚接一枚地发射,也可以进行齐射。垂直发射系统反应时间快,可靠性好,便于进行模块化设计,及采用冗余技术和分隔技术,因而使其可用性明显增加。图8-20为垂直发射弹舱及组合示意图。

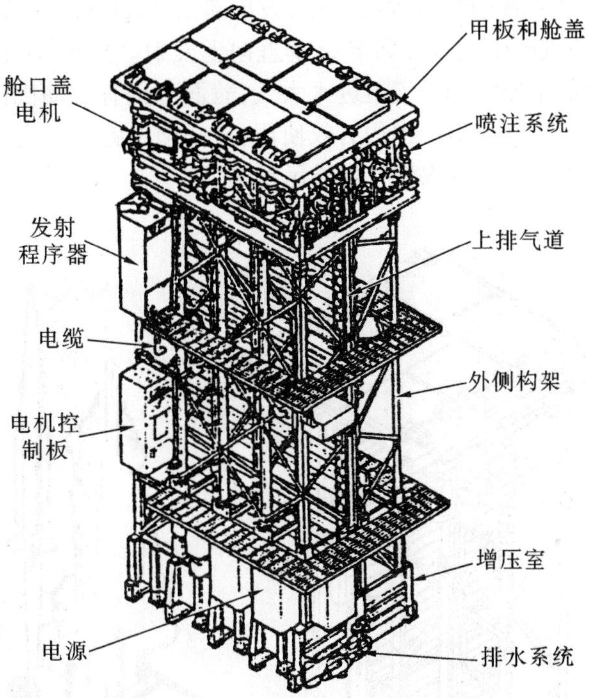

(a)

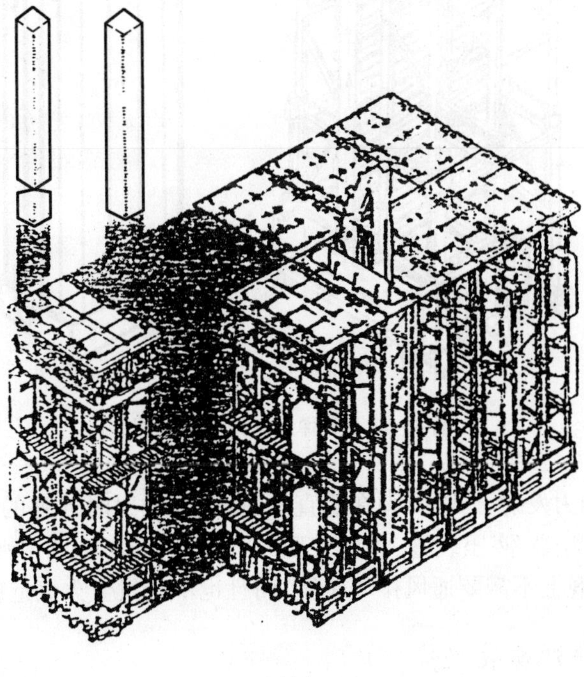

(b)

图 8 - 20

(a)八隔舱垂直发射装置模块;(b)垂直发射装置组合示意图

目前垂直发射导弹的方法基本可以分为两类。

一类为导弹在竖直放置的贮运发射箱中,发射箱的下端与排气道相通。发射时,导弹在箱中点火,导弹发动机产生的推力将导弹垂直向上发射。这种发射方式发射时,导弹排出的燃气流经耐烧蚀的增压室和排气道进入大气,舱面上仍有发动机排出火焰。发射时燃气流不应损坏也不影响周围其他导弹的有效使用,还必须设置通风机排除掉发动机残留的燃气。图 8-21 为导弹在箱中点火燃气排导示意图。

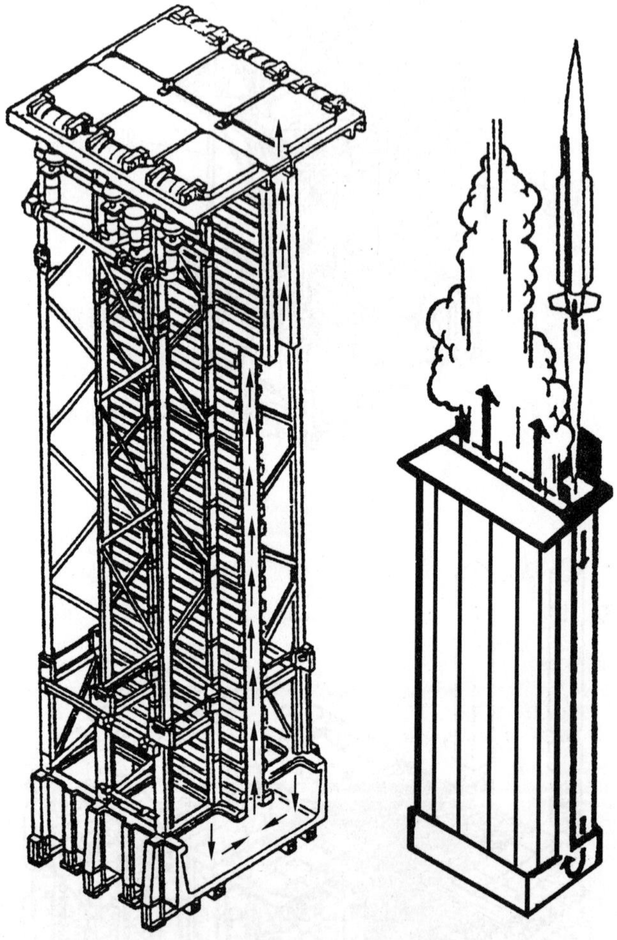

图 8-21 导弹燃气排导示意图

另一类称为外动力发射方式,导弹在竖直发射箱中,发射时导弹的发动机不点火,而是用另外的能源,如弹射器、液压装置、气压装置或气体发生器等,将导弹弹射出去。由于导弹在空中点火,不但舰上不需要通风排气装置,而且也不会发生火焰造成的危险。

8.2.6 战术导弹发展趋势

目前,海军战术导弹已经发展到凡是过去使用舰炮、鱼雷、炸弹等常规武器进行海上作战的地方,基本上都可以用导弹进行作战。战术导弹已成为现代化常规战争中必备的重要武器之一。随着战术导弹的发展和应用,各种以导弹为主要武器的舰艇相继出现。现在从航空母舰、巡洋舰、驱逐舰到护卫舰、快艇，各类现代舰艇无一不装有导弹武器。综观各国海军武器发展和使用的情况说明，海军武器导弹化已经成为世界各国海军装备现代化的一个重要内容。

从美、俄和西方各国近期发展海军战术导弹可以看出如下倾向和特点。

①由于导弹研制技术的提高和材料的改进，导弹弹体、动力装置进一步发展，电子设备实现集成化等，整个导弹将进一步小型化。

②动力装置多采用固体火箭发动机、冲压喷气发动机和涡轮喷气发动机等。能在各种条件下工作的高能燃料固体发动机将被广泛采用，冲压发动机具有重量轻、结构简单的优点，可能会进一步被采用。

③提高导弹抗干扰、识别假目标能力，增强低空飞行隐蔽能力，改进制导方式，要求有高的机动性和命中率。

④装有高能炸药的战斗部，除配有触发引信外，大多装有近炸引信或定时引信，因而有较大的破坏和杀伤能力。

⑤速度和射程。对于反舰导弹来说，要求增加射程，适当提高速度，射程从中、近程(40 ~ 100 km)增加到远程(100 ~ 200 km)，速度从亚音速到超音速。另外，则采用超低空掠海飞行的、小反射面积的飞航式导弹。对舰空导弹来说，主要是提高它们的速度，以满足反导的需要，并在速度和射程增加的同时，提高命中率。

美、英等国海军非常重视防御中远程轰炸机对其舰队的攻击，着重发展舰空导弹，通常把海上防空分为区域防空（即整个海上编队的防空）和点防空（即既定单舰本身的防空）两种。从区域防空来看，航空母舰编队除利用舰空导弹防空外，主要是利用舰载飞机上的空空导弹在较大的区域内直接攻击敌方的飞机，而且可以拦截反舰导弹。而没有航空母舰的编队，其防空任务主要是使用舰空导弹作最外层的防御，拦截中远程飞机。随着反舰导弹对舰船威胁的加剧，发展反导弹导弹已成为海上防空的重要任务和发展方向。因此，在研究新型舰空导弹的过程中，重点是增加导弹的飞行速度和机动性能，改进制导方式和提高抗干扰能力，这样就构成了以防御导弹为主的第二个有效的拦截层次。从点防空来看，舰艇上使用射程较小，但反应更快，能拦截小型超低空导弹的舰空导弹，是在近距离上进行第三次拦截的主要武器，再加上近程舰炮武器系统和软武器，以此达到有效的防空目的。

攻击多个目标和多种目标是海军战术导弹的另一个发展方向。因为实际战争空中目标总是用机群多批次进行攻击，海上目标总是以舰艇编队展开队形，反舰导弹总是以齐射或多波次发射，因此要求导弹武器系统能够同时攻击多个目标。而现代海战又是立体战争，飞机、舰艇、导弹，甚至潜艇可能同时参加作战，于是要求导弹武器系统采用多用途发射装置，既能发射舰空导弹，又能发射反舰导弹和反潜导弹，以达到减轻发射装置重量，减少占用甲板面积和操作人员，可同时与多种目标进行作战的目的。

8.3 舰炮武器系统

8.3.1 概述

舰炮武器系统在第二次世界大战中起着非常重要的作用，战后随着导弹技术的快速发展，其作用逐渐被削弱，甚至有人认为可以由导弹武器系统所取代。但由于其具有对岸火力支援、近海作战、可重复装填、经济性好等优点，至今为止舰炮武器系统仍然是水面舰艇不可缺少的武器装备。尤其是近来世界各国研制的近程反导舰炮武器系统（CIWS），则是水面舰艇末端反导防御的首选装备。

（1）舰炮武器系统的使命任务

舰炮武器系统的使命任务取决于其装载舰艇的作战任务要求，舰艇根据所担负的使命任务配备不同口径的舰炮武器系统。系统接收舰艇作战指挥系统的目标指示，及时跟踪目标，在舰炮射击范围内完成对岸、对海及对空反导射击任务。

（2）舰炮武器系统的主要功能

①接收作战指挥系统目标指示，以人工或自动方式捕获、锁定跟踪目标；

②处理目标数据、求解射击诸元，控制舰炮瞄准、射击；

③具有虚拟校射功能及闭环校射功能；

④具有自检和故障诊断功能；

⑤具有模拟训练功能。

（3）舰炮武器系统的系统组成

舰炮武器系统一般由舰炮、舰炮火力控制系统、炮弹等组成，舰炮及炮弹有时又称为火力分系统。

（4）舰炮武器系统主要技术指标

舰炮武器系统主要技术指标包括打击距离、跟踪目标距离、目标处理能力（接受或同时接受目标批次，计算射击诸元），火力通道组织能力、反应时间、毁伤概率、系统精度（射击精度、瞄准精度）、可靠性、维修性等。

（5）舰炮武器系统人员配备及职责

舰炮武器系统在舰上一般配备舰炮分队长、跟踪雷达操作员、弹药兵、机械和电气技师。舰炮分队长一般位于舰炮火控台前；接收上级对海、对空方面指挥官指挥，分管舰炮武器系统作战。

8.3.2 舰炮

（1）舰炮分类

按 GJB4000－2000 舰船通用规范 7 组划分，舰炮按口径分为 3 类，见表 8－1 所示。

表 8－1

口径分类	舰炮口径/mm
小口径	30、37
中口径	76、100
大口径	130

按舰上使用习惯，一般分为主炮和副炮两类。

（2）舰炮组成

舰炮主要包括发射系统、供弹系统、随动系统、监控设备、炮架、炮塔及辅助设备，分述如下。

①发射系统　发射系统是指完成发射弹丸和重新装填弹药的所有装置总称，它包括炮身、炮闩、装填机、击发机、反后座装置及缓冲装置。在发射系统中自动完成炮弹重新装填和发射下发炮弹，实现连续射击的机构称为自动机。自动机是发射系统的主要部分。

②供弹系统　供弹系统主要完成炮弹从弹药舱或弹鼓内到火炮装填机转运的任务，实

现炮弹连续、自动供给。它由运弹机、转运机构(平面转运)和扬弹机(垂直转运)等组成。

③随动系统　随动系统包括瞄准随动系统和引信测合随动系统,前者任务是根据火力控制系统输出的信息,带动火炮跟踪,瞄准目标。后者用来给即将发射的炮弹自动装定时间引信数值。

④监控设备　现代舰炮一般都配有监控设备,用以完成射击准备、炮位控制及跟踪射击工作。其功能一般是:

a. 自动控制航行固定装置解脱和固定;

b. 调转舰炮、射速选择;

c. 选择弹种,并控制供弹系统工作;

d. 选择控制方式,控制炮管冷却系统;

e. 显示是否进入危界;

f. 显示余弹数量,电路、气路、油路和水路的工作状态。

⑤炮架、炮塔及辅助设备　炮架是舰炮的主要支承构件,它包括托架、旋回座、转台等,用来承受射击时作用力和全炮质量。

炮塔也称为舰炮防护装置,属于舰炮外形部分,现代舰炮一般采用隐身炮塔。

辅助装置主要有供气、供水装置,液压装置、射界限制器、航行固定器等。

8.3.3　舰炮火力控制系统

(1)舰炮火力控制系统组成及工作过程

舰炮火力控制系统由跟踪传感器(火控雷达、光电跟踪仪、光学瞄准器)、火控设备和应急分配箱等组成。

舰炮火力控制系统接收作战指挥系统目标指示后,首先由跟踪传感器测定目标现在点位置,然后对观测数据进行滤波平滑处理,求取目标运动航迹,经火控设备解算求取弹丸与目标相遇的命中点、弹道点及舰炮瞄准诸元,舰炮按给定的射击诸元发射弹丸。

(2)舰炮火力控制系统解算原理

舰炮火力控制系统解算主要由火控计算机完成,其求解方法有线性速率法和相对速率法。主要任务是求解命中方程,处理目标与弹丸信息,形成相应的控制指令。

①命中方程的建立　所谓命中点是指弹丸与目标相遇的空间点,保证弹丸命中目标是火力控制系统的根本任务。命中方程是指跟踪传感器位置、舰炮位置、目标运动、弹丸运动命中点等相互关系的几何表达式,一般为一个多边矢量方程。如图 8 - 22 所示,设跟踪传感器位于 O 点,舰炮位于 O′点,t 时刻目标现在点位置为 T 点,$t+t_f$ 后目标与弹丸相遇于命中点 T_g,D 为经气象修正后标准气象条件下弹道点,则命中矢量方程可表述为

$$\boldsymbol{D}_q(t)-\boldsymbol{D}(t)-\boldsymbol{S}_q(t)-\boldsymbol{J}+\boldsymbol{E}_q=0$$

式中　$\boldsymbol{D}_q(t)$——标准气象条件下命中矢量;

$\boldsymbol{D}(t)$——目标现在点矢量;

$\boldsymbol{S}_q(t)$——目标位移矢量;

$\boldsymbol{J}$——跟踪传感器与舰炮相对位置矢量;

$\boldsymbol{E}_q$——弹道气象等综合修正量(如气温、气压、风、弹丸初速)。

②命中方程求解　命中方程是一个矢量方程,难以满足火控数字计算机计算,所以必须将矢量向某些坐标轴上投影,投影后方程是一组非线性方程组,一般采用迭代法数值求

解，计算步骤如下。

a. 初步给出弹丸飞行时间 t_f^0；

b. 计算命中点 T_g 的坐标；

c. 计算综合修正量 $\boldsymbol{E}_q$ 投影；

d. 计算弹道点 D 坐标；

e. 根据 D 坐标查射表或用射表逼近函数求取 t_f；

f. 计算是否满足迭代精度，否则改变 t_f 重新计算，直到满足精度为止。

计算中使用目标现在点坐标，由跟踪器经滤波后给出，射表中相应参数则由火控计算机存储，气象等综合修正由火控计算机实时修正。

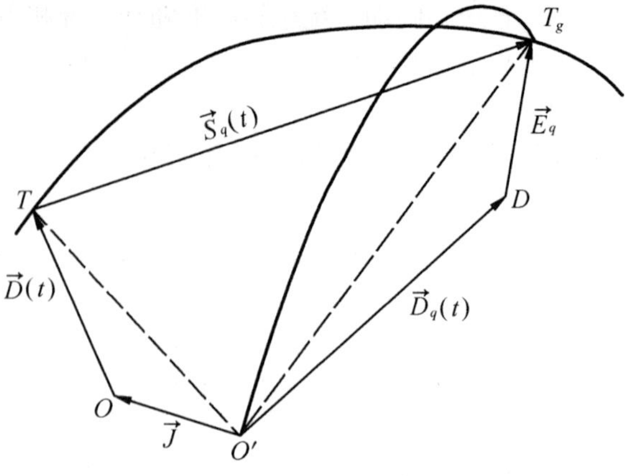

图 8 – 22　命中方程矢量图

③射击诸元输出　射击诸元是指发射前使弹丸命中目标的武器姿态角，即武器的方向角 β_g 与高低角 φ_g，如果有时间引信，还应添加弹丸飞行时间 t_f。计算射击诸元（β_g, φ_g, t_f）时，一般先求稳定瞄准角，后求不稳定瞄准角。稳定瞄准角是指在舰艇没有纵、横摇情况下求得，而不稳定瞄准角则是要计及舰艇的纵横摇角，即将稳定瞄准经坐标变换后确定。变换后不稳定瞄准角即所求射击诸元，然后由火力控制系统形成指令送至火炮监控设备及随动系统，实施舰炮射击。

8.3.4　近程反导舰炮武器系统的火控特点

近程反导舰炮武器系统射击诸元计算过程与其他舰炮武器系统类似，也要经历确定目标现在点坐标，平滑滤波求取目标运动参数，确定命中点，弹道点，迭代求取弹丸飞行时间，求稳定瞄准角、求不稳定瞄准角，所不同的是考虑了转管炮高速旋转引起弹丸速度的改变。另外近程反导舰武器系统采用了大闭环校射原理，引入捷联垂直参考基准装置和综合体结构也是其特点所在。

（1）大闭环校射

消除尚未出膛弹丸可能形成的弹目偏差称之为校射，弹目偏差是指弹丸偏离了目标的易毁中心区域。校射从理论上分为三种，即实弹对虚目标校射、虚拟弹对真目标校射以及实弹对真目标的校射。大闭环校射通过测量、预测弹目偏差，校正射击诸元，是提高舰炮命中目标的有效途径。

大闭环校射原理最早是美国于 1968 年提出，在近程反导舰炮武器系统中获得应用。其基本原理是：利用在连续射击过程中弹与弹之间脱靶量的相关性，由先前发射的弹丸脱靶量，根据相关性，预测即将发射的弹丸脱靶量，从而将其校正。如图 8 – 23 所示为其基本组成图，它包括：开环射击系统、脱靶量检测装置和大闭环校射软件，在实际应用中，脱靶量测量与目标检测合用同一传感器。

（2）捷联垂直参考基准装置

在射击诸元解算、跟踪传感器稳定系统中都利用了舰艇的航向角，纵摇角和横摇角姿态信息，该信息一般用舰上导航设备给出，而导航设备与舰炮、跟踪传感器所在位置不同，

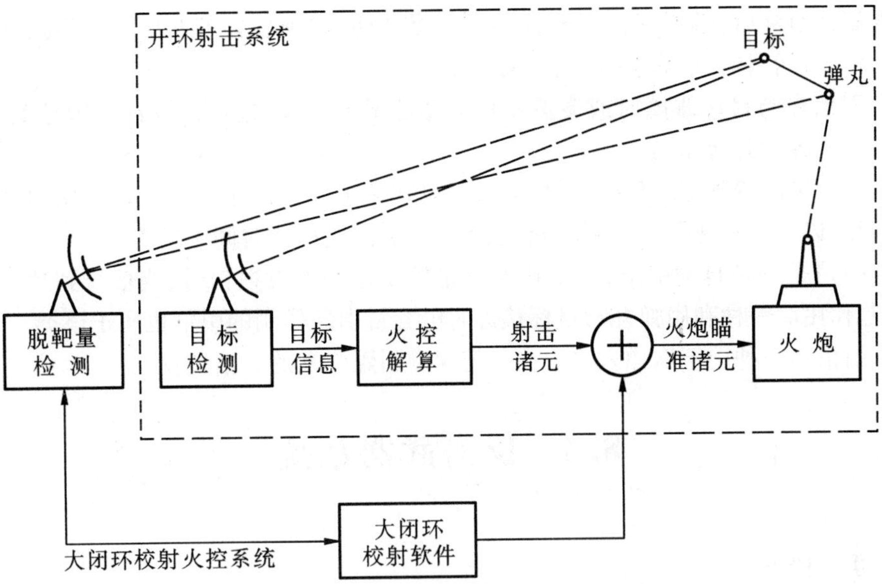

图 8 – 23　大闭环校射系统火控组成图

考虑到舰艇甲板的弹性变形，这将影响到火力控制计算精度，为了克服这一不利因素，在舰炮，传感器附近安装了捷联垂直参考基准装置，精确提供所需的航向姿态角、位置和速度等信息。从而提高了火炮系统的精度。

(3)综合体结构

综合体结构是指跟踪传感器安装在舰炮摇架上的两位一体结构，或者是跟踪传感器、搜索雷达安装在舰炮上的三位一体结构。这种结构消除了分散式布置中由于船体变形引起的误差，提高了反应速度，易于实现舰炮火控系统闭环控制。

8.3.5　炮弹和引信

(1)炮弹

①炮弹分类　炮弹一般分为穿透型炮弹、弹片型炮弹和特种炮弹。

穿透型炮弹包括穿甲弹和普通炮弹，前者设计目标是能够穿透厚装甲，如船壳钢板，后者主要用于穿透飞机类薄壳体。这种炮弹的炸药灵敏度较低，能保证穿透时不会过早爆炸。

弹片型炮弹指以其爆炸力和弹片进行杀伤的炮弹。弹片杀伤就是指弹丸壁粉碎成高速弹片，这种炮弹的弹壁较薄，而弹腔较大。

特种炮弹指不用爆炸或弹片进行杀伤的炮弹，其用来完成一些特殊任务，常用的特种炮弹，如照明弹、烟幕弹、干扰弹和训练弹等。

②炮弹组成　炮弹由弹丸、引信、发射装药和药筒以及点火具五部分组成。

③几种新型炮弹　炮弹的发展主要在于提高终点威力、增加射程和提高精度，为满足这一要求，近年来各国研制了几种新型炮弹如脱壳穿甲弹、预制破片弹、火箭助飞榴弹、半主动激光制导炮弹、红外制导炮弹等。

(2)引信

炮弹到达目标后,必须有一个装置用来起爆炸药,这种装置就叫引信。引信种类可分为触发引信、时间引信、近炸引信、定深引信等。

触发引信在与目标碰撞时或突然停止运动情况下工作,也可以设计成短延期,当弹丸侵入目标一定程度时起作用。

时间引信可以按预定的时间引爆弹丸,可以在装填弹丸前手工或自动装定时间。时间引信有药盘,以一定燃速燃烧控制时间,也有带钟表式机械式时间引信。

近炸引信是一种自动引信,其工作原理是接受返回的发射信号,当信号到达一定强度时,引信起作用。一种利用弹丸与目标接近时电容量引起作用的引信也属于该类。

定深引信是一种用于炮弹入水后在一定深度引爆弹丸的引信装置。

8.4 反潜武器系统

8.4.1 概述

反潜武器,在第二次世界大战前,以深水炸弹和无控鱼雷为主,从二次大战后到20世纪60年代,研制出声自导鱼雷。以后自导鱼雷发展到能在大深度航行,且在方向和深度两个平面都能进行自导,因而逐步取代深水炸弹成为反潜的主要武器;同时又出现了用火箭把鱼雷在空中助飞一段距离再入水的火箭助飞鱼雷(又称反潜导弹)。这种助飞鱼雷的战斗部就是小型反潜鱼雷。此外,在这个时期还逐步发展了线导鱼雷;20世纪70年代以来舰载直升机又成为舰载反潜装备的一个重要组成部分。

按照美国海军的观点,在现代舰艇的反潜体系中,舰载反潜直升机实施远程反潜,火箭助飞鱼雷是中程反潜武器,管装鱼雷、深水炸弹是近程反潜武器。

管装鱼雷、深水炸弹与舰艇上的声呐、反潜指挥仪、鱼雷发射装置及深水炸弹发射炮等组成了近程舰载反潜武器系统。空投鱼雷与直升机上的吊放声呐和其他探测设备、火控设备等组成了机载反潜系统。现代舰艇的反潜作战,将一改传统以舰载声呐发现、跟综目标的做法,变成舰空配合反潜。当拖曳线列阵声呐远程发现潜艇后,即引导反潜直升机快速到达可疑海域,使用机载反潜装备对潜艇搜索、定位和攻击;同时,远近结合,发挥舰壳声呐,舰载近程反潜武器以及直升机的快速机动能力作用,实施大面积搜索和反潜作战。

8.4.2 鱼雷武器系统

(1)鱼雷的发展、地位和作用

鱼雷是一种能在水下自行推进,自动控制航行深度和方向,准确地跟踪和追捕目标,直至最后消灭目标的水中兵器。鱼雷问世一百多年来,已从无控制鱼雷发展到装有主动声自导、被动声自导、尾流自导和有线制导装置等各类鱼雷,而且有舰对潜、舰对舰、空对潜鱼雷以及火箭助飞鱼雷等。鱼雷动力已从开始的压缩空气动力发展到现在的热动力和电动力鱼雷。鱼雷引爆可采用触发引信和非触发近炸引信(即声引信、磁引信、和电磁引信)。现代鱼雷的航程、航速、命中概率也都有了很大提高。

世界上几十个海军国家，都把鱼雷作为海军的重要武器之一。在历次海战中鱼雷的战果显示了它的重要作用。当前，各国海军非常重视发展潜艇，60 年代以来，潜艇数量日益增多，美、俄、英、法拥有的潜艇数量已占各国海军全部作战舰艇的三分之一到二分之一。如此众多的潜艇，要能有效的对付它，除了用深水炸弹和水雷以外，主要还得靠鱼雷。导弹武器的发展，并不能取代鱼雷。无线电波、激光、红外等在水中传播衰减比较厉害，现在还无法作为水下导弹的自导原理，目前还没有一种导弹能在水下自动跟踪、导引来攻击目标。鱼雷武器在海军中的重要作用和地位是勿用怀疑的。

(2)鱼雷结构原理和组成

鱼雷通常分为前段(雷头)、中段(雷身)及后段(后舱与雷尾)三段。前段为自导装置、引信和战斗部；中段分为前后隔舱，主要安装能源(热动力鱼雷的燃料或电动力鱼雷的电池)，以及安装部分控制部件、开关和线导鱼雷的线团；后段由鱼雷后舱和雷尾两部分组成，后舱内装有动力装置，还装有陀螺仪及舵机等，雷尾上装有鳍板、舵和推进器。图 8 - 24 所示为小型鱼雷结构组成示意图。

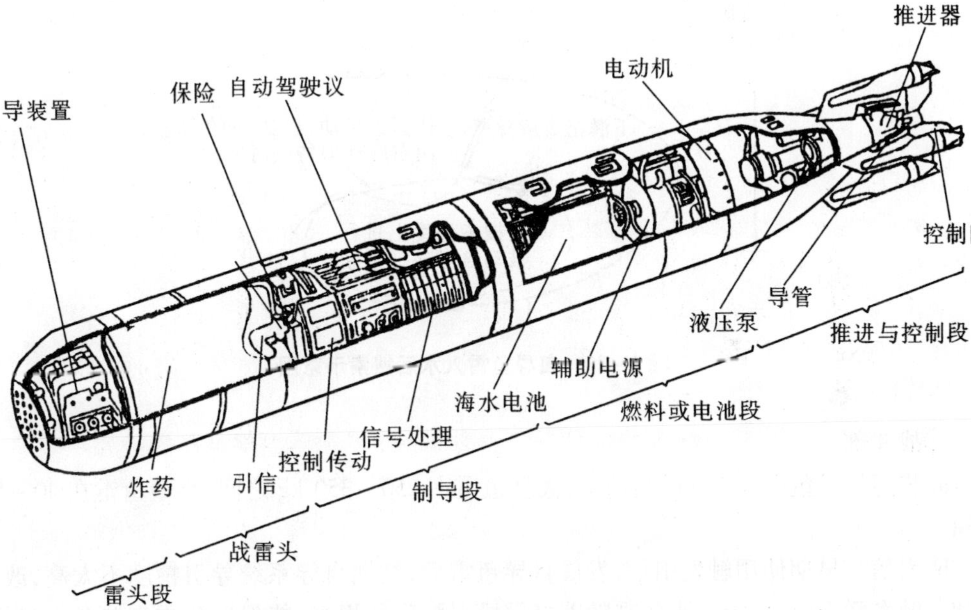

图 8 - 24 小型鱼雷结构组成示意图

鱼雷由下列各系统和主要组件组成。

①自导系统 鱼雷在水下航行时用以自动导引、自动搜索目标及自动跟踪目标的系统，称为自导系统(或制导系统)。目前自导能应用的物理现象，主要是水声场，故实际上主要是声自导，此外还利用有线导引和尾流导引。自导鱼雷能自动搜索、跟踪与攻击水下目标和水面目标，能作三度空间的航行与机动。它在发现目标后能自动跟踪，目标丢失后能再搜索，重新捕捉、跟踪，直至命中目标。

典型自导鱼雷入水后的水下弹道，一般分为四个阶段：①投射段。入水后，海水电池被激活，向鱼雷控制系统供电，并启动鱼雷动力系统，鱼雷以 45°角潜入搜索深度。②下潜段。鱼雷下潜中距搜索深度还有若干米时，控制系统解除下潜指令，横舵将鱼雷拉平。随后计算机开始工作，操纵鱼雷进入搜索程序。③搜索段。鱼雷抵达搜索深度后，自动实施环形搜索，自导工作方式可按事先设定的参数进行被动/主动搜索或是一开始就主动搜索。这三个不同工作阶段的水下弹道见图 8－25。④发现攻击段。采用被动或主动工作方式跟踪目标，直至命中目标。一般来说只要发现目标，就能跟踪和命中目标，如果由于目标规避机动而丢失目标，则鱼雷可再次或第三次搜索，当又发现了目标时，重新进入攻击阶段；如果一直没有发现目标，则燃料耗尽沉入海底。

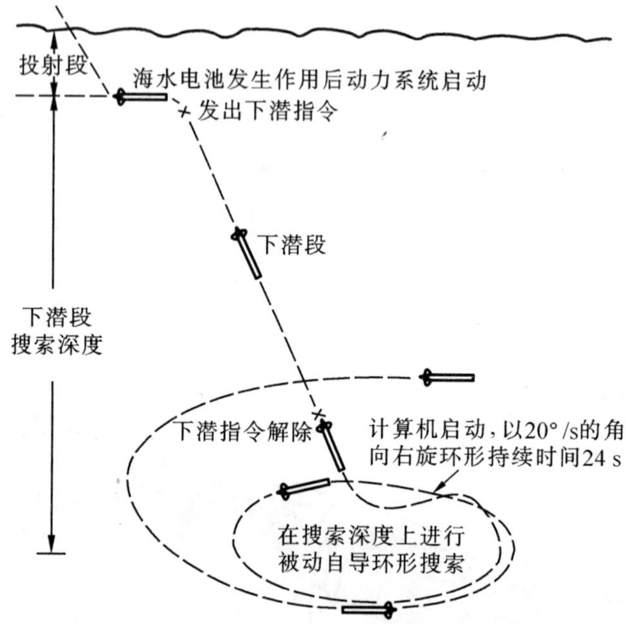

图 8－25 自导鱼雷入水后搜索示意图

②战斗部

a. 装药量　鱼雷战斗部的装药量，大型鱼雷在 250～350 kg 之间；小型鱼雷在 40～50 kg 之间。

b. 引信　早期使用触发引信；发展自导鱼雷后，初期自导系统导引精度不太高，改用触发和非触发联合引信；近二十年来随着自导导引精度的提高，能保证鱼雷直接命中目标，又改为只用触发引信。

c. 聚能爆炸方式　由于新型潜艇采用抗鱼雷的双层壳体结构，鱼雷要从一侧击沉潜艇，爆炸冲击波必须冲开潜艇外壳，通过 2～3 m 的传播距离，再击穿钛合金的耐压壳体才行。而鱼雷的装药量有限，为了提高炸药爆炸效果，一种有效的方法是采用聚能爆炸战斗部。这种鱼雷必须直接命中目标并且命中角应接近 90°，因此，鱼雷应有精确的垂直命中末弹道控制。

③动力系统　鱼雷的动力系统有热动力系统和电动力系统两大类。热动力系统功率较大，鱼雷速度航程指标质量较高，但有航迹，功率受背压影响大，自噪声也较大；电动力系统则相反。

a. 热动力系统　燃料有多组元的和单组元的，应用广泛的一种单组元叫奥托－Ⅱ燃料。发动机有活塞式和涡轮式两大类。螺旋桨高速转动时的空泡现象限制鱼雷速度只能在52 kn以下。新型鱼雷用导管推进器,速度可达 60 ~ 70 kn。

b. 电动力系统　发动机是直流电动机,常用的动力电池是银锌电池。银锌电池出厂时呈干充电状态,发射时快速注入电解液(KOH),电池即激活。

c. 锂燃料闭式循环热动力系统　它以锂和六氟化硫作为燃料,鱼雷速度可达到 60 kn,航程可达 18 000 m。

④控制系统　鱼雷控制系统有两个主要功能　一是克服干扰使雷体的姿态角稳定在允许的范围内;二是执行自导系统送来的控制信号,控制鱼雷运动的方向。

控制系统要稳定鱼雷的偏航运动、深度和纵倾运动以及横倾运动,相应有三个通道:深度控制;航向控制;横倾控制。但现代智能自导鱼雷采用垂直命中末弹道,对控制精度要求特别高,同时,由于鱼雷航行深度范围大,航程远,鱼雷的特性参数在很大的范围内变化,因此传统的反馈控制已不能满足,需要采用自适应控制。由于远航程鱼雷对航向控制的要求,具有垂直命中末弹道的智能自导鱼雷对航行姿态的要求,线导鱼雷提供位置参数的要求,自 70 年代以来,发展了捷联式惯导,它可以实现提供鱼雷精确姿态、位置、角运动信息,满足了以上的几点要求。

(3)鱼雷发射装置

①鱼雷发射装置的作用　鱼雷发射装置是鱼雷武器系统组成的一部分,用来发射鱼雷。鱼雷快艇的发射管为固定式的,驱逐舰、护卫舰、巡洋舰等舰上的鱼雷发射装置都为多联装可旋回的。可单射,也可齐射。鱼雷发射装置的作用如下:发射鱼雷前,可在发射装置上设定鱼雷的各航行参数;在发射瞬间,由调整装置调整鱼雷陀螺角和航行深度,启动鱼雷本身的发动机和陀螺仪;发射时,以压缩空气推进鱼雷,使之有足够的动力离开本舰,并保证鱼雷能以必要的速度和方向维持其发射航向,直至鱼雷发动机产生了足以自推进的功率为止;平时,为鱼雷提供储存条件(包括在寒冷的天气中进行加热等),直至发射瞬间。

②鱼雷发射装置的结构组成

a. 管体、前盖及后盖　管体是鱼雷发射管的本体,一般由玻璃钢或铝合金制成,管内壁有导轨,用以支撑、导向与悬挂鱼雷。管体上按鱼雷要求开有设定孔口、制动孔口、控制孔口等。发射管的后端装有牢固的后盖,后盖要求是密封的,前端装有前盖或蒙一层帆布。另外还有对鱼雷进行温度控制的电加热装置。

b. 制动装置　为保证鱼雷在发射管内不因舰艇的运动而受到影响,在发射管上装有前、后制止器和边制止器等制动装置。

c. 设定装置　鱼雷发射前,正常情况由鱼雷指挥仪给装在发射管内的鱼雷进行参数设定。所设定的参数包括:鱼雷速度、定深、转角、直航段航程以及搜索的一次转角、二次转角等。也可以用便携式设定仪对发射管内的鱼雷进行人工设定。

d. 发射系统　它要保证在一定的海况及航速下,使鱼雷安全出管,飞越甲板,并按规定的条件入水。发射系统包括提供发射信号及进行发射编组的发射控制箱或发射控制面板盒、发射能源储存部分的空气瓶和配气板、控制发射管压力的发射阀。现代鱼雷的发射能源一般为压缩空气,要求舰上必须提供高压气源,经储存的高压气瓶再经鱼雷配气板向鱼雷气瓶充气。发射时的膛压既要保证鱼雷的出管速度,又要不损害鱼雷壳体。

e. 回转装置　几个独立的发射管联装地固定在回转台上,鱼雷发射管回转机构一般采用人力驱动。

图 8 - 26 为典型鱼雷发射装置结构示意图。

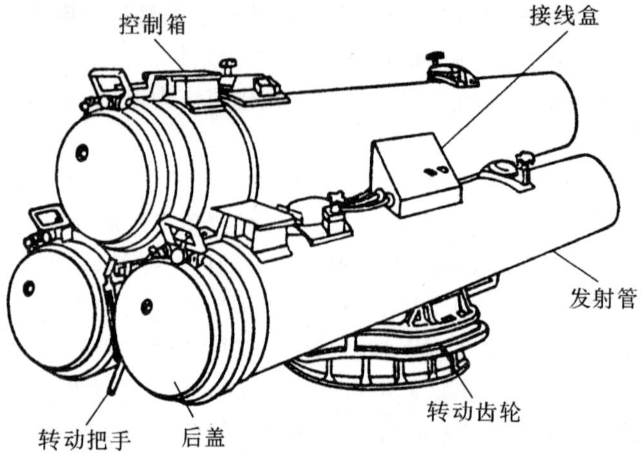

图8-26 典型鱼雷发射装置结构示意图

(4)鱼雷储存装运

现代舰艇上对鱼雷的储存和装运一般有两种情况:一种是舰上设有鱼雷库(雷弹库),一种是不设。对于前者,鱼雷平时存放在库内的鱼雷存放架上,战斗准备时,通过专门的吊运、升降装置和运送小车将鱼雷运送到鱼雷发射装置部位,再装入发射管中;对于后者,鱼雷平时就存放在鱼雷发射管中,但装卸鱼雷时舰上要配鱼雷运送车。

(5)鱼雷射击控制

反潜战的鱼雷武器和声呐、鱼雷发射装置等共同组成一个完整的武器系统,而反潜鱼雷的射击控制是它们之间的连接枢纽。武器射击控制的根本问题在于如何控制武器发射装置使武器能够瞄准目标,反潜战中的射击控制问题和水面战射击控制问题相类似。从声呐可获得潜艇的斜距和方位信息,该信息送到反潜武器指挥仪中,用求解方法求出目标的未来位置。由于潜艇在水面以下,因此对潜艇深度的估算必须输入指挥仪中。如果使用反潜火箭还必须将各种弹道修正数据加入目标的将来位置,以获取发射架的转动和俯仰指令。反潜指挥仪对输入的目标信息进行解算后向鱼雷发出包括搜索转角、深度在内的指令,再将这些参数在发射前的瞬间装定到鱼雷上。

一般由反潜指挥员在攻击最后阶段进行监控和发射。鱼雷反潜武器系统需向作战指挥战位指明鱼雷攻击时舰艇航向,通过航海部门将舰艇操舵到有利于攻击目标的阵位上,待鱼雷发射完毕,再将舰艇引出攻击目标区域。

(6)发展趋势

现代鱼雷的基本要求,必须是快、远、深、准、狠五个方面指标满足实战要求。

①速度越来越高、航程越来越远　随着潜艇技术和反潜技术的发展,当前世界各国海军的现代舰艇和潜艇航速日益增加,为保证鱼雷的攻击效能,自导鱼雷航速必须不小于现代舰艇或潜艇航速的1.5倍。

提高鱼雷速度的关键是在鱼雷动力上要有重大突破,采取:①加强热动力鱼雷燃料和新型发动机的研制;②开发优质鱼雷电池和电机;③改善鱼雷流体线型,减少阻力,提高鱼雷速度。

②航行深度越来越深　一般核潜艇的下潜深度都超过 400 m,有的最大深度已超过 900 m。为攻击在深水活动的潜艇,要求自导鱼雷的航行深度越来越深。

为增大鱼雷的航行深度,需采取两方面的措施:一是鱼雷壳体等必须用高强度的新型材料,如合金钢、玻璃钢等;二是动力系统必须采用不受水深限制的兰金闭式循环系统。可以预料,21 世纪的自导鱼雷的航行深度将达到 1 200 m 以上。

③导引精度越来越高　由于水面舰艇和潜艇普遍采用水声对抗措施,特别是潜艇的隐身技术和干扰手段不断发展,要求自导鱼雷的导引精度必须不断提高,关键是提高目标识别能力及自导作用距离。采取:发展智能化导引技术;发展光纤线导技术;发展应用线列阵声呐技术;控制系统上发展采用捷联式惯导和双基准技术。

④爆炸威力越来越大　当前水面舰艇的水下部分水密隔壁舱强度增加,潜艇不但增加耐压艇壳的强度,而且采用双壳制,非耐压外壳与耐压壳体之间的距离可达 3 米多,为保证自导鱼雷能击毁潜艇和水面舰艇,必须迅速地提高鱼雷的爆炸威力。这主要是从以下几方面着手:a. 选用高当量的塑胶炸药;b. 采用定向爆破技术;c. 使鱼雷垂直命中潜艇;d. 普通装药中加装核装药。

8.4.3　深水炸弹武器系统

(1)深水炸弹发展、地位和作用

深水炸弹是用来攻击和摧毁潜艇的水下武器,它是一种入水后下沉到一定深度或位置再爆炸的薄壳炸弹。它可由舰上的专门发射装置发射,或用投放装置投放,也可由舰载机携带进行投放。深水炸弹是在潜艇出现后,由于对潜作战的需要,发展起来的一种反潜武器,早期投放式深水炸弹采用人力或简单机械投放,后来制造了专门的深弹投放架和发射炮。随着潜艇性能的提高,对反潜武器提出了新的要求,于是又制造出了多管火箭式深水炸弹发射装置,把火箭技术巧妙地移植到深水炸弹上来,把战斗部外形、引信、稳定器及尾翼等作适当改进和调整,增大了射程和威力。齐射后,多发弹的落点形成一个按正态分布的散布椭圆,以此椭圆来覆盖水下目标。由于有足够的弹数,保证了较高的对潜命中概率。

火箭式深水炸弹具有爆炸威力大、射程较远、后坐力小、极限下潜速度高等优点,再加上齐射时有合理的落点散布和一定的弹着点密度,因而命中概率较高;同时,又因为其发射装置的联装数可以根据需要来组合,故大小舰艇都可以装备;因此,它是一种重要的近程反潜武器,为许多国家海军所广泛使用。

(2)火箭式深水炸弹原理、组成、储存和装运

①火箭深水炸弹的推进部分属于喷气发动机的一种,由于它是用胶体火药作推进剂,因此,通常把它叫做固体火箭发动机。当火药在燃烧室内被点燃后,在很短时间内燃烧室生成大量的高温高压火药气体并通过喷嘴向外排出。由于喷嘴的作用,使得在燃烧室内的火药气体经喷嘴加速后,形成超音速气流排出,从而使发动机获得反作用推力,使火箭深弹向前飞行。根据火箭发动机的结构和对推力的要求,喷嘴可以做成单个的或者多个的,也可以做成直喷嘴或斜喷嘴。斜喷嘴是成对配置的,以构成力偶装置使弹旋转。

当火箭深弹离开发射炮后,即进入空中弹道,从飞离发射炮口瞬间起至火药燃烧结束止,深弹的速度不断在增加,作用在深弹上的外力有推力,还有空气阻力和重力,这段弹道称为主动段。从火药燃烧结束到深弹入水止的这一段弹道,由于推力消失,只有空气阻力和重力的作用,这段弹道称为被动段。当火箭深弹空中弹道结束,即为水中弹道开始,水中

弹道分为两段:先是曲线段,出现击水、过载、空泡等现象,这段时间较短,距离不长,速度降低比较快。在到达曲线段的终点时,深弹的负浮力(即深度的重量与浮力之差)与流体阻力大小相等,方向相反,此后深弹即以等速直线运动下降,这时的速度就称为极限下潜速度。深弹极限下潜速度的大小对于攻击和命中目标有较大的影响,极限下潜速度越大,深弹就可以较快接近和击中目标,而目标的运动范围随着下潜速度的增大而缩小,从而大大提高对目标的命中公算。图 8 - 27 为火箭深水炸弹攻潜示意图。

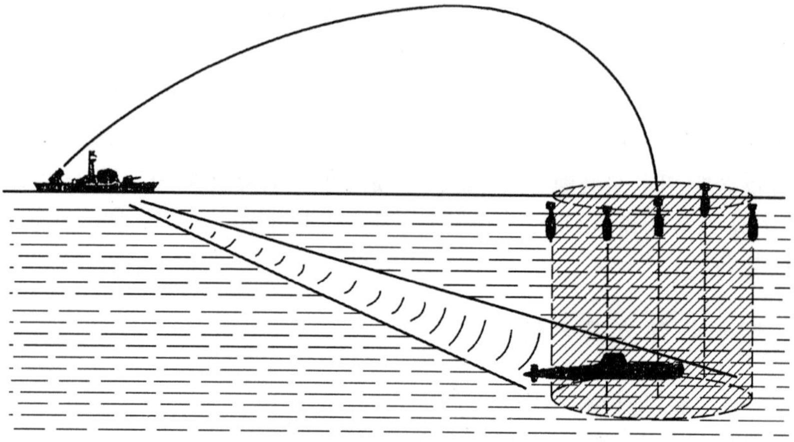

图 8 - 27　火箭深水炸弹攻潜示意图

②火箭深水炸弹一般由战斗部、引信、火箭发动机、稳定器等部分组成。战斗部的作用来摧毁目标,由战斗部壳体、装药、引信室等零部件组成。引信分为:触发引信、定深引信、非触发引信、联合引信几种,它由保险机构、发火机构、延时定深机构、隔离机构和传爆机构组成。火箭深弹发动机是一种固体火箭发动机,它以火药为燃料,为火箭深弹提供推力和推力矩,它由燃烧室、发射药柱、点火器等组成。稳定器是用来保持火箭深弹在空中飞行和水中运动时的稳定性,以减小其落点散布和在水中的散布,它是一个薄钢板焊接件,由内圈、尾圈、护圈、导电环等组成。

图 8 - 28 为火箭深水炸弹组成示意图。

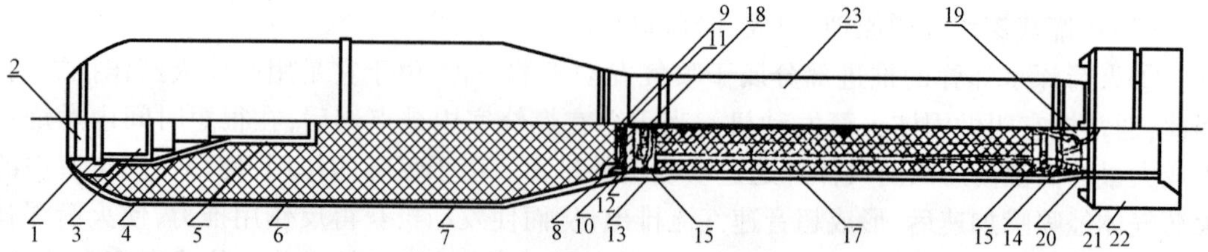

图 8 - 28　火箭深水炸弹组成示意图

1 ~ 2、4 ~ 11—战斗部;3—引信;12 ~ 19—火箭发动机;20 ~ 22—稳定器

③配置深水炸弹发射炮的驱逐舰、护卫舰上设有深水炸弹舱,从深弹舱到发射炮部位深弹的装运一般采用自动输弹装置,输弹装置由在深弹舱的运弹机和穿过甲板的扬弹机组

成,深水炸弹平时直立存放在运弹机上,战斗准备时通过自动输弹装置将深弹从深弹舱直接装运到发射炮炮管内。向深弹舱装弹和卸弹也用自动输弹装置完成。

(3)火箭深弹发射炮及电力瞄准传动装置

①火箭深水炸弹发射炮及电力瞄准传动装置的作用　火箭深水炸弹发射炮及电力瞄准传动装置是火箭深水炸弹武器的配套设备。它用来发射火箭深水炸弹,并赋予深水炸弹初始飞行方向和仰角。现代火箭深水炸弹发射炮及其电力瞄准传动装置,可以在舰艇反潜火控系统的控制下,自动装弹,自动跟踪,瞄准目标,自动设定引信和自动发射。这种发射装置称为全自动火箭深水炸弹发射装置。火箭深水炸弹发射炮的联装数,可以根据需要来组合,国内外已见到的有单管、双管、四管、五管、六管、十二管、十六管等多种。一套电力瞄准传动装置可以根据需要操纵一座、两座或数座发射炮运行。

②火箭深弹发射炮组成、运行和发射

a. 火箭深水炸弹发射炮一般由发射管组、摇架(或称框架)、炮架(或称支架)、高低机、方向机、回转基座(或称炮座)、射界限制器、航行固定器、电缆转接器、发射装置上射击电路等部分组成。

图8-29是一种五联装火箭深水炸弹发射炮。其结构特点是较轻便灵活,尺寸小、旋回俯仰均可遥控或手动,其不足之处是装弹需靠人力,炮架为敞开式,摇架以下各部分直接受到燃气流影响,增加了防火防水的难度。

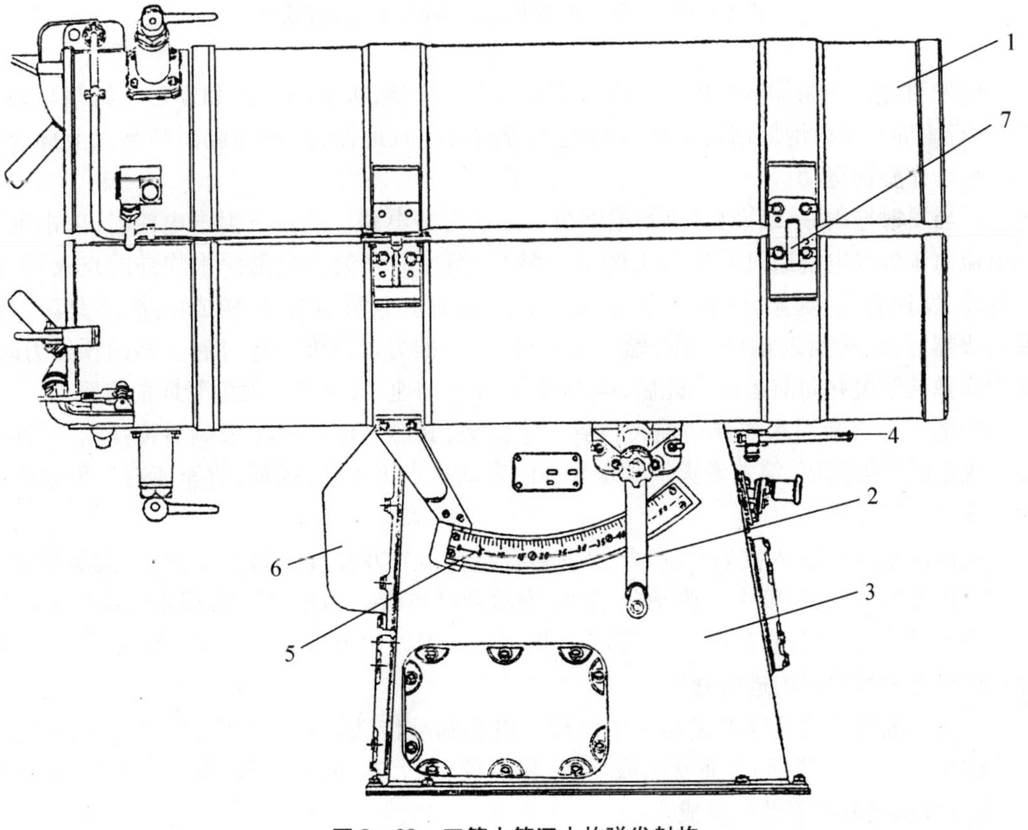

图8-29　五管火箭深水炸弹发射炮

1—发射管组;2—摇把;3—炮座;4—航行固定器;5—俯仰刻度盘;6—收受器;7—风暴钩

图 8-30 是一种具有弧形布置发射管组和封闭式炮架的六联装全自动火箭深水炸弹发射炮。这种发射炮具有图 8-29 那种发射炮所有优点，同时还克服了它的弱点。这种发射炮炮架为全封闭型，防火、防水、防尘性好，又能自动装弹，还可以发射特种火箭。

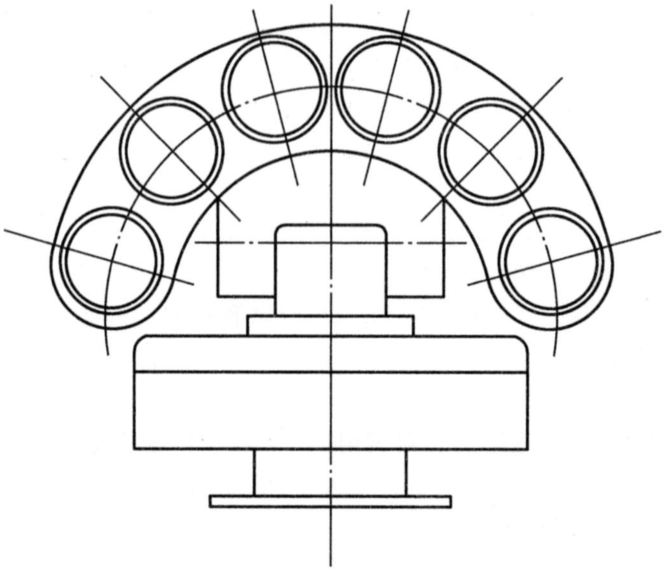

图 8-30　六管全自动火箭深水炸弹发射炮示意图

b. 发射炮管组俯仰运动由执行电机带动齿轮减速器，再带动摇架和发射管组绕耳轴转动，实行俯仰。发射炮旋回运动由执行电机带动齿轮减速器，再带动旋回基座以上部分围绕旋回轴作旋回运动。

c. 当发射炮跟踪、瞄准目标后，根据指令接通射击电路。当按下射击电钮时，射击电源的电流由正极经电缆通过发射管上的点火触头，经导电环流入火箭深水炸弹的点火器，再经弹体、发射管组、炮架、回转基座、舰艇甲板回到射击电源的负极，构成回路，于是深水炸弹点火器点火，火箭发动机工作，燃气流喷出，产生推力。当推力超过制止器的预锁力时，深水炸弹被解脱并向前运动。此后，推力增大，深弹加速，直至离开发射管向前飞行。

当第一发火箭深水炸弹向前飞行到一定距离，其燃气流基本不影响后续弹的飞行时，按照规定的发射间隔，第二发火箭深水炸弹的发动机点火工作，这样，直至所有发射管中的深弹全部发射完毕。

火箭深水炸弹装入发射管时，给出发射管有弹信号并在控制台上显示，当火箭深水炸弹发射出去后，该发射管中有弹信号消失，表示弹已离管。当个别火箭深水炸弹因故障未发射出去时，该发射管有弹信号不消失，在控制台上可以知道该管中的弹未能发射出去，指挥员即可考虑采取措施进行处置。

③电力瞄准传动装置组成和工作原理　电力瞄准传动装置的工作原理是以电力随动系统的工作原理为基础的，通常由收受器、操纵仪、放大器、回转装置、电机放大机、执行电机、变流机和配电盘等部件组成。

电力瞄准传动装置的工作分为半自动、自动、装填三种工作制。自动工作制是由指挥仪按声呐对目标的探测，及对各种诸元经综合计算给出俯仰和旋回信号，此时发射炮的瞄准可随时跟踪目标运动，又可随时补偿因舰艇摇摆而产生的误差，其简化结构方框图如图 8－31所示。半自动工作制时俯仰和旋回信号是由操纵仪的自整角发送机给出，操纵发射炮的俯仰和旋回。

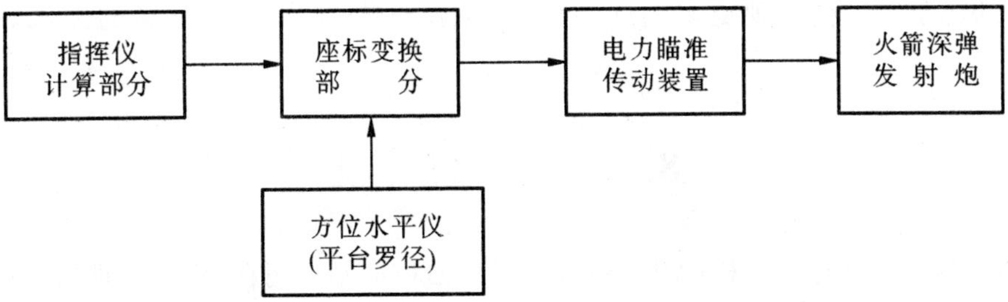

图 8－31　电瞄自动工作制简化结构框图

装填工作制是根据发射炮与输弹装置在装弹过程中的需要而拟制的。此时设定与装填开关处于“装填”位置，发射炮的发射管自动俯仰到装填位置（一般为 90°），旋回部分将发射管按顺序对准装填口，输弹装置将深水炸弹装入发射管中，每装完一个发射管，旋回部分转动一个角度，另一个发射管对准装填口，这样一个接一个，直到将全部发射管均装入深水炸弹为止。装填过程是在自动状态下进行的。

（4）深水炸弹的现状和发展

在导弹武器和鱼雷武器高度发展的今天，深水炸弹仍然是一种有效的近程反潜武器，并为各国海军所广泛采用。投放式深水炸弹在当舰船与潜艇突然直接遭遇时，它是舰船唯一可以使用的反潜武器。火箭式深水炸弹由于其具有装药量大、有相当射程、无后坐力等优点，发射炮还可根据需要组成一定的联装数，并能在很短的时间内（几秒种）将深弹发射完毕，使弹着点形成散布椭圆来覆盖目标，具有较好的反潜效果，因而仍是海军的主要近程反潜武器之一。

火箭深水炸弹及其配套设备至今已有了很大的发展，主要表现在以下几个方面。

①火箭深水炸弹性能的提高　射程从几百米到几千米，前苏联甚至研制成射程达 12 000 m的深弹；极限下潜速度有了较大提高；引信从原来的单一品种、单一工作制发展成多品种、多工作制和采用非触发引信。

②火箭深水炸弹发射炮及电瞄装置性能的提高　发射炮从原来的固定射角发展到现在能旋回、俯仰运动，自动跟踪目标；从人力装弹到现在能机械化、自动化装弹；从人工预先设定引信到现在自动调定引信工作深度；从固定的联装数发展到现在的联装数可以根据需要进行组合。

③指挥控制设备性能的提高　它从指挥员口头指挥、控制，发展到采用声呐、深弹指挥仪，控制随动系统操纵发射炮工作；从单一的深弹指挥仪控制发展到采用反潜火控系统综合指挥控制。

④深弹武器系统向多功能方向发展　既能反潜，又能拦截来袭鱼雷、打击水面目标或破坏各种水下设施，以及袭击来偷袭的“蛙人”（潜水员）；其发射炮既可发射深弹、又可发射鱼雷诱饵及干扰火箭弹。

现在能够自动装填、自动调定引信工作参数、自动跟踪目标、自动瞄准发射的火箭深水炸弹武器系统，仍然在不少国家海军中投入使用。然而，由于对深弹在反潜战中的作用看法上的分歧，作为传统反潜武器的深水炸弹，不可能像鱼雷、反潜导弹那样重点发展，但也不可能淘汰不用。估计在今后一个时期内，火箭深水炸弹仍将是一种普遍使用的重要近程反潜武器，尤其是在大陆架以内的浅海区使用比较合适。可以预计，随着火箭技术和电子技术的发展，今后将会出现更多的性能优良、工作可靠、自动化程度高的深水炸弹武器系统。

8.5 舰 载 机

世界上第一架单桨直升机（VS－300）由美国西科斯基公司在1939年研制成功。自从1943年5月直升机成功地在油船上降落以来，直升机在舰船上的使用日益广泛。因为直升机能够悬停、垂直起飞和降落，所以不但在航空母舰上能够使用，而且能够在中小型舰船上使用，如巡洋舰、驱护舰、导弹艇、后勤支援舰、运输船、考察船、巡逻艇等。任务范围已由原来的海上救护、运输、科学考察发展到了能完成反舰、反潜、预警、扫雷等战斗任务。舰船上装备直升机后，作战能力大大提高，能在舰载武器射程之外攻击敌方舰艇，增大了反潜作战半径，提高了预警和防空能力。

8.5.1 舰载直升机的主要分类和功能

（1）反潜型直升机

1954年首次飞行的HSS－1直升机（服役名称SH－34）被评价为第一架正规反潜直升机，此后，世界上陆续出现了多种型号反潜直升机，分陆基和舰基两大类。

反潜型直升机的主要功能和特点：

①直升机的反潜速度远远大于舰艇的搜索速度，能以较快的速度到达敌潜艇所在的海域；

②在搜索和攻击敌方潜艇时直升机处于主动状态，一般说来，目前潜艇不能攻击直升机；

③反潜直升机水声设备工作时不受机载动力设备的干扰，能较好地发挥其声呐的作用；

④搜索时隐蔽性好，能够长时间高速跟踪水下目标，并能迅速与其建立水声接触，不易被对方发现；

⑤在与航空母舰作战半径相等的战术半径范围内，装有声呐的反潜直升机较之舰载飞机，攻击和搜索潜艇更为有效；

⑥使用反潜直升机比使用反潜飞机成本低，比水面舰艇成本更低；

⑦反潜直升机一般能在四级以下海情、能见度不小于50 m的情况下搜索和攻击敌方潜艇。

反潜型直升机上采用的搜潜设备大致有两类：一类是声学搜潜设备，另一类是非声学搜潜设备。声学搜潜设备包括无线电声呐浮标系统、吊放声呐、拖曳声呐、拖曳水听器阵等；非声学搜潜设备包括雷达、被动电子对抗装置、磁探仪、红外线探测器、低能见度电视、废气探测仪、探照灯等。现在，乃至将来一定时期内，直升机搜潜的主要手段仍是声学搜潜设备。

常用的机载反潜武器有自导鱼雷、深水炸弹、反潜水雷、反潜导弹等。

(2)预警型直升机

舰载预警型直升机的主要功能和特点:

①能全高度、远距离、大面积快速搜索目标(特别是搜索超低空、超音速目标),为防空赢得充分的预警时间;

②配置在己方安全空域内,机动灵活、生存能力强;

③情报容量大,监视指挥功能强,反应速度快;

④指挥效率高,可减少防空兵力的部署量。

除能执行预警任务外、还能完成侦察和指挥等战术任务。

(3)超视距目标指示型直升机

直升机载超视距目标指示系统主要有四种目标指示工作方式,即惯导大地法、航姿大地法、雷达链法、双边法。其中惯导大地法为系统的主要工作方式,航姿大地法为备用工作方式、雷达链法和双边法为应急工作方式。

直升机接到任务命令后,机载惯导在舰上利用惯导局部基准信息进行动基座对准,对准结束后,直升机从载舰起飞,保持无线电通信静默,以低高度飞行到达预定战区后,载机在空中利用外部导航引导信号和机上设备提供直升机的位置参数(经度、纬度)、运动参数(航速、航迹)、姿态参数(俯仰角、滚动角、真航向)和直升机飞行高度。

机载目标指示雷达对战区的多个目标进行跟踪,给出目标相对直升机的距离、方位和目标的运动参数,将其送至综合控制计算机,经过坐标变换,解算出每个目标的大地坐标。

机载数据通信设备将多个目标的位置和运动参数发送到我方的导弹发射舰,使多个目标的指示信息在我方的兵力编队内信息共享。

超视距舰载站通过舰上以太网接收上述目标信息,并根据舰上综合导航系统送出的发射舰大地坐标,解算出目标相对发射舰的距离、方位参数,同时可送到舰上导弹武器控制台。

执行完任务后,直升机以低高度、无线电静默状态返航。

直升机上的超视距目标指示系统与舰上的超视距舰载站(包括综合控制台、直升机惯导局部基准设备等)配套使用可以使本舰具有攻击视距以外目标的能力,作战范围是舰载直升机的飞行半径与机载目标搜索雷达作用范围之和。

(4)反舰型直升机

在舰艇编队中,有部分舰载反舰型直升机,反舰型直升机机动性好,飞行速度远大于现代舰船,有制空权时能远程作战。在攻击敌方防空能力差的中小型舰艇时,反舰型直升机是很适用的兵力。

反舰型直升机上常用的武备有反舰导弹、鱼雷、火箭或机炮。

(5)搜救、运输型直升机

搜救、运输型直升机的起飞重量一般较大,转场航程远,机上可载运多名乘客,或载运物资,或运载车辆和有关人员;能运载伤病员(机内有担架)和医务人员,进行救护和转移;机上装备液压救生绞车和救生艇,可执行空－海、空－地救援任务。应急时可在水上起降和漂浮。大部分其他类型直升机经过临时换装也能完成不同程度的搜救、运输任务。

(6)无人驾驶直升机

舰载无人驾驶直升机可用于进行战术侦察(战区摄影、记录电子战频谱等)、超视距目标指示、发出电子战干扰、充当假目标,作为攻击武器等,并且能够在高度危险环境下执行任务。舰载无人驾驶机作为舰队的预警机,能提前发现敌方动向(特别是在本舰雷达视距以外区域),增强我方的攻防能力和生存能力,可以动用极少量兵力以最小的代价获得较高的效费比。平时,可配合部队训练,充当靶机。

舰载无人机体积小、重量轻、特技机动能力强,雷达反射面积小,隐蔽性好,能抗高强度核辐射,有利于在战区突防,完成任务。无人机起飞载荷小,燃油消耗量远小于普通直升机,而续航力相当;耗电、耗材少,舰基后勤保障设施规模小,舰机指控设备可纳入舰上现有指挥控制系统。

8.5.2 舰载直升机的使用限制及有关要求

(1)舰载直升机的使用限制

舰载直升机与陆基直升机的区别,在于它需要在一个运动的有障碍物的飞行甲板和平台上起降,因此除受到一般陆基直升机的限制外,能否正常使用还要受到如下限制。

①旋翼系统和着陆装置的功能限制。由于舰上直升机的使用环境比陆基直升机恶劣,要求旋翼系统和着陆装置具有更大能力。

②直升机的飞行性能和操纵性限制。操纵灵敏度、操纵余量应大于陆基直升机。

③飞行甲板的环境条件限制。包括舰船的运动状态、甲板大小、障碍物和舰船排出烟雾的限制。

④驾驶员能力的限制。一般比陆基直升机要求更高的驾驶水平和驾驶经验。

⑤发动机的功率和使用限制及机体结构强度限制。

⑥舰上辅助设备能力限制。包括通信、导航和起降设备等的限制。

⑦天气及海洋环境条件的限制。包括能见度、风力、风向和温度的限制。三防(防盐雾、防霉菌、防潮湿)能力限制。

(2)对舰载直升机的特殊要求

对于舰上使用的直升机,除满足于陆基直升机的一般要求外,舰载直升机至少应满足下述特殊要求。

①必须具有足够的航向保持能力和航向静稳定性;

②在危险风向情况下,直升机至少能在风速 30 ~ 35 kn 时在风中配平悬停和垂直飞行;

③稳态时可达到$\frac{T}{G} \geqslant 1.05$($T$——拉力,$G$——重力),一般情况下,拉力余量为 7% ~ 8%,对应的配平操纵余量和功率贮备应比陆基直升机悬停状态增加 50%;

④直升机应急迫降在水面后,直升机及其附加漂浮装置的固有稳定作用和水密性应保证直升机在 5 级海况下在规定时间内不会沉没(某些类型直升机具有在水面起飞的能力)。

(3)气流环境对直升机起降的影响

船上起降区气流和进场区气流对直升机起飞和降落的影响包括以下几个方面:

①由船的上层建筑引起的扰动气流,导致进场区来流流场变化,影响直升机驾驶员对起飞、着舰轨迹的控制和操作;

②因为舰船的上层建筑对直升机旋翼下洗流的干涉,而产生的陡壁效应,由机身下方空气垫产生的舰面效应,也影响直升机的起飞、着舰能力及直升机自身的飞行品质,使直升机起飞和着舰,比在陆上起降困难得多。

③由舰船发动机在飞行甲板上空或进场区内引起的烟雾，影响直升机着舰时的能见度和机上发动机的工作，直升机应避开由舰船发动机排出的高温气体与周围空气混合产生的烟气流；

④相对风向、相对风速直接影响直升机的起飞、降落能力，一般逆风起飞和降落最佳。

为了确定船上起降区和进场区气流的特性，掌握其对直升机起降飞行的影响，应先进行模型（舰船模型和直升机模型）风洞吹风试验，试验确定直升机接近飞行甲板飞行时气流特性。在风洞试验的基础上再在舰船上进行试验，测出实船起降区气流特性，以验证风洞试验结果。在上述试验的基础上进行起飞、着舰试验，确定直升机－舰在综合情况下的附加飞行限制和安全起降飞行包络线。

(4)影响直升机在舰上安全起降的因素

直升机以其具有的独特能力而逐渐在舰船上得到广泛的应用，但直升机上舰后，首先遇到的问题是能否发挥其正常功能，怎样保证机和舰的安全使用。尽管舰船性能及舰上装备完善，直升机本身的性能也很好，但绝不能认为直升机在任何情况下都能在舰上安全起降。实际上，直升机只能在有限的范围内使用。为了弄清楚影响直升机使用的条件和规律，必须同时考虑机、舰、海况之间的相互影响。影响直升机在舰上安全起降的因素如下。

①直升机起飞和着舰的航向；

②相对风向与最大相对风速（相对于直升机）；

③舰的最大横摇角和纵摇角；

④特定的直升机和舰的组合；

⑤直升机起飞重量；

⑥起降时间，白天与黑夜的区别；

⑦飞行甲板、上层建筑的尺寸和外形；

⑧直升机飞行时允许出现的俯仰角和滚转角；

⑨直升机操纵余量；

⑩直升机功率及剩余功率；

⑪地面（舰面）效应；

⑫驾驶员的工作难度和驾驶员对舰的评定等级。

(5)确定安全起降飞行包络线的判据及其选择

上述 12 种因素将直接或间接确定安全飞行包络线的范围，也是确定安全起降飞行包络线的主要判据。值得重视的是，直升机固有的飞行性能对安全飞行有很大影响，参考有关规范和国外经验，舰载直升机还应满足下列要求。

①着舰时直升机的俯仰角与舰的最大纵摇角（$\pm 2°$）之和、滚转角与舰的最大横摇角（$\pm 5°$）之和不超过 $\pm 10°$。因为《军用直升机飞行品质规范》中规定，在可用飞行包络线或航速不超过 65 kn/h 的限制内，俯仰姿态变化和滚转姿态变化均不得超过 $\pm 10°$。

因为舰上引降员可以根据舰的横摇状态及时选择最有利的着舰时机，引导悬停待机状态的直升机着舰，在横摇 $\pm 5°$ 和纵摇 $\pm 2°$ 范围内着舰是可能的（可以利用舰运动的暂息期）。如果这两数值进一步提高，则势必减少直升机俯仰角和滚转角的允许值，增加操作难度，而这是不可取的方法。

②对直升机操纵余量的选择

直升机尾桨桨距（脚蹬）操纵余量不小于 20%；

直升机旋翼总距操纵余量不小于 15%；

直升机纵向操纵余量不小于 15%；

直升机横向操纵余量不小于 15% 。

这些数据与直升机性能及驾驶水平有关。按飞行品质规范要求，操纵余量应尽量大一些，一般在 15% ~20% 之间。

③直升机剩余功率不小于 15%。据报道，直升机从舷侧进场，在机头顶风作机动时（这时风速约 15 kn 左右）需要 15% ~20% 的附加功率。

另外，《军用直升机飞行品质规范》规定，在陆上着陆时，90°侧向风速不得大于 15 m/s。在舰用条件下，这一数值应当适当降低，现一般取为 15 kn。

上述判据，并非固定不变，可根据直升机性能、环境条件和人的因素做调整。

8.5.3 国内舰载直升机旋翼结构特点简介

国产舰船上使用的舰载直升机主要有 4 种："超黄蜂"型（SA321Ja Super Frelon，从法国引进，国产化后称为"直八型"）、国产直九 C 型（原型机为法国"海豚"SA365F 型）、法国引进的"黑豹"型（SA365F1，属"海豚"系列）和卡 28 型（从俄罗斯引进）。此外，国产直九 A、直八、直十一和从俄罗斯引进的卡 27 等型号直升机也能在舰船上使用。

国内使用的舰载直升机均采用机械驱动旋翼的方式，除卡 28 和卡 27 型直升机采用共轴式双层旋翼外，其他型号均为单旋翼带尾桨的形式。

单旋翼式直升机仅需一副旋翼、主减速器、自动倾斜器等部件，其气动平衡、稳定、操纵、振动等问题较易解决，设计、制造和调试较易实现，但其尾桨在起飞和悬停状态要消耗功率 7% ~10%，影响起飞和悬停性能。单旋翼带尾桨式直升机是当前最主要的结构形式。

共轴式直升机的两副旋翼上下安放，反向旋转，使反扭矩相互平衡而不需要尾桨，因此其外形尺寸小，结构紧凑，重量效率较高，而且结构对称，便于操纵。据报导，试验证明在拉力系数为 0.13 ~0.2 的范围内，共轴式直升机的效率要比单旋翼直升机的效率高 17% ~30%；刚性共轴式旋翼的诱导阻力比直径相同的产生同样拉力的单旋翼低 20% ~30%。带尾桨的直升机超低空飞行时很不安全，尾桨容易与障碍物相撞，发生严重事故，而共轴式直升机就省去了这些麻烦。共轴式直升机的缺点是结构和传动机构复杂，维护难度大；其废阻比单旋翼带尾桨直升机要高，因为共轴式直升机的操纵部件裸露于气流中。

8.5.4 舰载直升机的发展趋势

为满足各种需求，舰船上搭载的直升机品种很多，按吨位分有小、中、大型直升机，按用途分，上文中已列举了很多军用和民用的直升机。现代舰载直升机种类较多，型号繁杂，在国外，今后的发展趋势是提高平台飞行性能，多功能、通用化、换装方便，在此基础上简化品种，一机多用，以便于使用和管理。

可倾转旋翼机（如美国 V－22 鱼鹰机）兼有固定翼机和直升机的特点，将是今后舰载直升机的发展方向，它既能用于包括航母在内的载机舰上，也能用在一些中小型现代舰艇上担负反潜、反水雷、海上运输及抢险救生等任务，美国军方认为是轻型舰队不可缺少的装备。

舰载无人机技术的发展趋势是优化机体结构设计、采用新的动力、安全易行的发射与回收方式、装备高可靠性的电子设备、强调一机多用、无人机与攻击武器和反导武器一体化。

近年来，国际上很多国家正在研究发展各种无人驾驶战斗机的载体，用于改变传统的作战方式。舰载无人驾驶直升机除了可用于进行战术侦察、超视距目标指示、发出电子战干扰、充当假目标外，舰艇上的操作人员还可以控制无人驾驶直升机完成巡航、锁定目标和发射导弹等任务，实现对目标的攻击，减少人员伤亡，大大提高作战效能。

8.6　新概念武器

8.6.1　激光武器系统

(1)概述

20 世纪 60 ~ 70 年代一些发达国家开始发展一种全新的定向能武器，它包括激光武器、粒子武器和微波武器，而激光武器首先得到了发展。激光武器按能量可分为高能型和低能型两种。英国是较早研制低能激光武器的国家，其激光眩目武器首次装在 22 型护卫舰和安德级护卫舰上，并参与了 1982 年的马岛战争，取得了致眩阿根廷飞行员，使得飞机坠海的战术效果。在海湾战争中，为英国担负护航任务的旗舰“考文垂”号护卫舰上装备了低能激光武器，起到了防御低空目标的近程防空系统的作用。另外前苏联，美国也研制了本国的低能激光武器，但各国目前的研制方向集中在高能激光武器上面。

在高能激光武器研制方面，美国处于国际领先地位，早在 1980 年，TRW 公司就首次研制了能产生兆瓦级(2.2 MW)的连续波化学激光器——中红外高级化学激光武器 MIRACL。1989 年春，MIRACL 激光器同休斯公司研制的“海石”(Sealite)光束定向器(SLBD)结合，击毁了一枚以低空横向方式飞行的超音速(2 马赫)“汪达尔人”导弹(Vandal)，成功地验证了其接收目标指示的能力，这次试验也证明了其反导的有效性。于是美国海军于 1992 年完成了 MIRACL/SLBD 舰载高能激光武器系统(HELWS)试验样机的总体设计工作，并于 1995 年着手实施舰载高能激光武器系统的“海石”试验计划。一旦试验成功，美海军将于 21 世纪初首次在驱逐舰上装备高能激光武器系统，使其在未来海战中占主导地位。

高能激光武器系统，一般由高能激光器、光束定向器和火控设备组成，如图 8 - 32 所示为 MIRACL/SLBD 高能激光武器系统的基本构成方案。

①激光器　如图 8 - 33 所示为 MIRACL 激光器模块图，包括喷口管、喷气引射器及燃料罐。由于在激光器中，一般为低压燃烧，所以要用一套压力恢复系统将其废气恢复到大气压力后排出。

②光束定向器　光束定向器是由一个直径约 1.8 m 扩束望远镜和一个目标跟踪器组成，扩束望远镜和目标跟踪器安装在稳定平台上，从而保证了稳定跟踪目标，且在尽量短的时间内将光斑沉积到所攻击的目标上。

③火控设备　激光武器破坏机理与常规武器不同，常规武器的弹丸需要一定的飞行时间到达目标，并产生瞬时破坏，而激光武器是瞄到哪里打到哪里，光斑驻留一段时间后使目标遭到破坏。所以火控中不需要求解命中方程，但需要计算累计驻留时间、对杀伤目标进行毁伤评估、控制激光开关时间、考虑燃料使用限制、以及与作战指挥系统接口等。

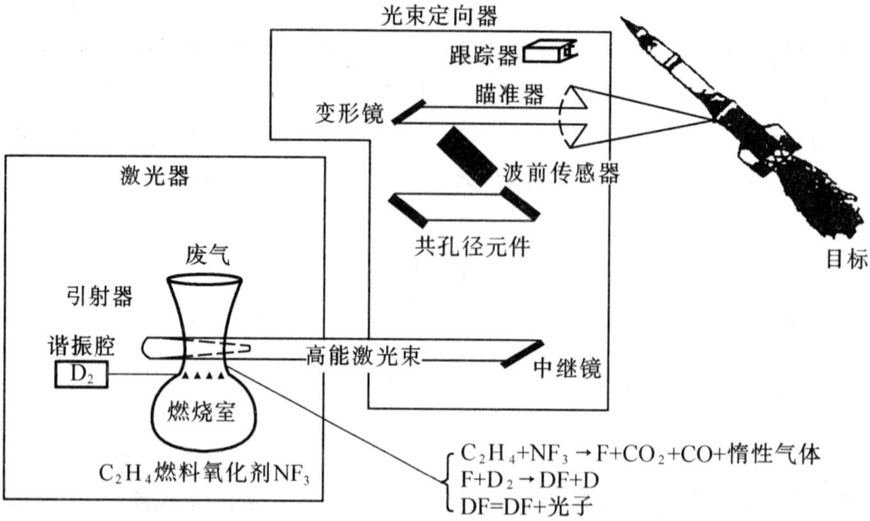

图 8－32　高能激光武器系统基本构成

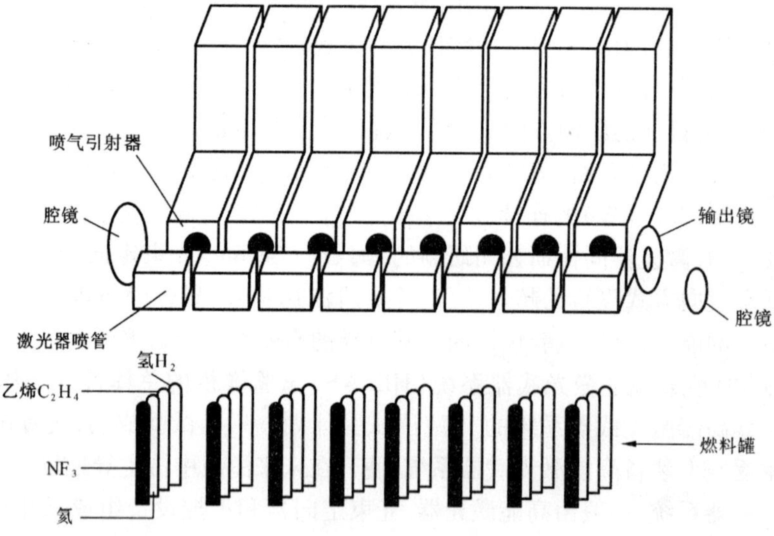

图 8－33　激光器

(3)激光武器的特点

①反应时间短　由于高能激光武器系统以光速作战,因而不需要计算提前量,只要保证光束定向器系统稳定跟踪目标;一束光束定向锁定一个目标,就不会因目标机动而丢失目标。所以激光武器是瞄到哪里,就打到哪里。

②杀伤概率高　美国海军根据外场打靶试验的实测数据及模拟计算,其杀伤概率$P_k=0.96$。

③具有对付多个目标,抗饱和攻击的能力　激光器射出的能束质量近于零,几乎不产生后坐力,无惯性工作,可迅速改变方向,且射击频率高,通过光束定向器变换激光出射方向,在较短时间内可对付多个目标。若舰上储存的高能激光燃料的使用时间为 100 s,攻击

一个目标为2 s,则可拦截50个目标。

8.6.2　电炮技术

(1)概述

常规火炮的基本原理都是以发射药燃烧、气体膨胀作功的形式赋予弹丸初始能量,而将其发射出去的。多年来,为保证火炮的射程和较高的末动能,人们一直致力于提高火炮初速的科研工作。其中增加发射药量以提高弹丸初速是主要途径。然而,药量的增加导致药室的增大和炮管加长,这些均受到材质、工艺及设计上的限制。这种传统原理上的限制,迫使人们去寻求新的原理,赋予火炮新的活力。电炮技术在此背景下应运而生。

美国从20世纪70年代开始研究和评估电炮技术,至80年代就得出了“未来高性能武器必然以电能为基础”的结论。当前,电炮已是欧美军事大国积极发展的高技术武器,并且具有良好的应用前景。

电炮原理仍是使炮弹具有撞击动能去毁伤目标,属动能武器。但其与传统的火炮存在有较大差异。传统火炮是以火药的发射赋予弹丸初始能量,而电炮则是以电能做功为基础,通过能量的转换赋予弹丸初始能量将其发射出去。

电炮从当前研究情况看可分为两类,即电磁炮和电热炮。电磁炮加速弹丸的能量来自于电磁能;电热炮是以电能激活非爆炸工质产生的化学能赋予弹丸初速,为此电热炮也叫做电热化学炮。

(2)电磁炮

①电磁炮的提出　早在20世纪40年代,德国科学家就提出了一种新的防空武器概念:利用电磁力发射炮弹,并使其炮口初速达到2 000 m/s,发射率达到6 000发/min。所谓电磁力,即“洛仑兹力”。从物理学角度看,在磁场中运动的带电粒子或载流导体,将受到力的作用,这个力就是“洛仑兹力”。如果能建立一个磁场,而又使磁场中的载流导体(弹丸)通过电流,则在电磁力的作用下按力的方向将其加速,并使载流导体(弹丸)飞射出去。所以,电磁炮与常规火炮的概念基本相同,不同之处只是利用电磁力代替火药发射弹丸。

②研究概况　人们虽早已提出了这个概念,但由于技术水平的限制,直至上世纪70年代澳大利亚科学家取得突破性进展后,该项工作才为人们重视。当时,他们使用了一台能量为550 MJ的单极发电机,将3 g重弹丸(塑料块)以5 900 m/s的速度发射了出去。3 g重弹丸虽微不足道,但却使人看到了前景。之后,它始终是人们所追求的第二代动能武器的备选对象之一。

正因为电磁炮可采用较短的“炮管”就可使弹丸达到常规火炮几倍的初速,使之将成为未来舰艇反导和防空的理想武器,有良好的使用价值。美国在20世纪80~90年代投入经费进行此项目开发性工作,完成了对1.08 kg重弹丸的射击试验,初速已达3 400 m/s。

③工作原理和装置的构成　它的原理或理论基础是“洛仑兹力”,由于应用情况不同,结构和主要部件也有所不同。有三种方案,即导轨炮、线圈炮和重接炮。不管是哪种方案,它们都是由脉冲能源、加速装置、大电流开关等关键部件组成。

a. 基本组成各部件简述

脉冲能源　作为有实际意义的电磁发射,一般需要有存储10~100 MJ能量的能源,以提供脉冲动力。现今,能满足要求的能源有单极发电机、电容器组、蓄电池、交流发电机等。

加速装置　它将脉冲电源提供的电能转换为动能,以便将弹丸加速。因加速器结构的不同，形成了前述的三种技术方案。

大电流开关　该开关能在瞬间（几毫秒～几秒）把兆安培级电流引入到加速装置。因电源的不同和放电时间的差异，要求设计出比较复杂的开关电路和相应的调节装置以便满足发射性能的要求。

b. 导轨炮简介　目前研制较多的是导轨炮。它的基本特点是脉冲电源向两根平行导轨提供低压大电流而实现电磁发射（见图 8－34）。它的工作原理如下：

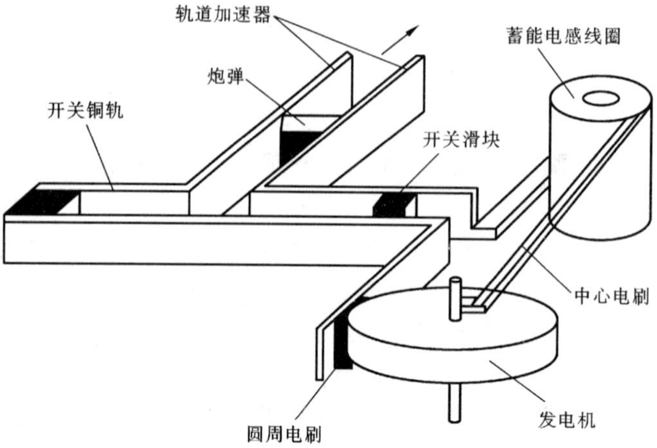

图 8－34　导轨炮示意图

在原动机的带动下，发电机发出强大直流电，输至蓄能电感线圈。该电感器的作用是储能和调节电流脉冲。强电流经过开关铜轨时，开关滑块向前移动，一旦它滑过轨道加速器铜轨的间隙，强电流则经过加速器的两根导轨形成回路，从而在加速器的两根铜轨间形成强大磁场。已置于两根铜轨之间的弹丸后部有一个固体电枢或金属薄片以导电。金属薄片在强电流作用下，立刻变成金属等离子体。当强电流经过弹丸后面的固体电枢或金属等离子体流向另一根铜轨时，将与两根铜轨间的强磁场相互作用，则弹丸受到“洛仑兹力”的作用将向受力方向运动，直至沿着铜轨的方向发射出去。采用不同类型的发电机，即可实现所要求的快速多次发射。

由于“洛仑兹力”与电流的平方成正比，所以在弹丸质量一定的条件下，弹丸所获得的加速度与电流的平方成正比，即弹丸的初速和质量均与电流紧密相关。

④电磁发射与常规火药发射技术的比较

从原理上讲，两种发射技术均属于脉冲动力发射技术。电磁发射具有以下优点。

a. 推力大、弹速高　电磁推力大约是火药推力的 10 倍，可以突破常规火炮初速难于超过 2 000 m/s 的限制。

b. 弹丸小而轻　在保证动能要求的前提下，由于初速的提高，可以将炮弹做得小而轻，因而易于实现装弹自动化。

c. 弹丸初速准　初速的准确可以使射击精度有所提高。

d. 发射隐蔽　电磁炮发射时无烟雾、无声响；发射时后坐力较小，有利于船体结构设计和设备、人员的安全。

e. 弹丸工况好　电磁炮对弹丸的加速作用是贯穿于整个炮管上，而常规火炮则主要是发生在炮管的前半部,并在瞬间急剧升高。所以,若采用精密制导弹丸时,电磁炮给弹丸创造了良好的工况。

(3)电热炮

①研究概况 电热炮一般指电热化学炮。就其原理而言,弹丸初速的获得也是靠气体膨胀做功,但有其许多独到之处,近年来发展很快。美国海军于1990年底开始了电热炮的研究,制定了两个阶段的发展计划。第一阶段利用改进的127 mm舰炮,发射25 kg重弹丸,初速1 200 m/s,炮口动能达18 MJ。该改进炮与现有火炮及发射药相比,炮口动能可达此型舰炮的两倍射程。第二阶段的研究内容是以舰用60 mm电热炮为样炮,以高射速为其目标,考核对空中目标的实弹射击试验。根据试验,60 mm电热炮对超音速反舰导弹的命中、毁伤概率可望有较大的提高。在发射制导炮弹时,以5发左右的短点射就可达到99%的毁伤概率。它预示着电热炮在反导作战中有强大的竞争力。

②工作原理及装置的构成 电热炮同常规炮的机理一样,也是靠气体膨胀做功使弹丸获得初始能量而发射出去。弹丸的一小部分动能由电能提供,大部分动能则由化学能提供(见图8-35)。

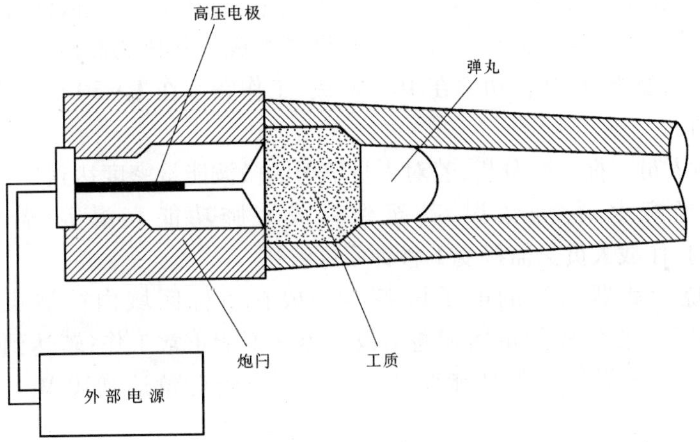

图8-35 电热炮示意图

电热炮的原理是利用外部电源(火炮电源系统)提供的高电压、强电流短脉冲,通过炮尾的高压电极点燃药筒,电脉冲在药筒的喷射器内转化为高温等离子体,使高能、轻质的非爆炸工质燃烧(相当于新型高能发射药),产生高压离子化气体将弹丸推出炮膛。因此,有人将电热炮称之为“增强等离子炮”也是名副其实的。

电热炮的基本装置由常规火炮进行改造并增加某些特殊装置所构成。其中包括外部电源、高压电极、改造后的炮闩、非爆炸工质及常规火炮的炮管等装置。

外部电源是按电热炮的基本要求专门设计的,它能提供高电压、强电流短脉冲。高压电极是作为非爆炸工质的激励源。改造后的炮闩一般是按电热炮的专门要求进行设计,实际使用时,通过互换常规炮炮尾,电热炮可发射电热炮弹,也可发射普通炮弹,有效地扩大了应用范围。非爆炸工质是提供弹丸化学能的发射药,为电热炮做功的主要工质,有液体化合物,也有固体化合物。为使电热炮完成重复快速发射,也需要自动装填机构,具体模式随机构和弹药的不同而异。

③电热炮与常规火药发射火炮的比较

a. 电热炮用电增强化学能技术,炮口动能很高 以美国 60 mm 电热炮为例,其出口动能至少为 2.5 MJ,相当于同口径常规固体发射药火炮(1.77 MJ)的 1.4 倍。所以,在同样弹丸质量情况下弹丸初速高,对目标穿透力强,有利于提高毁伤效果。

b. 同口径电热炮的射程较大 美国 127 mm 电热炮与同口径火炮的射程相比提高了一倍。

c. 控制弹道灵活 可由膛压电控实现内弹道的控制,所以改变射程时无需改变射角。增大了抗击目标的灵活性,可在很短时间内,攻击不同距离上的多个目标。

d. 结构上易于实现 对常规火炮的炮闩进行改造,即可发射电热炮炮弹。

e. 安全性好。

8.6.3 高功率微波武器简介

(1)高功率微波武器具有独特的杀伤效能

高功率微波武器是利用高功率微波束毁伤敌方电子设备和人员的一种新型武器,它为对付智能武器和隐形武器提供了新的途径。一般它由能源、高功率微波源(它是微波武器的关键设备,即微波振荡器)、天线和其他配套设备组成。其核心高功率微波源,起着将电子束动能转变为电磁能的作用,功率在 109 W 级,工作频率在 1 ~ 30 GHz 范围。它具有的独特杀伤效能如下。

①杀伤作战人员 据试验分析,若对人员辐射的微波能量密度达到 3 ~ 13 mW/cm^2 时,人员则产生神经麻木,行为错误,甚至致盲或心肺功能衰竭等;若能量密度达到 20 ~ 80 W/cm^2时,作战人员只需接受 1 秒钟便可致死。

②干扰或烧毁武器系统的电子设备 一般在目标区域内微波束能量密度达到 1 mW/cm^2时,相应工作波段的雷达和通信设备等即不能正常工作;若达到0.01 ~ 1 W/cm^2时,将使电子系统中的微波器件性能变坏,甚至失效;若能量达到10 W/cm^2时,将使器件烧毁。

③杀伤隐形目标 目标的隐形一般采取外壳加吸波材料或吸波涂层。目标的“吸波”,反而为高功率微波武器的杀伤提供了方便之门。经试验分析,用微波武器杀伤隐形目标所需的能量较非隐形时要小许多。

(2)高功率微波武器的应用开发

前苏联自 70 年代以来高功率微波源发展很迅速,不仅功率大,而且转换效率高达 50%。他们研制出了用于防空的高功率微波武器样机,峰值功率达 109 W,经外场试验,杀伤距离可达 10 km。美国已研制出多种高功率微波源,他们研制出的旁射虚阴极振荡器,峰值功率已达 109 W,基本上接近武器级的技术水平。在 1992 年,美国又研制出新型的等离子体辅助慢性振荡器,最大特点是脉宽为现有振荡器脉宽的 1 000 倍。此外,英、法、德、日等国也在进行此项研究。从研究进程的总体来看,高功率微波武器的应用开发已取得实质性进展,预计在 21 世纪转入作战使用。

8.7　舰载武器系统装舰设计

8.7.1　设计范围

武器系统专业设计范围主要包括本专业设计项目、专业间工作协调内容以及与舰载武器系统设计单位协调工作项目，分述如下。

(1)设计项目

按HJB4－88规定，结合舰载武器系统专业设计特点，其工作项目、内容详见表8－2所示。

表8－2

序号	设计项目	内容
1	全舰作战能力设计说明书	作战系统组成、警戒探测能力、跟踪能力、敌我识别能力、打击目标能力、指挥控制能力、武器通道组织能力、风浪下执行任务能力、战术辅助决策能力、作战系统可用性、作战能力指数计算及作战能力分析
2	全舰火力兼容设计说明书	火力兼容管理的武器、火力兼容武器矩阵表、设计规则、火力兼容区域分析
3	全舰武器系统说明书	各系统组成、使命任务、技术性能指标、功能、操作指挥关系、舰上布置等
4	全舰武器系统设备订货明细表	设备名称、型号、数量、技术责任单位、生产单位等
5	全舰武器射角图及说明书	全舰武器射角范围及注意事项、计算报告、依据
6	武器限位角图	武器电气限位角、机械限位角
7	全舰武器系统舰面设备布置图	全舰各武器、跟踪器在舰的布局、定位
8	作战系统接口线路图	作战系统中各系统及主要设备间的接口电缆连接关系
9	作战系统信息原理图	作战系统上网设备及点对点连接设备的网络图及主要战术信息流的内容描述
10	作战系统信息对接表	信源方、信宿方以及传递的信息内容
11	全舰武器系统扬弹机布置和扬弹、补弹路线图	扬弹机定位、操控位置、扬弹、装弹路线及海补路线
12	全舰各武器系统电气设备及随动系统布置线路图	各设备单机间电气连接关系，包括电缆代号、规格型号等
13	作战指挥系统及辅助设备布置线路图	作战指控设备间及辅助设备的电气连接关系
14	作战指挥室及各武器控制室布置图	设备布置定位
15	弹药舱及弹库布置图	弹药存放架、存放数量、存放基数及超载数量，弹药舱相关安全措施说明

以上给出了初步、技术设计阶段设计项目及内容。施工设计阶段主要工作项目有布置线路图、专业导电系统图、设备安装图、工艺套(器械布置图、电缆册、电缆对照表),各个设备接线册、称重册及有关原则工艺文件。

(2)内部工作协调项目

现代舰艇设计是一项各专业分工协作完成的复杂工程,武器系统专业向其他专业提交、协调的工作项目如下。

- 总说明书
- 生存能力说明
- 火力兼容项目说明
- 作战指挥关系及人员编制
- 重量重心
- 舱室及设备布置设计要求及对总布置图反馈、协调
- 基座设计要求、开孔、舱室门、舱口盖要求
- 水、气、电、空调通风设计要求
- 内部通讯、传话管设计要求
- 材料消耗、电缆消耗、减震器消耗
- 供应品、封舱件
- 家具
- 舱面燃气流防护要求
- 研制任务书(建议稿)
- 技术规格书、技术协议书的编写和审签

(3)外部工作协调项目

外部工作协调是指舰艇武器专业人员与舰载武器系统设计部门的一种工作过程,包括了解、熟悉舰载武器系统,宣贯现代舰艇环境条件以及装舰系统/设备必须满足的相关标准、规范等。其中资料协调项目必不可少,舰艇不同的设计阶段需要相应的舰载系统/设备的设计资料,归纳如下。

①方案设计阶段

a. 装舰系统和设备研制任务书、总体方案报告,包括战术技术指标及组成框图;

b. 舱外及舱内设备外形尺寸、重量;

c. 舱外设备的特殊布置、安装要求;

d. 供电、供水、供气要求,及设备冷却方式;

e. 对外接口要求;

f. 导弹、火箭燃气流场,舰炮炮口压力波、碎片等物理参数情况;

g. 电子设备的电磁辐射特性;

h. 机械设备的声特性。

②初步设计阶段　对方案设计阶段提供的资料作必要修改和补充。

③技术设计阶段

a. 设备技术规格书和技术说明书;

b. 设备电缆连接图(包括机柜名称、电缆编号、型号、规格、实际使用芯线数,电磁兼容性类别等);

c. 设备外形尺寸图及操作维修空间；

d. 各独立机柜(分机)、天线,发射装置等独立安装设备的重量重心坐标；

e. 供电种类、容量及供电路数；

f. 特殊安装维护要求、操作人员数量及通讯要求；

g. 冷却方式及水气容量及品质要求；

h. 各设备、分机发热量及特殊通风要求；

i. 导弹、火箭及舰炮发射时物理场及各舰面设备耐受物理场(压力、温度)的性能参数；

j. 导弹、鱼雷等发射离轨后的典型弹道曲线。

④施工设计阶段

a. 技术规格书/技术协议书/技术条件；

b. 设备的外形尺寸；安装尺寸(安装面结构图及尺寸、螺孔及布置尺寸)、安装要求、重量、重心坐标；

c. 管系、电缆接口的性能参数、型式规格、接口位置坐标尺寸；

d. 减震器安装位置、尺寸图、数量、型号规格、结构图；

e. 管路原理图、电气原理图；

f. 电缆连接图(各机柜/设备名称、电缆型号、编号、规格、实际使用芯线数、电磁兼容性类别)；

g. 电缆芯线表(每根电缆的插头型号及编号、每根芯线的接点编号、每根芯线传递的信号名称)；

h. 波导/高频馈线连接关系、品种、规格、外截面尺寸及安装要求；

i. 备品备件清单、备件箱的数量、每个备件箱的外形尺寸及系留固定要求、重量、重心坐标；

j. 安装、操作、使用、维护说明书；

k. 试验大纲、试验册。

8.7.2　设计专题

(1)武器布置和舱室配置

舰载武器布置和舱室配置的优化,对于作战系统作战能力的发挥和提高舰艇生命力有着十分重要的意义。设计中应满足以下的要求：

a. 除了不可能同时使用的情况外,武器布置时使一种武器系统的使用,尽量不影响其他武器系统的同时使用；

b. 武器的布置要考虑增强舰艇的生存能力,除必须分散布置者外,按其所属的武器系统相对集中布置；

c. 武器布置应符合其安装、维护、保养、使用等基本技术要求,应考虑到当武器进行发射时,产生的各种物理场(如燃气流、冲击波的温度、压力、噪声、冲击振动等)对周围的影响,不应危及人员的安全及造成舰艇结构或设备的损坏；凡回转式装置,在其规定使用角度的回转范围内,没有障碍物,避免碰撞,并应设置必要的航行固定设施；

d. 武器布置时尽量对称、紧凑、合理,尽量使整个武器系统的重心降低；

e. 弹药舱的容积需符合弹药装载数量的基本要求,布置紧凑,便于使用,应尽可能布置在正常排水量水线以下,高出时,应采取必要的安全措施；

f. 弹药舱不宜与机舱、炉舱、辅机舱、燃油舱等高温和易燃舱室毗邻布置，如不可避免时，需采取隔热、设置隔离舱等安全措施，弹药舱内壁，按需要敷设隔热绝缘材料；

g. 舰艇上使用的各种弹药的存放条件应符合所存弹药的环境要求。

关于舰炮及其弹药舱，导弹发射装置和导弹舱，反潜武器和鱼雷、深弹舱以及火控系统舱室的具体设计要求见本书第三章。

(2)安全射界设计

①安全射界及其影响因素分析

a. 安全射界 系指在保证舰上人员和设备安全的条件下，允许武器射击方向角和高低角范围。

b. 安全射界影响因素 影响武器安全射界范围的因素繁多，主要归纳为以下几个方面：

- 舰艇的总体布局要求；
- 舰艇的运动特性；
- 武器周围的设备；
- 武器的安装定位属性；
- 武器的几何属性；
- 武器的运动特性；
- 武器周围设备承受武器发射时产生的物理场的能力；
- 武器发射体几何特性和运行特性；
- 武器发射的物理场特性；
- 跟踪器视界范围。

②安全射界的设计方法

a. 作图法

方向角、高低角 如图 8－36 为某舰炮立体图，当该舰炮方向回转角 α，炮管俯仰角 β 时(α,β)即舰炮此时的方向角和高低角。

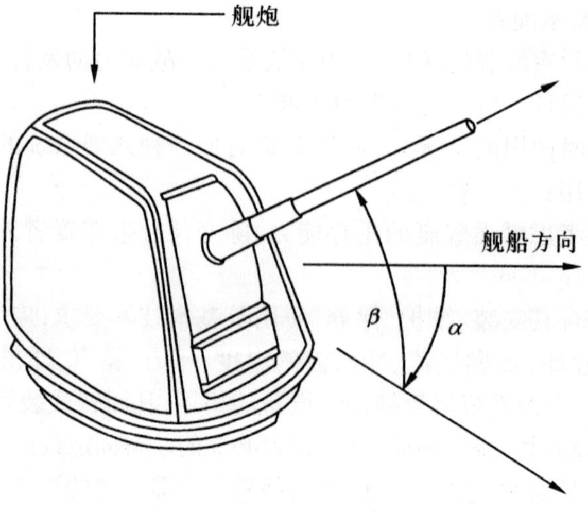

图 8－36 舰炮的方向角和高低角

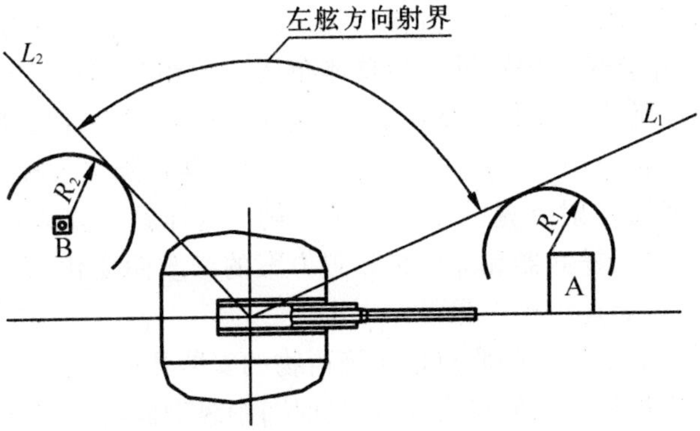

图 8－37　安全射界作图法

射界作图如图 8－37 所示，某舰炮前、后有 A、B 两障碍物，在平面图上分别作 L_1、L_2 线，图中给出了方向射击范围，R_1、R_2 为安全余量值；在纵剖图上同样可以作出高低角射击范围。

b. 数值计算方法　安全射界数值计算方法是近几年来采用的一种先进设计方法，世界先进国家如美国、法国等均采用该方法。现就我国自行研制的安全射界数值计算方法介绍如下。

障碍物数值离散　在舰面上设备均是一些实体模型，不便于进行数值计算，因此，需要对这些实体进行数值离散，即将障碍物实体转化为有限的空间离散点。

余量数值计算

余量的含义　一般而言，余量是指武器发射体飞越障碍物时，离开障碍物的距离，如果我们要使这一概念更为确切表达出来，那么余量就有两层含义，其一是指障碍物数值离散点到武器发射轴线的横向距离，其二是指发射管前端相对于障碍物数值离散点的纵向距离，如图 8－38 中的 CP、G_2C 所示。

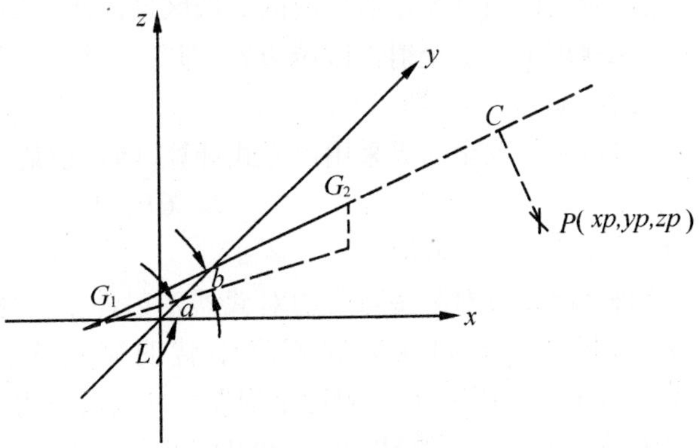

图 8－38　余量示意图

余量的确定方法计算武器安全射界时必须给出武器发射体离开障碍物的余量大小，不同武器、不同的障碍物给出的余量数值不一样。确定余量大小一般考虑的因素可归纳为如下。

- 设计经验及试验验证得到的安全余量数据；
- 障碍物承受武器发射时产生压力场、温度场等物理场的能力；
- 舰艇运动影响；
- 武器发射体的几何属性和运动特性。

上述因素中与武器发射体有关的几何属性和运动属性，如直径、翼展、弹道下沉等以及障碍物承受物理场的能力均由设备本身决定，一般由设备研制单位提供，而舰总体设计部门主要考虑的是舰艇运动的影响、试验及经验取得的数据。试验及经验数据需要不断的积累总结,而舰艇运动影响则需深入研究分析。

③坐标系定义　由于安全射界设计与总体布局密切相关,而总体方案变化较多,这就要求安全射界设计适时随方案变化而变化,并且应在总体方案设计优化中使安全射界范围扩大。由于总体布置变化,计算安全射界采用的原始数据在随之发生变化,例如障碍物位置的改变导致其相对武器发射装置的坐标相应变化。这样就需要设计各种动态的坐标系和静态坐标系,动态坐标系随武器和障碍物布置方案的修改而变化。具体涉及的坐标系有以下 3 种:

- 障碍物坐标系　该坐标系的原点位于障碍物的安装几何中心。
- 甲板坐标系　甲板坐标系原点设在 0 号肋位,中纵剖面与基线交汇处。
- 发射坐标系　发射坐标系原点位于武器回转中心线上与过俯仰轴水平面的交汇处。

舰上武器从发射方式上可分为 2 类,一类是回转俯仰式发射装置;另一类为固定式发射装置,对于不同类别武器发射装置,其安全射界设计需使用不同数学模型进行处理。这里简单介绍一下回转俯仰式发射装置安全射界数值计算方法。舰上舰空导弹发射装置、主炮、副炮、深弹发射装置等均属于回转俯仰式发射装置。

至此,我们可以采取三个步骤求取方向和变低射界。

- 角度投影计算　使武器发射管轴线对准障碍物,求取障碍物相对于武器发射和轴线的方向角和高低角。
- 角度投影视图生成　将上述计算的角度,用可视化图形直观显示在屏幕上,从中可以清楚看到障碍物限制的方向角、高低角。
- 安全射界计算　在上述角度投影的基础上,附加一定余量即可得出安全射界。

④安全射界设计判据

在障碍物的角度投影所形成的遮挡区域内武器不能发射,如在此区域基础上附加一定的余量则就形成了安全射击区域边界,即安全射界。余量的给出有两种方式。

a. 给出横向余量(即 CP 类)

大多数武器安全射界采用该方式计算,即给定某一余量数值 RR_1 使得

$$CP \geqslant RR_1 \tag{8-1}$$

b. 给出 CP、G_2C 余量

这种情况是针对某些障碍物对武器发射冲击波压力或燃气流温度有一定承受能力限制. 例如,某舰空导弹在装舰要求中就明确指出:发射装置承受的静压力 29.4 kPa (0.3 kgf/cm^2),而安装在其附近主炮发射冲击波压力非常大,如图 8 – 39 所示,某主炮动压曲线中,炮口附近动压高达(196 ~ 980) kPa(2 ~ 10 kgf/cm^2),这样,在计算主炮安全射界时就要考虑这两种余量,使得

$$\left.\begin{aligned} CP &\geqslant RR_1 \\ G_2C &\geqslant RR_2 \end{aligned}\right\} \tag{8-2}$$

其中 RR_1,RR_2 为障碍物能承受的最大冲击波压力值所对应的横向和纵向距离。

所谓安全射界即满足是(8 – 1)或(8 – 2)条件的方向角、高低角包络线。如图8 – 40所示给出某舰主炮计算实例。

(3)火力兼容设计

①火力兼容的含义　舰艇武器配置设计的任务之一是在保证舰艇安全的条件下充分

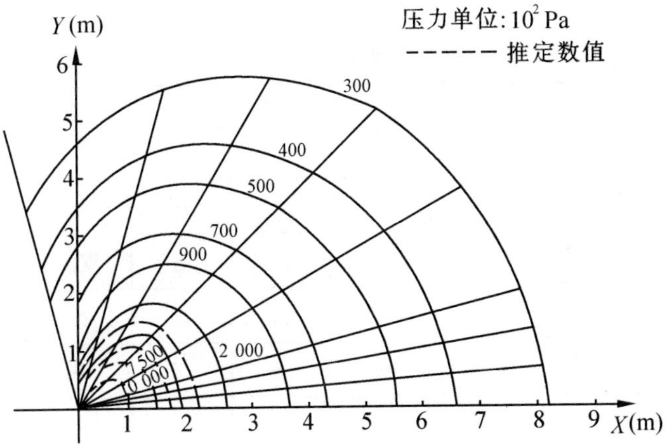

图 8－39　某主炮动压曲线图

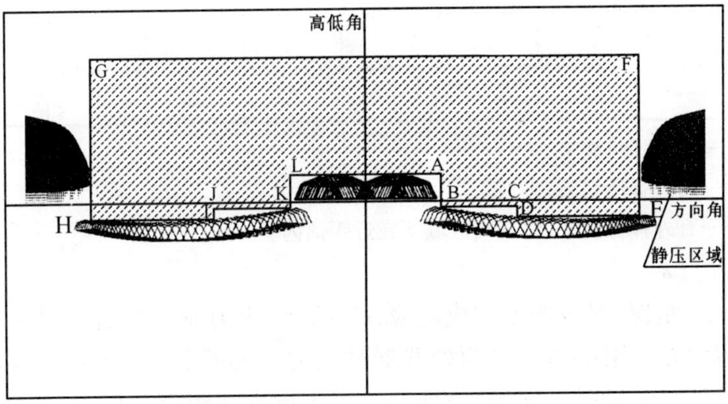

图 8－40　某舰主炮安全射界数值计算图

扩大各武器的射击范围。这项工作一般体现在全舰武器安全射界设计之中。通常,在武器安全安全射界设计中,仅考虑武器射击时,武器发射体(如炮弹、导弹、干扰弹等)必须避开其他武器装备和舰上障碍物,而没有计及武器发射体之间外弹道交叉时存在的危险因素(尤其在舰艇上方交叉射击)。火力兼容控制则考虑了该因素,自动处理协调各武器在我舰近距离内弹道交叉,避免交叉射击时对舰艇构成的危险因素,在时间、空间上充分发挥各武器的作战效能。

舰上武器火力兼容管理一般由火力兼容控制设备完成,其原理可描述为:通过实时采集舰炮、导弹等武器的架位信息,火力兼容控制设备按火力交叉算法自动算出相应武器的弹道交叉情况,然后根据武器的优先使用规则,控制优先级低的武器在交叉区域内禁射或避让,或发生告警信号,待兼容过程完毕,原被禁射武器仍按原安全射界射击。

②火力兼容设计

a. 火力兼容设备矩阵　在舰艇火力兼容设计时,首先必须明确所管理的武器类型、数量,然后分析任意两种武器的外弹道交叉情况,形成一份火力兼容设备矩阵表,如表 8－3 所示的某舰火力兼容设计时矩阵表。

表 8 - 3

设备序号	1	2	3	4	5	6	7	8	9	10
1	—	✓	✓	✓	✓	△	△	△	△	✓
2	✓	—	✓	—	—	△	△	△	△	—
3	✓	✓	—	✓	✓	△	△	△	△	✓
4	✓	—	✓	—	—	—	✓	—	✓	—
5	✓	—	✓	—	—	✓	—	✓	—	—
6	△	△	△	—	✓	—	—	△	—	△
7	△	△	△	✓	—	—	—	—	△	△
8	△	△	△	—	✓	△	—	—	—	△
9	△	△	△	✓	—	—	△	—	—	△
10	✓	—	✓	—	—	△	△	△	△	—

其中:"—"——无外弹道交叉;

"✓"——有外弹道交叉;

"△"——有外弹道交叉,但交叉区域不在近距离内。

由于表中"△"情况,对我舰不构成危险,故不进行火力兼容控制。

b. 火力兼容优先使用规则　当两种武器被火力兼容控制时,何种武器被禁射或避让,事先必须制订优先使用规则。例如,一种武器用于攻击远距离舰船,另一种武器则是防御近距离反舰导弹,当这二种武器弹道交叉时,则必须禁射远距离攻击武器,优先使用近距离防御武器。

c. 火力兼容区域分析　火力兼容区域是指两种武器外弹道交叉时,被禁射武器的禁射区域,即被禁射武器发射体进入的外弹道交叉区域。在与之组合另一种武器发射期间,该禁射武器架位进入该区域时,接收火力兼容自动控制设备的禁射信号。

按武器发射装置形式可将禁射区域分为 2 类:

静态禁射区域——其中一种武器装置为固定式角度发射。

动态禁射区域——两种武器发射装置均为回转俯仰式。

静态禁射区域分析可将固定式发射装置发射的发射体作为障碍物进行安全射界数值计算,由于静态禁射区域未考虑实时兼容判断,故相对动态禁射区域而言,牺牲射界较大;动态禁射区域则要求实时解算火力兼容区,故可充分发挥武器效能。如图 8 - 41 所示为某舰的静态禁射区域计算图。

(4)舰载武器系统设备装舰要素和界面要求

①武器系统各设备主要装舰要素

a. 设备的尺寸(长×宽×高)和重量。这是舰艇总体性能计算的基础,也是总体布置和

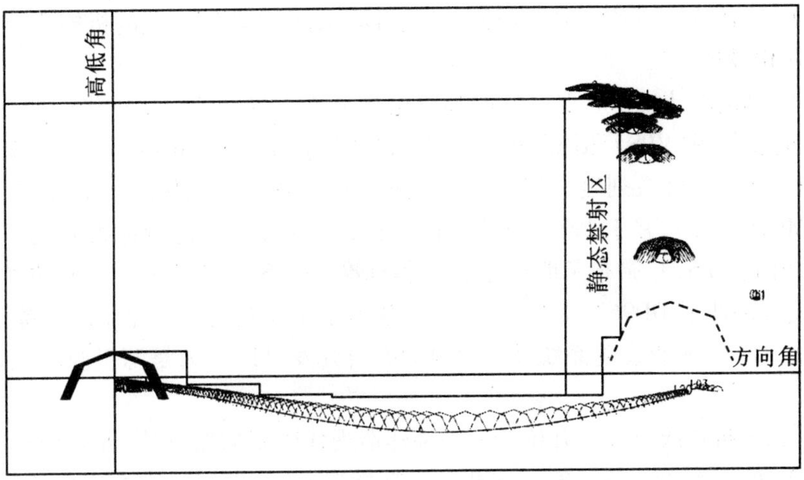

图 8－41　某舰炮静态禁射区域计算图

武器系统专业设计的基本参数；

b. 外形图、安装基座的形状和外载荷条件。设备外形还包括运动部分的范围和操作所需空间，安装基座决定了与舰上船体基座的机械接口，外载荷条件包括外力和物理场，它是船体加强结构及其基座的强度、刚度设计与舰艇安全性设计的依据；

c. 用电量和发热量，用电量包括电源种类、容量、电源品质、供电连续性、制约条件等，它是进行电力负荷计算和电力系统设计的基本参数；设备发热量则是舰艇空调通风系统设计的原始数据；

d. 设备特殊冷却、通风要求，冷却方式，冷却参数，供气要求和参数，包括流体压力、流量、品质、接口界面，它是辅助系统设计的依据；

e. 电子信息系统设备与舰总体有关接口参数、电缆连接图、接线图册、芯线表，它是电子武器系统设备装舰设计依据；

f. 探测器天线对船体结构和桅杆刚度要求；

g. 船舶辅助系统设备和液压设备油、水、气管路原理图接口参数；

h. 电子设备和电缆电磁辐射参数等。

i. 设备的特殊安装布置要求，包括波导走向及长度限制、电缆的长度限制，设备固有振动频率和对船体基座的刚度参数要求等。

②界面要求　界面要求分为环境界面和功能界面两类。

环境界面指舰船系统或设备与环境之间的边界。界面关系主要是物理的作用，并且这种环境界面关系使舰船系统或设备依赖于环境或受环境影响。它主要与装有正常运行设备的舰上环境有关。包括保障设施，如压缩空气、冷却水、干燥空气、电源、淡水、蒸汽等；可控制的因素，如空调通风、尺寸重量、武器操纵、维修通道等；不可控制的环境，如风、海况、气温、湿度、舰船运动姿态等；作战因素，爆炸、冲击、电磁场等。

功能界面指流过功能信息的舰船系统或设备间的边界。流过的功能信息使舰船系统或设备处于从属或响应运行。它主要与通过界面有效的传输信息和控制信号有关。包括电子信息特性，如与搜索雷达、声呐和通讯有关的信号；武器控制信号，如与武器选择、导弹制导、跟踪和火炮指令有关的信号;电气信号,如与同步机、伺服机和计算装置有关的信号;机械信号,如与轴位置或旋转、限制开关、位置指示、断路凸轮等有关的机械传动信号。

(5)模块化设计

①国外模块化设计技术状况　舰船模块化技术源于20世纪60年代后期,其代表有美国的可变有效载荷舰(VPS)和德国布隆-沃斯公司(Blohm & Voss)的多用途标准舰/功能单元系统(MEKO/FES)系列舰。1973年,美国实施了通过模块化进行舰艇现代改装工程(简称SEAMOD工程),并于1975—1976年对作战系统模块化进行详细研究。1979年,美国海军着手研究VPS,并颁布了舰船系统工程标准(SSES),按照SEAMOD方法,通过引入VPS概念,美国设计了DD963及DDG51两种基本型多用途标准平台,并装备了相应的武器、电子模块,MK41垂直发射系统及综合电力系统开发可以认为是源于模块化技术的发展需求。

1969年德国布隆沃斯公司开始研究一种建造现代舰艇的新方法,即采用标准模块安装武器、传感器、火控系统装备。安装这些独立功能单元时,采用了标准的尺寸、标准接口连接,这样实现了以一个多用途标准平台装载可变的武器装备,这就是著名的MEKO技术。

②舰载武器系统模块化功能分析　由于舰载武器系统从属于作战系统,按顶层分析要求,应从作战系统功能分析入手。现代舰艇作战系统从功能上一般划分为对空战、对海战和反潜战。以对空战为例,其过程如下。

对空战可描述为在对空警戒、搜索的传感器搜索到目标后,交由敌我识别器进行识别,然后由作战指挥系统进行多路传感器信息处理、分类、显示敌我态势,按预定的作战原则作出威胁判断及指挥决策,最后发出目标指示,实施对空战的有舰空导弹武器系统、舰炮系统及电子战系统等,这些系统一般都会有火控处理单元及其相应的发射装置。按同样分析方法,可以得出对海战、反潜战作战过程。如图8-42所示为作战功能框图。

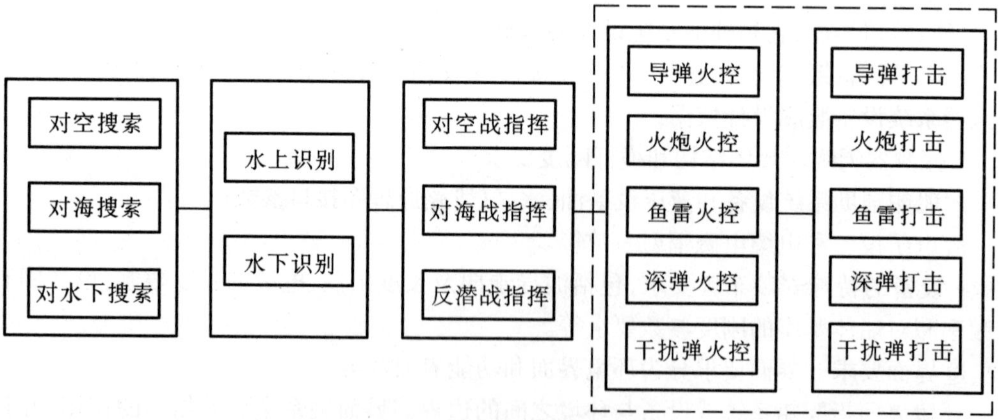

图8-42　作战功能框图

注:虚框内为舰载武器系统功能框图

从以上分析可以得出,舰载武器系统模块可分为三类。

- 控制模块
- 武器模块
- 传感器模块(火控部分的跟踪器天线)。

如果将现代舰艇看成一个模块的顶层,那么舰载武器系统的控制模块、武器模块、传感器模块则是其底层模块之一，而模块化的设计思想在于，自顶层向下分析，从底层向上组合成为具有某种功能（按研制总要求规定）的现代舰艇。

③舰载武器系统模块化设计过程　舰载武器系统模块化设计一般分为总体设计、技术设计、施工设计及试验验证四个阶段。

- 总体设计　主要解决舰载武器系统模块划分、模块尺寸及模块内设备配置，模块布置及总体吊装等内容。
- 技术设计　主要是分析模块功能、确定模块对外能量流、信息流，以便设计模块的能源接口及信息接口装置，开展模块结构、内装、空调通风、配电照明及优化布置等设计。
- 施工设计　在技术设计基础上，设计出可供施工图纸。
- 试验验证　模块化硬件是一个综合集成产品，而舰载武器系统具有精度要求，所以必须时舰载武器模块进行试验验证，确保装舰成功。

(6)作战能力评估

舰艇作战能力是指在典型战术态势下，由舰上各种直接用于作战目的电子、武器系统及设备，按作战系统体系结构相连，以及总体布局构成的具有对空、对海、反潜等作战任务能力的表征。它包括警戒探测能力、跟踪能力、敌我识别能力、打击目标能力、指挥控制能力、武器通道组织能力、反应时间，精度、风浪下执行使命任务的能力、战术机动能力、通信保障、导航能力等。

作战能力表征有文字叙述方法及数值评估方法，文字叙述方法在舰艇技术设计中以“全舰作战能力说明书”形式出现；数值评估一般采用指数计算方法，目前国内一般有综合指数法，加权指数法和效用函数指数法，分述如下。

①综合指数法　综合指数法采用模糊数学、系统工程和计算机仿真的方法，建立了一个由 4 个层次组成的评估舰艇作战能力的指数集，其层次依次为：作战能力指数、任务指数、武器系统指数、设备性能参数。计算公式为

$$F_J = C_{bj} \cdot \sum_{i=1}^{4} F_i$$

其中　F_J——作战能力指数；

C_{bj}——变换系数；

F_i——各种任务指数，如对空战、对海战、反潜战及对岸战等。

该方法在计算作战能力指数中，除了考虑装备的技术性能外，还考虑了人员和战术、敌我双方条件和自然环境条件等因素。它反映了作战系统有效能力，比较全面真实。

②加权指数法　加权指数法同综合指数一样将作战能力评估分为 4 个层次，在计算武器系统指数时不考虑人员素质等非武器性能参数。在计算中，严格按各层次关系，用层次分析法（AHP 法）计算各层因素的权重，自下而上进行作战能力指数计算，其公式为

$$I = \sum_{i=1}^{n} K_i \cdot I_i$$

K_i——权重系数，用 AHP 法得到；

I_i——各任务指数。

③效用函数指数法

a. 效用函数法层次　效用函数方法层次同综合指数法层次一样，也是分为 4 层，即舰艇作战能力指数层、任务层、武器层及性能层。

•作战能力指数层　作战能力指数分为两部分，一部分为舰载作战系统；另一部分为舰艇平台。

•任务层　从作战使命上可分为三个方面，即对空战，对海战及反潜战。对于不同的作战任务可计算对应的作战指数。

•武器层　不同的作战任务要使用不同类型的武器，对应任务层分别如下。

对空战　舰空导弹武器系统、主炮系统、副炮系统、电子战系统、雷达、作战指挥系统；

对海战　舰舰导弹武器系统、主炮系统、副炮系统、电子战系统、雷达、作战指挥系统；

反潜战　反潜系统（含拖曳线列阵声呐、回声声呐、鱼雷、深弹）、作战指挥系统、直升机。

•性能层　以上分析了执行各种任务使用的武器类型，而对各种类型武器的作战能力则使用相应的性能参数予以描述，下面的列表给出了描述各种武器作战能力常用性能参数。

表 8－4

系统或设备	性能参数
舰空导弹	远界、近界、高界、低界、命中概率、毁伤概率、反应时间、同时对付目标数、导弹飞行速度，发射间隔、备弹量、制导方式
舰舰导弹	射程、单发命中概率、反应时间、同时对付目标数，导弹飞行速度、飞行低界、备弹量、制导方式
舰炮	口径、座数、发射率、初速、备弹量、射击通道、射程、射高、瞄准能力、反应时间
鱼雷	远界、近界、深界、航速、命中精度、战斗部威力、制导方式
深弹	射程、潜深、命中概率、战斗部威力
声呐	作用距离、测向精度、分辨力
雷　达	作用距离、空域、探测精度、分辨力、天线转速
电子战	频域、测向精度、测频精度、无源干扰反射面积、红外干扰辐射能量、有源干扰频域、作用距离、干扰精度
直升机	有效载荷、巡航速度、续航时间、动升限、最大航程、架数
作战指挥系统	主存容量、运行速度、反应时间、数据库能力、共享能力、软件水平、情报处理能力、目标指示能力
平台	快速性、续航力、自持力、操纵性、适航性、导航能力

b. 层次分析模型及指数　以上用层次分析的方法对作战能力进行了分析，最下层归结到各种武器系统和平台的性能参数，因此，通过对性能参数的分析、建模，量化计算就能算出舰艇作战系统的指数及各种作战任务下的量化指数。其计算公式如下。

$$F = B \cdot \sum_{i=1}^{3} F_i$$

式中　F——舰艇综合作战能力指数；

B——平台指数；

F_1——对空战任务指数；

F_2——对海战任务指数；

F_3——反潜任务指数。

(7)作战系统生命力分析

作战系统生命力是指舰艇在遭受武器命中的条件下，作战系统所具有的生存能力。随着各种新技术的不断发展，舰艇日益受到现代武器的进攻威胁。在现代舰艇设计中，如何提高舰艇遭受武器命中后的生命力，就成为各国海军十分关注的课题。作战系统作为舰艇的一个庞大子系统，它与舰艇生命力息息相关，以往在生命力分析中比较注重舰艇的不沉性、动力装置、供电系统的生命力，忽略了作战系统装备的生命力分析，本节旨在给出作战系统生命力分析方法、计算模型，找出舰艇作战系统生命力的薄弱环节，达到提高作战系统生命力的目的。

①作战系统生命力分析方法　从作战系统生命力定义不难看出，生命力实际上是指在外力作用下的一种生存概率，即生命力 = 1 - 失效概率，所以生命力的分析计算在于失效概率的分析计算，这里我们引用可靠性失效分析中故障树方法，暂且命名为损伤树分析。

a. 基本术语及符号

损伤树——表示由各基本事件组合导致系统或产品失效的一种逻辑图示。

结果事件——由其他事件或事件组合所导致的事件，分顶事件和中间事件，总是位于损伤树中某个逻辑门的输出端。

底事件——导致其他事件的原因事件，位于损伤树的底端，总是损伤树中某个逻辑门的输入事件。

与门——所有输入事件发生时，才有输出事件发生。

或门——至少一个输入事件发生，输出事件就发生。

损伤树中符号表示如图 8 - 43。

图 8 - 43　损伤树符号图

b. 作战系统生命力损伤树顶事件分析　作战系统生命力损伤树的顶事件可定义为“作战系统失效”，即作战系统不能完成对空战、对海战和反潜战，从上节作战能力评估可以看出，作战能力的第三层失效将导致作战能力失效。故作战系统下层的主炮武器系统、副炮武器系统、舰舰导弹武器系统、舰空导弹武器系统、电子战系统、反潜系统以与门形式构成其顶事件，如图 8 - 44 所示：

c. 各武器系统、设备损伤分析　这里仅以主炮武器系统为例。

主炮武器系统主要由火控设备、跟踪雷达、炮装置、随动系统、弹药等组成，与作战有关的主要接口包括导航系统以及作战指挥系统。这些系统或设备其中任何一项故障均会导致主炮系统失效，其损伤树表述如图 8 - 45。

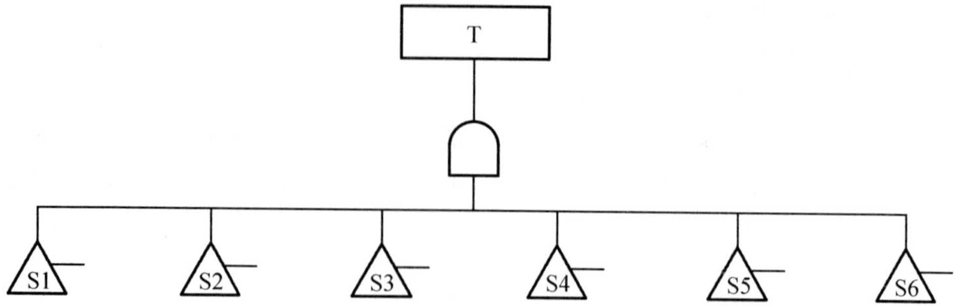

图 8-44 作战系统生命力损伤树顶事件

符号说明：T——作战系统失效；S_1——主炮武器系统失效；S_2——副炮武器系统失效；S_3——舰舰导弹武器系统失效；S_4——舰空导弹武器系统失效；S_5——电子战系统失效；S_6——反潜武器系统失效

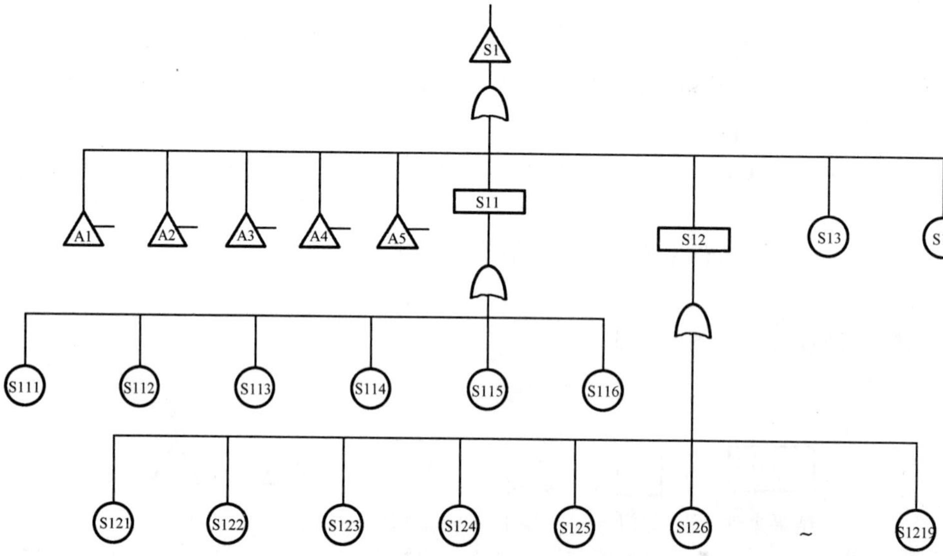

图 8-45 主炮武器系统损伤树

注：上述损伤树仅是主炮武器系统工作的一个武器通道，其他通道损伤分析未列出。

②底事件损伤因素分析及判据

外力条件及损伤因素　生命力分析计算是多种外力作用的结果，设定舰艇受到的攻击武器有激光炸弹、反舰导弹、鱼雷和水雷等，炸点分布于舰上或其周围。从设备的破坏效应看主要有破片、超压、高温及冲击震动等破坏作用，这些损伤因素分析如下。

破片破坏　弹丸爆炸时，弹壳在炸药作用下破裂形成大小不一，向四周高速飞散的破片，当它遇到设备或人员时会产生破坏作用，破片对设备的破坏一般用破片动能、比动能来衡量。

超压破坏　超压破坏是由于炸药爆炸产生的冲击波造成的一种破坏形式，评判标准有试验方法及经验公式估算。举例如下：

A. 空中爆炸试验

1946 年 7 月,美国在比基尼岛空中爆炸了一颗 2 000 吨级 TNT 当量的原子弹,试验结果为

- 超压为 0.7 ~ 0.85 kg/cm^2(0.068 6 ~ 0.083 4 MPa)时,对各类船舶造成严重破坏;
- 超压为 0.42 kg/cm^2(0.041 2 MPa)时,船舶受到中度破坏,不能航行需要大修;
- 超压为 0.28 kg/cm^2(0.027 5 MPa)时 ,船上电子设备或机械设备可能受到破坏;
- 雷达天线在 0.63 kg/cm^2(0.061 8 MPa)时,足够遭到击坏。

B. 舰炮发射试验

1982—1983 年,美国进行了 16 英寸舰炮的发射试验,各种武器承受舰炮冲击波超压值如下

CIWS 系统	0.024 MPa
SQ - 32 电子战	0.021 MPa
鱼叉发射装置	0.048 MPa
战斧发射装置	0.069 MPa

C. 各种经验公式

- 空中爆炸或接触近距离爆炸破坏半径

$$r_b = K\sqrt{\omega_e}$$

其中　r_b——破坏半径;

K——与舰艇结构有关的系数;

ω_e——炸药的 TNT 当量。

- 水中接触爆炸破坏半径

$$R = 1.25\sqrt[3]{\frac{\omega}{P_0}},\quad P_0 = 1.03(1 + 0.1H)$$

其中　R——水中接触爆炸破坏半径;

ω——装药量;

P_0——爆心处静水压力;

H——爆心处水深。

高温破坏　预定武器战斗部爆炸后产生高温、高压爆炸产物向周围扩散,与此同时弹壳破裂产生变形热,破片携带变形和爆炸产物所增加的热量向周围扩散,并形成火球,如果火球遇到易燃物时可能引起火灾。

冲击震动破坏　作战系统内的电子信息设备、武器系统分布于全舰,受预定武器爆炸造成的冲击震动破坏较大,重点分析如下。

- 冲击响应模型

设基础位移 u,设备相对于基础位移 x,则运动方程为

$$m(\ddot{x} + \ddot{u}) + c\dot{x} + kx = 0$$

或

$$\ddot{x} + 2\xi\omega_0\dot{x} + \omega_0^2 x = -\ddot{u}(\tau)$$

其中　$\xi = \frac{c}{C_0}, C_0 = 2\sqrt{km}, \omega_0 = \sqrt{\frac{k}{m}}$,$m$——设备质量;

c——阻尼系数;

k——弹簧刚度；

ξ——阻尼比；

C_0——临界阻尼系数；

ω_0——系统固有频率。

在初始条件 $x|_{t=0}=0, \dot{x}|_{t=0}=0$ 时

$$x(t) = -\frac{1}{\omega_d}\int_0^t \ddot{u}(\tau)\mathrm{e}^{-\xi\omega_0(t-\tau)}\sin\omega_d(t-\tau)\mathrm{d}\tau$$

$$\dot{x}(t) = \frac{\xi}{\sqrt{1-\xi^2}}\int_0^t \ddot{u}(\tau)\mathrm{e}^{-\xi\omega_0(t-\tau)}\sin\omega_d(t-\tau)\mathrm{d}\tau - \int_0^t \ddot{u}(\tau)\mathrm{e}^{-\xi\omega_0(t-\tau)}\cos\omega_d(t-\tau)\mathrm{d}t$$

设备的绝对加速度

$$\ddot{z}(t) = \ddot{x} + \ddot{u} = -(2\xi\omega_0\dot{x} + \omega_0^2 x)$$

其中 $\omega_d = \omega_0\sqrt{1-\xi^2}$

- 最大冲击响应计算

在生命力分析中，我们感兴趣的仅是冲击响应极大值 $\ddot{X}_{max}$ 及 X_{max}，用于判断设备是否损伤，而不是整个非稳态或暂态振动过程 $X(t)$。由于冲击作用时间短、峰点出现较早，阻尼对峰值影响较小，在计算中不计阻尼影响，通过推导和求极值计算可得

$$\alpha = \left|\frac{X_{max}}{m\ddot{u}_0/k}\right| = \left|\frac{\ddot{X}_{max}}{\ddot{u}_0}\right|$$

其中 α——冲击载荷动力系数；

X_{max}——最大响应位移；

$\ddot{X}_{max}$——质量 m 的最大响应加速度；

$\ddot{u}_0$——支座最大加速度。

动力系数 α 的大小取决于冲击持续时间(t_1)与系统固有振动周期(T)之比 t_1/T，工程上绘制了 α 与 t_1/T 的关系曲线图谱，用此类图谱计算冲击载荷下的最大动力响应。

在生命力计算中，预定武器命中后，可以计算出设备安装处的冲击加速度 $\ddot{u}_0$ 及冲击脉宽 t_1，然后计算设备固有振动周期查图谱求得 α，从而得出 $\ddot{X}_{max}$ 及 X_{max}。

②底事件设备损伤概率 P_d

对于电子设备有

$$P_d = \begin{cases} 0.5\left[\sin\left(\left(\dfrac{\ddot{X}_{max}-a}{b-a}\right)-\dfrac{1}{2}\right)\pi + 1\right] & a \leqslant \ddot{X}_{max} \leqslant b \\ 0 & \ddot{X}_{max} \leqslant a \\ 1 & \ddot{X}_{max} \geqslant b \end{cases}$$

对于机械设备，其公式一样，仅限值 a、b 不同。

③作战系统生命力计算模型　根据损伤因素分析，我们可以计算出损伤树中底事件的损伤概率。由一系列底事件，与门、或门构成了各武器系统的损伤树，对应与门事件，其概率计算公式为

$$P = \prod_{i=1}^{n} P_i$$

对应或门事件,其概率计算公式为

$$P = 1 - \prod_{i=1}^{n} (1 - P_i)$$

式中　P_i——第 i 个设备的损伤概率。

因此,作战系统的生命力为　$F = 1 - P$。

④总体设计中生命力考虑的因素　进行作战系统生命力分析计算不是为了只求得生存概率值有多大,而是为了从生存概率值出发改进舰总体设计,从而提高舰艇生命力。从损伤分析及与门计算公式不难看出,作战系统内冗余设计对各生命力是有好处的,但是在舰上布置时则要分散布置。如果集中布置,则在武器命中破坏范围内全部损伤,达不到冗余设计的好处。同样道理,系统内非冗余设备或称之为串联设备,在总体布置时,则需要集中布置。同一舱室集中布置同一系统设备,不同系统的设备不要布置在同一舱室。因此,我们在进行武器系统的设备总体布置时,尽可能将某一武器系统的发射装置、随动系统、火控设备及机组室等布置在同一舱段内;而将冗余设备、电缆等分散布置武器破坏半径之外。另外对各系统生命力都有影响的设备及舱室加强生命力设计,如作战指挥系统采取冗余设计,作战指挥室加强防护,以提高作战系统的生命力。

8.7.3　参照系和坐标系

(1)参照系　解决舰载武器系统控制和解算问题会涉及到有关目标位置及运动信息的搜集和处理,为了使目标位置和运动数据能成为有用的信息,必须把它们与已知的基准建立起一定的关系。参照系由几个主要的特性参数来描述,它们是原点、基准线、基准平面和稳定性。为了使测得的直线距离为实用数据,参照系必须具有一个基准原点,此点建立起参照系的零点。在武器系统中,目标相对原点的方向是用角度量度的,为了量度角度就要建立基准线,基准线通过原点并建立起参照系的轴线。除了基准线外,角度的量度还需确定平面,以便在该平面内量度角度。

基于上面的三个参数,现在就可以构成一般的参照系,通常都希望能用线性量和角度量来表示位置。所以一般的参照系都有三个基准轴(X、Y、Z)组成。方位基准线可任意选择为 X 轴,水平基准面就是含 X 轴和 Y 轴的平面,垂直基准面也被建立并确定,它是含目标和 Z 轴的平面。图8－46示出了这种一般的参照系。

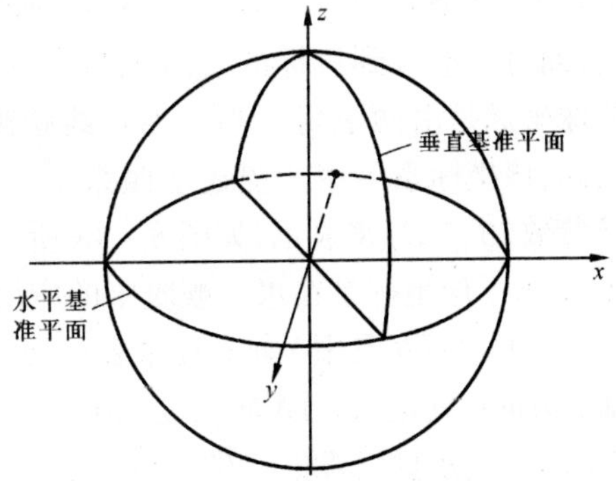

图 8－46　一般的三维参照系

用于舰载武器控制的参照系通常有两种,即不稳定参照系和稳定的参照系。

不稳定参照系是固定在武器平台上随着舰艇一起运动的。这种参照系把原点选在一种武器或一个探测器上,其基准轴被确定在平台上,一根轴线取自舰艏艉方向,另一根轴线与这条轴线在同一水平面内并垂直于这条轴线,第三根轴线垂直取向并分别与另外两条轴线垂直。不稳定参照系的主要特点是,在武器平台发生纵摇、横摇和艏摇时,此参照系三根轴线也会随之转动。因此,它不适于用来描述目标的运动。

稳定性参照系是相对于遥远的恒星保持固定或非转动状态的参照系,目标位置在这个参照系内的所有改变仅仅是由于目标本身运动的结果,参照系本身不运动。稳定的参照系的原点也选在武器或探测器上,但它的基准轴线已不再与舰首尾方向重合,而是由陀螺仪来建立的,用一个这样的惯性元件来跟踪地球的转动轴,这就建立了一条固定不变的南北方向水平基准线。第二条水平基准线是用同样惯性元件引出与南北基准线垂直的东西方向基准线。另一惯性元件跟踪地心,从而建立了第三条固定的垂直基准线。在大多数武器飞行期间,可以把这种稳定的武器站参照系看成是惯性的。所以,一般都是用这种稳定的参照系来描述目标的运动和计算提前角。

(2)坐标系

在任意给定的武器系统中,可能会有若干个工作参照系。如图 8-47 所示,例如武器参照系、跟踪器参照系、计算参照系。这些相关参照系之间有位移而且相互间有旋转。因此,必须建立一种坐标系统来唯一地描述空间位置,还必须规定一个初始点或基准点,也就是上面所说的由三条相互垂直轴线组成的参照系的原点。在实际舰载武器系统中这个原点一般为探测器的中枢轴,这是因为所有目标初始数据都产生于此。此时,目标坐标是用该参照系来定位的,它也就是这个舰载武器系统的坐标系。

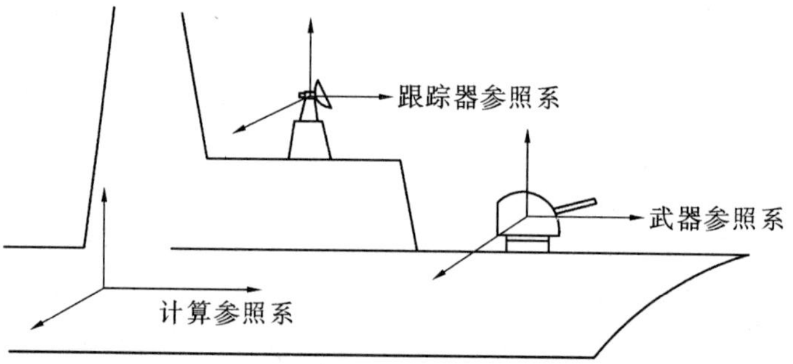

图 8-47 在武器系统中若干个设备参照系

用球坐标系来处理实际测量目标参数是比较理想的,这是因为探测器是绕各自的坐标轴转动的,而且是沿着到目标的直线测量距离的。广义的球坐标是由两个角度和一条直线距离组成的。因此,该坐标系可用能描述参照系中任意点的三维参数(β,ξ,R)来表示,如图 8-48 所示。图 8-49 示出了球坐标系在水面舰艇中的应用实例。

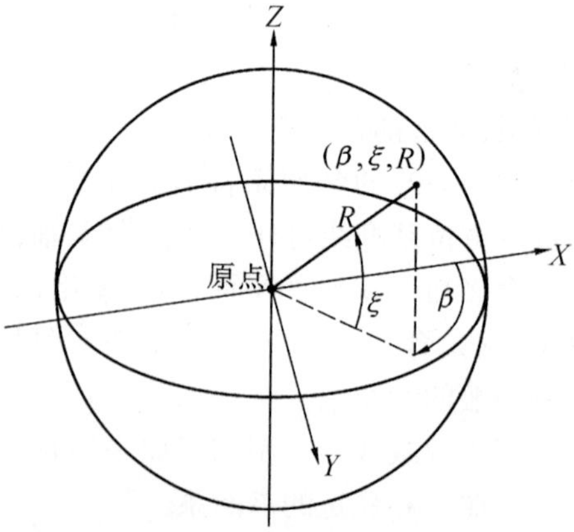

图 8-48 广义的球坐标系

直角坐标系是用 Y 轴长度来表示目标在实际的南北方向上的距离,用 X 轴长度表示东西向距离,用 Z 轴长度表示垂直高度。图8-50所示的就是广义的直角坐标系。目标速度的计算和目标未来位置的前置量在直角坐标系中较容易完成,于是减少了计算机求解射击指挥问题所需的时间。所以大多数火控系统以及指控设备都使用直角坐标系。

(3)坐标转换

把在某一参照系内描述某点的一组坐标转换成在同一参照系内描述同一点的另一组坐标的处理过程称为坐标转换,图 8-51 示出了球坐标系与直角坐标之间的关系,它们之间的转换式为

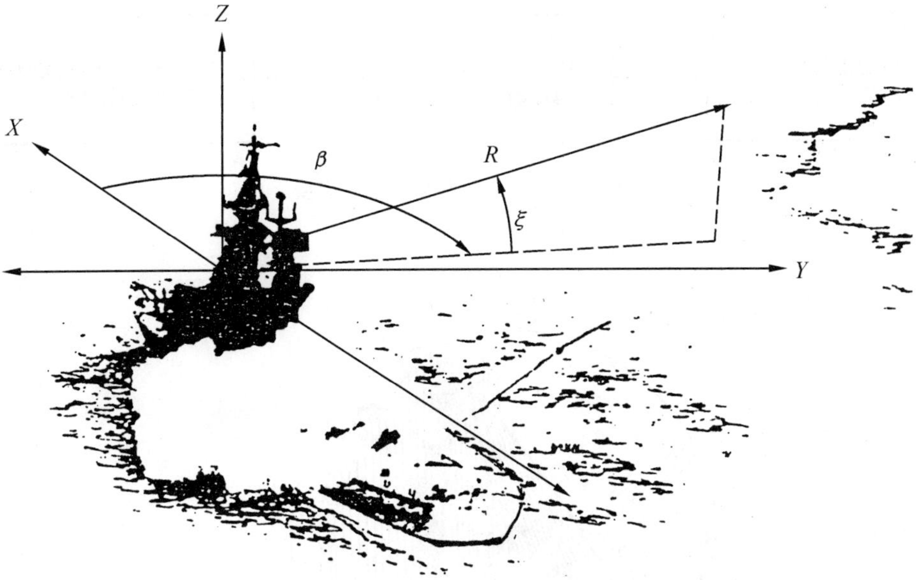

图 8－49　球坐标系在水面舰艇中的应用

$$X = R\cos\xi\cos\beta \qquad (8-3)$$

$$Y = R\cos\xi\sin\beta \qquad (8-4)$$

$$Z = R\sin\xi \qquad (8-5)$$

(4)坐标变换(参照系旋转)

目标坐标的变换处理就是利用同一坐标系把目标坐标从一个参照系变换到另一个参照系中。参照系的转动是由武器平台的纵、横摇引起的。变换处理就是把非稳定参照系中的坐标在纵向和横向上转动一定角度，从而得出在稳定参照系中的坐标。图 8－52 给出了武器系统坐标转换与坐标变换的流程。

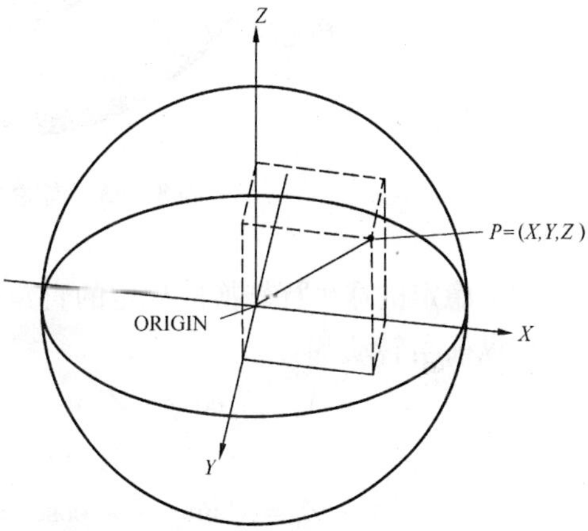

图 8－50　广义的直角坐标系

图 8－53 示出了考虑纵、横摇时的球坐标关系。

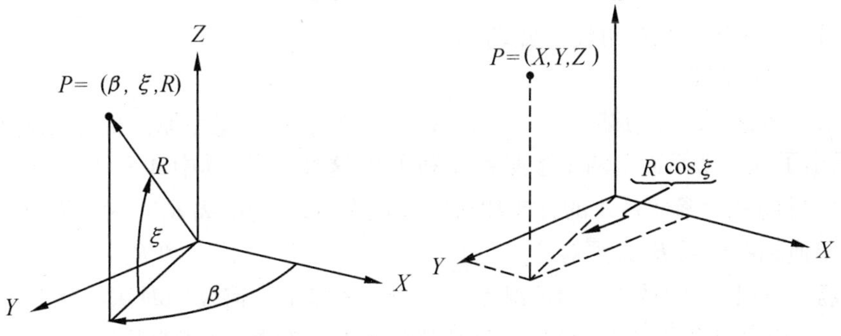

图 8－51　同一参照系内球坐标直角坐标之间的关系

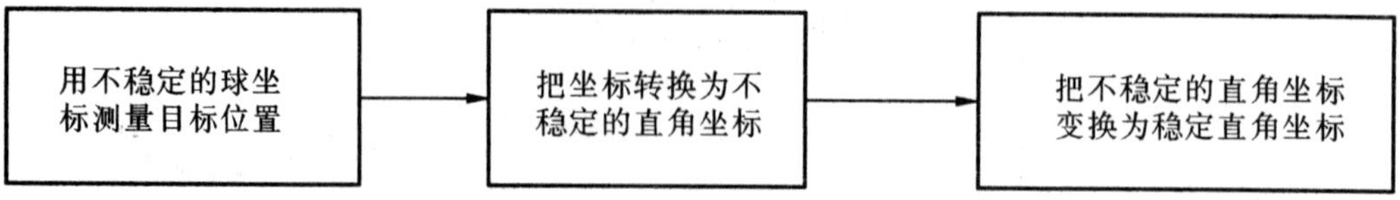

图 8－52　坐标转换与坐标变换

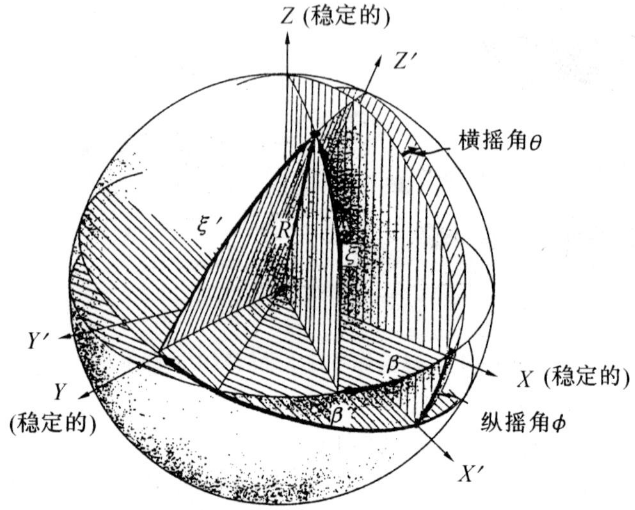

图 8－53　考虑纵、横摇时的球坐标关系

把不稳定的球坐标转换成稳定的直角坐标之间关系公式如下。

按纵摇角转动

$$X_1 = X'\cos\varphi - Z'\sin\varphi = R\cos\xi'\cos\beta'\cos\varphi - R\sin\xi'\sin\varphi \tag{8-6}$$

$$Y_1 = Y'\text{（绕纵摇轴转动）} \tag{8-7}$$

$$Z_1 = X'\sin\varphi + Z''\cos\varphi = R\cos\xi'\cos\beta'\sin\varphi + R\sin\xi'\cos\varphi \tag{8-8}$$

按纵、横摇角转动

$$X = X_1\text{（绕横摇轴转动）} \tag{8-9}$$

$$Y = Y_1\cos\theta - Z_1\sin\theta \tag{8-10}$$

$$Z = Y_1\sin\theta + Z_1\cos\theta \tag{8-11}$$

其中　X_1、Y_1、Z_1——按纵摇角转动公式

（5）参照系的平移

参照系的平移可定义为某一点（目标）相对两个不同参照系原点的相互位移的处理。图8－54示出了在一个平面上两个参照系 A 和 B 的这种关系，其中 A 和 B 之间的直线距离为 h，点 T（目标）相对参照系 A 的方向和距离分别为角 φ_1 与距离 R_1。为了把目标的坐标由参照系 A 变换到参照系 B，必须对角 P_h 加以考虑，以得出坐标 φ_2 和 R_2。

在舰船上，这种参照系位移的情况是常见的。例如常常需要同时用舰炮系统跟踪雷达的参照系（A）和舰炮的参照系（B）来准确地描述目标的位置，术语“视差修正”被用来描述补偿这种参照系平移所带来的数据变换。除了图 8－54 所示的水平方向外，因为跟踪雷达

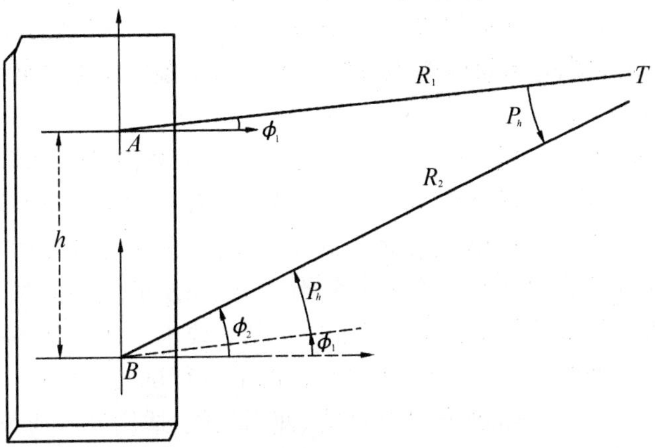

图 8－54　目标位置平移的示意图

与舰炮配置在不同的甲板层上，所以也存在着垂直方向的位移，也需补偿这种数据变换。

8.7.4　武器系统试验验收

武器系统装舰设备、分系统、系统的研制过程按其性能、复杂程度和技术状态的不同而各异，典型情况需要经过原理样机、初样机、和工程样机（正样）三步的研制程序。原理样机的技术演示验证试验结果数据和资料，是为总体初步设计权衡技术状态，并最终完成“研制任务书”的编制定稿所需。初样机的试验结果要为总体技术设计固化技术状态服务，由设备研制单位向总体研制单位提供资料。所有装舰设备、分系统、系统在完成工程样机或装舰设备制造，并经试验和评价合格后，需提供总体施工设计和总装建造的精确数据和资料。不论样机研制分几步进行，它们自身的试验和评价，一般由设备研制单位自己实施，是否要有使用方进行使用评估或使用试验，应在签订合同时予以规定。但出厂的装舰设备必须经军方试验验收合格。

舰船总体工程迈向系统工程化以后，面临一个重大技术风险，就是由诸多设备组成的分系统、系统直接上舰安装，在实船环境下，其性能、功能、可靠性、维修性、人－机－环境系统等，是否能达到预期的目标？这同过去以单个设备装舰并不构成复杂系统的情况有很大的不同。例如，各种传感器和探测设备，当单独在舰上工作时，只要有研制单位的试验评价和使用方的验收合格，就可以直接装舰。可是现在，一旦它同指挥系统、火控系统，甚至全舰作战系统通过数字或模拟接口，连成网络或形成总线结构，这时系统硬件和软件互连互通，互相依存。构成系统的各个硬件设备、分系统单独试验合格，并不等于它参与系统后的性能、功能也都合格。于是，就产生了这类复杂系统、分系统应在装舰之前，先在陆（海）上试验场或在试验舰上进行研制性的陆（海）上联调试验的客观需要。其目的是检查验证整个系统性能是否满足要求，各设备、分系统、系统之间的接口正确性、动作协调性、参数匹配性，以及与研制总要求对该系统提出的各项指标要求的符合性，检查发现并妥善解决存在的问题和设计中未预料的问题，以便把技术问题解决在陆上或试验舰上，减少技术风险，保证上舰后的试验取得成功，或把问题压缩到最小限度。陆上联调试验演示验证，也兼可供使用方进行评价。20 世纪 80 年代以来，我国研制的新型舰艇上的系统，大都进行了陆（海）

上试验场联调试验和评价，实践证明这是一种成功有效的做法。

设备、分系统、系统在参与陆上系统联调试验验证其性能、功能合格后，就可以按国家规定的鉴定定型试验条例，进入试验基地，进行设备、系统鉴定定型试验。再按规定去履行鉴定定型手续，投入批生产。

舰船在总装建造、下水、设备安装完成后，进入了码头系泊试验和海上航行试验阶段。这两项试验也可视为使用性试验和评价，属于研制鉴定合格的交船试验。系泊试验与航行试验大纲，由舰船总体研制设计单位负责编制，按规定程序报请批准后实施。系泊试验的目的，在于检查船体及安装在舰上的各种设备、分系统、系统的安装质量、运行的正确性、协调性和可靠性，检查其技术性能是否符合批准的研制总要求或研制任务书、技术规格书、试验大纲和有关规范、标准要求，以决定是否可转入海上航行试验。航行试验的目的，则是在海上航行条件下检查建造完毕的舰船战技性能、使用效能、适用性和质量可靠性，与批准的研制总要求或研制任务书、技术规格书、试验大纲和有关规范、标准相符合的情况，以确定舰船可否验收和交付部队使用。这两项试验结果的评定，是交船验收的主要依据。在完成全部系泊航行试验项目并检验合格以后，舰船交付部队使用。对于试验中出现的各种缺陷和故障，在交舰后按期加以消除。

新研制舰船交付海军使用后，使用方还要进行专项使用性能试验和评价，其目的主要是对舰船的作战使用效能评估，以及对交船试验时缺乏试验条件的遗留项目补做试验。重点是舰船适航性试验，电子、武器系统在接近实战环境下的试验，包括作用距离、精度、命中概率、威力、射程、反应时间及可靠性等。

8.8 舰载机保障设施

8.8.1 直升机舰面系统

直升机系统是现代水面舰船上主要的武器系统之一，它大大扩展了水面舰船反潜、反水面舰艇作战范围。为保证舰载直升机完成各种任务，舰上必须设置对应的保障系统 - 直升机舰面系统。

舰载直升机系统与其他舰载武器系统相比，它占据空间大，耗费重量大，操作、维修和人员组织非常复杂，对机舰动态配合性能要求很高，成为舰船设计建造和作战指挥需要特别兼顾的问题。水面舰船是否适合装载直升机主要取决于三个因素：舰的主尺度和排水量、作战海域的海况条件和所使用的直升机的大小和性能。据报道，现有能搭载轻型直升机的舰船最小吨位在 400 t 以上，长度在 50 m 以上。

我国在 20 世纪 60 年代研制的舰船上已有舰载直升机的简易保障设施，但直至 20 世纪 80 年代中期国内才正式出现“直升机舰面系统”这一名称，制订了《GJB534 - 88 舰船直升机舰面系统规范》。

在 20 世纪 60 年代，舰载直升机仅有从法国引进的“超黄蜂”，20 世纪 80 年代开始引进法国“海豚”直升机并进行国产化研制，20 世纪 90 年代国产的直 9C 型反潜直升机研制成功并批量生产，同一期间还引进了法国产的“黑豹”型舰载直升机，从俄罗斯引进了卡 27、卡 28 型舰载直升机。

随着国内舰载直升机数量的增加和海军建设的需要，已陆续在各型军用舰船、远洋科考、测控船、部分军品出口舰船上装备了不同类别和规模的直升机舰面系统。在不远的将来，还将建造适用于各种无人驾驶直升机的舰面系统。

舰面系统是包括多专业的综合性保障系统，涉及的专业有舰船总体、直升机总体、空气动力学、工程力学、船舶系统、特种装置、电气与电子、自动控制、无线电通信与导航、光学、气象等专业。

(1)舰面系统的分类和功能

一般是根据载舰及直升机的使命、任务和舰、机的总体功能与性能来综合安排直升机舰面系统的功能。

①舰面系统的分类　《GJB534A－98舰船直升机舰面系统通用要求》中根据舰载直升机在海上执行的任务将我国舰面系统的保障类别分为五类。

一类——提供直升机着舰区，有引导、地勤、供给与维护设备，有机库等专用舱室；

二类——提供直升机着舰区，有引导、地勤、供给设备，无机库，有少量专用舱室；

三类——提供直升机着舰区，有引导、简易地勤设备；

四类——提供直升机垂直补给区，有引导设备；

五类——提供直升机悬停加油区，有引导设备。

最完整且具代表性的是第一类舰面系统，以下仅就第一类舰面系统作简要介绍。

②舰面系统的功能

a. 为舰载直升机在本舰规定海域内执行全天候巡逻反潜、应召反潜、攻击水面舰船、侦察、救护和运输任务前提供备战、备航保障，承担直升机起降指挥任务、完成直升机地勤保障工作。在直升机活动范围以内，舰上设施能保证直升机执行上述任务时的作战指挥、飞行引导和通信联络。

b. 保证直升机在规定海况下安全起降，机电设备能正常工作；能在平台、机库牵引、系留直升机，进行地勤操作；高海况下能在机库内安全系留。

c. 舰上能对直升机进行燃油、雷弹、搜潜器材、各种气体的补充；具备直升机用的特种电源、液压源、气源和水源；能对直升机进行一级以下的维护保养。

d. 舰面系统内各防爆舱室具有航空喷气燃料气体浓度报警、防爆监控、抑爆、通风、消防、喷淋等设施，能保证直升机和舰的安全使用。

(2)舰面系统功能区和主要设施

保障级别为一类的舰船上一般设置下列功能区(舱室)和设施。

①起降平台　一般位于舰尾端1甲板，可供一架直升机起降，并能在此进行必要的地勤作业。平台表面涂有防滑涂料；平台上有系留点阵，可在较高海况下系留直升机；起降区设防滑网助降装置或助降格栅；平台左右舷边缘及尾端边缘有可放倒的安全网；平台上绘有助降标志线；根据需要，平台上可设置助降用的边界灯、前极限位置灯、泛光灯、进场引导灯、着舰圈灯等；平台两侧有淡水源接口；平台前端(或机库后外壁上)设直升机接地装置。

②直升机库　机库内可长期存放直升机；库内可设直升机牵引机组及控制设备；设机库系留点阵和高海况系留设备；具备电源、气源、起重吊车、液压油车、冲洗车等地勤辅助设施。有防爆、通风、消防、照明、通信等设备。

③航空塔台　指挥员在塔台引导直升机在舰上起降，直升机距载舰10 km以内时，在能见度好的情况下，用舰上的助降灯光信号和起降平台上的助降标志线及通信设备进行进场

引导,由平台引降员用标牌(灯)指挥直升机着舰;在能见度差时可同时用舰上直升机引导雷达进行识别引导。在这一距离范围内由航空部门指挥员通过塔台灯光系统、引导雷达及通信设备作进出场飞行指挥。

直升机远离载舰时,可根据引导距离通过塔台内中波归航机遥控器和通信设备(包括超短波归航信号拍发器)进行归航引导。

④飞行准备室　用于飞行员值班,飞行业务准备;兼作航空部门会议室;可设飞行值班工作台,有内外通信设备,可在此进行特情技术指挥。

⑤地勤值班室　用于航空地勤及舰上航空部门业务管理、储存技术档案,兼作地勤人员会议室,有电源、淡水源、工作桌、椅、沙发等。

⑥航空电站　为便于部门管理,设独立的电站。对直升机供电设备包括直流电源、中频电源及配电控制设备、有对直升机上应急蓄电池充电的设备。该电站可对舰面系统机电设备供电,有相应的配电控制设备,并提供维护设备用的电源。

⑦加油站及油舱　加油站具备加、卸油控制设备,可对直升机进行重力加油、压力加油或悬停加油、从直升机卸油;能进行油舱管理、从岸上补油或卸油。设置不同用途的油舱,可具有较长期贮油的能力。

⑧机载雷弹库　机载雷弹库设转运设备,存弹架,经常存放的弹种有反潜鱼雷、反潜导弹、标志弹、深水炸弹或攻击水面舰船的弹药,根据需要在库内存放多功能雷弹运送车,用于码头补给弹药或对机装载外挂弹。

⑨机载设备室　舰载直升机一般都能根据任务要求对机上装备临时换装,换下的设备和器材存放在机载设备室。常见换装设备有声呐浮标、声呐浮标投放器、磁探仪、武备绞车、吊放声呐及活动电缆(绳)、专用运送车等。有条件的舰上具有对机载设备进行简易检测的设施。

⑩报房　全舰通信系统中外通设备可用于舰机之间无线电通信联系(通过遥控器),一般舰上还另设有专用于对直升机通信和引导的设备,有独立或共用的报房。

⑪防爆监控室　防爆监控室内有航空喷气燃料气体浓度报警监控系统和便携式报警仪、一般还有卤代烷施放控制器和防爆通风机及航空喷气燃料泵起动器,可对舰面系统中1类防爆舱室(加油站、油泵舱、隔离舱、机库、辅油库及有关通道)进行可燃气体防爆报警、监控和排险。

(3)舰面系统专用设备

舰面系统专用设备分为指挥与引导设备、地勤与补给设备、安全设备和维护设备4大类。

①指挥与引导设备　对机指挥与引导设备包括目视助降设施、航空集中显控指挥台、飞行值班工作台、导航及直升机引导雷达、通信引导设备,由舰上指挥人员和部分空勤人员使用。

a. 目视助降设施　目视助降设施包括助降灯光系统和助降标志线,用于对直升机作进场引导和起降指挥,助降灯光系统包括静态和动态助降信号灯系统,可根据实际需要选装。

- 静态助降信号灯系统包括:母舰标志灯、起降信号灯、平台边界灯、前极限位置灯、平台照明灯、机库及桅杆障碍灯、泛光灯、进场引导灯、着舰圈灯、悬停加油航向灯、标牌灯(棒)等。

- 动态助降灯光信号系统包括下滑角指示器、舰横摇角指示器等。

下滑角指示器提供同步补偿后不受舰的纵横摇影响的稳定的三层三色引导光束，在夜间或白天低能见度的情况下，为归航下滑的直升机指示正确的下滑斜率和方位信息。保证直升机安全下滑着舰。

舰横摇角指示器在夜间或白天低能见度的情况下，用同步补偿后的灯光指示器姿态为着舰的直升机指示舰的横摇姿态信息，供飞行员选择着舰有利时机，以便操纵直升机安全着舰，同时也能为在起降平台上空进行悬停作业的直升机提供“最佳作业时机”的信息。

b. 助降标志线　起降平台上的助降标志线能为直升机驾驶员和地勤人员提供进场的航向和安全着舰区范围的参考基准，以便于判断直升机与起降平台的相对位置，选择最好的起落航向和着舰区域。一般设有下列标志线：起降平台边界标志线、前极限位置标志线、进场引导标志线、着舰圈标志线、垂直补给进场引导标志线、舰舷号标志、悬停加油标志等。

c. 航空集中显控指挥台　本设备用来控制直升机静态助降信号灯光系统的各种灯光信号，控制内通、外通设备，显示必要的舰运动参数和气象参数，引导直升机归航、进场、悬停和起降。

d. 飞行值班工作台　飞行值班工作台一般布置于飞行准备室，可以提供直升机及舰面系统的技术状态，辅助飞行人员完成飞行前的准备工作。当直升机远离本舰时，值班员（或塔台人员）可在飞行准备室值班，通过本设备保持机舰联系，处理技术特情。台上同时具有内通、外通、时音记录等功能。

e. 导航及直升机引导雷达　中型以上的舰船一般有两台导航兼直升机引导雷达，舰的首尾各布置一台，前雷达的主要任务是完成对本舰的导航，同时辅以对舰载直升机引导，后雷达的主要任务是实施对舰载直升机的引导，在某种特定情况下亦能完成对本舰的导航。因该设备对直升机的引导范围较小，只能作为辅助引导设备，一般只在能见度差的气象条件下为直升机做着舰识别引导。

f. 通信引导设备　本舰通信设备包括超短波通信引导设备、短波通信设备、中波归航机等。

舰作战室、编队指挥室、塔台、驾驶室等有关战位一般都设有通信系统遥控器，用户可通过它直接与直升机进行超短波、短波通信。在报房常设有应急短波电台，供应急状态下使用。

• 航空塔台可专设 1 部对空超短波电台用于与直升机通信，它与超短波归航信号拍发器联用，可向直升机发送引导信号，这一电台可独立于舰上通信系统单独工作。

• 与通信设备联用的时音记录设备具有数字时间显示、时间记录、重放、快速搜索、循环放音、双卡自动转换、不间断重叠录音、交直流自动切换等多种功能。能实时记录舰机之间的通话供事后分析研究。

• 舰上超短波归航信号拍发器用于向舰上海空协同超短波电台提供音频信号，由电台用载波发出，与机上超短波定向仪联用，引导舰载直升机归航。

• 直升机远离本舰执行作战任务时，舰上中波归航机发出中波引导信号，机上无线电罗盘收到信号后为飞行员指示出本舰的方位，适于对超低空飞行的直升机作引导。由于舰上环境条件限制，中波天线长度有限，发射效率低，对机引导距离小，战时保密性差，舰总体布置难度大，中波归航引导方式必将逐步被其他方式（例如改用塔康或综合性中远程引导设备等）替代。

②地勤与补给设备　地勤与补给设备包括舰面系统供电设备、直升机电源、航空喷气

燃料系统、雷弹转运设备、直升机牵引装置、地勤工具。

a. 舰面系统供电设备　舰面系统供电设备由常规电源、配电及各类变压器、控制设备组成。有三相三线 380 V、50 Hz 及 220 V、50 Hz 电源，用于向舰面系统机电设备供电，也可向维护部门供电。

b. 直升机电源　直流电源主要用于起动直升机上发动机，中频电源主要用于检测直升机上中频负载（设备和仪表），某些型号直升机上的发动机也可用中频电源起动。直升机电源也可用于维护直升机上设备和仪表。

c. 航空喷气燃料系统　航空喷气燃料系统需要的舱室包括油泵舱、加油站、储存舱、日用航油舱、沉淀舱、污油舱、隔离舱。主要设备有重力加油泵、压力加油泵、悬停加油泵（选装）、抽油泵、手动活塞泵、过滤分离器、消静电管、加油软管组件、加油控制箱等。上述设备能对舰载直升机进行重力加油、压力加油或悬停加油；能从岸上补给航空燃料。

d. 机载雷弹库设备　机载雷弹库内主要设备有雷弹转运（平移、升降）装置、雷弹存放架、雷弹运送车、雷弹检测设备、安全设施等。

机载雷弹转运设备能将各种雷弹转运至雷弹库内存放、或将库内的雷弹转运至起降平台、对直升机装卸雷弹或搜潜设备。根据直升机的装弹方式，转运设备要具有往机内装弹或外挂装弹的功能。

e. 直升机牵引装置　国内常用的直升机牵引装置有两种，绞车式和轨道式。绞车式中又有 2 绞车、3 绞车、5 绞车方式。按动力区分有手动、电动、液压驱动方式。

绞车式牵引装置结构简单，但稳定性差，牵引路线需要人力控制，适合在较低海况下使用。轨道式牵引装置在牵引直升机的过程中，能对直升机施加下拉力，稳定性好，自动按轨道牵引，无裸露在外的牵引钢缆，安全性好，缺点是机构较复杂，牵引路线不如绞车式灵活。

f. 地勤工具　地勤工具包括手牵引杆、轮档、旋翼折叠工具、格栅盖板等与地勤工作有关的专用和常规工具。

③安全设备

a. 航空煤油报警监控设备　主要设备有航空喷气燃料气体浓度监测报警仪，便携式报警仪，航空喷气燃料气体浓度探测器，排险执行机构等，用于监控 1 类防爆区。监控范围：油泵舱、加油站、辅油库、机库、隔离舱。

b. 卤代烷抑爆系统　卤代烷抑爆系统用于对直升机库、辅油库、航空喷气燃料加油站、油泵舱和隔离舱实施抑爆。

c. 航空喷气燃料舱二氧化碳惰性气体保护系统　二氧化碳惰性气体保护系统用于在紧急状态下对喷气燃料舱内充填二氧化碳，提供排险保护。

d. 防爆通风系统　防爆通风系统主要为直升机库、加油站、航空喷气燃料泵舱、辅油库、航空喷气燃料隔离舱通风换气，以降低航空喷气燃料油气浓度。采用防爆通风的舱室，采用机械抽风、自然进风。为安全起见，防爆通风系统与舰上常规通风和空调系统必须隔离。

e. 平台安全网及防滑网　在起降平台边缘设置安全网装置，平时，安全网收上来处于垂直于平台的状态，保护舰员安全，有直升机起降时安全网放倒。防滑网的用处是防止直升机降落的瞬间因舰的摇摆运动而产生抛滑现象。

f. 直升机系留设施及助降格栅　直升机系留设施主要包括直升机上系留设备、舰甲板上的系留座、系留索具、卡板及旋翼折叠固定装置。一般要求 6 级海况下系留设施能在起降平台上安全系留直升机,9 级海况下能在机库安全系留直升机。

在起降平台着舰圈内设置助降格栅装置,专供带鱼叉的直升机高海况着舰时使用,直升机着舰时用机上鱼叉与格栅配套使用,能将直升机快速系留在甲板上。

g. 直升机接地装置　接地装置用于直升机在起降平台、机库内停放、维护、加载/卸载、加油时作接地保护,也适用于直升机在空中悬停、加载/卸载时用作接地保护。

h. 抗浸服通风装置　抗浸服通风装置用于飞行员飞行前向飞行服中提供设定温度、气压的气体,在高空飞行或意外落海后能在一段时间内保持飞行员体温。

④维护设备

a. 液压油车　液压油车用于进行直升机液压系统的功能试验、维护、检查和液压系统的清洗、补油。

b. 两用冲洗车　用于对飞行后的直升机机体和发动机进行除盐清洗及性能还原清洗。

c. 航仪维护设备　航仪维护设备由直升机上各系统专用检测设备、器材、数据记录器、飞行参数判读装置、飞行数据装定装置及特种电源等设备组成。用于维护直升机上设备和分析事故原因。

d. 供气供淡水设施　舰上压缩空气系统为舰面系统提供高、中、低压空气,高压空气用于对直升机上应急浮囊充气瓶充气,中、低压压缩空气用于直升机维护、保养工作。

机库内配置高压干燥压缩空气和高压氮气,经专用压力分配器降压后用于对直升机上机轮、减震器、蓄压器充气,还可为舰载液压油车内蓄压器,动态助降灯光机箱等设备充气。

舰上日用蒸气系统向格栅防冰装置提供除冰用的蒸气。起降平台两侧设有淡水源,供冲洗直升机或其他地勤及维护工作用。

e. 辅助维护设备　千斤顶、工作梯、手动起重吊车、专用运输车、工作灯、防爆器具等辅助设备主要用于维护直升机上设备。

(4)舰面系统与舰上其他系统的联系

①作战系统　舰上作战系统设直升机指挥引导工作台,主要进行任务指挥,也可进行直升机起降指挥;向舰面系统对机指挥战位提供战区情况和技术参数;经过授权,舰面系统也可进行任务指挥和技术特情指挥。

②电力系统　舰上电力系统向舰面系统中机电设备和维护部门提供所需的常规电源;为直升机上应急蓄电池充电。

③通信系统　舰上通信系统向舰面系统提供内外通信、广播设备;舰面系统独立的外通设备和时音记录仪可与舰上通信系统联用,也可切换后独立使用。

④导航系统　舰上导航系统向舰面系统中对机引导设备提供舰运动参数、舰位参数、气象参数。

⑤船舶保障系统

舰上船舶保障系统向舰面系统提供直升机地勤工作所需的水源、气源、蒸汽源;提供消防、抑爆、通风、空调等设施。

(5)直升机起降作业前后舰面典型工作内容和程序

①直升机起飞阶段

A. 第一阶段

a. 下达作战命令;b. 打开机库大门;c. 解除机库系留、解除接地装置;d. 牵引装置与直升机连接;e. 起动助降灯光系统陀螺地平仪;f. 检测鱼雷(或深弹、导弹),安装空投附件;g.

向指挥系统提供直升机装载情况。

B. 第二阶段

a. 牵引直升机到起飞区;b. 平台系留直升机;c. 打开主桨叶;d. 向直升机装雷弹或搜潜设备;e. 消防车在平台前区就位;f. 飞行指挥员就位(平台,塔台);g. 打开全部信号灯。

C. 第三阶段

a. 解除平台系留索具,解除牵引连接件;对直升机供中频电源,空勤人员登机,机上设备自检,装定数据;b. 用液压油车检查机上液压系统;c. 关闭机库大门;放倒安全网和尾旗杆;d. 对直升机供直流电源,启动发动机;e. 开始无线电通信;f. 直升机离舰;g. 开始飞行特情值班。

②直升机着舰阶段

A. 第一阶段

a. 直升机开始返航时打开全部信号灯;b. 直升机进场前,引降员就位,平台消防员就位,铺张防滑网;c. 直升机悬停待机;d. 直升机着舰,关闭发动机;连接平台接地装置;e. 关闭信号灯、通信、引导设备;f. 拉起安全网和尾旗杆。

B. 第二阶段

a. 平台系留直升机;b. 折叠并固定主桨叶;c. 卸下剩余雷、弹、器材,运回雷弹及器材仓库;d. 打开机库大门。

C. 第三阶段

a. 清洗直升机上发动机,清洗直升机身 ;b. 对直升机加喷气燃料;c. 解除平台系留和接地;d. 牵引直升机进库;e. 机库系留直升机、连接机库内接地装置;f. 关闭机库大门。(以上工作内容可根据现场需要作增减调整。)

8.8.2 无人机舰面保障设施

(1)无人机舰面保障设施功能

①为舰载无人机在本舰规定海域内执行侦察与监视、目标指示、舰炮支援与毁伤评估、电子对抗、中继通信、超视距目标指示和中继制导、攻击目标等任务前提供备战、备航保障,承担无人机起降指挥任务、完成无人机地勤保障工作。在无人机活动范围以内,舰上设施能保证对无人机的作战指挥、飞行引导。

②保证无人机在规定海况下安全起降,放飞和回收装置能正常工作;高海况能在机库内安全存放。

③舰上能对无人机进行燃油、器材补充;具备无人机用的转运装置、特种电源;能对无人机进行一级以下的维护保养和任务换装。

④舰面系统内防爆舱室具有航空喷气燃料气体浓度报警、防爆监控、抑爆、通风、消防、喷淋等设施,能保证无人机和舰的安全使用。

(2)无人机舰面保障设施所需功能区

根据舰的使命任务和保障级别舰上一般配置下列舱室或场所。

无人机舰面系统功能区包括起降停放区、飞行指挥区、地勤工作区、机载设备区、航油贮运区等。

(3)无人机舰面保障设施中专用设备

无人机舰面保障设施中专用设备包括舰机指挥与引导设备、地勤与补给设备、安全设备和维护设备 4 大类。

● 舰机指挥与引导设备　能承担无人机起降和执行任务时的对机指挥与引导。设专用的无人机指控系统,舰上作战情报系统和综合导航系统应向舰机指控设备提供其所需的信息。

● 地勤与补给设备　能用于转运无人机,对机补充油、电、器材、弹药;进行机上设备换装;放飞和回收无人机。

● 安全设备　包含起降区安全设备、机库安全设备、防爆区安全设备,用于保证舰和机的安全使用和舰员的安全。

● 维护设备　包含对无人机的维护设备、对舰面设备的维护设备。

(4) 无人机舰面保障设施与舰上其他系统的联系

舰上其他系统与无人机舰面系统的相互联系内容可见“8.8.1”节中内容。

第 9 章　舰艇辅助系统

9.1　概　　述

舰艇辅助系统是舰艇控制、安全、供应和居住所要求的综合性的保障系统。因此，舰艇辅助系统的组成内容繁多，一个大系统包含若干个内容不一的分系统，而且各个系统、分系统的功能各异。但除系统配置外，其管路设计、附件设置、材料选用、系统强度（或密性）试验等的原则均有很多共同之处。从国内外舰艇辅助系统的发展情况看，分析研究系统技术性能与经济性、安全可靠性之间的效费关系及应采取的原则与对策是重点。

本章叙述的舰艇辅助系统，除系统组成、系统功能按现行国军标规定外，其他内容主要叙述舰艇总体设计中船舶系统专业所涉及的内容。

9.1.1　系统组成

①舱室大气环境控制系统（包括日用蒸汽和供暖，舱室通风，机械处所通风，空气调节，食品冷藏，三防等系统）。

②消防系统（水灭火，弹药舱浸水、喷水，泡沫灭火，卤代烷灭火，防爆，火灾探测、报警和灭火控制等系统）。

③日用水系统（包括饮用水、洗涤水，甲板排水，应急排水，日用海水，生活污水处理，油污水处理、压载水等系统）。

④燃油、润滑油的转运和储存系统（包括燃油的注入、转运和储存，喷气燃料注入、转运和储存、润滑油注入、转运和储存等系统）。

⑤空气和其他流体系统（包括压缩空气，气幕降噪，液压等系统）。

⑥舰艇运动控制系统（包括操舵装置，舵，减摇，主动转向装置，综合控制等系统）。

⑦海上补给和接收系统（包括连接式补给和接收，非连接式补给和接收，停泊靠帮补给和接收，补给品转运等系统）。

⑧机械式转运系统（包括锚及其存放与操纵，系泊与拖曳，小艇及其收放，升降装置及其附属设备，舰载直升机着舰保障，舰载直升机起飞保障，舰载直升机的转运和储存等系统）。

⑨专用项目（包括救生设施，救助和打捞，损害管制监测与控制，拖曳体收放等系统）。

9.1.2　系统功能

①控制舰艇舱室温度、湿度、空气洁净度和温度场、速度场，改善舰艇舱室环境；

②预防舰艇火灾的发生，探测和监视舰艇可能出现的火灾，扑灭舰艇发生的火灾以及防止因易燃易爆气体和弹药可能出现的爆炸；

③为舰员生活和设备的正常工作提供淡水和海水；

④为舰艇装载燃油、滑油，并转运、输送到日用燃油舱和循环滑油舱；

⑤为舰艇气动、液力提供动力源；

⑥控制舰艇运动状态，其中包括航向、均衡、减摇以及主动转向等；

⑦为舰艇实现海上补给提供补给品的纵向、横向和垂直补给；

⑧为舰艇实施系泊、拖曳、小艇吊放以及舰载直升机的着舰起飞保障和转运及储存；

⑨为舰艇实施救生、打捞以及控制舰艇造成环境的污染。

9.1.3　辅助系统与舰艇总体的接口

①舰艇通风系统、空调系统应为舰艇提供品质符合要求的空气，以满足舰艇居住性要求，同时通风系统还要为防止可能积聚的易燃易爆气体提供足够的排风能力，以满足舰艇的防火要求。

②舰艇消防系统应为舰艇提供二次灭火能力，在灭火剂（贮液瓶）数量的配置上应考虑二次灭火的需要，以满足舰艇的消防要求。

③舰艇舱底水系统应能为舰艇排除舱室浸水及日常积水，以满足舰艇的抗沉要求。

④舰艇日用淡水系统应能为舰艇提供品质符合要求的饮用水和冷、热洗涤水，以满足舰艇居住性要求。

9.1.4　系统设计的一般要求

①辅助系统的设计依据，一般都依据舰艇辅助系统技术规格书对系统的要求（即依此而编审的辅助系统技术规格书）、相关数据及舰艇的总体（各设计阶段）方案作为本系统的设计依据，如防火、防爆、抗沉、三防、损管监控、环境（含大气、污水及污物）控制、居住性、隐蔽性等。同时还应考虑有关规范、标准的规定，以及相关产品现有的、成熟资料。

②辅助系统中的系统和设备的环境适应性、可靠性、维修性、安全性及防护、材料的选用、噪声振动及抗冲击性能、布置的合理性、控制的协调性、各种接口的协调统一性均应满足规范的规定。同时应根据上级机关的相关指示及科技发展的成果，作出性价比的多方案比较，积极采用新技术努力提高舰艇的综合性能。

③各系统管系设计时应根据流体种类、工作压力、工作温度及环境条件选用管路材料、设计管路的管径与壁厚。

④管路的设计应尽量简单、可靠、合理，减少管路阻力以便能为泵（风机）提供有效的吸入（排出）压头，使管网的特性与泵（风机）的工作特性交在效率最高点，并应避免交在泵（风机）的喘振区域。

⑤淡水管不得穿过其他介质的舱，淡水舱内也不允许其他介质管路穿过，如不可避免时，则管子应在水密套管内通过。

⑥管路的设计应避免不必要的高点与低点、管径的过大突变，变径与分叉处应尽量采用成型附件，易于积水的低处应采取泄水措施，易于积聚空气的高处应设置放气附件。

⑦管路的设计应保证高温管路表面温度不大于60 ℃、低温管路表面温度不产生凝露。如需要热绝缘才能保证，则还应考虑热绝缘的材料及厚度。

⑧系统设备应在明显处设置操作警示牌或提示牌，牌上应有警告内容，以避免误操产生的后果；管路阀件应设有标明其用途的识别板，并设有开关标识。

⑨各系统在舷外(露天处、船底、船侧等)的进、出开口应统一协调,避免抢水、抢风(气)及有害气体的吸入。

⑩穿过防火主竖区及防火分隔界面的各类管子应按规范的要求采取有效措施,以保证该防火分隔处的耐火完整性不受损害。一般都采用适用的耐火通舱件(我所通过某舰的专项研究,已研究设计并通过了海装主持的技术评审的舰用系列耐火通舱件),而干管及通风管路则应严格执行规范的有关规定。

⑪穿过破损水线以下水密甲板、主水密横隔壁的开式管路(如通风管路)都应设置隔离附件或采取有效措施,以保证舰艇的抗沉性不受破坏。

⑫穿过有电磁兼容(屏蔽)要术舱室的管路,应在进入舱室外侧 150 mm 长度内采取有效接地。

⑬各类液舱、设置喷水浸水的弹药舱及湿式喷射器舱,都需设置通气管,其管径应为注入管通径的 1.25 倍,以避免鼓舱及影响注入速率。

⑭各类带电动机的系统设备安装、露天部位的各系统附件安装,均应设置可靠有效的接地跨接线(片),以满足舰艇电磁兼容的要求。

⑮舰艇排、疏水系统的舷侧排、疏水口(通称舷边附件)都应设在舰艇满载水线以上 300 mm附近,且应可量避开舷梯、登岸防护网、升降机及小艇收放区域,并应设置防冰冻的蒸汽吹除措施。

⑯全舰海底门应统筹兼顾,以避免抢水;一般还应设置挡板并设置通气管路及阀件,以避免水泵吸空(特别是舰尾部,在舰倒车时吸空);海底门(通海格栅)还必须设置压缩空气吹除设施,以避免海底门(通海格栅)被海中杂物堵塞而影响系统的正常使用。

⑰任何系统采用减压阀时,必须设置压力表、安全阀及旁通管与旁通阀。

⑱高压压缩空气、氟利昂、喷气燃料及其他有害、危险介质的逸放,必须通至舷外或露天甲板而又不造成危害的区域。

⑲各种系统设备原则上都应采用弹性安装,与设备连接的管路应采用挠性接头,以便降低振动和噪声。

⑳管路设计应尽量避免异种金属连接,以避免电位差引起的腐蚀。如不可避免时,应采取有效措施防止发生腐蚀。

㉑由于辅助系统的设备、管系附件属船厂订货,不能在舰艇总体设计中进行质量控制,也不能在舰艇总体施工设计的图纸和技术文件中标识关键件和重要件,但按"只要发生故障就会引起系统或全舰故障,这种故障虽然不一定影响安全,但严重影响任务完成的各管路系统等总体设计内容可确定为重要特性"的规定,各系统都应根据自身特点确定有无重要特性,如有,应予以标识。

9.2 舱室大气环境控制系统

舱室大气环境控制系统包括日用蒸汽和供暖系统,舱室通风系统,机械处所通风系统,空气调节系统,三防(防核、生、化)系统。本系统用来控制舱内空气的温度、相对湿度,以改善舱室的环境条件;维持食品冷库的设计温度,以保证食品的储存;预防、减少或消除核、生、化武器造成的损害。

9.2.1　日用蒸汽和供暖系统

本系统为舰员生活、舱室大气环境控制(加热、加湿)、油舱或设备(含附件)加热、吹洗提供蒸汽。它由辅锅炉装置(含给水泵)、热井、软水箱和一套相应的管路及附件组成。

(1)系统原理

由辅锅炉产生的蒸汽沿蒸汽管系输送到用户(如厨房内蒸锅蒸箱用汽、淋浴用水的热水柜加热、舱室内取暖器用汽、空气调节装置的加热加湿、舷边附件吹洗、污油舱污油泵加热、动力系统设备的加热或吹洗、直升机着舰格栅除冰装置加热等等),经换热器换热后的汽水混合介质再经过汽水分离器后的凝水沿凝水管路(此时可利用输入或不输入部分蒸汽或经大气冷却器)收集到热井,使凝水达到辅锅炉所要求的给水温度,再由给水泵输送给辅锅炉加热蒸发产生蒸汽,如此周而复始地循环。辅锅炉的给(炉)水由舰上的淡水系统经软水箱处理后补充,以弥补蒸汽、凝水管路泄漏引起的炉水不足。为了保证炉水的品质,需定期将炉水取样化验,所以非蒸汽动力的舰上,一般设有炉水化验箱。辅锅炉燃烧所需的燃油由舰上动力系统所属的燃油系统(日用油柜)供应。本系统还应设置通岸接头,以便接收码头或其他舰艇的蒸汽和向其他舰艇提供蒸汽。

舰艇用辅锅炉一般为立式针形管燃油辅锅炉,辅锅炉装置供货商还可根据用户需要供应其他配套设备,如热井、软水箱、炉水化验箱等。

上述系统原理是指非蒸汽动力舰艇的日用蒸汽和供暖系统,而蒸汽动力舰艇上的日用蒸汽也应设置专用的辅锅炉供汽,动力装置的饱和蒸汽经减压后作为日用蒸汽系统的备用汽源。

(2)系统设计

①设计方法

a. 根据设计依据及设计经验进行日用蒸气系统蒸汽耗量的计算,计算时应考虑同时使用系数。

b. 按照蒸汽耗量计算的结果与已有的辅锅炉产品资料对照,选择适用的辅锅炉及其配套设备,如无适用的,则应提出对现有设备的适应性改进要求,如再不行,则应提出新产品研制的技术要求。

c. 根据已选辅锅炉的装舰要求及系统设计方案与舰总体已给出的布置位置及舱容进行比较、协调(舱容够否、布置位置是否有利于本系统的正常运行等),以便使舰总布置与本系统的设计都是可能和合理的。

②设计要求

a. 日用蒸汽应采用饱和蒸汽,蒸汽压力应不大于0.49 MPa。若辅锅炉出口蒸汽压力和蒸汽总管压力大于0.49 MPa,则应设置蒸汽减压阀。

b. 蒸汽管路和凝水管路中应设有足够数量的膨胀接头。弯管式膨胀接头的弯曲半径应不小于管子外径的3倍。弯管式膨胀接头一般应水平布置,若不能时,则蒸汽管的弯管式膨胀接头应上凸布置,而凝水管的弯管式膨胀接头应下凹布置,以免产生汽阻或水阻。

c. 从日用蒸汽总管向各有关用户供汽的每根供汽支管上应设置截止阀,以便在不必关闭其他设施的情况下能隔离有关设备和管路。

d. 日用蒸汽管系应设有接受岸基蒸汽的设施,接受岸基蒸汽的甲板接管应在左、右舷成对布置。每根接管应与日用蒸汽管系立管相连。每根甲板接管应在与相连立管处设一只截止阀和一根软管附件,并在阀与附件之间装一个带阀的接管,用于放掉来自岸基蒸汽软管中的蒸汽。

e. 系统应采用双线制管路,一路为新鲜蒸汽管路,另一路为凝水管路。

f. 蒸汽一般应按区域通过蒸汽分配器(集管)设置蒸汽干管来给用户供汽。供暖用蒸汽分配器前一般设有汽水分离器,以便将干蒸汽供给取暖器提高取暖效率。

g. 蒸汽耗汽器的入口端应设置截止阀,出口端应设置阻汽排水器,取暖用蒸汽散热器可在一组散热器后或凝水总管上设置阻汽排水器。

h. 蒸汽管不应通过易燃、易爆、不能受潮的舱室和部位,以及不能受热的粮食舱等。

9.2.2 舱室通风系统

本系统用于对非空调舱室(一般为厕所、盥洗室、淋浴室、必须通风的储藏室、蓄电池室、机组室及高频室等)进行通风换气、散热,使舱室的环境条件满足居住性或正常工作的要求。

系统一般由进、出风口(风道、通风围井、通风栅或空气格栅等),通风机(或降温用空调器等),通风管路及附件(如末端装置、调风门、截止装置等)组成。

(1)系统原理

①利用通(排)风机或自然排风口将舱内的污浊空气或有害气体经排风管系(含风口、风管及附件等)排至大气,再利用通(进)风机或自然进风口经进风管系(含风口、风管及附件等)将新鲜的空气送进舱内,达到给舱室通风换气及散热的目的。

②舰艇上的某些机组室、高频室,由于舱内设备的散热量过大且无有害气体,大散热量需要用大风量的通风机才能达到通风换气及散热的作用,而大风量的通风机及进、出风道舰艇上难以布置,同时此类舱室为无战位(人)舱室,对新鲜空气无要求,因此一般不采用通风机而采用(冷却用)空调器。

(2)系统设计

①设计方法　舱室通风量应根据舱室中设备和人员所散发的热量、二氧化碳及其他有害气体量以及舱室大气的温度、湿度等因素,由计算确定保持该舱室空气参数需要的空气量,设计过程中,一般采用下面两种方法确定舱室通风量,然后取大值作为该舱室的通风量。

a. 采用通风换气次数确定(适用于除机组室、高频室外的舱室)舱室通风量。

舱室通风量可根据换气次数和舱室容积由公式(9-1)计算确定。

$$Q = V \cdot n \tag{9-1}$$

式中　Q——舱室通风量,m^3/h;

V——舱室容积,m^3;

n——舱室换气次数,可按表9-1选取。

b. 采用极限温升法(设备散热量大的机组室高频室)确定舱室通风量。舱室通风量可由公式(9-2)计算确定。

表 9－1

序号	舱室名称	每小时换气次数	
		送风	抽风
1	餐厅	10～15	15～20
2	配膳间	—	15～20
3	浴室盥洗室	—	10～15
4	厕所	—	20～30
5	洗衣机房	15～20	20～25
6	厨房	30～45	35～60
7	医疗室病房	20～30	25～35
8	蓄电池室	—	30
9	一般储藏室	4～6	4～6
10	舵机舱	8～12	10～15
11	消防泵舱	—	15～20
12	制冷机舱	20	30
13	压缩机舱	15～20	20～30
14	油泵舱	10～15	15～20
15	主机舱、锅炉舱	40～80	60～100
16	汽轮、燃气轮发电机舱	40～60	80～100
17	柴油发电机舱	20	20
18	配电室	10～15	20

$$Q=\frac{H_1}{\Delta t\cdot\rho\cdot C_p} \tag{9-2}$$

式中 Q——舱室通风量，m^3/h；

H_1——舱内设备散热量，kW；

Δt——允许极限温升，一般取 8 ℃～10 ℃（计算时，大气温度按舰艇航行区域空调系统设计来取定值）；

ρ——空气密度，取为 1.2 kg/m^3；

C_p——空气比热，一般取为 1.0 kJ/(kg・K)。

c. 将舱室的通风换气方法分类，同类性质（指都采用机械进风，排风可为机械的或自然的；或都采用机械排风且排除的污浊空气性质一样，而进风可为机械的或自然的）的舱室，通风可根据舰艇总布置图的具体情况，合并为一个通风系统，其系统的通风量应是各有关舱室通风量之和。

d. 根据舱室通风量及风管阻力选择适用的舰艇型通风机。

②设计要求

a. 产生易燃、易爆、有害以及有味和湿热等污浊气体的舱室（如蓄电池室、厕所、厨房等），都采用单独的通风（抽风）系统。

b. 系统的露天进、出风口应设有防止海浪、雨水和杂物进入风管内的有效防护措施。

c. 穿过舱壁甲板以下的水密甲板和平台的风管在破舱浸水可能经风管使相邻舱室浸水处，应为水密风管或在水密甲板和平台处设置水密截止附件，以免影响舰艇的抗沉性。

d. 风管在满足风量及尽可能减小尺寸的条件下，应简化结构、减小阻力。

e. 风管设计应有必要的泄水塞和测试所需要的孔位。

f. 风管一般不要穿过主竖区防火隔壁，如无法避免时应按防火设计要求采取有效措施，以保证防火隔壁的耐火完整性不受损害。

9.2.3 机械处所通风系统

由于各总体设计单位的习惯不尽一致，机械处所通风系统的设计内容有所区别。本节所述机械处所通风系统是指动力（机）舱通风系统和防爆通风系统。本系统的功能如9.2.2所述，动力（机）舱通风系统和防爆通风系统的组成与9.2.2所述基本相同，但由于服务对象的不同，其系统组成还是有以下区别。

①由于动力（机）舱内设备散热量很大，一般都采用机械进、排风系统或机械进、排风与自然通风相结合的通风系统，但系统通风量很大，所配的通风机也很大；系统设计一般不可能配置降温用空调器，新型驱逐舰上已采用通风换气及散热（即进、排风系统）与空气/海水热交换器（如循环通风装置）来降低送风温度的通风系统；如有密闭通风的要求和可能，则与大气相通的隔离附件为气密。

②由于防爆通风系统有防爆要求，所以系统所配置的通风机应为防爆电动机且风机的叶轮和运动部件应采用不致产生火花的材料制造。

（1）系统设计方法

①对于舱内无主机、锅炉燃烧用供风要求的动力（机）舱通风系统的通风量可按公式（9-2）计算确定。由于动力（机）舱内散热设备繁多且散热量大，一般先按公式（9-2）计算通风量（计算舱内设备散热量 H_1 时应考虑设备使用、散热的同时系数），然后按公式（9-3）进行校核，通风量原则上取二者中的大者。

按公式（9-2）计算时，由于动力（机）舱舱容很大，与相邻舱或海水或大气的接触面积大，而相邻处两侧的温差也较大。因此，必须对动力（机）舱的六个界面进行冬、夏季的传热计算，其计算结果 H_2 应计入舱内设备散量 H_1 后再计算动力（机）舱的实际散热量 H，即动力（机）舱通风系统实际需要的通风量 Q_e 按公式（9-3）计算确定。

$$Q_e = \frac{H}{\Delta t \cdot \rho \cdot C_p} \tag{9-3}$$

式中 Q_e——动力（机）舱实际通风量，m^3/h；

H——动力（机）舱实际散热量，kW；

$\Delta t, \rho, C_p$——与（9-2）公式中的含义一致。

动力（机）舱实际散热量 H 按公式（9-4）计算确定。

$$H = H_1 - H_2 \tag{9-4}$$

式中 H_1——舱内设备散热量，kW；

H_2—动力（机）舱与相邻处所的传热量，kW。

动力（机）舱与相邻处所的传热量 H_2 按公式（9-5）计算确定。

$$H_2 = \Sigma F_i \cdot \Delta t_i \tag{9-5}$$

式中　F_i——相邻处所的传热面积，m^2；

Δt_i——相邻处所传热面两侧的温度差，℃。

②对于舱内有主机、锅炉燃烧用供风要求的动力(机)舱通风系统的通风量可按(1)的方法求得后，其进风量还须加上燃烧所需的风量，而抽风量应减去燃烧所需的风量。

③动力(机)舱通风系统一般分为进(送)风系统及抽(排)风系统二部分。为了减小占用舰上有限容积，现在一般不采用自然通风而采用机械通风形式，也就是采用强制通风。根据计算得出的实际所需通风量 Qe，按正压(有三防要求)设计时，进(送)风量大于抽(排)风量；或按负压(无三防要求或仅是密闭通风)设计时，抽(排)风量大于进(送)风量；其大于的倍数为 1.1 ~ 1.2，其具体倍数将取决于选取适用风机的结果。

④选取风机时，还应根据动力(机)舱及舰艇总体布置的情况对二部分通风系统进行管路阻力估算或根据同类舰艇的设计经验确定通风机的全压。依据实际所需风量及管路阻力值，才能决定应选配的风机。

⑤防爆通风系统一般采用机械抽风和自然进风的形式，防爆舱室通风量可按公式(9 - 1)计算确定，然后结合管路阻力及现有成熟的风机资料选配适用的风机。

防爆舱室的换气次数为抽风　20 ~ 25 次/h，进风　10 ~ 15 次/h。

⑥通风管路内的风速选取须考虑风管的尺寸、风速所产生的噪声与振动以及操作人员的舒适感，一般风机的进、出口通径可作为送、排(抽)风主风管的通径而不计其风速高低，工作场所的平均风速一般为 1.5 ~ 3.0 m/s。

(2)系统设计要求

①动力(机)舱通风系统一般采用机械(强制)通风，有条件的舰艇可辅以自然通风。

②动力(机)舱通风系统及防爆通风系统的进、抽风道的一部分为通风围井(即风道的一部分为船体结构)且占有舰艇的部分舱容。因此，从方案设计开始就必须与舰艇总体及相关专业充分协调，以求通风系统设计方案的成立与合理，同时随着总体各专业设计的深化，及时调整及深化通风系统的设计。

③机舱、电站应设置各自独立的通风系统，系统风管不应穿过防火分隔。

④风管的布置应保证通道与操作部位有足够的高度。

⑤动力(机)舱通风系统的舱内设计(最高)温度应为

蒸汽动力的舰艇　$t = 50$ ℃；

非蒸汽动力的舰艇　$t = 45$ ℃；

舱内设计(最低、冬季保温暖机)温度应为　$t = 5$ ℃。

⑥由于喷气燃料的油气比重大于空气，因此防爆通风系统的抽风口应位于服务舱室(喷气燃料系统的相关舱室)的下部，送风口应位于上部。

⑦通风系统在舱内的送、抽风口(末端附件)的布置应避免产生“短路”现象，以提高通风系统的效果。

9.2.4　空气调节系统

空气调节系统由空调通风系统、冷源(直冷式 - 制冷剂或间冷式 - 冷媒水)及热源(蒸汽或热水或电)组成。大、中型现代舰艇一般采用间冷式与直冷式相结合的供冷方式，间冷式 - 冷媒水系统供冷用于全舰的各空调区，而直冷式供冷仅用于少数空调舱室(如餐厅、会议室等)。下面主要介绍间冷式供冷的空气调节系统。

①空调通风系统将外界空气(全新风系统-舰艇上很少采用)或部分外界空气与部分舱内空气混合后的空气(舰艇上常用)在空调器内经冷却(或加热)、去湿(或加湿)、洁净后,经风管输送到被空调舱室,使舱内空气的温度、相对湿度、新鲜度(含氧量)达到规定的要求;而空调冷媒水系统为空调通风系统提供冷却、去湿所需的冷源(冷媒水)。空调通风系统加热、加湿所需的热源由日用蒸汽系统提供(电加热除外)。

②空调通风系统主要由各类空调器(装置)、通风机、各类布风器(末端附件)、风管及附件组成;空调冷媒水系统主要由冷水机组、冷媒水泵、海水冷却泵、(开、闭式)膨胀水箱、管系及附件组成。

(1)空调通风系统分类及其原理

舰艇空气调节系统根据"空气调节器"与需要维持一定气候条件的舱室的布置关系,以及空气处理过程的不同,可以分为以下三类。

①集中调节系统是将"空气调节器"单独布置在空调器室内,与需要进行空气调节的舱室可以离开相当的距离,利用通风管道将经过处理的空气分别送至各个舱室。根据所处理的空气是全部来自舱内,或是全部来自舱外,或是部分舱内部分舱外的混合体,又可以分为三种。

a. 闭式循环系统 此系统内,"空气调节器"处理的空气全部为舱内的空气,不补充舱外新鲜空气,见图9-1。对于与大气隔绝或无战位(平时无人),无法或无需从大气取得新鲜空气的舱室就可以采用这种系统。此时"空气调节器"的功能主要在于调节空气的温度和湿度。

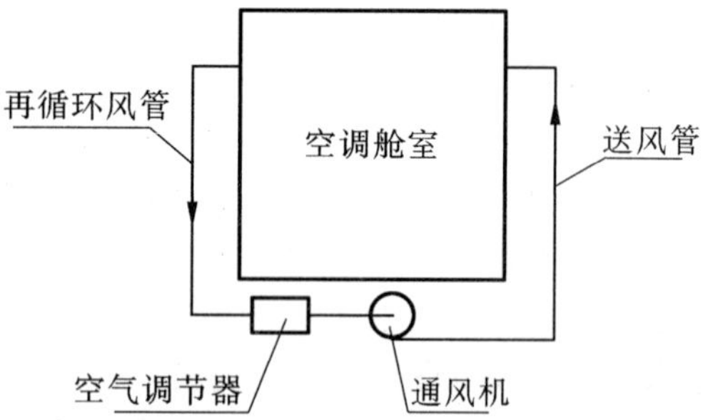

图9-1 闭式循环原理图

b. 直流系统 在此系统内,经处理送入舱内的空气,全部是舱外新鲜空气,使用过的污浊空气则全部排至舱外,不再利用,见图9-2。由于进入舱内的空气都是舱外(大气)状态处理至进气(送风)状态,因而能源消耗较大,经济性较差,舰艇上一般不采用。

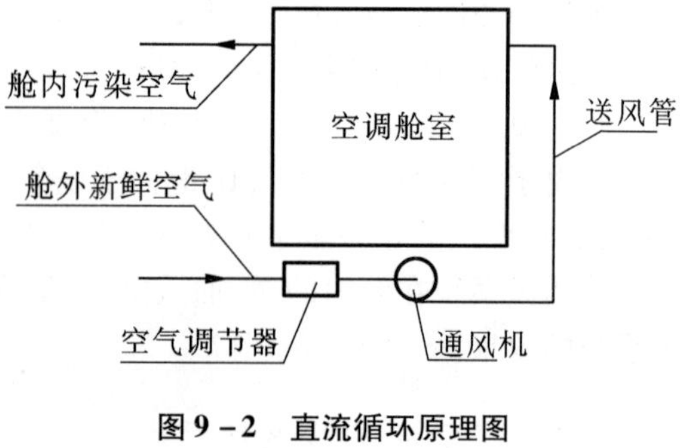

图9-2 直流循环原理图

c. 再循环系统 此系统既能满足卫生条件的要求,又较经济,实用广泛。它是闭式循环系统和直流系统的联合型式。送入舱内的空气,一部分为舱外新鲜空气,一部分是利用舱内原有空气相互混合经处理后再送入舱内。其中再处理的空气称为再循环空气。这种循环系统是舰艇空气调节的主要系统型式。再循环系统又可分成两种型式。一种是一次再循环系统,再循环空气集中在一次与舱外新鲜空气混合,见图9-3;另一种是二次再循环系统,再循环空气分两次与舱外新鲜空气混合,见图9-4。

②局部调节系统 此调节系统是将"空气调节器"布置在需要进行空气调节的舱室内,因而可以根据该舱室的要求来进行空气参数的调节。从降温来说,局部调节系统按冷源的

供应方法不同,可分为两种类型。

a. 集中供应冷源的局部调节系统　此系统于由若干个相邻舱室组成的一个区域,在此区域内的各个舱室降温所需的冷源,由一组公用的制冷装置供应。制冷剂(或冷媒)沿管路分送至各个舱室,各舱室根据本身的条件,控制制冷剂(或冷媒)流量,或调节经盘管的风量以达到预定的空气参数,详见图 9-5。

b. “单位式”局部调节系统　此系统适用于舱室较少而彼此又相距较远的场合,每个舱室各有一个独立的空气调节器。

③二次调节系统　二次调节系统适用于各个舱室或区域内温度、湿度变化不同和对空气参数要求不同的场合,此系统可以在集中调节系统的基础上,采用二次空气处理的方法,以满足各个舱室或区域内的不同要求。二次调节系统主要有三种型式。

a. 再加热空气调节系统　此种系统首先将空气集中在空气调节器内处理至较低温度,然后送至各个舱室。在各个舱室的进风管道上,装有热水或蒸汽或电加热器,使空气进入舱室前先经加热器进行二次加热。控制二次加热器内热源就可使进风温度符合舱内的负荷变化和该舱内的不同要求。负荷变化相同或要求相同的几个舱室形成一个区域,在送入这个区域的进风管内装一个加热器,称为区域加热器。每个舱室的每个进风口前设置的单独控制的加热器,则称为末端再加热器。再加热空气调节系统的原理,详见图 9-6。

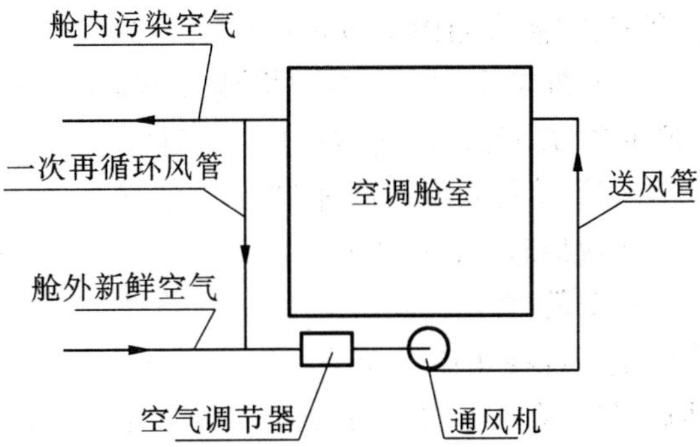

图 9-3　一次再循环原理图

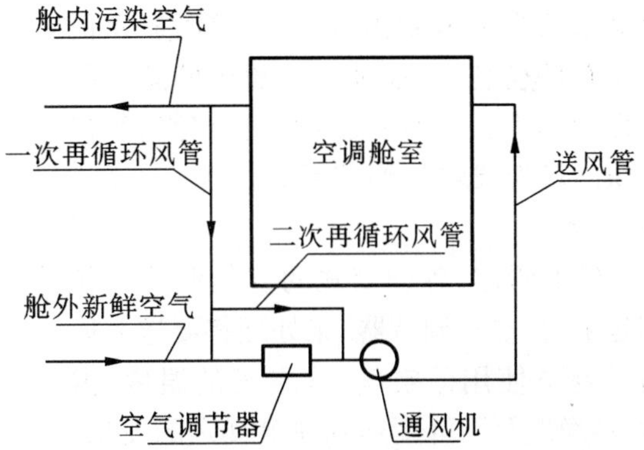

图 9-4　二次再循环原理图

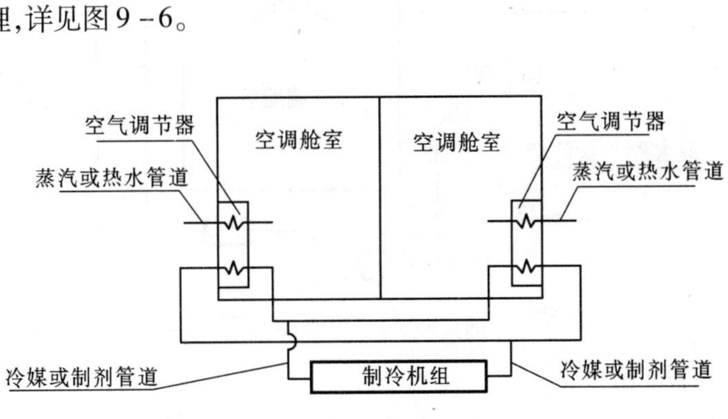

图 9-5　集中供应冷媒(或制冷剂)的局部调节系统原理图

b. 高速诱导式空气调节系统　此系统将处理过的一次空气,分别送至设置在各舱室内的诱导器。当一次空气流出喷嘴时,产生高速,在混合箱内形成负压而诱导舱内空气(即二次空气)通过格栅、冷却(或加热)盘管进入混合箱内,与一次空气混合后送入舱内。高速诱导式空气调节系统原理,详见图9-7。

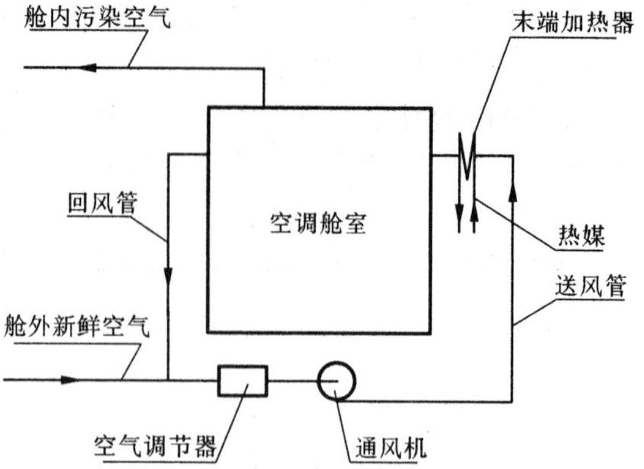

图9-6 再加热空气调节系统原理图

c. 双管式空气调节系统 此系统中的空气都在集中式调节器内被处理,然后经二根平行的管道分送至各个舱室的混合器内。一根送冷风,另一根送暖风,冷、暖风都进入混合器。根据舱内温度调节器的控制,冷、暖空气按比例调节后送入舱室内,以满足该时舱室的热负荷的变化,并能使送入舱内的总空气量保持不变,从而不改变舱内合理的气流组织。双管式空气调节系统的原理,详见图9-8。

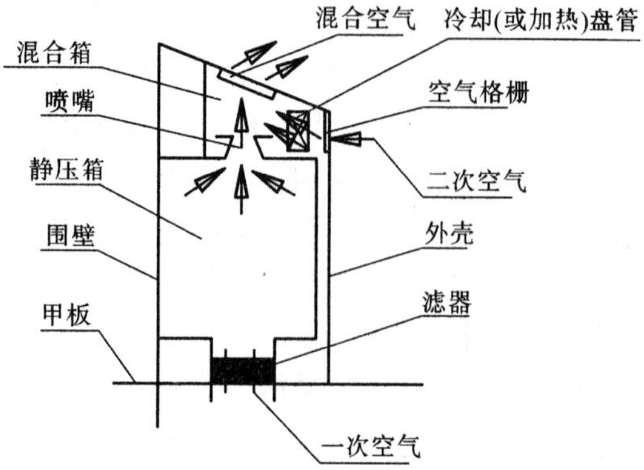

图9-7 诱导器示意图

综上所述,各种型式的空气调节系统都是采用“空气调节器”来处理将要送入舱内供舰员使用的空气,该空气的温度、湿度、洁净度及新鲜度达到规范规定的要求。目前空调通风系统的设计大都采用集中调节与局部调节相结合的空调通风系统,其他空调型式几乎不用。

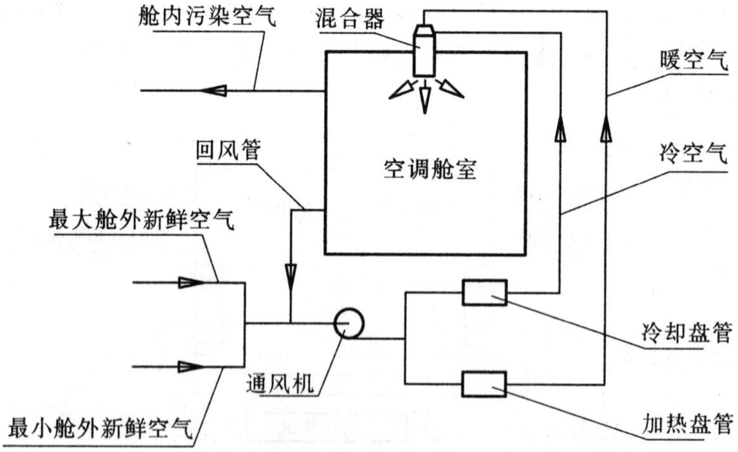

图9-8 双管式空调系统原理图

(2)空调系统设计方法

①根据舰艇总布置初步确定需要空调(或通风)的舱室及人员数量,并需有关专业书面提交相应的设备散热量。

②初步划分空调区域,同时与总体布置协调,以便舰艇总体的水密区、防火区及三防区划分的统一与合理。

③湿空气焓湿图($i-d$ 图)的应用　湿空气焓湿图($i-d$ 图)上已将一定大气压力下的湿空气物理性能参数(热焓量 i、含湿量 d、温度 t、相对湿度 ϕ)以线图形式汇集在一起,可以简便地根据给定的参数寻求其他参数。因此在空调工程设计中,可以利用它按给定的空气处理过程,从已知空气状态点找到空气处理后的状态点,从而可设计、计算、选择合适的空气处理设备及其容量。

④空调舱室绝热结构的传热系数　空调舱室绝热结构的传热系数(表示一个界面两侧不同温度空气传递热量的系数)是反映舱室隔热良好与否的一个指标,传热系数越大隔热越差。空调舱室的传热量约占舱内显热负荷的 80% 以上,它直接影响着空调循环风量的大小、风管尺寸、舱室净高以及空调设备的容量。为此,空调舱室必须有良好的绝热结构(即良好的隔热)。舰艇空调舱室各界面的传热系数,可根据不同船体结构及隔热层的具体情况(隔热结构形式、各隔热材料的导热系数、包敷的厚度等),参照有关资料进行计算。

⑤空气调节的负荷　空气调节负荷计算时,需把显热(夏季降温或冬季加热)负荷与潜热(夏季除湿或冬季加湿)负荷分开,而空调的全热负荷即是显热负荷和潜热负荷的代数和。全热负荷又是送风侧全热负荷与进风侧全热负荷的代数和。

送风侧全热负荷是指从空调器出来的空气(即调节空气)所要承担的负荷,它包括各个舱室的负荷和送风过程中吸收的热量,一般称为内负荷。内负荷决定空调器需达到出风参数和风量。内负荷一般包括温差渗入热(采暖时为渗出热),太阳辐射热(采暖时可以不计),人体热(分为显热和潜热,需分别计算,而且采暖时可以不计),设备热,送风管道的渗入热(采暖时为渗出热),风机热(吸入式空调器)。

进风侧全热负荷包括:舱外空气的负荷(就是把需要的舱外新鲜空气处理到舱内设计参数所需除去的热量和湿量,新风比越高这部分负荷越大,但采暖时为加热和加湿。),回风管道的渗入热(采暖时为渗出热),风机热(压出式空调器),进风过程中的其他热负荷。

上述各类热负荷,在空调区划定及各设计参数选定后就可以进行空调计算。

⑥设计参数的选择应符合 GJB4000《舰船通用规范》514 章的规定。

a. 大气温、湿度按表 9-2 确定。

表 9-2

航　区	季　节	大气温度/℃	相对湿度/%
近　海	夏　季	34	65
	冬　季	-12	65
远　洋	夏　季	35	60
	冬　季	-18	80

注:冰区及极区航行的舰艇,其供暖设计温度应分别为 -28 ℃和 -45 ℃。

b. 海水温度按表 9 - 3 确定。

c. 空调舱室相邻空间(边界)的设计温度按表 9 - 4 确定。

表 9 - 3

季　节	航　区	海水温度/℃
夏　季	近海	30
	远洋	32
冬　季	近海及远洋	0

表 9 - 4

相邻空间(边界)		设计温度/℃			
		夏季		冬季	
		大气 35 ℃时	大气 34 ℃时	大气 - 18 ℃时	大气 - 18 ℃时
太阳辐射影响面的当量空气温度	露天甲板	60	60	- 18	- 12
	暴露在阳光下的壁	50	50	- 18	- 12
主机舱、锅炉舱	上部	60	60	5	5
	中部	55	55	5	5
	下部	50	50	5	5
电机舱、辅机舱	上部	45	45	5	5
	下部	40	40	5	5
制冷机舱		45	45	5	5
厨房	上部	45	44	4	5
	下部	40	39	4	5
非空调的公共卫生室(厕所、盥洗室等)		35	34	1	5
居住区内通道	回风通道 靠近机舱围壁	30	30	12	13
	回风通道 不靠近机舱围壁	29	29	12	13
	无回风通道	35	34	1	5

d. 空调舱室参数应按表 9 - 5 确定。

表 9 - 5

舱室名称	季　节	温度/℃	相对湿度/%
生活舱、工作舱	夏季	27	50
	冬季	20	40
特殊舱室	根据设备要求(发热设备宜自带冷却设施)		

注:空调舱室温、湿度控制精度:温度 ±2 ℃,相对湿度 ±10%;表中温、湿度均指舱室中心位置离地面 1. 5 m 高处的数值。

e. 空调舱室的夏季送风差，在离送风口 300 mm 处测量的中心气流温度与舱室温度的差值，应不大于表 9－6 的规定值。

表 9－6

送风型式	温度标准/℃	可使用范围/℃
低速送风	10	6～12
中、高速送风	12	10～14
高速诱导	16	14～18

f. 舱室内新鲜空气量应按舱内铺位数、座位数、工作人数进行计算，对人员较少的舱室应适当增加人员进行计算；计算时，舱室内每人小时平均新鲜空分量应不少于表 9－7 的要求及空调舱室的换气次数应不少于 5 次/h；

表 9－7

舱室类型	新鲜空气量/[m^3/(h·人)]
士兵舱、其他人多的舱室	25
军官舱、其他人少的舱室	25～30

⑥按空调区进行热平衡计算，这是空调系统设计的重要环节，也是非常繁琐的工作。目前，均采用计算机(已编制的计算程序)进行热平衡计算、风量分配及总风量(取夏季供冷送风量、冬季供暖送风量、按规定的新鲜空气计算的送风量、按规定的换气次数计算的送风量中的最大送风量)等，但必须由设计师输入计算所需的参数(诸如：舱容、人员数、相邻舱壁温度差等等)。

(3)空调系统设计要求

①空调区域划分的原则　位置邻近、舱室内参数相同或相近的舱室划为同一区域；用途相同或相近的舱室尽量划为同一区域；公共生活舱不宜与居住舱划为同一区域；弹药舱、轻武器库应划为独立区域；医疗室和专用病房宜划为独立区域；有消声要求的舱室不应与产生噪声的舱室划在同一区域。

②空调舱内气流分布和循环应尽量避免舱室内空气形成局部死角。

③生活舱室和工作舱室内人员活动区的气流组织应符合如下要求。

• 气流速度　供冷时，生活舱不超过 0.3 m/s，工作舱不超过 0.5 m/s；供暖时，均不超过 0.3 m/s。

• 温差　垂直温差以人均身高 1.8 m 计不超过 3 ℃；水平温差不超过 1 ℃/m，且同一舱内不超过 2 ℃。

④回风口不应设在射流区内和人员长时间停留的地方，条件允许时，可采用集中回风或通道(走廊)回风。

⑤回风口的面风速应符合表 9－8 的要求。

表 9 -8

<table>
<tr><th colspan="2">回风口位置</th><th>面风速/(m/s)</th></tr>
<tr><td colspan="2">舱 室 上 部</td><td>4.0 ~ 5.0</td></tr>
<tr><td rowspan="3">舱 室 下 部</td><td>不靠近人经常停留地</td><td>3.0 ~ 4.0</td></tr>
<tr><td>靠近人经常停留地</td><td>1.5 ~ 2.0</td></tr>
<tr><td>用于走廊回风时</td><td>1.0 ~ 1.5</td></tr>
</table>

⑥舱室内局部送冷风时，应使人体在风口下头部区域的温度为 25 ℃ ~ 30 ℃，相对湿度为 70%，风速为 3 ~ 6 m/s。

⑦空调舱室应保持正压，空调区域内的厕所、盥洗室及淋浴室等都设有抽风装置而使舱室处于负压。

⑧人员经常来往的舱室之间的温差一般不宜大于 10 ℃。

⑨产生易燃、易爆气体舱室（如弹药舱、蓄电池室等）的空调系统应采取防爆措施。

⑩空调舱室都应敷设隔热材料。

⑪在空调系统工作时，相邻舱室之间的以及各舱与大气之间的压力差不超过 660 Pa。

⑫空调器室应设有泄水（地漏）设施，以便于冷媒水部分的维修或意外破裂时的泄水。

（4）空调冷媒水系统及其原理

空调冷媒水系统一般由冷水机组（包括制冷压缩机、冷凝器、蒸发器及相关的管路及附件）、冷媒水循环泵、海水冷却泵、膨胀水箱、贮水柜、电气控制箱（一般都组装在冷水机组上）、相关的管路及附件组成。

空调冷媒水系统是以淡水作冷媒介质的集中供应冷媒水的系统，经空调器热交换后升温的高温淡水，在冷水机组的蒸发器中与液态制冷剂（现绝大部分采用氟利昂 22，但因其污染大气正被逐渐淘汰，由环保型制冷剂所代替）进行热交换，液态制冷剂吸收高温淡水的热量而被气化，降温后的低温淡水由冷媒水循环泵沿冷媒水系统的管路向空调通风系统中的各类空调器供应冷媒（低温淡水），低温淡水在空调器中热交换升温后变成高温淡水，再由冷媒水循环泵抽至冷水机组的蒸发器进行降温变成低温淡水，如此周而复始地循环。在蒸发器中吸热气化的制冷剂由冷水机组中的制冷压缩机（活塞式或螺杆式或离心式等）抽回，经压缩后变成高温高压的气态制冷剂，由压缩机压至冷水机组中的冷凝器内，气态制冷剂被海水冷却成液态，该液态制冷剂被压至蒸发器与高温淡水进行热交换后气化，然后再由制冷压缩机抽回压缩机，如此周而复始地循环。冷凝器中的冷却用海水，由海水泵从舷外泵入，冷却气态制冷剂后升温的海水仍由海水泵排至舷外。空调冷媒水系统的原理图，详见图9 -9空调冷媒水循环系统原理图和图9 -10空调冷水机组冷却水系统原理图。

（5）系统设计

①设计方法

a. 由热湿负荷总量初定冷水机组的总制冷量，结合总体布置及空调区的划分和现有的成熟产品资料，将总制冷量分成若干个冷气站的制冷量。

b. 在征求使用方意见的基础上选取冷水机组压缩机的型式、制冷量的分配。

c. 确定压缩机制冷量时，必须计入冷媒水系统的冷量损耗 Q_{BS}，Q_{BS}包括管道渗入热 Q_g 及水泵动力热 Q_p，冷媒水系统冷量损耗 Q_{BS}可按公式 9 -6 计算。

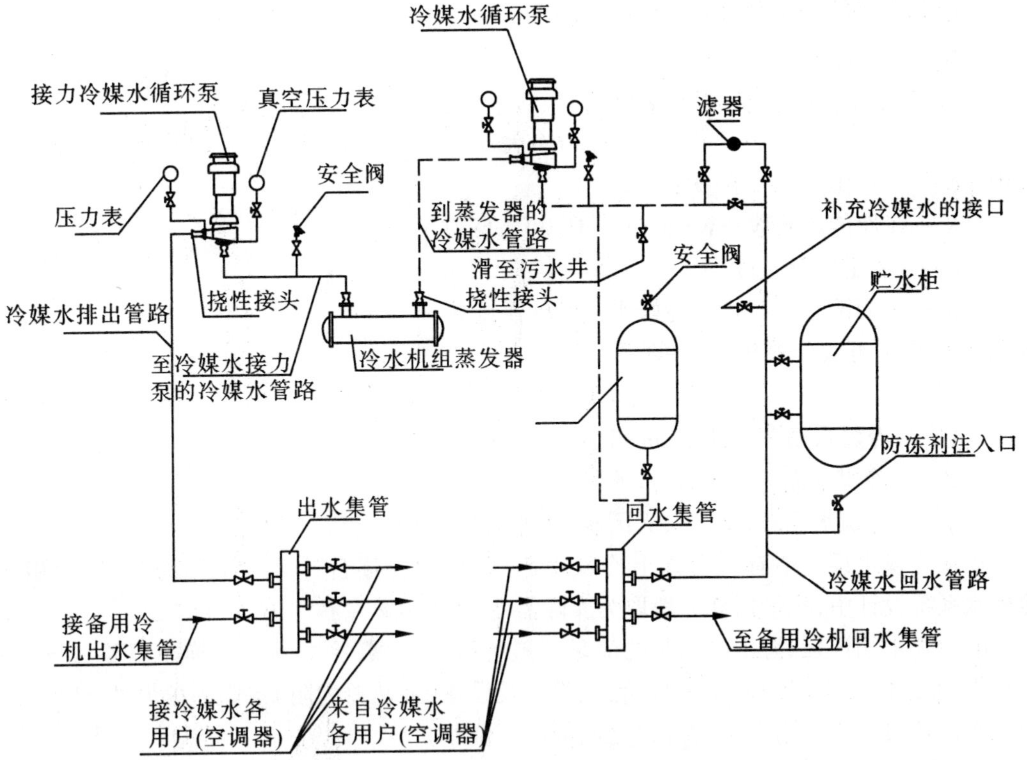

图 9－9　空调冷媒水循环系统原理图

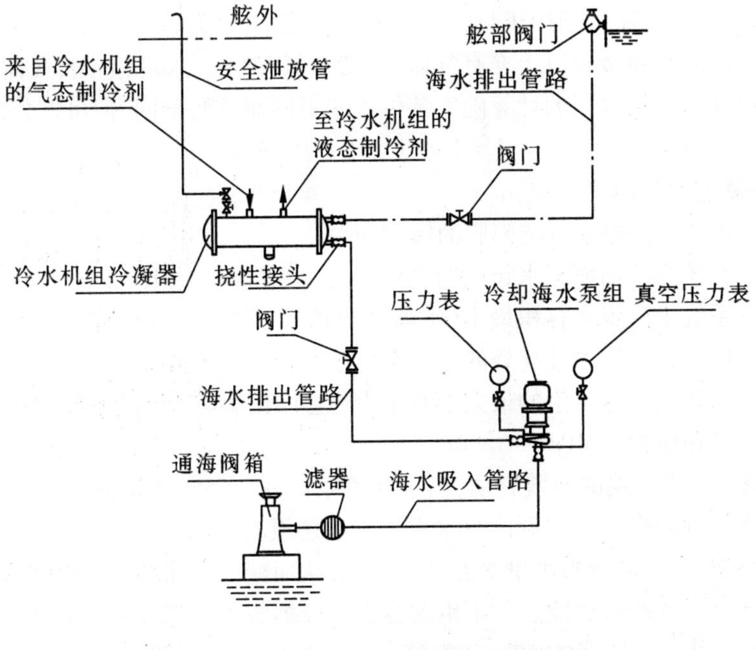

图 9－10　空调冷水机组冷却水系统原理图

$$Q_{BS}=Q_g+Q_p \tag{9-6}$$

式中 Q_{BS}——冷媒水系统冷量损耗,kW;

Q_g——管道渗入热,kW;

Q_p——水泵动力热,kW。

管道渗入热 Q_g 可按公式 9－7 计算。

$$Q_g=C\cdot K_t\cdot L\cdot \Delta t \tag{9-7}$$

式中 C——实用系数,无因次;

K_t—线性传热系数,kW/m・h・℃(可查阅有关资料);

L——管道实际长度,m;

Δt——周围空气与管内冷媒水之间的温度差,℃。

水泵动力热 Q_p 可按公式 9－8 计算。

$$Q_p=0.002\,733\cdot V\cdot H/\eta \tag{9-8}$$

式中 V——冷媒水循环泵流量,m^3/h;

H——冷媒水循环泵扬程,m 水柱;

η——冷媒水循环泵效率,无因次(查水泵资料)。

如果冷媒水系统中有一台以上冷媒水循环泵,则应逐台计算水泵动力热,然后相加。冷媒水系统设计中,冷量损耗一般取为实际需冷量的 10% 左右。

d. 冷媒水循环泵、海水冷却泵的流量一般可按蒸发器、冷凝器内的换热温差 $\Delta t\approx 3$ ℃来计算;而泵的压头(扬程)除考虑管路、附件及设备(换热器内阻)等阻力损失外,还应计入冷媒水循环泵出口与用户(空调器)之间的高度位差。

e. 为了弥补管路及附件的泄漏,以及周围环境温度变化而引起冷媒水系统内水容积的变化,系统中应设膨胀水箱。膨胀水箱有开式及闭式两种,开式膨胀水箱应装在系统的最高处,其最低液面应高于蒸发器盘管的最高液面。水箱的有效容积一般为系统中水总容积的 5% 或再大些。闭式膨胀水箱用于封闭式冷媒水系统中,水箱也是封闭的,可以安装在系统的任何一处。闭式水箱液面以上充有气体(一般为氮气)作为膨胀空间,气体压力随系统中水的膨胀而增加。水箱容积的计算随安装位置的不同而有所不同,但可按公式 9－9 计算。

$$V=V_1/(P_1/P_2-P_1/P_3) \tag{9-9}$$

式中 V——膨胀水箱所需容积,m^3;

V_1——系统中冷媒水可能膨胀的容积,m^3;

P_1——系统充注前膨胀水箱内的绝对压力,一般为 0.1 MPa;

P_2——系统中冷媒水容积最小(水温最低)时水箱中所需维持的绝对压力(这个压力应保证系统中最高处的净压略高于 0.1 MPa),MPa;

P_3——水箱中允许产生的最大绝对压力(这个压力应不超过系统中任何零件的允许工作压力),MPa。

f. 为了减少冷水机组的频繁启动(由于环境条件或服务对象的热负荷变化引起供冷量变化从而造成的频繁启动),空调冷媒水系统一般还设有贮水柜。由于贮水柜容积较大,可以起到蓄冷的作用,缓冲冷媒水供水温度的变化,从而减少冷水机组的停开机次数,提高冷水机组及冷媒水系统的可靠性。贮水柜的容积可根据舰上冷媒水系统的具体情况而定,一般可估为单台冷媒水泵流量的 1‰～5‰。

②设计要求

a. 冷媒水系统应设计为闭式循环系统。

b. 系统一般应设供水分配集管及回流集管(参见原理图)为各用户供水,并在各用户总管上设置可调隔离附件。

c. 各用户供水总管的管径应根据用户供水要求及距集管的远近(管路压力损失的大水)确定。

d. 系统的循环水管路上应设置膨胀水箱及贮水柜,冷媒水总管上应设有压力指示器。

e. 冷媒水总管上如设有旁通管路及相应的阀件,它们的通径应能通过 50% 的系统总流量,且其流速不超过 3.6 m/s(即冷媒水总管的允许最高流速,到用户的分配管路的流速一般不大于 2.0 m/s)。

f. 冷媒水泵吸入口的管段上应设置带有(20 目/平方英寸)滤网的淡水滤器。

g. 补充淡水的注入口应设置在冷媒水泵吸入口附近的系统回流管路上。

h. 海水冷却泵应布置在设计水线以下,如确有困难,则应采用带真空吸入装置的水泵。

9.2.5 食品冷藏系统

本系统用于保证舰上食品冷库能维持在给定的设计温度范围内,防止库内食品腐烂或变质,保证全舰人员的饮食需要。本系统一般由制冷机舱、冷(高、低温)库、制冷装置(含冷凝器)及其配套设备(海水冷却泵、冷风机)和附件组成。以往设计的老舰艇上,冷库内采用蒸发盘管作为液态制冷剂与冷库内空气发生热换的容器,现在都采冷风机。

(1)系统原理

来自制冷装置冷凝器的液态制冷剂(一般为氟利昂 22 即 R22,也可用其他制冷剂,而 R22 正在被环保型制冷剂所替代)在冷风机的盘管内(布置在冷库内)与由冷风机驱动的冷库内的空气进行热交换(液态制冷剂吸收库内空气的热量而气化成气态,库内空气降温除湿),低温空气在冷风机的驱动下流经整个冷库而冷却库内食品,这个冷却循环周而复始的进行直至库内温度(包括库内食品)达到规定的设计温度止。

气态制冷剂在制冷压缩机的泵吸下进入制冷压缩机压缩,变成高温高压的气态制冷剂进入冷凝器与海水冷却泵泵入的海水进行热交换,气态制冷剂被海水冷却成液态制冷剂再输送到冷风机。温度升高后的海水,由海水泵排至舷外,再由水泵从舷外(舰体底部)吸入海水泵至冷凝器冷却气态制冷剂,这个冷却循环周而复始的进行。

制冷装置、海水冷却泵及冷风机的运行,由冷库内的温度传感器将库内温度传给制冷装置上的电气控制箱,由其根据库内温度控制食品冷藏系统的工作状态。

(2)系统设计

①冷库容积的确定方法

a. 按食品储藏量计算各冷库净容积 V_n

各冷库净容积 V_n 可按公式 9-10 计算。

$$V_n = q \cdot r \cdot n \cdot D \tag{9-10}$$

式中 V_n——各冷库净容积,m^3;

q——每人每日所需食品量,kg/p · d;

r——食品的装载系数,m^3/kg,一般取值范围:肉库 0.03 ~ 0.05,鱼库 0.01 ~ 0.04,蔬

菜库 0.02 ~ 0.03；

n——舰员总人数，p；

D——自持力天数加三天(即储备量)，d。

b. 按每人每日所需冷库净容积计算各冷库净容积 V_n

各冷库净容积 V_n 可按公式 9 - 11 计算。

$$V_n = V_{n1} \cdot n \cdot D \tag{9-11}$$

式中 V_n——各冷库净容积，m^3；

V_{n1}——每人每日所需冷库净容积，$m^3/p \cdot d$，通常取值范围：肉库 0.007 ~ 0.01，鱼库 0.003 ~ 0.008，蔬菜库 0.004 ~ 0.023；

n——舰员总人数，p；

D——自持力天数加三天(即储备量)，d。

c. 冷库容积也可按规范推荐的表 9 - 9 估算。

表 9 - 9

编制人数	冷冻库/m^3			冷藏库/m^3
	肉库	鱼库	合计	蔬菜、水果库
50 以下	1 ~ 2	—	1 ~ 2	3 ~ 4
51 ~ 100	1 ~ 2	1 ~ 2	2 ~ 4	8 ~ 10
101 ~ 200	2 ~ 4	2 ~ 3	4 ~ 7	10 ~ 31
201 ~ 300	4 ~ 5	3 ~ 4	7 ~ 9	31 ~ 49
301 ~ 400	5 ~ 6	4 ~ 5	9 ~ 11	49 ~ 62

②冷库热负荷计算中参数的选取。

a. 海水冷却温度可按表 9 - 3 选取。

b. 冷库相邻空间设计温度可按表 9 - 10 选取。

表 9 - 10

冷库相邻空间	温　　度/℃
机械舱室	50
暴露在阳光下的边界面	60
暴露在海水中的边界面	32
有良好通风的舱室	按舱室设计温度
空调舱室	27
其他非冷藏舱室	38

c. 冷库设计参数按表 9 - 11 选取。

表 9－11

<table>
<tr><th colspan="2" rowspan="2">冷库类别</th><th colspan="2">自给力大于 30 d</th><th colspan="2">自给力不大于 30 d</th><th>完全冷却时间/d</th><th>库内相对湿度/%</th></tr>
<tr><th>库温/℃</th><th>进库温度/℃</th><th>库温/℃</th><th>进库温度/℃</th><th rowspan="4">2</th><th></th></tr>
<tr><td>冻结物冷藏库</td><td>鱼、肉库、速冻菜库</td><td>－18</td><td>－2</td><td>－15</td><td>－2</td><td>85～90</td></tr>
<tr><td rowspan="2">冷却物冷藏库</td><td>蔬菜水果库</td><td>2</td><td rowspan="2">30</td><td>2～5</td><td>2</td><td>80～90</td></tr>
<tr><td>粮食库
干货库</td><td>10～15
18～20</td><td>10～20
18～20</td><td>30
30</td><td><70
<80</td></tr>
</table>

d. 冷库内温度控制精度应为 ±2 ℃。

③冷库热负荷计算

a. 传热负荷——冷库的传热负荷是由冷库内外温差引起的，是从冷库顶、围壁和地板传入的热量。

b. 开门进入空气的热负荷——开启库门时外界空气逸入冷库产生的热负荷。

c. 工作人员热负荷——进入冷库的工作人员所散发的热负荷。

d. 电灯（照明）的发热量——冷库照明灯的发热量。

e. 电动机的发热量——设在冷库内（冷风机）电动机的发热量。

f. 食品热负荷。

④设备选型计算

因为食品热负荷只在打冷工况过程中存在，所以舰用冷库一般可按维持工况来进行设备选型计算，但应对规范中要求的主要技术指标进行校核，必要时予以修正计算。

a. 冷风机（高温、低温）的选型计算，冷风机的制冷量 Q_{uc} 应大于或等于冷库维持工况设备负荷即可。

b. 制冷压缩机能量的计算，制冷压缩机的能量 Q_c 应大于所供冷库设备需要的总能量。即

$$Q_c = 1.1 \sum Q_{uc}。$$

（3）设计要求

a. 食品冷库的制冷装置一般应配有一套备用机组，以防止制冷装置故障或检修时，仍能维持冷库的温度。备用机组可以是一整套压缩冷凝机组，也可以是双压缩机共用一个冷凝器。

b. 向高温（蔬菜、水果、蛋品等）库与低温（鱼、肉等）库供冷的制冷机组一般应分别设置，如因无法分别设置时，应注意高、低温库制冷剂回气压力的平衡。

c. 制冷压缩机的能量不宜配得过大，而且尽量选择有能量调节的。

d. 制冷剂管路的设计应防止压降过大和便于回油。

e. 制冷机组、海水冷却泵等一般都设在冷藏机舱内，其位置应靠近冷库。

f. 冷库内所有结构都需除锈、干燥和涂装，然后敷设适当的隔热层并应覆有防潮层及保护层，并使冷库在规定的冷库温度时，其外表面无凝露。

g. 冷库地板必需设有防止冷量外泄的地漏，冷风机的安装基座应采取隔热措施，以避免跑冷。

9.2.6 三防系统

为了预防、减少或消除核武器、生物武器及化学武器对舰艇及舰员造成的损害及破坏，水面（特别是大中型）舰艇都设有三防系统（核武器为N，生物武器为B，化学武器为C，即三防系统也可简称为NBC系统）。三防系统一般由核爆炸探测、核辐射监测、生物战剂样品采集和检验、化学毒剂侦检和报警、个人和集体防护、舰艇和人员洗消等设备、设施和器材组成。

（1）系统原理

NBC系统通过系统所设置的各类探测、报警元器件，预先得知核爆炸的当量、波及的范围、方位（三坐标），生物武器或化学武器的种类，以便及时发生报警并采取相应的预防措施，诸如关闭门窗、人员撤离露天部位并进入三防通道洗消或穿戴防毒服及面具、开启滤毒通风装置进行与外界隔离的闭式通风、适时开启水幕系统进行对有害沾染物的冲洗。此时，舰艇根据战斗使命的需要一般宜全速进行回避，以便脱离危险区域，最大程度的保持舰艇的战斗力。在脱离危险区域完成使命任务后，用便携式洗消器对舰上可能还存在有害沾染物部位进行洗消，以保证全舰的安全。

（2）系统设计

①设计方法　因此NBC系统（与国外海军相比，特别是集体防护）开发得不够成熟，系统设计的观念、产品的研制等方面还需深入研究与开发，尽快完成舰艇集体防护系统及相关设备的研制与装舰。

a. 根据舰艇研制任务书的要求，确定NBC系统的设计方案；明确NBC的防护范围（局部还是全舰）及划分NBC密闭区，并与舰总体进行充分的协调，以求与舰上空调区、防火区划协调一致。

b. 确定NBC系统的组成及设备选型或设备研制技术规格书的编制、讨论与审签等，选型或研制的设备性能必须满足舰艇研制任务书的要求。

c. 水幕系统总供水量的确定

水幕系统的总供水量Q可按公式9-12计算。

$$Q = \sum Q_i \tag{9-12}$$

式中　Q——总供水量，m^3/h；

Q_i——不同区域耗水量，m^3/h。

d. 水幕系统区域供水量的确定

水幕系统区域供水量Q_i可按公式9-13及公式9-14计算。

对于平面甲板的供水量Q_i

$$Q_i = q_i \cdot f_i \cdot 60/1\,000 \tag{9-13}$$

对于垂直壁表面的供水量Q_i

$$Q_i = q_i \cdot I_i \cdot 60/1\,000 \tag{9-14}$$

式中　q_i——不同区域的耗水规定值；

f_i——甲板上不同区域的面积，m^2；

I_i——垂直甲板周边长度，m。

e. 洗消站内淋浴喷头数量的确定

洗消站内洗消（淋浴）喷头的数量X可按公式9-15计算。

$$X = N/P \cdot T \tag{9-15}$$

式中　X——淋浴喷头的数量，个；

N——洗消人员总数，可按全舰总人数的30%确定；

P——每个喷头每小时能洗消的人数，可取为6～8人；

T——规定的洗消时间，h，可定为1 h。

f. 洗消（淋浴）用水量的确定　洗消（淋浴）用的水量 V 可按公式9－16计算。

$$V = N \cdot C/1\,000 \tag{9-16}$$

式中　V——洗消（淋浴）用水量，m^3；

N——洗消人员总数，可按全舰总人数的30%确定；

C——洗消（淋浴）一次的用水量，L，可定为25～30 L。

②设计要求

a. 舰艇集体防护部位的门、窗、孔、洞应采取有效措施，使其保证气密，以阻止被放射性、生物战剂、化学毒剂污染的空气侵入。

b. 舰艇集体防护系统采用的滤毒通风装置应与舰上的正压通风装置、空调通风装置协调配置，并应安装在NBC密闭舱内。

c. 三防用装备需满足核爆炸冲击波超压60 kPa，核电磁脉冲垂直场强50 kV/m的要求。

d. 舰艇配置的三防设施、装备和器材应符合《海军防化装备编配规定和标准》的要求。

e. 正常排水量大于200 t的战斗舰艇一般应设置水幕系统，水幕系统应分区设置，由消防总管分区供水，以避免水幕管路穿过防火分隔。

f. 水幕系统应具有手动和遥控两种启闭方式，喷射的水幕在舰艇全速航行时尽可能均匀覆盖甲板以上的全部暴露表面。

g. 大、中型水面战斗舰艇设置的三防部位，其使用面积一般为（2～6）m^2，三防部位舱可单独设置，也可与机电集控部位在同一舱室。

9.3　消防系统

9.3.1　水灭火系统

水灭火系统主要通过系统中设置的消火栓（含消防水龙带及水枪等）喷射压力海水，冷却、隔绝燃烧物以达到扑灭非油类、非电气所引起的火灾。同时还向机库、弹药库的喷水系统提供水源；为舰上的水幕系统提供水源；为舰上的压载水系统、舱底疏排水系统的排水（喷射）泵提供动力水源；为规范规定的其他各类用户提供工作用水或作为备用水源。

水灭火系统一般由消防泵、应急消防泵、分段隔离阀、消灭栓（含消防龙带、水枪等）、国际通岸接头、管路及附件组成。

（1）系统原理

水灭火系统设置的消防泵通过海底门经吸入管路（含阀件、滤器等）泵入舷外海水，海水经消防泵加压增速后，沿消防总管及其支管（含阀件等）将海水输送到各用户。用户的类别、多少与舰艇的大小及其具体情况有关，但其根本用途是通过消防栓（阀）及消防龙带来灭火。水灭火系统的原理见图9－11。海水灭火的机理如下。

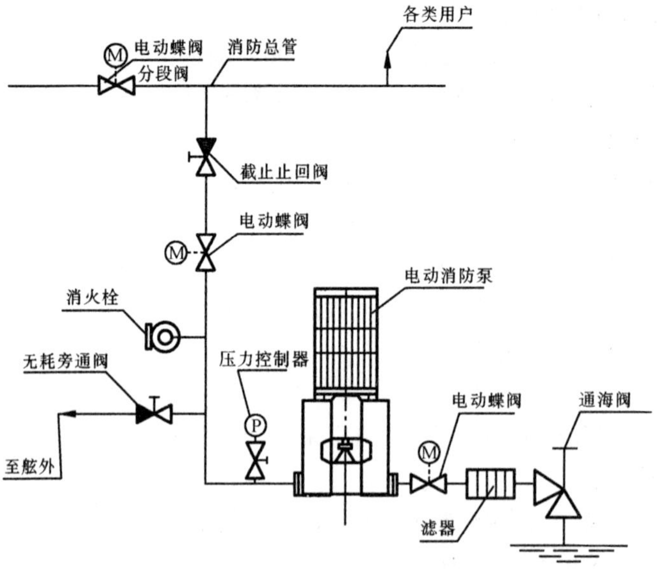

图 9-11　水灭火系统原理图

①海水与炽热的燃烧物接触时,在被加热和汽化过程中大量吸收燃烧物的热量,与此同时,所发生的化学反应也会吸收大量的热量,从而冷却燃烧物及周围空气而最终停止燃烧。

②海水汽化产生的大量水蒸汽能阻止空气燃烧区,并稀释燃烧区中的氧含量。

③海水与水溶性可燃、易燃液体混合后,可降低可燃蒸汽的浓度,使燃烧强度减弱。

④经消防泵加压后输送水枪喷射出来的水,具有很大的动能和冲击力,可以冲散燃烧物,减弱燃烧强度。

(2)系统设计方法

①水灭火系统(消防泵)的总(供水)排量的 V 可按下述工况中的最大值确定。

a. 按全舰系统工作时,消防泵的总排量 V 应保证下列耗水处(用户)能同时工作。

- 供水密隔舱内的排水喷射的动力源(若舰艇不是采用喷射泵作为舱底排水泵时,则为最大喷水灭火舱室的喷水量);
- 供火炮、机械及仪器冷却用水;
- 符合规范规定(详见表 9-12)的水枪数量和通径的水枪同时出水。

表 9-12

舰艇正常排水量 Δ /t	同时出水水枪数 /支	同时出水水枪直径 /mm
$\Delta \geqslant 10\,000$	10~12	16,19
$5\,000 \leqslant \Delta < 10\,000$	7~9	16
$2\,500 \leqslant \Delta < 5\,000$	4~6	13
$200 \leqslant \Delta < 2\,500$	3	13
$\Delta < 200$	2	13

b. 按分段工作时，消防泵的排量应保证下列耗水处能同时工作。

- 取本独立分段内下列工况的最大值。

最大一个喷水灭火舱内的耗水量；

最大一个水密隔舱内排水喷射泵的动力水源；

最大一个机舱、锅炉舱喷雾灭火系统的耗水量；

最大一个舱室泡沫灭火系统的耗水量。

- 本独立分段内的火炮、机械及仪器的冷却用水。
- 按表 9－13 规定数量和通径的水枪同时出水。

表 9－13

舰艇正常排水量 Δ /t	同时出水水枪数 /支	同时出水水枪直径 /mm
Δ≥10 000	5～6	16,19
5 000≤Δ＜10 000	4	16
2 500≤Δ＜5 000	2～3	13
200≤Δ＜2 500	2	13

c. 按水幕系统工作时，消防泵的总排量应保证水幕系统、火炮及航行所必需的机械、仪器的冷用水。

②水灭火系统独立分段的确定

水灭火系统的独立分段确定需符合规范的规定，详见表 9－14。

表 9－14

舰艇正常排水量 Δ/t	独立分段数
Δ≥10 000	5
5 000≤Δ＜10 000	4
2 500≤Δ＜5 000	3
200≤Δ＜2 500	3

③消火栓流量的确定

一个消火栓的流量 Q 可按公式 9－17 计算。

$$Q = 3\,600\mu \cdot F \cdot (2g \cdot H_0)^{0.5} \tag{9-17}$$

式中　Q——消火栓每小时流量，m^3/h；

μ——流量系数，一般取 $\mu = 0.98$；

g——重力加速度，$g = 9.8\ m/s^2$；

H_0——水枪喷口前的水压力，m 水柱；

F——水枪喷口面积，m^2；F 可按公式 9－18 计算。

$$F = 0.25\pi \cdot DN^2 \tag{9-18}$$

式中 DN——水枪喷口直径,m,DN 可按表 9-12 查取。

(3)系统设计要求

①舰艇应设置独立动力的消防泵;只要不是经常抽油又符合消防水泵要求的压载泵、舱底泵或总用泵等,也可作为消防泵;消防泵电动机应两舷供电。

②舰艇应设置在失电时能工作的独立动力可移式应急消防泵,而且一般为两台;应急消防泵的排量应满足两支消防水枪的流量要求,且水枪的出口压力应不低于 0.25 MPa;应急消防泵不得用汽油机、电动机驱动,且其使用的燃油闪点不应低于 60 ℃;应急消防泵的吸高要满足舰艇纵横倾状态下需要的吸高要求,还应配置与其相适应的吸入软管。小艇或护卫舰采用国产的 65CWY 系列的船用柴油机应急消防泵(吸高为 6~7 m),大、中型(驱逐舰)现采用国内组装的 GD-100 型柴油机应急消防泵(加助吸器时,吸高可达大于 7.3 m)。

③舰艇的消防总管应按独立分段原理设计,并可供全舰使用,各分段之间应设置隔离阀(最好是遥控阀);独立分段内至少应有一台独立动力的消防泵,以供该防火主竖区内全部设备的耗水。

④每台消防泵与出口截止止回阀之间需设置一个消防栓,以保证至少能从内部位置的任何消防栓上立即获得一股有效的水柱,又能保证立即启动所需的消防泵向水灭火系统持续供水。

⑤水灭火系统总管及各分段上宜设压力表或压力传感元件,以便监测系统压力或随系统压力的变化而控制消防泵的启停。

⑥消防泵在舰上轮流开启运行,正常情况当值的消防泵昼夜不停的运行。因此,每台消防泵的出口均应设置无耗管路及附件,无耗管路的大小可根据消防泵安全运行时的最低流量确定。

⑦水灭火系统总管及各支管的通径除应满足本系统及用户的供水压力与流量的要求外,还应满足舰艇防腐防漏的技术要求(主要指管材的选用及该管材的允许的最高流速)。

⑧各台消防泵的选型应根据水灭火系统总排量及下述条件确定。

• 独立分段各消防泵排量之和均不应小于系统消防泵总排量的 80% 再除以表 9-12 规定的独立分段数的商值。

• 独立分段各消防泵排量之和在任何情况下,应不小于 25 m^3/h,且每台消防泵至少应能维持两股所需的水柱。

⑨消防泵的压力应保证表 9-12 所规定数量的水枪同时出水时,对于正常排水量大于或等于 500 t 的舰艇,任一消火栓处的应不低于 0.31 MPa,而小于 500 t 舰艇该压力应不低于 0.25 MPa。

⑩消火栓的数量和布置位置应保证至少有不是来自同一消火栓射出的三股(正常排水量小于 500 t 的舰艇可为两股)水柱,能到达舰艇上的任何部位,且其中两股(小于 500 t 的为一股)应使用一根 10 m 长的消防水龙带。

⑪正常排水量大于或等于 500 t 的舰艇,至少应设一只国际通岸接头。

9.3.2 弹药舱浸水、喷水系统

①当弹药舱空调通风系统失灵或其他原因造成弹药舱内温度急剧升高或弹药舱失火而危及弹药舱安全时,用海水冷却弹药和降低舱内温度以限制舱室火灾蔓延和防止弹药爆炸。因此,舰艇上的弹药(各类火炮、鱼雷、导弹等)舱一般都设有浸水、喷水系统。

②位于舰艇空载水线以下的弹药舱可设置自流浸水系统，部分或全部位于舰艇空载水线以上的弹药舱可设置机动（即采用离心泵或喷射泵强制）浸水系统，不设浸水系统的弹药舱应提高喷水强度。

③弹药舱浸水系统应保证从打开操纵阀至水浸没弹药架之上边缘或水浸没至导弹一级发动机喷口喉部的时间不大于15 min。浸水的时间 t 可按 CB/Z200《水面舰艇水消系统设计方法》推荐的公式进行计算。

④弹药舱喷水系统应采用喷水器（喷头）式管路，喷水器喷出的水流应均匀分布，并能完全覆盖住被保护区域。

⑤喷水系统一般采用平面保护，且其每平方米被保护面积的耗水量应符合如下规定。

- 对于未设置浸水系统的弹药舱不少于32 L/min；
- 对于设置浸水系统的弹药舱不少于22 L/min。

9.3.3　泡沫灭火系统

（1）泡沫灭火系统构成

泡沫灭火系统由泡沫比例混合器、泡沫灭火剂储存柜、操纵附件以及固定式泡沫灭火剂混合液喷洒管路或固定式泡沫喷枪、泡沫炮或带软管的喷枪等组成的灭火系统。

（2）泡沫灭火剂

泡沫灭火剂是一种能够与水混溶、并通过化学反应或机械方法产生灭火泡沫的灭火药剂。泡沫灭火剂主要用于扑救非水溶性可燃液体及一般固体火灾。抗溶性泡沫灭火剂可用于扑救水溶性可燃液体的火灾。

（3）泡沫灭火分类

按照生成泡沫的原理，可分为化学泡沫灭火剂和空气泡沫灭火剂两大类。化学泡沫是通过两种药剂的水溶液发生化学反应产生的，泡沫中所包含的气体为二氧化碳。空气泡沫是通过空气泡沫灭火剂与空气在泡沫产生器中进行机械混合搅拌而生成的，所以又称为机械泡沫；空气泡沫中所包含的气体一般为空气。空气泡沫灭火剂按泡沫的发泡倍数，又可分低倍数（20倍以下）空气泡沫灭火剂，中、高倍数（20～1 000倍）空气泡沫灭火剂。根据发泡剂的类型和用途，低倍数空气泡沫灭火剂又可分为蛋白泡沫、氟蛋白泡沫、水成膜泡沫（又称轻水泡沫或氟化学泡沫）、合成泡沫和抗溶泡沫五种类型。中、高倍数泡沫灭火剂属于合成泡沫。

（4）泡沫灭火剂的灭火机理

①灭火泡沫在燃烧物表面形成的泡沫覆盖层，可使燃烧物表面与空气隔绝。

②泡沫层封闭了燃烧物表面，可以遮断火焰的热辐射，阻止燃烧物本身和附近可燃物质的蒸发。

③泡沫析出的液体对燃烧物表面进行冷却。

④泡沫受热蒸发产生的水蒸汽可降低燃烧物附近氧的浓度。

（5）泡沫灭火系统设计的一般要求

①泡沫灭火系统宜采用正压比例混合器。

②泡沫比例混合器宜设置在消防泵附近，且其工作水源应由舰上水灭火系统供给。

③空气泡沫灭火剂储存柜宜设置在泡沫比例混合器的上方，其容量应与被保护处所的容积相适应。

(6)水成膜泡沫灭火系统具体要求

①水成膜泡沫灭火剂要满足混合比为3%或6%、发泡倍数不大于12:1、25%析液时间不小于3 min、灭火时间不大于30 s和回燃时间大于5 min的要求。

②对于诸如直升机库等有较大规模失火危险的被保护处,应设置固定式水成膜泡沫灭火剂混合液喷洒系统。

③固定式水成膜泡沫灭火剂混合液喷洒系统可与喷水系统共用一套喷洒管路,系统设计可使喷头压力为0.2 MPa时,被保护舱室每平方米甲板面积能提供6.5 L/min泡沫灭火剂混合液的喷洒速率。

④直升机起降平台一般设置固定式水成膜泡沫喷枪灭火系统,系统设计应符合下列规定。

a. 喷枪喷射系统的喷射速率应能使每平方米被保护面积获得不少于4.1 L/min的泡沫混合液。

b. 喷枪的数目不少于两支。

c. 固定式喷枪能转动,以便使其所喷射的泡沫能到达起降平台的任何部位。

d. 泡沫喷枪在风速不大于2 m/s的情况下,顺风时的射程不小于15 m。

⑤直升机起降平台也可采用水成膜-干粉组合灭火系统,其系统除应符合9.3.3的规定外,还应符合下列规定。

a. 所用干粉应与水成膜泡沫混合液相容。

b. 干粉的喷洒速率应为0.6~5倍的泡沫混合液喷射速率。

(7)高倍数空气泡沫灭火系统的要求

①高倍数空气泡沫灭火系统通过喷射口迅速喷出的泡沫量,应足以使最大的一个被保护处所每分钟至少铺盖1 m的厚度。

②高倍数空气泡沫剂的储备量,应足以产生5倍于最大的一个被保护处所容积的泡沫量。

③被保护处所水平面积超过400 m^2时,应至少设置两台空气泡沫比例混合器。

④设有高倍数空气泡沫灭火系统的处所,应设有当泡沫灭火剂混合液喷射时,允许空气自被保护处所溢出的设施。

(8)低倍数空气泡沫灭火系统的要求

①低倍数空气泡沫灭火系统不能作为机器处所、机库、喷气燃料泵舱等处所的单一灭火设施,若作为补充灭火设施时,该灭火系统应能在小于5 min内,通过喷嘴喷出足以覆盖住燃油所能散布的最大单个面积达150 mm厚度的泡沫量。

②导弹发射筒低倍数空气泡沫灭火系统的泡沫灭火剂混合液的供给速率,应按每一枚导弹筒内表面积计算,每平方米不小于6 L/min。

③导弹发射筒低倍数空气泡沫灭火系统的泡沫灭火剂储存柜的容量,应在每平方米不小于6 L/min的速率下,连续喷射10 min。

9.3.4 卤代烷灭火系统

卤代烷是由以卤素原子取代烷烃分子中的全部或部分氢原子后得到的一类有机化合物的总称,一些低级烷烃的卤代物(如二氟一氯一溴甲烷称1211、三氟一溴甲烷称1301等)具有不同程度的灭火作用,这些具有灭火作用的低级卤代烷统称为卤代烷灭火剂。采用卤代烷作为灭火剂的灭火系统即为卤代烷灭火系统。

卤代烷灭火剂主要通过抑制燃烧的化学反应过程，夺去燃烧连锁反应中的活泼物质，使燃烧中断以达到灭火目的。卤代烷灭火剂都是装入压力容器中的液化气体灭火剂，灭火后不留痕迹、毒性低、灭火迅速、对金属腐蚀小及电绝缘性好的灭火剂。通常用抑爆峰值来衡量卤代烷灭火剂的灭火效能，抑爆峰值越小，则灭火效率越高。

(1) 卤代烷灭火系统构成

该系统由卤代烷储存容器、瓶头阀、施放装置、控制阀、喷嘴及连接管路组成。

卤代烷灭火系统适于扑救各种易燃液体火灾和电气设备火灾，如用来扑救舰艇上的机械处所、重要的控制室、飞机库及坦克舱等可能发生的火灾。

(2) 卤代烷灭火系统的施放

卤代烷灭火系统的施放装置应保证系统能在 10 s 内排放出规定剂量的液态卤代烷灭火剂。

系统的灭火剂数量至少应满足最大单个被保护区两次灭火所需要，或者同时满足所有被保护区域灭火一次的需要，并以大者作为该被保护区的灭火剂配置数量。

灭火剂储存容器应一般放在灭火站内，灭火站尽可能接近被保护区。

灭火剂储存容器应设有监测压降的装置，并应在舰艇损管中心或相应的损管站内设有声、光报警器予以显示。

(3) 新型灭火剂

由于卤代烷 1301、1211 灭火剂对大气环境的污染，已被蒙特利尔议定书列为禁用物，而规范规定的卤代烷灭火剂系指“经 1987 年 11 月 16 日蒙特利尔防护条约修正的、特定的对大气环境无破坏的无污染卤代烷灭火剂”。世界各国都已开展卤代烷 1301、1211 替代物的研究，归纳起来有如下几种。

①细水雾　细水雾是利用特种喷水头或超声波将水雾化，以提高水隔绝燃烧物的表面积，增大水汽化与吸热效果，从而提高水灭火的效果。但根据 GJB4000《舰船通用规范》的规定，此灭火手段只能作辅助补充灭火措施，不能完全替代。

②烟雾灭火剂　烟雾灭火剂是将固体物质使其生成烟雾状的气熔胶达到灭火，如 PYROGEN 通过 24 V 直流电激发，其中 K_2O 遇火就吸热分解而起降温作用，而分解后的 K 在高温状态下以离子状态存在，并与活性基团 H、OH、O 等反应而消耗抑制燃烧的活性基团使燃烧断链或终止燃烧。此灭火剂无需管路，但为全淹没式灭火，必须考虑被保护区域的面积与层高。

③气体灭火剂

a. 无环境污染的卤代烷，如七氟丙烷（FM2000），它是卤代烷 1301、1211 的替代物。卤代烷 1301、1211 的管路设计无需更改，只需更换灭火剂，但其毒性对人体的危毒尚待进一步验证。

b. 惰化型灭火剂　用得较多的一种惰化型灭火剂是烟络尽，它是以氮气为主要成分的多种气体混合而成的灭火剂，无毒无害。但由于其灭火用量非常高，而影响其应用前景。

9.3.5　二氧化碳灭火系统

二氧化碳灭火剂是一种不自燃、不助燃、制造方便、易于降温加压液化后储存于钢瓶（容器）中的灭火剂。由于二氧化碳的平衡蒸汽压很高，瓶头阀一打开，液体立即通过虹吸管、管路和喷嘴喷出并迅速气化，此时从周围空气中吸收大量的热使其降温，在燃烧物周围增加了大量的不自燃不助燃的二氧化碳气体，从而减少了周围空气的含氧量，当燃烧区域空气含氧量低于12%，或者二氧化碳的浓度达到30%～35%时，绝大多数的燃烧都能熄灭。二氧化碳灭火剂是一种惰性气体，对绝大多数物质无破坏作用，灭火后很快散逸，不留痕迹，是一种无毒无害的环保型灭火剂。它最适合于扑灭各种易燃液体和那些受到水、泡沫、干粉等灭火剂的沾污容易损坏的固体物质的火灾。

二氧化碳灭火剂的施放不应采用自动施放装置，而应采用人工施放装置，以避免误操时产生人员窒息的危险。

9.3.6 火灾探测、报警和灭火控制系统

本系统是舰艇消防系统的重要组成部分，它由火灾探测、火灾报警及灭火控制三大块组成，可分为自动报警灭火系统和自动报警人控灭火系统，二者的主要区别在于前者全自动，全程无需人干预；后者在火灾报警后，需人判断、人控灭火剂施放。

①根据舰艇不同的防火结构、灭火系统的种类，应设置相适应的固定式火灾探测、火灾报警和火灾控制系统，以保证可能出现的各类火灾都能被探测到，并按系统要求自动或手(遥)控施放灭火剂扑灭火灾。舰艇上一般采用自动报警人(遥)控灭火系统。舰艇如一旦发生火灾，它所产生的烟雾、高温和光辐射，使感烟、感温、感光等火灾探测器立即以声光信号向全舰人员发出报警，指示火灾发生部位，并纪录火灾发生的时间；与此同时，指挥员必须判断是火灾还是误报，如是火灾发生，则由人遥控(或手操)关闭火灾区域的通风设施、防火门、防火阀及燃油设备及燃油管路；与此同时，发出施放灭火剂预警声光信号，延迟30 s(仅对卤代烷、二氧化碳灭火系统，以便人员从应急通道撤离)后，发出灭火(施放灭火剂)警报，人工遥控(或灭火站手操)施放灭火剂灭火。火灾自动报警灭火系统的组成及其原理框图见图9－12。

火灾探测、报警和灭火控制系统应至少配备两路电源，其中一路为应急电源，并能自动切换以保证系统连续工作，同时向损管中心发出声光报警信号。

在主辅机舱和锅炉舱、机舱集中控制室、弹药舱、导弹舱、鱼雷库、油漆间、帆缆间、居住舱及起居处所内的脱险通道、库、喷气燃料泵舱、封闭的加油站和有着火危险的其他处所等设置固定式自动火灾探测器。

②火灾探测器是对火情进行监视的一种器件，它与火灾报警联合使用，就可以在火灾发生的初期发生报警。按火灾探测器工作原理的不同，其型式有感烟型(离子感烟、光电感烟、激光感烟

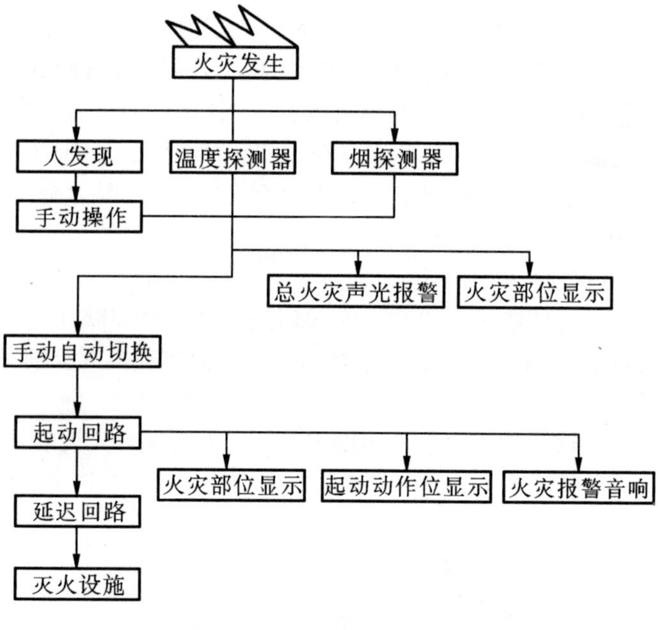

图9－12 自动报警灭火系统原理框图

等)探测器,感温型(定温式、差温式、电子式)探测器,光辐射亦称火焰型(红外光辐射、紫外光辐射)探测器等三种。根据被探测部位的不同,选用不同的火灾探测器。一般均选用感烟型与感温型二种火灾探测器,而机舱宜选用感温型与火焰型二种火灾探测器,因为机舱内经常采用清洗剂(含煤油)进行维护机械设备,清洗剂及其废弃物处理不当时,极易引发火情。

根据火灾探测器的保护面积和最大安装间距(详见表 9－15),并结合被探测舱室或部位的具体情况确定火灾探测器的数量及安装位置。

表 9－15

探测器类型	每一探测器保护的最大地板面积 m^2	两个探测器中心之间的最大距离 m	离开舱壁的最大距离 m
感温式	37	9	4.5
感烟式	74	11	5.5

③现代舰艇上已将火灾探测、火灾报警和灭火控制按不同的功能采用不同的网络结构予以联接,有的甚至左右双环路联接,提高了火灾探测、火灾报警和灭火控制系统的集(遥)控程度和可靠性。

9.4　日用水系统

9.4.1　饮用水、洗涤水系统

(1)饮用水、洗涤水系统的一般要求

①每人每昼夜淡水的最低供应量应符合规范的规定,即每人每昼夜的供应量应不少于表 9－16 的规定。

表 9－16

名称	正常排水量 Δ/t			非住宿舰艇	
	5 000≤Δ	500≤Δ≤5 000	Δ＜500	有煮水设备	无煮水设备
饮用水	10	10	10	5	3
洗涤水	25	20	15	—	—

①淡水定额应符合表 9－17 的规定。

表 9－17

无海水淡化装置	有海水淡化装置
据表 9－16 所列标准按全部自给力及编制人员数计算定额,并可根据各水面舰艇实际情况适当增加淡水定额	自给力 7 昼夜及 7 昼夜以上的水面舰艇按 7 昼夜计算;自给力 7 昼夜以下的水面舰艇按 5 昼夜计算;若配备有足够产量的海水淡化装置,经订货部门同意,配置淡水的昼夜数可适当减少

③应急淡水要求按舰艇编制人员每人每昼夜3 L、应急时间3昼夜的量配置；自给力为2昼夜及其以下的舰艇，可不配置应急淡水。

④饮用和洗涤用淡水应储存在两个或两个以上的淡水舱内，应能在各个淡水舱之间进行淡水的转运、泵送。当一个淡水舱破损时不应失去全部淡水储备，清洗或修理一个淡水舱时仍应能取用淡水。

舰艇一般应分别设置独立的饮用水系系统和洗涤水系统，若合二为一时，应分别满足饮用水系系统和洗涤水系统的全部要术。

饮用水系统和洗涤水系统的供水泵应有备用泵。

⑤饮用水系统和洗涤水系统一般应设置注入总管、输送总管及日用水总管。注入总管应连接舰上各海补接收站的淡水注入口与各淡水舱。污水管、燃油管、滑油管均不应通过淡水舱。

(2)饮用水系统构成

饮用水系统一般由饮用水舱、饮用水压力柜、输送(驳运)泵、水质处理装置(装置可带水泵，该装置分为前水质处理装置用来消毒净化；后水质处理装置用来矿化)、管路及附件组成。

饮用水舱的淡水由后水质处理装置(或单独)的泵从水舱抽至后水质处理装置进行矿化后，并泵至压力水柜，压力水柜内的水由柜内的压缩空气压至饮用水总管，再沿各支管给用户(厨房、开水间、饮水机等)供水。

海水淡化装置生产的淡水，经前水质处理装置进行消毒、杀菌、净化后进入饮用水舱予以补充淡水。饮用水系统不应与海水系统连通。

(3)海水淡化装置(俗称造水机)

①海水淡化装置的型式有板式或管式沸腾蒸馏装置、闪发蒸馏装置、电热压汽蒸馏装置和反渗透装置等。

②舰艇应根据自身的特点与优势予以选型，如蒸汽动力装置的舰艇一般应选以蒸汽为能源的造水机，以避免能源转换的损耗，当然应按舰艇的具体状态确定海水淡化装置的选型。

9.4.2 甲板排水系统

甲板排水系统用来排除可能产生积(非弹药舱喷水系统、浸水系统)水的舱室及露天部位的积水。这些水一般均利用积水的自重自流排至舷外。甲板排水系统由舱室甲板排水系统、露天甲板排水系统以及附件组成。系统设计的一般要求如下。

①位于破损水线以下的舱室、或要求气密的舱室，其甲板排水管上应设置排水阀(即其舱室地板上的地漏为带可闭部件的地漏)。

②甲板排水管(口)的位置、数量及通径，应保证舰艇在正浮或横倾不超过5°时，甲板区域内不产生积水。易产生大量积水的舱室(如厨房、淋浴间、盥洗室等)宜设置较大通径的地漏。

③露天甲板排水口宜采用3 mm铜丝焊制，且其间隙不能太小，以使甲板流畅排除。

④强力甲板处排水口，如因开口较大而会破坏结构强度时，宜采用椭圆形的地漏以维持较大通径的要求。

⑤甲板排水系统一般不宜与其他(带压的)排水系统连通，必须连通时，需用‘Y’型连

接,同时在舷侧接管处设止回阀,以防止其他排水系统的水倒流至舱室甲板的排水管中从舱室地漏溢出。

9.4.3　应急排水系统

现代舰艇总体系统设计中,一般指舰艇触礁或战斗中弹等遇险、意外情况时意外浸水而导致舰艇逐渐下沉时,为保证舰艇的正浮状态所采取的排除舰艇内水的系统。该系统主要由排水工具、应急排水管路及附件组成,其设计原则为:

①现代舰艇的应急排水系统的设计应与舰艇总体性能(几舱不沉的抗沉性)的要求一致,几个水密隔舱区域内所配的排水工具的总排水量应符合"当舰艇破损进水后尚能漂浮时,应能保证舰艇经堵漏后,排干其服务区域内浸水的时间不大于 2 h"的规定。

②主机舱、辅机舱、锅炉舱固定式应急排水泵的数量超过一台时,每台排水泵的排量不应小于第①条要求所需排量的 50%。

③排水工具可采用喷射泵、潜水型电动泵以及潜水型电动消防/排水泵。潜水型电动消防/排水泵是一泵两用的(平时作消防泵,应急时作排水泵)不占舰艇空间及重量的应急排水泵,其工作原理详见图 9 - 13。自 20 世纪 90 年代始,我国现代舰艇的应急排水系统均已采用该型泵为消防泵兼排水泵。由于种种因素,该型泵仅有一个型号:200CBLQ - 13B(排量 140/280 m^3/h,压头0.8/0.4 MPa)。

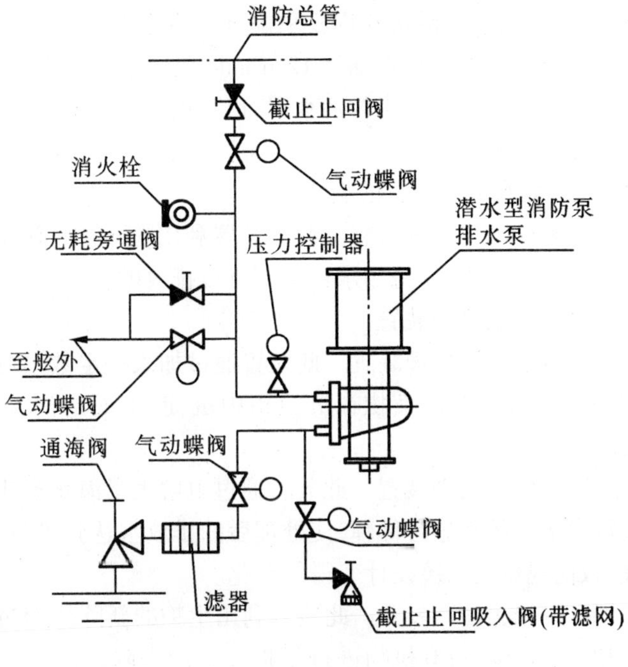

图 9 - 13　潜水型消防/排水泵工作原理图

④应急排水泵应根据舰艇的具体情况(包括舰艇吨位的大小、使用方的意见、现有设备的资料、以及与舰艇上其他系统的关系等)来确定。

9.4.4　日用海水系统

新型大、中型舰艇上,一般均设有生活污(黑)水的真空收集系统(用淡水冲洗),所以日用海水系统的海水只用来冲洗备用(重力)厕所。不设真空收集系统的舰艇(特别是小艇),其日用海水系统用于生活区域的卫生设备、医疗舱室设备的冲洗。

日用海水系统一般由海水泵、压力水柜(或带泵)、管路及附件组成。日用海水泵也可由海水总用泵或消防泵代替,若代替的供水系统压力高于日用海水压力水柜工作压力,其管路上应设置减压阀、安全阀。

新型驱逐舰上各类装备、设备冷却(或冲洗)用海水,工作压力小于等于 0.4 MPa 的用水，由机电设备海水冷却（冲洗）系统供给；工作压力大于 0.4 MPa 的用水由水灭火系统经减压或直接供给。

机电设备海水冷却（冲洗）系统，由于供水量太大，一般都分区设计，分区内设置一台或若干台海水泵而不设压力水柜。此种设计可以减小供水总管的尺寸和提高系统可靠性。

9.4.5 生活污水处理系统

生活污水处理系统用来收集全舰的黑水（即粪便污水，从医务室、药房、病房排出的污水）及灰水（即除黑水外的废水，如淋浴室、盥洗室、厨房及配膳间等排放的水），予以储存或经处理后，通过生活污水排放泵排至舷外。

舰艇只需在距最近陆地 12 n mile 以外区域排放污水，且舰艇上污水舱的容积足以储存舰艇自持力期限内产生的污水时，可不设生活污水处理装置；不能满足的舰艇，都应设生活污水处理装置。

（1）黑水处理装置的型式

①粉碎消毒处理装置　此型装置利用粉碎泵将污染物粉碎到一定大小后，加入消毒剂和大量的冲洗水，使得污水稀释到可以排放的程度。此类处理方法可对水造成二次污染。

②物化法处理装置

a. 絮凝沉淀处理装置　此装置通过加入一定数量的絮凝剂到污水中，经絮凝剂的絮凝作用使污水中的污染物在沉淀柜中沉淀，上面的清水予以排放，沉淀的污泥收集后统一处理。

b. 电解法处理装置　此装置通过电解大量海水产生的次氯酸对污水进行处理，同时用大量海水对污水进行稀释，使处理后的排放水达到排放要求。此类电解法会产生氯气和氢气，致使舰艇的系统设计变得复杂化。

c. 生化法处理装置　此装置利用生物的新陈代谢过程，将有机物转化成对环境无害的水和二氧化碳，将有机物进行了根本上的去除。此类方法，由于采用重力沉淀及微生物浓度低，导致装置体积大、操作管理较复杂等，限制了装置的使用。

（2）黑水的排放应符合规范的规定，即"1. 在距最近陆地 4 n mile 以外，使用经认可的设备，可排放经过粉碎和消毒的黑水；2. 在距最近陆地 12 n mile 以外，可排放未经过粉碎和消毒的黑水；3. 无论是 1 或是 2 都不得将黑水舱储存的水顷刻排放，而在航行途中，航速不小于 4 kn 时，以中等速率进行排放；4. 生活污水处理装置在运转，同时排出的污水在其周围的水域中不产生可见的悬浮固体，也不使水域变色"。

经生活污（黑）水处理装置处理后的排放水的水质应符合规范的规定，即"1. 经适合于舰艇在距最近陆地 4 n mile 以内排放生活污水的处理装置处理后的排放水：（1）大肠菌群（M. P. N）不超过 250 个/100 mL；（2）总悬浮固体量的几何平均值不超过 50 mg/L；（3）五日生化需氧量（BOD5）的几何平均值不超过 50 mg/L。2. 经适合于舰艇在距最近陆地 4 n mile 以外排放生活污水的处理装置粉碎和消毒处理后的排放水：应无明显的固体悬浮物，其大肠菌群（M. P. N）应不超过 1 000 个/100 mL"。

9.4.6 油污水处理系统

油污水处理系统是用来收集、储存、处理及排放舰艇机器处所的舱底水的系统，其排放的机器处所的污水符合规范的规定,即"1. 舰船不在有特持要求的区域内;2. 未经稀释的排出物含油量不超过 15 $\times 10^{-6}$;3. 排油监控和油水分离设备正在转运"。

油污水处理就是从水中除去油分,舰艇上主要采用分离法除去油分。油污水是由分散或乳化状态的油与水形成的混合液。由于水与油的密度和粘度不同,因而油污水具有自然分离的倾向。油粒在水中的上浮速度与油水密度差成正比,而与水的粘度成反比。水流速度愈低、水温愈高、油粒尺寸愈大,对油水分离愈有利。舰艇上油污水由于泵的搅动及掺有多种乳化剂,油的颗粒直径小于 250 μm,单靠重力分离无法满足 15 $\times 10^{-6}$的排放要求。一般都采用多重板或管束加阻拦以促油粒聚合,使处理水满足排放要求。

随着国际法的健全以及我国与国际接轨形势的要求,对于使用清洁剂产生的油/水乳胶状液(乳剂),重力分离已达不到新标准的要求,如:1992 年 IMO《国际海事组织》通过的 MEPC. 60(33)规定,美国 UNDS 的排放标准。为此,美国海军正在开发一系列二次处理系统来处理含乳剂的油污水。国内舰船设计 704 研究所几乎与国外同步进行了研究,都采用膜分离技术处理油污水,可以预计,新一代的油污水膜处理装置将会应用到新型舰艇上。

机器处所的舱底水都含油,一般都应排入油污水舱。若油污水舱的容积不能满足舰艇自持力要求的油污水容量时,应设置油水分离装置。

(1)油污水分离装置

现代战斗舰艇的油水分离装置应符合规范的规定,即"1. 使燃油与压载水分隔,限制首尖舱内装油;2. 设置油水分离设备;3. 设置机舱污油舱;4. 设置油类标准排放接头"。

设有油污水分离装置的舰艇应在机器处所设污油舱,以便储存分离出来的污油;并在其内设蒸汽加热器以降低污油粘度,以利于污油泵的工作。污油舱还应设置通气管及测量设施。机器处所一般较大,若设有一个以上污水井时,油污井内的吸入处应设置真空吸入自闭阀,以避免某个污水井抽完(吸空假象)而使处理装置停机,从而影响其他污水井污水被抽入处理装置及系统的正常工作。

(2)污油舱的容积确定

污油舱的最小容积应满足如下规定。

①不用燃油舱装载压载水的舰艇可按公式(9-19)计算

$$V_1 = K_1 \cdot C \cdot D \tag{9-19}$$

式中 V_1——最小污油舱容,m^3;

K_1——系数,一般取为 0.005;

C——日燃油消耗量,m^3;

D——两次能排污油上岸的间隔时间,d。

②用燃油舱装载压载水(包括采用油水代替)的舰艇可按公式(9-20)计算

$$V = V_1 + K_1 \cdot B \tag{9-20}$$

式中 V——污油舱最小舱容,m^3;

V_1——按公式(9-19)求得的容积,m^3;

K_1——系数,一般取为 0.005;

B——兼作压载水舱的燃油舱容积,m^3。

9.4.7　压载水系统

大、中型现代舰艇在艏、艉设有压载水舱,通过对不同部位压载水舱的灌注或排出或压载水舱之间转注舱内的压载，以调整舰艇的浮态。压载水舱的位置及舱容，由舰艇总体性能及布置决定。压载水系统一般由海底门、通海阀箱、压载水泵、管路及附件组成。

压载水系统压载水管路的尺寸应保证注满任一压载水舱的时间不大于 1.5 h。同时，还应满足注满所有压载水舱的时间不大于 2.5h。任一横倾平衡水舱的浸水时间应不大于 15 min，一舷所有横倾平衡水舱总的浸水时间不大于 30 min。任一纵、横倾平衡水舱排干的时间应不大于 1 h。

压载水泵的总排量，应确保 5 小时内注满和排干全部压载水舱的压载水。

9.5 压缩空气系统

压缩空气系统由空气压缩机将大气压缩升压，经气/水油分离、冷却后送至高（中）压空气瓶储存，再减压至用户空气瓶储存压力，经管路输送到用户空气瓶。各用户空气瓶根据自身用户的需求，减压或不减压经空气管向用户供气。舰艇的压缩空气系统一般由空气压缩机、空气瓶、管路及附件等组成。

压缩空气系统可分为高压（10 ~ 100 MPa）、中压（1.0 ~ 10 MPa）和低压（0.2 ~ 1.0 MPa）空气系统。根据用户的压力需求，现代舰艇一般设有高压或中压以及低压空气系统。

压缩空气系统的主要用户有主机（柴油机、燃气轮机）的起动用气；武器系统装备的用气（如发射、吹洗等）；日用（气笛、雾笛、海底门、风动工具、压力水柜等各类设备或附件）的用气。

压缩空气系统一般按武备用气的需求，设置专供气体发射和向火炮装置供气的气瓶（组）和减压站，以确保武器系统的随时使用。如武备用气量很少时，也可与其他用途的空气瓶合并。

高压空气压缩机产生的高压空气储存在高压空气瓶（组），经减压后经空气总管分别向主机起动空气瓶、武备用空气瓶和日用空气瓶供气。大功率柴（燃）推进装置，还设有中压空气压缩机及中压空气瓶（组），专为主机（柴油机、燃气轮机）起动供气，与高压空气瓶（组）来的空气互为备用。

空气压缩机的选型要求为：现代舰船空气压缩机的总排量，对于柴油机推进的舰船，应保证在 1 h 内从主机最低起动压力开始，将压缩空气充满主机起动空气瓶，使之达到规定的容量，而对于燃气轮机推进的舰船，应保证在 1.5 h 内从主机最低起动压力开始，将压缩空气充满主机起动空气瓶，使之达到规定的容量。当武备或其他用途的压缩空气每小时的储存充气量大于上述规定的容量时，空气压缩机的总排量应按其中大者确定。

9.6 损害管制监测与控制系统

舰艇的损害管制监测与控制系统可简称为损管监控系统。舰艇损害是指舰艇浸水、失火以及核生化造成舰艇和人员的损害。现代舰艇为了预防、限制和消除可能发生的损害而进行损害管制（简称损管）而设置了能对舰艇的抗沉、消防、三防的监测与控制集中起来的损害管制监测与控制系统。正常排水量大于和等于 2 000 t 的现代舰艇设置损害管制监测与控制系统，它由设在损管中心的损害管制控制台、显示和报警装置（含报警按钮）以及相关传感器、计算机、电气线路等组成。

（1）损管中心功能

舰艇上一般设有损管总部或损管中心及损管站，损管中心应设置一台或一台以上损管控制台，集舰艇损管的报警、显示、测量及指挥控制功能于一体。损管中心具有如下功能。

①监测舰船浸水和积水、横倾状态及液舱液位；指挥舰员或遥控关闭水密区域边界及通道上的水密关闭装置；采取堵漏、平衡和排水措施，保持舰船的稳性和浮力。

②监测舰船失火状态和喷气燃料可燃气体的浓度；指挥舰员使用灭火装置灭火；关闭机舱、锅炉舱、机库等处的通风机及燃油泵与燃油速关阀，防止火灾的进一步扩大或产生爆炸，保证舰船的安全；操纵卤代烷或二氧化碳灭火站。

③监测舰船核、生、化沾染情况，为舰船三防提供依据。

④指挥舰员使用救助设备，对舰船及人员实行自救或援救。

(2)损管控制台

抗沉、消防、三防等不同功能的监测与控制系统分别设有控制板，一般布置在同一损管控制台上，当然也可单独设置成控制台；此时，几个控制台最好安放在同舱室或部位，否则就需给损管控制台复示信号。

损管控制台一般还应具有灭火对策；舱室浸水，为保持舰船具有合理的浮态和足够的稳性，采取平衡、排水和决定水密装置状态的对策；核辐射、生物战剂和化学毒剂报警的防护对策等事故对策功能，以便指挥员决策。

损管控制台应具有抗沉的报警和显示；消防的报警和显示；三防的报警和显示；主要辅助设备运行状态显示。

(3)损管监控系统

损管监控系统的设计通常选用各类传感器(如各型火灾探测器、液位传感器、三防用的各类传感器等)通过电气线路来达到报警与显示。

损管监控系统就是系统的末端传感元件将被监测的温度、压力、液位、烟雾、阀门和门的开关状态、设备的运行状态等物理信号转换为电信号后就近送至系统中的信息采集箱，经数字化处理后通过总线为损管监控台、前(后)损管显控台等提供原始信息，经处理后发送相应的监测报警信号和显示、打印。而损管监控台及前(后)损管显控台将人工的控制指令转换为电信号后传输给系统中的末端执行元件，执行元件将电信号转换为物理信号，从而实现控制。某舰损管监控系统原理框图见图 9－14。

9.7　喷气燃料注入、转运和储存系统

大、中型现代舰船为了给舰载直升机加油、抽油都设有喷气燃料(俗称航空煤油)注入、转运和储存系统，该系统一般由注入、转运、排(抽)干管系及附件、喷气燃料舱(包括日用油舱、储存舱、沉淀舱、污油舱等)、喷气燃料泵(加油泵、抽油泵、污油泵等)、压力加油组件及有关仪表(过滤分离器、消静电管、液流指示器、液流观察器)等组成。喷气燃料注入、转运和储存系统原理，详见图 9－15。

喷气燃料通过注入加油组件与输油管路连接经流量计计量后，靠加油车油的动力注入储存舱；如为了超载加油，也可经过滤分离器过滤及消静电管消静电后将油注入日用油舱。

给舰载直升机加油时，由加油泵从日用油舱(应急时，也可从储存舱)抽油加压后沿输油管路至加油站，再经过过滤分离器过滤及消静电管消静电后，由流量计计量再经与舰载直升机受油口连接的压力加油组件向直升机加油。

喷气燃料系统用抽油泵从储存舱抽油经加压后送至沉淀舱沉淀；抽油泵从沉淀舱抽经沉淀的油，经加压后沿输油管路泵至储存舱。

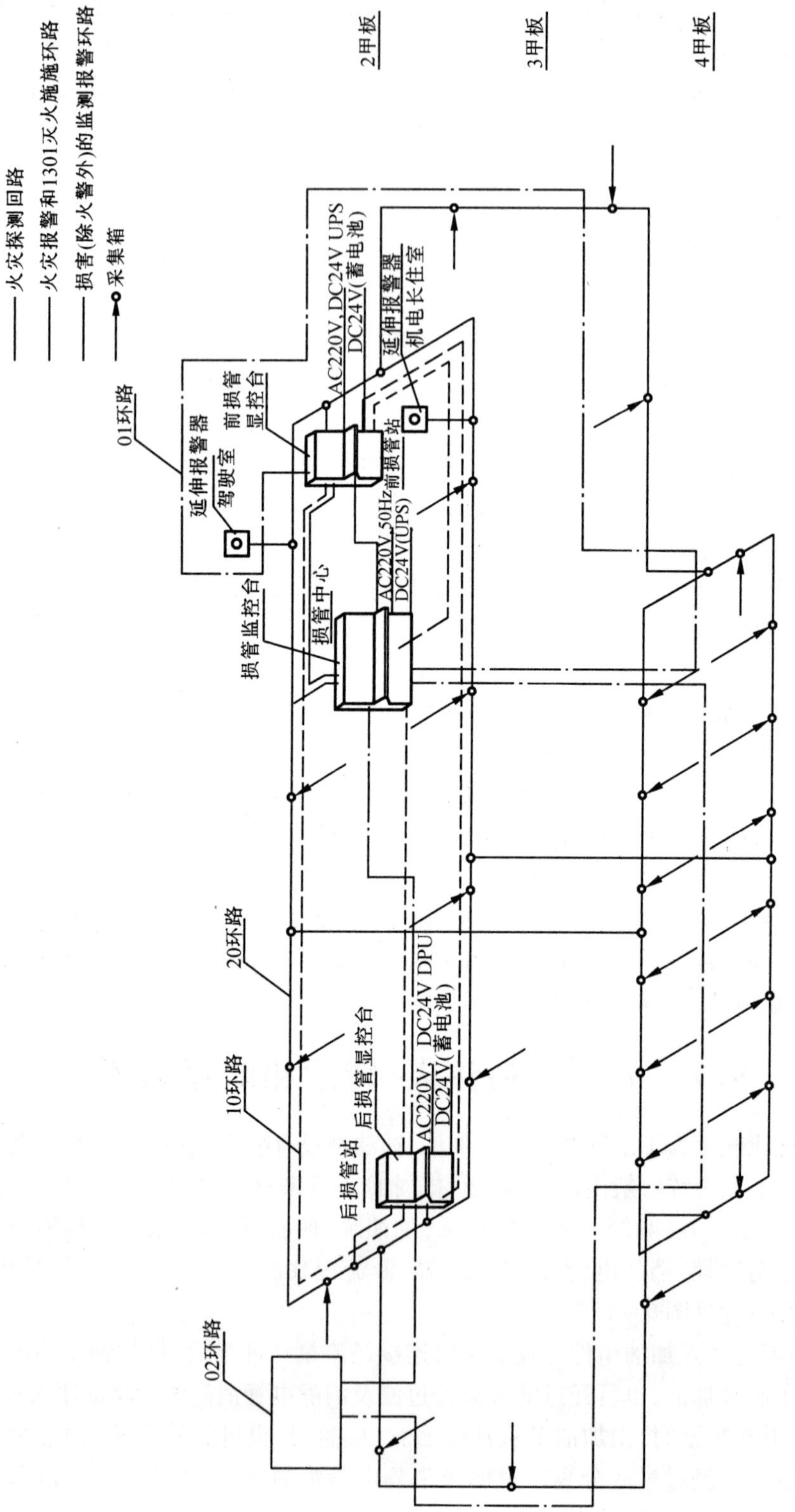

图 9-14 损管监控系统原理框图

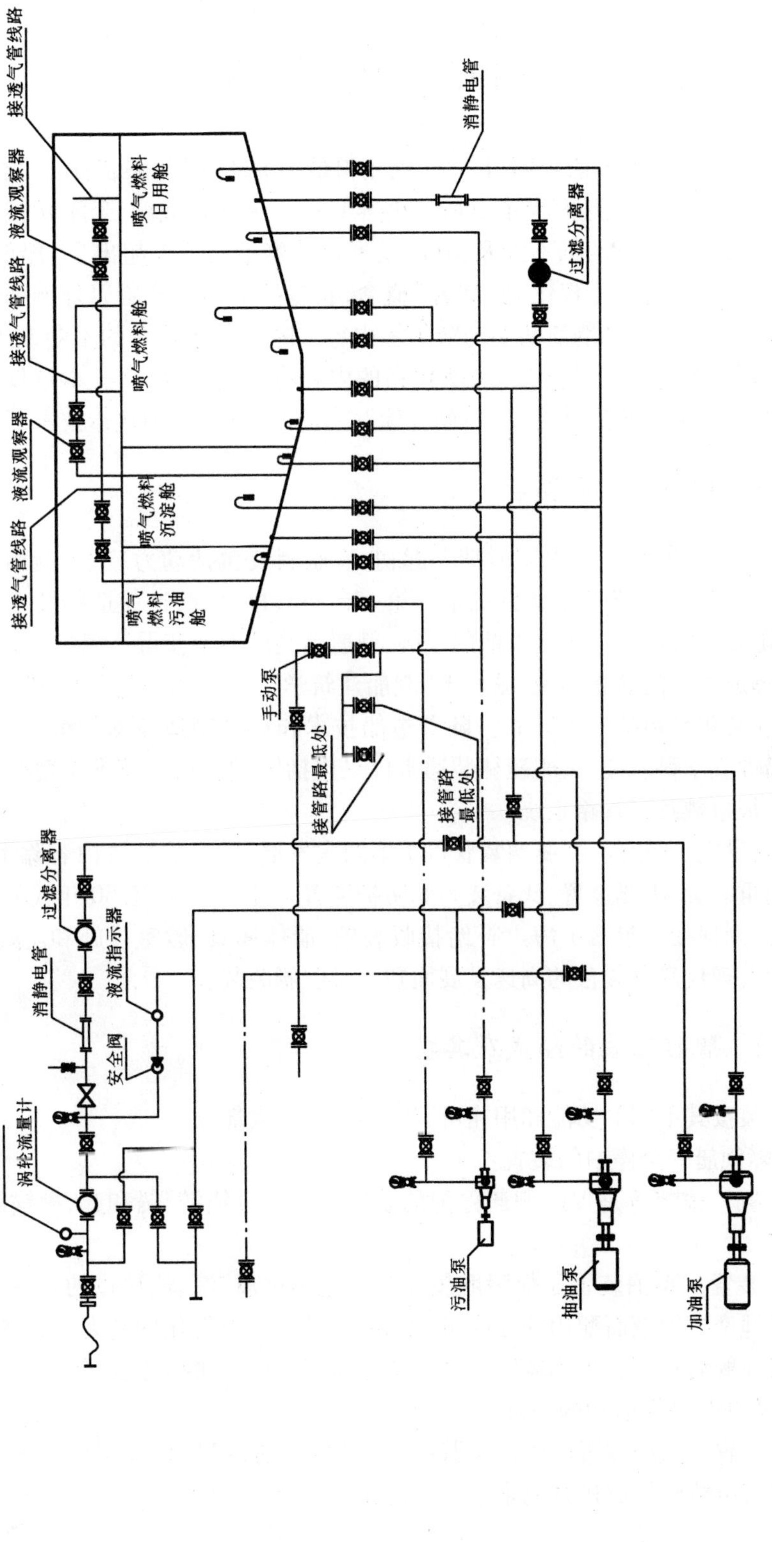

图 9-15　喷气燃料注入、输送和贮存系统原理图

第10章　舰艇舾装

10.1　概　　述

“舰艇舾装”在船舶术语中用得不多,而用得最多的还是“船舶装置”。之所以在这里使用“舰艇舾装”这一术语,是因为本章所述内容侧重于水面作战舰艇,不包括普通民用船舶和特种船舶,甚至连军辅船都不涉及;其次是本章的容量已远远超出了“船舶装置”这个术语的范围,即本章内容已不仅仅是“装置”概念,它包括了传统装置以外例如直升机舰面设备、舱室设施、船体属具和舰艇防腐与防护等内容。随着造船技术的不断改进,舰艇舾装将会逐步向“壳-舾-涂”一体化发展,所包括的内容将会更宽、更广。本章仅就传统舾装做一简介,对目前刚刚起步发展的“壳-舾-涂”一体化区域设计和建造技术不作描述。

10.1.1　舰艇舾装的发展

舰艇舾装的发展起源于木制时期。起初,舰艇舾装包括动力装置,例如划桨便是。随着技术大革命蒸汽机的发明,19世纪中叶第一台蒸汽机装舰,迫使造船技术发生了第一次飞速发展;随着19世纪90年代电能的上舰,舰艇舾装的发展获得了第二次飞跃,并于20世纪30年代形成了一门独立学说,派生于“舰船建筑学”,称之为“船舶装置”或“舰船装置”。此时,舰艇舾装仍然包括动力装置。随着造船技术和机械制造技术的继续发展,动力装置也成了一门独立学科。此后,舰艇舾装通常仅只包括锚、舵、鳍以及维系舰艇安全的拖曳系泊等各种甲板机械及其管路系统。

到了20世纪50年代,舰艇舾装获得了第四次发展,此时的装置内容除了甲板机械外,还包括了起重装置、小艇装置、武备装置和防护装置。并于20世纪60年代随我国舰船科技的发展,扩大到现在已包括了海上补给接收装置、船体属具、舱室设施和防腐等内容,并使武备装置随着现代武器装备的高速发展而独立于舰艇舾装。

10.1.2　舰艇舾装的组成及其功能

舰艇舾装按其不同的功能和用途可分为如下十二大部分。

(1)保障舰艇安全停泊的装置

①锚装置　锚装置是保障舰艇停泊的装置。其通过锚链、锚和起、抛锚的动力机械来实现其功能。

②系泊装置　系泊装置是保障舰艇在停泊地不被风、浪、流移位的装置。其通过带缆桩和避免缆绳摩擦船舷而配用的导缆钳(或导缆孔)以及绞缆用的动力绞盘来实现其功能。

所有战斗舰艇均须装备锚装置和系泊装置,以保障舰艇的平台安全。

(2)保障舰艇操纵运动的装置

①操舵装置　操舵装置由舵机及其操控(包括自动控制)系统组成。其功能是通过舰艇操控信号将电能转换成机械能来带动舵装置。

②舵装置 舵装置由舵杆、舵叶及其连接部件构成。其与舵机传动机构连接,以实现改变或稳定舰艇航向之功能。

③侧推装置 侧推装置多用于机动性能要求较高且排水量较大的大型舰艇(如航空母舰等)。以实现舰艇高性能机动或进出港避让之功能。中小型舰艇一般可不予设置。

(3)保障舰艇拖带的装置

①拖船上的专业拖曳装置 该装置较复杂,主要装设于港湾或公海拖带舰船的港口专业拖船、海上拖船和远洋拖船的一种拖船装置。

②舰艇应急拖曳装置 舰艇拖曳装置较简单,主要用于同类舰艇的应急拖带。由于舰艇的使命任务不同,故一般不装设专业拖带装置。

(4)保障舰艇使命任务的特种装置

保障舰艇使命任务完成的特种装置较多,如直升机舰面系统装置亦可属于此类。该装置由直升机及其地面保障设施组成。一般装设在有特殊使命任务的大、中型舰艇上。

(5)保障舰艇特殊用途的装置

为保障舰艇能与海陆直达联系、从事舰员适航训练以及应急救生和其他各种各样的海上或登陆作业等机动用途,故一般舰艇均装有交通和工作机动或划桨小艇,并称之为小艇装置。

小艇装置由舰载小艇和艇架组成,一般系根据任务要求配置;艇架包括收、放小艇的专用动力和传动装置。艇架装置的规格、型号由小艇的主尺度和起吊排水量的大小来确定。

(6)保障舰艇摇摆相对稳定的减摇装置

减小舰艇横摇的装置主要有两种型式,一是被动型,如舭龙骨和被动水舱等;一是主动型如减摇鳍和动能水舱。由于减摇鳍的减摇效果较好,因而获得了较广泛的应用,而被动式稳定鳍使用最广的是舭龙骨。

(7)保障舰艇远航物资补充的装置

舰艇在远距离航渡或作战时需消耗大量的燃油、粮食和弹药,为使舰艇的远航能力和作战能力能得到有效保证,需要进行海上补给。舰艇装设海上航行补给接收装置能满足这一需求。海上航行补给接收包括横向、纵向、垂向等多种方式,其中纵向方式能补给接收液货;垂向能补给接收少量干货;横向既可接收干货补给又可接收液货补给。航行补给接收技术起源于二战末期,我国的海上航行补给接收技术于20世纪70年代才开始研究,现代大、中型舰艇均装有这一装置。

(8)保障舰艇起重作业装置

保障舰艇起重作业主要是起重机械,其包括船用升降机、物品起吊装置和甲板升降平台。其中甲板升降平台主要用于大型舰艇,如航空母舰停机坪的升降、平移。目前我国中型驱护舰采用船用升降机较多,以满足海上航行补给接收(如弹药、粮食和食品等)物资垂向疏运进舱和日常生活食品输送所需。

(9)保障舰艇舱面人员安全的防护装置

①天幕装置 天幕装置一般设置在舰艇主甲板露天的艏、艉部。天幕装置的功能主要是遮阳、挡雨,以保障舰员正常、顺利操作甲板露天帆缆设备和日常的集会活动。

②栏杆与扶手(或扶索)装置 为保障舰员露天或舱内高平台作训安全,舰船的露天甲板、平台和侧壁均装设防护栏杆、扶手或扶索。使舰员即便不意摔倒亦不至于造成人身伤害。

(10)保障舰员战位通达和采光的船体属具

船体属具主要包括门、窗、梯、盖等四个部分。船体属具的种类较多,一般根据战位和工作环境需要设置,以保障舰员根据使命任务需要而能在全舰范围内四通八达,完成各项作训任务。

(11)保障舰艇战斗力的舱室设施和绝缘

①舱室设施　舱室设施主要是指舰员生活、工作和学习等起居设施。其包括环境设施、居住设施、餐饮设施、卫生设施、公用设施、娱乐设施和战备物资储藏设施。

②舱室绝缘　舱室绝缘包括舱室保温、隔热、隔音、降噪、阻燃防火等舱室绝缘、封面板和地板覆盖等内容。以改善舰员生活、工作和学习的环境条件,提高战斗力。

舱室设施和绝缘属居住性范畴,是保障舰艇战斗力的重要组成部分。

(12)保障舰艇船体寿命的防腐与防护

①涂料防腐　舰艇船体防腐主要是涂料。涂料即各种油漆,油漆是以干性油和半干性油熬成熟油或以合成树脂作基料炼制而成的。其对船体钢材有很好的防腐保护作用。采用船舶涂料防护舰艇金属船体的腐蚀是现在乃至将来被广泛采用的主要防腐措施。

②阴极保护　阴极保护也是舰艇防腐的重要措施之一。其利用电解正负电极电位原理使船体金属整体上成为阴极而不受腐蚀从而得到保护。这种电化学的保护方法称之为"阴极保护法"。这种保护方法有两种形式,一种是牺牲阳极保护,一种是外加电流阴极保护。金属面小的可直接采用牺牲阳极法,面积大的金属防腐区则可采用外加电流阴极保护,现代舰艇阴极保护被广泛采用。

10.1.3　在本章介绍的舰艇舾装范围及目的

(1)本章介绍的主要内容

舰艇舾装包括的内容甚广,本章所介绍的内容除起重装置,天幕、栏杆防护装置和小艇装置由于其设计选型比较简单而未做详细介绍外,凡涉及舰艇整体和共性的内容均已大致包括。

(2)内容介绍的范围及目的

本章内容介绍所持的观点是,从舰艇总体平台出发,从装置、设施的功能和用途出发,从设计中必须了解的简单原理,以及各种舾装设施的组成及其对舰艇战术技术性能的影响出发来介绍舰艇舾装的设计,以及在设计中应注意可能出现的问题。未涉及保障舰艇舾装设计必需的有关动力设备之功能、原理及其构造。应该指出,这些动力设备的功能、原理和构造对于舰艇舾装的设计如何进行得更为合理、可靠是非常重要的。

10.2　锚　装　置

锚装置是舰艇在海上抛锚停泊的"系留"装置。根据舰艇使命任务要求,其通常布置在艏部,艉锚一般很少用。

锚装置主要由锚、锚链、锚链舱以及锚链导向轮、制链器、制锚器、锚链管、锚链筒、锚唇、锚床、锚绞盘和驱动绞盘导链的机械等控制部件组成。

锚装置的特性取决于装置在舰艇上的布置位置、锚的数量和重量、锚链直径和长度以及锚和锚机的型式。其中锚的布置位置决定了舰艇的锚泊方式；锚的型式决定了舰艇对锚的要求；锚的数量和重量以及锚链直径和长度决定了舰艇在不同的水深和海床地质的锚泊性能。

本节仅只对布置在艏部的锚装置的设计方法和选型做一介绍，对锚机和艉锚不做详述。

10.2.1 舰艇锚泊简介

(1)舰艇锚泊场地

舰艇的锚泊场地主要有三种。

①军港码头停泊；

②锚地停泊；

③任务停泊　任务停泊是指舰艇在执行某项任务过程中，按指定地点在海上待命停泊。

(2)舰艇锚泊状态

舰艇锚泊状态见图10－1。

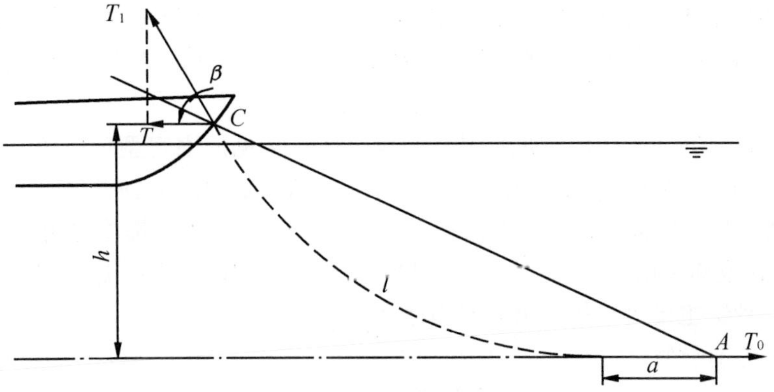

图10－1　舰艇锚泊状态图

舰艇在停泊状态时将受到水流、波浪和风等三力作用，这些外力终需锚的抓力达到平衡才能稳住舰艇。由图10－1可以看出，舰艇锚泊时，所有外力最终均将集中作用在C点处。在这种状态下，只有当C点的作用力T与A点锚的抓持力T_O相等，即$T=T_O$时，整个系统才能达到平衡。

锚的抓持力的表达式为

$$T_0=q(l^2-h^2)/2h=KG+F \qquad (10-1)$$

其中　$F=faq$

$l=\sqrt{2.1hKG/q+h^2}$

式中　K——由锚型确定的锚的抓力系数，一般在0.815～0.858之间；

G——锚的重量，kg；

F——锚链与海床的摩擦力，kg；

f——锚链对海床的摩擦系数；

a——锚链平躺海床的长度，m；

q——每米锚链重量,kg/m;

l——锚至锚链筒处的锚链长度,m;

h——抛锚深度,m。

由于锚链对海床的摩擦系数很难确定,且该项摩擦力较之于锚的抓持力很小,故一般可取锚链与海床的摩擦力为抓持力的5%。这样,将舰艇稳固地系留在泊地处就只有锚的抓持力 KG 了。由此可见,正确地选择锚的型式和重量以保障舰艇锚泊所要求的抓持力是设计锚装置所要注意的主要问题。

10.2.2 锚

(1)锚的分类。

锚的型式大致可分为四类

①有杆锚　有杆锚主要由锚爪、锚杆、锚臂(锚横杆)、锚卸扣以及其他连接件组成。有杆锚的锚爪通常较长且面积较大,一般在较硬的砂泥中抓力较大,在淤泥中抓力较小,故其大多用于工程作业船作为定位锚,舰艇一般不采用。

②无杆锚　无杆锚的型式主要由锚爪、锚柄(锚杆)、锚卸扣以及连接锚爪与锚柄的小轴和销等零部件组成。无杆锚的型式较多,最具代表性且使用最多的是霍尔锚、斯贝克锚、波尔锚和AC-14锚。无杆锚对各种泥、砂底质均有较好的适应能力,且收藏方便,适用于各种现代舰艇。

③固定型锚　固定型锚的锚爪与锚杆制成一体。常见的固定型锚有单爪锚和四爪锚。固定型锚能适用于各种砂、泥甚至砾礁质底,由于其锚爪是固定的,所以使用时存在单爪易翻多爪外露等缺陷,故多用于内河船舶或工程打捞,舰艇一般不作锚泊之用。

④特种锚(或称专用锚)　特种锚的形状一般较特殊,如浮筒锚、标杆锚、趸船锚等等均为特种锚。特种锚主要用于相对永久性固停之浮体。

(2)锚的抓持特性

锚的种类很多,各种锚的抓持特性因其型式别样而各有不同。这里仅选几种舰艇常用锚的抓持性能列于表10-1,仅供参考。

表10-1　几种常用锚的抓持特性

锚　型	抓力系数		适用底质
	砂砾、黏土	淤泥	
海军锚	6~8	6~8	各种底质
霍尔锚	3~4	3~4	各种底质
丹福尔锚	10~12	5	砂砾及粘土
波尔锚	6	6	各种底质
AC-14锚	8~10	8~10	各种底质

注:抓力系数系表示抓力为锚重的倍数。

10.2.3 锚链

锚链是锚装置的主要部件之一,锚的抓力须经过锚链传至舰艇。锚链的一端与锚连接,另一端紧固在舰艇上,在风、潮、浪、流的作用下,锚链形成如图10-1所示状态。

(1)锚链的种类与级别

锚链可分为有档和无档二种形式,有档锚链为A型,无档锚链为B型。无论是有档或无档锚链均可通过电焊、铸造或锻造而成。锚链按材料的抗拉强度可分为三级,即M1、M2和M3,其分别表示为一、二、三级锚链钢制成。

(2)锚链的组成与结构

①锚链的组成　锚链由普通链环、加大链环、末端链环以及与链环连接的卸扣、转环、脱钩等部件组成。其中普通链环用于中间链接;加大链环主要用于转环和链段的连接;末端链环主要是用于链段的末端连接;转环主要用于锚端链的连接,其功能是使锚链不绞扭。卸扣有连接卸扣(肯特卸扣)和链端卸扣之分。连接卸扣主要是用于链段的连接;链端卸扣主要是用于与锚或眼板的连接;脱钩与链环连接,其功能为脱链之用;弃链器在锚链舱内与末端链环连接。锚链的链段通常以"链节"表示,一节锚链的长度为27.5 m,以便于锚链的总长能按该长度的整数倍配置。

②锚链结构　一条完整的锚链通常由若干链节构成,且链节数目一般均为奇数。与锚连接的一端称为锚端链节;与船体眼板连接的一端,称为脱钩链节;与脱钩或弃锚器连接的链节称为末端链节;处于末端链节和锚端链节之间者,则为中间链节。其结构形式如图10-2所示。

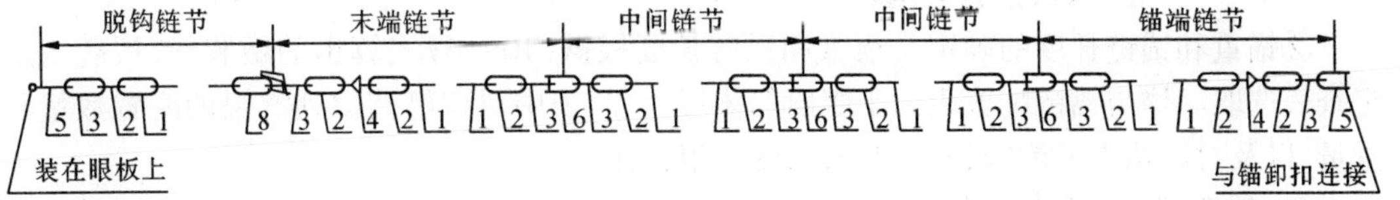

(a)

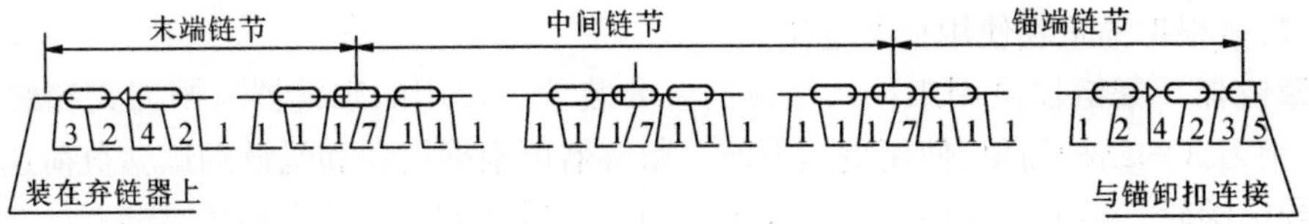

(b)

图10-2　锚链结构图

(a)用卸扣和脱钩连接的锚链;(b)用连接链环和弃链器连接的锚链

1—普通链环;2—加大链环;3—末端链环;4—转环;5—末端卸扣;6—连接卸扣;7—连接链环;8—脱钩

脱钩链节(如图10-2(a)所示)除脱钩外,配有一个末端卸扣、一个末端链环和一个加大链环;末端链节一般情况下可不配转环,因为一般抛出锚链长度很少至末端链节,如若配置则须在其前后各配一加大链环;锚端链节必须有三个加大链环、一个转环、二个末端链环和一个末端卸扣组成;中间链节由加大链环、末端链环和一个连接卸扣(或由连接链环加普通链环)连接,便于维修更换。

10.2.4 锚装置设计方法与步骤

锚装置是维系舰艇安全的主要装置,为确保良好的使用效果,首先必须明确舰艇的使命任务,根据舰艇研制总要求开展锚装置的设计工作。

(1)锚的选型及其重量和锚链长度的确定

确定锚的选型以及重量和锚链长度按传统的设计方法应计算抛锚时作用于舰艇上的风力、海流和波浪等外部环境力。但用于舰艇锚的重量和数量以及有档锚链的规格和长度,通常按舰艇的规范确定,并统一按舰艇规范提出的舾装数计算方法来确定舰艇首(边)锚和锚链的配置。

①舾装数 现代舰艇的舾装数(N)由下式确定

$$N = K\Delta^{2/3} + 2Bh + A/10 \qquad (10-2)$$

式中 Δ——正常排水量,t;

B——舰艇最大型宽,m;

h——从正常排水量时的吃水线至最高一层甲板边线的高度,m;艇中部的干舷高(a)加上上层建筑各层甲板宽度大于0.25B的甲板边线的高度(h_i)之总和,即

$$h = a + \sum h_i$$

A——正常排水量时,水线以上主船体和上层建筑及宽度大于0.25B甲板室之侧投影面积(m^2)之总和,即

$$A = s + \sum A_i$$

K——修正系数,按舰规选取。

②锚重和锚链长度的确定 锚重和锚链长度根据(10-2)式算出的舾装数,按舰规规定查表选取。锚与锚链配置表列于舰艇船体规范中,表中对应舾装数列有锚的配置数量和重量,以及对应锚重的配链长度和链径,使用很方便。

(2)锚和锚链的控制装置

①掣锚器 控制锚的装置主要是掣锚器,掣锚器常用的有掣锚链、掣锚索和掣锚钩等三种形式,可根据锚重和使用情况选用。

②掣链器 掣链器是用来控制锚链的主要装置。常用的掣链器有闸刀式和螺旋式两种,其中闸刀式的结构简单,使用更为方便。掣链器可根据链径和锚链的试验负荷选取。

③导链滚轮 导链滚轮的功能是为控制锚链的运动方向。其大小按锚链直径选取。

(3)锚链舱和锚链管的确定

①锚链舱 锚链舱是收藏锚链的地方,通常应位于艏部防撞舱壁的前后,其合适的位置应视甲板上的起锚设备的布置情况而定。由于锚的设置一般均为二只、双链,因此,一般情况下,锚链舱应分隔为二,以便于收藏左右二根锚链。

由于锚链的重量较大,会影响到舰艇的重心高度。因此,锚链舱应尽可能设置在船体较低的位置,尤其是对于中、小型舰艇更为重要。锚链舱的容积V(m^3)可按下式确定。

a. 圆形锚链舱 $$V = (9\times10^{-4})d_c^2(l_n - l_k)/100 \qquad (10-3)$$

其中 $l_k = 1.6\times10^4 D_c^3/d_c^2$

b. 梯形或矩形锚链舱 $$V = k_1 l_n d_c^2/100 \text{ 或 } V = k_2 l_n q \qquad (10-4)$$

在(10－3)和(10－4)式中

d_c——锚链直径,mm;

l_n——收放在锚链舱内的锚链长度,m;

D_c——圆形锚链舱内径,m;

k_1——系数,取0.001;

k_2——系数,锚链堆放需整理,取0.43 m^3/t;锚链堆放无需整理,取0.45 m^3/t;

q——每米锚链重量,t/m。

按(10－3)和(10－4)式确定的舱容均为有效容积,其堆放高度按容积确定后,在其基础上应留有1.2 m～1.8 m的空间高度。

锚链舱的四壁和地板应铺设木条板以保护船体。

②锚链管　锚链管是锚链出入锚链舱的通道。其上端伸出甲板面与锚机的导链绞盘衔接,下端伸入锚链舱且形成喇叭状,便于锚链出入。锚链管的内径(D)一般可由锚链的链径确定,即 $D=(7\sim8)d_c$,其壁厚一般应不小于 $0.35d_c$。

(4)锚链筒与锚床的确定

①锚床(或称锚穴)　锚床是收存锚的处所。首锚锚床一般位于船体艏柱及两舷侧板交汇区,由下锚唇及两舷侧板的龛腔构成或由锚链筒与下锚唇直接构成,如图10－3所示。边锚锚床位置通常处于船体艏部两舷侧板内,有平式、平斜式和斜式三种,如图10－4所示。

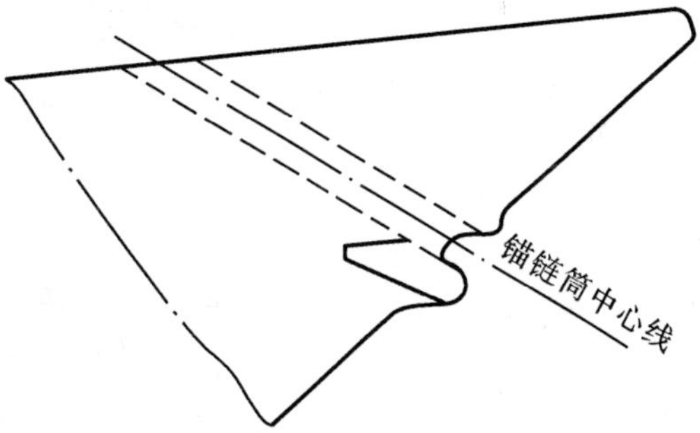

图10－3　首锚锚床形式图

平式锚床位于甲板与舷侧板交界处(见图10－4(a)),凹腔尺寸根据锚的大小而定。平式锚床可使锚收起后"平卧",锚杆由制锚器固定,以抵抗风浪的冲击。尽管如此,但有时还是难免被风浪冲击丢锚。

斜式锚床位于舷侧板凹腔内(如图10－4(b)所示),由于斜式锚床相对于平斜式占用舱室空间较小,且使舰艇艏部整体气势美观,故锚装置多采用这种形式。

平斜式锚床位于舷侧舱内(见图10－4(c)),可使锚整个藏入船体舷侧板内,以避免风浪的冲击,但平斜式占舱容较多,故舰艇多不采用。

②锚链筒　锚链筒是舰艇起、抛锚时的锚链通道,同时,也是收锚的存放处。一般情况下,锚链筒与中线面成某一角度位于艏部两舷,但舰艇多用于一边一首,首锚锚链筒与基线夹角大约为35°,边锚锚链筒与基线的夹角大约为53°。锚链筒由上、下锚唇和筒体组成,通常与锚床适配设计。

任何形式的锚链筒的设计均应符合如下基本要求。

a. 当舰艇向任何一舷倾斜3°时,锚在收起时均不能钩住艏柱、球鼻或龙骨;

b. 不论锚爪处于何种状态,锚杆应均能被拉进锚链筒,并使锚爪能紧贴舰艇外板或锚床底板,且锚冠能紧贴下锚唇;

c. 能使锚靠自重从锚链筒中顺利抛出;

d. 被拉进锚链筒的锚不会因没入水中而当舰艇航行时掀起浪花,增加舰艇阻力,甚至丢锚;

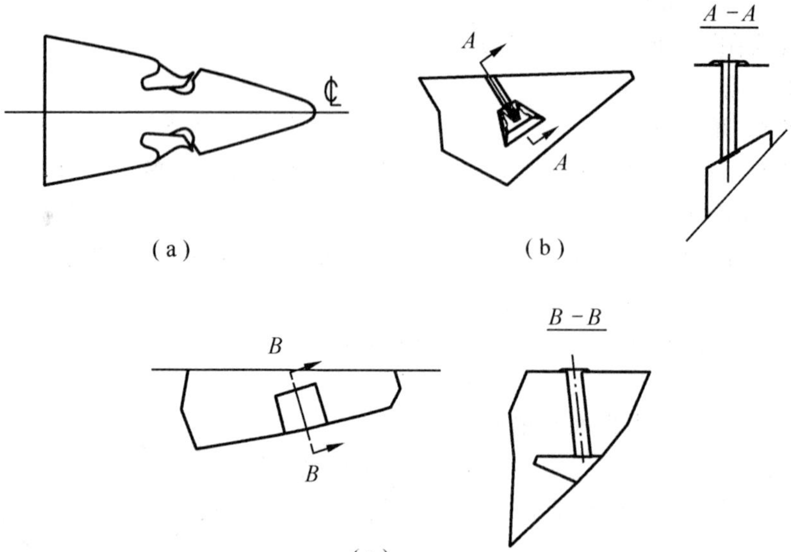

(a) (b)

(c)

图 10－4 边锚锚床形式图

(a)平式锚床;(b)斜式锚床;(c)平斜式锚床

e. 锚链筒的长度应能足以安置锚杆;

f. 锚链筒的上、下锚唇应有足够的圆弧,以便锚链的链环顺利通过。

锚链筒的内径(D)可按下式确定,即

$$D=33\sqrt[3]{G} \quad 或 \quad D=(8.5\sim10.5)d_c \tag{10-5}$$

式中 G——锚的重量,kg;

d_c——锚链直径,mm。

锚链筒的长度可按下式初定

$$L=185\sqrt[3]{G} \tag{10-6}$$

其壁厚通常可取为:$t=(0.4\sim0.7)d_c$

锚链筒的实际长度应根据锚链运行的畅通角度设定。

10.2.5 锚装置的布置

图 10－5 为较典型的舰艇锚装置布置示意图。

锚装置的布置看起来不紧凑,但散而不乱,其整体较严密,各个部件的方位角度均以锚链能畅通无阻为原则设置。锚装置的布置应注意以下几点。

①注意锚装置能尽量与系泊和拖带装置配合;

②首锚锚链筒的位置应尽可能接近于舰艇的首端;

③锚链筒、锚链舱、起锚绞盘与掣链器的位置应协调,以能保证锚链能工作正常,操作方便。锚链在甲板上的长度应能尽量地短,以避免在锚链工作时,摔打甲板或跳链。

④锚链管应尽可能布置在锚链舱的中心部位,以便锚链能靠自身的重量落入锚链舱。锚链管的中心线必须与绞盘链轮相切;

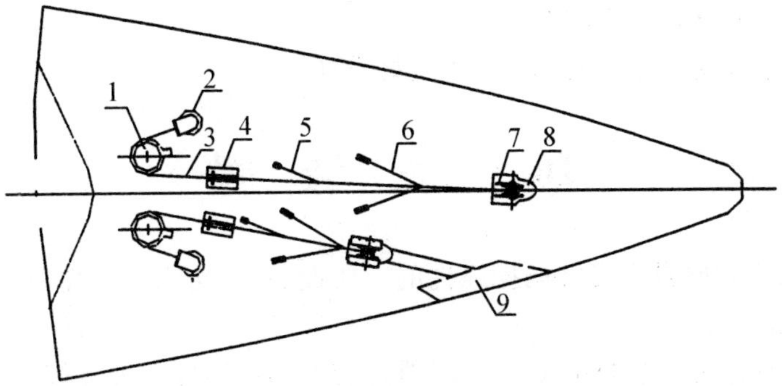

图10－5 锚装置布置示意图

1—起锚绞盘；2—锚链管；3—锚链；4—掣链器；5—链式掣链器；6—掣锚器；
7—导链滚轮；8—锚链筒；9—锚床

⑤在锚装置的布置区域内应尽量少布置其他设施，以便人力操作方便、工作安全。

10.2.6 锚装置在设计中的注意事项

①扭链问题　锚装置不同于一般刚性连接的紧凑装置，导链部件间都有一段长度不等的间距，由绞盘带动锚链系统“被动”工作。由于锚链均由单个链环动态连接的特殊性，使其运动轨迹一般在锚唇尤其是在下锚唇处较难控制，造成在起锚过程中时有发生锚链扭转现象。虽然扭转程度各有不同，但右链右扭、左链左扭似乎有一定的规律。有的新造舰艇，在码头系泊试验时不扭，但在航行试验时，却出现了扭转现象。

扭链问题从表面现象看，似乎十分复杂，实际上发生扭链的主要原因是锚链内在张力作用面与锚唇接触面不垂直而形成一定的倾角产生的。一旦掌握规律，问题是可以得到解决的。解决的方法，首先是从下锚唇的设计着手，找出锚唇下凸缘受力点的受力方向，以采取有效控制措施。对于上锚唇，由于锚链侧翻相对范围不大，故一般采取导链槽的设计措施就能解决问题。

②边锚锚床的位置　边锚锚床的位置选取既不能太靠前也不能太靠后。太靠后了，锚床的下床沿离水线太低，收藏的锚易受波浪冲击；太靠前了，离首柱太近，致使锚容易钩住首柱。因此，应注意边锚锚床的选位设置。

③考虑锚链防台风设计　由于我国沿海台风季节较长，风速较大，甚至超过55 m/s，故通常采用锚链系水鼓防台风。因此，在依据舾装数（N）选链径时，建议适当提高1～2档选取。小型舰艇提二档，中、大型舰艇提高一档，以满足防台风需要。

④由于锚装置工作系统的特殊性，新设计的或在改装中有重大位置变动的锚装置，在安装施工前，一般应在船体安装部位（包括船体首柱、锚床、锚链筒、锚唇和锚）制作合适的模型进行起、抛锚模拟试验。试验中应注意以下可能出现的现象。

a. 能否靠锚的自重抛锚；

b. 起锚过程中，边锚锚爪是否钩挂首柱；锚冠和锚爪是否碰击球鼻首；锚爪是否翻爪正常，是否顶撑船体舷则外板而使锚不能着床；锚着床后检查锚的五点（锚冠三点，两只锚爪各一点）是否能紧贴锚床底板；首锚是否能正位着床，着床后检查锚冠是否能紧贴下锚唇的三点(即下唇两点、上唇一点);锚爪是否能正常入龛。

c. 锚链在运行过程中是否顺畅。

通过模型试验来进一步完善锚装置的良好设计。

10.3 舵 装 置

舵装置是保证舰艇具有良好的操纵性的主要设备,其功能一是改变舰艇的航向;二是保持舰艇航向的稳定。

舵装置的设计通常是根据不同的船型、推进装置和使用要求来进行的。现代舰艇的舵装置通常垂直于基线布置在舰艇的尾端,以便使舵上产生的水动力相对于船体重心能形成改变舰艇航向的转船力矩。

舵装置按传统定义,主要是指装配完整的舵,并不包括舵机及其控制系统,后者称为操舵装置。本节仅只对装配完整的舵的种类和设计方法进行介绍,对操舵装置包括舵机、自动操舵设备及驾控台等不做详述。

10.3.1 舵的基本类型

舵装置可按以下几种情况分类。

按支承型式,舵可以分为三大类型,即悬挂式(图 10-6(a))、半悬挂式(图 10-6(b))和带有支承的普通型(图 10-6(c、d))。

按舵杆轴线距舵叶导缘的距离分,即平衡舵(图 10-6(a、c))、半平衡舵(图 10-6(b))和不平衡舵(图 10-6(d))三大类。

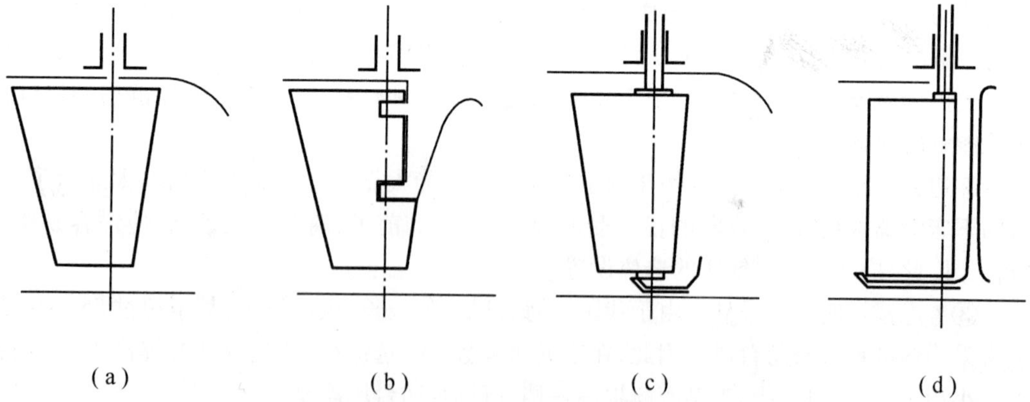

图 10-6 舵的基本类型

按舵的剖面形状分,有平板舵、流线型舵(图 10-7)。

以上各种舵的型式均应根据舰艇的大小,航速的高低,螺旋桨参数及其布置位置以及舰艇的尾部形状来选用。通常悬挂舵用于中、小型舰艇的较多,大型舰艇宜采用半悬挂式平衡舵。由于舰艇的航速较大,故襟翼舵一般不予采用。

(a)　　　　　　　　　　　　(b)

图10－7　流线型舵剖面

(a)非襟翼舵;(b)襟翼舵

10.3.2　舵装置的设计方法及其步骤

(1)舵面积的选取

舵面积应根据舰型和总体战术技术任务书对舰艇操纵性的要求来选。舵的计算比较复杂,不但与舵大小形状有关,还涉及船型、艉部线型、螺旋桨参数、动力装置情况、舵的布置位置等等。目前还不能从计算舰艇操纵性的公式来直接确定舵的面积,仅仅根据舰艇操纵性所要求的某一指标(例如回转半径)的计算结果来选择舵的面积是不合适的,因为舵的使命不仅在于要保证舰艇的回转性,而且还在于保证舰艇的航向稳定性和有风浪时以及倒航时的可操性。所以,保证舰艇的操纵性所必需的舵面积 A_R,取决于舰艇的使命任务,取决于舰艇的主尺度、尾部形状、舰艇的最大航速以及舵相对于螺旋桨的布置位置。因而对舰艇舵面积的选取,一般不采用确保操纵性某一指标的经验公式,而应采用实船统计资料,即常用的舰体纵中剖面水线下部分面积(即舰长与吃水乘积)的百分数来表示。即

$$A_R = \mu LT \tag{10-7}$$

式中　L——设计水线长,m;

T——设计吃水,m;

μ——常系数,按表10－2选取。

表10－2　各种舰艇舵面积比

舰艇类型	μ%
驱逐舰	2.5～3.3
护卫舰	2.5～3.0
巡洋舰	2.2～2.9
航空母舰	2.3～2.9
快　艇	2.5～3.3
辅助舰船	2.1～4.5

表10－2中的参数都有一个选择范围。在实际工程中,舵的总面积不能过小或过大,过小不能保证舰艇的操纵性能,过大则增大了舵装置的体积和重量。故在选用上应考虑舰艇操纵性的估算结果,最好是参考艉部外型相近的母型艇来选取。然后通过对操纵性估算再进行修正。

(2)舵的几何特征及其主要参数的确定

①舵的几何特征　舵的几何特征见图10－8。

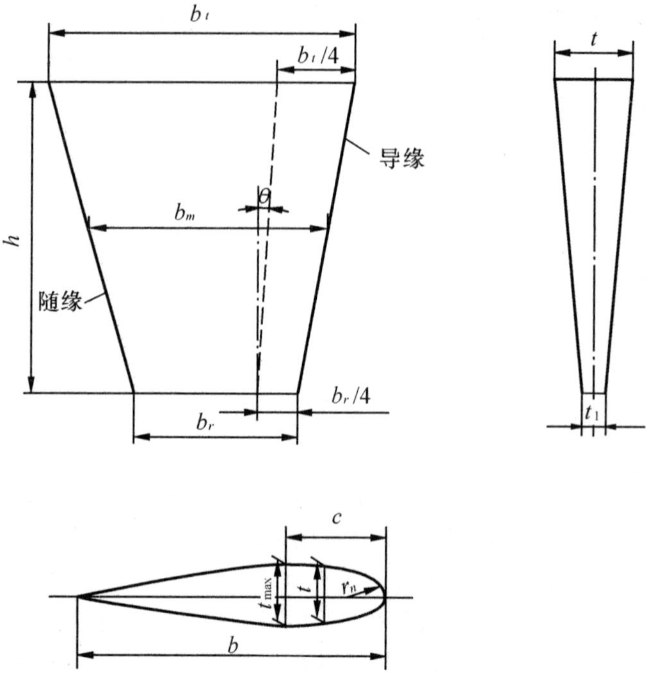

图 10－8 典型 *NACA* 翼型舵的几何特征

舵的几何特征有如下定义。

h——舵叶展长，舵体上下缘间的垂直高度；b_m——舵叶平均弦长，$b_m=A_R/h$；b——舵叶舷长；b_t——舵叶上缘剖面弦长；b_r——舵叶下缘剖面弦长；λ——展弦比，$\lambda=h/b_m$；Λ——舵叶梯度，$\Lambda=b_r/b_t$；C——舵叶最大厚度处距导缘的距离；$\bar{C}$——舵叶最大厚度距导缘相对距离，$\bar{C}=C/b$；$t_{\max}$——舵叶剖面最大厚度；t——舵叶剖面厚度；$\bar{t}$——厚度比，$\bar{t}=t/b$；θ——1/4 弦长后掠角；K——平衡比，$K=A_r/A_R$；A_r——舵轴线至导缘部分的舵面积。

②舵主要参数的确定　确定舵的参数主要是从如何获得舵的最大升力出发。分析实船舵的资料，对舵的升力影响较大的形状参数主要是

a. 舵叶展弦比 λ　对于舰艇而言 λ 值不能过小或过大，过小将影响到舰艇小舵角的机动性，过大了将使舵过早失速，影响大舵角的回转性，且舵的下缘有可能超出基线，使舵得不到有效保护。一般而言，舰艇舵 λ 的选取应根据舰艇的使命任务和桨的相对位置综合考虑，一般应在 1.4～1.8 之间选取。

b. 舵叶剖面最大相对厚度 $\bar{t}$　就舵升力而言，$\bar{t}$ 值的影响在临界攻角以前是不大的，但其影响临界攻角的大小。所以 $\bar{t}$ 值过大或过小均不宜，一般应在 0.15～0.25 之间选取，同时应照顾到舵杆直径的配合。

c. 舵叶剖面最大厚度距导缘的相对距离 $\bar{C}$　最大厚度位置一般应在 0.25～0.35 之间选取，此范围 $\bar{C}$ 对升力的影响不大。

d. 舵叶梯度 Λ　一般而言，舵叶的梯度对升力影响不大，如图 10－9 所示的外形，将 Λ 值选在适当的大小，对舵的升力有所提高。一般 Λ 值在 0.65～0.75 之间较为合适，但不宜过小，过小将减少舵叶在螺旋桨尾流中的面积。

(3)舵的数目与螺旋桨的相对位置

舰艇舵的数目一般为2个,但小艇也有3~4个,单舵一般很少采用。因为双舵的抗损性比单舵好,况且舰艇桨的数目一般也是二个或二个以上,将舵与螺旋桨的个数对应配置,便于利用螺旋桨的尾流,以提高舵的升力。图10-9为悬挂舵与桨相对位置的典型配置结构。

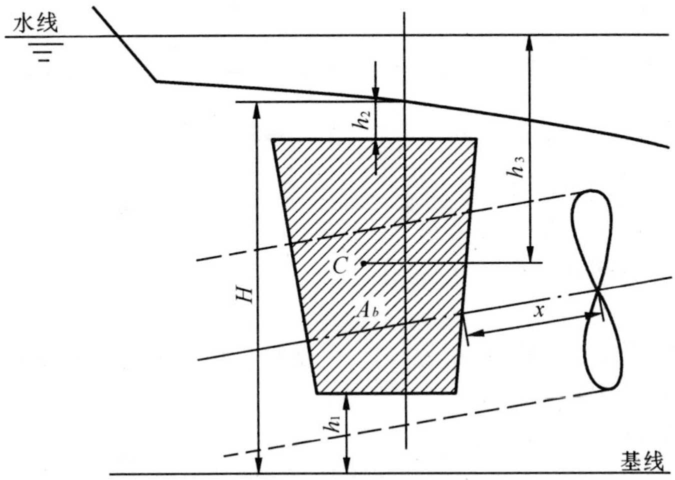

图10-9 典型悬挂舵与螺旋桨的相对位置

图10-9中的参数定义如下。

X——桨盘面至舵导缘的距离;A_b——舵在螺旋桨尾流中的面积;H——舵杆轴线在船体外板处至基线的高度;h_1——舵叶下缘距基线的高度;h_2——舵叶上缘距轴线处船体外板的高度;h_3——舵叶压力中心距水线面的高度。

从增大转船力臂以提高舰艇的回转力矩而言,舵的布置应远离舰艇重心为好。但太靠近艉部没有保护,舵的抗损性不好,况且也不能很好地利用螺旋桨尾流,同时,舵的传动装置布置也有困难。所以舰艇舵的布置一般应在桨后0.8~1.0个螺旋桨直径距离为宜。这样,既能利用螺旋桨的尾流提高舵效,又能为螺旋桨整流提高桨的推进效率。

舵的下缘距基线的高度(h_1),一般以不超过基线为宜;舵的上缘距船底外板的距离(h_2),一般应越小越好,因为其间隙小,相当于增大了舵的展弦比,但也不能太小而影响舵的拆装。

如何使舵布置的状态最佳,在实际工程中须结合船体尾部形状和螺旋桨的布置位置综合考虑。

(4)操纵性校核

初步确定了舵的面积、数目、布置和形状之后,需对舰艇的操纵性按战术技术任务书和总体技术总要求进行校核性估算。估算结果如果不符合要求,则应增大舵面积或设法采取其他有效措施提高舵的效率,必要时,可建议适当修改舰艇的尾部形状,直到核算结果满足操纵性要求为止。此时,舵的面积和形状等才算最终确定了,进而开展舵的水动力计算、力矩曲线的绘制以及装配完整的舵的结构设计等工作。

有关操纵性校核计算参见本书2.6节。

(5)舵的水动力计算

水动力计算的目的,一是为确定操舵装置的舵机功率,便于操舵装置系统舵机的选型;二是为装配完整的舵的结构设计确定舵装置结构各部件尺寸。由于舵装置的主要部件尺寸是由舰规按相关条件规定计算的,故舵的水动力特性计算成了确定舵机扭矩及功率的唯一目的。

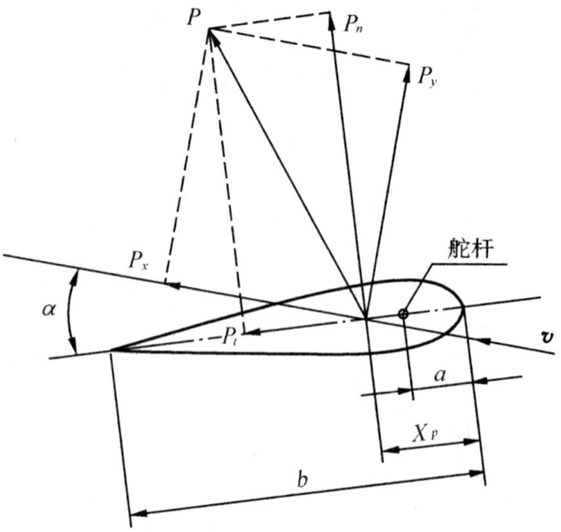

图 10-10 作用在舵上的流体动力

①舵在流体中的受力状态 当不考虑船体和螺旋桨的影响,而只考虑水流以某一流速 V 和攻角 α 流经舵叶时,则其受力状态如图 10-10 所示。

图中,P、P_y、P_x、P_n、P_t 分别为舵的流体作用合力、升力、阻力、法向力和切向力。各水动力分量有如下关系。

$$\left.\begin{aligned} P &= \sqrt{P_n^2 + P_t^2} = \sqrt{P_y^2 + P_x^2} \\ P_n &= P_y\cos\alpha + P_x\sin\alpha \\ P_t &= P_x\cos\alpha - P_y\sin\alpha \end{aligned}\right\} \qquad (10-8)$$

水流作用合力 P 对舵杆的扭矩为 $M = P_n(X_p - a)$ (10-9)

式中 X_p——水流合力作用点至导缘的距离;

a——舵杆轴线至舵导缘的距离。

为便于考虑船体和螺旋桨对上述各项水动力影响的修正,(10-8)式中的各水动力分量及力矩可用无因次形式表示

$$\left.\begin{aligned} C_n &= 2P_n/(\rho V^2 A_R) \\ C_t &= 2P_t/(\rho V^2 A_R) \\ C_y &= 2P_y/(\rho V^2 A_R) \\ C_x &= 2P_x/(\rho V^2 A_R) \\ C_m &= 2M/(\rho V^2 A_R b) \end{aligned}\right\} \qquad (10-10)$$

式中 ρ——水的密度;

V——水流速度;

C_n、C_t、C_y、C_x、C_m——分别为各水动力无因次系数和力矩系数;

$C_p = C_m/C_n$——压力中心系数。

其中 C_y、C_x、C_m 为舵的翼型、展弦比 λ 和攻角 α 的函数,通常可采用敞水舵模型从风洞或水洞中的敞水试验资料中获取或从近似公式计算中得到。

应该指出,此时按(10-10)式得到的结果,并不是舵上的实际水动力,在实际工程设计中一般都要考虑船体和螺旋桨对舵的影响。

②船体对舵的影响 因为舰艇的舵安装在舰艇的尾端,所以舰体对舵的水动力有干扰

影响，使舵上的相对流速与舰速不同。其影响主要取决于三种因素，即船体伴流；水流存在的斜流方向；舵区域的船体尾部形状。分别介绍如下。

a. 船体伴流影响　船体伴流和舵区的艉部形状将会降低舵上的流速，使舵上的迎流速度变为

$$V_R = V_s(1-\omega) \tag{10-11}$$

式中　V_s——舰艇航速；

ω——舵处的艇体伴流系数。

舵叶区域内的船体伴流，主要是与船体水下以及舵区的艉部形状有关。由于水流的复杂性，其很难精确计算，只能根据舵在艉部高度方向上的位置，利用以船模试验资料为基础的经验公式来确定船体伴流的影响系数。伴流系数 ω 可从有关国军标中获得。

b. 船体斜流角的影响　由于舰艇多为双桨、双舵，且一般均布置在舰艇中线面两侧，故船体影响的斜流角可按下式确定。

$$\alpha_k = 510\frac{A_\gamma}{L}\sqrt{\sin\gamma} \tag{10-12}$$

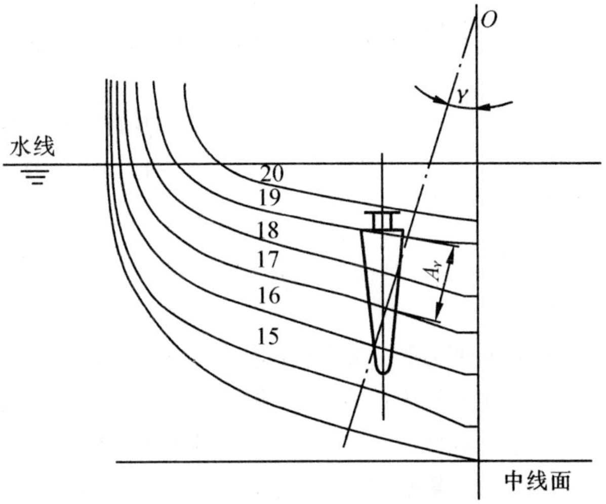

图 10-11　A_γ 和 γ 确定图

式中　A_γ 和 γ 的定义见图 10-11；

c. 螺旋桨尾流对舵的影响　螺旋桨尾流对舵的影响主要有三个方面：即螺旋桨轴向诱导速度、切向诱导速度和桨尾流斜流角的影响。

• 螺旋桨轴向诱导水流速度的影响按下式确定。

$$V_a = V_p(\sqrt{1+\sigma_p A_b/A_R} - 1) \tag{10-13}$$

式中　V_p——螺旋桨的迎面流速，m/s，$V_p = V_s(1-\omega_p)$；

σ_P——螺旋桨负荷系数：$\sigma_p = 2.55T_p/(\rho D_p^2 V_p^2)$；

A_b——舵在螺旋桨尾流中的部分面积，m^2；

ω_p——螺旋桨伴流系数；

T_p——螺旋桨推力，kN；

D_p——螺旋桨直径，m。

由于螺旋桨的影响使舵上的迎面来流速度变为

$$V_R = V_p + V_a = V_s(1-\omega_p)j \tag{10-14}$$

其中

$$j = \sqrt{1+\sigma_p A_b/A_R}$$

• 螺旋桨尾流斜流角的影响　螺旋桨尾流斜流角的影响有两个部分，一是由桨尾流扭转（α_{BP}）所引起的；二是由桨尾流边界对水流斜角（α_c）的影响引起。两种影响的结果可按设计手册相关的经验公式得到。

计及船体和螺旋桨斜流角的影响之后,舵上来流的实际攻角变为 $\alpha=\delta+\alpha_k+\alpha_{BP}+\alpha_c$ 或 $\delta=\alpha-\alpha_k-\alpha_{BP}-\alpha_c$,其中 δ 为计算舵角,一般取为 $0°\sim\pm35°$。

③空泡影响　水面战斗舰艇的航速一般均较高,当舰艇以高速工况航行时,舵上将产生空泡。空泡现象一旦产生,其初始阶段将使作用在舵表面上的压力重新分布,使压力中心向舵的随缘方向后移。此时作用在舵杆上的力矩会急剧增加。在空泡的第二阶段,则使升力随空泡数急剧下降。空泡不但恶化舵上的水动力特性,而且对舵叶表面也会产生剥蚀而损坏舵的结构。

舵上的空泡数(σ)可按国军标有关内容的相关公式求得。

④舵上的最终水动力及力矩　根据(10-10)式,作用在舵上的流体动力和力矩可变换如下。

$$\left.\begin{aligned}P_x&=C_x\rho V_{ap}^2A_R/2\\P_y&=C_y\rho V_{ap}^2A_R/2\\M&=C_m\rho V_{ap}^2A_Rb/2\end{aligned}\right\}\tag{10-15}$$

式中　C_x、C_y、C_m 分别取自考虑船体、螺旋桨以及空泡舵综合影响所得到的水动力特性曲线。

⑤倒航时舵力和力矩的确定　舰艇倒航时,舵上的最大力矩有时甚至比正航时还要大,因此,在正航舵力确定后,一般还应计算倒航时作用在舵上的流体动力和力矩。在利用单独舵敞水试验倒航时的 C'_x、C'_y、C'_m 来计算(10-15)式的水动力和力矩时,可不考虑船体和螺旋桨斜流的影响,只需考虑舵面的来流速度。倒航时舵的来流速度为

$$V'_1=V'_0+V'_e\tag{10-16}$$

其中

$$V'_0=V_z(1-W_z)\tag{10-17}$$

$$V'_e=0.39V'_0(\sqrt{1+2\sigma'_p}-1)(1-(2X/D_p)/\sqrt{0.6+(2X/D_p)^2})\tag{10-18}$$

式中　V'_0——螺旋桨及不在桨尾流中部分舵的迎面水流速度,m/s;

V'_e——螺旋桨所引起的轴向诱导速度,m/s;

V_z——倒航速,m/s,一般可取正车航速的1/2或按7 kn~8 kn航速计算;

W_z——倒航时的船体伴流系数,取 $W_z=0.7W$;

σ'_p——倒航时的螺旋桨负荷系数,可取正航时的系数(σ_p)代用;

D_p——螺旋桨直径,m;

X——桨盘面至舵导缘的距离,m,见图10-9。

(6)舵装置主要部件尺寸的确定及强度校核

舵装置主要部件尺寸的确定在相关的标准和规范中都有规定,故在此不加赘述,仅就强度校核的步骤做简单介绍。

①根据确定的舵装置水动力及转舵形式按有关标准或规范确定舵杆等主要部件尺寸;

②根据确定的舵的结构部件尺寸及其支承形式确定转舵摩擦扭矩 M_f;

③比较舰艇正、倒航时的舵扭矩(M、M'),取其大者与摩擦扭矩之和作为操舵装置舵机的选型依据;

④根据舵机的转舵推力和舵上确定的水动力分别校核舵杆扭矩、弯矩和剪切力;

⑤利用上述确定的扭矩、弯矩和剪力进行舵主要部件的强度校核。

10.3.3 舵装置在设计中的注意事项

①在舵装置的设计过程中,舵几何尺寸的确定需全面考虑,既要保证舰艇有良好的操纵性,还须考虑如何使舵装置本身的重量轻、体积小、舵机功力省、抗损性好以及便于维修等要素。

②舵装置的设计是在舰艇的其他性能如快速性、不沉性和稳性等得到保证的前提下进行的。因此,有一定的制约条件,不能单独追求满足操纵性的要求而损失其他性能。一般情况下,在保证舰艇快速、不沉等性能的情况下,良好的操纵性通过舵来设计是可以实现的。

③为减少舵的空泡影响,在条件允许的情况下,可将舵相对于螺旋桨轴线适当内偏布置。偏离距离以0.1~0.15个螺旋桨直径为宜。大了,不能很好地利用螺旋桨尾流;小了,其效果不明显,尤其是双桨内旋的舰艇,双舵内偏带来的好处是很明显的。

④对于提高舵效的措施,有关文献建议采用流线型鱼尾舵或在舵的上、下缘装制流板,以提高舵的升力。此建议对内河船舶或沿海低速船是很好的,但对于高速水面作战舰艇来说不一定很适合。因为舰艇的航速较大,进、退、回转机动性要求较高。当舰艇倒航时,鱼尾舵将增大阻力,使倒航性能变坏;当舰艇以高速、大舵角回转时,带制流板的舵由于舰艇侧倾所带来的阻力,将超过不带制流板的损失。

⑤就转船力矩来说,舵的布置应远离舰艇的重心为宜,且越远越好。但离船底尾板太近,舵面易吸入空气,且没有良好的保护,况且舵机舱尾端空间有限,使推舵装置布置困难。因此,舵的上缘和其随缘的交点距船底尾板应至少保持有1.5 m以上的距离为宜。

⑥舵的水动力估算在初步设计阶段可采用经验公式。常用的几个经验公式主要是乔赛尔公式、蒲福-乔赛尔公式以及藤井公式。这些公式在一般的设计手册中都能找到。

⑦由于舵的外形、舰艇的尾部形状、吨位和航速的不同而会致使舵上的水动力特性和结构受力状态各有不同。本节仅介绍了舵装置一般的设计方法和步骤,未能全面详细阐述,包括辅助曲线的绘制方法和特种装置的介绍,建议在具体工程实际应用中参考相关设计手册。

10.4 减摇装置

舰艇在波浪中所产生的摇摆运动是影响武器使用和令人不适的运动,也是可采取有效措施使其受控而改善摇摆状态的运动。减摇装置就是控制舰艇运动,改善舰艇摇摆的有效措施。减摇装置有横摇减摇装置和纵摇减摇装置之分,目前纵摇减摇装置尚在研制过程中,本节仅就横摇减摇装置作一介绍。常用的横摇减摇装置主要有以下几种。

减摇鳍　减摇鳍有收放式和非收放式之分,而收放型又有伸缩式和可折式。一艘舰的用鳍数量是随舰艇的主尺度、航速、鳍的外形尺寸、鳍的控制方式以及任务和使命来确定的。对于正常设计的鳍装置来说,当舰艇以等于或大于鳍的设计航速在各航区以最恶劣的浪向航行时,其横摇的减少量可以预期达70%~90%。但舰艇在低速时,鳍的效率较低,因为鳍的水动力是由流经鳍上的水流产生的。

舭龙骨　就减摇而言,舭龙骨是费效比最好的装置。迄今为止,几乎在所有的战斗舰艇上均装有舭龙骨,但舭龙骨在舰艇高速航行时,其效率较低,故在现代大、中型现代作战舰艇中多有与鳍配套设置。

减摇水舱　减摇水舱有主动式和被动式两种。主动式和被动式的区别在于前者需要有传输系统和复杂的控制执行机构,而后者不需要。减摇水舱是一种低速的减摇装置,其通过“搬运”舱内的水而产生的减摇力矩不依赖于舰艇的航速。但设计一个良好的减摇水舱所占用的舱室空间是非常大的,况且其减摇效果远不及减摇鳍,甚至在某一特定条件下,还会增加舰艇的横摇。因此在战斗舰艇中,减摇水舱一般不予采用。

舵减横摇　舵减横摇的基本原理提出较晚。应该说在一定条件下,通过使用舵来达到减摇的目的,其效果是有的。但这种装置的舵和舵机目前尚在研究中,还未广泛应用,故在目前的作战舰艇设计中,舵减横摇的设计方式暂未采用。

减摇装置的种类较多,本节仅就其中使用最多的减摇鳍装置,从总体平台性能出发,从鳍的减摇原理出发,对鳍的设计以及在设计中应注意的事项做一介绍。对于该装置的控制系统、机电原理及其构造本节不做详述。

10.4.1　减摇鳍装置的选择

减摇鳍的选择一般是从设备应满足舰艇耐波性要求着手的。通常情况下,舰艇系统设备都有满足表10-3中的耐波性要求。根据这些要求考虑是否加装减摇鳍或加装哪种类型的减摇鳍。例如某舰在6级海况的海上不装减摇鳍时直升机的起降可操区为45%,加装减摇鳍后,其起降可操区提高到95%,如图10-12所示。同样可以算出5级海况和7级海况下直升机起降可操区如表10-4所示。图和表均说明了某舰加装减摇鳍装置是有效的。如果某舰加装的减摇鳍在上述规定的海况下不能提高直升机的起降可操区或仅对部分海况、部分航速有效,则应考虑选择更为有效并适合某舰加装的减摇鳍装置。

表10-3　系统应满足的耐波性要求

性能要求	环境条件
直升机起降和海上干货补给接收与疏运操作	5级海况
海上纵向液货补给接收操作	6级海况
连续完成作训任务工况	8级海况
舰艇系统设备功能不发生严重破坏的生命力工况	9级海况

表10-4　某舰装鳍前后直升机起降可操效率预报表

海况 / 直升机起降可操效率 / 项目	5级海况	6级海况	7级海况
不装鳍	100%	45%	15%
装鳍	100%	95%	30%

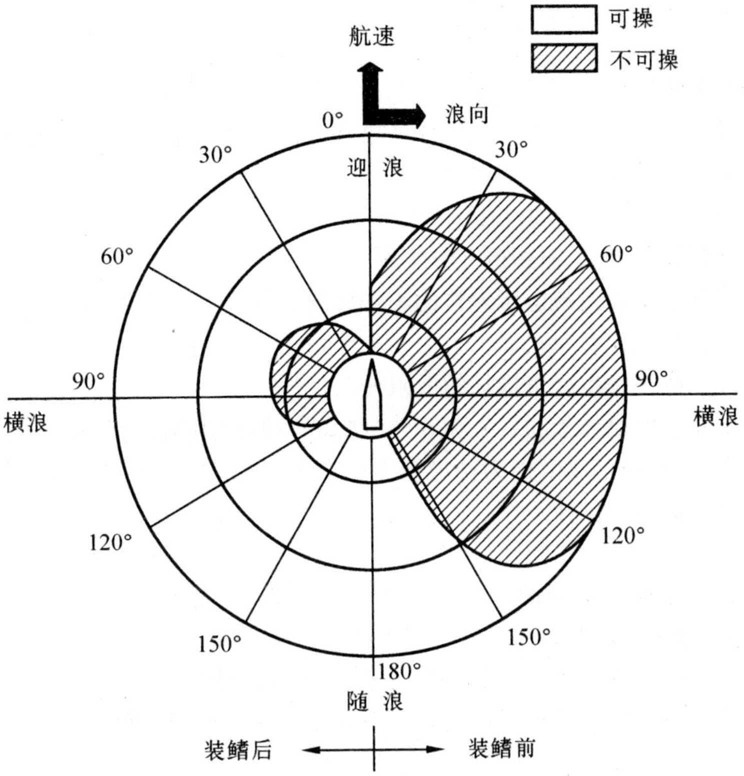

图 10－12　某舰装鳍前后直升机起降可操范围

10.4.2　减摇鳍的减摇效果及评估

减摇效果,通常有两种表示方法

其一　$$\eta = [1 - \phi_s(W)/\phi_u(W)] \times 100\% \tag{10-19}$$

其二　$$\eta = (1 - \sigma_{\varphi s}^2/\sigma_{\varphi u}^2) \times 100\% \tag{10-20}$$

式中　$\phi_s(W)$——加装减摇装置后横摇谐摇时的振幅频率函数;

$\phi_u(W)$——未装减摇装置横摇谐摇时的振幅频率函数;

$\sigma_{\varphi s}^2$——有减摇鳍时的均方根差;

$\sigma_{\varphi u}^2$——无减摇鳍时的均方根差。

上述二式,前者是由频率响应曲线中得到的,而后者是借助谱密度分析得到无减摇鳍时有义横摇幅值的减少作为比较的基础上给出的。无论是前者抑或是后者,一般地均已反映了在波浪中减摇鳍的减摇效率。但实际上,减摇效果更为全面的评价指标应是以达到完成任务而无明显的性能降低所需的合格的横摇运动特性为依据。而确定合格的舰艇横摇运动特性,取决于舰艇和武器系统执行任务的战斗力和居住性需要。而居住性需求除了舰艇所必要的主要职能外,还要能使舰艇保持完全可战斗状态所必需的执行操作设备、飞机和全舰武器系统保养之类所需的辅助任务的所有舰员的效率。

10.4.3 减摇鳍的设计方法与步骤

(1)明确设计要求

减摇鳍的设计应根据舰艇总体战技任务书和研制总要求来进行,一般包括如下内容。

①舰艇的耐波性等级与适航性要求;

②武器系统正常使用的允许工况;

③直升机起降及其牵引、系留的允许工况;

④海上航行补给接收及疏运所允许的工作海况;

⑤其他设备正常工作海况;

⑥全舰系统功能不发生严重损坏的极限海况,等等。

从舰艇满足总体使命任务的效果和改善全舰的适航性出发,综合研究确定减摇鳍的设置类型及其所需数量,确定以横摇为衡准要素(研制总要求一般有规定)的耐波性,并以此为设计目标进行减摇鳍的设计工作。

(2)减摇鳍初步设计

减摇鳍通常位于舰艇横剖面左右舷二侧外板舭部,于水线以下足够深处,鳍叶横剖面为机翼型。当舰艇航行时,左右舷的每个鳍上将各产生一个升力,该升力与鳍的面积、鳍的攻角以及水流速度的平方成正比。只要将左右两舷鳍设计成攻角相等,方向相反,即可产生一对大小相等方向相反且垂直于水流方向的升力,如图 10-13 所示。

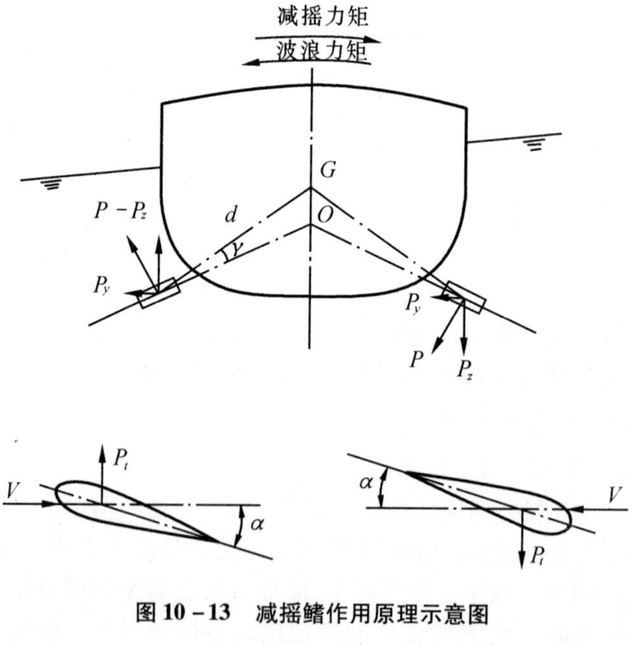

图 10-13 减摇鳍作用原理示意图

图 10-13 表明鳍的减摇力矩为

$$M_s = 2P_L d\cos\gamma \tag{10-21}$$

式中 d——鳍升力作用点至舰艇重心(G)的距离;

γ——转鳍轴线与鳍升力作用点至舰艇重心(G)连线间的夹角;γ 角在实际工程设计中,一般很小,可忽略不计;

P_L——鳍的升力。

在初步设计中，需根据舰艇设计总要求，初步确定减摇鳍的装置容量，以估算鳍的几何尺寸、重量、体积以及鳍所需要的控制功率。鳍的装置容量通常可用静特征参数 ϕ_{st} 表示。即

$$\phi_{st} = M_s \times 57.3 / \Delta\, \overline{GM} \tag{10-22}$$

其中

$$M_s = 2P_L d = \rho V^2 A_s d C_L \tag{10-23}$$

所以

$$\phi_{st} = 57.3 \rho V^2 A_s d C_L / \Delta\, \overline{GM} \tag{10-24}$$

式中 Δ——舰艇排水量；

$\overline{GM}$——舰艇初稳心高；

M_s——减摇力矩；

P_L——鳍的升力；

d——为鳍升力的作用点到舰的重心点的距离；

ρ——水的密度；

V——水在鳍上的流速；

A_s———对鳍的总面积；

C_L——鳍的升力系数。

利用(10-24)式可初步确定鳍的面积。式中的 ρ、V、Δ 和 $\overline{GM}$ 均为已知，C_L 是鳍攻角 α 的函数，最大的转鳍攻角一般可设为 $\pm 24° \sim \pm 26°$，利用母型或敞水(或风洞)试验资料从 $C_L(\alpha)$ 特性曲线中可以得到 C_L 值。这样，只要选定 ϕ_{st}，则鳍面积可随之确定。

初选 ϕ_{st} 时，对于水面舰艇，一般可按 $\phi_{st} \geqslant 6°$ 选取，以便使舰艇能有足够抵抗舰艇横摇的减摇力矩。

鳍的升力系数 C_L 是一个变化非常大而又敏感的参数。影响 C_L 的大小不仅仅是鳍的攻角 α，鳍的几何参数、鳍与舭龙骨之间的干扰、鳍与鳍之间的干扰以及船体流场边界层的厚度影响都会使 C_L 减小而使鳍的升力下降。因此，当减摇力矩初步确定后，应考虑上述诸多影响。从而对升力系数 C_L 进行修正，包括有可能相应增大鳍的面积，直到舰艇有足够抵抗波浪力矩的减摇力矩时为止。

减摇鳍加装后，鳍的升力 P_L 将对舰艇的横荡、横摇以及首摇产生附加力和力矩，以改变舰艇的横摇状态。改变后的横摇状态是否满足舰艇总体设计要求，须对舰艇进行装鳍后的横向运动进行计算。即在未加装减摇鳍的船体横向运动方程(参见有关专著)中增加装鳍后的附加项，通过求解可得到装鳍后舰艇横摇统计值，将此统计值与装鳍前的舰艇横摇统计值一起代入(10-20)式，即可得到舰艇在某种海况某种航态时鳍的减摇效果，进而评估该效果是否满足舰艇战技任务要求。倘若不满足要求，则需重新修改鳍的面积，进行新的一轮计算，直到满足战技任务书要求的效果时为止。

为保证舰艇能在各种设计海况、浪向及航速下，鳍能充分发挥效用，减摇鳍需设计有效的控制系统。该系统包括鳍的动力装置和控制装置，这些装置可参考有关专著，在此不予介绍。

(3)减摇鳍在设计中的注意事项

①鳍与舭龙骨之间的布置位置　众所周知，舭龙骨可大大增加舰艇在任何航速时的横摇阻尼力矩，所以世界各国的舰艇均在装有减摇鳍装置的同时加装舭龙骨。但舭龙骨与鳍之间存在相互干扰，这就需要舭龙骨与鳍之间有一个相对合适的间距。一般说来，当舰艇采用一对减摇鳍时，应力求将鳍置于舭龙骨之后，当采用两对鳍时，则分别置于舭龙骨的前

方和舭龙骨的后方。鳍的导缘(后鳍)与舭龙骨之间的间距应不小于1个最大鳍弦长度;鳍的随缘(前鳍)与舭龙骨之间的间距应不小于2.0个鳍弦长度。

②鳍在舰艇横剖面上的布置位置　鳍在舰艇横剖面上的位置,取决于鳍轴线与舰艇基线的夹角。该角小了,不能保证鳍在水线以下有足够的浸深而获得理想的升力,大了,又不能获得减摇力矩臂的有效长度。故一般情况下,以鳍梢尽量不突出最大船宽处的避倾角限制线(收放鳍≥5°,非收放鳍≥3°)之外为原则,此时的鳍轴线与舰艇基线的夹角在49°~55°范围内。当鳍浸水有足够的深度而能获得满足任务书指标要求的升力,同时又能满足规范规定的避倾角限制要求时,鳍轴线与舰艇基线的夹角应尽量取其下限值,以求鳍梢能尽量不超出基线或少超出基线。

③按设计航速确定减摇鳍尺寸　由于鳍的升力是由流经鳍上的水动力产生的,故在确定鳍面积时,需设定一个设计航速,该航速通常以舰艇的巡航速作为设计航速。作战舰艇的巡航航速一般在15 kn~20 kn范围内,典型的驱护舰为17 kn~18 kn。

④空泡的控制　对于航速较大的作战舰艇,减摇鳍有控制空泡的要求,尤其是对驱逐舰更为如此。鳍的空泡首先是在导缘和向后延伸的梢涡中产生的。空泡现象同航速、鳍的攻角、鳍面积以及鳍的形状有关。在鳍的设计过程中可以通过限制鳍的攻角、增加鳍面积以及改善鳍的外形和剖面形状来控制或延缓空泡的产生。此外还须注意鳍控制系统的设计,以求得在最小的鳍角摆动下能获得鳍最大的工作效率,使得空泡数能控制在允许的范围之内。一般情况下,中等程度的空泡现象不会影响减摇鳍的升力。

10.5　海补接收装置

舰艇的作战能力一方面取决于作战舰艇的数量、吨位及其武器装备的优良程度,另一方面也须有良好的海上综合保障能力。海上航行补给就是提高舰艇作战半径和活动范围以及在航率的重要手段。

海上航行补给分为补给和接收两个部分,本节仅就海上补给接收部分的接收方式和接收装置的设计做一介绍,补给船及其补给装置在此不做详述。

10.5.1　补给船简介

舰艇海上补给是通过补给船来实施的。补给船有单一补给船和综合补给船。综合补给船装载量大,设有多个补给站,可进行纵向补给、横向补给、垂向补给和靠帮补给以及人员传送,具有多种补给功能。我国已有能装载多种物资的综合补给船。

10.5.2　舰艇海上航行补给接收方式简介

(1)码头对接操练简介

在进行海上航行补给接收前,一般应先进行码头操练对接。码头操练对接通常是补给船停靠在码头边,中间用若干艘驳船或其他辅助船,将接收舰与补给船隔至45 m~50 m的距离,接收舰停靠在驳船或辅助船外侧,进行横向补给接收对接操练,如图10-14所示。油水补给和干货传送操练可分别单站进行,也可两站同时进行。图10-14为码头横向油水补给接收对接操练方式示意图。

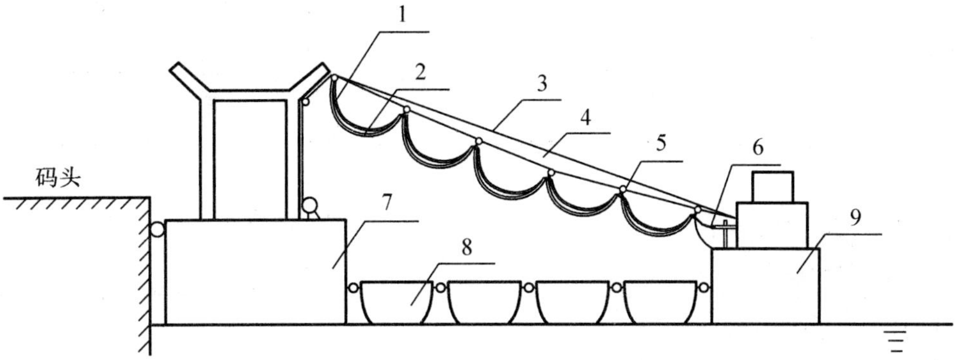

图 10－14　码头横向液货补给接收对接操练示意图

1—输油软管;2—输水软管;3—内牵索;4—恒张力高架索;
5—鞍座;6—燃油接收头;7—补给船;8—驳船;9—接收舰

(2)舰艇海上航行补给接收方式

①海上横向干货补给接收　海上航行横向干货补给接收方式见图 10－15。

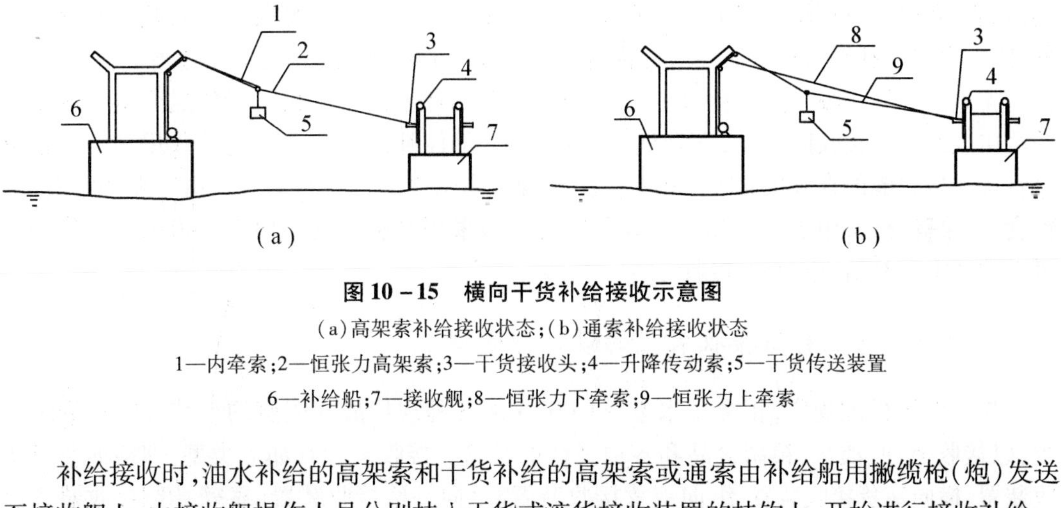

图 10－15　横向干货补给接收示意图

(a)高架索补给接收状态;(b)通索补给接收状态
1—内牵索;2—恒张力高架索;3—干货接收头;4—升降传动索;5—干货传送装置
6—补给船;7—接收舰;8—恒张力下牵索;9—恒张力上牵索

补给接收时,油水补给的高架索和干货补给的高架索或通索由补给船用撇缆枪(炮)发送至接收舰上,由接收舰操作人员分别挂入干货或液货接收装置的挂钩上,开始进行接收补给。

海上航行横向补给接收方式基本与码头补给接收对接操练方式相同(见图 10－14),只是中间没有了辅助船只。此时补给船和接收舰由高架索或通索联系在一起,以一定航速相隔 30 m～60 m 距离,在海上平行航行并进行补给与接收。在补给过程中,由接收舰按 14 kn～18 kn 调整航速、航向和船距,与补给船保持一致。由舰船摇摆而引起高架索或通索上不断变化的张力由补给船的恒张力装置补偿调节,使高架索(见图 10－15(a))或通索(见图 10－15(b))保持恒张力状态。从而使输油软管或干货传送装置能与水面保持一定高度。

②海上纵向补给接收　海上航行纵向补给接收如图 10－16 所示。

接收补给时,补给船在前,接收舰在后。纵向相距 90 m～120 m,横向相距约 12 m,输油软管漂浮在海面上,航行中由接收舰按 10 kn～12 kn 航速调整纵向补给接收船距和航向。

③靠帮补给接收　靠帮补给时,接收舰紧靠补给船系泊在一起。补给船将吊车随动补偿吊钩转动到接收舰甲板上方,放下随动补偿吊钩的控制索与接收舰上的专用固定眼板连

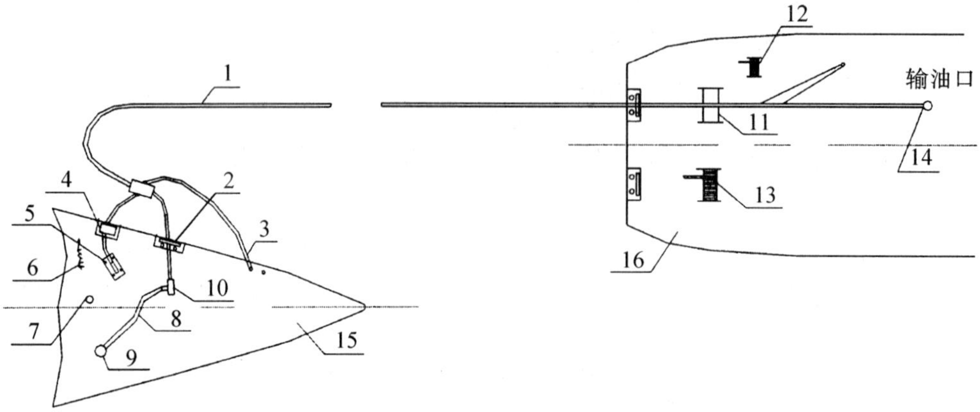

图 10-16 纵向补给接收示意图

1—输油、水软管；2—导管滚轮；3—安全索；4—导索孔；5—快速脱钩；6—十字锚钩；7—淡水注入口；8—燃油注入管；9—燃油注入口；10—扫线吹除装置；11—柴油软管卷车；12—淡水软管卷车；13—重油软管卷车；14—输油口；15—接收舰；16—补给船

接，尔后，利用波浪补偿吊车把干货直接吊到接收舰上。当接收舰在规定的航向和海况的条件下，由随动补偿吊车保证补给货物传送到接收舰上时能不受冲击而平稳着舰。

④垂向补给接收 垂向补给是在航渡中，由补给船上的直升机将干货送到接收舰垂直补给接收区。在接收区上空，直升机将少量干货，悬停补给到接收舰的接收甲板上。也可以直接在接收舰的直升机起降甲板上自由着舰或牵引着舰进行补给。自由着舰用于食品、粮食、疏菜等补给，用于人员和导弹等的输送一般采用牵引着舰。30% ~40% 的干货品种可以通过垂向补给方式补给接收。

10.5.3 海上补给接收装置的设计与选型

我国军用标准规定，正常排水量≥1 000 t 的各种现代战斗舰艇均须装设海补接收装置，以接收燃油、淡水、粮副食品和各种弹药的补给。接收装置有如下类型：即横向干货接收装置、横向液货接收装置、纵向液货接收装置、垂向补给接收装置、靠舫补给接收装置以及夜间补给照明设施和补给接收通讯设施。各种装置和设施可根据需要设置。

(1)海补接收装置设计方法与步骤

海补接收装置的设计是根据舰艇使命任务要求来进行的，其具体步骤如下：

①根据舰艇吨位明确干、液货品种及其装载量；

②明确补给接收方式和海况；

③明确并了解补给船的干、液货补给站位及其接口的设置；

④明确舰艇干、液货存储的舱位设置；

⑤明确舰艇干、液货接收站位的设置；

⑥明确舰艇干货疏运路线和液货输送路线；

⑦明确横向干货、横向液货、纵向液货、垂向补给接收、靠舫补给接收以及通讯和夜间补给接收等装置和设施的组成，并进行各干、液货接收装置的选型；

⑧根据干货补给接收的极限海况、疏运装置的最大外形和舰艇站位的错位角，计算运送货框所需着舰场地；

⑨进行补给接收极限海况稳性校核；

⑩确定干、液货一次补给接收量及其所需时间，并对舰艇补给接收系统进行功能评估。

(2)海补接收装置在设计中应注意的事项

①统筹协调，合理布置　海补接收装置的设计实际上是一个比较完整的系统的工程设计，其涉及的专业较多，需要舰艇各专业大力配合、紧密协作，在总师系统框架下，总览全局、协调进行。

②由于补给船的干货传送疏运装置和运送方式等一般不尽相同，因此舰艇的补给接收装置要素和接收站的设置、接收货物的品种、干货疏运装置的尺度和液货管路接口等均需注意与补给船相适应。

③海补接收装置的选型、站位布置间距以及接收头的升降高度，均应注意满足相应的船体结构强度设计和武备射界要求。

④舰艇在接收补给过程中，往往在开始补给和补给将要结束之前，所受外力较大。此时若受突发性极限波浪冲击，高架索有可能超过设定破断拉力而自动解脱，故在设计中必须考虑，一旦此种情况发生，舰艇的稳性应必须有足够的保证。

⑤受油舱应留有足够的剩余空间以保证油舱通气管的气体畅通，避免扫线时建立起压力导致油舱鼓舱。一般情况下，受油舱应设有液位显示或报警功能。

10.6　拖曳系泊装置

拖曳系泊装置包括二项内容：一是拖曳；一是系泊。

拖曳装置是拖带和被拖带装置的总称，前者位于艉部，后者位于艏部。拖带有专业拖带和营运拖带，对于舰艇，一般情况下是执行任务的应急拖带，且一般只满足拖带同类型舰艇。

拖曳装置的设置取决于舰艇使命任务的要求，尤其是其中的拖带装置可根据舰艇的使命任务来确定设置与否，但被拖带装置是不可或缺的。

舰艇泊港除抛锚方式外，无论是停靠码头、锚地系水鼓还是进坞，都须抛出缆绳将艇系住，以保障舰艇正浮安全。故任何舰艇均必须设有一套完整的系泊装置，以满足舰艇使命任务的要求。

本节仅就拖曳系泊装置的设计方法和步骤以及设计中应注意的问题作一介绍，对拖曳系泊装置的绞盘等动力机械不作详述。

10.6.1　拖曳系泊装置的组成

(1)拖曳装置的组成

拖曳装置一般主要由如下部件组成。

①拖索缆具　拖索缆具包括主拖缆、备用主拖缆、应急拖缆、短缆绳、龙须缆(链)、卸扣、连接环、三角眼板、护木等缆具，以确保舰艇安全拖带。由于舰艇使命任务要求的不同和舰面布置所限，一般舰艇只配设钢质主拖缆、龙须缆(链)、短缆绳、卸扣、连接环、连接三

角眼板和护木等缆具。

②三角拖力眼板　三角拖力眼板与船体加强甲板连接，以承受主拖缆传递的拉力，并能快速解脱。

③拖桩　拖桩是承受主拖钢缆拖力的主要部件，一般布置在艏艉部船体中线面上或与中线面呈60°夹角的两舷适当位置。以承受拖带中钢缆传递的拉力。拖桩也可用装设于艏艉某一合适位置的系缆桩代替，舰艇上的拖桩由于布置所限多以三角拖力眼板加扣、环连接代用。

④拖钩装置　拖钩装置主要由拖钩、拖钩托架和拖钩弓架等部件组成。拖钩主要用于栓系和解脱拖缆，拖钩装置多用于专业拖轮，舰艇一般不予采用。

⑤导缆孔　拖曳导缆孔与系泊导缆孔的区别在于其开口的大小必须使龙须缆（链）及其连接卸扣能顺利通过。舰艇拖曳导缆孔一般可选用巴拿马运河导缆孔。

⑥拖缆绞车　拖缆绞车其功能主要是存卷钢缆和放缆。由于钢质主拖缆的缆径较大、缆索长，故多用电力驱动。拖缆绞车和艉部拖曳装置的缆具仅在有拖带任务的舰艇上设置。

（2）系泊装置的组成

系泊装置由以下部件组成。

①系泊缆索　系泊缆索有钢缆和合成纤维缆之分，是舰艇系泊的主要部件之一。由于钢缆的操作较“刚硬”，维护保养投入较大，且易锈蚀断丝伤手，所以在现代舰艇上多采用较“柔软”的合成纤维缆作为系泊缆索。

②带缆桩　带缆桩多由低合金钢铸成，与船体甲板加强连接，供系缆紧固之用。带缆桩有双柱缆桩和十字缆桩之分，可根据设计要求选用。

③导缆器　导缆器的形式较多，有舷墙式普通导缆孔、甲板式导缆孔、三滚轮导缆器、单轮水平导缆器、双轮水平导缆器和轻型导缆钳。其功能是将缆索导向绞盘、带缆桩或其他固定点。导缆器可根据导缆特点和设计要求选用。

④缆索卷车　缆索卷车是存放缆索之处，其由车架、卷筒与刹车等部件组成。一般布置在易于存放缆索之处。

⑤系缆绞盘　系缆绞盘用于系泊绞缆，其结构中有一垂直于基线的旋转轴。绞盘有手动，电动或液压传动等多种型式，手动绞盘多用于小型艇，电动液压传动型适用于中、大型舰船。

10.6.2 舰艇拖曳和系泊状态

（1）拖曳状态

舰艇应急拖曳任务一般多在海上，其状态通常如图10－17所示。

图10－17所示为舰艇一般常用的拖曳状态。不同吨位的舰艇，其被拖龙须缆的长度各有不同。小型舰艇可如图10－17所示连接，大、中型舰艇，应利用主炮座绕缠一周，再与拖力眼板（或拖桩）连接，以保障拖带安全。

（2）系泊状态

舰艇典型的码头系泊状态通常如图10－18所示。

图10－18为舰艇舷靠码头时较常用的系泊状态，一般情况下，当风向与舰艇中线面呈法向状态时，图10－18所示的系泊状态可抗6级风的作用。

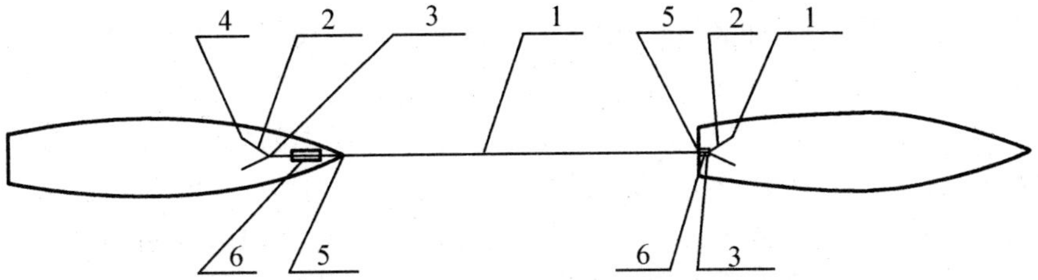

图10－17 拖曳示意图

1—拖缆;2—龙须缆;3—拖钩装置;4—拖力眼板(或拖桩);
5—拖缆孔;6—木护板

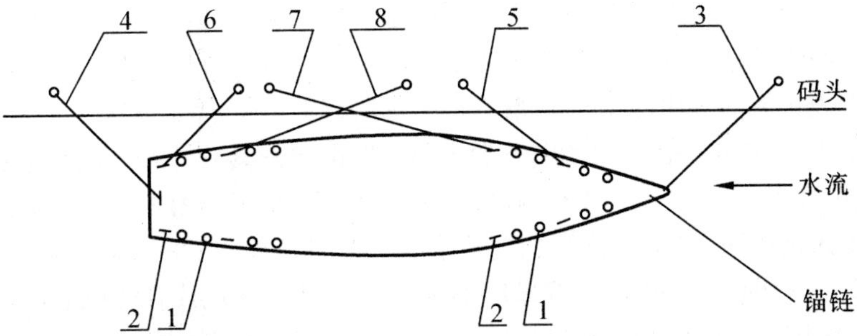

图10－18 舰艇舷侧系泊示意图

1—带缆桩;2—导缆孔;3—艏缆;4—艉缆;5—艏横缆;
6—艉横缆;7—艏倒缆;8—艉倒缆

10.6.3 拖曳系泊装置的设计与配置

(1)拖曳系泊装置的配置

①拖曳装置的配置 舰艇属于非专业自航船舶,所以无需配置专业拖带装置,但在执行任务过程中有可能会遇到需要拖带其他同类型舰艇,或被其他同类型舰艇应急拖带。因此,一般情况下舰艇均应配置适当的拖曳设备,除非在舰艇的研制任务书中另有说明。

舰艇拖曳装置通常分别设在舰艇的首部和尾部,如图10－17所示。其主要部件设置如下。

a.拖力眼板 即在艏、艉部甲板上各设置一对拖力眼板,分别固定在与中线面呈一定夹角的左右舷部;

b.龙须缆及其联接件 龙须缆及联接件均为可拆式,平时存放于帆缆储藏舱内;

c.拖缆孔 在舰艇的首端和尾端封板的中线面处各设一拖索缆孔,以便于拖曳索具通过;

d.木护板 为避免拖曳索具击打甲板,在拖曳装置的中线面区域适当位置应装设一块大小合适的木护板;

e. 拖索与拖索绞车　拖索与拖索绞车设置在舰艇的尾部，以备拖带之用。艏部一般不设拖索绞车，因按舰艇有关条例规定，舰艇被拖时，其拖索由拖船放出。

②系泊装置的配置　系泊装置可按图 10－18 系泊状态设置。其主要配置如下。

a. 带缆桩和导缆孔　带缆桩和导缆孔一般应成对配套设置。一般情况下，全舰的带缆桩和导缆孔应不少于 8 对，对于正常排水量在 $D \geqslant 3\ 000$ t 以上的舰艇，其中部两舷还应增设 1～2 对，以备应急之用，其规格较之艏、艉带缆桩可适当小一挡。

b. 系泊索与卷车　系泊索原则上应与系泊索卷车成套配置，其数量应按图 10－18 的系泊状态确定。系泊索与卷车的存放处，一般应设在艏、艉使用时便于收放部位。

c. 系缆绞盘　艏部系缆绞盘一般可设为与首锚绞盘共用。艉系缆绞盘置于艉甲板适当部位，具体位置应根据舰艇使命任务确定的绞盘数量而定。一个绞盘，应布置在艉部中线面上，以便左右两舷系缆时共用；如果需要两个绞盘，则应布置在左右两舷与中线面相距适当的位置上。

(2) 拖索与系泊索的选取

①按国家军用标准选取　国军标规定了拖索与系泊索的规格、长度及其相应的破断负荷。拖索和系泊索的选取应满足舾装数（N）的要求，舾装数（N）按（10－2）式确定，根据确定的舾装数查表选取。表中对拖索和系泊索的选取有如下要求。

a. 舾装数 $N < 780$ 时，拖索应采用不少于 144 根钢丝并具有纤维芯的 6×24 的镀锌钢丝绳，其钢丝抗拉强度不小于 1.37 kN/mm^2；舾装数 $N \geqslant 780$，应采用 144 根钢丝并具有纤维芯的 6×37 的镀锌钢丝绳，其钢丝抗拉强度不小于 1.52 kN/mm^2；系泊索若采用钢缆，在现有舾装数（$N = 50 \sim 2\ 080$）范围内，均应采用不少于 144 根钢丝并具有纤维芯的 6×24 镀锌钢丝绳。此外，表中还规定了某一舾装数范围内所对应拖索和系泊索的最小长度、最小破断拉力和必需的数量，用起来很方便。

b. 系泊索可以采用合成纤维索代替钢索，但其破断拉力应不小于 $F = KF_0$，其中 F_0 为按舾装数查表所得的系船索的破断负荷，K 为系数，对于尼龙缆可取 $K = 1.30$。

②环境力校核　一般而言，在实际工程中系泊索和拖索按国军标的规定选取就足够了。但作为舰艇设计应了解这些参数的来源，必要时可作校核估算。

a. 海上拖力校核估算　海上拖航所需的拖带力估算可按如下条件确定，即风速20 m/s，风向 30°，水流速度 0.5 m/s，有义波高（$h/3$）为 5 m，静水拖航速度 $V \leqslant 6$ kn 的条件下，拖带力能保持被拖舰艇的航向。此时的拖航总阻力 R_T(kN) 可按如下经验公式确定。

即
$$R_T = 1.15[R_f + R_B + (R_{ft} + R_{Bt})] \tag{10-25}$$

其中
$$R_f = 1.67 A_1 V^{1.83} \times 10^{-3} \tag{10-26}$$

$$R_B = 0.147 C_B A_2 V^{1.74 + 0.15V} \tag{10-27}$$

式中　R_f——被拖舰艇的摩擦阻力，kN；

R_B——被拖舰艇的剩余阻力，kN；

R_{ft}——舰艇的摩擦阻力，kN；

R_{Bt}——舰艇的剩余阻力，kN；

A_1——舰艇水下湿表面积，m^2；

A_2——舰艇浸水部分舯剖面面积，m^2；

V——拖航速度，m/s；

C_B——方形系数。

舰艇的拖航阻力 R_{ft} 和 R_{Bt} 可使用同类舰的设计资料，如无资料，则也可按上述(10-26)和(10-27)近似式计算。而湿表面积(A_1)如无资料可按下式确定。

$$A_1 = L(1.7T + C_B B) \tag{10-28}$$

式中　L——舰艇设计水线长，m；

B——舰艇设计水线宽，m；

T——舰艇吃水，m。

对于上层建筑比较大的舰艇应按下式计算总阻力 R_T，即

$$R_T = 0.7(R_f + R_B) + R_a \tag{10-29}$$

式中　R_f 和 R_B 按(10-26)和(10-27)式计算；

R_a——为空气阻力，kN，按下式确定

$$R_a = 0.5\rho V_f^2 \sum C_s A_i \times 10^{-3} \tag{10-30}$$

式中　ρ——空气密度，kg/m³，可取 1.22 kg/m³；

V_f——风速，m/s，可取 20.6 m/s；

A_i——受风面积，m²，按迎风状态取值；

C_i——受风面积 A_i 的形状系数，在相关设计手册中可以查得。

b. 系泊力校核估算　合理地确定舰艇停靠码头或锚地系水鼓(浮筒)的环境作用力是设计师在整个系泊装置设计中所必须注意的关键问题之一。从静力学角度分析，无论舰艇停泊码头还是系泊锚地，都将受到风、浪和潮流的三种环境力的作用，但在确定上述各种环境力的大小，并将其分配到每根系泊索上，则需要进行一系列的环境假设进行大量地计算。目前还没有适合舰艇有关系泊力的简单计算经验公式。日本《JSDS 造船舾装设计基准》的系泊力计算方法，也仅只适用于万吨级以上的油船、矿砂船和中桥楼型的货船。对于万吨级的大型现代舰艇也可按该方法进行参考校核。

(3)带缆桩和导缆孔相对位置的确定

拖曳系泊装置的布置是根据舰面设备综合协调进行的。系缆绞盘的布置位置应在带缆桩和导缆孔(钳)的三角区域，使装置系统工作时便于操作。因此，绞盘区两舷的导缆孔(钳)应装在绞盘的前、后方，并使从绞盘通到导缆孔(钳)的缆索与导缆孔纵向轴线间的夹角尽量控制在 50°~75°范围内。带缆桩与导缆孔(钳)布置的相对位置可按图 10-19 确定。

10.6.4　拖曳系泊装置在设计中的注意事项

①拖曳系泊装置的布置应与锚装置、纵、横向海补接收装置、小艇、跳板以及拖曳声呐等其他设备或装置协调配合进行。

②系泊索的数量按舾装数(N)选定后，可根据实际使用情况适当增加备用数，一般应备用 1~2 根。

③系泊索的配置，按舰艇实际使用情况，应以合成纤维索为主，但其破断力应不小于“舰规”规定的最小破断负荷。

④所有装配件、连接件均应以拖索或系泊索的直径或破断力作为选用依据。非标件可以自行研制，但必须符合相关标准的技术要求和试验条件。

⑤为防止系泊索移位，排水量在 1 000 t 以上的舰艇应配置移动式系泊索掣动器。系泊

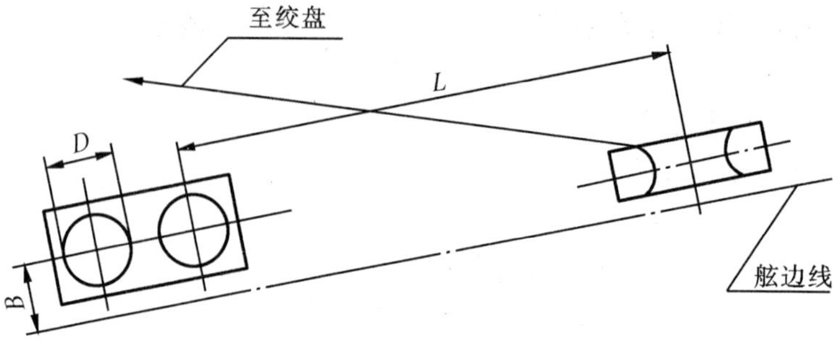

图 10-19 带缆桩与导缆孔(钳)的相对位置图

图中参数符号定义如下:

D——带缆桩直径(mm);L——带缆桩至导缆孔(钳)的间距(mm),小型舰艇不小于 $10D$;中、大型舰艇不小于 $6D$;B——带缆桩至舷边的间距,应不小于 $1.5D$;导缆孔(钳)的安装轴线至舷边的距离不作要求,安装时以缆索通过导缆孔(钳)时与舷边不发生磨擦为原则。

索经导缆孔(钳)导致绞盘的途中不应与舰面上其他设备相碰,倘若不可避免则应增设缆索导向装置。

⑥防台风问题　我国沿海海域每年都有台风季节,南海与东海、北海相比台风季节持续时间更长,甚至多达 4 个月以上。台风次数也多,平均每月 2 ~3 次。风速一般可达 40 ~ 50 m/s,有时甚至达 55 m/s 以上。如此狂风,其破坏性极大,舰艇将受到严重威胁,因此,舰艇多以锚链系水鼓防台风。建议在舰艇系泊设计中参考链径(见 10.2.6)备用水鼓卸扣。

⑦由于舰艇的大小各有不同,所以在拖曳系泊装置的设计中选用装置的控制件和连接件的要求也各不相同,由此而需要的控制件和连接件的型式和规格也各不相同。因此,在舰艇拖曳系泊装置的设计和选型过程中,可随机掌握实用所需。

10.7 船体属具

船体属具种类较多,通常包括门、窗、盖、梯、天幕、栏杆和艏、艉旗杆等部分。限于篇幅,本节仅就使用较多、牵涉面较宽的门、窗、盖、梯等属具做一简单介绍,对较简单的天幕、栏杆和艏、艉旗杆以及大型舱口盖、重型水密门、机械传动的直升机机库大门等特殊用途的关闭属具,本节不作详述。

10.7.1 门

(1)门的种类及其特性

根据不同的特性和用途,门可分为多种类型,常用的主要有如下几种。

①水密门　现代舰艇采用的水密门多为轻型联动的铰链式,其水密性要求在承受所规定的静水压力情况下无渗漏,门与安装处的舱壁具有同等的结构强度。

②风雨密门　门的风雨密性能在任何风浪、雨水、或海水飞溅的情况下水不渗入船内,门在关闭时能保持风雨密性的要求。风雨密门的结构与安装处围壁具有同等的结构强度。

③气密门　气密门在现代舰艇上多采用铰链式，其气密性能在规定的气压值条件下保压1小时后，内外压力差改变值不大于3%。一般情况下，门所承受的内外压力差可保持500 Pa。气密门关闭时能达到与气密舱室同等的气密性要求。

④防火门　防火门可分为A、B、C三个耐火等级，现代舰艇多采用A级防火门，少数部位也采用B级防火门。现有防火门能等效于所在舱壁的耐火完整性。

⑤隔声门　现有现代舰艇的隔声门，其平均隔声量一般不小于25 dB(A)①，门在关闭时能有效地减小噪声的传播，并设有可自动关闭的闭门器。

⑥电磁屏蔽门　现代舰艇屏蔽门的电磁屏蔽性能目前有三个等级，可根据设计要求选用。门关闭时能有效地抑制和降低电磁波的干扰。

⑦冷藏室门　现有冷藏门能有效地隔绝热辐射和传导，并与所在舱壁能保持隔热等效性，防止冷气泄漏。

⑧舱室空腹门　舱室空腹门多为铝质，是现代舰艇用得最多的一种舰艇舱室普通门。

(2)门的大小及其使用范围

各类门均有不同的规格，通常称之为"通孔尺寸(或透光尺寸)"。常用门的通孔尺寸见表10-5。

表10-5　常用门的通孔尺寸　单位:mm

通孔宽度	通孔高度						
500	1 000	1 200	1 400	1 500	—	—	—
600	1 200	1 300	1 400	1 500	1 600	1 650	1 700
650	1 550	1 650	1 700	—	—	—	—
700	1 400	1 500	1 600	1 650	1 700	1 750	—
750	1 650	1 700	1 750	—	—	—	—

设计时，可按表10-5根据不同的部位和要求选用。一般情况下，凡生活舱室和人员较多、进出较频的舱室门，可按650 mm×1 650 mm的规格选取；一般工作舱室的门可按600 mm×1 600 mm的规格选取；规格偏大或偏小的门，一般多用于特殊部位。如何选用才得以实现最佳设计效果，须根据各舱室的战位要求、人员快速紧急疏散要求、舱室设备布置要求以及其他特殊要求等具体情况综合考虑。

(3)门的设计与配置

①门的设计方法和原则

a. 按总布置要求确定舱室的开门位置；

b. 了解舱室类型，明确舱室布置和要求，确定门的类型；

c. 了解舱室开门位置环境，明确舱室功能，确定门的通孔尺寸；

d. 协调相关专业，确定门的开向，一般情况下，门的开向应遵循如下原则。

- 凡舱室通往露天的门均为外开，且纵壁门的安装铰链为艏向；横壁门的安装铰链，左舷为左向，右舷为右向；

---

① 用A计权网络测量，以db(A)表示。

• 凡内舱门,除少数如弹药舱、转运间、围井、蓄电池室、防化舱室以及个别因舱室布置困难等特殊原因而使得门不得不外开以外,所有内舱门原则上均应内开。其铰链安装位置可视舱室结构、设备布置、使用方便等综合因素而定。

e. 了解舱室结构环境,明确门的类型和通孔尺寸,确定门槛跨越高度;

f. 门开启后,其以铰链为轴线的最大开启位置与门槛水平线的夹角不可小于 90°;

g. 所有门的设计均应以满足规范、符合相关标准要求为原则。

②门的配置

现代舰艇的水密门一般为钢质,主要设置在主甲板破损水线以下水密舱壁上以及有防水要求的舱室出入口处;风雨密门有钢质和铝质两种,现代舰艇一般采用钢质,通常设置在通往露天的各类舱室出入口处;气密门设置在舰艇区域集体防护的界面舱壁处,这种防护区是一个独立的防核生化的增压气密区;也可以设置在会分解出有害气体的舱室以及由生化污染区进入到舰船内部安全区的过渡舱室处;防火门主要设置在舰艇防火主竖区界面的舱壁以及有重点防火要求的舱室,A 级防火门配有随时可关闭的闭门器;隔声门设置在产生噪声以及需要静音的舱室;电磁屏蔽门设置在对电磁波干扰有要求的舱室;冷藏门设置在舰艇的食品冷库处;空腹门是现代舰艇上使用量较大的一个品种,它通常设置在舰船内部无特殊要求的工作舱室、生活舱室、服务舱室、储藏室等出入口处。对于有空调的舱室,为满足空调的回风要求,空腹门上通常带有通风格栅。而对于居住舱室,空腹门设有应急通孔,一般通风格栅与应急通孔合为一体,在紧急情况下,可供舰员逃生之用。

10.7.2 窗

(1)窗的种类及其特性

现代舰艇采用的窗主要有两大类,即:舷窗和矩形窗。舷窗为具有水密性的圆形窗,根据其所能承受的最大允许压力的不同,分为 A、B、C 三种基本形式。A 型为重型舷窗,B 型为中型舷窗,C 型为轻型舷窗。其中 A 型和 B 型均设有内侧风暴盖。舷窗具有坚固的结构,能有效地关闭并保证水密。矩形窗分为船用普通矩形窗和驾驶室固定矩形窗。普通矩形窗有三个系列,即:一般系列(配置的是钢化安全玻璃)、耐火系列(配置的是防火玻璃)、和电加热系列(配置的是电加热玻璃)。驾驶室固定矩形窗分电加热玻璃窗和钢化安全玻璃窗二种。随着现代舰艇高新技术的发展,近年来我国还开发了一种新型的复合隐身矩形窗。

(2)窗的大小及其开启方式

①舷窗 舷窗的开启形式分为左开式、右开式、共铰式(上开式)和固定式共四种。其规格以透光尺寸表示,从 $\phi200 \sim \phi450$ 每隔 50 mm 递增。现代舰艇多采用共铰式舷窗,其大小可根据采光、自然通风、舱室设备布置以及应急逃生需求等多种综合因素来确定。

②普通矩形窗 普通矩型窗有内开、外开(左开式、右开式、上开式)和固定式等多种开启形式。

其规格以透光尺寸(标准中称之为“公称尺寸”)表示,其大小在相应标准中有多种,可根据需要选用。

③驾驶室固定矩形窗

驾驶室固定矩形窗有螺栓连接和焊接两种固定形式,在设计中,通常采用电加热和非电加热两种透光玻璃,并在驾驶室前方以奇数相间排列。其规格以透光尺寸表示,在相应的船用标准中有多种，设计中可根据需要选用。

(3)窗的设计方法与配置原则

①主船体破损水线以上设置带有风暴盖的重型舷窗，破损水线以下不得设置舷窗；1甲板至01甲板的上层建筑外壁和各层上层建筑前端壁可设置中型舷窗；02甲板以上各上层建筑外纵壁和后端壁设置轻型舷窗。

②现代舰艇的矩形窗一般设置在驾驶室、预备驾驶室和航空塔台等舱室部位。

③布置在舰艇同一层外壁上的各窗，其中点距该层甲板的高度应相等，一般在1 500 mm～1 600 mm之间，矩形窗的底边线应水平。

④舰艇窗通常为内开，上开共铰式舷窗定位时应保证其窗盖的开启方便。

⑤设置在有封面板舱壁上的窗，其窗框与封面板之间须设置窗斗，窗斗的规格尺寸应保证窗能顺利启闭，窗斗的材料一般为薄钢板、铝板或阻燃玻璃钢。

⑥外露的窗框上须设置眉毛板以分流雨水，眉毛板的规格尺寸应与窗的规格尺寸及外露的厚度相适应，窗的上方有遮檐者不设眉毛板。

⑦驾驶室前壁的固定矩形窗的布置，一般是在中线面上设置一扇电加热窗，然后向两舷对称均布。因为驾驶室矩形窗是横向满布前壁，在确定窗的透光尺寸时，螺接式矩形窗需考虑安装螺栓可拆的方便性。

10.7.3 盖

舰艇用盖通常包括小型船用舱口盖和人孔盖二种，盖是舰艇舱室垂向通道的启闭装置。

(1)舱口盖

①舱口盖的类型及其特性

常用的小型舱口盖主要有两种，一种是风雨密舱口盖，一种是水密舱口盖。风雨密舱口盖主要用于露天甲板、破损水线以上内甲板和半封闭的上层建筑甲板上；水密舱口盖用于舰艇破损水线以下的内部甲板或平台上；液体舱顶部不设舱口盖。

舰艇用小型舱口盖按其形状可分为方形、矩形、圆形和长圆形；按其装舰后是否高出开孔表面可分为突出式和埋入式。此外，舱口盖还有单面启闭和双面启闭两种形式之分，夹紧亦有多种形式，即：单面启闭　多翼形螺母夹扣、单翼形螺母夹扣；双面启闭　多楔形把手夹扣、单楔形把手夹扣、可倒楔形把手夹扣和手轮旋转把手夹扣(快开闭)。设计中可根据要求按有关标准选用。

所有舱口盖与安装处的船体结构均有相当的强度和刚度。

②舱口盖的设计与配置

现代舰艇小型舱口盖原则上按总体布置要求设置，通常主要有以下几点。

a. 了解舱室类型，明确舱室布置，确定舱口盖的类型，例如在舰员活动频繁及公共处所的舱口盖应尽可能设置埋入式；

b. 了解舱口盖位置环境，明确舱室结构和功能，确定舱口盖的通孔尺寸，直梯通道舱口盖的通孔尺寸多为600 mm × 600 mm，斜梯舱口盖的通孔尺寸一般有两种：即800 mm ×1 200 mm或600 mm ×1 000 mm；

c. 协调相关专业，确定舱口盖的具体位置和开向。一般情况下，舱口盖的开向应遵循如下原则。

- 通往露天的舱口盖,其安装铰链为艏向;
- 舱内舱口盖应尽可能靠舱壁设置;
- 所有舱口盖的开启角度应不小于90°。

(2)人孔盖

人孔盖通常设置在油舱、水舱,以及某些因船体结构或管系检修才出入的舱室(如首尖舱、隔离空舱等),这些舱室多在主船体内,有的在双层底内。在人员完成作业离开之后即用螺栓螺母将人孔盖关闭固定。

①人孔盖的类型及其特性

船用人孔盖按其形状可分为长圆形和圆形,现代舰艇多采用长圆形人孔盖。人孔盖按其密性可分为油密和水密,两者的区别在于密封垫圈的材料不同。油密采用耐油橡胶垫圈、水密采用耐海(淡)水橡胶。人孔盖按装舰后是否高出开孔表面可分为突出式和埋入式。

人孔盖的强度和密性(水密和油密)要求较高,因此其结构和密封垫料应能保证人孔盖不低于其所在位置的船体结构的强度和密性。人孔盖的材料通常采用热轧碳素钢,或者与安装人孔盖处的船体结构相同的材料制造,其固定螺栓采用不锈钢或碳素钢,螺母采用碳素钢、不锈钢或黄铜等材料。

②人孔盖的设计与配置

人孔盖的设置原则与舱口盖的设置原则基本相同。

每个液体舱(油舱、水舱)应至少设置两个人孔盖,并以对角布置为宜,其长度超过6m时,应增设人孔盖。小的液体舱柜,在不影响通风和施工条件下,可设置一个人孔盖。

在容易积油污水处(如机舱内底)和盥洗室等处,应选用带围板的人孔盖,在人员经常通行的处所,人孔盖一般选用埋入式,人员不经常通行的处所,可选用带座圈式的人孔盖。

10.7.4 梯

现代舰艇用梯包括舷梯、登舰跳板、悬挂直梯、绳梯、斜梯、直梯和踏步等多种,综合说来可分为两类,即

舷外梯　舷梯、登船跳板、绳梯、悬挂直梯。

舷内梯　斜梯、直梯、钢质踏步。

本节仅就舷梯、斜梯和直梯作简单介绍,其他种类不作详述。

(1)舷梯

①舷梯的组成及类型　舷梯主要由以下部件组成:梯节(由梯架和踏步构成)、上平台、下平台、翻梯装置、吊架、栏杆及绞车。梯节为钢质的称为钢质舷梯,梯节为铝质的称为铝质舷梯。舷梯踏步有活动式和固定式。舷梯有单节舷梯或多节舷梯,单节舷梯的上、下平台间只有一个梯节,多节舷梯的上、下平台间设有两个或两个以上的梯节,梯节之间设有中间过渡平台。现代舰艇一般采用具有防滑作用的弧形固定式踏步的单节式铝质舷梯。

②舷梯的设置　舷梯一般按规范和舰艇总布置要求设置。一般说来正常排水量在2 500 t及其以上的现代舰艇,都必须配置舷梯。

舷梯一般布置在舰艇的中部或中后部左舷,甲板边缘处尽可能避开船体尾部线型变化较大的区域。舷梯在舷外处于使用状态时,其最大仰角不超过55°,梯的下平台与舰艇标准排水量水线的距离不大于700 mm。舷梯的布置方向一般应使登舰人员面向舰首登舰,舷梯

绞车通常布置在翻梯装置附近或上一层甲板的邻近舷部。

(2)斜梯

斜梯按制造材料分为钢质斜梯和铝质斜梯,现代舰艇的钢质斜梯多用于露天和机舱部位,铝质斜梯多用于舱内主通道。斜梯一般是艏艉向布置。其安装角度有55°、60°、65°、70°不等。舰艇由于布置紧凑,斜梯与甲板一般成60°或65°安装,梯宽一般为600 mm,在居住舱室和舱内主通道上的斜梯应设置防尘板。斜梯安装时,梯的上端第一级踏步应在梯口透光尺寸以内。斜梯通常都是固定式安装,在梯子的两侧一般设有活动或固定扶手。

(3)直梯

直梯按制造材料分为钢质直梯和铝质直梯,现代舰艇的钢质直梯多用于露天,铝质直梯多用于舱室内。钢质直梯的结构有如下两种型式:

扁钢梯架:圆钢踏步、方钢踏步;钢管梯架:钢管踏步。现代舰艇用的直梯多为圆形梯架和圆形踏步。

直梯一般是与舱口盖或人孔盖配合使用的,因此直梯的布置及其安装不可妨碍盖的启闭,直梯踏步应尽可能安装在舱口透光尺寸以内,以不影响人员通行为原则。直梯长度大于2 500 mm时应考虑增加中间固定眼板,上层建筑外壁上经常使用的直梯设置扶手。

10.7.5 船体属具在设计中应注意的事项

①门槛的高度是根据门的大小来确定的,一般情况下,规格大的门,其门槛相对低一点,规格小的门,其门槛相对高一些。如通孔尺寸为500 mm×1 000 mm的门,其门槛高度不能小于500 mm。人员进出较多的门,其通孔上缘距所在甲板高度不得小于1 850 mm。对于1 600 mm和1 650 mm通孔高度的门一般都能保证,此时的门槛为200 mm至250 mm。

②随着高新技术的发展和隐身性需要,为减少雷达波的空腔效应,现代舰艇舷窗的使用越来越少,矩形窗亦仅限于驾驶室等关键部位使用,但须考虑采取雷达波隐身措施。

③在盖的设计过程中,注意通往油舱的人孔盖应采用耐油密封垫圈,通往航油舱的人孔盖,其盖板材料应取铜质,其螺栓、螺母等连接紧固件应采用硬度不同的不锈钢材质,以避免由于碰击而产生电火花,危及舰艇安全。

④舱口盖的具体设计定位,除协调专业设备布置和船体结构等因素外,还必须与斜梯、直梯的设置紧密配合,以达到盖、梯协调、合理、好用的综合优化效果。

10.8 舱室设施和绝缘

舰艇舱室设施和舱室绝缘属居住性范畴,是保障和改善提高舰艇战斗力的重要组成部分。

舰艇舱室设施覆盖环境、居住、工作、学习、餐饮、卫生、公用、公务、休闲娱乐以及战备物资储备等区域;舱室绝缘包括舱室隔热保温、隔音降噪、减振、阻燃、防火、防结露、防静电、防摩擦等范围。

舱室设施主要是舱室设备,不含照明、通风空调等水电接口设施。舱室设备是保障舰员工作、学习和生活的各种“家庭用具”,其中包括餐饮设备、卫生设备和医务设备。

舱室设施与舱室绝缘涉及的内容很广,限于篇幅,本节仅就舱室设施与绝缘的种类及设计要求做一介绍。

10.8.1 舱室设施与舱室绝缘分类

(1)舱室设施

①船用家具　船用家具可按使用、构造和组成分类如下。

a. 按使用功能可分为坐卧类、凭倚类和存储类。坐卧类有凳椅、沙发和床;凭倚类为台、几和桌;存储类如橱、柜等。

b. 按其构造方式可分为框架类、板式类、固定类、可拆类、栓钉类和榫接类。

c. 按组成形式可分为整体类和组合类。

d. 按材质可分为金属类和非金属类。

船用家具样式很多,规格各有不同,例如柜有衣柜、文件柜、床头(保险)柜,电视机柜、高低柜、组合柜、药器柜、器械柜、化验柜以及其他物品柜;椅有靠背椅、沙发椅、转椅;凳有长凳、圆凳;桌有办公桌、会议桌、海图桌等等。其规格尺寸主要是根据人机工程和使用方便来确定,并使之统一化、规格化、标准化。船用家具是适用于各类舱室的设施。

②炊膳设施　炊膳设施可分为烹饪类、材料加工类、操作类、储存类、餐饮类。

a. 烹饪类　烹饪设备包括汽化燃油灶、电炒锅、电煮锅、蒸饭箱、电烤炉、电炸锅、调味品架以及各种操作器皿。

b. 加工类　加工设备包括和面机、馒头制作机、洗米机、切片机、绞肉机、磨浆机、土豆去皮机以及污物粉碎机等厨房加工器械。

c. 操作类　厨房操作设备主要包括砧板、洗桌、洗池、切菜桌、工作桌、配餐桌等设施。

d. 存储类　存储设备包括冷柜、消毒柜、碗碟架、冷库放置架、厨房冰箱以及饭菜保温台等设备。

e. 饮食转运类　转运设备主要是厨房用升降机和手推车。

f. 餐饮类　包括餐厅的餐桌、餐椅、餐凳、茶桶和洗碗池等设施。

③卫生设施　卫生设施包括洗涤设备、烘(晾)干设备、盥洗设备、淋浴设备、单元卫生设备以及普通厕所设施。

卫生设施一般比较单一,如洗涤设备主要是洗衣机、搓衣板、存衣柜等设施;烘、晾设备包括烘干机、晾衣架和熨衣等设施;盥洗设备主要是洗脸池和镜面箱等;单元卫生设备,即将盥洗、淋浴和便器集装于一体,便于高、中级舰员使用;普通厕所主要由大小便器与便位隔屏组成。

④医务设施　舰艇医务设施主要是门诊医疗和战时救护常见设备。

a. 门诊医疗设备　门诊医疗设备主要包括如下内容:

- 诊断床
- 轻便折式牙科手术椅
- 高温高压消毒器
- 污物桶
- 药柜、化验柜等及其常用家具

b. 战时救护设备　战时急救设备包括:

- 氧气瓶及其固定架
- 单孔冷光手术灯

• 手术台
• 器械柜和麻醉台等其他常用家具

舰艇医务部门一般包括隔离观察病房,病房设施为一般常用家具。

(2)舱室绝缘

舰艇舱室绝缘按常规可分为有封面板绝缘、无封面板绝缘和地板覆盖三类;若按舱室干燥程度可分为普通舱绝缘和防潮舱绝缘;若按区域要求划分,有工作舱室绝缘、居住舱室绝缘、公用舱室绝缘、活动舱室绝缘以及通道绝缘;若按防火消防要求等级分,则有 A-60 级绝缘、A-30 级绝缘、A-15 级绝缘、A-0 级绝缘、B-15 级绝缘和 B-0 级绝缘,等等。

综上所述,概括起来主要有如下四类。

①有封面板绝缘 有封面板绝缘主要由绝缘胶粘剂、绝缘层、结构空层和封面板组成,其敷设面包括天花板及四壁。由封面板装饰的舱室一般较洁净、明快、美观,有较强的舒适感。

②无封面板绝缘 无封面板绝缘主要由绝缘胶粘剂、绝缘层和装饰布组成,其敷设面同有封面板绝缘。

③特种舱室绝缘 特种舱室主要是指有减振降噪、防火和防潮等要求的舱室绝缘。其绝缘区别主要是在于选材的不同。

④地板覆盖 地板覆盖主要由地板胶粘剂和地板覆盖层组成,根据不同的舱室要求选取不同的覆盖材进行铺设。

10.8.2 舱室设施配置与绝缘设计

(1)舱室设施设计与配置

①家具设施配置

a. 家具配置一般要求

• 根据舰艇研制总要求开展设计工作,家具配置应符合国军标(GJB)、海军标(HJB)的有关规定和《海军舰艇家具配置管理暂行规定》要求。

• 家具的设计与选型必须符合人机工程学的原则,使之结构轻巧、坚固耐用、色泽明快,便于舰员使用与操作;

• 除非另有规定,舰船家具一般应采用耐腐蚀的金属材料或阻燃型非金属材料制作;

• 可移式家具根据需要设置可靠的固定装置,以适应舰艇海上航行环境要求,防止家具倒、坠伤及人员或物品。

• 安装于损管堵漏作业区以及电缆、管路、轴系和无可避免的人孔盖上方的家具,须采用便于拆卸的可拆式连接结构。

b. 家具设置 各种舰艇家具均应根据需要设置

• 居住舱室 居住舱室的床铺有单层、双层或三层结构形式。双层床上下铺间净距≥750 mm;上层铺至舱顶和三层床的铺间净距不小于600 mm。一般而言,舰级军官设单层铺,一般军官二层铺,士兵二至三层铺。总铺位数按研制总要求的人员编制确定,并考虑5%~10%的备用量。士兵舱的床位通道间距应不小于500 mm。

所有床原则上其长轴于舰艇纵向布置;办公桌或工作桌其长轴于舰艇横向布置。整个住室的布置应紧凑,以使用方便,空间充分利用,活动空间较开阔为合理。

舱室家具设置见表10-6,其型式、规格和数量按研制总要求及有关规范或标准确定。

表 10－6 舱室家具配置

家具名称 舱室	床	柜	桌	台	椅	沙发	茶几	凳	书架	热水瓶架	镜面箱	衣帽钩	单元卫生间	冰箱	茶桶	放置架
舰级军官住室	✓	✓	✓		✓	✓	✓		✓	✓		✓	✓	✓		
一般军官住室	✓	✓	✓		✓				✓	✓	✓	✓				
士兵住舱	✓	✓	✓		✓			✓			✓	✓				
会议室		✓	✓		✓	✓	✓							✓	✓	
办公室		✓	✓		✓					✓		✓				
活动室		✓	✓					✓				✓				
餐厅		✓	✓		✓										✓	
工作舱室		✓	✓	✓	✓			✓		✓		✓				
储藏舱室		✓														✓

注：凡打"✓"者为必备家具

• 工作舱室　工作舱室的家具主要是工作台、桌、文件柜和凳、椅等，其配置可根据战位需要确定。

②炊膳设施配置

a. 炊膳设施根据舰艇人员编制配置，其各种设施的数量和规格尺寸按国军标选取，材料采用不锈钢，以便于清洁。

b. 厨房用电器加工设备须有水密防护，防护等级按 IP44 ~ IP56 级确定。

c. 用油机械设备须密封良好；对人体安全可能有危害的部件须有防护措施。

d. 蒸箱、蒸锅蒸汽的供汽压力一般按 0.3 MPa 确定，其密闭用材以耐高温和不影响食物品质为原则，并设有良好的排气装置。

e. 燃油汽化炉灶舰艇采用较多，汽化燃油管路宜低于锅台，油箱宜置于相邻舱壁；汽化用空气压缩机置于相邻舱室，且考虑冗余设计，以确保舰员能按时就餐。炉灶应有较好的热能效率。

③卫生设施配置　卫生设施除洗衣、烘干设备外，其他如盥洗水龙头间距约 600 mm，淋浴器间距不小于 800 mm，小便器间距不小于 700 mm，大便器间距不小于 900 mm。洗衣、烘干一般为相邻舱室，室内设施配置按需要确定，单元卫生间按军官住室设置。

④医务设施配置　医务设施按国军标规定配置，其数量、规格在军标中都有明确规定，用起来很方便。医务设施的设置应遵循门诊、诊查、化验、处置顺序的原则。特殊设施如牙椅、手术台须与照明、器械、麻醉、输液、输氧、洗池配套设置，以保障操作方便、处理及时、救护得当。

(2)舱室绝缘设计

①舱室绝缘材料简介　舱室绝缘材料主要有普通绝缘材料、特殊绝缘材料和地板覆盖材料三种。普通绝缘和地板覆盖用材采用低毒阻燃型;特殊绝缘用材采用防火、降噪和防潮型。常用材料的综合性能见表10－7和表10－8。

表10－7　舰艇常用绝缘材料主要性能

项目＼性能＼材料	普通阻燃隔音防潮型			防火型	
	聚双马来酰亚胺树脂泡沫(MBP)	酚醛树脂泡沫	矿物棉	硅酸铝纤维	硅酸盐纤维
密度(kg/m^3)	40～60	70～300	40～80	80～200	100～120
导热系数	0.04	0.038	0.04	0.044	0.039
燃烧性	阻燃	阻燃	不燃	不燃	不燃
毒　性	无毒	无毒	无毒	无毒	无毒
吸湿率%	1.2	—	5	5	0.95
憎水率%	98	98	98	98	98
施工工艺性	好	差	较好	较好	好

表10－8　舰艇常用封面板材料主要性能

项目＼性能＼材料	岩棉复合板	轻质复合板	蜂窝复合板	中空玻璃钢板	轻质隔音板
耐火等级	B	B	C	阻燃型	B
隔音性能	较好	较好	较好	较好	好
毒　性	无毒	无毒	无毒	低毒	无毒
安装工艺性	简单	简单	简单	较复杂	较简单
装饰效果	好	好	好	较好	一般

②舱室绝缘设计

a.舱室绝缘设计选材　舰艇舱室绝缘设计一般按隔音、保温、防潮和防火要求进行;选材思路以容重轻、无毒或低毒、吸声、阻燃防火、导热系数小以及施工工艺性好为原则;封面板的选材按重量轻、隔音、防潮和防火等要求进行;地板覆盖配套设计结构一般如表10－9所示,其组合配套可根据工作和环境要求以及材料性能灵活掌握,表中列举仅供参考。

表 10-9 常用地板覆盖材主要配套结构

舱室类别	地板覆盖用材结构
居住舱室及主通道	轻质甲板敷料+橡胶地板+地板胶
普通工作舱室	橡胶地板+地板胶
特殊抗静电舱室	地板胶+橡皮地毡或抗静电防护板
卫生舱室	水泥+拼花锦砖或水泥+环氧石英砂防滑层
厨　房	水泥+防滑陶砖
锚链舱、干粮舱	木铺板
冷　库	聚苯乙烯+保温防护板

b. 绝缘敷设厚度(δ)的确定　绝缘材料厚度在初始设计阶段可按下式确定。

$$\delta = \lambda \frac{\left[\frac{T_a - T_{sa}}{T_r - T_{sr}} - \frac{\alpha_r}{\alpha_a}\right]}{\alpha_r} \tag{10-31}$$

其中：

$$T_{sr} = k(T_a - T_r)/\alpha_r + T_r \tag{10-32}$$

式中 T_a——室外温度,K;

T_r——室内温度,K;

T_{sa}——室外壁面温度,K;

T_{sr}——室内壁面温度,K;

α_a——室外热交换系数,$W/m^2 \cdot k$;

α_r——室内热交换系数,$W/m^2 \cdot k$;

λ——绝缘材料导热系数,$W/m \cdot k$;

k——传热系数,$W/m^2 \cdot k$。

10.8.3 舱室设施与绝缘设计的注意事项

①舱室设施布置　舱室设施布置应与相关专业协调进行,注意环境和界面接口,避免与梯、盖、消防管路、风管、电缆束和接线箱等设施"抢位";厨房为膳务主要功能区,一般可分为食品加工区、操作区、生食区、熟食区和操作线路区。其设施可按生食品进口位置、食品加工顺序和流向、主副食配膳出口位置等因素,以方便操作、生熟隔离、物流合理的原则进行配置。配膳室和餐厅设施须结合进餐路线设置。厨房设备的主要操作台和灶台的长轴方向应相对舰艇横向布置;普通厕所的便槽应纵向布置,且便位隔屏须装有防浪扶手,以便舰员使用时安全防护。

所有水平安装的舱室设施,其四脚与地板的连接均应注意其垂向可调,以弥补舰艇由于梁拱或艏翘带来的地板水平缺陷。

②绝缘敷设　绝缘敷设应与相关专业协调进行,注意封面板与风头、照明和电插座等设施的接口;防潮舱室的封面板注意采用不锈钢薄型面板;绝缘材料注意严格按舱室环境要求选取,所用胶粘剂在使用前应做配套性试验;厨房地板覆盖应开疏水槽,并注意地漏位置设计的合理性。

10.9 防腐与防护

金属的腐蚀问题对国民经济和国防建设有着重大影响。全世界每年因腐蚀而损耗的金属达1亿吨以上,约相当于金属产量的20% ~40%,造成的经济损失高达国民经济总产值的3% ~4%。但如果采取适当的防腐蚀措施,将可挽回30% ~40%经济损失。由此可见,控制舰艇的腐蚀是一件十分重要的任务,直接影响舰艇的坞修周期和修理费用,关系到舰艇的使用寿命和在航率,舰艇设计对此非常重视。

防腐与防护内容较多,本节仅就舰艇防腐和阴极防护的设计方法及油漆涂层的配套原则作一介绍,对油漆的涂装工艺不做详述。

10.9.1 舰艇防腐与防护分类

舰艇防腐一般可分为两大类型,即涂料保护型和阴极防护型。

10.9.2 涂料保护

(1)涂料的组成

涂料一般由成膜物质、颜料及填料、助剂、溶剂及特种涂料的特种物质组成。

(2)船舶涂料的功用

船舶涂料的功用主要有以下四点:

防腐、防污、装饰、标志。

(3)舰艇涂料的种类

①防锈涂料;②防污涂料;③防火涂料;④耐高温涂料;⑤太阳热反射涂料;⑥浅色导静电涂料;⑦饮水舱涂料;⑧隐身涂料和伪装涂料;⑨特种防滑涂料;⑩阻尼涂料。

各种涂料可根据舰艇的不同部位、不同要求和不同用途来配套选用。

(4)舰艇主要部位对涂料的要求

①水线以下船体　水线以下船体用涂料必须具有良好的耐海水、淡水和海水淡水交替的性能,耐碱性、耐磨性,面层涂料应有防海生物附着污损性和耐油性,在海水中长期浸泡不起泡、不脱落、不龟裂。

②水线区　水线区用涂料应有良好的耐海水、淡水性、耐候性、耐干、湿交替性,耐磨性、耐冲击性、耐碱性、耐油性以及有良好的机械强度。

③水线以上大气暴露区　该区域用的涂料应具有优良的防锈、耐晒、抗冲击以及耐摩擦等性能。面层涂料还应具有良好的保色性,保光性,甲板涂料应有一定的耐碱、耐油和耐擦洗性。

④液舱

a. 饮水舱　饮水舱涂料要有良好的耐水性,必须绝对保证对水质无污染,需有经认可的卫生部门的检测报告并经有关卫生当局的认可。

b. 压载水舱　涂料要有优良的耐水、耐盐雾、耐腐蚀、耐干湿交替的性能。

c. 燃油、滑油和污油舱　该类舱以往一般不涂漆,只涂相应的油类保护,但使用中油舱顶和油舱上部的四壁往往严重锈蚀,也需要用涂料保护,因此要求涂料应有良好的耐油、耐水、耐油水交替或油水混合等综合适应性。

至于成品油舱或化学品舱，其涂料要求更高，可参见其他涂装文献。

d. 机舱、泵舱、声呐舱以及其他工作底舱，要求涂料有良好的耐水性和耐油性。

e. 住舱、工作舱、储藏室、卫生间要求涂料有良好的装饰性和防腐性。这些舱室的壁脚往往腐蚀严重，需特别注意采取重防腐措施保护。

(5)舰艇防腐涂层配套设计及其原则

①选用的涂料应适合特定的腐蚀环境条件和特定的使用要求（如防污、耐烟囱烟道高温、耐热反射、耐酸、耐油及甲板防滑等等）；

②同一部位的各层涂料之间应有良好层间附着力，最好是底面漆采用同类型的涂料，若采用不同类型涂料，则底漆的性能应等于或高于面漆的性能，避免产生咬底、渗色等缺陷；

③某些涂料的应用受到有关规范、国际公约的制约，应符合规范、国际公约的要求，并取得相关证书（如饮水舱的涂料应有相关的卫生许可证书等等）；

④涂料的配套体系应考虑不同的海区、不同的维修周期，选用不同档次的涂料配套体系。每道涂层的厚度，应根据防蚀年限（或使用寿命）要求和涂料厂商的推荐厚度来确定；

⑤舰艇的舱室一般较小，通风透气差，有些涂料品种，舰艇上不一定适用，如过氯乙烯防火涂料、氯化橡胶船舱漆、水性无机富锌涂料、水性防火涂料等尽可能不采用。

根据以上原则，舰艇涂层的配套设计，其档次和要求可有多种方案。常用的如表 10－10 所示。

表 10－10　舰艇各主要区域常用的涂层配套方案

涂装部位	涂料名称
船底部位	①氯化橡胶防锈漆＋长效防污漆 ②环氧煤焦沥青防锈漆＋长效防污漆 ③环氧防锈漆＋长效防污漆 ④无机富锌防锈漆＋环氧中间漆＋长效防污漆
船壳及上层建筑外壁部位	①氯化橡胶防锈漆＋氯化橡胶面漆 ②环氧防锈漆＋氯化橡胶面漆 ③环氧防锈漆＋改性聚氨酯面漆 ④无机富锌防锈漆＋环氧中间漆＋面漆
露天甲板部位（飞行甲板除外）	①氯化橡胶防锈底漆＋氯化橡胶面漆 ②环氧防锈底漆＋环氧防滑面漆 ③环氧防锈底漆＋聚氨酯防滑面漆
飞行防滑甲板	环氧改性聚氨脂底漆＋聚氨酯弹性中间层＋聚氨酯面漆＋防滑粒料
淡水舱	环氧饮水舱漆
油　舱	环氧油舱漆

表 10-10(续)

涂装部位	涂料名称
船舱内部	①醇酸防锈底漆 + 醇酸面漆 ②环氧防锈底漆 + 醇酸面漆 ③环氧防锈底漆 + 环氧面漆 ④环氧防锈底漆 + 水性面漆

10.9.3　阴极防护

阴极防护方法有两种,一是牺牲阳极阴极保护,一是外加电流阴极保护。目前船体主要是采用外加电流阴极保护,牺牲阳极仅局部采用。

(1)牺牲阳极保护

牺牲阳极保护法,是采用一种比所要保护的金属电位更负的金属或合金与被保护的金属连接在一起,依靠该金属或合金不断地腐蚀溶解(牺牲)所产生的电流使被保护的金属获得阳极极化而受到保护的阳极保护法。这种自身腐蚀(牺牲)的金属或合金,称为牺牲阳极。

①牺牲阳极的类型　牺牲阳极主要有镁基合金阳极、锌基合金阳极和铝基合金阳极三大类。

②牺牲阳极保护的设计

a. 保护面计算

船体外板浸水面积可按下式确定。

$$S_1 = \frac{L(4T + B)}{2(1.625 - C_B)} \tag{10-33}$$

或:

$$S_1 = 1.7TL_{WL} + \frac{V}{T} \tag{10-34}$$

式中　S_1——外板浸水区面积,m^2;

L——两柱间长,m;

B——型宽,m;

T——满载吃水,m;

C_B——方型系数,$C_B = V/(L \times B \times T)$;

V——满载排水体积,m^3;

L_{WL}——满载水线长,m。

b. 牺牲阳极的用量计算

$$N_i = I_i \frac{S_i}{I_t} \tag{10-35}$$

式中　N_i——被保护部位所需阳极块数;

I_i——电流密度,mA/m^2,可按有关标准查表得到;

S_i——被保护部位的面积,m^2;

I_t——牺牲阳极材料的发生电流量,mA。

牺牲阳极发生的电流量 I_t 一般可从有关标准中查到。

c. 牺牲阳极保护年限校核

$$t = \frac{mQ}{8.76 I_m} \cdot \frac{1}{K} \tag{10-36}$$

式中 t——牺牲阳极使用寿命,年;

m——每块牺牲阳极质量,kg;

Q——牺牲阳极实际电容量,A·h/kg;

I_m——牺牲阳极平均发生电流量,取 $I_m = (0.6 \sim 0.8) I_t$;

$\frac{1}{K}$——牺牲阳极利用系数,通常取0.85。

④牺牲阳极的布置应遵循的原则

a. 船体外板所需的牺牲阳极应均匀对称的布置在舭龙骨和舭龙骨前后的流线上;

b. 海底阀箱、声呐换能器阱等所需的牺牲阳极应布置在箱、阱内部;

c. 压载水舱的牺牲阳极布置应注意以下几点。

- 阳极应固定在舱内的扶强材或水平构件上,长条形阳极的走向应与扶强材的走向一致。
- 阳极不能固定在船壳板上,一根阳极也不能跨越安装在两根扶强材上。
- 在液舱的垂直方向上,阳极的布置应由下而上均匀递减,而在同一水平方向上要注意对称分布和均匀分布。
- 阳极的布置位置应考虑到安装的方便,在人孔和舱梯周围不宜布置阳极。

(2)外加电流阴极保护

外加电流阴极保护系统由辅助阳极、阳极屏、参比电极、直流电源等四个部分组成。

①辅助阳极　在外加电流阴极保护系统中与直流电源正极相连的外加电极称为辅助阳极。通电时,阳极会少量溶解。

对辅助阳极一般有如下要求。

导电性能好,排流量大,耐腐蚀、消耗量小、寿命长,具有一定的机械强度、耐磨、耐冲击震动,易加工,安装方便,材料易得,价格便宜。

②阳极屏　在外加电流阴极保护系统工作时,从阳极排出很大的电流。为了防止电流短路,扩大电流分布范围,确保阴极保护效果,在阳极周围涂装屏蔽层,该屏蔽层称之为阳极屏。

a. 阳极屏材料　阳极屏的材料一般应具有如下性能。

有较高的粘附力和一定韧性,耐海水、Cl^- 和 OH^- 的侵蚀,介电性高,使用寿命长,工艺性能好,施工简单,原料易得。

b. 阳极屏形状　阳极屏的形状可以是方形、矩形、菱形和圆形等多种,设计中采用哪一种,一般取决于阳极块的外形。阳极屏的尺寸与阳极最大排流量有关,通常以确保阳极屏边缘被保护结构的电位不超过析氢电位为原则。

③参比电极　参比电极是用来测量被保护金属结构的电位和向恒电位仪提供信号,以便调节保护电流的大小,使被保护金属结构处于保护电位范围之内。参比电极应具有下列性能。

在长期使用中电位稳定,重现性能,不易极化,使用寿命长,有一定机械强度。

参比电极有铜/硫酸铜电极、银/氯化银电极、锌电极、甘汞电极等。

④供电电源　供电电源由恒电位仪、整流器和直流发电机等设备组成,为外加电流阴极保护系统提供电源。

参考文献

[1] 伊绍林. 船舶阻力[M]. 北京:国防工业出版社,1985.

[2] 盛振邦、杨尚荣、陈雪深. 船舶静力学[M]. 北京:国防工业出版社,1984.

[3] 张佐厚、胡志安. 船舶推进[M]. 北京:国防工业出版社,1980.

[4] 李积德. 船舶耐波性[M]. 北京:国防工业出版社,1981.

[5] 陶尧森. 船舶耐波性[M]. 上海:上海交通大学出版社,1985.

[6] 苏兴翘. 船舶操纵性[M]. 北京:国防工业出版社,1981.

[7] 王锡春. 涂装技术[M]. 北京:冶金工业出版社,1998.

[8] 汪国平、洪栋煌. 船舶与钢结构的涂装及防蚀技术[M]. 北京:国防工业出版社,1993.

[9] 蒋寿恺. 船舶舾装[M]. 上海:上海科学技术出版社,1979.

[10] O M 帕利等. 船舶结构力学手册[M]. 北京:国防工业出版社,2002.

[11] 《机械工程手册》电机工程手册编辑委员会. 机械工程手册:通用设备卷[M]. 北京:机械工业出版社,1997.

[12] 简明学等. 现代船舶消防[M]. 广西:广西科学技术出版社,1992.

[13] 《防火检查手册》编辑委员会. 防火检查手册[M]. 上海:上海科学技术出版社,1982.

[14] 尤子平. 舰船总体系统工程[M]. 北京:国防工业出版社,1998.

[15] 戴自主等. 现代舰艇作战系统[M]. 北京:国防工业出版社,1999.

[16] 陈穷等. 电磁兼容性工程设计手册[M]. 北京:国防工业出版社,1993.

[17] 朱英富、张国良. 舰船隐身技术[M]. 哈尔滨:哈尔滨工程大学出版社,2003.

[18] 中国舰船研究院《舰船概论》编辑委员会. 舰船概论[M]. 北京:北京科学技术出版社,1989.

[19] 姜来根. 简明世界舰船年鉴[M]. 北京:海洋出版社,2002.

[20] 中国船舶信息中心. 现代海军武器装备手册[M]. 北京:国防工业出版社,2001.

[21] 孙诗南. 现代航空母舰[M]. 上海:上海科学普及出版社,2000.

[22] C D 科斯. 舰载武器导论[M]. 北京:兵器工业出版社,1989.

[23] 郭治. 现代火控理论[M]. 北京:国防工业出版社,1996.

[24] 古德才等. 国外舰炮系统[M]. 北京:海潮出版社,2000.

[25] R J 尤立克. 水声原理[M]. 哈尔滨:哈尔滨船舶工程学院出版社,1990.

[26] 侯印鸣等. 综合电子战[M]. 北京:国际出版社,2000.

[27] 张土根等. 世界舰船电子战系统手册[M]. 北京:科学出版社,2002.

[28] K J W Goad 等. 弹药[M]. 北京:兵器工业出版社,1989.

[29] 中国船舶工业总公司. 船舶设计实用手册 总体分册[M]. 北京:国防工业出版社,1998.

[30] 中国船舶工业总公司. 船舶设计实用手册 结构分册[M]. 北京:国防工业出版社,2000.

[31] 中国船舶工业总公司. 船舶设计实用手册 舾装分册[M]. 北京:国防工业出版社,2002.

[32] 中国船舶工业总公司. 船舶设计实用手册 轮机分册[M]. 北京:国防工业出版社,1999.

[33] 中国船舶工业总公司. 船舶设计实用手册 电气分册[M]. 北京:国防工业出版社,1997.